Christoph Hellriegel

Schuldnerschutz in Polen

Rechtsvergleichende Untersuchung eines universalen Regelungsproblems

PETER LANG
Europäischer Verlag der Wissenschaften

Bibliografische Information der Deutschen Nationalbibliothek
Die Deutsche Nationalbibliothek verzeichnet diese Publikation in der Deutschen Nationalbibliografie; detaillierte bibliografische Daten sind im Internet über <http://www.d-nb.de> abrufbar.

Zugl.: Frankfurt (Oder), Europa-Univ., Diss., 2006

521
ISSN 0947-0395
ISBN 978-3-631-56135-5

www.peterlang.de

VORWORT

Die Arbeit hat der Juristischen Fakultät der Europa-Universität Viadrina, Frankfurt (Oder), im Sommersemester 2006 als Dissertation vorgelegen. Sie ist für die Drucklegung an einigen Stellen aktualisiert worden.

Mein Dank gilt in erster Linie meinem verehrten Doktorvater Prof. Dr. Stephan Breidenbach, der Thema und Methodik anregte und in vielen langen Diskussionen den Fortgang der Arbeit mit seinen unkonventionellen Ideen und seiner Begeisterungsfähigkeit förderte und in seiner Unterstützung für das Projekt nie nachließ. Dank schulde ich auch Prof. Dr. Roland Wittmann für seine Begleitung der Arbeit in Fragen des polnischen Rechts und seine Bereitschaft zur Übernahme des Zweitgutachtens sowie Prof. Dr. Ulrich Magnus für die Aufnahme in seine Schriftenreihe.

Dem Bundesministerium für Bildung und Forschung sei für die großzügige Unterstützung im Rahmen des Graduiertenprogramms „Europa-Fellows am Collegium Polonicum" und den Druckkostenzuschuss gedankt. Das Stipendium ermöglichte es mir, in einem interdisziplinären und internationalen Umfeld am Collegium Polonicum in Słubice zu forschen und zu unterrichten. Mein Dank gilt auch allen Fellows, insbesondere Dr. Tomasz Szymczyński, Dr. Jarosław Janczak und Dr. Katarzyna Kosior – für lebhafte Diskussionen über Arbeits- und Lebensentwürfe. Der Koordinatorin Dr. Barbara Breisach ist es unter anderem zu verdanken, dass die Lehrverpflichtungen nie als solche empfunden wurden, sondern als Chance, auch andere Interessenschwerpunkte zu vertiefen. Die Projekte „*International Terrorism*" und „*Anatomy of War*" wären aber ohne die ansteckende Energie und das unermüdliche Engagement von Monica Gariup nie möglich gewesen. Meinen Fellows Dr. Agnieszka Stępińska und Julian Pänke sowie meinen Studenten am Collegium Polonicum und an der Viadrina sei für die horizonterweiternde Erfahrung der gemeinsamen Kurse gedankt.

Die dauerhafte und uneingeschränkte Unterstützung meiner Eltern und meines Bruders hat mir unendlich geholfen, einen solchen Marathon durchzustehen. Der Hilfe, die Dr. Theodor Katsas durch seine Freundschaft gewährt hat, kann man mit Dankesworten nicht gerecht werden.

Meine Frau schließlich weiß, dass ich es ohne sie, ihre Zuversicht und ihren Optimismus niemals geschafft hätte. Ihr und unserer Tochter Louise, die die häufige physische oder geistige Abwesenheit ihres Vaters nur noch in der Endphase ertragen musste, sei – als kleines Zeichen des schlechten Gewissens – diese Arbeit gewidmet.

Berlin, im Januar 2007 Christoph Hellriegel

Inhaltsverzeichnis

Kapitel 2
Vollstreckung wegen Geldforderungen in bewegliche Sachen – Zugriffsschutz

Kapitel 3
Vollstreckung wegen Geldforderungen in bewegliche Sachen – Schutz in der Verwertung

Kapitel 4
Schuldnerschutz in der Forderungsvollstreckung

Kapitel 5
Schuldnerschutz bei der Räumungsvollstreckung

ABKÜRZUNGSVERZEICHNIS

POLNISCHE GESETZE UND VERORDNUNGEN

AutorU — *Ustawa z dnia 4 lutego 1994 r. o prawie autorskim i prawach pokrewnych* [Gesetz vom 4. Februar 1994 über das Urheberrecht und verwandte Rechte], Dz. U. Nr 24, poz. 83, konsolidierte Fassung Dz. U. 2000, Nr 80, poz. 904 m. Änd.

ChorMacierzU — *Ustawa z dnia 25 czerwca 1999 r. o świadczeniach pieniężnych z ubezpieczenia społecznego w razie choroby i macierzyństwa* [Gesetz vom 25. Juni 1999 über Geldleistungen aus der Sozialversicherung im Falle von Krankheit und Mutterschaft], Dz. U. Nr 60, poz. 636; konsolidierter Text Dz. U. 2005 Nr 31, poz. 267 m. Änd.

CzynKomR — *Rozporządzenie Ministra Sprawiedliwości z dnia 9 marca 1968 r. w sprawie czynności komorników* – [Verordnung des Justizministers vom 9. März 1968 über die Tätigkeit der Gerichtsvollzieher], Dz. U. Nr 10, poz. 52 m. Änd.

DepSR — *Rozporządzenie Ministra Sprawiedliwości z dnia 24 września 1965 r. o zasadach i trybie postępowania w sprawach o złożenie przedmiotu świadczenia do depozytu sądowego* [Verordnung des Justizministers vom 24. September 1965 über Prinzipien und Ablauf des Verfahrens bei Hinterlegung des Objekts der Leistung im Gerichtsdepot], Dz. U. Nr 42, poz. 261.

DodMieszkU — *Ustawa z dnia 21 czerwca 2001 r. o dodatkach mieszkaniowych* [Gesetz vom 21. Juni 2001 über die Wohnungszuschüsse], Dz. U. Nr 71, poz. 734 m. Änd.

DoWynRoczU — *Ustawa z dnia 12 grudnia 1997 r. o dodatkowym wynagrodzeniu rocznym dla pracowników jednostek sfery budżetowej* [Gesetz vom 12. Dezember 1997 über die jährliche Zusatzvergütung der Beschäftigten des öffentlichen Sektors], Dz. U. Nr 160, poz. 1080 m. Änd.

EgzAdmU — *Ustawa z dnia 17 czerwca 1966 r. o postępowaniu egzekucyjnym w administracji* [Gesetz vom 17. Juni 1966 über das Vollstreckungsverfahren in der Verwaltung], Dz. U. Nr 24, poz 151, konsolidierte Fassung Dz. U. 2005 Nr 229, poz. 1954 m. Änd.

EgzRolR — *Rozporządzenie Ministra Sprawiedliwości z dnia 16 maja 1996 r. w sprawie określenia przedmiotów należących do rolnika prowadzącego gospodarstwo, które nie podlegają egzekucji sądowej* [Verordnung des Justizministers vom 16. Mai 1996 betreffend die Bestimmung der einem wirtschaftenden Landwirt gehörenden Gegenstände, die nicht der Zwangsvollstreckung unterliegen], Dz. U. Nr 63, poz. 300.

EgzUbezpR — *Rozporządzenie Ministrów Finansów oraz Sprawiedliwości z dnia 4 lipca 1986 r. w sprawie określenia granic, w jakich świadczenia z ubezpieczeń osobowych i odszkodowania z ubezpieczeń majątkowych nie podlegają egzekucji sądowej* [Verordnung des Finanz- und Justizministers vom 4. Juni 1986 über die Bestimmung der Grenzen, in denen Forderungen aus Personenversicherungen und Entschädigungen aus Vermögensversicherungen nicht der Vollstreckung unterliegen], Dz. U. Nr 26, poz. 128.

EmFunkcjonU *Ustawa z dnia 18 lutego 1994 r o zaopatrzeniu emerytalnym funkcjonariuszy Policji, Agencji Bezpieczeństwa Wewnętrznego, Agencji Wywiadu, Służby Kontrwywiadu Wojskowego, Służby Wywiadu Wojskowego, Centralnego Biura Antykorupcyjnego, Straży Granicznej, Biura Ochrony Rządu, Państwowej Straży Pożarnej i Służby Więziennej oraz ich rodzin* [Gesetz vom 18. Februar 1994 über die Altersversorgung der Beamten der Polizei, der Agentur für Innere Sicherheit, des Auslandsnachrichtendienstes, des Militärischen Abschirmdienstes, des Militärnachrichtendienstes, des Zentralen Antikorruptionsbüros, des Grenzschutzes, des Staatsschutzes, der Staatlichen Feuerwehr und des Gefängnisdienstes sowie ihrer Familien], Dz. U. Nr 53, poz. 214; kons. Text Dz. U. 2004 Nr 8, poz. 67 m. Änd.

EmRentFUSU *Ustawa z dnia 17 grudnia 1998 r. o emeryturach i rentach z Funduszu Ubezpieczeń Społecznych* [Gesetz vom 17. Dezember 1998 über Pensionen und Renten aus dem Sozialversicherungsfonds], Dz. U. Nr 163, poz. 1118; konsolidierter Text Dz. U. 2004 Nr 39, poz. 353 m. Änd.

FWSocjalU *Ustawa z dnia 29 kwietnia 2004 r. o finansowym wsparciu tworzenia w latach 2004-2006 lokali socjalnych, noclegowni i domów dla bezdomnych* [Gesetz vom 29. April 2004 über die finanzielle Unterstützung beim Bau von Sozialunterkünften, Übernachtungsplätzen und Obdachlosenheimen in den Jahren 2004-2006], Dz. U. Nr 145, poz. 1533 m. Änd.

InwalidU *Ustawa z dnia 29 maja 1974 r. o zaopatrzeniu inwalidów wojennych i wojskowych oraz ich rodzin* [Gesetz vom 29. Mai 1974 über die Versorgung der Kriegs- und Armeeinvaliden und ihrer Familien], Dz. U. Nr 21, poz. 117; konsolidierte Fassung Dz. U. 2002 Nr 9, poz. 87 m. Änd.

KC *Ustawa z dnia 23 kwietnia1964 r. – Kodeks cywilny* [Gesetz vom 23. April 1964 – Zivilgesetzbuch], Dz. U. Nr 16, poz. 93 m. Änd.

KK *Ustawa z dnia 6 czerwca 1997 r. – Kodeks karny* [Gesetz vom 6 Juni 1997 – Strafgesetzbuch], Dz. U. Nr 88, poz. 553 m. Änd.

KKW *Ustawa z dnia 6 czerwca 1997 r. - Kodeks karny wykonawczy* [Gesetz vom 6. Juni 1997 – Strafvollzugsgesetzbuch], Dz. U. Nr 90, poz. 557 m. Änd.

KomSEgzU *Ustawa z dnia 29 sierpnia 1997 r. o komornikach sądowych i egzekucji* [Gesetz vom 29. August 1997 über Gerichtsvollzieher und Vollstreckung], Dz. U. Nr 133, poz. 882 m. Änd.

Konst. *Konstytucja Rzeczypospolitej Polskiej z dnia 2 kwietnia 1997 r.* [Verfassung der Republik Polen vom 2 April 1997], Dz. U. Nr 78, poz. 483 m. Änd.

KP *Ustawa z dnia 26 czerwca 1974 r. – Kodeks pracy* [Gesetz vom 26. Juni 1974 – Arbeitsgesetzbuch], Dz. U. Nr 24, poz. 141; konsolidierte Fassung Dz. U.1998 Nr 21, poz. 94 m. Änd.

KPC *Ustawa z dnia 17 listopada 1964 r.– Kodeks postępowania cywilnego* [Gesetz vom 17. November 1964 – Zivilverfahrensgesetzbuch], Dz. U. Nr 43, poz. 296 m. Änd.

KPC-ÄndG *Ustawa z dnia 2 lipca 2004 r. o zmianie ustawy – Kodeks postępowania cywilnego oraz niektórych innych ustaw* [Gesetz vom 2. Juli 2004 zur Ände-

	rung des Zivilverfahrensgesetzbuches sowie einiger anderer Gesetze], Dz. U. Nr 172, poz. 1804.
KPC-RegE	*Kodeks postępowania cywilnego* [Zivilverfahrensgesetzbuch] in der Fassung des *Rządowy projekt ustawy o zmianie ustawy –Kodeks postępowania cywilnego oraz niektórych innych ustaw (wraz z projektami podstawowych aktów wykonawczych)* [Regierungsentwurf eines Gesetzes zur Änderung des Zivilverfahrensgesetzbuches sowie einiger anderer Gesetze (zusammen mit Entwürfen grundlegender Ausführungs-vorschriften)], Sejm Druck Nr 965 v. 4. November 2002.
KRO	*Ustawa z dnia 25 lutego 1964 r. – Kodeks rodzinny i opiekuńczy* [Gesetz vom 25. Februar 1964 – Familien und Vormundschaftsgesetzbuch], Dz. U. Nr 9 , poz. 59 m. Änd.
KSH	*Ustawa z dnia 15 września 2000 r. – Kodeks spółek handlowych* [Gesetz vom 15. September 2000 – Gesetzbuch der Handelsgesellschaften], Dz. U. Nr 94, poz. 1037 m. Änd.
NajLokU	*Ustawa z dnia 2 lipca 1994 o najmie lokali mieszkalnych i dodatkach mieszkaniowych* [Gesetz vom 2. Juli 1994 über die Miete von Wohnräumen und Wohnungszuschüsse], konsolidierte Fassung Dz. U. 1998 Nr 120, poz. 787 m. Änd.
NauK	*Ustawa z dnia 26 stycznia 1982 r. – Karta Nauczyciela* [Gesetz vom 26. Januar 1982 – Charta des Lehrers], Dz. U. Nr 3, poz. 19; konsolidierte Fassung Dz. U. 2006 Nr 97, poz. 674 m. Änd.
OchrLokU	*Ustawa z dnia 21 czerwca 2001 r. o ochronie praw lokatorów, mieszkaniowym zasobie gminy i o zmianie Kodeksu cywilnego* [Gesetz vom 21. Juni 2001 über den Schutz der Wohnungsnutzer, das gemeindliche Wohnungsreservoir und zur Änderung des Zivilgesetzbuches], Dz. U. Nr 71, poz. 733, konsolidierte Fassung Dz. U. 2005 Nr 31, poz. 266 m. Änd.
OpróżR	*Rozporządzenie Ministra Sprawiedliwości z dnia 26 stycznia 2005 r. w sprawie szczegółowego trybu postępowania w sprawach o opróżnienie lokalu lub pomieszczenia albo o wydanie nieruchomości oraz szczegółowych warunków, jakim powinno odpowiadać tymczasowe pomieszczenie* [Verordnung des Justizministers vom 26. Januar 2005 über das Sonderverfahren in Fällen der Wohnungsräumung oder der Herausgabe von Immobilien sowie über die besonderen Anforderungen, denen eine Behelfsunterkunft zu genügen hat], Dz. U. Nr 17, poz. 155.
PBudMU	*Ustawa z dnia 26 października 1995 r. o niektórych formach popierania budownictwa mieszkaniowego* [Gesetz vom 26. Oktober 1995 über einige Formen der Unterstützung des Wohnungsbaus], Dz. U. Nr 133, poz. 654; konsolidierte Fassung Dz. U. 2000 Nr 98, poz. 1070 m. Änd.
PolU	*Ustawa z dnia 6 kwietnia 1990 r. o Policji* [Gesetz vom 6. April 1990 über die Polizei], Dz. U. Nr 30, poz. 179; konsolidierte Fassung Dz. U. 2002 Nr 7, poz. 58 m. Änd.
PomSpołU	*Ustawa z dnia 12 marca 2004 r. o pomocy społecznej* [Gesetz vom 12. März 2004 über die Sozialhilfe], Dz. U. 2004, Nr 64 , poz. 593 m. Änd.
PracNakłR	*Rozporządzenie Rady Ministrów z dnia 31 grudnia 1975r. w sprawie*

	uprawinień pracowniczych osób wykonujących pracę nakładczą [Verordnung des Ministerrats vom 31. Dezember 1975 über die Arbeitnehmerrechte Heimarbeit leistender Personen], Dz. U. 1976 Nr 3, poz. 19 m. Änd.
PrBank	*Ustawa z dnia 29 sierpnia 1997 r. – Prawo bankowe* [Gesetz vom 29. August 1997 – Bankrecht], Dz. U. Nr 140, poz. 939; konsolidierte Fassung Dz. U. 2002 Nr 72, poz. 665 m. Änd.
PrLok	*Ustawa z dnia 10 kwietnia 1974 r. – Prawo lokalowe* [Gesetz vom 10. April 1974 – Wohnungsrecht], konsolidierte Fassung Dz. U. 1987, Nr. 21, poz 124.
PrSpółdz	*Ustawa z dnia 16 września 1982 r.– Prawo spółdzielcze* [Gesetz vom 16. September 1982 – Genossenschaftsrecht], Dz. U. Nr 30, poz. 210; konsolidierte Fassung, Dz. U. 2003, Nr 188, poz 1848 m. Änd.
PrUpad	*Ustawa z dnia 28 lutego 2003 r. – Prawo upadłościowe i naprawcze* [Gesetz vom 28. Februar 2003 – Konkurs- und Sanierungsrecht], Dz. U. Nr 60, poz. 535 m. Änd.
PUrzPU	*Ustawa z dnia 16 września 1982 r. o pracownikach urzędów państwowych* [Gesetz vom 16. September 1982 über die Angestellten staatlicher Behörden], Dz. U. Nr 31, poz. 214; konsolidierte Fassung Dz. U. 2001 Nr 86, poz. 953 m. Änd.
SDziałGospU	*Ustawa z dnia 2 lipca 2004 r. o swobodzie działalności gospodarczej* [Gesetz vom 2. Juli 2004 über die Freiheit der Wirtschaftstätigkeit], Dz. U. Nr 173, poz. 1807.
SłużWięzU	*Ustawa z dnia 26 kwietnia 1996 r. o Służbie Więziennej* [Gesetz vom 26. April 1996 über den Gefängnisdienst], Dz. U. Nr 61, poz. 283, konsolidierte Fassung Dz. U. 2002 Nr 207, poz. 1761 m. Änd.
SpMieszkU	*Ustawa z dnia 15 grudnia 2000 r. o spółdzielniach mieszkaniowych* [Gesetz vom 15. Dezember 2000 über Wohnungsgenossenschaften], Dz. U. 2001 Nr 4, poz. 27, konsolidierte Fassung Dz. U. 2003, Nr 119, poz. 1116 m. Änd.
SportU	*Ustawa z dnia 29 lipca 2005 r. o sporcie kwalifikowanym* [Gesetz vom 29. Juli 2005 über den Leistungssport], Dz. U. 2005, Nr 155, poz. 1298 m. Änd.
StrażGranU	*Ustawa z dnia 12 października 1990 r. o Straży Granicznej* [Gesetz vom 12. November 1990 über den Grenzschutz], Dz. U. Nr 78, poz. 462, konsolidierte Fassung Dz. U. 2005 Nr 234, poz. 1997 m. Änd.
StrażPożU	*Ustawa z dnia 24 sierpnia 1991 r. o Państwowej Straży Pożarnej* [Gesetz vom 24. August 1991 über die Staatliche Feuerwehr], Dz. U. Nr 88, poz. 400, konsolidierte Fassung Dz. U. 2006 Nr 96, poz. 667 m. Änd.
StypSportR	*Rozporządzenie Ministra Sportu z dnia 20 września 2006 r. w sprawie stypendiów dla członków kadry narodowej* [Verordnung des Ministers für Sport vom 20. September 2006 bezüglich der Stipendien für Angehörige der Nationalmannschaften], Dz. U. Nr 169, poz. 1213.
ŚwiadRodzU	*Ustawa z dnia 28 listopada 2003 r. o świadczeniach rodzinnych* [Gesetz vom 28. November 2003 über die Familienleistungen], Dz. U. Nr 228, poz. 2255 m. Änd., konsolidierte Fassung Dz. U. 2006 Nr 139, poz. 992 m. Änd.

WynagMinR	*Rozporządzenie Rady Ministrów z dnia 13 września 2005 r. w sprawie wysokości minimalnego wynagrodzenia za pracę w 2006 r.* [Verordnung des Ministerrats vom 13. September 2005 bezüglich der Höhe des Mindestlohns für das Jahr 2006], Dz. U. Nr 177, poz. 1469.
	Rozporządzenie Rady Ministrów z dnia 12 września 2006 r. w sprawie wysokości minimalnego wynagrodzenia za pracę w 2007 r. [Verordnung des Ministerrats vom 12. September 2006 bezüglich der Höhe des Mindestlohns für das Jahr 2007], Dz. U. Nr 171, poz. 1227.
WynagMinU	*Ustawa z dnia 10 października 2002 o minimalnym wynagrodzeniu za pracę* [Gesetz vom 10. Oktober 2002 über den Mindestlohn], Dz. U. Nr 200, poz. 1679.
WypadPracU	*Ustawa z dnia 12 czerwca 1975 r. o świadczeniach z tytułu wypadków przy pracy i chorób zawodowych* [Gesetz vom 12. Juni 1975 über die Leistungen bei Arbeitsunfällen und Berufskrankheiten], Dz. U. 20, poz. 105, konsolidierte Fassung Dz. U. 1983, Nr 30, poz. 144 m. Änd.
ZatrudU	*Ustawa z dnia 20 kwietnia 2004 r. o promocji zatrudnienia i instytucjach rynku pracy* [Gesetz vom 20 April 2004 über die Förderung der Beschäftigung und die Institutionen des Arbeitsmarktes], Dz. U. Nr 99, poz. 1001 m. Änd.
ZwiąZawU	*Ustawa z dnia 23 maja 1991 r. o związkach zawodowych* [Gesetz vom 23. Mai 1991 über die Gewerkschaften], Dz. U. Nr 55, poz. 234, konsolidierte Fassung Dz. U. 2001 Nr 79 , poz. 854 m. Änd.

Sonstige Abkürzungen

Art.	Artikel / *artykul*
BB	Betriebs-Berater (Zeitschrift)
BGBl	Bundesgesetzblatt
BGH	Bundesgerichtshof
BGHZ	Entscheidungen des Bundesgerichtshofs in Zivilsachen
BSHG	Bundessozialhilfegesetz
BT-Drs.	Bundestagsdrucksache
CH	Schweiz / Schweizerisches Recht
CR	Computer und Recht (Zeitschrift)
D	Deutschland / Deutsches Recht
DPJZ	Deutsch-Polnische Juristenzeitung
DGVZ	Deutsche Gerichtsvollzieherzeitschrift
Dz. U.	*Dziennik Ustaw* [Gesetzblatt]
EMRK	Europäische Konvention zum Schutze der Menschenrechte und der Grundfreiheiten
ENG	England / Englisches Recht

EO	Exekutionsordnung (Österreich)
EST	Estland / Estnisches Recht
EU	Europäische Union
EuGHMR	Europäischer Gerichtshof für Menschenrechte
F	Frankreich/ Französisches Recht
FamRZ	Zeitschrift für das gesamte Familienrecht
FS	Festschrift
GG	Grundgesetz
GS	*Gazeta Sądowa* (Zeitschrift)
GVZ	Gerichtsvollzieher
HU	Ungarn / Ungarisches Recht
ICLQ	International Comparative Law Quarterly (Zeitschrift)
JITE	Journal of Institutional and Theoretical Economics (Zeitschrift)
JuS	Juristische Schulung (Zeitschrift)
JZ	Juristenzeitung (Zeitschrift)
KPP	*Kwartalnik Prawa Prywatnego* (Zeitschrift)
KritJ	Kritische Justiz (Zeitschrift)
M.P.	*Monitor Polski* [Polnisches Amtsblatt]
MiP	*Mieszkalnictwo i Prawo* (Zeitschrift)
MoP	*Monitor Prawniczy* (Zeitschrift)
NP	*Nowe Prawo* (Zeitschrift)
NJW	Neue Juristische Wochenschrift (Zeitschrift)
Nr	*numer* [Nummer]
NZI	Neue Zeitschrift für das Recht der Insolvenz und Sanierung (Zeitschrift)
Ö	Österreich / Österreichisches Recht
OSN	*Orzecznictwo Sądu Najwyższego* [Rechtsprechung des Obersten Gerichts]
OSNAPiUS	*Orzecznictwo Sądu Najwyższego, Zbiór Urzędowy. Izba Administracyjna, Pracy i Ubezpieczeń Społecznych* [Rechtsprechung des Obersten Gerichts, Amtl. Sammlung, Verwaltungs-, Arbeits- und Sozialversicherungskammer]
OSP	*Orzecznictwo Sądów Polskich* [Rechtsprechung polnischer Gerichte]
OTK	*Orzecznictwo Trybunału Konstytucyjnego* [Rechtsprechung des Verfassungsgerichts]
PB	*Prawo Bankowe* (Zeitschrift)
PES	*Problemy Egzekucji Sądowej* (Zeitschrift)
PiP	*Państwo i Prawo* (Zeitschrift)
PiZS	*Praca i Zabezpieczenie Społeczne* (Zeitschrift)
PL	Polen / Polnisches Recht
poz.	*Pozycja* [Position]
PPE	*Przegląd Prawa Egzekucyjnego* (Zeitschrift)
PS	*Przegląd Sądowy* (Zeitschrift)
Psejm	*Przegląd Sejmowy* (Zeitschrift)

PSp	*Polityka Społeczna* (Zeitschrift)
Rn.	Randnummer
ROW	Recht in Ost und West (Zeitschrift)
RPEiS	*Ruch Prawniczy, Ekonomiczny i Socjologiczny* (Zeitschrift)
RPfl	Der Rechtspfleger (Zeitschrift)
R.Pr.	*Radca Prawny* (Zeitschrift)
RUS	Russland / Russisches Recht
Rz.	*Rzeczpospolita* (Tageszeitung, Juristischer Teil)
SA	*Sąd Apelacyjny* [Appellationsgericht]
SchKG	Bundesgesetz über Schuldbeitreibung und Konkurs (Schweiz)
SGB	Sozialgesetzbuch
SK	Slowakei / Slowakisches Recht
SN	*Sąd Najwyższy* [Oberstes Gericht]
sonst.	Sonstige
sp. z o.o.	*Spółka z ograniczoną odpowiedzialnością* [Gesellschaft mit beschränkter Haftung]
TK	*Trybunał Konstytucyjny* [Verfassungsgericht]
TPP	*Transformacje Prawa Prywatnego* (Zeitschrift)
WiRO	Wirtschaft und Recht in Osteuropa (Zeitschrift)
WÜD	Wiener Übereinkommen über diplomatische Beziehungen
WÜK	Wiener Übereinkommen über konsularische Beziehungen
ZEuP	Zeitschrift für Europäisches Privatrecht
ZIP	Zeitschrift für Wirtschaftsrecht und Insolvenzpraxis
ZPO	Zivilprozessordnung
ZV	Zwangsvollstreckung
ZZP	Zeitschrift für Zivilprozess
ZZPInt	Zeitschrift für Zivilprozess International

EINLEITUNG

A. PROBLEMSTELLUNG

Die zentrale Rolle eines zeitgemäßen und leistungsfähigen Rechts bei der Entwicklung einer modernen Marktwirtschaft in den Ländern Mittel- und Osteuropas ist zu Recht immer wieder betont worden.[1] Während dies aber etwa im Handels-, Kapitalmarkt- und Steuerrecht sowie anderen investitionsrelevanten Bereichen unmittelbar einleuchtet und es daher hier an Darstellungen der Transformation des polnischen Rechts nicht mangelt[2], hat das Zwangsvollstreckungsrecht bislang kaum die seiner Bedeutung entsprechende Behandlung gefunden.[3] Gerade dieses Rechtsgebiet hat sich aber wegen seiner unzureichenden Modernisierung vielfach zu einem maßgeblichen Hindernis im täglichen Wirtschaftsleben der Transformationsstaaten entwickelt. Die essentielle Bedeutung einer effizienten Rechtsdurchsetzung für gesunde Kreditverhältnisse, einen funktionierenden Wohnungsmarkt und auch das allgemeine Vertrauen in das Funktionieren der neuen Institutionen werden oftmals unterschätzt. Ein Grund für die eher stiefmütterliche Behandlung ist sicher auch, dass das Zwangsvollstreckungsrecht lange Zeit dem europarechtlichen Anpassungsdruck[4] nicht im selben Maße wie andere Rechtsgebiete ausgesetzt war. Auch hier wird aber die Entscheidung über eine zumindest teilweise Harmonisierung (oder den Verzicht darauf) über kurz oder lang auf der Tagesordnung stehen[5] – sogar die Idee eines gemeinsamen Zivilverfahrensgesetzbuchs für die mitteleuropäischen und balti-

---

[1] Zur Rechtsreform als Element der Systemtransformation vgl. u.a. HORN, S. 3 ff.; TURSKA, PiP 1/1997, S. 26-35; BANASZAK, ROW 1995, S. 190; KORDASIEWICZ, S. 55 ff.; STREIT/MUMMERT, S. 3 ff.; KRANJC, WiRO 1993, S. 409.

[2] (PL) Vgl. z. B. zum Kreditsicherheitenrecht in Polen BROCKHUIS, zum Unternehmenssteuerrecht ŁASZEWSKA; vgl. auch zum Unternehmensprivatrecht HORN, S. 21 ff., BRODECKI, und die entsprechenden Kapitel des Länderteils Polen in BREIDENBACH, Handbuch WiRO.

[3] (PL) Eine Ausnahme bildet insoweit die Arbeit von SCHLICHTE zu den Grundlagen der Zwangsvollstreckung im polnischen Recht (2005); vgl. auch zur Vollstreckung ausländischer Titel in Polen DERS. in WiRO 2003, S. 235 ff. Übersichten bei BROCKHUIS/ LUDWIK/WOWERKA/LOWITZSCH in Kapitel D XII „Verfahrens-, Schieds-, Vollstreckungs- u. Insolvenzrecht" des Länderteils Polen, in: BREIDENBACH, Handbuch WiRO, und BOBRZYŃSKI/ LIEBSCHER, in: LIEBSCHER/ZOLL, § 17, Rn. 65 ff.

[4] (PL) Dazu z. B. BOBER/V. REDEKER, Osteuroparecht 48 (2002), S. 83; BANASIŃSKI/ CZECHOWSKI, S. 367-376; SOŁTYSIŃSKI, PiP 4-5/1996, S. 31-43; im Bereich des Steuerrechts ŁASZEWSKA, Kapitel 2 u. 3.

[5] Vgl. dazu KENNETT, Kap. 1 u. 2, S. 54 ff., 58; HESS, JZ 2001, S. 573; KERAMEUS, RabelsZ 66 (2002), S. 1; näher unten: Zusammenfassung und Ausblick.

schen Länder wird zurzeit diskutiert[6]. Es erscheint daher umso notwendiger, Grundlagen für eine solche Entscheidung zu legen, die über knappe Länderberichte oder Gesetzesübersetzungen,[7] so nützlich dieses auch sind, hinausgehen. Vertiefte rechtsvergleichende Arbeiten über die im „alten Europa“ noch immer zu wenig bekannten Regelungswerke der EU-Neumitglieder sind daher dringend erforderlich.

In der sozialistischen Rechtswirklichkeit Polens führte das klassische zivilprozessuale Zwangsvollstreckungsrecht (*egzekucja sądowa*) – wie in anderen Ländern des sozialistischen Rechtskreises – nur ein Schattendasein: In der administrativ gelenkten Staatswirtschaft standen andere Regelungsmechanismen zur Konfliktlösung im Vordergrund.[8] Erst mit zunehmendem Umfang der privatwirtschaftlichen Betätigung wuchs auch die Bedeutung des Zwangsvollstreckungsrechts. Im Rahmen der erforderlichen Modernisierung und Anpassung an die Verhältnisse des freien Marktes wird, ganz ähnlich wie in den traditionellen Marktwirtschaften, das vorrangige Ziel der Reformanstrengungen in einer Beschleunigung und Steigerung der Effektivität der Vollstreckung gesehen. Als Haupthindernis wird dabei neben überholten Organisationsstrukturen und mangelnder Anpassung der Vollstreckungsmechanismen an die neue Realität[9] regelmäßig der „übermäßige Schutz des Schuldners“ ausgemacht, das Vollstreckungsrecht schütze „den Schuldner mehr als den Gläubiger.“[10] Trotzdem wurde der Umfang des Schuldnerschutzes aus sozialen Erwägungen weder im Rahmen der bislang erfolgten Reformen noch in der umfassendsten Novellierung des Zivilverfahrensgesetzbuchs (*Kodeks Postępowania Cywilnego* – KPC)[11], die größtenteils zum 5. Februar 2005 in Kraft trat[12], entscheidend reduziert.

Der Regelungsbereich des Schuldnerschutzes stellt also ersichtlich einen der neuralgischen Punkte des Transformationsprozesses dar, an dem die Notwen-

---

6 Vgl. die Hinweise von JANKOWSKI, *Środki*, auf das Projekt von Storme und die Reaktionen.

7 (PL) Vgl. beispielsweise die zweisprachige KPC-Ausgabe von MISZCZUK (2005).

8 (PL) Vgl. dazu etwa WENTOWSKI, Palestra 2/1967, S. 12; zur DDR: THAETNER.

9 (PL) Dazu vgl. den Bericht des Rechnungshofs vom März 2006 über die Kontrolle der GVZ und den (mangelhaften) Zustand des GVZ-Wesens, NAJWYŻSZA IZBA KONTROLI (S. 5 ff.).

10 (PL) Beispielhaft die Äußerungen von ERECIŃSKI, Präses der Zivilkammer des Obersten Gerichts im Gespräch mit POL über die Novellierung des Zivilverfahrensgesetzbuchs, Rz. v. 2.7.2002 sowie von STASZAK, Unterstaatssekretär im Justizministerium während der *Sejm* Debatte über die Novellierung <http://ks.sejm.gov.pl:8009/kad4/039/40391007.htm> sowie <[...]1006.htm> [letzter Abruf: 17.1.2007].

11 (PL) Vgl das Gesetz zur Änderung des Zivilverfahrensgesetzbuchs und einiger anderer Gesetze vom 2.7.2004 (KPC-ÄndG), Dz. U. Nr 172, poz. 1804, sowie den Regierungsentwurf (KPC-RegE) mit Begründung, Sejm Druck Nr 965 v. 4.11.2002. Übersicht über die Änderungen: MUCHA, R.Pr. 3/2005, S. 7 ff. und JANKOWSKI, MoP 22/2004, S. 1017 ff. sowie MoP 23/2004, S. 1067 ff.

12 (PL) Art. 13 KPC-ÄndG.

digkeit zu wirtschaftsbelebenden, effizienzorientierten Maßnahmen mit der sozialen Realität zusammenprallt. Vor allem im Wohnungsrecht hat der Versuch des polnischen Gesetzgebers, die schwierige Hinterlassenschaft des sozialistischen Versorgungsstaates über vollstreckungsrechtliche Regeln zu bewältigen, mehr neue Probleme geschaffen, als bestehende gelöst. Der Umfang des Räumungsschutzes ist daher seit Jahren Thema der öffentlichen Diskussion und Gegenstand ständiger Gesetzesänderungen. Auch in Deutschland wird immer wieder der Ruf nach umfassender Reform des Vollstreckungsrechts laut.[13] Ähnlich wie in Polen haben Reformen, wenn sie denn verwirklicht wurden, die Grundlinien des traditionellen Schutzsystems aber nie angetastet.

Unter Vollstreckungs- bzw. Schuldnerschutz sollen dabei im Folgenden in Anlehnung an das herkömmliche Verständnis dieses Begriffs alle Normen verstanden werden, die den Schuldner vor der Vollstreckung schützen.[14] Dies sind in erster Linie Regelungen, die mit schuldnerschützendem Effekt den Gläubigerzugriff auf das Schuldnervermögen begrenzen oder die Vermögensverwertung beschränken.[15] Die Markierung von Grenzen des Vollstreckungszugriffs wird auch in der polnischen Bezeichnung dieses Regelungsbereichs als *„ograniczenie egzekucji“* (Begrenzungen, Beschränkungen der Vollstreckung) betont. Daher sollen Regelungen nicht untersucht werden, die einen „ausgewogenen“ Charakter haben, d. h. ebenso gläubiger- wie schuldnerschützenden Effekt besitzen und gleichermaßen den Gläubiger- wie auch den Schuldnerinteressen dienen. Dies gilt für viele Regelungen, die eine faire Verfahrensgestaltung oder eine optimale Verwertung zum Ziel haben. Aus Platzgründen können nur die Schutzregelungen in Sach-, Forderungs- und Räumungsvollstreckung erörtert werden. Im Interesse einer Konzentration der Untersuchung auf die Kernbereiche wurde auf eine eingehende Behandlung der Rechtsbehelfe im Zwangsvollstreckungsrecht verzichtet: Auch wenn man den Rechtsschutz als Instrument zur Durchsetzung schuldnerschützender Regelungen verstehen kann, stellt dies einen derart umfangreichen und eigenständigen Rechtsbereich dar, dass insoweit nur knappe Hinweise auf die jeweiligen Rechtsschutzalternativen möglich sind. Ein Verbraucherinsolvenzverfahren schließlich, das bei Überschuldung Schutz vor der Vollstreckung gewähren könnte, existiert in Polen zurzeit zwar noch nicht, seine Einführung wird aber seit längerem diskutiert.[16]

---

[13] (D) Vgl. zur Reformdiskussion BAUR/STÜRNER, § 4 III, S. 30 ff. m. w. Nw.; BREHM, S. 41.

[14] (D) So etwa LIPPROSS, S. 4.

[15] (D) Ähnlich z.B. WERTH, S. 199.

[16] (PL) Die Einführung wird zurzeit im *Sejm* beraten: vgl. *Sejm*-Druck Nr 776 vom 9.5.2006. Näher: TERESZKIEWICZ, TPP 3/2000, S. 27. (D) STERNAL, NZI 2006, S. 129; BUNDESREGIERUNG, BT-Drs. 15/1450, VALLENDER, NZI 2006, S. 279.

B. Ziel der Arbeit

I. Analyse des Schuldnerschutzes in Polen und Deutschland

Ziel der Arbeit ist zunächst eine kritische Bestandsaufnahme der existierenden Regeln des Schuldnerschutzes in Polen, ihre Analyse im Lichte der dahinter stehenden Ziele und ein Vergleich mit den Lösungen und Zielen des deutschen Rechts. Eine solche Untersuchung ist für die Bewertung bereits vorgenommener und die Planung zukünftiger Reformen in Polen wie in Deutschland von Bedeutung und kann auch für anstehende Entscheidungen über eine weitere Vereinheitlichung oder Harmonisierung auf europäischer Ebene von Nutzen sein. Nur eine genaue Betrachtung von Regelungen und Zielen ermöglicht eine Einschätzung des Spielraums, den ein Reformgesetzgeber für Vereinfachung und Effizienzsteigerung durch Zurückfahren des Schuldnerschutzes überhaupt besitzt. Dabei soll vor allem untersucht werden, worauf die Bestandsfestigkeit des Schuldnerschutzes in den verglichenen Rechtsordnungen beruht, und dessen enger Zusammenhang mit anderen Rechtsbereichen, wie etwa dem Sozialrecht, gezeigt werden[17]. Eine Analyse der Vorgehensweise des polnischen Gesetzgebers bietet zugleich ein gutes Beispiel für die generellen Regelungsprobleme, die sich einem Gesetzgeber unter den Bedingungen der Systemtransformation bei der Bekämpfung von sozialen Problemen stellen.

Der Rechtsvergleich soll dabei nicht allein klären, inwieweit das deutsche Recht ein Vorbild für künftige Reformen in Polen sein kann, sondern gerade auch häufig anzutreffenden, auf Unkenntnis beruhenden Vorurteilen entgegenwirken, das polnische Recht sei „unterentwickelt." Das deutsche Recht besitzt zwar durch seine deutlich längere markwirtschaftliche Praxis unbestreitbar einen größeren Erfahrungsschatz im Zwangsvollstreckungsrecht. Dem polnischen Recht sind zudem viele der Regelungsinstrumente und dogmatischen Konstruktionen nicht bekannt, die in Deutschland als unverzichtbare Bestandteile eines modernen Vollstreckungsrechts angesehen werden. Gerade hier kann aber der vergleichende Blick auf schlichtere, pragmatische Lösungen mitunter hilfreich sein, um eine gewisse Überentwicklung zu erkennen und die Erforderlichkeit überaus komplexer Regelungsmechanismen und dogmatischer Figuren kritisch zu hinterfragen[18].

Das rechtsvergleichende Arbeiten im polnischen Recht hat zum Teil noch mit einigen Schwierigkeiten zu kämpfen, auf die kurz hingewiesen sein soll, da sie Auswirkungen auf die Struktur der Untersuchung haben. Obgleich auch zu Zeiten des Sozialismus in Polen eine im Vergleich zu anderen sozialistischen Ländern hochentwickelte und verhältnismäßig unabhängige Rechtswissenschaft

---

17 Vgl. dazu für (D) schon MROZYNSKI.

18 Ähnlich zum New Yorker Vollstreckungsrecht ENGEL, S. 215 f.

existierte, die zum Teil durchaus an das sehr hohe Niveau der Vorkriegszeit anknüpfen konnte,[19] war sie doch in Umfang und Stil nicht mit der deutschen (oder amerikanischen, englischen, französischen) zu vergleichen. Gerade Rechtsbereiche, die in der sozialistischen Rechtswirklichkeit keine große Rolle spielten, wie das zivilprozessuale Zwangsvollstreckungsrecht, fanden naheliegender Weise weder akademisch noch praktisch größere Beachtung. Die Kommentare stellten in der Tat bessere Leitsatzsammlungen[20] der raren Rechtsprechung des Obersten Gerichts (*Sąd Najwyższy*) dar, vereinzelte Aufsätze und wenige, selten neuaufgelegte Lehrbücher ergänzten das Bild. Dies begann sich allerdings mit der Transformationssituation schlagartig zu verbessern. Ausgehend von den lukrativeren, marktwirtschaftlich zentralen Rechtsbereichen explodierte der Markt für neue Kommentare, Lehrbücher und Zeitschriften, die Rechtsprechung entwickelte sich dynamisch[21]. Besonders positiv ist auch die tägliche Rechtsbeilage der Tageszeitung *Rzeczpospolita* zu bewerten, die neben einer tagesaktuellen Berichterstattung über neue Gesetzgebungsvorhaben auch den Inhalt des Gesetzblatts sowie Artikel namhafter Rechtsexperten aus Wissenschaft und Praxis veröffentlicht. Leider hat trotz dieser positiven Entwicklung auch heute die wissenschaftliche Durchdringung mancher Rechtsbereiche – vor allem des Vollstreckungsrechts – noch nicht überall die in Deutschland anzutreffende Tiefe erreicht.[22] Dies führt zu einem deutlichen Ungleichgewicht im vorhandenen Vergleichsmaterial und in der Problembehandlung. Während der Jurist in Deutschland auf eine reiche Rechtsprechung, detaillierte Kommentare und eine Fülle von Dissertationen zugreifen kann, stehen in Polen häufig nur das Gesetz und knappe Erläuterungen zur Verfügung. „Meinungsstreite", zentrales Element deutscher Dissertationen, sind bislang nur selten anzutreffen. Viele Regelungsprobleme, die in Deutschland umfangreiche Diskussionen inspiriert haben, werden in Polen nicht erörtert. In der Arbeit wurde in diesen Fällen darauf verzichtet, kühne Analogien zum deutschen Recht zu ziehen oder Mutmaßungen über potenzielle Ansichten der polnischen Wissenschaft anzustellen. Hier kann erst die Zukunft zeigen, welchen Weg das polnische Recht gehen wird. Nur soweit sich aus der polnischen „Rechtsumgebung" naheliegende Lösungswege ergaben, wurden diese kurz angedeutet.

Dem Stand der wissenschaftlichen Aufarbeitung entsprechend, musste die vorliegende Untersuchung auch rechtsvergleichende Grundlagenarbeit leisten. Sie ist daher in Teilen „deskriptiver" und behandelt einen größeren Ausschnitt des polnischen Rechts, als das bei Arbeiten zu anderen Rechtsordnungen vertretbar

---

[19] (PL) Dazu etwa KORDASIEWICZ, S. 56 f.; ŁASZEWSKA, S. 5 f.

[20] So BREIDENBACH, S. 358.

[21] (PL) Gute Übersicht über die polnische juristische Literatur bei DUDZIK/ERNST/MARTINY, ZEuP 2000, S. 366.

[22] So bleibt z.B. die Arbeit von MARCINIAK aus dem Jahr 1986 bislang die einzige umfassende Untersuchung zum Schuldnerschutz.

wäre. Die vergleichenden Ausführungen zum deutschen Recht konnten zwangsläufig nicht die Diskussionstiefe und Detailgenauigkeit eines Großkommentars oder gar einer Dissertation zu deutschen Fragen erreichen. Dies hätte die Arbeit aus dem Gleichgewicht gebracht und den Schwerpunkt vom bislang unzureichend bekannten polnischen zum – gerade dem deutschsprachigen Leser – unproblematisch zugänglichen deutschen Recht verlagert. Die Arbeit beschränkt sich daher insoweit auf knappe Hinweise und legt regelmäßig die herrschende Ansicht zugrunde. Vor allem konnte keine eingehende Auseinandersetzung mit den an anderer Stelle mustergültig herausgearbeiteten Problemen von verfassungsrechtlichen Grundlagen und dem System des Vollstreckungsschutzes in Deutschland[23] sowie mit der Frage der Geltung des Verhältnismäßigkeitsgrundsatzes im deutschen Vollstreckungsrecht[24] erfolgen.

II. Schuldnerschutz als universales Regelungsproblem

Die Untersuchung soll sich aber nicht auf einen Vergleich der existierenden Problemlösungen in polnischer und deutscher Rechtsordnung beschränken und deren Vor- und Nachteile abwägen, sondern will versuchen, einen weiteren Schwerpunkt bei der Herausarbeitung von übernationalen, universalen Strukturelementen der Regelungsentscheidung zu setzen. Sie verwendet insoweit polnisches und deutsches Recht vor allem als Material- und Erfahrungsfundus, um die beim Schuldnerschutz in der Zwangsvollstreckung wirksamen Faktoren zu analysieren, als Beispiele für potenziell universale Fragestellungen und Lösungen.

- Als *Regelungsbasis* soll dabei von den zugrundeliegenden allgemeinen Interessenkonflikten und den daraus resultierenden Regelungsfragen an den Gesetzgeber ausgegangen werden. Da für die konkrete Regelungsentscheidung aber neben abstrakten Interessenlagen auch die ganz konkrete „Regelungsumgebung“ entscheidend ist, wird jeweils ein kurzer Überblick über die rechtliche Konstruktion des Verfahrens in der Vollstreckungsart gegeben, deren Schutzregelungen analysiert werden.
- Anschließend werden die konkreten *Regelungsziele* des Gesetzgebers herausgearbeitet und ggf. weitere übergreifende Strukturelemente der Regelungsentscheidung besprochen.
- Schließlich wird die Ebene der *Regelungslösungen* („Art und Umfang des Schutzes“) erörtert, in der deutsches und polnisches Recht nur zwei der möglichen unter sämtlichen existierenden Lösungsansätzen darstellen und wo

---

[23] (D) In der brillanten und fast „zeitlosen“ Arbeit von LIPPROSS.

[24] (D) Eingehend behandelt in der Dissertation von KEIP und auch bei FISCHER, DGVZ 2004, S. 97 ff. m. w. Nw.

auch nur denkbare, d. h. bislang nicht umgesetzte Alternativen in die Analyse mit einbezogen werden können.

Die Herausarbeitung von „Regelungszielen" ist insoweit problematisch, als viele der heute vorhandenen Regelungen – realistisch betrachtet – nicht auf einer direkten Ableitung aus diesen Zielen beruhen können. Viele sind deutlich älter als die Verfassungen und internationalen Normen, die etwa Menschenrechte des Schuldners garantieren. Eine Anführung von Regelungszielen soll also nicht zwangsläufig auf einen kausalen Zusammenhang zwischen dem Ziel und der Entstehung der Regelung hinweisen. Als „Regelungsziel" wird allgemeiner die Rechtfertigung (Sinn und Zweck) verstanden, die zum jetzigen Zeitpunkt noch für die Existenz der Regelung angeführt werden kann. Eine Analyse der Regelungsziele ist für einen irgendwie wertenden Vergleich unverzichtbar: Der Vor- oder Nachteil einer bestimmten Konstruktion gegenüber einer anderen in einem anderen Land oder zu einer anderen Zeit lässt sich nur in Relation zum Regelungsziel feststellen. Ob die eine oder andere Regelung vorzuziehen ist, hängt ganz davon ab, was damit erreicht werden soll.

Der hier verfolgte Ansatz ist auf der Seite der Regelungslösungen offen für alle denkbaren Modelle, die funktional dieselbe Aufgabe erfüllen. Die Offenheit des Systems führt natürlich dazu, dass eine Untersuchung von Problemen und potenziellen Lösungsmöglichkeiten nur in den Ausnahmefällen einen Anspruch auf Vollständigkeit erheben kann, in denen logisch nur eine bestimmte Anzahl von Lösungsmöglichkeiten denkbar ist. Da es nahe liegt, Regelungsprobleme und Lösungsansätze in erster Linie den vergangenen und bestehenden Rechtssystemen zu entnehmen, ist die Einbeziehung möglichst vieler und möglichst unterschiedlicher Rechtsordnungen für die Herausarbeitung präziser Problemstellungen und umfassender Lösungskataloge von Vorteil. Die vorliegende Untersuchung konnte aufgrund beschränkter zeitlicher Möglichkeiten zum überwiegenden Teil nur auf polnisches und deutsches Recht gestützt werden und verweist nur sporadisch daneben auch auf Lösungen in anderen Rechtsordnungen, wenn diese starke Abweichungen zeigen. Sie kann und soll daher nur Ausgangspunkt und Anregung sein, mit der begonnenen Arbeit an einem universalen Strukturmodell des Schuldnerschutzes fortzufahren.

C. Gang der Untersuchung

Im **Kapitel 1** sollen allgemeine und übergeordnete Schuldnerschutzregelungen erörtert werden, die für die gesamte Vollstreckung oder mehrere Vollstreckungsarten gelten. Nach einer einführenden Skizze der grundsätzlichen Interessenlage im Vollstreckungsrecht wird ein Kurzüberblick über die Grundstrukturen der polnischen Zwangsvollstreckung gegeben, der als Hintergrund für das Verständnis der gesamten Arbeit unentbehrlich ist. Hierbei wird auch auf die wesentlichen Änderungen durch die Reform des Zwangsvollstreckungsrechts eingegangen. Der Schwerpunkt der Untersuchung liegt dann bei den generellen Beschränkungen der Zugriffsobjekte durch Einschränkung der Auswahl zwischen den Vollstreckungsarten oder des Zugriffs selbst. Eine Analyse der örtlichen und zeitlichen Zugriffsbeschränkungen schließt das Kapitel ab.

Die Analyse des Schuldnerschutzes im Rahmen der Vollstreckung wegen Geldforderungen in bewegliche Sachen ist zweigeteilt. Zunächst werden in **Kapitel 2** die Regelungen des *Zugriffs*schutzes erörtert. Die Regelungsziele – insbesondere Sicherung des Existenzminimums und der Erwerbstätigkeit des Schuldners – dienen als Maßstab für eine kritische Analyse der zahlreichen Zugriffsverbote. Neben dem genauen Schutzumfang des jeweiligen Verbots, der vor allem Erkenntnisse über landes- und situationstypische Besonderheiten liefert, werden auch grundlegende Fragen (geschützter Personenkreis, Wirkungsweise) und Ausnahmeregelungen (z. B. Austauschpfändung) angesprochen. Im **Kapitel 3** geht es dann um den Schutz im Rahmen der *Verwertung*. Hier können schon im Vorfeld schuldnerschützende Regelungen vorgesehen sein (Aufschub und Aussetzung der Verwertung, Schätzung der Sachen), das klassische Regelungsziel des Verschleuderungsschutzes wird aber vorwiegend durch Mechanismen des Verwertungsverfahrens selbst erreicht. Obwohl in den untersuchten Rechtsordnungen noch immer die Versteigerung im Zentrum steht, werden – dem Trend zu anderen Verwertungsmöglichkeiten folgend – auch deren Schutzregelungen besprochen.

Das **Kapitel 4** beschäftigt sich mit dem Schuldnerschutz in der Forderungsvollstreckung, der praktisch wichtigsten Vollstreckungsart. Die Arbeit versucht, das komplexe Regelungsfeld durch eine Betrachtung aus unterschiedlicher Perspektive transparenter zu machen. Da der Umfang des Schuldnerschutzes kombiniert von der Art der Forderung, die vollstreckt wird, und der Art der Forderung, in die vollstreckt wird, abhängt, kann ein erster Überblick über den Regelungsbereich durch eine Darstellung privilegierter Vollstreckungsforderungen einerseits und schutzwürdiger Vollstreckungsobjekte andererseits erlangt werden. Dabei stehen bei letzteren die existenzsichernden Einkünfte des Schuldners ganz im Mittelpunkt – das Arbeitsentgelt bildet hier den wichtigsten Unterfall. Die Details des Schutzes werden anschließend in einer systematisch nach einzelnen Regelungsinstrumenten (geschützte Grundbeträge, Zugriffsquoten, absolute und relative Zugriffsverbote etc.) gegliederten Analyse besprochen. Hier sollen besonders die Unterschiede verschiedener gesetzgeberischer Vorgehensweisen – pauschales oder individuelles, starres oder flexibles Schutzsystem – herausgearbeitet werden. Neben Möglichkeiten, das Grundsystem zu modifizieren, werden anschließend Fragen der Einkommensberechnung und der Wirkungsweise der Schutzregelungen behandelt. Das Kapitel endet mit einer Diskussion des Schutzes in einer Verwertungsphase und der in diesem Rahmen erfolgten Änderungen durch die Zwangsvollstreckungsreform in Polen.

Das **Kapitel 5** unterscheidet sich von den eher rechtssystematisch angelegten übrigen Kapiteln dadurch, dass es mit dem Räumungsschutz eine in Polen aktuelle und tagespolitisch kontroverse Regelungsfrage behandelt, die exemplarisch für die gesetzgeberischen Probleme der Transformation stehen kann. Neben universalen Strukturelementen der Regelungsentscheidung sollen hier daher hauptsächlich die konkreten Fragen der gesellschaftlichen Situation in Polen sowie die stürmische Entwicklung des Rechts der Wohnungsräumung und damit zusammenhängender Fragen des Wohnungsrechts im Mittelpunkt der Darstellung stehen. Ausgehend vom sozialistischen Rechtszustand wird die schwierige Suche nach einem Kompromiss zwischen investitionsfreundlicher Wiederbelebung des Wohnungsmarktes sowie Disziplinierung zahlungsunwilliger Mieter einerseits und einer sozialverträglichen Abfederung der Markthärten für finanzschwache „Transformationsopfer“ andererseits analysiert werden.

Eine **Zusammenfassung** der gewonnenen Erkenntnisse und ein Ausblick auf Entwicklungstendenzen im europäischen Bereich schließen die Arbeit ab.

KAPITEL 1
ALLGEMEINE UND ÜBERGEORDNETE SCHULDNERSCHUTZREGELUNGEN

A. REGELUNGSBASIS

I. Die Interessenlage bei der Zwangsvollstreckung

Im vorliegenden ersten Teil der Untersuchung sollen die wichtigsten schuldnerschützenden Regelungen und allgemeinen Mechanismen des polnischen und deutschen Vollstreckungsrechts dargestellt werden, die für alle oder mehrere verschiedene Vollstreckungsarten gelten. Zum Verständnis dieser übergreifenden Regelungen, aber auch der folgenden Teile der Untersuchung, ist ein kurzer einleitender Überblick über die Regelungsbasis, d. h. die allgemeine Interessenlage und die Grundstruktur des Vollstreckungsverfahrens unerlässlich.

Die allgemeine Interessenlage bei der Zwangsvollstreckung wird durch das „Dreiecksverhältnis" zwischen Gläubiger-, Schuldner- und Staats- bzw. Allgemeininteressen bestimmt. Das Gläubigerinteresse besteht offensichtlich darin, eine möglichst schnelle und effektive Befriedigung seiner rechtlich anerkannten, im Vollstreckungstitel „verbrieften" Forderung zu erreichen. Da der Gläubiger nach modernem Staatsverständnis aufgrund des staatlichen Zwangsmonopols daran gehindert ist, seinen Titel selbst durchzusetzen, hat er nach rechtsstaatlichen Grundsätzen[1] regelmäßig einen Vollstreckungsanspruch gegen den Staat.[2] Auch die Europäische Konvention zum Schutze der Menschenrechte und Grundfreiheiten (EMRK) gewährt dem Gläubiger aus den Verfahrensgarantien[3] ein Recht darauf, dass die Zwangsvollstreckung nicht verhindert, ihr nicht die Wirksamkeit genommen oder sie unangemessen verzögert wird und dass

---

[1] In (D) nach dem Rechtsstaatsprinzip, Art. 20 Abs. 3 GG, entsprechend (PL) *zasada państwa prawnego,* Art. 2 Konst., dazu einführend SCHNAPP, Osteuropa Recht 47 (2001), S. 171 ff.

[2] (PL) PODSIADLIK, MoP 20/2002, S. 936; auf die Ableitung aus dem verfassungsrechtlichen *„prawo do sądu"* wurde im Rahmen der KPC-Reform immer wieder hingewiesen, vgl. Unterstaatssekretär im Justizministerium STASZAK in der Sejm Debatte vom 8.1.2003 (<http://ks.sejm.gov.pl:8009/kad4/039/40391007.htm> bzw. <[...]1006.htm>); (D) Herleitung aus den betroffenen Grundrechten i.V.m. dem Rechtsstaatsprinzip, BVerfGE 35, S. 348, 361; 37, 132, 148, st. Rspr.; Musielak-LACKMANN Rn. 6 vor § 704 ZPO; KEIP, S. 181.

[3] Art. 6 Abs. 1 EMRK. Diese beziehen sich auch auf das ZV-Verfahren, z.B. EGMR v. 28. 7. 1999, *Immobiliare Saffi v. Italy* (Appl. No. 22774/93), § 63: *„Execution of a judgment [...] integral part of the „trial" for the purposes of Article 6."*

schließlich nicht die Entscheidung in ihrer Substanz unterminiert wird.[4] Seinem Befriedigungsinteresse kommt im Vollstreckungsverfahren daher grundsätzlicher Vorrang zu,[5] es kann prinzipiell keine gleichberechtigte Abwägung zwischen Gläubiger- und Schuldnerinteressen mehr stattfinden.

Der Schuldner hat ein Interesse daran, dass möglichst wenig in seine Rechtssphäre eingegriffen wird und dass seine Rechte auf ein angemessenes wirtschaftliches und soziales Leben respektiert werden. Diese „humanitären" Schuldnerrechte[6] können in modernen Rechtsordnungen auf umfassende menschenrechtliche Gewährleistungen und in letzter Konsequenz auf die Menschenwürde zurückgeführt werden.[7] Auch in der Zwangsvollstreckung soll der Schuldner nicht zum Objekt herabgewürdigt werden. Wegen der Vorrangigkeit der Gläubigerinteressen kann es hier aber stets nur um eine Minimalgewährleistung gehen, in der Regel ist nur das Schuldnerinteresse an einem Existenzminimum schützenswert (s. näher Kapitel 2, B I).

Ein öffentliches Interesse besteht zunächst an einem funktionierenden Gerichtswesen und einer effizienten Vollstreckung. Rechtsfrieden und Rechtssicherheit sind zu gewährleisten. Daneben verfolgt ein moderner Staat aber regelmäßig auch soziale Interessen. So besteht ein Allgemeininteresse an der Vermeidung von Sozialhilfebedürftigkeit und Obdachlosigkeit. Dies ergibt sich etwa aus dem Selbstverständnis Polens als „Rechtsstaat, der die Grundsätze sozialer Gerechtigkeit verwirklicht", bzw. Deutschlands als „sozialer Rechtsstaat".[8] Für die Regelungsentscheidung bedeutet dies, dass der Gesetzgeber Gläubigerbefriedigung fördernde und schuldnerschützende Regelungen auszubalancieren hat. Die Vollstreckung in Staatshand muss also sowohl dem Gläubiger effektive Zwangsmittel zur Verfügung stellen, damit er seine Rechte verwirklichen kann, als auch andererseits helfen, die Menschenrechte des betroffenen Schuldners zu wahren. Bei einer Überbetonung des Schuldnerschutzes zu Lasten der Effektivität des Verfahrens schwindet das Vertrauen der Rechtssuchenden in die Rechtsverwirklichung und das staatliche Zwangsmonopol gerät unter Druck. Gläubiger sind eher geneigt, im Wege illegaler Privatvollziehung vorzugehen[9], die Bereitschaft zu wirtschaftlicher Initiative und Investition leidet, wenn

---

[4] EGMR, aa.O., § 74 „[…] the consequence of such intervention should not be that execution is prevented, invalidated or unduly delayed or, still less, that the substance of the decision is undermined."

[5] S. nur (PL) Osowy, § 67 S. 407; (D) Musielak-Lackmann Rn. 9 zu § 765a ZPO.

[6] (PL) Piasecki-Maciniak Rn. 1 vor Art. 829 KPC; Broniewicz, Kapitel XXIII 2.

[7] Z.B. (D) Baur/Stürner, § 7 II; in (PL) wird dies explizit nicht ausgesprochen, implizit etwa Osowy, § 67 S. 408 sowie wohl alle die von „humanitären" Beweggründen sprechen.

[8] (PL) Art. 2 Konst. (D) Art. 20 Abs. 1 GG, konkretisiert in den Sozialhilfevorschriften.

[9] Dazu in (PL) Gadomska, Rz. v. 28.6.2004; Romanowski, Rz. v. 29.1.2003; (D) Paulus, ZRP 2000, S. 296; (F) Perrot/Théry, S. 11 f.; (RUS) Maskow, S. 101; Volkov, Leviathan 2000, S. 173.

Rechtssicherheit fehlt. Wird hingegen die Effektivität der Gläubigerbefriedigung überbetont, drohen der Verlust der Einzelfallgerechtigkeit und die Vernachlässigung der Ausgleichs- und Schutzfunktion des Gemeinwesens zugunsten Benachteiligter. Der moderne Rechtsstaat kann schon von seinem Selbstverständnis her nicht im selben Maße „effektiv" sein wie kriminelle „Vollzugspartner" oder auch nur im Sinne einer rein wirtschaftlich betrachteten Effizienz, da er damit Menschenrechte des Schuldners verletzen und letztlich auch seinen eigenen Interessen schaden würde. Kahlgepfändete Schuldner, ohne Obdach, ohne Produktionsmittel und Arbeitsfähigkeit müssten nach modernem Staatsverständnis als Sozialhilfeempfänger durch die Gemeinschaft aufgefangen werden (dazu näher unter Kapitel 2, B I).

II. Grundstruktur des Vollstreckungsverfahrens

1. Vollstreckungsarten

Allein Gegenstand der Analyse ist im Folgenden die zivilprozessuale, in Polen sog. „gerichtliche" Zwangsvollstreckung (*egzekucja sądowa*) nach dem Zivilverfahrensgesetzbuch (KPC), obgleich dem polnischen Recht auch eine „behördliche" oder Verwaltungsvollstreckung bekannt ist (*egzekucja administracyjna* nach der EgzAdmU)[10]. Die polnische Einzelzwangsvollstreckung (*egzekucja syngularna*) nach dem KPC – auf das neue Insolvenzrecht[11] soll hier nicht eingegangen werden – unterscheidet im Hinblick auf „Vollstreckungsarten" zwischen den *rodzaje egzekucji* (Vollstreckungsgattungen), und den abschließend nach Zugriffsobjekten festgelegten *sposoby egzekucji* (Vollstreckungsarten bei der Vollstreckung wegen Geldforderungen). Die Vollstreckungs*gattungen* des KPC, die Vollstreckung wegen Geldforderungen (*egzekucja świadczeń pieniężnych*)[12] und wegen anderer als Geldforderungen (*egzekucja świadczeń niepieniężnych*)[13], entsprechen der obersten Gliederungsebene in der ZPO. Bei den Vollstreckungsarten im Rahmen der Vollstreckung wegen Geldforderungen wird in Polen unterschieden: die Vollstreckung in bewegliche Sachen (*egzekucja z ruchomości*)[14], die Vollstreckung in das Arbeitsentgelt (*egzekucja z wynagrodzenia za pracę*)[15], in Bankkonten (*z rachunków bankowych*)[16], in andere Forde-

---

[10] (PL) Vollstreckungsorgan sind das Finanzamt (*urząd skarbowy*) oder bei anderen als Geldforderungen das örtliche Organ der Zentralverwaltung oder die Gemeinde.

[11] (PL) Vgl. das PrUpad u. die Kommentare von GURGUL[6] und PABIS[2]. Vgl. auch LEWICKI, NZI 2006, S. 568; PAINTNER.

[12] (PL) Zweiter Teil, zweites Buch, Titel 2, Art. 844 – 1040 KPC.

[13] (PL) Zweiter Teil, zweites Buch, Titel 3, Teil 1, Art. 1041-1059 KPC.

[14] (PL) Art. 844–879 KPC.

[15] (PL) Art. 880–888 KPC.

[16] (PL) Art. 889–894 KPC.

rungen (*z innych wierzytelności*)[17] und in andere Vermögensrechte (*z innych praw majątkowych*)[18], die Vollstreckung in unbewegliches Vermögen (*z nieruchomości*)[19] sowie in Seeschiffe (*ze statków morskich*).[20] Die Spezialregelungen für die Vollstreckung von Unterhaltsforderungen[21] und bei Beteiligung von Fiskus oder Wirtschaftsobjekten[22], sind nicht als gesonderte Vollstreckungsarten anzusehen. Insgesamt entspricht dies weitgehend der Struktur in Deutschland, die lediglich etwas andere Gruppen bildet.[23] Im Rahmen der Vollstreckung wegen anderer als Geldforderungen[24] wird weitgehend übereinstimmend wie in Deutschland nach Herausgabevollstreckung bezüglich beweglicher[25] oder unbeweglicher Sachen (ggf. durch Räumung)[26] und der Vollstreckung zur Erwirkung von vertretbaren[27] oder unvertretbaren Handlungen[28] sowie Unterlassungen[29] differenziert. Mit der KPC-Reform kam es zu einigen Ergänzungen: Neben der Einführung einer neuen, dem deutschen Recht unbekannten „beschleunigten Vollstreckung in unbewegliche Sachen" (*uproszczona egzekucja z nieruchomości*)[30] wurde die Vollstreckung im Wege der Zwangsverwaltung (*egzekucja przez zarząd przymusowy*) ausgebaut und neu gefasst.[31] Schließlich wurde auch eine neue „Vollstreckung durch Verkauf eines Unternehmens oder landwirtschaftlichen Betriebs" (*egzekucja przez sprzedaż*

---

[17] (PL) Art. 895–908 KPC.

[18] (PL) Art. 909–912 KPC.

[19] (PL) Art. 921–1013 KPC. Umfassend JULKE, *Nieruchomosci.*

[20] (PL) Art. 1014-1022 KPC.

[21] (PL) *Egzekucja świadczeń alimentacyjnych,* Art. 1081-1088 KPC. Umfassend auch zu den jüngsten Änderungen vor allem durch das Gesetz vom 22.4.2005, Dz.U. Nr 86, poz 732 m. Änd., vgl. KOWALSKI, *Alimentacyjnych.*

[22] (PL) Przepisy szczególne o egzekucji z udziałem Skarbu Państwa oraz przedsiębiorców, Art. 1060-1064[23] KPC. Dazu ŚWIECZKOWSKI; KRAKOWIAK, PS 1/2006, S. 82 ff.

[23] (D) Die ZV in körperliche Sachen (§§ 808-827 ZPO) und in Forderungen und andere Vermögensrechte (§§ 828-863 ZPO) wird als ZV „in das bewegliche Vermögen" zusammengefasst und der ZV in das unbewegliche Vermögen gegenüberstellt (§§ 864-871 ZPO – inklusive ZV in eingetragene Schiffe).

[24] (PL) Egzekucja świadczeń niepieniężnych, dazu insgesamt: KOWALSKI, Niepieniężnych.

[25] (PL) *Wydanie ruchomości,* Art. 1041 KPC; (D) § 883 ZPO.

[26] (PL) Wydanie nieruchomości, statku, opróżnienie pomieszczenia, Art. 1046 KPC; (D) § 885 ZPO.

[27] (PL) *Egzekucja czynności zastępowalnych,* Art. 1049 KPC; (D) § 887 ZPO.

[28] (PL) *Egzekucja czynności niezastępowalnych,* Art. 1050 KPC; (D) § 888 ZPO.

[29] (PL) Zaniechanie pewnych czynności lub nieprzeszkadzanie czynnościom wierzyciela, Art. 1051; (D) § 890 ZPO.

[30] (PL) Neuer Teil VIa, Art. 1013^1 – 1013^6 KPC n. F.: einführend: ŁOPATOWSKA-RYNKOWSKA, MoP 21/2005, S. 1061 ff., JANKOWSKI, MoP 23/2004, S. 1072; umfassend ŚWIECZKOWSKI, *Uproszczona Egzekucja.*

[31] (PL) Art. 1064^1 – 1064^{13} KPC n. F.. Begründung KPC-RegE S. 25: bisherige Regelung „zu lakonisch". Dazu KRAKOWIAK, PS 1/2006, S. 82; ŚWIECZKOWSKI, S. 37 ff. und DERS. PES 4 (40) /2000, S. 74 ff.

przedsiębiorstwa lub gospodarstwa rolnego) geregelt,[32] die ebenfalls in der ZPO keine Entsprechung findet.

Beide Länder kennen darüber hinaus im Zusammenhang mit der Zwangsvollstreckung traditionell Sonderverfahren zur Offenlegung des Schuldnervermögens. Im europäischen Vergleich[33] sind sich polnisches und deutsches Verfahren dabei sehr ähnlich. So kann der Gläubiger in Polen die Vermögensoffenbarung (*wyjawnienie majątku*) des Schuldners in Form eines beeideten Vermögensverzeichnisses beantragen, wenn er nach erfolgter Vollstreckung darlegt, dass er durch diese keine vollständige Befriedigung erlangt hat, oder wenn es ihm gelingt, vorher bereits glaubhaft zu machen, dass durch eine Vollstreckung in das ihm bekannte Vermögen des Schuldners oder in diesem zustehende wiederkehrende Forderungen für sechs Monate keine vollständige Befriedigung zu erreichen ist.[34] Ganz ähnliche Regelungen trifft die ZPO für die eidesstattliche Versicherung des Schuldners.[35] Nach der Neufassung durch die KPC-Reform reicht es in Polen sogar generell aus, wenn das im Rahmen der Vollstreckung gepfändete Schuldnervermögen „keine Befriedigung der zu vollstreckenden Forderungen [...] erwarten lässt".[36] Da es sich hierbei in erster Linie um Mechanismen zur Informationserlangung für den Gläubiger handelt[37], sollen sie in der nachfolgenden Untersuchung schuldnerschützender Regelungen nicht näher behandelt werden.

2. *Vollstreckungsorgane*

Prinzipielles Vollstreckungsorgan mit langer Geschichte[38] ist in Polen der Gerichtsvollzieher (*komornik*), der eine deutlich umfangreichere Zuständigkeit besitzt als in Deutschland und etwa auch für die Forderungs- und Immobiliarvollstreckung zuständig ist[39]. Er hat eine gegenüber den Parteien grundsätzlich

---

[32] (PL) Art. 1064[14] – 1064[23] KPC n. F.. Vgl. Begründung KPC-RegE S. 26 f. Umfassend ŚWIECZKOWSKI, S. 65 ff.

[33] Eingehend dazu KENNETT, Kapitel 4, S. 100 ff., 105 f.; zu (F) WERTH, S. 254.

[34] (PL) Art. 913 ff. KPC; vgl. MRÓWCZYŃSKI; zu Änderungen durch die KPC-Reform: KRAKOWIAK, MoP 23/2004, S. 1076 ff., MRÓWCZYŃSKI, PPE 7-8/2006, S. 5; kurz: PANDER, GS 11/1999, S. 23; historisch: SZPOPER/ZDANOWSKI, PES 1 (37)/1999, S. 55.

[35] (D) §§ 807, 836, 883, 899 ff. ZPO.

[36] (PL) Art. 913 § 1 KPC n. F.

[37] (PL) Allgemein dazu KOLAŃSKI, Prawo Bankowe 4/2001, S. 39. Zu neuen Möglichkeiten nach der Reform vgl. Art. 760[1] u. 761 n. F. und Art. 1086 n. F. Dazu MUCHA, R.Pr. 3/2005, S. 14; Überblick über andere Länder bei KENNETT, S. 104 ff. und umfassend auch zur EU bei HESS, NJW 2004, S. 2350 und DERS. *Study* S. 39 ff.

[38] (PL) Überblick: SZPOPER/ZDANOWSKI, PES 1 (37) /1999, S. 23 ff.; PES 4 (40) 2000, S. 29.

[39] (PL) Ausführung aller Vollstreckungstätigkeiten, soweit nicht den Gerichten zugewiesen, Art. 759 § 1 KPC. Näher zu Zuständigkeitsfragen CIEŚLAK, PS 11-12/2003, S. 114 f.

unabhängige Position[40], unterliegt nur der gerichtlichen Aufsicht und haftet für Schäden bei Ausführung seiner Tätigkeit.[41] Der Gläubiger hat ein begrenztes Auswahlrecht zwischen verschiedenen *komornicy*.[42] Obwohl sich die Rechtsstellung des Gerichtsvollziehers nach dem Systemwechsel – wie in anderen Transformationsländern[43] – stark verändert hat, in Richtung auf ein freieres Berufsmodell, ähnelt sie bislang im europäischen Vergleich[44] noch eher dem deutschen Gerichtsvollzieher als dem freiberuflichen französischen *huissier*. Zurzeit ist der *komornik* noch „öffentlicher Amtsträger" (*funkcjonariusz publiczny*), der einem Rayongericht (*sąd rejonowy*) zugeordnet ist.[45] Als Angehörige eines „Berufs öffentlichen Vertrauens" genießen die Gerichtsvollzieher aber weitgehende Selbstverwaltungskompetenzen.[46] Neben dem *komornik* kann das Rayongericht einzelne, wenige Vollstreckungstätigkeiten vornehmen[47], ansonsten hat es die Aufsicht (*nadzór*) über die Gerichtsvollziehertätigkeiten.[48] Nur ganz ausnahmsweise, bei übergreifenden Problemen, kann auch das Bezirksgericht (*sąd okręgowy*) eingreifen.[49]

---

40 (PL) Vgl. die KomSEgzU; dazu JANKOWSKI, *Ustawa*; KUŹNICKI; Überblick bei LUBIŃSKI, DGVZ 2003, S. 50 ff. u. KNYPL, DGVZ 1994, S. 135. Das Gesetz wird in den letzen Jahren allerdings kontinuierlich novelliert.

41 (PL) Art. 23 Abs. 1 KomSEgzU, vgl. auch Art. 77 Konst. KNYPL, PES 4 (40) / 2000, S. 62; Art. 769 KPC wurde vom TK (Urteil v. 20.1.2004, SK 26/03) für verfassungswidrig erklärt. Vgl. KRONER, Rz. v. 21.1.2004; vgl. auch SN v. 13.10.2005, III CZP 54/04.

42 (PL) Im Zuständigkeitsbereich eines Appellationsgerichts, Art. 759[1] KPC, 8 Abs. 1, 4-7 KomSEgzU. Art. 921 KPC n. F. bei der Immobiliarvollstreckung. Näher CIEŚLAK, PS 11-12/2003, S. 115.

43 (HU) KENGYEL, ZZPInt 1 (1996), S. 211; (SK) BOHATA, DGVZ 1998, S. 33; (EST) OTS, DGVZ 2002, S. 102.

44 Überblick über „*enforcement agents*" in Europa bei KENNETT, S. 75 ff., zum *huissier* in (F) bei WERTH, S. 251 f.

45 (PL) Art. 1 KomSEgzU. Zum öffentlich-rechtlichen Status näher LUBIŃSKI, *Status*, S. 13.

46 (PL) Vgl. Art. 17 Konst.; JANKOWSKI, MoP 1/2001, S. 9; KORZAN, S. 1-19; Zu aktuellen Plänen vgl. Rz. v. 28.4. u. 29.11.2006, vgl. auch das Änderungsgesetz v. 24.5.2006, Dz.U. 2006 Nr 135 poz. 949. Zu Reformen in (D) vgl. JUSTIZMINISTER und PRANTL, SZ v. 2.6.2006; NESEMANN, ZZP 1/2006 (119), S. 87 ff.

47 (PL) Bei ZV in Immobilien (Art. 987, 1035), Seeschiffe (Art. 1014), bei Aufhebung des Miteigentums an Grundstücken (Art. 1066-1071); bei der Erwirkung von Handlungen und Unterlassungen Art. 1049-1051 KPC.

48 (PL) Art. 759 § 2 KPC. DALKA, PES 4 (40) 2000, S. 5; ZEDLER, NP 7-8/1975, S. 988. Diese wurde nach Ansicht des Rechnungshofs allerdings bislang nur unzureichend ausgeübt, vgl. NAJWYŻSZA IZBA KONTROLI (2006).

49 (PL) Z.B. Art. 926 KPC: ZV in Grundstücke in verschiedenen Gerichtsbezirken.

3. Verfahrensablauf

Vollstreckungsvoraussetzung ist zunächst das Vorliegen eines Exekutionstitels (*tytuł egzekucyjny*)[50], d. h. eines rechtskräftigen oder für sofort vollstreckbar erklärten gerichtlichen Urteils oder Vergleichs[51], eines schiedsgerichtlichen Urteils oder Vergleichs[52], eines vor einem Mediator geschlossenen Vergleichs[53], einer notariellen Urkunde, in der sich der Schuldner der Vollstreckung unterwirft und die bestimmte weitere Merkmale aufweist[54], oder anderer Entscheidungen, Vergleiche und Urkunden, die aufgrund Gesetzes im Wege der gerichtlichen Vollstreckung durchgesetzt werden.[55] Vollstreckungstitel (*tytuł wykonawczy*) ist in Polen erst der Exekutionstitel, der mit der Vollstreckungsklausel (*klauzula wykonalności*) versehen wurde[56], durch die das Gericht feststellt, das der Titel alle Voraussetzungen erfüllt, die für den Vollstreckungsbeginn unentbehrlich sind. Die Klauselerteilung erfolgt grundsätzlich auf Antrag des Gläubigers in einem detailliert geregelten, komplexen Klauselverfahren[57], das durch die KPC-Reform geringfügig vereinfacht wurde.[58]

Abgesehen von Ausnahmen der Verfahrenseinleitung von Amts wegen[59] muss der Gläubiger schließlich einen Antrag auf Vollstreckungsbeginn (*wniosek o wszczęcie egzekucji*) beim zuständigen Organ stellen[60]. Bei den ersten Vollstreckungstätigkeiten, deren Natur von der gewählten Vollstreckungsart abhängt, wird dem Schuldner eine Benachrichtigung (*zawiadomienie*) über den Vollstreckungsbeginn zugestellt, die eine Angabe des Inhalts des Vollstreckungstitels und der gewählten Vollstreckungsart enthält.[61]

Einen engen Zusammenhang mit dem Schuldnerschutz weisen die Möglichkeiten des polnischen Rechts zur Aussetzung (*zawieszenie*)[62], Einstellung (*umorzenie*)[63] oder zum Anhalten (*wstrzymanie*)[64] des Verfahrens auf.[65] Diese

---

[50] (PL) Umfassend zum Ganzen: SCHLICHTE. Speziell zu den Änderungen durch die KPC-Reform: MUCHA, R.Pr. 3/2005, S. 8 ff.; JANKOWSKI, MoP 22/2004, S. 1017 f.

[51] (PL) Art. 777 § 1 Pkt. 1 KPC sowie entspr. Entscheidungen des Rechtspflegers, § 1 Pkt. 1[1].

[52] (PL) Art. 777 § 1 Pkt. 2 KPC.

[53] (PL) Art. 777 § 1 Pkt. 2[1] KPC.

[54] (PL) Art. 777 § Pkt. 4 – 6 u. § 3 KPC. GIL, R.Pr. 2 (47)/2000, S. 47; 3 (48)/2000, S. 95 ff.

[55] (PL) Art. 777 § 1 Pkt. 3 KPC. Überblick: Piasecki-MARCINIAK, Rn. 29 zu Art. 777 KPC.

[56] (PL) Art. 776 KPC. Vgl. MARCINIAK, *Podstawa*. KPC-ÄndG: nur „wenn das Gesetz nichts anderes bestimmt".

[57] (PL) Art. 781-795 KPC; näher TUREK, MoP 24/2003, S. 1120 ff. u. MoP 1/2004, S. 14 ff.

[58] (PL) Bisher „übermäßig ausgebaut" (Begr. KPC-RegE S. 15). Zur Neufassung: MULIŃSKI.

[59] (PL) Vgl. dazu Art. 796 § 2 KPC (best. Familien- und Vormundschaftssachen etc.).

[60] (PL) Art. 796 KPC. Näher auch zur Unzuständigkeit: CIEŚLAK, PS 11-12/2003, S. 114 f.

[61] (PL) Auf Verlangen des Schuldners zeigt ihm der GVZ den Originaltitel, Art. 805 KPC.

[62] (PL) Art. 818 f.; Art. 820 KPC; dazu JAGIEŁA, PS 3/2000, S. 73; KOT, NP 4/1980 S. 36.

[63] (PL) Art. 823-826 KPC; dazu KOT, Teil 1, Palestra 3/1979, S. 30, Teil 2, Palestra 4/1980, S. 38.

Regelungsmechanismen können zum einen direkt ein Instrument des Vollstreckungsschutzes darstellen: So kann z. B. der Schuldner, wenn die Vollstreckung aus einem Teil seines Vermögens ausreicht, Aussetzung des Verfahrens für die restlichen Teile verlangen.[66] Zum anderen dienen sie indirekt diesem Zweck, indem sie helfen, schuldnerschützende Normen durchzusetzen: Nach polnischem Recht ist bei verschiedenen Verstößen gegen Zugriffsverbote und andere Schutznormen das Verfahren von Amts wegen einzustellen, was zur Aufhebung sämtlicher bereits vorgenommener Vollstreckungstätigkeiten führt.[67] Erst über die Einstellungspflicht gewinnt also ein abstrakt sonst bedeutungsloses Verbot konkrete Wirksamkeit. Einzelheiten werden am jeweiligen systematischen Standort behandelt.

Nach Zugriff und Verwertung, deren Grundstruktur für die untersuchten Vollstreckungsarten ebenfalls später näher dargestellt wird, ist im polnischen Vollstreckungsverfahren, das nicht dem Prioritätsprinzip, sondern traditionell einem „Ausgleichsprinzip"[68] folgt, zur Verteilung des Vollstreckungserlöses unter den verschiedenen beteiligten Gläubigern gegebenenfalls ein Verfahren mit Teilungsplan (*plan podziału*) erforderlich.[69] Dabei hat sich das polnische Recht für eine feste Befriedigungsrangfolge von Forderungskategorien entschieden, wobei innerhalb der jeweiligen Kategorie die Befriedigung anteilig zur Höhe der jeweiligen Forderung erfolgt.[70]

4. *Rechtsbehelfe*

Zur Durchsetzung schuldnerschützender Bestimmungen sind die Rechtsbehelfe von entscheidender Bedeutung. Das polnische Recht kennt – dem deutschen Recht weitgehend entsprechend – die „Vollstreckungsgegenklagen" (*powództwa przeciwegzekucyjne*) aus materiellem Recht: Der Schuldner kann mit der Oppositionsklage (*powództwo opozycyjne*) verlangen, dass die Vollstreckbarkeit des Titels ganz oder teilweise beseitigt oder beschränkt wird.[71] Einem Dritten

---

64 (PL) Art. 822 KPC: bei Vorlage zweifelsfreien Beweises, dass der Schuldner seine Verpflichtung erfüllt oder dass ihm der Gläubiger Stundung gewährt hat.

65 (PL) Übersicht bei OSOWY, § 66, S. 403 ff. Piasecki-JAGIEŁA, Einleitung vor Art. 818 KPC.

66 (PL) Art. 799 § 2 KPC.

67 (PL) Art. 824 § 1 Pkt. 2, Art. 826 KPC.

68 (PL) Vgl. Piasecki-JANKOWSKI, Einleitung vor Art. 1023 KPC; MĄDRZAK/MARSZAŁKOWSKA-KRZEŚ, Rn. 666: „*Zasada stosunkowości*", zur Entstehung in Anlehnung an das russische Recht, SZPOPER/ZDANOWSKI, PES 1(37)/1999, S. 53 f.; (D) Zu Prioritäts- u. Ausgleichsprinzip BAUR/STÜRNER, S. 69 ff., DEREN-YILDIRIM, S. 109 ff.

69 (PL) Teil VIII, „*Podział sumy uzyskanej z egzekucji*" (Art. 1023 ff. KPC).

70 (PL) Art. 1025, 1026 KPC; Piasecki-JANKOWSKI, Einl. vor Art. 1023 KPC. Ausnahme Nr. 6 (Prioritätsprinzip).

71 (PL) Art. 840 KPC. Näher Piasecki-JANKOWSKI, Anm. 8 ff zu Art. 840.

ermöglicht die Drittwiderspruchsklage (*powództwo ekscydencyjne*), die Freigabe eines gepfändeten Objekts zu verlangen, wenn die Vollstreckung in dieses sein Recht verletzt.[72]

Darüber hinaus existiert im polnischen Recht die „Erinnerung gegen Tätigkeiten des Gerichtsvollziehers" (*skarga na czynności komornika*).[73] Sie kann binnen Wochenfrist[74] von jedem eingelegt werden, der von Handlungen oder Unterlassungen des Gerichtsvollziehers betroffen oder in seinen Rechten beeinträchtigt ist. Die Entscheidung erfolgt durch Beschluss, in dem das Rayongericht die Handlung des Gerichtsvollziehers ganz oder teilweise aufhebt oder ändert, die Vollstreckung einstellt, eine verfahrensleitende Anweisung erteilt oder die Erinnerung zurückweist.[75] Eine lediglich verspätete Erinnerung stellt in Polen in der Regel zugleich einen hinweisenden Antrag auf Tätigwerden des Gerichts als Aufsichtsorgan dar.[76] Mit der Neuregelung des KPC wurde dem Gerichtsvollzieher, dem vom Gericht eine Abschrift der Erinnerung übersandt wird, wie nach deutschem Recht eine Abhilfemöglichkeit eröffnet.[77] Auch nach der Neufassung besitzt die Erinnerung – wie in Deutschland – grundsätzlich keine die Vollstreckung aufschiebende Wirkung, das Gericht kann aber weiterhin das Verfahren aussetzen.[78] Neben besonderen „Rügen" (*zarzuty*), die zurzeit nur noch gegen den Teilungsplan möglich sind[79], kann schließlich gegen Gerichtsentscheidungen im Rahmen des Vollstreckungsverfahrens in den gesetzlich vorgesehenen Fällen Beschwerde (*zażalenie)* eingelegt werden.[80] Darüber hinaus kommen für Sonderfälle noch zwei neue „außerordentliche"

---

[72] (PL) Art. 841, 842 KPC. Betrifft bewegliche und unbewegliche Sachen, Geld, Vermögens- und sonstige Rechte. Dazu TRACZ, PS 7-8/1996, S. 100.

[73] (PL) Art. 767 KPC. Dazu nunmehr JANKOWSKI, *Środki*; und SORYSZ, MoP 2/2005, S. 73 ff.; vgl. auch CUDAK und ZEDLER, Palestra 12/1987, S. 6; 1-2/1988, S. 66; 3/1988, S. 19.

[74] (PL) Art. 767 § 4 KPC n. F. Näher CUDAK, PS 3/1998, S. 46.

[75] (PL) Piasecki-JANKOWSKI, Rn. 4 zu Art. 767^2 KPC. Zu Rechtsmitteln vgl. Art. 767^3 S. 2 KPC n. F.; GAJEWSKI, Rejent 1/2002, S. 63.

[76] (PL) Art. 767^3 S. 1 KPC n. F. Das Gericht muss dann ggf. wegen Art. 759 § 2 KPC dem GVZ Weisung erteilen oder den Verstoß beseitigen. Ob Zurückweisung der *skarga* nur, wenn Fristablauf *und* keine Grundlage für ein Vorgehen nach Art. 759 § 2 KPC (so Wortlaut Art. 767^3 S. 1 KPC) ist str., vgl. JANKOWSKI, *Środki*. Jedenfalls keine Bindung an den Antrag sondern volle Ausübung der Aufsichtspflicht, Piasecki-JANKOWSKI, Rn. 2. zu Art. 767^2 KPC.

[77] (PL) Innerhalb von 3 Tagen schriftliche Begründung durch GVZ und Vorlage der Akten an das Gericht, außer wenn vollständige Abhilfe erfolgt, Art. 767 § 4 S. 2 KPC n. F., näher SORYSZ, MoP 2/2005, S. 75; Erinnerung nur „wenn nicht das Gesetz etwas anderes vorsieht", Art. 767 § 1 S. 1 KPC n. F. (D) Musielak-LACKMANN, Rn. 28 zu § 766 ZPO.

[78] (PL) Art. 821 § 1 KPC; Art. 767^2 § 2 KPC n. F.; (D) „einstweilige Einstellung" §§ 766 Abs. 1 S. 2, 732 Abs. 2 ZPO.

[79] (PL) Art. 1027 § 2 KPC. Rügen gegen die Schätzung werden nach der Reform im Rahmen der *skarga* erhoben, Art. 853 § 2 KPC n. F.

[80] (PL) Art. 767^4 KPC n. F. Näher Piasecki-JANKOWSKI, Rn. 1ff. und DERS., *Środki*; GAJEWSKI, Rejent 1/2002, S. 63.

Rechtsbehelfe in Betracht[81]. Auch wenn die grundlegende Struktur der Rechtsbehelfe in Deutschland der polnischen entspricht, ist sie – wie oft beklagt wird – noch komplexer. Dies beruht vor allem auf der Zuständigkeitsspaltung zwischen Gerichtsvollzieher und Vollstreckungsgericht. Auf die einzelnen Unterschiede zur Regelung in Deutschland wird jeweils bei der Analyse der einzelnen Vollstreckungsarten genauer eingegangen.

B. REGELUNGSZIELE

Soweit ein Gesetzgeber den Gläubigerzugriff beschränkt, um schuldnerschützende Effekte zu erzielen, wird er dies bei den zunächst zu untersuchenden allgemeinen oder übergreifenden Regelungen kaum mit einem einheitlichen präzisen Regelungsziel, etwa mit einer Sicherung des Existenzminimums oder der Arbeitsfähigkeit des Schuldners rechtfertigen können. Hier steht regelmäßig nicht die Verschonung konkreter Vermögensteile im Vordergrund, sondern die allgemeine Gestaltung des Verfahrens und damit die Bestimmung der Position des Schuldners gegenüber dem Gläubiger. Als Rechtfertigung für Beschränkungen muss daher auf weiter gefasste, allgemeinere Ziele zurückgegriffen werden, wie etwa die Absicht, ein verfassungsgemäßes und vor allem die Menschenrechte des Schuldners respektierendes Verfahren zu schaffen.[82]

Zur Berücksichtigung der Grund- oder Menschenrechte des Schuldners bietet sich normalerweise der Grundsatz der Verhältnismäßigkeit an[83], mit dessen Hilfe Gläubiger- und Schuldnerinteressen abgewogen und zu einem angemessenen Ausgleich gebracht werden können. Im Vollstreckungsverfahren ist es aber nicht unproblematisch, davon zu sprechen, dass es Regelungsziel des Gesetzgebers sei, eine „verhältnismäßige" Zwangsvollstreckung zu schaffen.[84] Normalerweise ist die effektive Gläubigerbefriedigung zentrale und vorrangige Funktion des Vollstreckungsrechts, das demzufolge formalisiert sein und teilweise zwingend schmerzhaften Eingriffscharakter haben muss. Eine vollständig ausgewo-

---

[81] (PL) Vgl. JANKOWSKI, *Środki:* Entsprechende Anwendung sollen Art. 424^{1}-424^{12} KPC finden, betreffend die Erinnerung zur Feststellung der Rechtswidrigkeit einer rechtskräftigen Entscheidung, sowie die Erinnerung wegen der Verletzung des Rechts der Parteien auf Verhandlung der Sache im gerichtlichen Verfahren ohne grundlose Verzögerung, vgl. dazu das Gesetz vom 17.6.2004, Dz.U. 179, poz. 1843, das auf Art. 45 Konst. zurückzuführen ist.

[82] (PL) Piasecki-MARCINIAK, Rn. 1 vor Art. 829 KPC: „humanitär-gesellschaftliche" Beweggründe; (D) Musielak-LACKMANN, Rn. 15 vor § 704 ZPO m.w.Nw.; Stein/Jonas-MÜNZBERG, Rn. 44 f. vor § 704 ZPO.

[83] (PL) *Zasada proporcionalności*, Einführung in die Rspr. des TK bei DYLEWSKA, PSejm 1 (42)/2001, S. 45.

[84] (D) Zu Fragen der Verhältnismäßigkeit in der deutschen ZV umfassend: KEIP, 3.Teil, S. 207 ff. und (zu Recht) kritisch: FISCHER, DGVZ 2004, S. 97 ff., 103 f.

gene (im Sinne von „gleichmäßig belastende“) Regelung würde außer Acht lassen, dass der Staat die geschützten Rechte des Gläubigers schon dadurch erheblich beschränkt, dass er die Durchsetzung berechtigter Ansprüche nur in einem staatlichen, beschwerlichen Verfahren zulässt. Während dem Gläubiger kein anderer Weg offen steht, kann der Schuldner die Beschwernisse theoretisch jederzeit durch freiwillige Leistungen abwenden.[85] Die Anwendung des Verhältnismäßigkeitsgrundsatzes wird daher z. B. in Deutschland und Frankreich vielfach stark eingeschränkt, bzw. im Vergleich zu anderen Rechtsgebieten modifiziert[86]: Vor allem eine durchgehende unmittelbare und autonome Anwendung des Verhältnismäßigkeitsgrundsatzes und seiner Abwägungsgebote über die vielen bestehenden Einzelregelungen hinaus wird überwiegend abgelehnt. Auch soweit eine Bindung im (Eingriffs-) Verhältnis zwischen Staat und Schuldner anerkannt wird[87], will man Regelungen, die nur die Gläubiger-Schuldner-Beziehung betreffen nicht ebenso an die Verhältnismäßigkeit binden.[88] Eine solche – zu Abgrenzungsschwierigkeiten führende – Aufspaltung der Vollstreckungsregelungen ist allerdings dem polnischen Rechtsdenken bislang fremd.

Allgemein anerkannt ist aber heute die Verpflichtung des Gesetzgebers, dafür Sorge zu tragen, dass elementare verfassungs- und menschenrechtliche Garantien des Schuldners (Menschenwürde, Recht auf Leben und körperliche Unversehrtheit, Eigentum etc.) nicht verletzt werden, vor allem da i. d. R. staatliche Organe mit dem Zugriff betraut sind[89]. In den meisten Rechtsordnungen lassen sich daher zumindest einzelne, konkrete Vollstreckungsregeln finden, die als Ausprägungen des Verhältnismäßigkeitsgrundsatzes angesehen werden können und die helfen, das genannte rechtstaatliche Mindestniveau zu sichern.[90] Hier ist vor allem an Verbote des übermäßigen und des zwecklosen Zugriffs (unter C II 3, 4) zu denken.

---

85 (D) Schuschke-WALKER, Rn. 1 zu § 765a ZPO.

86 (D) BAUR/STÜRNER, § 7 II, S. 86; ROSENBERG/GAUL/SCHILKEN, § 3 III 5, S. 26 ff.; KEIP, S. 277 ff.; gänzlich ablehnend JAUERNIG, § 31 I; a. A. Zöller-STÖBER, Rn. 29 vor § 704 ZPO; zu (F) und (D) WERTH, S. 223, 241.

87 (D) BVerfGE 52, S. 214, 220; Musielak-LACKMANN, Rn. 15 vor 704 ZPO.

88 (D) Stein/Jonas-MÜNZBERG, Rn. 43 f. vor § 704 ZPO; ROSENBERG/GAUL/SCHILKEN, S. 27.

89 (PL) Vgl. nur OSOWY, § 61 S. 388, § 67 S. 407; Piasecki-MARCINIAK, Rn. 1 vor Art. 829 KPC; (F) PERROT/THÉRY, S. 10. (D) Schuschke-WALKER, Rn. 1 zu § 765a ZPO.

90 Überblick zu den Regeln in (F) und (D) bei WERTH, S. 241 f.

C. ART UND UMFANG DES SCHUTZES

I. Einleitung

Bei den schuldnerschützenden Regelungen, die alle oder mehrere Vollstreckungsarten betreffen, kann man vor allem generelle Beschränkungen der Zugriffsobjekte sowie örtliche und zeitliche Beschränkungen unterscheiden. Die bekanntesten Zugriffsbeschränkungen, die den Kern des traditionellen Schuldnerschutzes im Rahmen der Vollstreckung von Geldforderungen darstellen, nehmen bestimmte Gegenstände oder Forderungen wegen ihrer Funktion vom Zugriff aus. Sie sollen im Rahmen einer Analyse der jeweiligen Vollstreckungsart (Sachvollstreckung, Forderungsvollstreckung) erläutert werden. Bei den vorweg zu untersuchenden generellen Beschränkungen geht es hingegen zunächst um die dem Zugriff vorgelagerte Begrenzung der *Auswahlfreiheit des Gläubigers* zwischen den verschiedenen Vollstreckungsarten. Im Mittelpunkt steht dabei die Frage, auf welche Klassen von Vollstreckungsobjekten (Personen, bewegliche Sachen, Forderungen, Immobilien) der Gläubiger zugreifen darf, ob er das freie Auswahlrecht hat oder ob insofern bestimmte Verbote (unter II 1 a) oder Subsidiaritäten zu beachten sind (unter II 1 b). Daneben sind Zugriffsbeschränkungen auf bestimmte Vermögensbereiche (aufgrund von *Haftungsbeschränkungen*, unter II 2) und, für die Vollstreckung wegen Geldforderungen, auch zwei allgemein einschränkende Regelungen zu besprechen: Diese nehmen Sachen oder Forderungen nicht aufgrund ihrer Funktion vom Zugriff aus, sondern um, gemessen am Ziel der Vollstreckung, sinnlose oder überflüssige Zugriffe zu verhindern und damit ein rechtsstaatliches Verfahren zu sichern (*Verbot zwecklosen Zugriffs*, unter II 3; *Verbot übermäßigen Zugriffs*, unter II 4). Schließlich sind als Schuldnerschutzregelungen, die mehrere Vollstreckungsarten betreffen, auch *örtliche* (unter III) oder *zeitliche Beschränkungen* (unter IV) denkbar.

Soweit der Gesetzgeber aus besonderen Erwägungen bestimmte Schuldner oder Gruppen von Schuldnern durchgehend umfassender als Normalschuldner vor der Vollstreckung schützt, d. h. *personenbezogene* Beschränkungen regelt, soll dies möglichst bei den einzelnen Schutzmechanismen, an ihrem jeweiligen systematischen Standort untersucht werden. Normierungen pauschaler Immunitäten für bestimmte *diplomatische* und *konsularische* Schuldner, die auf völkerrechtlichen Grundsätzen beruhen[91], sowie für *staatliche* Schuldner[92], bilden ein ganz

---

[91] (PL) Art. 1115 § 1 KPC i.V.m. Art. 1111 § 1; 1112 § 2, näher Piasecki[3]-PIASECKI, Anm. zu Art. 1111 KPC m.w.Nw. In (D) verweisen §§ 18 ff. GVG nur auf die zugrundeliegenden Wiener Übereinkommen über diplomatische Beziehungen v. 18. 4. 1961 (WÜD, vgl. Gesetz v. 6.8.1964, BGBl. II, S. 957) und über konsularische Beziehungen (WÜK, Gesetz v. 26.8.1969 BGBl.II, S. 1585). Dabei ist zwischen der Immunität der Personen u. der Immunität der Einrichtung zu unterscheiden, näher MünchKomm-WOLF, Rn. 7 vor §§ 18-20 GVG.

eigenes Regelungsfeld mit spezifischen Fragen, die sich von den Erwägungen deutlich unterscheiden, die schuldnerschützenden Normen im übrigen zugrunde liegen.[93] Sie werden daher herkömmlich nicht als Vollstreckungs- oder Schuldnerschutz verstanden und sollen auch in dieser Arbeit nicht näher erörtert werden. Die Untersuchung der systematischen Bevorzugung von Staatsbetrieben im polnischen sozialistischen Recht, das diese einerseits generell vor der Vollstreckung besonders schützte und ihnen andererseits auch zur Durchsetzung ihrer Forderungen ein vorteilhaftes Vollstreckungssystem bereitstellte[94], ist eine lohnende Forschungsaufgabe, würde aber eine umfangreiche gesonderte, vorwiegend rechtshistorisch orientierte Analyse verlangen. Mit der Transformation hin zu einem marktwirtschaftlichen Wirtschafts- und Rechtssystem sind nämlich auch diese Sondernormen weitgehend abgeschafft worden.[95]

II. Generelle Beschränkungen der Zugriffsobjekte

1. Beschränkung der Auswahlfreiheit des Gläubigers

a) Einschränkung des Zugriffs auf die Person

Jahrhunderte lang war der Vollstreckungszugriff des Gläubigers in erster Linie mit einem Zugriff auf die Person des Schuldners verbunden, die für die Schuld haftete.[96] Im altrömischen Recht erlaubte die *manus iniectio* dem Gläubiger im Falle der Nichterfüllung, seinen Schuldner gefangen zu nehmen und als Sklaven zu verkaufen, um sich aus dem Verkaufspreis zu befriedigen. Der insolvente Schuldner konnte anfangs theoretisch sogar getötet werden – wenn dies auch praktisch kaum vorgekommen sein dürfte.[97] Mit der Zeit verlagerte sich allerdings – schon im römischen Recht – der Schwerpunkt beim Vollstreckungsobjekt von der Person zu deren Vermögen. Im polnischen Recht des Spätmittelalters war der Zugriff auf die Person nur als letztes Mittel üblich, wenn der Zugriff auf Mobilien (vor allem Tiere) und Immobilien fehlgeschlagen war.[98] In Polen

---

92 (PL) Beschränkung der Vollstreckung gegen den Fiskus (*Skarb Państwa*), Art. 1060 KPC; dazu ŚWIEBODA, PS 9/1994, S. 18; ŚWIECZKOWSKI, S. 13 ff. (D) § 882a ZPO (gegen jur. Personen des öff. Rechts). Die Beschränkungen sollen die Erfüllung öff. Aufgaben sicherstellen und gütliche Einigung ermöglichen, Schuschke-WALKER Rn. 4 zu § 882 ZPO.

93 Im europäischen Rechtsvergleich: KRINGS, S. 17.

94 (PL) Zur sozialistischen Vollstreckung gegen Staatsbetriebe nach Art. 1060-1065 KPC a.F. (*Przeciwko jednostkom gospodarki uspołecznionej*) vgl. WENTOWSKI, Palestra 2/1967, S. 18 f. Besondere Regeln bei Vollstreckung zugunsten von Staatsbetrieben: Art. 1072-1080 KPC a.F.

95 (PL) Durch Gesetz vom 13.7.1990 zur Änderung des KPC, Dz.U. Nr 55, poz. 318.

96 (F) BRENNER, Rn. 7 ff.

97 LIPPROSS, S. 8 m.w.Nw.

98 (PL) Dazu SZPOPER/ZDANOWSKI, PES 1 (37) /1999, S. 34.

war neben der Verhaftung seit dem 14. Jahrhundert in Adelskreisen die milde freiheitsbeschränkende Institution der *załoga* im Gebrauch, nach der der Schuldner durch eine Art „Hausarrest" auf eigene Kosten im örtlichen Gasthaus zur Schuldbegleichung angehalten werden sollte.[99] Die Verhaftung und Einkerkerung des Schuldners – ursprünglich im „oberen Turm" (*w wieży górnej*), d. h. nicht zusammen mit gewöhnlichen Verbrechern im Verlies (*in fundo*)[100] – wurde allerdings lange beibehalten, wenngleich schuldnerschützende Einschränkungen geregelt wurden.[101]

Der schrittweisen „Humanisierung" oder Milderung des Zwangs entsprach eine andere Konzeption der Schuld, nach der schließlich nur noch das Vermögen einer Person für deren gesamte Schulden haftete.[102] Der unbefriedigte Gläubiger konnte unter bestimmten Bedingungen lediglich auf die Vermögensstücke seines Schuldners zugreifen und diese verwerten, um sich daraus zu befriedigen. Ein moderner Gesetzgeber kann wegen der grundsätzlichen Veränderung der gesellschaftlichen und rechtlichen Vorstellungen von der menschlichen Würde[103] daher die rechtstheoretisch denkbare Konstruktion eines direkten Zugriffs auf die Person des Schuldners nur noch in ganz geringem Umfang einsetzen. Den Rückgriff auf dieses regelungstechnische Instrumentarium hat er sich heute weitgehend selbst durch völker- und verfassungsrechtliche Barrieren versperrt.

Während demgemäss etwa in Frankreich ein umfassender Ausschluss der Anwendung unmittelbaren Zwangs gegen die Person des Schuldners zur Durchsetzung zivilrechtlicher Ansprüche zu finden ist, damit dessen Persönlichkeitsrecht und Willensentschließungsfreiheit geschützt werden,[104] existieren im polnischen und deutschen Recht Reste des Zugriffs auf die Person. Zur Vornahme einer unvertretbaren Handlung oder zur Erwirkung eines Unterlassens kann der Schuldner in beiden Rechtsordnungen nämlich nicht nur durch Zwangsgeld (*grzywna*) sondern – für den Fall, dass dieses nicht beigetrieben werden kann – ersatzweise

---

99 (PL) Näher SZPOPER/ZDANOWSKI, PES 1 (37) /1999, S. 17 Fn. 8. Auch zur umgekehrten Form, dass der Gläubiger im Gasthaus auf Kosten des Schuldners „lag" (*leżał*). Hier wurde von den Adligen allerdings offenbar das Risiko der Nichtbegleichung der Schuld auf den Gastwirt überwälzt.

100 (PL) SZPOPER/ZDANOWSKI, PES 1 (37) /1999, S. 35.

101 (PL) SZPOPER/ZDANOWSKI, PES 1 (37) /1999, S. 42, 45 (zeitliche und örtliche Verhaftungsbeschränkungen), S. 54 f.

102 Vgl. für (F) etwa Art. 2092 C.Civ.: « *Quiconque s'est obligé personnellement est tenu de remplir son engagement sur tous ses biens mobiliers et immobiliers, présents et à venir.* »

103 (F) PERROT/THERY, S. 22 ; zur Entwicklung der Zwangsmittel S. 23 : « *Il y a deux millénaires, la mise en esclavage ou la mise à mort d'un débiteur ne choquait personne : aujourd'hui, la solution nous paraît proprement horrifiante ! Le juriste se doit de faire preuve d'imagination pour adapter les méthodes de contrainte aux mœurs de son temps.* »

104 (F) WERTH, S. 245 ff.

auch durch Haft (*areszt*) angehalten werden.[105] Gleiches gilt auch für die Erzwingung einer Vermögensoffenbarung.[106] Die Haft ist zeitlich auf sechs Monate begrenzt,[107] in Polen bei Vermögensoffenbarung neuerdings sogar auf einen Monat.[108] Soweit in Deutschland die Haft als erstes Zwangsmittel vorgesehen ist, soll sie wegen des Verhältnismäßigkeitsgrundsatzes aber nur festgesetzt werden, wenn sicher erscheint, dass ein Zwangsgeld keinen Beugeeffekt auf den Schuldner hat.[109] In beiden Rechtsordnungen ist normiert, dass Kranke von der Haft zu verschonen sind.[110]

Um Persönlichkeitsrechte des Schuldners zu wahren[111], kennt das deutsche Recht daneben einen ausdrücklichen Vollstreckungsausschluss für Ansprüche auf Vornahme persönlicher Dienste, auf Eingehung der Ehe oder Herstellung der ehelichen Lebensgemeinschaft[112]. In Polen und Deutschland wird teilweise angenommen, individuelle künstlerische und wissenschaftliche Leistungen könnten nicht erzwungen werden.[113]

b) Subsidiarität und Verhältnismäßigkeit

Geht man davon aus, dass der Vollstreckungszugriff vorrangig auf das Vermögen des Schuldners zu erfolgen hat, so ist – vor allem im Rahmen der Vollstreckung wegen Geldforderungen – regelungstechnisch zunächst eine Entscheidung darüber zu treffen, in welchem Umfang der Gläubiger über mögliche Formen und Gegenstände der Vollstreckung soll disponieren können. Das Leitprinzip der effektiven Gläubigerbefriedigung spricht dafür, dem Gläubiger selbst eine möglichst umfassende Auswahlbefugnis hinsichtlich erfolgversprechender Vollstreckungsarten und Zugriffsobjekte einzuräumen. Allerdings ist nicht zu übersehen, dass der Gläubiger nur in der Lage ist, eine rationale Entscheidung zu treffen, wenn er über eine ausreichende Informationsbasis verfügt. Dazu

---

[105] (PL) Art. 1050-1053, 1056-1059 KPC; nicht bei Diplomaten , vgl. Art. 1115 § 3 KPC; (D) § 888 Abs. 1 S. 1 ZPO (Tun); § 890 ZPO (Unterlassen). Allgemein zum Zwangsgeld REMIEN.

[106] (PL) Art. 916 KPC; (D) § 901 ZPO ff.

[107] (PL) Art. 1053 § 1 S. 2 KPC; (D) § 913 ZPO, ggf. i.V.m. § 888 Abs. 1 S. 3 ZPO.

[108] (PL) Art. 916 KPC n. F.

[109] (D) Musielak-LACKMANN, Rn. 12 zu § 888 ZPO.

[110] (PL) Art. 1058 KPC. Aus wichtigen Gründen kann die Haft bis zu einer Woche ausgesetzt werden, Art. 1059 KPC. (D) § 906 ZPO.

[111] (D) LIPPROSS, S. 170; WERTH, S. 245.

[112] (D) § 888 Abs. 2 ZPO.

[113] (PL) Piasecki-JANKOWSKI, Rn. 2 zu Art. 1050 m. Nw.; KOWALSKI, *Niepieniężnych*, S. 101; (D) Zu § 888 ZPO: Stein/Jonas-MÜNZBERG, Rn. 16 u. 39; MünchKomm-SCHILKEN, Rn. 7; JAUERNIG § 27 III 1.

muss ihm der Gesetzgeber den Zugang zu entscheidender Information über den Schuldner und sein Vermögen eröffnen.[114]

In der Rechtswirklichkeit und in Reformvorschlägen wird die Wahlfreiheit des Gläubigers allerdings häufig eingeschränkt. Regelungstechnisch kommen hier vor allem unterschiedliche Formen der Subsidiarität oder die Verpflichtung in Betracht, eine gesetzlich geregelte Rangfolge (*gradus executionis*) einzuhalten.[115] In Schottland war zeitweise generell die Abschaffung der Mobiliarvollstreckung geplant.[116] Einschränkungen dieser Art werden in der Regel mit dem angemessenen Schutz schuldnerischer Rechtsgüter im Vollstreckungsverfahren, d. h. letztlich mit Verhältnismäßigkeitserwägungen gerechtfertigt: Gerade bei der Mobiliarvollstreckung stehen einer besonderen Intensität der Eingriffe in Schuldnerrechte eine geringe Erfolgsquote und hohe Transaktionskosten gegenüber. Dies gilt insbesondere für Zugriffe in Wohnräumen des Schuldners. Ein Beispiel für eine differenzierte Subsidiaritätslösung bietet hier Frankreich, wo die Vollstreckung in Wohnräumen bei geringfügigen Forderungen gegenüber der Lohn- und Kontenpfändung nachrangig ist.[117] Gegen einen solchen besonderen Schutz der Wohnräume spricht vor allem, dass dadurch zumindest zeitweilig zugriffsfreie Zonen entstehen. Generell kann man gegen gesetzliche feste Subsidiaritätslösungen einwenden, dass der Schuldner die „mildere" Vollstreckungsart ja jederzeit von sich aus vollziehen könnte und dass er am besten selbst im Stande ist zu erkennen, welche Vermögensteile er mit dem geringsten Verlust zur Gläubigerbefriedigung einsetzen könnte. Tut er dies nicht, ist nur schwer zu begründen, warum der Gesetzgeber gehalten sein sollte, diese Entscheidung für den Schuldner zu treffen und dem Gläubiger im Namen der Verhältnismäßigkeit in den Arm zu fallen. Es ist kaum generell zu bestimmen, welcher Zugriff einen individuellen Schuldner am härtesten trifft.[118] Gegen eine zwingende Reihenfolge der Vollstreckungsarten können zudem die Disziplinierungsfunktion der Vollstreckung und die Gefahr der Lähmung des Verfahrens angeführt werden.[119]

---

[114] Bester aktueller Überblick über europäische Regelungen und krit. Bewertung der deutschen Situation bei HESS, NJW 2004, S. 2350 und DERS. *Study* S. 39 ff.

[115] So etwa in (CH) Art. 95 SchKG, weitere Hinweise bei STÜRNER ZZP 99 (1986), S. 303 f. Eingeschränkter rechtlicher Vorrang der Forderungsvollstreckung in (Ö) § 14 Abs. 2 EO; dazu Angst-JAKUSCH Rn. 9 ff. zu § 14 EO. Zum sächsischen Recht im 16. Jhd. KANNOWSKI, DGVZ 2003, S. 55.

[116] (SCO) Vgl. *Abolition of Poindings and Warrant Sales Bill* , wegen des nachfolgenden *Debt Arrangement and Attachment (Scotland) Act* kam es letztlich aber nicht zur Abschaffung, vgl. <http://www.scottish.parliament.uk/S1/parl_bus/bills/billsum-s1.htm>. [Abruf: 10.10.2006].

[117] (F) WERTH, S. 221.

[118] (D) PETERS, S. 554. Die Lohnpfändung kann z.B. den Arbeitsplatz kosten.

[119] (D) BAUR/STÜRNER § 6 B I 2 b, S. 60; zu Einwänden STÜRNER ZZP 99 (1986), S. 304 ff.

Das polnische Recht geht grundsätzlich vom freien Auswahlrecht des Gläubigers aus. Im vollstreckungseinleitenden Antrag hat der Gläubiger neben der zu erfüllenden Forderung[120] grundsätzlich auch die Vollstreckungsart (*sposób egzekucji*, s. o. A II 1) selbst zu bestimmen[121]. In einem Antrag können mehrere Vollstreckungsarten gegen denselben Schuldner angegeben werden und innerhalb einer Vollstreckungsart mehrere Bestandteile des Schuldnervermögens.[122] Während des laufenden Vollstreckungsverfahrens kann der Gläubiger weitere zusätzliche Vollstreckungsarten nennen, insbesondere wenn sich erweist, dass die bisher gewählte Vollstreckungsart erfolglos war oder zu seiner Befriedigung nicht ausreicht.[123] Das Vollstreckungsorgan ist bislang an die vom Gläubiger im Antrag getroffene Auswahl gebunden und darf die Notwendigkeit mehrerer Vollstreckungsarten grundsätzlich nicht in Frage stellen.[124]

Um bei dieser umfassenden Auswahlbefugnis die „Schikanierung" des Schuldners und einen Vollstreckungsmissbrauch durch den Gläubiger zu verhindern[125], hat sich der polnische Gesetzgeber für einen übergeordneten, flexiblen Verhältnismäßigkeitsvorbehalt entschieden. Unter mehreren möglichen Vollstreckungsarten hat der Gläubiger die den Schuldner am wenigsten belastende (*najmniej uciążliwy*) zu wählen[126]. Eine Vollstreckung entgegen diesen Prinzipien kann den Gläubiger schadensersatzpflichtig machen.[127] Zudem ist eine Beachtung dadurch abgesichert, dass der Gläubiger die Vollstreckungskosten zu tragen hat, wenn es sich erweist, dass von ihm beantragte Tätigkeiten nicht erforderlich waren, da eine vollständige Befriedigung auch durch andere, den Schuldner weni-

---

[120] (PL) Einzelheiten Piasecki-MARCINIAK, Rn. 2 zu Art. 797 KPC.

[121] (PL) Art. 797 KPC. Es reicht nicht, wenn der Gläubiger nur die Vollstreckungsgattung nennt (*rodzaj egzekucji* , s. o. A II 1, vgl. SN v. 25.4.1955, 4 CZ 72/55, OSN 1956, poz. 69) oder Vollstreckung aus dem gesamten Vermögen fordert: Bei Immobiliar-ZV ist genaue Bezeichnung des „anvisierten" Teils des Schuldnervermögens nötig, bei Mobiliar-ZV umfasst diese stets alle beweglichen Schuldnersachen, Piasecki-MARCINIAK, Rn. 2 zu Art. 797 KPC. Der GVZ kann neuerdings vom Gläubiger beauftragt werden, gegen Entgelt nach Schuldnervermögen zu suchen (Vgl. Art. 797^{1} KPC n. F. und dazu Zieliński-FLAGA-GIERUSZYŃSKA). Bei der ZV wegen Unterhaltsforderungen muss der Gläubiger keine Hinweise geben: Hier wird davon ausgegangen, dass der Antrag alle zulässigen Vollstreckungsarten außer der Immobiliarvollstreckung betrifft, vgl. Art. 1081 § 1 KPC n. F.

[122] (PL) Art. 797, 799 § 1 S. 1 KPC, wenn dasselbe Organ zuständig ist; Piasecki-MARCINIAK, Rn. 3 zu diesem Art.

[123] (PL) Piasecki-MARCINIAK, Rn. 2 zu Art. 799 KPC.

[124] (PL) MARCINIAK, NP 11-12/1980, S. 92 ff. Zieliński-FLAGA-GIERUSZYŃSKA, Rn. 4 zu Art. 797 KPC.

[125] (PL) Piasecki-Marciniak, Rn. 5 zu Art. 799 KPC; KARNICKA-KAWCZYŃSKA/KAWCZYŃSKI, S. 48.

[126] (PL) Art. 799 § 1 S. 2 KPC; ebs. in der Verwaltungsvollstreckung: Art. 7 § 2 EgzAdmU.

[127] (PL) Nach den Art. 415 KC ff., vgl. Zieliński-FLAGA-GIERUSZYŃSKA, Rn. 3 zu Art. 799 KPC; WENGEREK, PiP 1/1963, S. 102.

ger belastende Maßnahmen hätte erreicht werden können[128]. Als Beispiel wird der Fall angeführt, dass der Gläubiger etwa statt des ausreichenden Zugriffs auf ein Kraftfahrzeug des Schuldners die Vollstreckung in dessen Immobilien beantragt.[129] Genaue Leitlinien, wann eine solche Unverhältnismäßigkeit anzunehmen ist, sind aber bislang weder von Rechtsprechung noch Literatur entwickelt worden.[130]

Demgegenüber steht das freie Auswahlrecht des Gläubigers in Deutschland nicht unter einem allgemeinen Verhältnismäßigkeitsvorbehalt.[131] Die gegensätzliche Ansicht, dass die Vollstreckungsorgane wegen der Grundrechte des Betroffenen stets zur Prüfung verpflichtet seien, ob das Vollstreckungsziel nicht auf andere, weniger belastende Weise erreicht werden könnte,[132] was praktisch auf einen *gradus executionis* hinausliefe,[133] wird bislang fast allgemein als zu weitgehend abgelehnt.[134] Ohne zentralisierte Vollstreckungsorganisation und umfassende Aufklärungsbefugnisse wäre dies ohnehin nicht praktikabel.[135] Auch die These, dass der durch die Vollstreckung verursachte Sekundärschaden beim Schuldner stets geringer sein müsse, als der anvisierte Nutzen des Gläubigers in Höhe der beizutreibenden Leistung,[136] findet keine Zustimmung.[137] Bagatellforderungen, bei denen um so mehr erwartet werden könne, dass der Schuldner sie freiwillig erfülle,[138] dürften nicht von der Vollstreckung ausgeschlossen werden, da dem Gläubiger kein milderes Mittel zur Verfügung stehe, um seine Forderung beizutreiben. Die Vernachlässigung der Disziplinierungsfunktion der Vollstreckung könne dazu führen, dass in weitem Umfang kleinere Forderungen nicht mehr beglichen werden und damit Zahlungsmoral und Respekt vor den

---

128 (PL) Vgl. Art. 770 S. 1 KPC: Ersetzt werden nur Kosten, die „zur gezielten Durchführung der Vollstreckung unentbehrlich" sind; vgl. auch SN Beschluss v. 28. 4. 2004, III CZP 16/04; ähnliches gilt in (F) WERTH. S. 220.

129 (PL) Beispiel von KARNICKA-KAWCZYŃSKA/KAWCZYŃSKI, S. 72.

130 (PL) Allgemein zum Verhältnismäßigkeitsprinzip in der Rspr. des TK, DYLEWSKA, PSejm 1 (42)/2001, S. 45.

131 (D) STÜRNER, ZZP 99 (1986), S. 305; LIPPROSS, S. 118, WERTH, S. 223 m.w.Nw. Umfassend zu Verfassungsprinzipien: Musielak-LACKMANN, Rn. 15 vor § 704 ZPO. Anders im 16. Jhdt., vgl. KANNOWSKI, DGVZ 2003, S. 55.

132 (D) Sondervotum BÖHMER in BVerfGE 49, 220, 228 ff. Der Schutz sollte vor allem über § 765a ZPO und über Weigerungsrechte der Vollstreckungsorgane umgesetzt werden.

133 (D) Vollstreckung 1. in Forderungen und Rechte, 2. in Gegenstände außerhalb der Schuldnerwohnung, 3. in Gegenstände in der Schuldnerwohnung, 4. in Grundstücke, 5. in vom Schuldner bewohnte Gebäude. Ableitung von VOLLKOMMER, RPfl 1982, S. 8, der dies –wie PETERS, S. 552 – inhaltlich aber ablehnt.

134 (D) STÜRNER, ZZP 99 (1986), S. 305 f.; KEIP, S. 223; ebenso in (F), vgl. WERTH, S. 218.

135 (D) PETERS, S. 552, 553 f.

136 (D) WIESER, ZZP 98 (1985), 63 f.

137 (D) STÜRNER, ZZP 99 (1986), S. 330 f. u. die Nw. bei WERTH, S. 224 f.

138 (D) ROSENBERG/GAUL/SCHILKEN, § 26 I 1 c, S. 333; LIPPROSS, S. 176; JAUERNIG, § 1 X.

Gerichten leiden.[139] Einen indirekten Schutz vor der Auswahl unverhältnismäßiger Vollstreckungsmaßnahmen gibt es aber – wie in Polen – dadurch, dass der Gläubiger die Kosten nicht notwendiger, d. h. etwa erkennbar unzulässiger, schikanöser, überflüssiger oder aussichtsloser Vollstreckungsmaßnahmen zu tragen hat.[140] Daneben bestehen Einschränkungen im Bereich der Handlungs- und Unterlassungsvollstreckung (s. o. C II 1 a).[141]

2. *Haftungsbeschränkungen*

Als denkbares Zugriffsobjekt bleibt nach dem weitgehenden Ausschluss der Person des Schuldners grundsätzlich sein gesamtes Vermögen. Ausnahmen vom Gesamtvermögenszugriff bilden regelmäßig in erster Linie die Zugriffsbeschränkungen des klassischen Schuldner- bzw. Vollstreckungsschutzes. Von der Regel des Gesamtvermögenszugriffs wird der Gesetzgeber aber häufig auch in bestimmten Sonderfällen abweichen müssen, in denen durch materiellrechtliche Regelungen die Haftung von vorneherein auf bestimmte abgrenzbare Vermögensteile beschränkt ist oder jedenfalls beschränkt werden kann. Diese Haftungsbeschränkungen – vor allem von Rechtsnachfolgern – müssen konsequent auch im Vollstreckungsrecht durchgesetzt werden.

In Polen geht das Vollstreckungsrecht wie in Deutschland[142] und vielen anderen europäischen Rechtsordnungen[143] grundsätzlich vom Gesamtvermögenszugriff aus. Der Vollstreckungstitel bildet die Grundlage für eine Vollstreckung in alle Teile des Vermögens des Schuldners.[144] Im Prinzip stellt also das Gesamtvermögen eine Garantie für die zu erfüllende Verpflichtung dar. Dies gilt allerdings nur so weit, wie nicht der Titel etwas anderes besagt. Abgesehen von den Kosten kann nur die im Titel enthaltene Forderung vollstreckt werden.[145] Ein Verstoß gegen diese Grenzen kann zur Haftung von Staat, Gerichtsvollzieher und Gläubiger führen.[146] Ausnahmen vom Grundsatz des Gesamtvermögenszugriffs, die auf materiellrechtlichen Haftungsbeschränkungen beruhen, werden im polnischen Recht über die Fassung des Vollstreckungstitels ins Vollstreckungsrecht

---

139 (D) PETERS, S. 552. Kritisch zum Verhältnismäßigkeitserfordernis auch FISCHER, DGVZ 2004, S. 104.

140 (D) § 788 ZPO; Zöller-STÖBER, Rn. 9 ff. zu § 788 ZPO m.w.Nw. Gleiches gilt in (F) WERTH, S. 220.

141 (D) §§ 888 Abs. 1, 890 ZPO; BAUR/STÜRNER S. 58.

142 (D) § 808 ZPO. Musielak-LACKMANN, Rn. 5 vor § 704 ZPO.

143 Für die Rechtsordnungen der (15er) EU vgl. KRINGS, S. 15.

144 (PL) Art. 803 KPC, kein „Universalzugriff". Zugriff auf alle einzelnen Bestandteile des Schuldnervermögens, die selbständige Objekte des Rechtsverkehrs darstellen, Piasecki-MARCINIAK, Rn. 4 zu Art. 803 KPC.

145 (PL) DERS. aaO., Rn. 2. Er zeigt die subjekt- und objektbezogenen Grenzen der ZV auf.

146 (PL) Piasecki-MARCINIAK, Rn. 2 zu Art. 803 KPC.

„transformiert“. Haftet der Schuldner nur mit einem bestimmten abgrenzbaren Teil des Vermögens oder bis zu einer bestimmten Quote und ist ihm im Titel das Recht vorbehalten, sich im Vollstreckungsverfahren darauf zu berufen, kann die Vollstreckung nur entsprechend dieser Beschränkung erfolgen.[147] Nach polnischem Recht kann das Gericht zum einen dem Beklagten im *Urteil* vorbehalten, sich im Vollstreckungsverfahren auf die Beschränkung der Haftung zu berufen.[148] Daneben kann dies aber auch noch in der Vollstreckungs*klausel* geschehen. Beim Hauptanwendungsfall des Rechtsnachfolgers, der nur mit bestimmten Objekten oder nur bis zur Höhe ihres Wertes haftet, hat das Gericht diesem in der Vollstreckungsklausel das Recht vorzubehalten, sich im Laufe des Vollstreckungsverfahrens auf die beschränkte Haftung zu berufen, soweit dies nicht schon im Urteil (oder sonstigen „Exekutionstitel“) geschehen ist.[149] Dies ist erforderlich, da der Schuldner sich im Vollstreckungsverfahren auf die beschränkte Haftung eben grundsätzlich *nur* berufen kann, wenn dies im Titel vorbehalten ist.[150] Ausnahmen vom Vorbehaltserfordernis gelten nur für die gesetzlich beschränkte Vollstreckung in den Nachlass bis zur Annahme der Erbschaft[151] und für den Fall, dass eine Forderung gegen einen Schuldner zuerkannt wurde, der von Gesetzes wegen stets nur aus einem bestimmten Vermögen haftet.[152] Die Berufung auf die Beschränkung kann dann noch bei den ersten Vollstreckungstätigkeiten, im Antrag auf Einstellung des Verfahrens oder im Rahmen einer Erinnerung erfolgen.[153] Enthält der Titel den Vorbehalt oder ist ein solcher nicht erforderlich, kann der Vollstreckungsschuldner die Einstellung einer entgegen der Beschränkung erfolgten Vollstreckung beantragen.[154] Fehlt der

---

[147] (PL) Piasecki-MARCINIAK, Rn. 5 zu Art. 803 KPC.

[148] (PL) Art. 319 KPC. In den Fällen des Art. 41 § 2 KRO (gesetzl. Gütergemeinschaft: Fall der Haftung nur aus Sondervermögen eines Ehegatten) und der Art. 1030 ff. KC (beschränkte Erbenhaftung), vgl. Piasecki³-PIASECKI, Rn. 2 zu Art. 319 KPC.

[149] (PL) Art. 792 KPC; Piasecki-MARCINIAK, Rn. 4 zu Art. 792 KPC. Ist ein Vorbehalt in der Klausel unterblieben, kann der Rechtsnachfolger Einfügung noch im Beschwerdeweg verfolgen, ŚWIEBODA, Anm. 1 zu Art. 792 KPC. Zur Klauselerteilung gegen Schuldnerehegatten: Art. 787 KPC u. POGONOWSKI, MoP 22/2002, S. 1015; SORYSZ, MoP 14/2005, S. 692.

[150] (PL) Art. 837 S. 1 KPC. KARNICKA-KAWCZYŃSKA/KAWCZYŃSKI, S. 67.

[151] (PL) Art. 836 S. 1 KPC: Bis zur Annahme der Erbschaft ist Vollstreckung zur Befriedigung von Erblasserschulden nur in den Nachlass zulässig (Haftungsregelung: Art. 1030 KC) und kann in den Nachlass nicht zur Befriedigung einer pers. Schuld des Erben vollstreckt werden (S. 2). Piasecki-MARCINIAK, Rn. 1 zu Art. 836 KPC; (D) 778 ZPO.

[152] (PL) Vermögenserwerber, gerichtlicher Verwalter, Nachlasspfleger, Testamentsvollstrecker (bezgl. des ihnen anvertrauten Vermögens) oder Fiskus als Erbe, Art. 837 S. 2 KPC; WENGEREK, Anm. 3 zu Art. 837 KPC.

[153] (PL) WENGEREK, Anm. 4 zu Art. 837 KPC.

[154] (PL) Nach Art. 825 Pkt. 3 KPC, vgl. ŚWIEBODA, Anm. 2 zu Art. 792 (mit Beispiel), Anm. 3 zu Art. 825 KPC.

Vorbehalt im Titel, kann er noch im Wege der Oppositionsklage[155] verlangen, die Vollstreckbarkeit des Titels zu beschränken.[156]

Die deutsche Rechtslage ist insgesamt komplizierter und durch stärkere Mitwirkungserfordernisse für den Vollstreckungsschuldner gläubigerfreundlicher als die polnische. Eine Berufung auf die beschränkte Haftung im Vollstreckungsverfahren ist grundsätzlich nur möglich, wenn dies dem Beklagten im Urteil vorbehalten ist.[157] Ähnlich wie in Polen bedarf es eines Vorbehalts dann nicht, wenn es um die gesetzlich vorgesehene Vollstreckungsbeschränkung für die Zeit vor Erbschaftsannahme[158] geht. Gleiches gilt in den Fällen, in denen der Schuldner stets von Gesetzes wegen nur beschränkt haftet.[159] Auch wenn das Urteil aber – auf Einrede des Beklagten hin[160] – unter Vorbehalt der beschränkten Haftung ergeht[161], bleibt die Beschränkung grundsätzlich in der Zwangsvollstreckung unbeachtet.[162] Der Schuldner muss seine Einwendungen gegen die Vollstreckung stets im Wege einer Vollstreckungsgegenklage geltend machen.[163] Im Vergleich zum polnischen Recht ist die Durchsetzung von Haftungsbeschränkungen im Interesse effektiver Gläubigerbefriedigung also erheblich erschwert.

3. *Verbot des zwecklosen Zugriffs*

Ein Vollstreckungszugriff, der ersichtlich schon nicht geeignet[164] ist, sein eigentliches Ziel – die Gläubigerbefriedigung – auch nur teilweise zu erreichen, liegt im Interesse keines der Beteiligten. Die Vollstreckung ist kein „Selbst-

---

155 (PL) Nach Art. 840 § 1 KPC (*powództwo opozycyjne*). Nach der Reform neu gefasst.

156 (PL) ŚWIEBODA, Anm. 3 f. zu § 792 KPC; Piasecki-MARCINIAK, Rn. 9 zu Art. 792, Rn. 6 zu Art. 837 KPC. Vgl. dazu auch SN v. 15. 11. 1996, II CKN 7/96, OSNC 4/1997, poz. 39.

157 (D) § 780 Abs. 1 ZPO.

158 (D) § 778 ZPO. Wegen Nachlassverbindlichkeiten Vollstreckung nur in den Nachlass. Rechtsbehelfe des Erben § 766 oder § 771 ZPO, Stein/Jonas-MÜNZBERG Rn. 3 zu § 778 ZPO.

159 (D) § 780 Abs. 2 ZPO. Vor allem: Fiskus als Erbe, Nachlassverwalter, Nachlasspfleger, Testamentsvollstrecker.

160 (D) Musielak-Lackmann, Rn. 6 zu § 780 ZPO.

161 (D) § 780 Abs. 1 ZPO (zu erbrechtl. Beschränkungen: Musielak-LACKMANN, Rn. 3 zu § 780 ZPO). Entspr. Anwendung auf andere Fälle der Haftungsbeschränkung gem. § 786 ZPO, näher DERS. Rn. 2 f. zu § 786 ZPO. Ergeht das Urteil unter Vorbehalt der Geltendmachung erbrechtlicher Einreden (nach §§ 2014, 2015 BGB) kann der Erbe verlangen, die ZV zeitweilig auf zur Arrestvollziehung zulässige Maßnahmen zu beschränken, §§ 305, 782 ZPO. Vgl. auch § 305 Abs. 2 ZPO (fortgesetzte Gütergemeinschaft), § 305a ZPO (Seerecht).

162 (D) § 781 ZPO.

163 (D) § 785 i.V.m. §§ 767, 769, 770 ZPO. Enthält im Grunde zwei unterschiedliche Klageformen: näher Musielak-LACKMANN, Rn. 1 u. 3 zu § 785 ZPO.

164 (D) A. A. MünchKomm-SCHILKEN Rn. 45 zu § 803 ZPO: kein Geeignetheitsgrundsatz.

zweck"[165]. Dem Gläubiger kann nicht daran gelegen sein, wenn die Vollstreckung zu keiner Befriedigung seiner Forderung, sondern höchstens zu einer Kostendeckung führt, der Schuldner sollte zudem vor einer Vergrößerung seiner Schuld um die Kosten erfolgloser Vollstreckung geschützt werden.[166]

Bei der Vollstreckung wegen Geldforderungen regeln daher polnisches wie deutsches Vollstreckungsrecht ein Verbot des Zugriffs bei zweck- oder erfolgloser Vollstreckung (*bezskuteczność egzekucji*). In Polen muss der Gerichtsvollzieher die Vollstreckung von Amts wegen einstellen, wenn „offensichtlich" (*oczywiste*)[167] ist, dass der voraussichtliche Vollstreckungsertrag nicht höher sein wird als die Kosten[168]. Dies gilt allerdings nicht bei einer Vollstreckung wegen Unterhaltsforderungen[169]. Auch in Deutschland hat die Pfändung zu unterbleiben, wenn von der Verwertung der zu pfändenden Gegenstände kein Überschuss über die Kosten der Zwangsvollstreckung erwartet werden kann.[170] Das Vollstreckungsorgan hat dafür in beiden Ländern schon zu Beginn seiner Vollstreckungstätigkeiten annäherungsweise die Kosten[171] der Vollstreckung zu ermitteln und den voraussichtlichen Erlös zu schätzen.[172] Ein Verstoß gegen das Verbot führt nicht zur automatischen Nichtigkeit, sondern muss vom Schuldner gerügt werden[173]: in Polen durch Anregung der Einstellung von Amts wegen an Gerichtsvollzieher oder Gericht[174], sowie gegebenenfalls – wie in Deutschland – mit der Erinnerung.[175]

---

[165] (D) So zu Recht KEIP, S. 18. Zu (F) WERTH, S. 219.

[166] (PL) Piasecki-JAGIEŁA, Rn. 8 zu Art. 824 KPC.

[167] (PL) Zur Definition: MERCHEL, S. 28; WENGEREK, Anm. 8 zu Art. 824 KPC.

[168] (PL) Art. 824 § 1 Pkt 3 KPC; WENGEREK Anm. 8 zu Art. 824 KPC. Gleiches gilt, wenn er später zu diesem Ergebnis kommt (z.B. nach Schätzung). Ähnlich in (F) wo der GVZ ein Weigerungsrecht besitzt, WERTH, S. 219 f.

[169] (PL) Art. 1086 § 5 KPC.

[170] (D) § 803 Abs. 2 ZPO. Vgl. schon § 657 Abs. 2 CPO. Das wird z.B. bei maßgeschneiderter Software i.d.R. der Fall sein, vgl. BREIDENBACH, CR 1989, S. 880. Für (PL) müsste Gleiches gelten.

[171] (PL) Nur die im Normalfall zu erwartenden und für eine zielgerichtete ZV unerlässlichen Kosten sind berücksichtigungsfähig, arg. aus Art. 770 KPC, vgl. Piasecki-JAGIEŁA, Rn. 8 zu Art. 824 KPC; (D) § 788 ZPO.

[172] Provisorische Schätzung vgl. (PL) WENGEREK Anm. 8 zu Art. 824 KPC; (D) THOMAS/PUTZO Rn. 15 zu § 803 ZPO; näher MünchKomm-SCHILKEN Rn. 47 zu § 803 ZPO.

[173] (PL) Piasecki-MARCINIAK, Rn. 6 vor Art. 829 KPC; (D) Stein/Jonas-MÜNZBERG, Rn. 28, 33 zu § 803 ZPO.

[174] (PL) Art. 759 § 2 KPC.

[175] (PL) Art. 767 KPC; (D) § 766 ZPO.

4. *Verbot des übermäßigen Zugriffs*

Es liegt naturgemäß im Gläubigerinteresse, durch den Vollstreckungszugriff eine möglichst umfangreiche Sicherung und größtmögliche Befriedigungschancen zu erhalten. Trüge man diesem Interesse uneingeschränkt Rechnung, müsste man den Zugriff auf praktisch das gesamte Vermögen des Schuldners ermöglichen, dessen das Vollstreckungsorgan habhaft werden kann. Da ein moderner rechtstaatlicher Gesetzgeber aber regelmäßig aus den oben genannten Gründen auch die Schuldnerposition zu respektieren gehalten ist, bietet sich wieder ein Element des klassischen Verhältnismäßigkeitsgrundsatzes an, um eine unnötig belastende und auf wirtschaftliche Vernichtung des Schuldners abzielende Vollstreckung zu vermeiden.[176] Die Maßnahme muss zunächst überhaupt *erforderlich* sein, um ihr Ziel zu erreichen[177]. Da Ziel des Vollstreckungsrechts nicht die möglichst umfangreiche Sicherung des Gläubigers sondern seine vollständige Befriedigung ist, regeln polnisches und deutsches Recht jeweils für die Vollstreckung von Geldforderungen in bewegliche Sachen – in Deutschland allgemein in das bewegliche Vermögen – ein Verbot übermäßigen Zugriffs.[178] Danach darf das Vollstreckungsorgan den Zugriff nicht weiter ausdehnen, als dies zur Gläubigerbefriedigung und Kostendeckung erforderlich ist. Der zu erwartende Erlös ist vom Vollstreckungsorgan mit dem beizutreibenden Forderungsbetrag inklusive Zinsen und Kosten zu vergleichen.[179] Die geforderte Prognoseentscheidung ist – insbesondere bei gepfändeten Rechten – praktisch allerdings oft nur schwer zu treffen. Ein Recht des Schuldners, bestimmte zur Befriedigung ausreichende Sachen auszuwählen, wird überwiegend abgelehnt.[180] Ein Verstoß gegen das Verbot des übermäßigen Zugriffs („Überpfändung") führt übereinstimmend nicht zur Nichtigkeit, sondern lediglich zur Anfechtbarkeit im Wege der Erinnerung.[181] Daneben kommen Schadensersatzansprüche in Betracht.[182]

---

[176] (PL) Piasecki-JANKOWSKI, Rn. 10 zu Art. 845 KPC, der den Zusammenhang mit anderen Ausprägungen des Verhältnismäßigkeitsgrundsatzes (Art. 799 § 1 S. 2, § 2 KPC) betont.

[177] (D) Dagegen wieder v. a. MünchKomm-SCHILKEN, Rn. 40 zu § 803 ZPO: kein Grundsatz der Erforderlichkeit in der ZV, m. Nw. auch zur näher liegenden Gegenansicht.

[178] (PL) Art. 845 § 3 KPC; (D) § 803 Abs. 1 S. 2 ZPO. Vgl. schon § 657 Abs. 1 CPO.

[179] (PL) Entspr. Art. 799 § 2 KPC; (D) Pfändung trotz Missverhältnisses, wenn nur *ein* pfändbarer Gegenstand vorhanden und bisherige Vollstreckungsmaßnahmen unzureichend, OLG Celle, DGVZ 1951, S. 137.

[180] (PL) Piasecki-JANKOWSKI, Rn. 10 zu Art. 845 KPC: Wahlrecht des Gläubigers. Allerdings kann der Schuldner im Rahmen der Verwertung die Reihenfolge zu verwertender Sachen bestimmen (§ 97 Abs. 2 CzynKomR).

[181] (PL) MARCINIAK, *Ograniczenia*, S. 51; (D) BGH NJW 1975, S. 738; BAUR/STÜRNER, S. 346.

[182] (PL) Gläubigerhaftung entsprechend Art. 799 KPC, vgl. Piasecki-JANKOWSKI, Rn. 10 zu Art. 845, Rn. 8 zu Art. 799 KPC; (D) Nach § 823 Abs. 2 BGB und Amtshaftung, vgl. Musielak-BECKER, Rn. 16 zu § 803 ZPO.

Wenn die Vollstreckung in einen Teil des Schuldnervermögens offensichtlich zur Befriedigung des Gläubigers ausreicht, kann der Schuldner in Polen vom zuständigen Vollstreckungsorgan zudem die Aussetzung (*zawieszenie*) der Vollstreckung in den übrigen Teil verlangen.[183] Der Aussetzungsantrag kann eine oder auch mehrere Vollstreckungsarten betreffen. Die Feststellung, dass ein Teil offensichtlich ausreicht, verlangt nicht nur eine Gegenüberstellung der zu vollstreckenden Forderung mit der Schätzung der Mobilien, Immobilien oder der Höhe der gepfändeten Forderung, sondern zudem eine realistische Prognose hinsichtlich des Ausganges der Verwertung, d. h. etwa des Ergebnisses einer Versteigerung oder Forderungseinziehung.[184] Dem Schutz vor einer nicht erforderlichen Vollstreckung dienen auch Abwehrmöglichkeiten für den Fall, dass der Gläubiger bereits genügende Sicherheit besitzt. In Polen kann der Schuldner Verfahrenseinstellung verlangen, wenn der Gläubiger im Besitz eines Pfandes ist, das die vollständige Befriedigung seiner Forderung sichert.[185] Auch nach deutschen Recht kann der Schuldner einer Vollstreckung in sein übriges Vermögen im Wege der Erinnerung widersprechen, wenn der Gläubiger eine bewegliche Sache des Schuldners im Besitz hat, an der ihm ein Pfand- oder ein Zurückbehaltungsrecht für seine Forderung zusteht und der Wert der Forderung durch den Wert der Sachen gedeckt ist[186].

III. Örtliche Beschränkungen

1. Wohnung

Eine weitere übergreifende Regelungsfrage des Vollstreckungsrechts betrifft die „örtlichen" Zugriffsmöglichkeiten der Vollstreckungsorgane. Vor allem bei der Vollstreckung in bewegliche Sachen und der Herausgabevollstreckung ist für eine effektive Verfahrensdurchführung schon konstruktiv oft ein Zugriff in den Räumlichkeiten des Schuldners oder auf diese unabdingbar. Es muss eine tatsächliche Zugriffsmöglichkeit auf das Vollstreckungsobjekt bestehen[187]. Wird vom Schuldner der Zugriff nicht freiwillig zugelassen, müssen dem Vollstreckungsorgan Zwangsbefugnisse eine effektive Vollstreckung ermöglichen. Diese „örtlichen" Zugriffsbefugnisse sind aber regelmäßig aus verschiedenen Gründen beschränkt. Neben Beschränkungen aufgrund interner staatlicher Or-

---

183 (PL) Art. 799 § 2 KPC; zu Rechtswirkungen Piasecki-JAGIEŁA, Rn. 6 vor Art. 818 KPC.

184 (PL) SN v. 10. 5. 1966, II CR 97/66, OSNCP 1966, poz. 223.

185 (PL) Art. 825 Nr. 4 KPC.

186 (D) § 777 ZPO. Näher zu den in Betracht kommenden Pfand- und Zurückbehaltungsrechten, Musielak-LACKMANN, Rn. 3 zu § 777 ZPO.

187 (D) Schuschke-WALKER, Rn. 1 zu § 758 ZPO.

ganisationsinteressen[188] und völkerrechtlicher Vorgaben (Immunitäten)[189], die wegen ihrer Sondernatur hier nicht näher untersucht werden sollen, sind andere Regelungen als „klassische“ Schuldnerschutznormen anzusehen.

So genießt vor allem die Wohnung als „Heiligtum des Privat- und Familienlebens“[190] auch in Polen und Deutschland traditionell[191] besonderen Schutz. Beschränkungen für das Betreten und Durchsuchen von Wohnräumen werden vor allem mit dem Ziel gerechtfertigt, die Privatsphäre des Schuldners zu achten, in der dieser grundsätzlich in Ruhe gelassen werden soll.[192] Solche Erwägungen finden sich schon im alten Testament.[193] Neben zeitlichen Beschränkungen des Betretens, die gesondert behandelt werden sollen (unter IV), kommt vor allem in Betracht, Betreten und Durchsuchen von Wohnräumen von der Einwilligung des Schuldners oder einer gerichtlichen Erlaubnis abhängig zu machen. Als „örtliche“ Beschränkungen sollen hier auch Regelungen verstanden werden, die den Zugriff auf die vom Schuldner getragene Kleidung begrenzen (dazu unter 2).

In Polen ordnet der Gerichtsvollzieher die Öffnung der Wohnung und anderer Räume sowie Behältnisse des Schuldners[194] an und durchsucht diese, wenn das Ziel der Vollstreckung in der gewählten Vollstreckungsart dies erfordert.[195] Da diese Maßnahmen ein Übergreifen in die höchstpersönliche Rechtssphäre des Schuldners darstellen, die unter besonderem rechtlichen Schutz steht[196], sind sie nur in der gesetzlich geregelten Reihenfolge und bei strikter Orientierung an der Erforderlichkeit zulässig. Der Gerichtsvollzieher hat den Schuldner in jedem Fall zuerst aufzufordern, die geschuldete Leistung freiwillig zu erbringen.

---

188 (PL) Eingeschränkte ZV in Gebäuden von Armee, Polizei, Grenz- und Staatsschutz oder auf Kriegsschiffen, Art. 811 § 1 KPC, § 44 CzynKomR u. RechtsVOen, Art. 811 § 2 KPC.

189 (PL) Zur Durchsuchung von konsularischen und diplomatischen Wohnungen, vgl. Art. 1115 § 4 KPC; (D) Direkt aus Art. 22 Abs. 3 (Mission), 30 (Privatwohnung) WÜD, Art. 31, 33, 35 WÜK , MünchKomm-WOLF, Rn. 7 vor §§ 18-20 GVG.

190 So für (F) : « *sanctuaire de la vie privée et familiale* », BRENNER, Rn. 49.

191 (PL) Im 19. Jhdt. waren hier Verhaftungen grds. untersagt, vgl. SZPOPER/ZDANOWSKI, PES 1 (37)/1999, S. 45.

192 (PL) WENGEREK Anm. 1 zu Art. 814 KPC „in der ganzen zivilisierten Welt garantiert.“; (D) Schuschke-WALKER, Rn. 10 zu § 758a ZPO; WESSER, NJW 2002, S. 2138.

193 5 MOSE 24, 10, 11: „Wenn du deinem Nächsten etwas borgst, so sollst du nicht in sein Haus gehen und ihm ein Pfand nehmen, sondern du sollst draußen stehen, und er, dem du borgst, soll sein Pfand zu dir herausbringen.“

194 (PL) Räume oder Behältnisse Dritter sind nach dem Wortlaut nicht erfasst. Behältnisse des Schuldners in Räumen Dritter können aber dann geöffnet und durchsucht werden, wenn der Dritte zugibt, dass diese dem Schuldner gehören, ŚWIEBODA, Anm. 2 zu Art. 814 KPC.

195 (PL) Art. 814 § 1 KPC. Begriffe sind weit zu verstehen, vgl. ŚWIEBODA, Anm. 1 zu Art. 814 KPC: Erfasst sind nicht nur Wohnräume sondern auch sog. „Nutz“- und Geschäftsräume (*lokale użytkowe*) etc., auch nichtständige (Ferienwohnungen etc.). „Behältnisse“ sind alle dem Schuldner gehörenden Plätze, an denen er Gegenstände, Geld oder Dokumente verwahren kann. Näher WENGEREK, Anm. 2, 4 zu Art. 814 KPC.

196 (PL) Auch für juristische Personen, vgl. WENGEREK Anm. 4 zu Art. 814 KPC.

Kommt der Schuldner dem nicht nach, kann die Anordnung der Öffnung und Durchsuchung von Wohnungen erforderlich sein, wenn der Gerichtsvollzieher weder den Schuldner noch einen Mitbewohner in der Wohnung antrifft, wenn der Schuldner die Tür nicht öffnet oder wenn er in ähnlicher Weise den Zutritt vereitelt. Entsprechendes gilt für Behältnisse, wenn der Schuldner die Öffnung verweigert[197].

In Deutschland ist zwar ähnlich geregelt, dass der Gerichtvollzieher Wohnung und Behältnisse des Schuldners durchsuchen[198] kann, soweit der Zweck der Vollstreckung dies erfordert. Er kann dazu auch verschlossene Haus-, Zimmertüren und Behältnisse öffnen lassen[199]. Aufgrund verfassungsgerichtlicher Rechtsprechung zum Wohnungsgrundrecht (Art. 13 GG) ist diese Ausgangslage allerdings erheblich zugunsten des Schuldners modifiziert worden.[200] Anders als in Polen ist ein Betreten und Durchsuchen von Wohn-, Arbeits- oder Geschäftsräumen[201] des Schuldners ohne dessen Einwilligung[202] nur mit gesonderter richterlichen Anordnung zulässig.[203] Diese ist nur bei der Räumungsvollstreckung, beim Betreten zur Verhaftung des Schuldners[204] oder dann entbehrlich, wenn die Einholung der Anordnung den Erfolg der Durchsuchung gefährden würde.[205] „Gefahr im Verzuge" soll eng zu verstehen und nur anzunehmen sein, wenn *konkrete* Anhaltspunkte dafür vorliegen, dass eine Vollstreckungsvereitelung beabsichtigt ist, oder wenn etwa erkennbar ein Auszug oder dauerhafter Auslandsaufenthalt des Schuldners bevorsteht.[206] Ein Rechtsschutzbedürfnis für den Antrag auf Durchsuchungsanordnung wird zudem in der Regel erst angenommen, wenn die Durchsuchung bereits verweigert wurde oder der Gerichtsvollzieher den Schuldner mindestens einmal nicht angetroffen und ihn dabei

---

197 (PL) Zu Art. 814 KPC: ŚWIEBODA, Anm. 1; WENGEREK Anm. 2 f.; Öffnung ggf. durch Schlüsseldienst o.ä.

198 (D) Zur Definition: BVerfGE 51, S. 97; eingehend WESSER, NJW 2002, S. 2139 f.

199 (D) § 758 Abs. 1 u. 2 ZPO.

200 (D) BVerfGE 51, S. 97. Zur Judikatur FISCHER, DGVZ 2004, S. 98 ff.

201 (D) Wegen Art 13 GG weites Wohnungsverständnis: alle Räumlichkeiten, die häuslichen oder beruflichen Zwecken ihres Inhabers (auch jur. Person) dienen, vgl. zu § 758a ZPO: Musielak-LACKMANN, Rn. 3; Zöller-STÖBER Rn. 4.

202 (D) Zu Fragen der Einwilligung, WESSER, NJW 2002, S. 2143 f.

203 (D) § 758a Abs. 1 S. 1 ZPO. Ergeht auf Antrag des Gläubigers und ist bei ZV vorzuzeigen (Abs. 5). Zur gleichzeitigen Durchsuchung für mehrere Gläubiger BVerfGE 76, S. 83 ff.

204 (D) § 758a Abs. 2 ZPO. Näher zu § 758a ZPO: Schuschke-WALKER Rn. 21; Musielak-LACKMANN, Rn. 2.

205 (D) § 758a Abs. 1 S. 2 ZPO.

206 (D) BVerfG NJW 2001, S. 1121; zu § 758a ZPO: Zöller-STÖBER Rn. 32; Schuschke-WALKER, Rn. 17, 19.

vergeblich aufgefordert hat, sich mit ihm in Verbindung zu setzen.[207] Die Durchsuchungsanordnung ist, regelmäßig nach Anhörung des Schuldners,[208] dann zu erteilen, wenn sie erforderlich ist[209], eine Ablehnung kommt bei besonderer und akuter schuldnerischer Schutzwürdigkeit in Betracht.[210] Bei Einwilligung oder richterlicher Anordnung haben Mitgewahrsamsinhaber die Durchsuchung zu dulden, unbillige Härten ihnen gegenüber sind zu vermeiden.[211] Eine Zwangsöffnung ist zuvor schriftlich anzudrohen[212] und hat sich am Verhältnismäßigkeitsgrundsatz zu orientieren.[213]

Um ein gesetzmäßiges Verfahren sicherzustellen und spätere Nachprüfung zu ermöglichen, ist nach polnischem Recht bei Öffnung von Räumen und Behältnissen in Abwesenheit des Schuldners die Gegenwart eines Polizeibeamten oder verantwortlichen Hausverwalters erforderlich.[214] In Deutschland sind in vergleichbaren Situationen ebenfalls Zeugen beizuziehen.[215] Nach Beendigung der Tätigkeiten sichert der Gerichtsvollzieher in Polen die Wohnung, indem er sie verschließt oder nötigenfalls versiegelt.[216] Verstöße gegen die Schutzbestimmungen führen in beiden Rechtsordnungen nicht zur Nichtigkeit, dem Schuldner steht nur die Erinnerung zu.[217] Ob und wie der Schuldner nach deutschem Recht die Durchsuchungsanordnung soll angreifen können, ist umstritten.[218]

Die im Vergleich zur polnischen sehr schuldnerfreundliche Rechtslage in Deutschland lässt sich nur aufgrund des hohen Ranges und der weiten Interpretation des Wohnungsgrundrechts des Art. 13 GG in der deutschen Verfassungs-

---

207 (D) Wieviele Versuche, zu welchen Tages- bzw. Nachtzeiten erforderlich sind, ist str. Zu § 758a ZPO vgl. Zöller-STÖBER, Rn. 20 m. Nw.; Musielak-LACKMANN, Rn. 12: konkrete Anhaltspunkte für Weigerung ausreichend.

208 (D) BVerfGE 57, S. 346, 359. Ausnahme nur, wenn sonst Vollstreckungserfolg gefährdet. Enger Zöller-STÖBER, Rn. 25 zu § 758a ZPO: Gefährdung liegt nahezu regelmäßig vor. PETERS, S. 558: Generell nicht erforderlich.

209 (D) Vgl. WERTH, S. 225 f.; WESSER, NJW 2002, S. 2142 f.

210 (D) Etwa schwere Krankheit, LG Hannover, DGVZ 1984, S. 116, zu § 758a ZPO: Musielak-LACKMANN, Rn. 13; Zöller-STÖBER, Rn. 17. Eine Rangfolge der Vollstreckungsarten darf auch hier keine Rolle spielen, PETERS, S. 552 ff.

211 (D) § 758a Abs. 3 ZPO; WESSER, NJW 2002, 2144 f.: „verfassungsrechtlich bedenklich".

212 (D) § 107 Nr. 7 GVGA. Der Schuldner soll die Zwangsöffnung abwenden können.

213 (D) BGH NJW 1957, S. 544: Alternativen? Schonende Öffnung durch Schlüsseldienst?

214 (PL) § 52 CzynKomR (in der Terminologie des sozialistischen Rechts) *administrator domu* bzw. *dozorca domu*.

215 (D) § 759 ZPO, § 108 GVGA.

216 (PL)) § 52 CzynKomR.

217 (PL) Art. 767 KPC. (D) § 766 ZPO, Zöller-STÖBER Rn. 36 ff. zu § 758a ZPO. Ist bei Erinnerungsentscheidung noch keine Durchsuchungsanordnung erwirkt, sind die Vollstreckungsmaßnahmen aufzuheben, DERS. Rn. 40 f.

218 (D) Dafür: Schuschke-WALKER, Rn. 38: § 793 ZPO; dagegen: Zöller-STÖBER Rn. 36 (zu § 758a ZPO).

rechtsprechung verstehen, dem in Polen (noch) nichts Entsprechendes gegenübersteht.[219] Im Hinblick auf ein effizienzorientiertes Vollstreckungsrecht ist die polnische Regelung sicher vorzuziehen: Die deutsche Lösung ermöglicht es erfahrenen, unredlichen Schuldnern, ihre pfändbaren Vermögensstücke bis zum letzten Moment zu nutzen und dann rechtzeitig beiseite zu schaffen, da sie wissen, dass sie grundsätzlich durch mindestens einen Besuch des Gerichtsvollziehers und die gerichtliche Anhörung vorgewarnt werden.[220] Der Verzicht auf eine zusätzliche gerichtliche Anordnung kann auch kaum als grob rechtsstaatswidrig angesehen werden. Auch in Deutschland war es bis 1979[221] überaus umstritten, ob eine *gesonderte* Anordnung neben dem gerichtlichen Vollstreckungstitel noch erforderlich sei,[222] in Frankreich ist dies bis heute nicht der Fall.[223] In Erweiterung des Rechtsgedankens, der der deutschen Ausnahme für Gefahr im Verzuge zugrunde liegt (*konkrete* Vereitelungsgefahr), erscheint es vertretbar, bei einer rechtlichen Regelung darauf abzustellen, dass in der Vollstreckungspraxis eben stets eine („*abstrakte*“) Gefährdung des Vollstreckungserfolges besteht, wenn der Schuldner durch Ankündigungen, Anhörungen und das Vorschalten einer weiteren gerichtlichen Prüfung „vorgewarnt“ wird.[224] Ein Schutz in Extremfällen kann ohne weiteres dem Vollstreckungsorgan überlassen werden, das etwa bei schwerer Krankheit auf die Vollstreckung zu verzichten hätte.[225] Ob die deutsche Regelung tatsächlich einen effektiven Schutz der Privatsphäre bewirkt oder ob sie nicht nur zu überflüssigen Verfahrensverzögerungen führt, ist vor allem deshalb fraglich, weil in der Praxis, anders als das Bundesverfassungsgericht dies fordert[226], offenbar Durchsuchungsanordnungen ausnahmslos formularmäßig erteilt und fast nie Anträge zurückgewiesen werden.[227] Bei nüchterner Betrachtung kann daher das Nichtvorsehen einer gesonderten

---

[219] (PL) Nach Art. 50 Konst. können Betreten und Durchsuchen „nur in den im Gesetz bestimmten Fällen und auf die dort genannte Weise“ erfolgen. In welche Richtung die Rspr. gehen wird, ist nicht abzusehen.

[220] (D) Kritisch zu solcher Argumentation aber etwa WESSER, NJW 2002, S. 2142.

[221] (D) Am 3.4.1979 erging die Entscheidung des BVerfG (E 51, 97), die das Erfordernis klarstellte. Näher dazu FISCHER, DGVZ 2004, S. 98 ff.

[222] (D) Änderung im Gesetz erst 1997. Entstehungsgeschichte bei Schuschke-WALKER Rn. 1 zu § 758a ZPO. Abgestellt wurde auch auf eine nachträgliche richterliche Billigung im Wege der Erinnerungsentscheidung, vgl. FISCHER, DGVZ 2004, S. 98.

[223] (F) WERTH, S. 240.

[224] Dass diese Gefahr besteht, ist anerkannt, vgl. Schuschke-WALKER, Rn. 17 zu § 758a ZPO; PETERS, S. 558.

[225] (D) In diese Richtung auch PETERS, S. 559.

[226] (D) Das Erfordernis dürfe keine „bloße Formalität“ darstellen. BVerfGE 51, S. 97 ff., 113; 57, S. 346 ff.

[227] (D) Dazu WESSER, NJW 2002, S. 2138. Zu Recht kritisch zur Vernachlässigung des verfassungsmäßig geschützten Rechts des Gläubigers auf effektive Justizgewährung FISCHER, DGVZ 2004, S. 103 f.

gerichtlichen Ermächtigung wie in Polen kaum als unvertretbare Regelungsalternative in einem modernen Vollstreckungsrecht angesehen werden.

2. *Kleidung*

Im Zusammenhang mit oder anstatt einer Durchsuchung von Wohnräumen des Schuldners kann sich auch die Notwendigkeit ergeben, die Kleidung des Schuldners zu durchsuchen, die die dieser am Körper trägt. Aufgrund des erforderlichen Eingriffs in die höchstpersönliche Sphäre und damit die Menschenwürde des Betroffenen wird die Durchsuchung der Kleidung regelmäßig ebenfalls erheblichen Beschränkungen unterliegen.

Nach polnischem Recht darf der Gerichtsvollzieher Kleidung des Schuldners, die dieser am Körper trägt, erst durchsuchen, wenn die Öffnung von Wohnung, Räumen und Behältnissen sowie deren Durchsuchung nicht zum Erfolg führt, wenn sich der Schuldner entfernen will oder wenn der Verdacht besteht, dass er Sachen, die er bei sich trägt, der Vollstreckung entziehen will.[228] Bemerkt der Gerichtsvollzieher während des Zugriffs in der Wohnung des Schuldners, dass dieser gesuchte Objekte einem Mitbewohner oder einer anderen Person übergibt, damit dieser sie verberge, kann der Gerichtsvollzieher auch die Kleidung dieser Person und die Objekte, die sie bei sich hat, durchsuchen.[229] Der Gerichtsvollzieher nimmt die Durchsuchung nur dann vor, wenn die begründete Annahme besteht, dass auf diese Weise Vermögensstücke entdeckt werden, die zur Befriedigung des Gläubiger gepfändet werden könnten, und fordert die betroffene Person zuvor auf, selbst die Taschen auszuleeren[230]. Eine Durchsuchung der Kleidung, die der Schuldner trägt, sowie der Objekte, die er bei sich hat, kann grundsätzlich aufgrund eigener Entscheidung des Gerichtsvollziehers erfolgen. Außerhalb der Wohnung, des Unternehmens oder des Betriebs des Schuldners kann sie allerdings nur aufgrund einer schriftlichen Erlaubnis durch den Vorsitzenden des zuständigen Rayongerichts vorgenommen werden. In Eilfällen kann die Durchsuchung ohne Erlaubnis durchgeführt werden. Unverzüglich nach Durchführung muss jedoch die Bestätigung nachgeholt werden.[231] Die Durchsuchung darf nie in der Öffentlichkeit erfolgen.[232]

In Deutschland sind demgegenüber die Möglichkeiten der Durchsuchung von Kleidern und Taschen des Schuldners nicht derartig eingeschränkt. Der Gerichtsvollzieher bedarf nur dann einer besonderen gerichtlichen Anordnung, wenn die Durchsuchung gerade in der Wohnung des Schuldners und gegen

---

[228] (PL) Art 814 § 1 S. 2 u. 3 KPC.

[229] (PL) Art. 814 § 2 KPC.

[230] (PL) §§ 49, 50 CzynKomR.

[231] (PL) *Zatwierdzenie*, Art. 814 § 3 KPC.

[232] (PL) § 51 S. 1 CzyKomR. Der GVZ hat den Schuldner in entsprechende Räume zu bitten.

dessen Willen erfolgen soll.[233] Um die Menschenwürde des Schuldners zu achten, darf die Durchsuchung am Körper getragener Kleidung in Polen wie in Deutschland nur eine Person vornehmen, die dasselbe Geschlechts hat wie der oder die zu Durchsuchende, ggf. also eine Hilfsperson unter Aufsicht des Gerichtsvollziehers.[234]

IV. Zeitliche Beschränkungen der Vollstreckung

Auch zeitliche Vollstreckungsbeschränkungen wirken sich in der Regel schuldnerschützend aus. Regelungsziel wird dabei überwiegend wiederum die Verwirklichung eines verfassungs- und menschenrechtskonformen Vollstreckungsverfahrens sein. Besonders die Rücksichtnahme auf die Menschenwürde, die körperliche Unversehrtheit und Gesundheit des Schuldners können Beschränkungen für die Zeiten erforderlich machen, in denen er seine berechtigten Ruhe- und Schlafbedürfnisse befriedigt[235]. Dafür kommt die Begrenzung der Vollstreckung an Sonn- und Feiertagen sowie zur Nachtzeit in Betracht. Der Schutz religiöser Praktiken des Schuldners ließe sich vor allem durch ein Verbot der Vollstreckung an religiösen Feiertagen erreichen. In modernen Gesellschaften mit ihrem vielfältigen Nebeneinander der verschiedensten Religionen ist ein nicht diskriminierender Schutz auf diese Weise allerdings kaum möglich: Ein Schutz sämtlicher religiöser Feiertage aller im jeweiligen Land aktiven Religionsgemeinschaften würde ein schwerwiegendes Effizienzhindernis darstellen, zumal die Vollstreckungsorgane regelmäßig nicht ohne weiteres in der Lage wären, das religiöse Bekenntnis des Schuldners festzustellen.[236] In säkularen Rechtsordnungen ist daher im Wesentlichen nur die Beschränkung auf gesetzliche arbeitsfreie Tage denkbar, die z. T. sicherlich religiöse Bedeutung haben, die aber darüber hinaus auch der Erholung, der Identifizierung mit dem Gemeinwesen oder dem Gedenken an wichtige historische Ereignisse dienen. Zugunsten des Gläubigers sollten aber etwa für die Fälle, dass Schuldner gerade in den geschützten Zeiten wesentliche Einnahmen erzielen[237] oder in der Woche ständig unterwegs sind, ausnahmsweise Zugriffsmöglichkeiten eröffnet werden.

---

[233] (D) § 107 Nr. 9 S. 1 GVGA.

[234] (PL) Art. 814 § 4 S. 1 KPC, § 51 S. 2 CzyKomR. Zur Durchsuchung von Militär- und Polizeiangehörigen, vgl. Art. 814 § 4 S. 2 KPC (vom Vorgesetzten ernannter Dritter). (D) § 107 Nr. 9 S. 3 u. 4 GVGA.

[235] (F) BRENNER, „*considération d'humanité – périodes de répit.*"

[236] (ENG) Dazu auch BEATSON (*Report*), S. 31 f. unter Hinweis auf Art. 9 u. 14 EMRK.

[237] (D) Schuschke-WALKER nennt z.B. Gaststätten, Taxiunternehmen und Schausteller, Rn. 2 zu § 758a ZPO.

Der besondere Schutz zur Nachtzeit sowie an Sonntagen und gesetzlichen Feiertagen[238] ist in beiden Rechtsordnungen ähnlich ausgestaltet, wenngleich die „vollstreckungsrechtliche Nacht" in Polen (21.00 bis 7.00 Uhr)[239] eine Stunde länger dauert als in Deutschland (21.00 bis 6.00 Uhr)[240]. Nach polnischem Recht kann die Vollstreckung an Sonntagen und gesetzlichen Feiertagen sowie während der Nachtzeit generell nur in besonders begründeten Fällen aufgrund schriftlicher Erlaubnis des Vorsitzenden des Rayongerichts erfolgen[241]. Die deutsche Regelung ist auf den ersten Blick gläubigerfreundlicher und ermöglicht außerhalb von Wohnungen die Durchsuchung grundsätzlich auch zur Nachtzeit und an Sonn- und Feiertagen, es sei denn, dass dies für Schuldner oder Mitgewahrsamsinhaber eine unbillige Härte darstellt, bzw. der zu erwartende Erfolg in einem Missverhältnis zum Eingriff steht.[242] Grundsätzlich soll aber zur unüblichen Zeit nur vollstreckt werden, wenn dies erforderlich ist, weil es mehr Erfolg verspricht oder weil die Vollstreckung zur Normalzeit erfolglos geblieben ist.[243] In Wohnräumen ist die Vollstreckung in den geschützten Zeiten zudem nur auf besondere richterliche Anordnung hin möglich[244]. Da in Deutschland der Wohnungsbegriff aus verfassungsrechtlichen Gründen auch Geschäfts-, Arbeits- und Betriebsräume umfasst[245], sind die Möglichkeiten für Vollstreckungshandlungen ohne richterliche Anordnung letztlich auch hier nur gering.

In Polen kann die Sondererlaubnis von Gläubiger oder Gerichtsvollzieher für eine konkrete Vollstreckungshandlung in einem konkreten Fall[246] beantragt werden. Als besonders begründete Fälle werden solche verstanden, in denen die Vollstreckung nur auf diese Art zum Erfolg führen würde.[247] Auch in Deutschland ist für die zu befristende Anordnung vorausgesetzt, dass die Vollstreckung zur unüblichen Zeit erforderlich ist, d. h. die Vollstreckung sonst keinen Erfolg verspricht[248]. In Polen gibt es gegen die Erlaubnis keine Rechtsbehelfe[249], in

---

238 (PL) Art. 810 KPC „gesetzlich arbeitsfreie Tage" (vgl. Art. 151[9] § 1 KP), näher Piasecki-MARCINIAK, Rn. 2 zu Art. 810 KPC; CIEŚLAK, PS 11-12/2003, S. 122; (D) § 758a Abs. 4 ZPO „an Sonn- und Feiertagen", näher Stein/Jonas-MÜNZBERG, Rn. 35 zu § 758a ZPO.

239 (PL) Art. 134 KPC, § 45 CzynKomR.

240 (D) § 758a Abs. 4 S. 2 ZPO.

241 (PL) Art. 810 KPC. Die Erlaubnis hat der Gerichtsvollzieher dem Schuldner auf dessen Verlangen vorzuweisen.

242 (D) § 758a Abs. 4 S. 1 1. Hs. ZPO. Näher Schuschke-WALKER Rn. 54 f. zu § 758a ZPO.

243 (D) Zöller-STÖBER Rn. 35 zu § 758a ZPO; Schuschke-WALKER Rn. 49 zu § 758a ZPO.

244 (D) § 758a Abs. 4 S. 1 2. Hs. ZPO, vgl. nur Schuschke-WALKER, Rn. 46 m. w. Nw.; a. A. nur Zöller-STÖBER Rn. 35 (Erlaubnis automatisch in Durchsuchungsanordnung enthalten).

245 (D) Vgl. THOMAS/PUTZO, Rn. 7 zu § 758a ZPO.

246 (PL) Zu Art. 810 KPC: Piasecki-MARCINIAK, Rn. 3; ŚWIEBODA; WENGEREK Anm. 2.

247 (PL) ŚWIEBODA, Anm. zu Art. 810 KPC verweist (außerhalb der Mobiliarvollstreckung) auf die Herausgabe von Kindern; WENGEREK Anm. 2 zu Art. 810 KPC: Pfändung der Kasse eines nur an Sonntagen aktiven Sportklubs.

248 (D) Schuschke-WALKER, Rn. 46 a.E u. 49 zu § 758a ZPO.

Deutschland soll dem Schuldner die sofortige Beschwerde zustehen.[250] Eine Vollstreckung entgegen den Beschränkungen führt in beiden Rechtsordnungen nicht automatisch zur Nichtigkeit. Die regelwidrige Vollstreckungshandlung kann nur mit der Erinnerung angegriffen werden.[251]

D. Ergebnis

I. Regelungsbasis

[1] Die *Vollstreckungsarten* der polnischen Einzelzwangsvollstreckung entsprechen weitgehend denen der ZPO. Größere Unterschiede ergeben sich nunmehr aufgrund der KPC-Reform durch Einführung neuer Vollstreckungsarten (beschleunigte Immobiliarvollstreckung und Verkaufsvollstreckung für Gesamtbetriebe). Im europäischen Vergleich bemerkenswert ist die Ähnlichkeit der Verfahren zur Offenlegung des Schuldnervermögens.

[2] Das prinzipielle polnische *Vollstreckungsorgan*, der Gerichtsvollzieher (*komornik*), ist zurzeit noch „öffentlicher Amtsträger" mit nur begrenzter Selbständigkeit, da sich Pläne zur Umgestaltung in einen freien Beruf bislang nicht vollständig verwirklichen ließen. Er verfügt aber über eine deutlich umfangreichere Zuständigkeit als der deutsche Gerichtsvollzieher.

[3] Im eigentlichen *Vollstreckungsverfahren* setzt auch das polnische Recht das Vorliegen eines Vollstreckungstitels voraus, der grundsätzlich stets mit einer Vollstreckungsklausel versehen sein muss. Nach Vollstreckungsbeginn – regelmäßig nur auf Gläubigerantrag – ist dem Schuldner eine „Benachrichtigung" über den Titelinhalt zuzustellen. Während Zugriff und Verwertung je nach Vollstreckungsart verschieden ablaufen, ist als Verfahrensabschluss im polnischen Recht, das nicht dem Prioritäts-, sondern einem „Ausgleichsprinzip" folgt, zur Erlösverteilung unter mehreren beteiligten Gläubigern ein Verfahren mit Teilungsplan vorgesehen. Die Mechanismen des Anhaltens, der Aussetzung und Einstellung des Verfahrens dienen in Polen vielfach zur Umsetzung von Regelungen des Schuldnerschutzes.

[4] Bei den *Rechtsbehelfen* überwiegen zwar die Gemeinsamkeiten: Beide Rechtsordnungen kennen einerseits Klagen des Schuldners und Dritten aus materiellem Recht gegen die Vollstreckung, andererseits die Erinnerung/*skarga* gegen Vollstreckungstätigkeiten und Beschwerde/*zażalenie* gegen Gerichtsent-

---

249 (PL) Piasecki-Marciniak Rn. 3 zu § 810 KPC.

250 (D) (Zu § 758a ZPO) Musielak-Lackmann, Rn. 24; Schuschke-Walker, Rn. 51.

251 (PL) Nach Art. 767 KPC. Vgl. Piasecki-Marciniak, Rn. 4 zu Art. 810 KPC; Cieślak, PS 11-12/2003, S. 122; (D) § 766 ZPO.

scheidungen. Die polnische *skarga* hat aber ein größeres Anwendungsfeld, da sie gegen alle Vollstreckungsakte des umfassender zuständigen *komornik* möglich ist und Gerichtsentscheidungen, gegen die *zażalenie* vorgesehen sein kann, wesentlich seltener sind.

II. Regelungsziele

[1] Die allgemeinen oder übergreifenden Zugriffsbeschränkungen mit schuldnerschützendem Effekt haben übereinstimmend nicht die Verschonung konkreter Vermögensteile zum Ziel, sondern werden heute damit gerechtfertigt, ein die Menschenrechte des Schuldners respektierendes Verfahren zu schaffen.

[2] Wegen des zentralen Zwecks der Vollstreckung, eine effektive Gläubigerbefriedigung herbeizuführen, ist in beiden Ländern Regelungsziel aber nicht die Schaffung einer durchgehend „verhältnismäßigen" Zwangsvollstreckung. Verhältnismäßigkeitserwägungen liegen allerdings verschiedenen Einzelregelungen zugrunde, so dass insgesamt ein Mindestschutzniveau gewährleistet ist.

III. Art und Umfang des Schutzes

1. Generelle Beschränkungen

[1] Das polnische Recht folgt der generellen *Einschränkung des Zugriffs auf die Person*, kennt aber wie das deutsche in Ausnahmefällen – zur Erwirkung der Vornahme einer unvertretbaren Handlung oder eines Unterlassens und beim Offenbarungsverfahren – auch die Haft (*areszt*) des Schuldners.

[2] Das freie Auswahlrecht des Gläubigers zwischen den Vollstreckungsarten steht in Polen unter einem allgemeinen, flexiblen *Verhältnismäßigkeits*vorbehalt. Wählt der Gläubiger nicht die den Schuldner am wenigsten belastende Möglichkeit, muss er ggf. die Vollstreckungskosten tragen und kann sich schadensersatzpflichtig machen. Das deutsche Recht schützt den Schuldner nur indirekt dadurch, dass der Gläubiger die Kosten erkennbar nicht notwendiger Vollstreckungsmaßnahmen zu tragen hat.

[3] Polnisches und deutsches Recht gehen bei der Vollstreckung wegen Geldforderungen grundsätzlich vom Gesamtvermögenszugriff aus. Auf eine *Haftungsbeschränkung* kann sich der Schuldner regelmäßig nur berufen, wenn ihm dies im Urteil vorbehalten wurde. Nach deutschem Recht bleibt die Beschränkung aber trotzdem in der Zwangsvollstreckung unbeachtet, wenn sie nicht vom Schuldner im Wege einer Vollstreckungsgegenklage geltend gemacht wird.

[4] Bei der Vollstreckung wegen Geldforderungen regeln polnisches wie deutsches Vollstreckungsrecht ein Verbot des Zugriffs bei *zweck- oder erfolglo-*

ser Vollstreckung, d. h. wenn der (zu schätzende) Vollstreckungserlös nicht höher sein wird als die Vollstreckungskosten.

[5] Daneben kennen beide Rechtsordnungen ein *Verbot des übermäßigen Zugriffs*, d. h. der Zugriff darf nicht weiter ausgedehnt werden, als zur Gläubigerbefriedigung und Kostendeckung erforderlich ist. Der zu erwartende Erlös ist mit dem beizutreibenden Betrag zu vergleichen. Reicht die Vollstreckung in einen Teil des Vermögens offensichtlich zur Gläubigerbefriedigung aus, kann der Schuldner in Polen zudem die Aussetzung der Vollstreckung aus dem übrigen Teil verlangen. In beiden Ländern kann der Zugriff eines Gläubiger, der bereits genügende Sicherheit besitzt, auf diese Sicherheit beschränkt werden.

2. Örtliche Beschränkungen

[1] Das *Betreten und Durchsuchen* von Schuldnerwohnungen ist in Polen dann gestattet, wenn das Ziel der Vollstreckung in der gewählten Vollstreckungsart dies erfordert. Anders als in Deutschland ist aber neben dem Vollstreckungstitel keine gesonderte richterliche Anordnung erforderlich. Dieser erheblich geringere Wohnungsschutz in Polen kann aber nicht als „Unterentwicklung" des polnischen Rechts angesehen werden. Im Rechtsvergleich stellt vielmehr die deutsche Regelung eine außergewöhnlich starke Beschränkung effektiven Vollstreckungszugriffs dar, die sich im internationalen Maßstab auch nicht als rechtsstaatliche Mindestanforderung charakterisieren lässt.

[2] Nach polnischem Recht darf *Kleidung* des Schuldners, die dieser am Körper trägt, erst durchsucht werden, wenn die Durchsuchung von Räumen und Behältnissen erfolglos war, wenn sich der Schuldner entfernen will oder wenn der Verdacht der Vollstreckungsvereitelung besteht. Anders als in Deutschland, wo innerhalb der Wohnung Beschränkungen greifen, ist in Polen die Durchsuchung *außerhalb* der Räumlichkeiten des Schuldners eingeschränkt: Sie kann außer bei Gefahr im Verzuge nur aufgrund gerichtlicher Erlaubnis vorgenommen werden. In der Öffentlichkeit darf nie durchsucht werden.

3. Zeitliche Beschränkungen

In beiden Rechtsordnungen sind Vollstreckungshandlungen zur Nachtzeit sowie an Sonntagen und gesetzlichen Feiertagen nur eingeschränkt möglich. Nach polnischem Recht kann die Vollstreckung zur unüblichen Zeit generell nur in besonders begründeten Fällen aufgrund schriftlicher Erlaubnis des Vorsitzenden des Rayongerichts erfolgen. Die deutsche Regelung lässt zwar *außerhalb* von Wohnungen die Durchsuchung grundsätzlich auch zur Nachtzeit und an Sonn- und Feiertagen zu, in Wohn- Arbeits- oder Geschäftsräumen kann allerdings auch nur auf besondere richterliche Anordnung hin durchsucht werden.

KAPITEL 2
VOLLSTRECKUNG WEGEN GELDFORDERUNGEN IN BEWEGLICHE SACHEN – ZUGRIFFSSCHUTZ

A. REGELUNGSBASIS – KONSTRUKTION DES ZUGRIFFS

I. Regelungsprobleme

Zum besseren Verständnis der schuldnerschützenden Regelungen bei der Sachvollstreckung ist es erforderlich, zunächst einen kurzen Überblick über die rechtliche Konstruktion des Zugriffs zu geben, da sämtliche Schutzinstrumente auf dieser Regelungsbasis aufbauen. Bei der Regelung der Vollstreckung in bewegliche Sachen des Schuldners hat der Gesetzgeber zunächst zu entscheiden, wie er den Zugriff ausgestaltet. Das Vollstreckungsorgan muss dabei die Kontrolle über die Sachen erlangen und dann auch behalten, d. h. die Sachen bis zur Verwertung gegen faktische und rechtliche Risiken sichern. Zum einen können die Sachen beschädigt werden oder untergehen, zum anderen kann der Schuldner versuchen, die Sachen der Verwertung durch Beiseiteschaffen oder Veräußern an Dritte zu entziehen. Ein Zugriff ausschließlich durch Ergreifen der tatsächlich-körperlichen Kontrolle über die Sachen, d. h. durch Wegschaffen vom Schuldner oder Belassen einer Aufsicht, ist sehr aufwändig und kostspielig und für den Schuldner belastend. Für den Gesetzgeber bietet es sich daher an, eine Kombination aus rechtlichen und tatsächlichen Schutzmaßnahmen gegen drohende Gefahren vorzusehen. Regelt man den Zugriff als Wegnahme der Sachen, liegt es im beiderseitigen Interesse, die ordnungsgemäße Verwahrung der Sachen sicherzustellen, damit diese während der Lagerung bis zur Verwertung nicht an Wert verlieren. Ein Belassen der Sachen beim Schuldner liegt in dessen Interesse, ist aber aus Gläubigersicht nur vertretbar, wenn rechtliche Regelungen effektiven Schutz vor Weiterveräußerung, Beschädigung oder Abhandenkommen der Sachen gewährleisten.

II. Grundstruktur

In Polen greift der Gerichtsvollzieher auf bewegliche Sachen (*ruchomości*) durch ihre Pfändung (*zajęcie*) zu[1]. Gepfändet werden können Sachen des

[1] (PL) Art. 844 (Zuständigkeit), 845 § 1 KPC; Begriff der *ruchomości* : Piasecki-JANKOWSKI, Rn. 3 f. zu Art. 844 KPC.

Schuldners, die sich entweder in seinem Gewahrsam (*władanie*)[2] befinden, im Gewahrsam des Gläubigers selbst, der in sie die Vollstreckung betreibt[3] oder in bestimmten Fällen auch solche im Gewahrsam Dritter[4]. Nach polnischem Recht nimmt der Gerichtsvollzieher die Pfändung durch Eintragung der Mobilien in das Pfändungsprotokoll vor[5]. Die erneute Pfändung zur Befriedigung anderer Forderungen desselben Gläubigers oder anderer Gläubiger erfolgt durch schlichten Vermerk im Protokoll der Erstpfändung[6]. In Polen hat die Pfändung die Wirkung, dass eine Verfügung über die Mobilien, die nach der Pfändung ausgeführt wird, keinen Einfluss auf den weiteren Verlauf des Verfahrens hat.[7] Hat der Schuldner die Sache im Zuge der Veräußerung an den Erwerber herausgegeben, so kann der Gerichtsvollzieher die Sache diesem wegnehmen und unter Aufsicht eines Dritten geben ohne Vollstreckung in den Herausgabeanspruch[8].

Die wirksame Pfändung umgibt die Sache mit einem „Vollstreckungsband" (*węzeł zajecia*) öffentlich-rechtlichen Charakters ähnlich der deutschen „Verstrickung". Allein hierauf stützt sich die Rechtmäßigkeit weiterer Vollstreckungsmaßnahmen und der Verwertung.[9] Die Vollstreckungsverbindung (*związanie egzekucyjne*) gibt aber nicht schon für sich ein Befriedigungsrecht, wenn ein Dritter Eigentümer ist, der nicht kraft einer auf das materielle Recht gestützten Beziehung für die zu vollstreckende Forderung haftet: Von der Zulässigkeit der Pfändung wird daher das Recht zur Befriedigung unterschieden, dessen Grundlage nur die privatrechtliche Beziehung ist.[10] Es findet sich jedoch wegen des in Polen geltenden „Ausgleichsprinzips"[11] keine der deutschen

---

2 (PL) Art. 845 § 2 S. 1, 1. Alt. KPC: *tatsächliches* Dispositionsvermögen, nicht rechtliche Beziehung entscheidend, Urteil SN v. 15.2.2001, II CKN 385/00, OSN 7-8/2001, poz. 122. (D) § 808 ZPO; BAUR/STÜRNER, § 28, S. 360.

3 (PL) Art. 845 § 2 S. 1, 2. Alt. KPC.

4 (PL) Vgl. Art. 845 § 2 S. 2 KPC: Zustimmung oder Anerkennung von Schuldnereigentum. (D) § 809 ZPO.

5 (PL) Art. 847 § 1 S. 1 KPC; Pfändungsvollzug mit Unterschrift GVZ; näher Art. 809 KPC und § 60 CzynKomR.

6 (PL) Art. 851 KPC; vgl. entspr. Regelung der Anschlusspfändung in (D) § 826 ZPO.

7 (PL) Art. 848 KPC; d. h. gegen den Erwerber wirkt die Pfändung ohne Klauselerteilung.

8 (PL) Nach Art. 905 KPC, vgl. Piasecki-JANKOWSKI, Rn. 2 zu Art. 848 KPC.

9 (PL) JANKOWSKI, *Uczestnicy*, S. 122 ff.

10 (PL) Piasecki-JANKOWSKI, Rn. 7, 8 zu Art. 845 KPC. Ob trotz zulässiger Pfändung aufgrund von Drittrechten Befriedigung unmöglich ist, wird grundsätzlich nicht beim Zugriff untersucht. Bei „Verstrickung" der Sache eines Dritten ist gem. Art. 841 KPC Interventionsklage, bei Pfändung fremder Sachen im Dritt*gewahrsam* entgegen vollstreckungsrechtlichen Vorschriften Erinnerung möglich (Art. 767 KPC).

11 (PL) Vgl. insbes. Art. 1030 i.V.m. 1034 KPC (Erklärung des Anschlusses durch andere Gläubiger), Art. 1025 KPC (Befriedigungsreihenfolge beim Teilungsplan); allg. zu Prioritäts- und Ausgleichsprinzip BAUR/STÜRNER, S. 69 ff.

entsprechende Konzeption eines Pfändungspfandrechts.[12] Da die Einzelheiten in erster Linie für die Rechtsstellung von Gläubigern und Dritten relevant sind, sollen sie hier nicht vertieft werden.

Nach polnischem Recht befestigt der Gerichtsvollzieher an jeder gepfändeten Sache ein Zeichen, das ihre Pfändung nach außen deutlich macht (i. d. R. eine Karte mit seinem Siegel)[13] oder offenbart sie in anderer Weise.[14] Gepfändete Mobilien belässt der Gerichtsvollzieher im Gewahrsam desjenigen, bei dem er sie gepfändet hat, wie in Deutschland also in der Regel beim Schuldner. Aus „wichtigen Gründen", vor allem bei Gefährdung des Vollstreckungserfolges, kann er jedoch die Sachen jederzeit unter die Aufsicht einer anderen Person geben, den Gläubiger eingeschlossen[15]. Auch in Deutschland müssten die Sachen in entsprechenden Fällen weggeschafft und beim Gerichtsvollzieher oder Dritten verwahrt werden[16]. Die ausgewählten Personen erfüllen in Polen die Aufgabe eines Aufsehers (*dozorca*)[17] mit besonderen Rechten und Pflichten[18]. Der Aufseher oder der Schuldner, dem die Aufsicht anvertraut wurde, haben vor allem die ihnen übergebenen Sachen mit solcher Sorgfalt aufzubewahren, dass sie nicht an Wert verlieren.[19] Wurden die gepfändeten Sachen in der Schuldnerwohnung belassen und die Aufsicht dem Schuldner selbst oder einem Mitbewohner übertragen, haben sie nach der polnischen Regelung das Recht, die Sachen gewöhnlich zu gebrauchen (*prawo zwykłego używania*), wenn es dadurch nicht zu Wertverlust kommt.[20] Neben Aufwendungsersatz und Entloh-

---

[12] (D) Übersicht zur Rechtslage mit Nw. bei BAUR/STÜRNER, § 27, S. 347 ff.

[13] (PL) Als amtliches Dokument (Art. 244 KPC) genießt es strafrechtlichen Schutz gegen Beseitigung und Beschädigung, Art. 276 KK.

[14] (PL) Näher Art. 66 CzynKomR. (D) § 132 Nr. 2 GVGA, BAUR/STÜRNER § 28, S. 305.

[15] (PL) Art. 855 § 1 KPC: Gefahr der Erschwerung und Vereitelung der ZV (JANKOWSKI, *Przebieg*, 84 f.) oder Weigerung des Schuldners (WENGEREK, Anm. 1 zu Art. 855 KPC).

[16] (D) Bei Geld, Kostbarkeiten, Wertpapieren (dann Verwahrung bei Dritten i. d. R. unzulässig) und allgemein wenn Gläubigerbefriedigung gefährdet (§ 808 Abs. 2 S. 1 ZPO). Zur Drittverwahrung BAUR/STÜRNER, S. 367.

[17] (PL) Art. 855 § 1 KPC. Keine Aufsicht bei Geld (Art. 852 KPC), Kostbarkeiten u.ä. (vgl. § 40 CzynKomR).

[18] (PL) Aus Art. 856 ff. KPC; Benachrichtigungspflichten (Art. 856 § 2 KPC); Herausgabepflicht (Art. 856 § 1 S. 1 KPC); Wegnahmerecht des GVZ (Art. 856 § 1 S. 2 KPC). Nur subsidiär aus Art. 835 ff. KC (Verwahrung).

[19] (PL) Art. 856 § 1 S. 1 KPC, (D) Obhutspflicht des GVZ (§ 139 GVGA).

[20] (PL) Art. 861 S. 1 KPC, Piasecki-JANKOWSKI, Rn. 4 zu Art. 861 KPC; aufsichtsführende Dritte oder Gläubiger dürfen die Sachen benutzen, wenn sie dazu (dinglich oder schuldrechtlich) berechtigt sind, Art. 861 S. 2 KPC.

nung für bestimmte Aufseher[21], sieht das polnische Recht Regelungen für die Haftung des Aufsehers[22] und dessen Auswechselung[23] vor.

B. REGELUNGSZIELE

I. Erhalt des Existenzminimums

Die uns bekannte Geschichte des Zugriffsschutzes beginnt schon um 2250 v. Chr. Im Gesetzbuch des Hammurabi findet sich ein objektsbezogenes Zugriffsverbot für Pflugstiere, im alten Testament der Bibel sind Mühlsteine geschützt.[24] Von der geschichtlichen Entwicklung, die hier nicht noch einmal nachgezeichnet werden soll[25], ist für diese Untersuchung aber nur die Grundtendenz von Bedeutung. Auch wenn schon bei den antiken Pfändungsbeschränkungen Objekte angesprochen sind, die noch heute fast überall als Teil des Existenzminimums oder Arbeitsmittel vom Gläubigerzugriff ausgenommen werden, war die gesamtgesellschaftliche Schutzrichtung anfangs kaum von individuellen sozialen Überlegungen zu trennen. Bestimmte Sachen wurden geschützt, damit die betroffenen Schuldner weiterhin ihren speziellen Dienst an der Gesellschaft leisten konnten. Pflugstier und Mühlstein sollten also auch deshalb nicht gepfändet werden können, weil sie für die Nahrungsmittelversorgung der Bevölkerung wichtig waren, nicht lediglich um dem Bauern und Müller die berufliche Existenz zu sichern.[26] Der Schutz des Existenzminimums von Bauern, Handwerkern, Soldaten oder Beamten wurde weithin erst ab dem 19.Jhdt. als eigenständige soziale Aufgabe verstanden.

---

[21] (PL) Art. 858 § 1 KPC: *nicht* Schuldner, Familienangehörige oder Dritte, bei denen die Sache gepfändet wurde.

[22] (PL) Keine Haftung für Verschlechterung, Beschädigung, Vernichtung, oder den Verlust der gepfändeten Sachen, wenn er die Sorgfalt eingehalten hat, zu der er verpflichtet war (Art. 857 § 1 KPC). *Gläubiger*haftung nur, wenn diesem die Aufsicht übertragen wurde (vgl. Art. 857 § 2 KPC). Ggf. Amtshaftungsansprüche.

[23] (PL) Auswechslung bei Vorliegen „wichtiger Gründe" (Art. 860 S. 1 KPC), d. h. bei Umständen, die auf eine unsachgemäße Durchführung der Aufsicht hindeuten (Beispiele bei Piasecki-JANKOWSKI, Rn. 1 zu Art. 860 KPC). Entlassung des Aufsehers auf Parteiantrag, von Amts wegen oder auf Wunsch des Aufsehers (entsprechend Art. 844 KC, dazu KARNICKA-KAWCZYŃSKA/KAWCZYŃSKI, S. 82; Piasecki-JANKOWSKI, Rn. 2 zu Art. 860 KPC).

[24] Vgl. LIPPROSS, S. 7 f.; das biblische Zugriffsverbot findet sich in 5 MOSE 24, 6.

[25] Für (D) Darstellung bei LIPPROSS, S. 7-82; für (PL) SZPOPER/ZDANOWSKI, PES 1 (37) /1999, S. 13 ff., 33 ff.

[26] Doppeldeutig das Bibelzitat: „Du sollst nicht zum Pfand nehmen den unteren und oberen Mühlstein, denn damit hättest du *das Leben selbst* zum Pfand genommen." (5 MOSE 24, 6)

Heute werden Zugriffsbeschränkungen in der Sachvollstreckung ganz überwiegend mit dem Regelungsziel des Erhalts des Existenzminimums (*minimum egzystencji*)[27], also der „zur eigenverantwortlichen Führung eines menschenwürdigen Lebens mindestens erforderlichen materiellen Grundlagen"[28], gerechtfertigt. Dieses Ziel wird aktuell vor allem menschenrechtlich („humanitär") begründet[29] und aus der Menschenwürde und sozialen Staatszielen hergeleitet.[30] Der Justizgewährungsanspruch des Gläubigers hat dann zurückzustehen, soweit der vom Gesetzgeber zu definierende Bereich existenzieller Grundbedürfnisse des Schuldners reicht, da vom Staat verfassungs- bzw. rechtswidrige Hilfe nicht beansprucht werden kann[31]. Die Festlegung, was im Einzelnen als Existenzminimum zu verstehen ist[32], lässt dem Gesetzgeber aber beträchtlichen Regelungsspielraum, der im Folgenden untersucht werden soll. Neben der individuellen wird zum Teil auch noch auf die kollektive Dimension abgestellt: Die Gesamtgesellschaft soll im öffentlichen Interesse vor sozialen Notlagen bewahrt werden[33].

Die menschenrechtlichen Begründungen dürfen aber nicht den Blick darauf verstellen, dass die Existenz von sozialen Sicherungssystemen in den meisten Rechtsordnungen dazu geführt hat, dass der Gesetzgeber heute mit den Schutzregelungen in der Regel finanzielle Belastungen des Staates abwehren will: Zweck der Regelungen ist es, eine Kahlpfändung deshalb zu verhindern, weil sonst der existenzbedrohte Schuldner Ansprüche gegen die staatlichen Sozialhilfesysteme stellen könnte[34]. Bei rechts- und sozialstaatlichem Selbstverständnis würde die Zulassung eines Gläubigerzugriffs auf die existenzsichernde „Grundausstattung" des Schuldners nur bewirken, dass der Staat dem Schuldner die existenznotwendigen Sachen über Sozialunterstützung wieder zur Verfügung stellen müsste.[35] Täte er dies nicht, würde er im Widerspruch zu seinem Staats-

---

27 (PL) ŚWIEBODA, Anm. 1 zu Art. 829 KPC; KARNICKA-KAWCZYŃSKA/KAWCZYŃSKI, S. 64; als Bewahrung vor physischer und psychischer Degradierung, vgl. OSOWY, § 67, S. 408; „humanitär- gesellschaftliche Gründe", Piasecki-MARCINIAK, Rn. 1 vor Art. 829 KPC. Vgl. zum Recht auf Sicherung des Existenzminimums: MARTÍNEZ SORIA, JZ 13/2005, S. 644 ff.

28 (D) BVerfGE 35, S. 348, 355; BGH ZIP 1998, S. 303 f.

29 (PL) MARCINIAK, *Ograniczenia*, S. 165 (Résumé).

30 (D) Art. 1 Abs. 1 i. V. m Art. 20 GG. Im Einzelnen MARTÍNEZ SORIA, JZ 13/2005, S. 644 ff. (auch zum Existenzminimum im Völker- und Europarecht, S. 645 f., sowie rechtsvergleichend, S. 646 f.). Dies dürfte auch in (PL) beim Gebot des „Rechtsstaats, der die Grundsätze sozialer Gerechtigkeit verwirklicht" (Art. 2 Konst.) verankert sein.

31 (D) Musielak-BECKER, Rn. 1 zu § 811 ZPO; MünchKomm-SCHILKEN Rn. 2 zu § 811 ZPO.

32 Vgl. in (D) BUNDESREGIERUNG, Sechster Existenzminimumbericht, BT-Drs. 16/3265, und BUNDESMINISTERIUM DER FINANZEN sowie MARTÍNEZ SORIA, JZ 13/2005, S. 647 ff.

33 (D) Wieczorek/Schütze-LÜKE, Rn. 1 zu § 811 ZPO.

34 (D) „Entlastung der Sozialhilfeträger", HORNUNG, RPfl 2002, S. 126; Schuschke-WALKER Rn. 3 zu § 850 ZPO.

35 (D) Vgl. BVerfGE 28, S. 60 = NJW 1990, S. 2869, 2871 (steuerfreies Existenzminimum).

verständnis daran mitwirken, dem Schuldner die Mittel zum eigenständigen Überleben zu entziehen. Gestattet der Gesetzgeber aber den Zugriff auf Teile des Existenzminimums und sichert den Schuldner durch Sozialleistungen direkt ab, würde das Risiko der Zahlungsunfähigkeit des Schuldners von der Allgemeinheit der Steuer- und Beitragszahler getragen.

Da die gesamte Regelung von Schuldnerschutznormen also eine Frage der Risikoverteilung darstellt, muss entschieden werden, ob wirtschaftlich nicht leistungsfähige Schuldner eher ein unternehmerisches oder ein gesamtgesellschaftliches Risiko darstellen. Für die Behandlung als unternehmerisches Risiko spricht die Überlegung, dass sich der Gläubiger seinen Schuldner aussuchen kann und es daher am ehesten in der Hand hat, die mit seiner Zahlungsunfähigkeit einhergehende Gefahr zu vermeiden. In diesem Sinne wird heute ein erweiterter Gläubigerzugriff mit anschließender Sozialabsicherung des Schuldners überwiegend als mittelbare Gläubigerbefriedigung aus öffentlichen Kassen abgelehnt.[36] Andererseits ist zu bedenken, dass eine Auswahlentscheidung des Gläubigers in der modernen Marktwirtschaft mit ihren anonymen Kundenmassen weder wirklich möglich, noch oftmals überhaupt erwünscht ist: Es liegt kaum im Interesse der Gesamtgesellschaft, dass bestimmte Verträge mit Risikokunden nicht mehr abgeschlossen werden – eine in der Praxis häufig anzutreffende Folge übermäßigen Schuldnerschutzes. Die Risikoüberwälzung auf die Unternehmer hat für einen Gesetzgeber den großen Vorteil, sozial zu erscheinen und damit populär, dabei aber vordergründig nichts zu kosten: Die soziale Absicherung wird in Wahrheit ja von der begrenzten Gruppe der Gläubiger getragen. Hierbei wird allerdings meist verkannt – oder zumindest nicht offen ausgesprochen –, dass die soziale Absicherung über Schuldnerschutznormen natürlich Auswirkungen auch auf die Marktmechanismen hat und versteckte Kosten entstehen. Diese hat im Endeffekt auch wieder die Allgemeinheit als Kunden über höhere Preise, Bankgebühren, eine allgemeine „Verteuerung des Kredits“ bzw. ein Zusammenbrechen des Wohnungsmarktes zu bezahlen.

Die radikale Alternative wäre das vollständige Zurückfahren von Schuldnerschutznormen und damit aller indirekten Schuldnerbeihilfen und ihre Ersetzung durch direkte Sozialhilfeleistungen, eine Verlagerung sozialer Regelungen aus dem Vollstreckungsrecht ins Sozialrecht. Damit würden die Gläubiger – und die gesamte Wirtschaftsordnung – von versteckten Kosten entlastet. Gleichzeitig könnte dies wegen der immensen Mehrausgaben für die öffentliche Hand aber nur auf Kosten einer höheren Steuerbelastung der Allgemeinheit erreicht werden. Gesetzgeber werden daher weiterhin in erster Linie die Alternative wählen, „soziale Gerechtigkeit“ über die Belastung der Gruppe der Gläubiger zu erreichen. Dies trifft natürlich in gesteigertem Maße auf die Gesetzgeber der Transformationsländer zu, die mit gigantischen Folgelasten sozialistischer Rechts-

---

[36] (D) Musielak-BECKER, Rn. 1 zu § 811 ZPO; Schuschke-WALKER Rn. 3 zu § 850 ZPO.

und Gesellschaftssysteme und schmalen Budgets zu kämpfen haben. Im Rahmen der vorliegenden Arbeit wird diese – nachvollziehbare – Haltung des polnischen Gesetzgebers wiederholt (und in plastischer Weise bei der Wohnungsräumung) zum Ausdruck kommen. Gleichzeitig lassen sich dadurch auch die Folgeschäden einer solchen Rechtspolitik aufzeigen.

II. Schutz der Erwerbstätigkeit

Ein unbeschränkter Gläubigerzugriff auf Gegenstände des Schuldners hätte oftmals auch den Verlust von Sachen zur Folge, die nicht sein aktuelles Existenzminimum darstellen, die aber für seine Erwerbstätigkeit vonnöten sind und damit praktisch die Sicherung seiner Existenz in der Zukunft betreffen. Dies ist vor allem bei gewerbetreibenden sowie handwerklich oder landwirtschaftlich tätigen Schuldnern bedeutsam, die nicht über ein festes wiederkehrendes Arbeitseinkommen verfügen[37]. Kann der Schuldner nämlich seinen Beruf nicht weiter ausüben, wird ihm damit zugleich die Chance genommen, zukünftig den Lebensunterhalt für sich und unterhaltsberechtigte Dritte zu verdienen. Eine solche Situation verletzt nicht nur die schuldnerischen Belange und die derjenigen, die auf Unterhalt angewiesen sind, sondern widerspricht auch Allgemeininteressen. Dem Staat muss daran gelegen sein, dass Schuldner in der Lage sind, sich und den Unterhaltsberechtigten weiterhin selbst zu helfen, damit nicht alle Betroffenen staatliche Sozialhilfe in Anspruch nehmen müssen. Es kann nicht einmal im längerfristigen Gläubigerinteresse liegen, wenn dem Schuldner das Existenzminimum auch für die Zukunft entzogen und ihm damit jede Möglichkeit genommen wird, mit seiner Arbeit für seinen Unterhalt selbst aufzukommen. Aus Gläubigersicht würde damit nämlich zugleich jede Perspektive für eine künftige vollständigere Befriedigung zerstört. Angesichts dieser Interessenlage bietet es sich an, auch Sachen, die zur Ausübung bzw. Fortsetzung schuldnerischer Erwerbstätigkeit notwendig sind, vom Vollstreckungszugriff auszunehmen.

III. Andere

Hinter vollstreckungsbegrenzenden Normen in der Sachvollstreckung können schließlich auch andere Regelungsziele stehen. Der besondere Schutz landwirtschaftlicher Betriebe[38] wird oft mit dem Schutz gesamtwirtschaftlicher Interessen, etwa am Erhalt von Arbeitsplätzen, sowie der Sicherung der Nahrungsversorgung[39] (insofern in biblischer Tradition) gerechtfertigt. Der in Deutschland zu

---

[37] (PL) MARCINIAK, *Ograniczenia*, S. 105.

[38] (PL) OSOWY, § 67, S. 408; Piasecki-MARCINIAK, Rn. 1 vor Art. 829 KPC.

[39] (PL) MARCINIAK, *Ograniczenia*, S. 128 f.; (D) Musielak-BECKER, Rn. 15 zu § 811 ZPO.

findende Schutz für zum Betrieb einer Apotheke erforderliche Geräte und Waren, wird darauf gestützt, dass im Allgemeininteresse eine Veräußerung an nicht Sachkundige verhindert werden soll. Die früher noch angeführte Sicherstellung der medizinischen Versorgung wird heute als nachrangig angesehen.[40] Soweit unmittelbar der Bestattung dienende Sachen in Deutschland pfändungsfrei bleiben, wird man das Ziel des Zugriffsverbots hier nicht in erster Linie in einer Rücksichtnahme auf religiöse oder spirituelle Gefühle und die Situation der Hinterbliebenen anlässlich eines Todesfalls zu sehen haben, sondern im (Abwehr-)Interesse des Staates, öffentlich finanzierte „Armenbegräbnisse" und damit eine Inanspruchnahme der Sozialsysteme zu verhindern.[41]

C. ART UND UMFANG DES SCHUTZES

I. Einleitung

Bei der Vollstreckung in bewegliche Sachen stellen Zugriffsverbote die praxisrelevantesten Regelungsinstrumente dar (unter II). Als andere Schutzform soll vor allem der richterliche Vollstreckungsschutz über die deutsche Generalklausel des § 765a ZPO (unter III) angesprochen werden. Nach Erörterung der gemeinsamen Grundlagen der verschiedenen Zugriffsverbote (unter 1), werden diese im Einzelnen dargestellt und analysiert (unter 2). Anschließend wird auf die Wirkung der Verbote eingegangen (unter 3) und werden schließlich einige Ausnahmeregeln (unter 4) untersucht.

Wenn Hauptziel des Vollstreckungsverfahrens die effektive Gläubigerbefriedigung ist, muss der Gesetzgeber für jede Beschränkung der Zugriffsmöglichkeiten stets Rechtfertigungsgründe vorbringen können. Bei der Regelung eines Zugriffsschutzes sollte daher stets größtmögliche Zurückhaltung geübt werden, auch wenn wichtigste Schuldner- oder Allgemeininteressen auf dem Spiel stehen. Eine Beschränkung sollte immer nur dann und nur in dem Ausmaße erfolgen, in dem dies zum Schutz der betreffenden Interessen unbedingt erforderlich ist. Die Regelung ist daher strikt am jeweiligen Regelungsziel auszurichten: Werden Existenzsicherung und eine Abwehr schuldnerischer Sozialansprüche beabsichtigt, reicht eine Unterschutzstellung genau der Schuldnersachen, die dem Schuldner das Existenzminimum und damit ein Leben oberhalb der anspruchsberechtigenden Bedürftigkeitsschwelle sichern. Der Zugriffsumfang kann hier allerdings nicht im selben Maße wie bei der Forderungsvollstreckung feingesteuert und individuell abgestimmt werden. Bei beweglichen Sachen kann

---

[40] (D) § 811 Abs. 1 Nr. 9 ZPO, hier ist ausnahmsweise der Betrieb geschützt also auch juristische Personen. Vgl. zur Entstehungsgeschichte der Norm LIPPROSS, S. 105 f.

[41] (D) Vgl. zur Parallelnorm in der Forderungsvollstreckung unten Kapitel 4, E I 1 c) a.E.

es in der Regel nur eine „ganz oder gar nicht“ -Entscheidung geben, ein vollständiges Zugriffsverbot oder eine gänzliche Pfändbarkeit. Eine Aufspaltung der Sache in einen zugriffsgeschützten Funktionskern und den darüber hinausgehenden, pfändbaren Rest kann man normalerweise nicht vornehmen. Dies führt zu auf den ersten Blick oft nur schwer nachvollziehbaren Ergebnissen, wenn danach sprichwörtliche „goldene Teller“ oder Luxusmöbel unter das Existenzminimum fallen. Allerdings kann man ein der „Funktionskernreduzierung“ gleichkommendes Ergebnis etwa durch die Regelung einer Austauschmöglichkeit von luxuriösen gegen einfachere, funktionsäquivalente Gegenstände erreichen [s. u. II 4 b) (I)]. Die ebenfalls anzutreffende Variante, den Schutz vom Sach*wert* abhängig zu machen und demzufolge hochwertige Gegenstände unbeschränkt der Pfändung zu unterwerfen, auch wenn sie beim Schuldner geschützte Funktionen erfüllen, wie dies etwa in Frankreich der Fall ist[42], erscheint demgegenüber angesichts der verfolgten Regelungsziele inkonsequent und letztlich mit logischen Argumenten nicht begründbar [s. u. C II 2 d (I) (2)]. Eine interessante Idee ist es, Sachen als nicht lebens- oder arbeitsnotwendig anzusehen, die sich an einem anderen Ort befinden, als dem, an dem sich der Schuldner gewöhnlich aufhält oder an dem er gewöhnlich arbeitet.[43]

Bei der Regelung von Zugriffsbeschränkungen hat der Gesetzgeber die Strukturentscheidung zu treffen, ob und inwieweit die Beschränkungen eher generell vorweg festgelegt werden oder ob alternativ oder ergänzend Zugriffsschutz individuell bestimmt werden soll. Ein generelles System ist für die Vollstreckungsorgane einfacher zu handhaben und bietet Gläubigern und Schuldnern vor allem Voraussehbarkeit und damit Rechtssicherheit. Individualentscheidungen und flexible Billigkeitsnormen können zwar die Einzelfallgerechtigkeit erhöhen, führen aber oft zu Unübersichtlichkeit, Komplexität und letztlich Ineffektivität des Vollstreckungssystems. Anders als bei der Forderungsvollstreckung sind der generellen Vorwegfestlegung allerdings insofern Grenzen gesetzt, als stets die individuelle Ausstattung des Schuldners mit materiellen Gütern Grundlage der Entscheidung des Vollstreckungsorgans zu sein hat. Es kann hier also nur darum gehen, sich zwischen einem eher generellen System mit klaren Leitlinien durch Kataloge geschützter Gegenstände – abschließenden oder offenen Charakters – und einem eher individuellen Ansatz über generalklauselartige Schutznormen mit Raum für Billigkeitserwägungen zu entscheiden oder beides zu kombinieren. Polnisches wie deutsches Recht entscheiden sich für ein überwiegend generelles System mit Katalogen unpfändbarer Gegenstände. In Deutschland wird dies allerdings für untypische Ausnahmefälle durch die Möglichkeit individuellen richterlichen Schutzes über die Generalklausel des

---

42 (F) Kein Pfändungsschutz für Gegenstände, die aufgrund ihrer Bedeutung, ihrer Beschaffenheit oder Seltenheit, ihres Alters oder luxuriösen Charakters besonders wertvoll sind, vgl. PERROT/THÉRY, S. 221.

43 So die Regelung in (F) PERROT/THÉRY, S. 221.

§ 765a ZPO (s. u. III 2) ergänzt. Polnisches und deutsches Recht haben zudem verschiedene Regelungsmechanismen gefunden, um die Kataloge flexibler und dem Einzelfall angemessener zu gestalten (s. u. II 1 c).

II. Zugriffsverbote

1. Grundlagen

a) Sachlicher Anwendungsbereich

Was den sachlichen Anwendungsbereich der Zugriffsverbote angeht, machen beide Rechtsordnungen zunächst eine wichtige Ausnahme. Die Zugriffsbeschränkungen bei beweglichen Sachen finden nur auf die Vollstreckung wegen Geldforderungen Anwendung, also insbesondere nicht auf die Herausgabevollstreckung.[44] Die Vorschriften sollen zwar dem Schuldner das Existenzminimum und die Arbeitsfähigkeit sichern, darüber aber nicht die Verwirklichung gerichtlich festgestellter Gläubigerrechte auf Herausgabe einer bestimmten Sache dauerhaft und regelmäßig unmöglich machen. Da bei der Herausgabevollstreckung alternative Zugriffsmöglichkeiten konstruktiv nicht zur Verfügung stehen, wäre der Anspruch auf eine existenznotwendige Sache sonst überhaupt nicht vollstreckbar. Die Verweigerung der Rechtsverwirklichung würde bei bestimmten Ansprüchen zum Regelfall.

Die Zugriffsbeschränkungen sollen die Gebrauchsmöglichkeit schützen und stellen keinen Eigentums- oder Vermögensschutz für den Schuldner dar. Das Vorhandensein fremder Sachen in ausreichender Menge kann den Zugriff auf schuldnereigene ermöglichen.[45] Eine Eigentümerstellung des Gläubigers eröffnet diesem grundsätzlich keine weitere Zugriffsmöglichkeit, da die Zwangsvollstreckungsorgane mit einer Feststellung des Gläubigereigentums regelmäßig überfordert wären und ihm für solche Fälle die Herausgabevollstreckung einen umfassenden, direkten Zugriff ermöglicht.[46] Hiervon macht der deutsche Gesetzgeber neuerdings zur Vollstreckungsbeschleunigung ein wichtige Ausnahme: Trotz Zugriffsverbots kann eine Sache gepfändet werden, an der sich der Gläubiger das Eigentum vorbehalten hat, wenn die Vollstreckung wegen der da-

---

[44] (PL) Piasecki-MARCINIAK, Rn. 2 vor Art. 829 KPC; WENGEREK, Anm. 2 zu Art. 829 KPC; (D) Wieczorek/Schütze-LÜKE, Rn. 7 zu § 811 ZPO.

[45] (D) AG Landau, DGVZ 1991, S. 14; Musielak-BECKER, § 811 Rn. 3. In (PL) dürfte sich dies aus der inneren Systematik der Zugriffsverbote ergeben.

[46] So für (D) Wieczorek/Schütze-LÜKE, Rn. 8 zu § 811 ZPO: die Situation bei der Sicherungsübereignung liefe sonst auf einen unzulässigen vorherigen Verzicht auf die Unpfändbarkeit hinaus. Dies muss daher entspr. für (PL) gelten, wo die Unverzichtbarkeit des Schutzes unstrittig ist.

durch gesicherten Kaufpreisforderung erfolgt.[47] Im Interesse der Praktikabilität hat der Nachweis der Vorbehaltsabrede durch Urkunden (etwa den dies verdeutlichenden Titel) zu erfolgen.[48]

b) Geschützter Personenkreis

Neben der Frage, ob die Schutzregelungen nur auf natürliche oder auch auf juristische Personen Anwendung finden können[49], hat der Gesetzgeber auch zu klären, in welcher Weise Dritte in den Schutzbereich der Normen miteinbezogen werden sollen. Bei Orientierung am Regelungsziel wird deutlich, dass zweckmäßigerweise der gesamte Haushalt des Schuldners in den Blick genommen werden muss. Der Gesetzgeber darf Personen nicht vernachlässigen, die aufgrund einer Abhängigkeit vom Schuldner mittelbar genauso existenziell von der Vollstreckung betroffen werden wie der Schuldner selbst. Wird das Existenzminimum nicht korrekt erfasst, droht eine Bedürftigkeit auch der Unterhaltsberechtigten und deren Inanspruchnahme der Sozialhilfe.[50] Der Umfang des geschützten Personenkreises hat damit auch einen nicht unerheblichen Einfluss auf das Ausmaß der Zugriffsmöglichkeit beim einzelnen Schuldner, da sich Art und Anzahl der geschützten Objekte dann an den Bedürfnissen nicht nur des Schuldners, sondern aller mitgeschützten Personen orientieren.

Ausdrücklich werden in Polen ebenso wie in Deutschland Familienangehörige weitgehend mitgeschützt,[51] was auch den Geboten der EMRK und der Verfassungen beider Länder entspricht.[52] Allerdings wurde schon im sozialistischen Polen der Schutz der Familie im Vollstreckungsrecht besonders betont und darauf hingewiesen, dass die Familie ihre wichtigen gesellschaftlichen Funktionen

---

[47] (D) § 811 Abs. 2 S. 1 ZPO (für die Verbote der Nr. 1, 4, 5-7). Anwendung nur auf *einfachen* Eigentumsvorbehalt, der sich auf die Sache konzentriert und mit deren Bezahlung erlischt. Keine Geltung für Sicherungseigentümer (Musielak-BECKER, Rn. 5, 29 f zu § 811 ZPO : „rechtspolitisch unausgewogen“). Ähnlich in (F) vgl. WERTH, S. 213.

[48] (D) § 811 Abs. 2 S. 2 ZPO; näher Musielak-BECKER, Rn. 30 zu § 811 ZPO; MÜNZBERG, DGVZ 1998, S. 81, 84.

[49] (PL) Art. 829 Pkt. 1-5 finden nach ihrer Formulierung nur auf natürliche Personen Anwendung, WENGEREK, Anm. 6 zu Art. 829 KPC; (D) die Schutznormen sollen auch für jur. Personen gelten, soweit der Normzweck dies zulässt, Musielak-BECKER, Rn. 6 zu § 811 ZPO; bei § 811 Nr. 5 ZPO kein Schutz (h.M): Wieczorek/Schütze- LÜKE, Rn. 33 zu § 811 ZPO; differenzierend zu Recht Musielak-BECKER Rn. 18 zu § 811 ZPO.

[50] Vgl. die Überlegungen des BVerfG in (D): BVerfG NJW 1990, S. 2869, 2871 (unter III, 2).

[51] (PL) Art. 829 Pkt. 1, 2, 3, 5, nach Ansicht der Rspr. und der Lit. auch Pkt. 6, vgl. SN v. 29. 10. 1968, III CZP 90/68, OSNCP 1969, poz. 65 (bezogen auf Bildung/Unterricht); MARCINIAK, *Ograniczenia*, S. 123; (D) in § 811 Abs. 1 Nr. 1, 2, 3, 4, 4a, 5, 10, 11 ZPO. Gleiches gilt für (F) vgl. WERTH, S. 233; BURKARDT.

[52] Art. 8 EMRK (Familienleben); (PL) Art. 47 (Privat- u. Familienleben), 71 Konst. (Familienwohl); (D) Art. 6 GG.

nur bei Garantie entsprechender materieller Bedingungen erfüllen könne.[53] Der Umfang der zu schützenden Familie ist in Polen allerdings nicht unumstritten. Einem engen Verständnis, wonach der Familienbegriff nur nahe Blutsverwandte oder die Kernfamilie aus Eltern und Kindern umfasst[54], steht überwiegend die weite Familienauffassung gegenüber, wonach alle Verwandten und Verschwägerten gleich welchen Grades dazu gehören sollen.[55] Darüber hinaus werden auch nichteheliche Lebenspartner und deren Kinder heute miteinbezogen, vor allem wenn sie als Eltern mit den Kindern eine Hausgemeinschaft bilden, ebenso Kinder in sog. Ersatzfamilien (*rodzina zastępcza*).[56]

Der gesamte Streit um den Umfang des Familienbegriffs wird aber dadurch relativiert, dass sich der Schutz in Polen ausdrücklich nur auf diejenigen Familienangehörigen bezieht, für deren Unterhalt der Schuldner sorgt.[57] Dies wird nicht als rechtliche Kategorie, sondern als tatsächlicher Zustand angesehen und notwendig anhand äußerer Anzeichen beurteilt[58], so dass in der Praxis das Zusammenwohnen in einer wirtschaftlich-familiären Hausgemeinschaft die entscheidende Rolle spielt.[59] In Deutschland geht man von einem weiten Familienbegriff aus und werden zudem beim Schuldner lebende, wirtschaftlich abhängige, sowie beim ihm angestellte Personen teilweise ausdrücklich in den Schutz miteinbezogen.[60] In Polen wird angesichts des klaren Wortlautes nur vereinzelt vorgeschlagen diese über ein weites Verständnis der „Familie" mitzuerfassen.[61]

c) Regelungsalternativen

Wie bereits angedeutet, stehen für den Gesetzgeber bei der Regelung von Zugriffsverboten unterschiedlichste Regelungsmechanismen zur Auswahl. Eine

---

[53] (PL) Vgl. MARCINIAK, *Ograniczenia*, S. 108 ff.

[54] (PL) Vgl. MERCHEL, S. 32: enge Blutsverwandte; es sollen aber auch andere nahestehende Personen einbezogen sein, die vom Schuldner unterhalten werden und mit ihm wohnen.

[55] (PL) MARCINIAK, *Ograniczenia*, S. 109 m. Nw.; Piasecki-MARCINIAK, Rn. 3 zu Art. 829 KPC; unklar ŚWIEBODA, Anm. 1 zu Art. 829 KPC, der nur Angehörige einbezieht, die mit dem Schuldner eine Hausgemeinschaft bilden.

[56] (PL) Piasecki-MARCINIAK, Rn. 3 zu Art. 829 KPC; schon DERS., *Ograniczenia*, S. 110.

[57] (PL) Aufgrund von Unterhaltsverpflichtung, Rentenvertrag, Leibrente, aber auch bei Personen, die der Schuldner aus Familienrücksicht freiwillig unterhält, Piasecki-MARCINIAK, Rn. 4 zu Art. 829 KPC; u. DERS., *Ograniczenia*, S. 110.

[58] (PL) MARCINIAK, *Ograniczenia*, S. 111.

[59] (PL) ŚWIEBODA, Anm. 1 zu Art. 829 KPC; MERCHEL, S. 32; nach MARCINIAK, *Ograniczenia*, S. 109 f. und in Piasecki, Rn. 5 zu Art. 829 KPC hat dies nur Indizcharakter und soll nicht in jedem Falle entscheidend sein: Sachunterhaltsleistungen könnten auch außerhalb eines gemeinsamen Haushalts erfolgen.

[60] (D) § 811 Abs. 1 Nr. 2, 3, 4, 6 ZPO; näher Wieczorek/Schütze-LÜKE Rn. 22 (zu Nr. 2), Rn. 24 (zu Nr. 3); Rn. 29 (zu Nr. 4a) zu § 811 ZPO.

[61] (PL) Dafür MERCHEL, S. 32, dagegen ausdrücklich WENGEREK, Anm. 4 zu Art. 829 KPC.

gänzlich individuelle Entscheidung für den jeweiligen Einzelfall, wie sie noch in der Regelung der deutschen Generalklausel (§ 765a ZPO) anklingt, stellt hohe Anforderungen an das handelnde Vollstreckungsorgan. Weil in jedem Einzelfall umfangreiche Ermittlungstätigkeiten erforderlich sind, um ein verlässliches Bild von der Gesamtsituation des Schuldners zu erlangen, dürften Gerichtsvollzieher nach deutschem oder polnischem Muster als „Organe des schnellen Zugriffs" mit der Aufgabe überfordert sein. Wie jede Regelung, die eine umfassende Gesamtbeurteilung unter Berücksichtigung aller Einzelfallumstände vorsieht, ist auch ein individueller Vollstreckungsschutz vor allem zeitaufwändig und einer zügigen, effektiven Gläubigerbefriedigung abträglich. Entscheidet sich der Gesetzgeber daher vorrangig für ein eher generelles Katalogsystem, so bleiben allerdings trotzdem verschiedene Regelungsalternativen denkbar. Das Ausmaß an „Individualität" und Flexibilität der Kataloge hängt dabei sowohl von ihrem Gesamtcharakter – abschließend oder offen – als auch von den verwendeten Begriffen – präzise oder unbestimmt/wertend – ab. Ein abschließender Katalog[62] mit präzisen, kaum Interpretationsspielraum lassenden Begriffen bildet dabei das eine Ende der Skala möglicher Variationen, während am anderen Ende offene Kataloge mit wertenden Rechtsbegriffen stehen, die dem Vollstreckungsorgan beinahe soviel Spielraum lassen, wie eine freie Einzelfallentscheidung.

Eine klare Definition der betroffenen Gegenstände ist einmal aus Praktikabilitätsgründen sinnvoll, damit vor allem nicht-richterliche Vollstreckungsorgane (wie Gerichtsvollzieher), die schnell und effektiv zugreifen sollen, nicht ständig vor diffizilen Wertungsfragen stehen. Die Begrenzung des Gläubigerrechts auf Justizgewähr ist zudem rechtsstaatlich dann eher zu legitimieren, wenn klar vorhersehbare Grenzen gesetzlich festgelegt werden, als wenn generalklauselartig weite Begriffe die Bestimmung der Zugriffsgrenzen weitgehend dem Ermessen der Vollstreckungsorgane überlassen. Eine starre, unflexible Schematik ist allerdings nicht in der Lage, den von Rechtsordnung zu Rechtsordnung unterschiedlichen und sich im Laufe der Zeit wandelnden gesellschaftlichen Vorstellungen und Möglichkeiten Rechnung zu tragen. Es erscheint hier daher naheliegend, anstelle einer kategorischen Entweder-oder-Entscheidung – ergänzend zu den präzisen Katalogbegriffen unpfändbarer Gegenstände – auch wertende und weit gefasste Begriffe zu verwenden, die mit Hilfe von Auslegung an wechselnde Situationen angepasst werden können. In Polen und Deutschland erfolgt diese Anpassung der aufgrund ihres hohen Alters teilweise etwas altmodischen Kataloge und die Ausrichtung der Zugriffsbeschränkungen am Lebensstandard der Gesellschaft und der konkreten Situation von Gläubiger und Schuldner über die Auslegung von Begriffen wie „angemessen", „bescheiden", „erforderlich" oder „unentbehrlich". Damit wird erreicht, dass der Begriff des Existenzminimums

[62] So etwa in (F) vgl. WERTH, S. 212; PERROT/THÉRY, S. 219 ff.

nicht objektiv, quasi naturwissenschaftlich exakt festlegbar, sondern fließend und relativ zum Wohlstandsniveau der Gesamtgesellschaft zu verstehen ist.[63]

In Polen wird sowohl die Verbindung zum gesellschaftlichen Lebensstandard als auch zu den Verhältnissen der Beteiligten über den Begriff der „unentbehrlichen" (*niezbędne*) Dinge erreicht[64], der vom Gesetz allerdings nicht näher konkretisiert wird. In Deutschland wird heute nicht mehr auf die Unentbehrlichkeit abgestellt. Man erreicht ähnliches, indem in Bezug auf Bedürfnisse des Schuldners beispielsweise an den Begriff einer „seiner Berufstätigkeit und seiner Verschuldung angemessenen, bescheidenen Lebens- und Haushaltsführung"[65] angeknüpft wird. Es herrscht in beiden Ländern insoweit weitgehend Übereinstimmung, dass die Auslegung zeitgemäß zu erfolgen hat und veränderte Bedürfnisse, neue technische und gesellschaftliche Standards sowie ein weites Verständnis der Existenz zu beachten hat, das sich nicht (wie etwa im Polen der Zwischenkriegszeit) auf die rein physische Komponente der biologischen Mindestbedürfnisse beschränkt[66], sondern auch die Kontaktmöglichkeiten mit der Umwelt und insbesondere eine Teilnahme am geistig-politischen Leben beinhaltet. Grundbedürfnisse sollen also auch kulturell und künstlerisch zu verstehen sein, d. h. ein „ideelles" Existenzminimum erfassen.[67] Beide Rechtsordnungen unterscheiden sich damit deutlich etwa von Frankreich, das insoweit restriktivere Positionen vertritt.[68] Aufgrund dieser weiten, dynamischen Auffassung des Existenzminimums ist die Abgrenzung der mit Zugriffsverboten zu schützenden Objekte allerdings schwierig.

In Polen werden als „unentbehrlich" nur diejenigen Gegenstände angesehen, die materielle und kulturelle Grundbedürfnisse des Schuldners erfüllen, gemessen am aktuellen, durchschnittlichen Lebensstandard der Gesellschaft[69]. Dabei ist eine durch das Vollstreckungsorgan vorzunehmende objektive Einschätzung der konkreten, individuellen Lebensumstände ausschlaggebend und nicht die subjektive Empfindung des Schuldners, der auch ein deutliches Absinken seines

---

63 (PL) Für eine „dynamische Auslegung" zu Recht MARCINIAK, *Ograniczenia*, S. 106.

64 (PL) In Art. 829 Pkt. 1, 2, 4, 5, 6 KPC.

65 (D) In § 811 Abs. 1 Nr. 1 ZPO.

66 (PL) Vgl. dazu MARCINIAK, *Ograniczenia*, S. 107.

67 (PL) MARCINIAK, *Ograniczenia*, S. 105, 107: Ausdruck der Veränderungen in den „rechtlichen, moralischen und sittlichen Anschauungen"; DERS. in Piasecki, Rn. 1 zu Art. 829 KPC; (D) Musielak-BECKER Rn. 1 zu § 811 ZPO, auch §§ 27, 90 Nr. 7 SGB XII; Wieczorek/Schütze-LÜKE, Rn. 1 zu § 811 ZPO. Grundlegend zu den verschiedenen Aspekten des Existenzminimums: MARTÍNEZ SORIA, JZ 13/2005, S. 647 f., der allerdings (verfassungsrechtlich) als originäres Leistungsrecht nach Art. 1 Abs. 1 GG nur den Kernbereich gewährleistet sieht (d. h. ein Recht auf Sicherung vor „physiologischer" Existenznot, nicht ein soziokulturelles Existenzminimum).

68 (F) PERROT/THÉRY, S. 219; WERTH, S. 212, 231: nur lebensnotwendige Gegenstände.

69 (PL) MARCINIAK, *Ograniczenia*, S. 107 f. „allgemeine Richtlinie"; DERS. in Piasecki, Rn. 1 zu Art. 829 KPC; (D) Veränderungen der sozialen Wirklichkeit sollen berücksichtigt werden.

persönlichen Lebensstandards durch die Vollstreckung hinzunehmen hat.[70] Das Vollstreckungsorgan hat in Polen die tatsächlichen Umstände zu untersuchen, in denen der Schuldner lebt, und kann gegebenenfalls Aufklärung durch die Parteien verlangen oder Information Dritter anfordern.[71]

Die Beurteilung erfolgt in beiden Ländern trotz der Anlehnung an die generellen Kataloge von KPC und ZPO im jeweiligen Einzelfall mit ganz konkretem Bezug zum Schuldner und seinen persönlichen Verhältnissen und Bedürfnissen[72]. Dabei spielen als Parameter für die Entscheidung insoweit insbesondere das Alter, die beruflichen und sozialen Verhältnisse des Schuldners, örtliche Gegebenheiten sowie die Anzahl, das Alter und die Bedürfnisse mit ihm zusammenlebender Personen eine Rolle.[73] Auch die Vermögenssituation des Gläubigers kann von Bedeutung sein, dem es in der Regel nicht zugemutet werden kann, aufgrund des Schuldnerschutzes in noch bescheideneren Verhältnissen als sein Schuldner zu leben. In Deutschland hat die Konkretisierung der flexiblen, auslegungsfähigen Begriffe durch die Gerichte zu einer kaum überschaubaren Einzelfallrechtsprechung geführt, von der hier nur die Grundtendenz wiedergegeben werden kann.[74] In den Bereichen, in denen nicht auf unbestimmt-wertende, sondern relativ präzise Bestimmungen zurückgegriffen wird, sind einem flexibilisierenden Einfluss der Auslegung in beiden untersuchten Rechtsordnungen allerdings durch das grundlegende Prinzip des Gesamtvermögenszugriffs (s. o. Kapitel 1 C II 2) dogmatisch enge Grenzen gezogen. In Polen wird konsequent die Ausnahmenatur der gesetzlich besonders zu regelnden Zugriffsverbote betont: Diese sind erweiternder Auslegung grundsätzlich nicht zugänglich.[75] In Deutschland wird ähnlich, wenn auch etwas vorsichtiger, vor *zu weiter* Auslegung der Bestimmungen gewarnt.[76]

---

[70] (PL) Piasecki-MARCINIAK, Rn. 1 zu Art. 829 KPC; DERS., *Ograniczenia*, S. 108.

[71] (PL) SN v. 30. 8. 1937, C II 486/37, OSN 1938, poz. 307; vgl. auch WENGEREK, Anm. 4 zu Art. 829 KPC.

[72] (PL) MARCINIAK, *Ograniczenia*, S. 108.

[73] (PL) Piasecki-MARCINIAK, Rn. 1 a.E. vor Art. 829 KPC; DERS.*Ograniczenia*, S. 108.; (D) KEIP, S. 19 m.w.Nw.

[74] (D) Übersichten (zu § 811 ZPO): Wieczorek/Schütze-LÜKE Rn. 16-60 und Musielak-BECKER, Rn. 11.

[75] (PL) Zu Art. 829 KPC: WENGEREK Anm. 3; ŚWIEBODA, Anm. 1; Piasecki-MARCINIAK, Rn. 3 vor Art. 829 KPC.

[76] (D) THOMAS/PUTZO, Rn. 1 zu § 811 ZPO; auch Wieczorek/Schütze-LÜKE hält im Einzelfall vorsichtige erweiternde Auslegung für möglich, vgl. Rn. 46 zu § 811 ZPO.

2. *Einzelne Zugriffsverbote*

a) Einleitung

Bei den einzelnen Zugriffsverboten lassen sich im Bereich der Vollstreckung in bewegliche Sachen, im Gegensatz zur Forderungsvollstreckung, die Gegenstände relativ unproblematisch in zwei Gruppen einteilen, je nach Regelungsziel, aufgrund dessen sie als schützenswert eingestuft werden. Die größte Gruppe bilden dabei die Sachen, die als Teil des *gegenwärtigen Existenzminimums* des Schuldners vom Zugriff ausgenommen werden (unter b). Der Schuldner geriete bei Pfändung ansonsten in eine menschen- und verfassungsrechtlich prekäre Lage, aus der ihm ein sozial ausgerichtetes Gemeinwesen durch Sozialleistungen – auf Kosten der Allgemeinheit – wieder heraushelfen müsste. Die zweite Gruppe stellen solche Sachen dar, die deshalb dem Vollstreckungszugriff nicht unterliegen, weil sie den Schuldner in die Lage versetzen, durch *Erwerbstätigkeit* auch das künftige Existenzminimum zu sichern und sich schrittweise aus seiner Notlage selbst zu befreien (unter c). Überschneidungen gibt es bei der Unterschutzstellung bestimmter (landwirtschaftlicher) Gegenstände und Tiere, die sowohl zur Versorgung wie zur Erwerbstätigkeit dienen können und damit beide Regelungsziele zugleich fördern.

b) Gegenwärtiges Existenzminimum

(I) Haushaltsgegenstände

(1) Spezielle Katalogvorschriften

Geht es um die Bewahrung des Existenzminimums des Schuldners und seiner Unterhaltsberechtigten, so muss naheliegender Ausgangspunkt neben dem „Dach über dem Kopf" (dazu Kapitel 5) das sein, was die Betroffenen am Leibe tragen und die Grundausstattung ihres Haushalts. Über ihre Kataloge unpfändbarer Sachen nehmen die polnischen und deutschen Regelungen konsequent Alltagskleidung[77] sowie Haushaltsgegenstände in weitem Umfang vom Vollstreckungszugriff aus. So sind Wäsche, Möbel, Haus- und Küchengeräte geschützt[78]. Da in erster Linie die (Gebrauchs-)Funktion der Sachen entscheidend ist, kommt es grundsätzlich auf ihren Wert nicht an.[79] Andererseits sind Sachen,

---

[77] (PL) Für Beachtung des Ortsgebrauchs, MARCINIAK, *Ograniczenia*, S. 115.

[78] (PL) Art. 829 Pkt. 1 KPC; (D) § 811 Abs. 1 Nr. 1 ZPO.

[79] (PL) Piasecki-MARCINIAK, Rn. 7 zu Art. 829 KPC. Näher MARCINIAK, *Ograniczenia*, S. 112 f. und s. u. [d) (I) (2)]; (D) JAUERNIG § 32 II B „Das einzige Bettgestell des Schuldners ist unpfändbar, auch wenn es aus purem Gold besteht [...]." Anders in (F) WERTH, S. 121.

die ausschließlich als Luxusobjekt oder als Kapitalanlage angeschafft wurden, nicht erfasst.[80]

Wie oben bereits angesprochen sind in Polen alle genannten Gegenstände nur geschützt, wenn sie für den Schuldner und von ihm abhängige Dritte „unentbehrlich" (*niezbędne*) sind. Literatur und Rechtsprechung sind in ihrer Auslegung zurzeit noch recht restriktiv und halten grundsätzlich die Vollstreckung in Fernseher, Radiogerät, Kühlschrank, Waschmaschine oder teure elektronische Geräte für möglich[81]. Da dies oft die einzigen Dinge von einigem Wert in den betroffenen Haushalten seien, schlüge bei deren Ausschluss eine Fahrnisvollstreckung in den meisten Fällen fehl. Anderes soll nur gelten, wenn individuelle Umstände ein anderes Ergebnis rechtfertigen, z. B. bei schwerbeschädigten Personen, die ihre materiellen und kulturellen Bedürfnisse nur im Rahmen des Haushalts befriedigen können und daher auf die Geräte angewiesen sind.[82]

In Deutschland werden demgegenüber als „dem persönlichen Gebrauch oder dem Haushalt dienende Sachen", derer der Schuldner „zu einer seiner Berufstätigkeit und seiner Verschuldung angemessenen, bescheidenen Lebens- und Haushaltsführung bedarf", praktisch sämtliche elektrischen Hilfsgeräte vom Zugriff ausgenommen und aus verfassungsrechtlichen Gründen (Informationsfreiheit[83]) beispielsweise auch ein Fernsehgerät als wichtige Informationsquelle.[84] In Deutschland stellt also die Zulässigkeit eines Zugriffs auf Haushaltsgeräte inzwischen die ganz große Ausnahme dar[85]. Eine Mittelposition nimmt z. B. Frankreich ein, wo zwar eine Waschmaschine geschützt ist, ein Fernsehgerät, Teppiche sowie die meisten Möbel hingegen nicht, da sie als nicht lebensnotwendige Gegenstände angesehen werden, die lediglich der Freizeitbeschäftigung, dem Komfort oder der Verschönerung des Wohnens dienen.[86]

---

[80] Vgl. nur für (PL) Piasecki-MARCINIAK, Rn. 8 zu Art. 829 KPC; m. E. problematisch allerdings der wenig praxisgerechte Vorschlag, Dinge auszuschließen, die nur als „Prestigeobjekt" (*atrybut prestiżu*) erworben wurden (MARCINIAK, *Ograniczenia*, S. 113), da willkürliche Entscheidungen ermöglicht werden.

[81] (PL) ZEDLER, Anm. 4 zu Art. 829 KPC: „nur eine Basisausstattung an Möbeln und Ausrüstung" m.w.Nw.; MARCINIAK, *Ograniczenia*, 114 u. in Piasecki, Rn. 8 zu Art. 829 KPC.

[82] (PL) Piasecki-MARCINIAK, Rn. 8 zu Art. 829 KPC.

[83] (D) Art. 5 Abs. 1 S. 1 GG.

[84] (D) Zu Recht für umfassenden Schutz auch *neben* einem Radio Wieczorek/Schütze-LÜKE, Rn. 19 zu Art. 811 ZPO; Musielak-BECKER, Rn. 12 ff. zu § 811 ZPO m.Nw.; dagegen JAUERNIG, § 32 II D 1.

[85] (D) Für pfändbar werden noch gehalten z. B. Stereoanlage, Unterhaltungselektronik, Freizeiteinrichtungen, *zusätzliche* Tiefkühltruhen, Geschirrspülmaschine, Mikrowelle, privat genutzter PKW, vgl. Musielak-BECKER, Rn. 12 ff. zu § 811 ZPO, im Einzelnen sehr str. Vgl. den Katalog bei Wieczorek/Schütze-LÜKE Rn. 19 (unpfändbar) u. 20 (pfändbar) zu 811 ZPO.

[86] (F) Vgl. WERTH, S. 212, 231; PERROT/THÉRY, S. 219 -221.

(2) Auffangbestimmungen

Für eine eher großzügige Freistellung von Haushaltsgegenständen spricht die Tatsache, dass dem meist geringen *Verkaufs*wert dieser Sachen als Gebrauchtwaren der oft hohe *Gebrauchs*wert für den Schuldner und erhebliche Wiederbeschaffungskosten gegenüberstehen. Zudem sind die Transaktionskosten einer Verwertung hier deutlich höher als etwa beim Vollstreckungszugriff auf das Arbeitsentgelt und ist daher der Kostenanteil am Erlös erheblich. Letztlich sind die Einbußen an Effektivität auch nur gering, da eine kostenintensive Vollstreckung und Verwertung vermieden wird, bei der regelmäßig nur geringfügige Aussichten bestehen, die Forderung des Gläubigers in relevantem Ausmaß zu tilgen.

Diese – auch etwa im englischen Reform-*Report*[87] herausgestellte Auffassung – findet ihren Niederschlag in generalklauselartigen Vorschriften, die in Polen umfassend Gegenstände des täglichen Gebrauchs[88], bzw. in Deutschland Gegenstände des gewöhnlichen Hausrats, die sich im Gebrauch befinden[89], soweit sie nicht bereits über die speziellen Katalogvorschriften geschützt sind, vom Zugriff ausnehmen, wenn einem gewöhnlich geringen Verwertungserlös ein hoher Gebrauchswert für den Schuldner gegenübersteht.[90] So sind nach der polnischen Regelung auch „entbehrliche" Alltagsgegenstände nicht pfändbar, die nur deutlich unter ihrem Wert verkauft werden könnten, die aber einen erheblichen Gebrauchswert für den Schuldner haben. In Deutschland besteht ein Pfändungsverbot, wenn „ohne weiteres ersichtlich ist", dass nur ein außer allem Verhältnis zum Wert stehender geringer Verwertungserlös (auffälliges Missverhältnis)[91] erzielt werden würde. Die Verwertungsprognose hat das Vollstreckungsorgan nach pflichtgemäßem Ermessen zu treffen.[92] Diese Regelung soll im Interesse aller Beteiligten eine überflüssige und wertvernichtende Vollstreckung vermeiden, die dem Schuldner nur Nachteile, dem Gläubiger aber mangels nennenswerter Befriedigung kaum Vorteile bringt, und kann damit auf den Verhältnismäßigkeitsgrundsatz gestützt werden.[93] In der deutschen Praxis bildet die Unpfändbarkeit von Hausratsgegenständen daher die Regel.

---

87 (ENG) BEATSON (*Report*), 2. 16, S. 11 f.

88 (PL) *Przedmioty codziennego użytku*, Art. 829 Pkt. 6 KPC.

89 (D) § 812 ZPO.

90 (PL) Piasecki-MARCINIAK, Rn. 19 zu Art. 829 KPC. (D) Z.B. Musielak-BECKER, Rn. 1 zu § 812 ZPO.

91 (D) MünchKomm-SCHILKEN, Rn. 4 zu § 812 ZPO, Musielak-BECKER, Rn. 2 zu § 812 ZPO.

92 (PL) Entsprechend den Grundsätzen beim Verbot zweckloser Vollstreckung vgl. Kapitel 1 C II 3; in (D) hat der GVZ trotz „soll"-Fassung die Pfändung zu unterlassen, wenn die Voraussetzungen vorliegen, Wieczorek/Schütze-LÜKE, Rn. 1 zu § 812 ZPO; die Gegenstände sind einzeln im Protokoll aufzuführen, § 135 Nr. 6 GVGA.

93 (D) Str., dafür: MünchKomm-SCHILKEN Rn. 1 zu § 812 ZPO; KEIP, S. 36; a. A. JAUERNIG, § 32 I: Die Begrenzungen ergäben sich aus dem „Zweck der Zwangsvollstreckung".

(II) Vorräte, Tiere

Zum Existenzminimum wird man auch bestimmte zu seiner Versorgung erforderliche Sachen des Schuldners rechnen müssen, neben Essensvorräten je nach klimatischen Gegebenheiten auch Objekte, die Licht und Wärme erzeugen. Obwohl traditionell nur *Nutz*tiere wegen ihrer Funktion als Nahrungslieferant (oder Produktionsmittel) schutzwürdig erschienen[94], werden heute auch *Haus*tiere wegen ihrer emotionalen Nähe zum Schuldner teilweise wie unersetzliche, „höchstpersönliche" Gegenstände behandelt, die aufgrund eines Missverhältnisses von Verwertungsertrag für den Gläubiger und Verlust für den Schuldner Schutz verdienen.

Polnisches und deutsches Recht verbieten in diesem Bereich den Zugriff auf Nahrungs-, Feuerungs- und Beleuchtungsmittel für einen beschränkten Zeitraum[95]. Bei Selbstversorgern (und nicht nur bei Bauern) sind bestimmte Nutztiere[96] pfändungsfrei, die zur Ernährung für den geschützten Personenkreis erforderlich sind, sowie die Streu und Futtermittel für eine begrenzte Zeit.[97] Wegen der ausschließlichen Dispositionsbefugnis des Gläubigers und um Manipulationsmöglichkeiten des Schuldners zu verhindern, wird ein Auswahlrecht des Schuldners überwiegend abgelehnt.[98] Das Ziel der Existenzsicherung verfolgt der deutsche Gesetzgeber auch dadurch, dass er den Zugriff auf Naturalien verbietet, die landwirtschaftlichen Arbeitnehmern als Vergütung ausbezahlt werden und die zum Unterhalt erforderlich sind[99]. Weitere Nutztiere, Vorräte und Nahrungsmittel werden durch Regelungen ausgenommen, die zugleich die Erwerbstätigkeit landwirtschaftlich tätiger Schuldner sichern sollen[100] und zusammen mit anderen entsprechenden Zugriffsverboten unten (unter c) besprochen werden.

---

[94] (PL) Zur historischen Entwicklung: SZPOPPER/ZDANOWSKI, PES 1(37)/1999, S. 33 f., 44.

[95] (PL) Art. 829 Nr. 2 KPC: 1 Monat; (D) § 811 Abs. 1 Nr. 2 ZPO: 4 Wochen. Auch der ggf. zur Beschaffung erforderliche Geldbetrag ist pfändungsfrei (Notbehalt).

[96] (PL) Eine Kuh oder zwei Ziegen oder drei Schafe (Art. 829 Pkt. 3 KPC); (D) eine Milchkuh oder stattdessen insgesamt zwei Schweine, Ziegen oder Schafe sowie Kleintiere in beschränkter Zahl; die Auswahl in Polen wird damit begründet, dass diese Tiere *täglich* (laufend) zur Ernährung beitragen, MARCINIAK, *Ograniczenia*, S. 115.

[97] (PL) Bis zur nächsten Ernte (Art. 829 Pkt. 3 KPC); (D) 4 Wochen. Auch der zur Beschaffung erforderliche Geldbetrag ist pfändungfrei (§ 811 Abs. 1 Nr. 3 ZPO); näher (D) Musielak-BECKER, Rn. 14 zu § 811 ZPO; *(PL)* zu Art. 829 KPC: Piasecki-MARCINIAK, Rn. 11, zur Frage der Auswahl Rn. 12; WENGEREK, Anm. 7.

[98] (PL) Er könnte die wertvollsten Tiere auswählen, MARCINIAK, *Ograniczenia*, S. 116 f.

[99] (D) § 811 Abs. 1 Nr. 4a ZPO.

[100] (PL) Vgl. Regelungen der EgzRolR, ergangen aufgrund der Ermächtigung in Art. 830 KPC. (D) § 811 Abs. 1 Nr. 4 ZPO „die landwirtschaftlichen Erzeugnisse, soweit sie zur Sicherung des Unterhalts des Schuldners, seiner Familie und seiner Arbeitnehmer oder zur Fortführung der Wirtschaft bis zur nächsten Ernte [...] erforderlich sind".

In Polen wird bislang, soweit ersichtlich, ein Zugriffsverbot für Haustiere nicht erörtert. Daran dürfte auch die durch die KPC-Reform geschaffene neue Regelung nichts ändern, dass die Vorschriften über die Vollstreckung in Sachen auf die Vollstreckung in Tiere nur insoweit entsprechende Anwendung finden, als dem nicht die Vorschriften über den Tierschutz entgegenstehen.[101] Hiermit ist ersichtlich nur gemeint, dass die Vollstreckungsdurchführung – entsprechend der Rechtslage in Deutschland – den speziellen Tierschutznormen nicht widersprechen darf. Es käme daher allerhöchstens in Betracht, Haustiere als Gegenstand des „Alltagsgebrauchs“ vom Zugriff zu verschonen.[102] In Deutschland ist hingegen – ähnlich wie in Frankreich[103] – keine Pfändung von Tieren möglich, die im häuslichen Bereich und nicht zu Erwerbszwecken gehalten werden.[104] Im Gläubigerinteresse kann allerdings bei hochwertigen Tieren gerichtlich ausnahmsweise der Zugriff gestattet werden, wenn die Unpfändbarkeit für den Gläubiger eine Härte bedeuten würde, die trotz Würdigung der Tierschutzes und der berechtigten Schuldnerinteressen nicht zu rechtfertigen ist[105]. Die Vorschrift soll dem Schutz des besonderen Schuldnerinteresse an Tieren dienen, mit denen er emotional verbunden ist und dadurch auch dem Schutz der an eine bestimmte menschliche Umgebung gewöhnten Tiere selbst[106].

(III) *Barmittel*

Um das Existenzminimum des Schuldners zu gewährleisten, muss sich ein Gesetzgeber auch mit der Frage auseinandersetzen, wie der Schutz durch Pfändungsgrenzen im Rahmen der Forderungspfändung für die Vollstreckung in bewegliche Sachen so ergänzt werden kann, dass in angemessenem Umfang auch nach der Auszahlung vorhandene Barmittel dem Vollstreckungszugriff nicht unterliegen. In enger Anlehnung an die Regelungen für die Forderungspfändung (dazu eingehend Kapitel 4) wird dazu in Polen und Deutschland bei Beziehern bestimmter geschützter, wiederkehrender Einkünfte[107] (vor allem von Arbeitsentgelt) ein Bargeldbetrag vom Zugriff ausgenommen, der dem nicht der Pfän-

---

[101] (PL) Neuer Art. 844[1] KPC.

[102] (PL) Nach Art. 829 Nr. 6 KPC, s. o. unter (I).

[103] (F) PERROT/THÉRY, S. 220 « *les animaux d'appartement et de garde* ».

[104] (D) § 811c Abs. 1 ZPO; dazu Musielak-BECKER, Rn. 1 ff. zu § 811c ZPO; DIETZ, DGVZ 2003, S. 81.

[105] (D) § 811c Abs. 2 ZPO.

[106] (D) Da Tierschutzvorschriften für die Vollstreckungsorgane ohnehin bindend sind, kann nur das Bedürfnis des Tiers geschützt sein, seine angestammte Umgebung und Beziehung zu den Menschen zu erhalten, KEIP S. 32 u. Fn. 131; Musielak-BECKER, Rn. 1 zu § 811c ZPO.

[107] (PL) Art. 829 Pkt. 5 KPC, „wiederkehrender fester Lohn“, vgl. Piasecki-MARCINIAK, Rn. 14 zu Art. 829 KPC, DERS., *Ograniczenia*, S. 120; WENGEREK, Anm. 9 zu Art. 829 KPC; (D) § 811 Abs. 1 Nr. 8 ZPO, Verweis auf Einkünfte i. S.d. §§ 850-850b ZPO, d. h. Arbeitseinkommen bzw. gleichgestellte Vergütungen (s. u. Kapitel 4).

dung unterliegenden Teil des Einkommens für die Zeit von der Pfändung bis zum nächsten Zahlungstermin entspricht.[108] Völlig pfändungsfreie Einkünfte genießen auch nach der Auszahlung denselben umfassenden Schutz.[109] In Polen ist darüber hinaus bei einem Schuldner, der keinen festen Lohn bezieht (Bauer, Handwerker, freier Beruf), der für dessen eigenen und den Unterhalt seiner Familie auf zwei Wochen erforderliche Geldbetrag pfändungsfrei.[110] In Deutschland wird ein ähnlicher Schutz – zumindest ansatzweise – durch die Regelung eines Notbehalts erreicht.[111]

(IV) Höchstpersönliche Sachen

Als Teil eines „ideellen" Existenzminimums können auch verschiedene höchstpersönliche Gegenstände angesehen werden, deren Verwertung dem Gläubiger meist nur marginale Befriedigungschancen eröffnen würde, die aber für den Schuldner in der Regel unersetzlich sind.[112] Geschützt sind in Polen wie in Deutschland persönliche und Geschäftsaufzeichnungen, Familienpapiere[113], sowie Orden und andere Auszeichnungen[114]. Die in Deutschland erwähnten Trauringe und aufgrund körperlicher Gebrechen notwendige Hilfsmittel[115] finden sich in Polen nur in den Regelungen der Verwaltungsvollstreckung[116]. Letztere werden aber teilweise als Gegenstände des täglichen Gebrauchs verstanden und wie diese geschützt.[117]

---

108 (PL) Art. 829 Pkt. 5, 1. Hs. KPC ; (D) § 811 Abs. 1 Nr. 8 ZPO; der konkret vorgefundene Betrag muss aber nicht zwingend aus einer Lohn- oder Gehaltszahlung stammen, Musielak-BECKER, Rn. 23 zu § 811 ZPO.

109 (PL) MARCINIAK, *Ograniczenia*, S. 121.

110 (PL) Art. 829 Pkt. 5, 2. Hs. KPC. Einschätzung durch GVZ, WENGEREK Rn. 15.

111 (D) § 811 Nr. 2 ZPO; auch, wenn der GVZ die Quote nicht ermitteln kann, Musielak-BECKER, Rn. 23 zu § 811 ZPO.

112 (F) PERROT/THÉRY, S. 220 : « *souvenirs à charactère personelle ou familiale [...] qui ont plus une valeur intime que marchande* ».

113 *(PL)* Art. 829 Pkt. 6 KPC „persönliche Papiere" – allerdings auch juristischer Personen – auch wenn sie historischen Wert besitzen; (D) § 811 Abs. 1 Nr. 11 ZPO, „die in Gebrauch genommenen Haushaltungs- und Geschäftsbücher, Familienpapiere". Dies wird man auch auf Software gleichen Inhalts erweitern müssen, vgl. BREIDENBACH, CR 1989, S. 879.

114 (PL) Art. 829 Pkt. 6 KPC; hier sind Auszeichnungen aller Art geschützt, vgl. MARCINIAK, *Ograniczenia*, S. 126; Sammlungen genießen keine Schutz, vgl. ZEDLER, Anm. 8 zu Art. 829 KPC; (D) § 811 Abs. 1 Nr. 11 ZPO.

115 (D) § 811 Abs. 1 Nr. 12 ZPO, näher Musielak-BECKER, Rn. 27 zu § 811 ZPO; u. U. auch ein PKW, vgl. dazu jetzt BGH v. 19.3.2004, DGVZ 2004, S. 71 f. Zu (F) WERTH, S. 213.

116 (PL) Art. 8 § 1 Pkt. 9 (Trauringe), Pkt. 13 (Hilfsmittel) EgzAdmU.

117 (PL) So etwa WENGEREK, Rn. 14 zu Art. 829 KPC.

(V) Unterricht, Religion

Mit dem Schutz eines geistig-kulturellen „Existenzminimums" und bestimmter schützenswerter ideeller Interessen des Schuldners können Regelungen gerechtfertigt werden, die zum einen Unterrichtsmaterialien, zum anderen Gegenstände mit religiöser Zweckbestimmung vor dem Zugriff bewahren. Im Bereich der Religion spielt hier der in Polen wie Deutschland zu gewährleistende verfassungsmäßige Schutz der Religions- bzw. Bekenntnisfreiheit[118] eine entscheidende Rolle, auch als Interpretationsrichtlinie bei der Anwendung der Zugriffsverbote.[119]

Während in Deutschland in beiden Fällen nach dem Wortlaut nur Bücher geschützt sind[120], nimmt der polnische Gesetzgeber umfassend alle für den Unterricht unentbehrlichen Sachen und sämtliche der Religionsausübung dienende Objekte von der Pfändung aus.[121] Dabei soll bei Unterrichtsmitteln z. B. auf Bücher, Hefte, Atlanten, Karten, wissenschaftliche Instrumente etc. nicht zugegriffen werden dürfen. Dies wird man auch auf moderne Lernmittel (CD-Roms etc.) sowie Computer übertragen müssen, die tatsächlich zu Unterrichtszwecken genutzt werden.[122] Der Schutz des polnischen Rechts für religiöse Sachen erstreckt sich auf Immobilien, bewegliche Sachen, Forderungen und sonstige Vermögensrechte, die eine Ausübung religiöser Praktiken ermöglichen sollen, gleichgültig ob sie Eigentum natürlicher Personen oder konfessioneller Verbände sind und auch dann, wenn sie einen erheblichen Vermögenswert besitzen. Ist Schuldner eine religiöse Gemeinde, sind einer Entscheidung des Obersten Gerichts zufolge neben Immobilien („Heiligtümer", d. h. Kirchen, Synagogen, Glockentürme etc.) auch Zubehör des Heiligtums, liturgische Gegenstände, Figuren, Kreuze usw. unpfändbar.[123] Bei den religiösen Gegenständen sind in beiden Rechtsordnungen solche, die der Schuldner selbst als Handelsware, Sammlungsobjekt oder Kapitalanlage verwendet, vom Schutz ausgenommen.[124] Im

---

118 (PL) Art. 53 Konst. (D) Art. 4 GG.

119 (PL) So schon zur „sozialistischen" Verfassung (Art. 81, 82) MARCINIAK, *Ograniczenia*, S. 127 *„generalne dyrektywy interpretacyjne"*.

120 (D) § 811 Abs. 1 Nr. 10 ZPO „die Bücher, die zum Gebrauch [...] in der Kirche oder Schule oder einer sonstigen Unterrichtsanstalt oder bei der häuslichen Andacht bestimmt sind." Näher Wieczorek/Schütze-LÜKE, Rn. 45 ff. zu § 811 ZPO.

121 (PL) Art. 829 Pkt. 6 KPC; dazu Piasecki-MARCINIAK, Rn. 17, 18; WENGEREK, Anm. 12 zu Art. 829 KPC.

122 (PL) Bislang allerdings nicht erörtert. Für (D) BREIDENBACH, CR 1989, S. 979.

123 (PL) Vgl. SN v. 17.11.1969, III CZP 68/69, OSN 1970, Nr 2, poz. 29. Vgl. die Fälle der Pfändung von Kirchenvermögen, Rz. v. 25.3.2004 (Möbel ect.); Rz. v. 30.3.2004 (Kirche und Friedhof – Pfändung aufgehoben).

124 (PL) Piasecki-MARCINIAK, Rn. 18 zu Art. 829 KPC; WENGEREK Rn. 12; ŚWIEBODA, Anm. 7 zu Art. 829 KPC; so auch in (D) vgl. Wieczorek/Schütze-LÜKE Rn. 45 zu § 811 ZPO.

weiteren Sinne dem religiös-persönlichen Bereich zuzuordnen ist auch die Pfändungsfreiheit unmittelbar der Bestattung dienender Sachen in Deutschland.[125]

c) Sicherung der Erwerbstätigkeit

(I) Arbeitsmittel

Bei den Zugriffsverboten, die überwiegend dem Schutz der Erwerbstätigkeit dienen, stehen naturgemäß die Arbeitsmittel ganz im Vordergrund. Nur über eine Ausnahme solcher Gegenstände von der Vollstreckung, die dem Schuldner eine weitere Ausübung seiner Erwerbstätigkeit ermöglichen, können das künftige Existenzminimum und generell die Selbsthilfefähigkeit des Schuldners gesichert werden.[126]

Anknüpfungspunkt der Zugriffsverbote hinsichtlich von Arbeitsmitteln ist, dem Regelungsziel entsprechend, in beiden Rechtsordnungen eine weit verstandene unselbständige oder selbständige Erwerbstätigkeit des Schuldners[127]. Schutzadressat ist übereinstimmend der individuelle, *persönlich* Arbeit leistende Schuldner und nicht das Unternehmen. Die polnische Ansicht ist aber deutlich strenger: Hier sind nur Sachen geschützt, die für eine Tätigkeit des Schuldners gebraucht werden, die ohne Mithilfe anderer erfolgt.[128] In Deutschland wird persönliche Erwerbstätigkeit hingegen weiter verstanden und nur verlangt, dass dabei die Eigenleistung des Schuldners gegenüber der Verwendung von Fremdmitteln und der Arbeitskraft Dritter eindeutig im Vordergrund steht[129]. Arbeitsmittel sind insbesondere für den Schuldner[130] nötige Werkzeuge und Sachen, ohne die er seiner Erwerbstätigkeit nicht nachkommen könnte. Der Umfang des Schutzes ist hier sehr weit und Aufzählungen sind wegen der unendlichen Viel-

---

125 (D) § 811 Abs. 1 Nr. 13 ZPO. Bei einem konkreten Todesfall in Haus oder Familie des Schuldners; zur Behandlung von Grabsteinen BGH NJW-RR 2006, S. 570, Musielak-BECKER Rn. 28 zu § 811 ZPO; weitere Probleme bei Wieczorek/Schütze-LÜKE Rn. 57 zu § 811 ZPO.

126 (D) Musielak-BECKER, Rn. 17 zu § 811 ZPO: Der Schuldner soll nicht die Möglichkeit verlieren, den Lebensunterhalt für sich und unterhaltsberechtigte Angehörige zu verdienen.

127 (PL) Art. 829 Pkt. 4 KPC „für die persönliche Erwerbstätigkeit des Schuldners [...] sowie für seine Produktion [...]." (D) § 811 Nr. 5 ZPO „Personen, die aus ihrer körperlichen oder geistigen Arbeit oder sonstigen persönlichen Leistungen ihren Erwerb ziehen."

128 (PL) Piasecki-MARCINIAK, Rn. 13 zu Art. 829 KPC; WENGEREK Anm. 8 zu § 829 KPC; KARNICKA-KAWCZYŃSKA/KAWCZYŃSKI, S. 65, die davon ausgehen, dass Maschinen und Werkzeuge eines Handwerksbetriebes mit Angestellten generell nicht geschützt sind.

129 (D) Musielak-BECKER, Rn. 17 zu § 811 ZPO mit einer Übersicht der geschützten (Rn. 17) und nicht geschützten (Rn. 18) Tätigkeiten. Vgl. etwa LG Lübeck, DGVZ 2002, S. 185 f.: Ladeneinrichtung und Waren bei Kaufleuten mit kleinem, selbst betreuten Geschäft.

130 (D) Der Schutz erstreckt sich nach § 811 Abs. 1 Nr. 6 ZPO auch auf Witwen und minderjährige Erben der unter Nr. 5 bezeichneten Personen, wenn sie die Erwerbstätigkeit für ihre Rechnung durch einen Stellvertreter fortführen.

zahl denkbarer Erwerbstätigkeiten wenig sinnvoll.[131] Es sind nach polnischem wie deutschem Recht grundsätzlich alle Hilfsmittel ausgenommen, die gerade für den betroffenen Schuldner bei seiner Art geistiger oder körperlicher Arbeit, bei seiner Produktion, Weiterverarbeitung, Lagerung oder dem Transport von Waren erforderlich sind.[132] Auch Rohmaterialien[133] und Arbeitskleidung[134] fallen hierunter. Nach Sinn und Zweck der Regelungen muss die zu künftiger Erwerbstätigkeit führende Berufsausbildung mit erfasst sein.[135]

In Polen gab es in der Nachkriegszeit wegen der überragenden Bedeutung der Vollstreckung in das Arbeitseinkommen kaum Rechtsprechung des Obersten Gerichts (SN) zu diesen Fragen. Stets erwähnte Ausnahme ist daher die problematische Entscheidung des Obersten Gerichts vom 3. Juni 1953[136], nach der ein Taxi für einen Chauffeur kein unentbehrliches Hilfsmittel zur Berufsausübung darstellen soll, da er auch mit fremden Wagen den Beruf ausüben könne. Aufgrund der in der Entscheidung zum Ausdruck kommenden Geringschätzung der selbständigen Berufsausübung wurde sie sogar in sozialistischer Zeit als zu weitgehend kritisiert. Bei Zugrundelegung dieser Auffassung wären stets alle Hilfsmittel auch eines Handwerkers pfändbar gewesen, da er seinen Beruf auch in einem staatlichen Handwerksbetrieb hätte ausüben können. Hier wurde auch zu Recht darauf hingewiesen, dass der KPC eben nicht auf den „Beruf", sondern die ausgeübte Erwerbstätigkeit abstellt.[137] Während daher bislang die neuere Rechtsprechung konsequent auch Taxis für unpfändbar hielt[138], geht die KPC-Reform nunmehr wieder in die kritisierte Richtung, indem sie Kraftfahrzeuge generell aus dem Schutz für Arbeitsmittel herausnimmt und unbeschränkt der Pfändung unterwirft.[139]

In Deutschland ist der Schutz für Angehörige des öffentlichen Dienstes und bei „Geistlichen, Rechtsanwälten, Notaren, Ärzten und Hebammen" aus historischen Gründen gesondert geregelt[140] und dadurch stärker ausgestaltet, dass bei

---

[131] Für (D) vgl. die Kataloge zu § 811 ZPO bei Wieczorek/Schütze-LÜKE, Rn. 38; Zöller-STÖBER Rn. 28 f.

[132] (PL) Vgl. MARCINIAK, *Ograniczenia*, S. 118; (D) Musielak-BECKER Rn. 20 zu § 811 ZPO: hier soll auf die Branchenüblichkeit abgestellt werden.

[133] (PL) Für eine Woche, Art. 829 Pkt. 4 KPC; (D) Zöller-STÖBER Rn. 27 zu § 811 ZPO.

[134] (PL) Art. 829 Pkt 1 KPC; MARCINIAK, *Ograniczenia*, S. 115; (D) § 811 Nr. 7 ZPO.

[135] So für (D) Wieczorek/Schütze-LÜKE, Rn. 32 zu § 811 ZPO; in Polen nicht erörtert.

[136] (PL) I C 92/53, OSN 1954, poz. 24.

[137] (PL) MARCINIAK, *Ograniczenia*, S. 119. Vgl. aber Art. 8 § 1 Pkt. 5 EgzAdmU wo der Beruf genannt ist, allerdings ***neben*** Pkt. 4 wo auf Erwerbstätigkeit abgestellt wird.

[138] (PL) Beschluss des SN v. 30. 5. 1996, III CZP 56/96, Palestra 9-10/1996, S. 187.

[139] (PL) In der Neufassung von Punkt 4 zu Art. 829 § 1 KPC.

[140] (D) § 811 Nr. 7 ZPO: „Dienstkleidungsstücke sowie Dienstausrüstungsgegenstände, soweit sie zum Gebrauch des Schuldners bestimmt sind, sowie bei Beamten, Geistlichen, Rechtsanwälten, Notaren, Ärzten und Hebammen die zur Ausübung des Berufes erforderlichen Gegenstände einschließlich angemessener Kleidung."

dieser Gruppe die unpfändbaren Sachen auch keiner Austauschpfändung unterliegen.[141] Über den normalen Schutz von Arbeitsmitteln geht auch die im deutschen Recht zu findende Pfändungsfreiheit der „zum Betrieb einer Apotheke unentbehrlichen Geräte, Gefäße und Waren" hinaus. Ziel ist hier auch nicht, die schuldnerische Erwerbstätigkeit zu schützen: Im Allgemeininteresse soll vielmehr verhindert werden, dass die Apothekenausstattung an nicht Sachkundige veräußert wird. Die Sicherstellung der medizinischen Versorgung wird heute als nachrangig angesehen.[142]

(II) Landwirtschaft

Nicht nur der Schutz der Erwerbstätigkeit des Schuldners und damit die Sicherung seines künftigen Existenzminimums, sondern gesamtwirtschaftliche Interessen am Erhalt von Arbeitsplätzen und die Sicherung der Nahrungsmittelversorgung[143] werden zur Rechtfertigung eines das normale Maß oft überschreitenden Schutzes bestimmter landwirtschaftlicher Betriebe herangeführt. Im polnischen und deutschen Recht genießen Schuldner, die selbst[144] landwirtschaftlich[145] tätig sind, traditionell einen besonderen zusätzlichen Schutz vor dem Vollstreckungszugriff.[146] Damit der Betrieb solange wie möglich fortgeführt werden kann und den Landwirten damit die Lebensgrundlage erhalten bleibt, nehmen die Regelungen das für den Betrieb erforderliche Gerät, Vieh, sowie Düngemittel und andere zur Weiterführung notwendige landwirtschaftliche Erzeugnisse in weitem Umfang von der Vollstreckung aus. Entscheidendes Kriterium ist dabei der Schutz der Produktionsfähigkeit des Betriebes: Er soll trotz der Vollstreckung noch wirtschaftlich arbeiten können.[147] Während die Pfändungsbeschränkungen in Polen in einer detaillierten Verordnung des Jus-

---

[141] (D) Keine Austauschpfändung gem. § 811a Abs. 1 S. 1 ZPO, Musielak-BECKER, Rn. 22 zu § 811 ZPO.

[142] (D) § 811 Abs. 1 Nr. 9 ZPO, hier ist ausnahmsweise der Betrieb geschützt, also auch juristische Personen. Vgl. zur Entstehungsgeschichte näher LIPPROSS, S. 105 f.

[143] (PL) MARCINIAK, *Ograniczenia*, S. 128 F.; (D) Musielak-BECKER, Rn. 15 zu § 811 ZPO.

[144] (PL) Zur Frage der persönlichen Betriebsführung: MARCINIAK, *Ograniczenia*, S. 133.

[145] (PL) „Landwirtschaftlicher Betrieb" (*gospodarstwo rolne*) Piasecki-MARCINIAK, Rn. 2 zu Art. 830 KPC: land- und forstwirtschaftliche Grundstücke mit Gebäuden mit Anlagen und Inventar, wenn sie eine organisierte wirtschaftliche Einheit darstellen; der Schuldner muss den Betrieb persönlich führen, Rn. 3; vgl. Definition in Art. 55^3 KC; (D) „Landwirtschaft": jede Urproduktion (Ackerbau, Viehzucht, Forstwirtschaft, Baumschulen, Garten, Gemüse, Obst, Weinbau, Imkerei, Fischzucht), nicht fremdversorgte Intensivhaltung, Musielak-BECKER, Rn. 15 zu § 811 ZPO.

[146] (PL) Zu Regeln des 19. Jahrhunderts SZPOPER/ZDANOWSKI, PES 1 (37)/1999, S. 44.

[147] (PL) Piasecki-MARCINIAK, Rn. 1 zu Art. 830 KPC; (D) Musielak-BECKER, Rn. 15 zu § 811 ZPO.

tizministers (EgzRolR) geregelt sind[148], deren Bestimmungen als zusätzlicher Schutz neben den im KPC enthaltenen Regelungen Anwendung finden[149], versucht der deutsche Gesetzgeber ähnliches mit einer weiten, elastischen Fassung der ZPO-Katalogvorschrift zu erreichen[150]. In Polen genossen interessanterweise die privaten Bauern auch in der sozialistischen Zeit wegen ihrer nicht zu leugnenden, überragenden Bedeutung für die Lebensmittelversorgung umfassenden Schutz.[151] Das Interesse Dritter ist maßgeblich dafür, dass in Polen auch bestimmte aufgrund landwirtschaftlicher Werklieferungsverträge bestellte Tiere und Erzeugnisse nur subsidiär gepfändet werden dürfen.[152] Die nähere Darstellung dieses Spezialgebiets würde hier aber zu weit führen[153].

d) Vergleichende Analyse

(I) Haushaltsgegenstände

(1) Unterschiedliche Auslegung

Bei den *Haushaltsgegenständen* überwiegen auf den ersten Blick die Gemeinsamkeiten in beiden Rechtsordnungen. Die teilweise altmodischen *Katalogvorschriften* entsprechen sich weitgehend, was Möbel, Wäsche und Kleidung betrifft. Polnisches und deutsches Recht tragen zudem Überlegungen Rechnung, die eine Vollstreckung in Haushaltsgegenstände in weitem Umfang als unverhältnismäßig erscheinen lassen. Dabei werden übereinstimmend in *Auffangtatbeständen* auch bislang nicht geschützte Gegenstände des täglichen Gebrauchs bzw. des gewöhnlichen Hausrats vom Zugriff ausgenommen, wenn einem ge-

---

148 (PL) Vgl. aber in der Verwaltungsvollstreckung Art. 8a EgzAdmU.

149 (PL) § 1 EgzRolR. Während Zubehör des landwirtschaftlichen Grundstücks grundsätzlich im Wege der Mobiliar-ZV gepfändet werden kann (mit den Einschränkungen, die aus der VO hervorgehen), findet die VO bei gleichzeitiger Vollstreckung in alle Immobilien, die zur Wirtschaft des Schuldners gehören, keine Anwendung (§ 5 EgzRolR). Näher WENGEREK, Anm. 1 zu Art. 830 KPC. Die allg. Pfändungsbeschränkungen des Art. 829 KPC finden aber auch Anwendung, wenn auf bewegliche Sachen (Haftungsverband der Hypothek, Art. 929 § 1 KPC) im Wege der Immobiliar-ZV zugegriffen wird, MARCINIAK, *Ograniczenia*, S. 136.

150 (D) § 811 Abs. 1 Nr. 4 ZPO: „das zum Wirtschaftsbetrieb erforderliche Gerät und Vieh, nebst dem nötigen Dünger sowie die landwirtschaftlichen Erzeugnisse, soweit sie [...] zur Fortführung der Wirtschaft bis zur nächsten Ernte gleicher oder ähnlicher Erzeugnisse erforderlich sind." Vgl. aber § 865 ZPO, wenn die Sachen der Hypothekenhaftung unterliegen. Vgl. näher MünchKomm-SCHILKEN Rn. 24 zu § 811 ZPO.

151 (PL) MARCINIAK, *Ograniczenia*, S. 129. Zum damaligen Schutz für die Produktionsgenossenschaften, S. 160 ff.

152 (PL) §§ 75, 74 CzynKomR. Zu diesen Spezialfällen WENGEREK Anm. 4 zu Art. 830 KPC.

153 (PL) Vgl. (z. T. veraltet) KRAJEWSKI, NP 7-8/1956, S. 171 ff.; ZIELIŃSKI, NP 11/1966, S. 1390 ff. u. MARCINIAK, *Ograniczenia* S. 128 ff., 135; für (D) Übersicht bei Wieczorek/Schütze-LÜKE, Rn. 25-28 zu § 811 ZPO.

wöhnlich geringen Verwertungserlös ein hoher Gebrauchswert für den Schuldner gegenübersteht.

Praktische Unterschiede ergeben sich bei dieser ersten Gruppe von Sachen vor allem daraus, dass in den Katalogvorschriften auch wertende, auslegungsfähige Begriffe verwendet werden. Gerichte und Literatur gelangen daher zu je nach Rechtsordnung verschiedenen Ergebnissen, die teilweise ihre Ursache im noch unterschiedlichen durchschnittlichen Lebensstandard der Gesellschaften haben. Das kann nicht verwundern und sollte auch nicht aus einer vermeintlich „fortschrittlichen" Perspektive heraus kritisiert werden. Es wäre für die Rechtsanwender nicht nachzuvollziehen, wenn Sachen als „unentbehrlich" geschützt werden, die nur einem kleinen Teil der Gesellschaft zur Verfügung stehen. Lebensstandard und Haushaltsausstattung gleichen sich in weiten Teilen der polnischen Gesellschaft allerdings in schnellem Tempo dem anderer Gesellschaften in Europa an. Es bleibt abzuwarten, ob sich die Auslegung der Schutzvorschriften in Polen in Zukunft bei ähnlichem Ausstattungsniveau in ebenso großzügiger und schuldnerfreundlicher Weise entwickelt wie in Deutschland.

Eine solche – auf der Basis der vorhandenen Regelungen sicherlich denkbare – Entwicklung wäre aber nicht uneingeschränkt als „Fortschritt" zu begrüßen. Die deutsche Rechtslage hat in vielen Bereichen einen derart umfangreichen Schutz herausgebildet, dass die Vollstreckung in bewegliche Sachen in Durchschnittshaushalten kaum noch als erfolgversprechend angesehen werden kann. Dies ist auch Folge eines Verfassungsverständnisses, das oft noch kleinste Regelungsdetails als unverrückbare Kerngewährleistungen aus den Grundrechten deduziert und damit dem allein politisch verantwortlichen Gesetzgeber den Handlungsspielraum nimmt, auf veränderte Umstände zu reagieren. Es ist noch nicht abzusehen, ob die polnische Verfassungsauslegung dem deutschen Beispiel folgt, oder – was zu hoffen bleibt – eigene, kreative Wege findet, den Vollstreckungsschutz zeitgemäß weiter zu entwickeln.

Was allerdings die Frage des Zugriffs auf Fernseh- und Radiogeräte betrifft, scheint die deutsche Lösung der Unpfändbarkeit auch im polnischen Staats- und Verfassungsverständnis vorgezeichnet. In einem demokratischen Gemeinwesen, das auf die aktive Partizipation seiner Bürger angewiesen ist, muss der Zugang zu politischen und gesellschaftlichen Informationen gewährleistet sein, damit der Staat auch tatsächlich eine *res publica* (*rzeczpospolita*) bleibt. In Polen spricht viel dafür, aus der Meinungs- und Informationsfreiheit[154] und den anderen politischen Freiheiten und Rechten (*Wolności i prawa polityczne*) dieses Verfassungsabschnitts sowie aus der Grundpflicht der Treue zur *Rzeczpospolita* und der Sorge um das gemeine Wohl, eine „Unentbehrlichkeit"[155] dieser Geräte herzuleiten. Allerdings ist zuzugeben, dass andere demokratische Rechtsord-

[154] (PL) Art. 54 Abs. 1 Konst. Vgl. auch BANASZAK, Osteuroparecht 47 (2001), S. 486 ff.

[155] (PL) Im Rahmen des Art. 829 Pkt. 1 (Haushaltsgegenstände).

nungen – wie etwa die französische – trotz ähnlichen Staatsverständnisses eine Unpfändbarkeit von Fernsehgeräten ebenfalls nicht kennen.[156]

(2) Positiv- und Negativlisten

Beide Rechtsordnungen regeln nur Kataloge der unpfändbaren Sachen („Negativlisten") und kennen keine theoretisch auch denkbaren „Positivlisten", in denen pfändbare Gegenstände aufgeführt sind. Allerdings war im polnischen KPC-Reformentwurf von 1998 (E 98)[157] vorgeschlagen worden, eine solche nicht abschließende Liste von Gegenständen anzufügen, die jedenfalls *nicht* als unentbehrlich für Schuldner und Familie anzusehen sein sollten.[158] Inhaltlich entsprach die Liste weitgehend derjenigen, die bereits in der Verwaltungsvollstreckung im Gebrauch ist[159]. Danach sollten stets pfändbar sein: Stilmöbel und antikisierende Imitate (*meble stylisowane*), Farbfernseher, Stereoradios und Lautsprecher, Tonbandgeräte, Videorecorder und Videokameras, Computer und Zubehör, es sei denn, dass diese zur vom Schuldner persönlich ausgeführten Erwerbstätigkeit unentbehrlich sind, Pelze aus edlem Fell, Teppiche aus Wolle und Naturfell, Porzellan, Schmuckglas und Kristall, Besteck aus Edelmetall sowie Kunstwerke. Diese Überlegungen entsprechen teilweise der französischen Regelung, nach der zum einen Gegenstände, die der Freizeitgestaltung, dem Komfort und der Wohnverschönerung dienen als nicht lebensnotwendig und daher pfändbar angesehen werden, und wo gleiches auch für Sachen gilt, die aufgrund ihrer Bedeutung, ihrer Beschaffenheit oder Seltenheit, ihres Alters oder luxuriösen Charakters besonders wertvoll sind.[160] Die Vorschläge des E 98 wurden in der KPC-Reform aber nicht übernommen. Für die grundsätzliche Überlegung, dem Vollstreckungsorgan eine beispielhafte Liste von Dingen mit an die Hand zu geben, die grundsätzlich immer pfändbar sind, spricht, dass damit ein praxiswirksames „Gegengewicht" zur schuldnerfreundlichen Negativliste geschaffen wird. Andererseits lassen sich aber eine Reihe gewichtiger Erwägungen nicht übersehen, die gegen die Verwendung einer solchen Positivliste generell und in ihrer speziellen Ausformung durch den Regelungsvorschlag des E 98 sprechen.

Aufgrund der schnellen Entwicklung gerade im technischen Bereich (CDs/DVD etc.) muss eine solche Aufzählung notwendig lückenhaft bleiben und ist schnell dazu verurteilt, belächelter Anachronismus zu werden. Schon heute vermag kaum noch einzuleuchten, warum auf dem Markt praktisch nicht mehr existente

---

[156] (F) PERROT/THÉRY, S. 219 f.; WERTH, S. 212.

[157] (PL) RADA LEGISLACYJNA – E 98, Przegląd Legislacyjny 3-4/1998, S. 92 ff.

[158] (PL) In einem neuen § 2 zu Art. 829 KPC (E 98 Pkt. 34 c, S. 116 , Begründung, S. 161).

[159] (PL) Art. 8 § 2 EgzAdmU.

[160] (F) PERROT/THÉRY, S. 221.

Schwarz-Weiß-Fernsehgeräte geschützt, billigste, nicht weiterverkäufliche Farbfernseher hingegen pfändbar sein sollten[161]. Beide erfüllen gleichermaßen elementare Informationsfunktionen, die sie für einen auch nach dem polnischen Verfassungsbild vorausgesetzten, politisch interessierten Bürger schwer verzichtbar erscheinen lassen [s. o. (1)].

Insgesamt kann die Idee, einzelne „Luxusgegenstände" herauszugreifen und für pfändbar zu erklären, trotz ihres vordergründigen Gerechtigkeitsgehalts nicht überzeugen. Die bestehenden Auslegungsschwierigkeiten des Vollstreckungsorgans, was als unentbehrlich anzusehen ist, werden lediglich auf die Beurteilung verlagert, was als Luxusgegenstand zu gelten hat, ohne dass es hier zu Effizienzvorteilen kommt: Wegen der notwendig unpräzisen Begriffe ist es schwierig, im Einzelfall zu beurteilen, was genau ein *edles* Fell, *Schmuck*glas oder ein *Kunst*werk ist. Es leuchtet zudem nicht ein, ohne einen Austauschmechanismus den Zugriff auf tatsächlich existenznotwendige Dinge wie Bett, Teller oder Wintermantel ohne Ersatzbeschaffungspflicht für den Gläubiger zuzulassen, nur weil diese Gegenstände vom Vollstreckungsorgan als Stilmöbel, Porzellan oder edler Pelz eingestuft werden. In jedem Falle steht der Schuldner hinterher ohne jegliche Sachen da, die die geschützte Funktion erfüllen, und muss sich Ersatz über Sozialleistungen verschaffen. Es kommt also zu einer Gläubigerbefriedigung zu Lasten der Allgemeinheit. Kernelement des Regelungsziels der Existenzsicherung ist aber gerade, dies zu verhindern.

Wenn daher auch das bisherige polnische und deutsche Modell, ausschließlich eine Negativliste vorzusehen, deutlich vorzugswürdig erscheint, sollte man doch nicht die kritikwürdigen Aspekte dieses Ansatzes übersehen. Eine umfangreiche Liste ausgeschlossener Hausratsgegenstände ist aus Effizienzgesichtspunkten nicht mehr akzeptabel, wenn danach in einem Durchschnittshaushalt in der Regel keine pfändbaren Gegenstände mehr zu finden sind. Dabei dürfte, wie angedeutet, allerdings eher die schuldnerfreundliche Auslegung der Pfändungsschutzvorschriften durch die Rechtsprechung das eigentliche Problem darstellen. Die Situation in Deutschland mit einer ausufernden Einzelfallrechtsprechung bewegt sich in dieser Hinsicht sicher an der oberen Grenze des aus Gläubigersicht Hinnehmbaren.

In Polen haben die Vollstreckungsorgane noch einen wesentlich größeren Handlungsspielraum, da hier eine ähnlich umfangreiche Rechtsprechung fehlt, die einerseits Orientierung und Rechtssicherheit bieten, andererseits aber auch zur Vollstreckungslähmung beitragen kann. Wegen der erwähnten schnellen Veränderung des Lebensstandards und der stark unterschiedlichen Verhältnisse in Stadt und Land sind einheitliche Rechtsprechungsleitlinien in Polen bislang kaum möglich und sinnvoll. Dies stellt aber auch die Vollstreckungsorgane vor

---

[161] (PL) Die Neufassung von Art. 8 § 2 Pkt. Nr. 2 EgzAdmU erlaubt die Pfändung deshalb dann nicht, wenn der Schuldner nachweist, dass das Farbfernsehgerät älter als fünf Jahre ist.

große Probleme bei der Berufsausübung und führt für Gläubiger und Schuldner zu unvorhersehbaren Vollstreckungsergebnissen und Abhängigkeit von den Vorstellungen des Gerichtsvollziehers. Hier gibt es in der polnischen Rechtswirklichkeit daher große, kaum zu rechtfertigende Unterschiede in der Zugriffsintensität, die wegen der Möglichkeit der Auswahl unter verschiedenen Gerichtsvollziehern[162] von den Gläubigern häufig zu Lasten der Schuldner ausgenutzt werden.

(II) Vorräte, Tiere

Der Umfang, in dem polnisches und deutsches Recht *Vorräte* an Nahrungsmitteln, Licht und Wärme erzeugenden Stoffen sowie Nutztiere vom Vollstreckungszugriff ausnehmen, unterscheidet sich nur unwesentlich. Gerade was die Tiere angeht, sind diese Schutzregelungen unter den in Polen noch wesentlich weiter verbreiteten dörflichen Lebensbedingungen von größerer Bedeutung als in Deutschland und daher nicht so anachronistisch, wie sie auf den ersten Blick erscheinen. Dies gilt umso mehr, als der Zustand der unterfinanzierten Sozialhilfe noch zu einer deutlichen Diskrepanz zwischen den gesetzlichen Zielvorgaben und den tatsächlichen Versorgungsleistungen führt.[163] Was *Haustiere* betrifft, findet sich in Polen keine besondere Schutzregelung. Bei der umfassenden deutschen Schutznorm ist eine Subsumierung unter das Ziel der Sicherung des Existenzminimums allerdings problematisch, da neben einem reinen Affektions- auch ein naturgemäß unpräzises Tierinteresse geschützt wird. Ein Allgemeininteresse an einem solchen Schutz wird man aber insoweit anerkennen können, als Schuldner zur Bewahrung ihrer Menschenwürde und ihrer Persönlichkeit in besonderer Weise emotional auf das Tier angewiesen sind.[164] Außerdem besitzt der Tierschutz wegen Art. 20a GG n. F. nunmehr Verfassungsrang. Auch die eigenständige Berücksichtigung des Tierschutzgedankens kann daher die deutsche Pfändungsbeschränkung stützen.[165] Schließlich gelten für nicht hochwertige Tiere allgemein ähnliche Überlegungen wie bei den Hausratsgegenständen: Auch bei diesen Tieren steht in der Regel einem niedrigen Weiterverkaufswert ein hoher Nutzen für den Schuldner und aufgrund der besonderen Beziehung und der individuellen „Persönlichkeit" des Tiers sogar eine faktische Unmöglichkeit der Wiederbeschaffung gegenüber.

---

[162] (PL) Art. 759^1 KPC, Art. 8 Abs. 1 KomSEgzU.

[163] (PL) Vgl. zum Zustand des Sozialhilfesystems: ROMER, Prawo Pracy 4/2002. S. 3 und 5/2002, S. 3. Zu Reformen: KRONER, Rz. v. 13.3.2004.

[164] (D) So zu Recht KEIP, S. 32: Tiere als „Ansprechpartner" für Kinder, alte, alleinlebende oder einsame Menschen.

[165] (D) Umfassend DIETZ, DGVZ 2003, S. 81 f.

(III) Barmittel, Höchstpersönliche Sachen

Der Schutz bei *Barmitteln* ist in beiden Rechtsordnungen identisch ausgestaltet. Eine Bezugnahme auf die entsprechenden Summen, die in der Forderungsvollstreckung geschützt wären, erscheint ohnehin zwingend. Unterschiede ergeben sich in der Ausfüllung der Normen – d. h. bei dem jeweils konkret geschützten Geldbetrag – insoweit, als polnisches und deutsches Recht in der Forderungsvollstreckung abweichende Regelungen treffen (dazu Kapitel 4). Übereinstimmend geht man in Polen wie in Deutschland davon aus, dass auch *höchstpersönliche Sachen* deshalb schützenswert sind, weil sie Teil eines „ideellen Existenzminimums" sind und weil hier in der Regel ein Missverhältnis zwischen dem geringem Verwertungsinteresse des Gläubigers und der Unersetzlichkeit für den Schuldner besteht.

(IV) Unterricht, Religion

Größere Differenzen ergeben sich bei Sachen, die religiösen oder Unterrichtszwecken dienen. Hier steht der deutschen sehr restriktiven Regelung, nach der generell nur Bücher geschützt sind, eine recht generöse polnische gegenüber. Gerade im Bereich der Religion dürfte dies auch gesellschaftspolitische Unterschiede wiederspiegeln. Eine Einschränkung der Zugriffsverbote im – oft nur vage zu definierenden – religiösen Bereich erscheint nachvollziehbar, damit nicht Schuldner durch Berufung auf angebliche spirituelle Beziehungen zu diversen, nach allgemeiner Auffassung „neutralen" Gegenständen, diese dem Zugriff der Gläubiger entziehen können. Die Begrenzung der Pfändungsfreiheit ausschließlich auf Bücher, wie in Deutschland, entspricht aber im Bereich der Religion nicht dem national und international zu fordernden Schutzniveau.[166] Zumindest für religiös-kultische Gegenstände, die unmittelbar bei der Religionsausübung erforderlich sind (islamischer Gebetsteppich, jüdischer Leuchter etc.), wird daher vereinzelt zu Recht eine „vorsichtige Analogie" befürwortet.[167] Auch im Bereich des Unterrichts erscheint die Beschränkung des deutschen Rechts auf Bücher anachronistisch.[168]

In Polen sind in der Literatur in beiden Bereichen Versuche zu beobachten, die relativ weit gefassten Zugriffsbeschränkungen zu Lasten der Schuldner einzugrenzen. Dies beruht – wie bei der diskutierten Positivliste – darauf, dass es offenbar auch die polnische Wissenschaft für unbefriedigend hält, wenn besonders wertvolle Gegenstände des Schuldners am Schutz teilhaben, deren Verkaufswert im auffälligen Missverhältnis zu ihrem (nach Gerechtigkeits-

166 (D) Vgl. hier Art. 4 GG und Art. 9 EMRK sowie WACKE, DGVZ 1986, S. 161, 164.

167 (D) Wieczorek/Schütze-LÜKE Rn. 47 zu § 811 ZPO; WACKE, aa.O.; a. A.: keine Analogie für sonstige Kultgegenstände, Musielak-BECKER Rn. 25 zu § 811 ZPO.

168 (D) Für erweiternde Erstreckung auch auf Software etc. BREIDENBACH, CR 1989, S. 879.

erwägungen eigentlich zu schützenden) Gebrauchwert steht. Relativ unproblematisch erscheint insoweit noch die Ausnahme für Gegenstände, die vom Schuldner als Handelsware, Sammlungsobjekt oder Kapitalanlage verwendet werden. Hier kann man sich dogmatisch darauf stützen, dass diese Gegenstände eben keine geschützte religiöse bzw. bildende Funktion für den Schuldner erfüllen. Praktisch hingegen dürfte die Abgrenzung oft kaum durchführbar sein.

Weitergehend wird in Polen allerdings vereinzelt behauptet, dass im Bereich der Gegenstände, die religiösen Praktiken dienen, Kostbarkeiten generell pfändbar sein sollen, außer denen in Kirchen oder sonstigen Bethäusern.[169] Auch von im Unterricht benötigten Musikinstrumenten seien grundsätzlich nur solche „mittlerer Klasse" geschützt, hochwertige hingegen nur, wenn der Schuldner oder ein Familienangehöriger Lehrer oder fortgeschrittener Musikstudent seien, bei denen Musik die Hauptausbildung darstelle. Ein normaler Musikschüler, der Privatstunden nehme, könne sich auf den Schutz nicht berufen.[170] Letzteres ließe sich nur dann rechtfertigen, wenn man als Grundlage des Schutzes gerade kein aktuelles kulturelles oder ideelles Existenzminimum annimmt, sondern das Regelungsziel einzig im Schutz einer aktuellen oder angestrebten Erwerbstätigkeit sieht, also nicht auf den *Bildungs-* sondern allein auf den *Ausbildungs*aspekt abstellt. Diese Literaturansicht, die sich an nicht mehr aktuelle Vorschriften in der Verwaltungsvollstreckung anlehnt,[171] findet allerdings zurzeit in der gesetzlichen Regelung keine Stütze. Sie bürdet den Vollstreckungsorganen *contra legem* Entscheidungen darüber auf, was „mittlere Klasse" oder „Kostbarkeit" meint. Auch hier gilt, was bereits gegen die „Positivliste" anzuführen war: Die einzig schlüssige Lösung, um einen hohen Verkaufwert abzuschöpfen (bei gleichzeitigem Schutz des Gebrauchwertes), bleibt die Regelung eines Austauschmechanismus. Wegen der zentralen Bedeutung des Gebrauchswertes ist es eben nicht möglich, davon auszugehen, dass besonders wertvolle Gegenstände automatisch nicht „unentbehrlich" seien. Erfüllt beim Schuldner nur ein wertvoller Gegenstand die geschützte Funktion, so wird dem Schuldner bei Zugriff auf diesen ein existenznotwendiger Gegenstand entzogen, solange nicht sichergestellt ist, dass ihm aus dem Erlös funktionsäquivalenter Ersatz beschafft wird.

---

[169] (PL) KARNICKA-KAWCZYŃSKA/KAWCZYŃSKI, S. 65, gestützt auf eine alte Fassung von § 4 der Ausführungsverordnung zur EgzAdmU, wonach bei natürlichen Personen Kostbarkeiten (d. h. Objekte aus Gold, Platin oder mit Edelstein oder Perlen besetzte) pfändbar sein sollten. Dies galt aber nicht für Objekte in Kirchen u.ä., vgl. MARCINIAK, *Ograniczenia*, S. 127. Der Schutz für Kirchen etc. wurde beibehalten, vgl. Art. 8 § 1 Nr. 16 EgzAdmU.

[170] (PL) WENGEREK, Anm. 10 zu § 829 KPC; KARNICKA-KAWCZYŃSKA/KAWCZYŃSKI, S. 65; gestützt auch auf die alte Fassung des § 4 der Ausführungsverordnung, nach der Instrumente dann nicht als unentbehrlich angesehen werden konnten, wenn der Verpflichtete oder sein Familienangehöriger weder Musik- noch Ballettschulen besucht. Vgl. zu Musikinstrumenten in (D) Wieczorek/Schütze-LÜKE Rn. 19 zu Art. 811 ZPO.

[171] (PL) Vgl. näher WENGEREK, Anm. 10 u. 12 zu Art. 829 KPC : § 4 Abs. 2 AdmEgzR a.F.

(V) Arbeitsmittel

Bei den Zugriffsverboten für Arbeitsmittel, die dem Schuldner künftiges Existenzminimum und Selbsthilfefähigkeit sichern sollen, wird in beiden Rechtordnungen – wie übrigens auch in der französischen[172] – nur der individuelle, persönlich Arbeit leistende Schuldner geschützt, nicht aber das Unternehmen. Das polnische Recht entscheidet sich dabei für eine klare aber sehr restriktive Linie, indem es den Begriff der persönlichen Erwerbstätigkeit eng auslegt und jegliche Tätigkeiten unter fremder Mithilfe ausschließt. Die weitere, Spielraum eröffnende deutsche Auffassung, nach der die Eigenleistung des Schuldners gegenüber der Verwendung von Fremdmitteln und der Arbeitskraft Dritter lediglich im Vordergrund stehen muss, kann allerdings ebenfalls zu ungereimten, nur schwer zu rechtfertigenden Ungleichbehandlungen führen. Die Gratwanderung zwischen dem Ziel, im Allgemeininteresse einen Schutz von unselbständigen und „kleinen“ selbständigen Schuldner zu gewährleisten, die sonst den Sozialkassen zur Last fallen, und der Notwendigkeit, in einem marktwirtschaftlichen Staat einen systemfremden Schutz von nicht überlebensfähigen Unternehmen zu vermeiden, macht dies aber unumgänglich.

Soweit nach der Neuregelung durch die KPC-Reform in Polen nunmehr Kraftfahrzeuge generell aus dem Schutz als Arbeitsmittel herausgenommen[173] und unbeschränkt der Pfändung unterworfen wurden – eine Lösung, die auch in der französischen Praxis anzutreffen ist[174] – widerspricht dies allerdings der schlüssigen Gesamtkonzeption der polnischen Regelung und dem erkennbar verfolgten Regelungsziel. Ein Kraftfahrzeug ist bei bestimmten Erwerbstätigkeiten ebenso für deren Weiterführung unentbehrlich wie alle anderen Gegenstände[175]. Es erscheint willkürlich, nur Berufsgruppen, die auf Kraftfahrzeuge angewiesen sind, praktisch vom Schutz auszunehmen. Es lassen sich unzählige andere Arbeitsgegenstände denken, bei denen wegen ihres hohen oder sogar höheren Wertes das gleiche Zugriffsinteresse des Gläubigers und ein identisches – nach Sinn und Zweck der Vorschrift schützenswertes – Behaltensinteresse des Schuldners und der Allgemeinheit besteht. Es ist kein Grund ersichtlich, warum Kraftfahrzeuge eines Hausbesuche machenden Handwerkers, eines Landarztes, Kuriers oder Taxifahrers pfändbar, teure Maschinen eines produzierenden oder reparierenden Schuldners hingegen zugriffsfrei bleiben sollen. Alle genannten Schuldner sind in gleicher Weise existenziell auf die Sachen angewiesen.

---

172 (F) PERROT/THÉRY, S. 220 f.; WERTH, S. 237: von der Rspr. sehr restriktiv ausgelegt.

173 (PL) Art. 829 Pkt. 4 KPC n. F.

174 (F) WERTH, S. 238 m.Nw.

175 (PL) So auch SN Beschluss v. 30. 5. 1996, III CZP 56/96, OSP 1997, Nr 1, poz. 205. (D) Wieczorek/Schütze-LÜKE, Rn. 38 zu § 811 ZPO Stichwort „Kraftfahrzeuge“.

Die Bevorzugung der klassisch „bürgerlichen“ Berufe im deutschen Recht ist kaum nachahmenswert.[176] Sie dürfte heute nur dann zu rechtfertigen sein, wenn man auf die besondere gesellschaftliche Notwendigkeit der Tätigkeit als Arzt, Hebamme, Anwalt, Notar oder Geistlicher abstellt[177], die durch die Vollstreckung in keiner Weise gefährdet werden soll. Dies generell auf alle Angehörigen des öffentlichen Dienstes zu übertragen, erscheint hingegen kaum begründbar.

(VI) Landwirtschaft

Interessant ist, dass sich nicht nur im stärker bäuerlich geprägten Polen, sondern auch in Deutschland noch immer umfangreiche Sonderschutzvorschriften für landwirtschaftliche Betriebe finden. Angesichts der allgemein beklagten Überproduktion und der in Deutschland nur noch relativ geringen Anzahl der im Landwirtschaftssektor Beschäftigten, muss die Berufung auf „gesamtwirtschaftliche Erwägungen“, Erhalt von Arbeitsplätzen und Sicherung der Nahrungsmittelversorgung leicht anachronistisch erscheinen. Die Regelungen könnten allerdings größtenteils auch durch Verweis auf die Erforderlichkeit als Arbeitsmittel, d. h. zur Sicherstellung der persönlichen Existenz und Selbsthilfefähigkeit des individuellen Schuldners gerechtfertigt werden, ohne dass es des Rückgriffs auf die genannten gesamtgesellschaftlichen Interessen bedürfte.

3. *Wirkung der Zugriffsverbote*

a) Allgemein

Die Intensität des Schuldnerschutzes hängt in entscheidendem Maße davon ab, wie der Gesetzgeber die Wirkung der Zugriffsverbote ausgestaltet. Die wichtigsten Fragen hierbei sind, ob die Vollstreckungsorgane von sich aus oder nur auf Schuldnerinitiative hin die Zugriffsverbote zu berücksichtigen haben, und ob Verstöße gegen diese Verbote automatisch die Nichtigkeit vorgenommener Zugriffsmaßnahmen zur Folge haben oder ob die Maßnahmen gültig bleiben und lediglich aufhebbar sind.

(I) Berücksichtigung der Zugriffsverbote

Sieht das Gesetz vor, dass Zugriffsverbote nur auf Rüge des Schuldners hin beachtet werden, so führt dies – wenn das Vollstreckungsorgan nicht entspre-

---

[176] (D) Wieczorek/Schütze-LÜKE Rn. 40 zu § 811 ZPO: „Luxuswagen des Arztes“ geschützt.

[177] (D) Nach h.M. auf vergleichbare Berufsgruppen auszuweiten, vgl. Wieczorek/Schütze-LÜKE, Rn. 40 zu § 811 ZPO: Richter, Patentanwälte, Tierärzte etc.

chende Belehrungspflichten[178] treffen – zu einer Benachteiligung rechtsunkundiger Schuldner. Das Regelungsziel, dem Schuldner sein Existenzminimum oder seine Erwerbstätigkeit zu erhalten, könnte oft nicht effektiv durchgesetzt werden. Vor dem Hintergrund des erheblichen staatlichen Eigeninteresses daran, die Existenz des Schuldners zu sichern und damit zusätzliche Belastungen der Sozialkassen zu vermeiden, wird daher kaum ein Gesetzgeber, der Zugriffsverbote mit diesem Ziel normiert hat, das Risiko derartig ineffektiver Durchsetzung in Kauf nehmen wollen. Sobald öffentliche Organe in den Zugriffsvorgang eingeschaltet sind, wäre es umso unverständlicher, wenn diese gegen das staatliche Interesse handeln würden und wenn der Staat dem Schuldner mit eigenen Händen das nehmen würde, was er ihm durch andere Stellen später wieder zur Verfügung stellen müsste.

In Polen wie in Deutschland hat der Gerichtsvollzieher die Zugriffsverbote daher von Amts wegen zu berücksichtigen, d. h. er muss die Unpfändbarkeit prüfen und, wenn sie vorliegt, den Zugriff unterlassen.[179] Für viele der oben besprochenen Zugriffsverbote ist eine Untersuchung der konkreten Lebenssituation des Schuldners erforderlich. In Polen kann der Gerichtsvollzieher insoweit Aufklärung durch die Parteien und Informationen Dritter verlangen.[180] In Deutschland wird den Interessen des Gläubigers durch eine diesem günstige Zweifelsfallsregelung Rechnung getragen. So soll in Fällen, in denen eindeutig ungeschützte Gegenstände nicht in ausreichendem Maße vorhanden sind, auch auf Sachen zugegriffen werden, bei denen die Zulässigkeit des Zugriffs zweifelhaft ist.[181] Zudem besteht eine vollzogene Pfändung auch bei nachträglichen Zweifeln des Gerichtsvollziehers bis zur Freigabe durch Gläubiger oder Gericht fort.[182]

(II) Folgen von Verstößen

Bei der Regelung der rechtlichen Folgen von Verstößen gegen die Zugriffsverbote, also i. d. R. Fehlern des staatlichen Vollstreckungsorgans, kann der Gesetzgeber den Effizienzaspekten im Gläubigerinteresse wieder mehr Gewicht verleihen. Zudem spielen dann auch Aspekte der Rechtssicherheit und des Verkehrsschutzes eine nicht unerhebliche Rolle.

---

[178] (D) Zur Frage der Belehrungspflichten WERTH, S. 264 ff. auch im Vergleich zu (F).

[179] (PL) WENGEREK Anm. 6 zu Art 824 KPC; MARCINIAK, *Ograniczenia*, S. 51; Piasecki-MARCINIAK, Rn. 6 vor Art. 829 KPC; § 56 CzynKomR vor allem im Hinblick auf die Begrenzungen außerhalb des KPC; zu den Protokollpflichten § 60 CzynKomR. (D) KEIP, S. 21 f.; Musielak-BECKER, Rn. 7, 32 zu § 811 ZPO.

[180] (PL) Art. 761 § 1 KPC. Die Vorschrift wurde durch das KPC-ÄndG (Art. 1 Pkt. 107) präziser gefasst. Vgl. auch ŚWIEBODA, Anm. 1 zu Art. 829 KPC.

[181] (D) § 120 Nr. 1 GVGA.

[182] (D) § 120 Nr. 2 S. 1 GVGA.

So entscheiden sich die untersuchten Rechtsordnungen gegen eine automatische Nichtigkeit von Maßnahmen, die entgegen den Verboten vorgenommen wurden.[183] Vielmehr gehen sie lediglich von einer Anfechtbarkeit und Aufhebbarkeit solcher Maßnahmen aus. In Polen ist, wie in Deutschland, zur Verwirklichung der Zugriffsverbote, die nicht bereits von Amts wegen beachtet wurden, in erster Linie der Weg über den Rechtsbehelf der Erinnerung vorgesehen.[184] Für den Schuldner bedeutet dies, dass ihn im Rahmen der Erinnerung die Darlegungs- und Beweislast für das Vorliegen eines Verbots trifft, da es eine ihm günstige Ausnahme von der Regel des unbegrenzten Vermögenszugriffs darstellt. In Polen ergeben sich Besonderheiten daraus, dass bei Unzulässigkeit der Vollstreckung hinsichtlich ihres Objekts das Verfahren von Amts wegen teilweise oder im Ganzen einzustellen ist.[185] Daraus folgen zum einen weitere Vorgehensmöglichkeiten des Schuldners durch hinweisende Anträge an Gerichtsvollzieher und Gericht, das Verfahren von Amts wegen einzustellen[186], zum anderen ist die Erinnerung in diesen Fällen fristungebunden möglich.[187] Um die Interessen des Gläubigers zu wahren, wenn zu Unrecht Unpfändbarkeit angenommen wurde, steht ihm in beiden Ländern derselbe Rechtsbehelf wie dem Schuldner offen[188]. Dritte können auf diesem Weg mit prozessualen Einwänden vorgehen, wenn auch ihre Interessen durch die Zugriffsverbote geschützt sind.[189]

---

[183] (PL) Die Verletzung von Vorschriften über die Begrenzung der Vollstreckung bewirkt keine Nichtigkeit (*nieważność*) der Vollstreckung, WENGEREK Anm. 1 zu Art. 829 KPC; Piasecki-MARCINIAK, Rn. 6 a.E. vor Art. 829 KPC; (D) Musielak-BECKER, Rn. 32 zu § 811 ZPO; JAUERNIG, § 32 II. zur Streitfrage ob ein wirksames Pfändungspfandrecht entsteht Wieczorek/Schütze-LÜKE, Rn. 12 zu § 811 ZPO.

[184] (PL) Art. 767 KPC; (D) § 766 Abs. 1 ZPO.

[185] (PL) Art. 824 § 1, Pkt. 2 KPC. Vgl. auch § 56 CzynKomR.

[186] (PL) 1) An GVZ, das Verfahren von Amts wegen einzustellen bzw. 2) an das Gericht, im Rahmen seiner Aufsicht von Amts wegen den GVZ anzuweisen (nach Art. 759 § 2 KPC), das Verfahren einzustellen.

[187] (PL) Neben der Erinnerung wegen der fehlerhaften Pfändung, die innerhalb einer Woche nach der Tätigkeit zu erheben ist (Art. 767 § 4 KPC n. F.), kann er dann fristungebunden auch gegen die Ablehnung oder Nichtvornahme der Einstellung vorgehen, da der GVZ das Verfahren jederzeit einzustellen hat (Art. 824 § 1 Pkt. 2 KPC). Berufung auf das Unterlassen der Einstellung ist auch möglich, wenn der Schuldner nicht in der gesetzlichen Frist gegen die fehlerhafte Handlung (Pfändung) vorgegangen ist, SN v. 26.2.1969 III CZP 131/68, OSN 1969, Nr 9, poz. 156; Piasecki-MARCINIAK, Rn. 6 vor Art. 829; Rn. 1 f. zu Art. 839 KPC.

[188] (PL) Präzise jetzt die Neufassung des Art.: 767 § 2 KPC n. F. „[...] eine Partei oder eine andere Person, deren Rechte durch eine Handlung oder Unterlassung des GVZ verletzt oder bedroht wurden." (So schon zur bisherigen Fassung des Art. 767 § 1 KPC: WENGEREK Anm. 7 zu Art. 767 KPC); (D) § 766 ZPO, insbes. Abs. 2.

[189] (PL) S. Neufassung des Art. 767 § 2 KPC n. F.; zur bisherigen Fassung: ŚWIEBODA, Anm. 2; WENGEREK, Anm. 7 (beide zu Art. 767 KPC); (D) Musielak-BECKER, Rn. 32 zu § 811 ZPO; JAUERNIG § 32 II.

Grundlage einer effektiven Geltendmachung von Rechtsbehelfen durch den Schuldner ist allerdings stets eine transparente Gestaltung des Zugriffsverfahrens. Hier ist in erster Linie an Protokollpflichten zu denken, die durch die Herstellung einer dokumentarischen Basis für spätere Nachprüfungen die Nachvollziehbarkeit der Vollstreckung sicherstellen und dem Schuldner die Beweisführung erst ermöglichen. Nach polnischem Recht nimmt der Gerichtsvollzieher die Pfändung vor, indem er die Mobilien mit ihren wesentlichen Eigenschaften und Unterscheidungsmerkmalen in das Pfändungsprotokoll einträgt[190]. Auch nach deutschem Recht bestehen umfangreiche Protokollpflichten.[191] In Polen sind vor allem Erklärungen bei der Pfändung Anwesender und sonstige Informationen zu protokollieren, die zur Klärung der Unpfändbarkeit von Sachen oder gegebenenfalls bestehender Drittrechte beitragen können.[192] Eine Abschrift des Pfändungsprotokolls ist dem Schuldner und Miteigentümern der gepfändeten Sache, die nicht Schuldner sind, zuzustellen.[193]

b) Beurteilungszeitpunkt

Im Rahmen der Regelung der Zugriffsverbote ist weiterhin zu klären, auf welchen Zeitpunkt es für die Beurteilung ankommt. Hier ist im wesentlichen entweder ein Abstellen auf den Moment des Zugriffs oder auf einen späteren Moment – etwa bei der Entscheidung über einen rechtlichen Vorwurf – denkbar. Da Anknüpfungspunkt für den Vorwurf in den untersuchten Rechtsordnungen die Handlung bzw. das Unterlassen des Vollstreckungsorgans sind, wird grundsätzlich vom Zeitpunkt des Zugriffs ausgegangen.[194] Nachfolgend sind zwei problematische Situationen vorstellbar: Einerseits können die Voraussetzungen eines anfänglich vorliegenden Zugriffsverbots später wegfallen, andererseits können Gegenstände, die zugriffsfrei waren, nachträglich dem Verbot unterfallen.

In der ersten Situation (nachträgliche Zugriffsmöglichkeit) wäre es im Gläubigerinteresse, dass er später auf nunmehr „freie“ Gegenstände zugreifen kann, oder dass bei Kontrolle eines vorgenommenen Zugriffs, der ursprünglich zwar unzulässig war, dann aber zulässig wurde, eine „Heilung“ eintritt. In Polen wird die nachträgliche Pfändung etwa von Arbeitsmitteln dann für möglich gehalten,

---

190 (PL) Art. 847 § 1 S. 1 KPC sowie Art. 809 KPC, § 60 CzynKomR.

191 (D) § 762 ZPO (Pfändungsprotokoll); näher Musielak-LACKMANN Rn. 4 zu § 762 ZPO.

192 (PL) § 60 S. 1 CzynKomR. Bei Erfolglosigkeit der Vollstreckung muss das Protokoll den genauen Vermögens- und Familienstand des Schuldners und die Informationsquellen enthalten (§ 60 S. 3 CzynKomR).

193 (PL) Art. 847 § 1 S. 2 KPC (Erstpfändung); Anschlusspfändung durch Vermerk im Erstpfändungsprotokoll (Art. 851 KPC: Es reicht dann Benachrichtigung des Schuldners von der erneuten Pfändung aus (§ 65 CzynKomR).

194 (PL) Zu Art. 829 KPC: WENGEREK, Anm. 4; Piasecki-MARCINIAK, Rn. 6; ŚWIEBODA, Anm. 1 a.E; (D) KEIP, S. 22; Musielak-BECKER, Rn. 7 zu § 811 ZPO.

wenn der Schuldner nach dem ersten Zugriffsversuch den entsprechenden Beruf nicht mehr ausübt[195]. Daraus dürfte man schließen können, dass es dementsprechend auch zu einer „Heilung" anfänglich unzulässiger Pfändungen kommen kann, wie dies nach deutschem Recht überwiegend angenommen wird: Nach dem Rechtsgedanken der deutschen Vorwegpfändung soll es entscheidend auf den Zeitpunkt der Erinnerungsentscheidung und damit die spätere Pfändbarkeit ankommen[196].

In der zweiten Situation (nachträgliches Zugriffsverbot) ist man sich grundsätzlich einig, dass ein unredlicher Schuldner durch Veräußerung oder Vernichtung ihm als unentbehrlich belassener Sachen nicht die Freigabe von Sachen soll erreichen können, auf die bereits zugegriffen wurde[197]. Andererseits soll ein redlicher Schuldner geschützt werden, der aus Gründen, die vom ihm nicht zu vertreten sind (z. B. höhere Gewalt oder Drittverschulden), die zugriffsfreien Sachen verliert und demzufolge auf die vom Zugriff erfassten Dinge angewiesen ist. Um die angesprochenen Manipulationen zu verhindern, ist nach überwiegender Ansicht in Polen wie in Deutschland die Unbeachtlichkeit nachträglicher Zugriffsverbote der Ausgangspunkt. Abgestellt wird also auch hier auf den Zugriffszeitpunkt.[198] Dem redlichen Schuldner wird aber nach den meisten Ansichten ermöglicht darzulegen und zu beweisen, dass die nachträgliche Situationsänderung *nicht* auf unangemessenem Umgang mit den vom Zugriff erfassten Sachen bzw. nicht auf einem Verhalten beruht, das als missbräuchlich anzusehen ist.[199]

Ist zu erwarten, dass eine bei Zugriff geschützte Sache demnächst pfändbar wird, kann im Gläubigerinteresse ausnahmsweise ein Vorwegzugriff geregelt werden [s. unter 4 b (II)].

---

195 (PL) MARCINIAK, *Ograniczenia*, S. 112.

196 (D) Zu § 811 ZPO: MünchKomm-SCHILKEN Rn. 13; Zöller-STÖBER Rn. 9; Stein/Jonas-MÜNZBERG Rn. 17. In Übereinstimmung mit der herrschenden Pfandrechtstheorie bevorzuge dies auch nicht den rücksichtslos vorgehenden Gläubiger, da sein Recht erst im Moment der Fehlerheilung *ex nunc* entstehe und daher nachpfändenden anderen Gläubigern nicht im Rang vorgehe; zu Einzelheiten KEIP, S. 23 m.w.Nw. Fn. 91.

197 (PL) Z.B. ŚWIEBODA, Anm. 1 zu Art. 829 KPC, MARCINIAK, *Ograniczenia*, S. 112.

198 (PL) Zu Art. 829 KPC: WENGEREK, Anm. 4; Piasecki-MARCINIAK, Rn. 6; DERS., *Ograniczenia*, S. 112; ŚWIEBODA, Anm. 1 a.E.; (D) MünchKomm-SCHILKEN Rn. 2; ZÖLLER-STÖBER Rn. 9; THOMAS/PUTZO Rn. 3; Baumbach/Lauterbach-HARTMANN Rn. 13 (alle zu § 811 ZPO); KEIP, S. 23 m.w.Nw.

199 Im einzelnen mit Abweichungen (PL) MARCINIAK, *Ograniczenia*, S. 112, weiter S. 51; DERS. in Piasecki, Rn. 6 a.E. zu Art. 829 KPC: „nicht vom Schuldner abhängende Umstände"; ALLERHAND, S. 156, (D) Musielak-BECKER, Rn. 7 zu § 811 ZPO „keine treuwidrige Herbeiführung"; ähnl. MünchKomm-SCHILKEN Rn. 14 zu § 811 ZPO; KEIP, S. 24: Verhalten dürfe nicht dem „Einrichten auf die Pfändung" widersprechen.

c) Vereinbarungen über Zugriffsschutz

Ausdruck der relativen Bedeutung, die im jeweiligen System der Zwangsvollstreckung den Schuldner-, Gläubiger- und Staatsinteressen zugemessen wird, ist auch die Haltung zu privatautonomen Vereinbarungen über den Vollstreckungsschutz. Da die jeweiligen Gesetze hierzu nicht ausdrücklich Stellung nehmen, wird diese Frage in Literatur und Rechtsprechung kontrovers behandelt.

Während die wenig praxisrelevante Möglichkeit „schuldnerfreundlicher", schutzerweiternder Abreden soweit ersichtlich nicht in Frage gestellt wird,[200] ist die Frage einer dem Gläubiger günstigen Abrede, d. h. eines Verzichts des Schuldners auf Zugriffsschutz, gleichermaßen relevant wie umstritten. Gegen die Möglichkeit eines solchen Verzichts spricht vor allem die Tatsache, dass an den Schuldnerschutznormen, und insbesondere den Zugriffsverboten, eben nicht nur ein individuelles Interesse des Schuldners besteht. Wie angesprochen dienen die Schutznormen im sozialen Staat vor allem dem öffentlichen Interesse daran, Ansprüche gegen staatliche Sozialeinrichtungen abzuwehren und eine Gläubigerbefriedigung auf Kosten der Allgemeinheit zu vermeiden. Über dieses öffentliche Interesse kann der Schuldner grundsätzlich nicht disponieren. In Polen werden die Schuldnerschutznormen konsequent allgemein für zwingendes Recht (*ius cogens*) gehalten: Wegen ihres „unbedingt verpflichtenden Charakters" könne der Schuldner darauf weder gegenüber Gläubiger noch Gerichtsvollzieher verzichten, auch eine Hingabe von geschützten Sachen im Wege des Vergleichs sei nicht möglich[201]. Ganz entsprechend ist die Rechtslage in Frankreich (*caractère d'ordre public*).[202]

In Deutschland herrscht Einigkeit nur insoweit, als ein Verzicht vor Zugriff allgemein für unzulässig gehalten wird,[203] weil dem Schuldner die Tragweite eines solchen Verzichts in der Regel erst nach Vollstreckungsbeginn wirklich deutlich werde. Im Übrigen drohe ansonsten eine umfassende Erosion des Schuldnerschutzes über die Formularpraxis: Viele Rechtsgeschäfte würden dann von einem vorherigen „freiwilligen" Verzicht auf den Schuldnerschutz abhängig ge-

---

200 (D) Näher Musielak-BECKER, Rn. 10 zu § 811 ZPO; (PL) In Polen kann man dies daraus schließen, dass stets nur über die Unzulässigkeit eines Verzicht (*zrzeczenie się*) gesprochen wird, vgl. MARCINIAK, *Ograniczenia* , S. 52; zudem ist der Gläubiger Herr des Verfahrens, das nur in seinem Interesse durchgeführt wird. Er kann ohnehin jederzeit auf den Zugriff verzichten, vgl. KARNICKA-KAWCZYŃSKA/KAWCZYŃSKI, S. 57; auf Antrag des Gläubigers ist jederzeit das Verfahren auszusetzen oder einzustellen, vgl. Art. 820; Art. 825 Pkt. 1 KPC.

201 (PL) Piasecki-MARCINIAK, Rn. 4 vor Art. 829 KPC; ebs. OSOWY, § 67, S. 407.

202 (F) Vgl. BRENNER, Rn. 18 f.

203 (D) Wieczorek/Schütze-LÜKE, Rn. 13 zu § 811 ZPO; Anm. zu § 765a ZPO: MünchKomm-ARNOLD Rn. 106; Zöller-STÖBER, Rn. 25; KEIP, S. 53; ROSENBERG/GAUL/SCHILKEN, § 33 IV 1d; JAUERNIG § 32 II A.

macht.[204] Ein ausdrücklicher Verzicht – in Kenntnis der Rechtslage – bei oder nach der Vollstreckung wird dagegen teilweise für zulässig gehalten, da der Schuldner aufgrund der Hinweispflicht des Gerichtsvollziehers die Rechtslage kenne und das Risiko nunmehr überblicken könne und er auch von einer wirtschaftlich gleichwertigen Verfügung über die betroffenen Gegenstände nicht abgehalten werden könnte.[205]

Vorzugswürdig erscheint demgegenüber aber die Gegenansicht, die in Übereinstimmung mit der polnischen Rechtslage zu Recht die Natur der Schutznormen als zwingende Schranken für den Vollstreckungszugriff betont.[206] Gegen die Zulässigkeit eines Verzichts sprechen schon Praxisargumente: Das Vollstreckungsorgan kann beim Zugriff nicht zuverlässig prüfen, ob die Willenserklärung des Schuldners wirksam ist oder ob mitgeschützte Familienangehörige einverstanden sind.[207] Das öffentliche Interesse besteht daneben auch deshalb weiter, weil der Schuldnerschutz regelmäßig eine Umsetzung internationaler und nationaler verfassungsrechtlicher Gebote darstellt. Der Gesetzgeber kann zwar – schon aus Gründen der Verkehrssicherheit[208] – nicht verhindern, wenn ein Schuldner selbst unpfändbare Sachen veräußert, muss aber, wenn er über das Vollstreckungsorgan direkt am Vorgang beteiligt ist, die Existenzvernichtung des Schuldners nicht noch durch staatliche Vollstreckungsmaßnahmen fördern. Auch mit Zustimmung des Schuldners kann das Vollstreckungsorgan diesem nicht das Existenzminimum nehmen. Ein Verzicht auf Pfändungsschutz sollte daher wie in Polen generell nicht möglich sein.[209]

---

204 (D) Starke Gläubiger wären in der Lage, das Risiko der Auswahl nicht solventer Schuldner auf die Allgemeinheit abzuwälzen, KEIP S. 26. m.w.Nw.; JAUERNIG § 32 II A.

205 (D) KEIP, S. 26 w.Nw. Fn. 101; JAUERNIG § 32 II A; Wieczorek/Schütze-LÜKE, Rn. 13 zu § 811 ZPO m.w.Nw. Die Dispositionsfreiheit des Schuldner sei ein Fundamentalprinzip; fiskalische Interessen seien nicht betroffen und eine Gläubigerbefriedigung über die Sozialhilfe drohe nicht, da die staatliche Pflicht zur Sozialhilfe ohnehin wegfiele, wenn der Schuldner im Wege eines Verzicht Sachen „weggebe“, um die staatliche Hilfe zu erlangen (KEIP, S. 28 f; BECHTLOFF, ZIP 1996, S. 996 unter Hinweis auf § 25 Abs. 2 Nr. 1, 2 BSHG, jetzt: § 26 Abs. 1 Nr. 1 u. 2 SGB XII).

206 (D) Vgl. LIPPROSS, S. 181 ff. (auch historisch); Musielak-BECKER, Rn. 9 zu § 811 ZPO.

207 (D) Es ist kaum denkbar, dass der Staat tatsächlich in der Lage wäre, über Verweigerung von Sozialunterstützung wegen „freiwilligen“ Verzichts, fiskalische Nachteile zu vermeiden. Eine sozial geprägte Rechtsordnung kann auch einem Schuldner nicht die absoluten Minimalmittel verweigern, der (mehr oder weniger) freiwillig auf eigene Sachen verzichtet hat, Musielak-BECKER, Rn. 9 zu § 811 ZPO, Fn. 103-105; LIPPROSS, S. 187.

208 (D) LIPPROSS, S. 187.

209 (D) THOMAS/PUTZO Rn. 5 zu § 811 ZPO; Musielak-BECKER, Rn. 9 zu § 811 ZPO auch zu Arglistfragen.

4. *Ausnahmeregelungen*

a) Gerichtliche Befreiung bei Austauschangebot

Rechtlicher Schutz kann auch darin bestehen, dem Schuldner die Möglichkeit zu geben, bereits erfasste Zugriffsobjekte gegen andere auszutauschen, deren Verlust sich für ihn weniger belastend auswirkt. So kann in Polen der Schuldner, der eine Wirtschaftstätigkeit[210] in Form eines Unternehmens (*przedsiębiorstwo*)[211] oder eines landwirtschaftlichen Betriebes (*gospodarstwo rolne*)[212] ausübt, bei Gericht den Ausschluss bestimmter Sachen von der Pfändung beantragen.[213] Ein Ausschluss kommt nur für Sachen in Betracht, die für die tatsächlich ausgeübte Tätigkeit unentbehrlich[214] und die nicht bereits nach speziellen Zugriffsverboten von der Vollstreckung ausgenommen sind. Der Schuldner hat dazu im Antrag Teile seines Vermögens anzugeben, aus denen die Befriedigung der Forderung des Gläubigers im Austausch für die befreiten Sachen möglich ist.[215] Das Gericht entscheidet nach Anhörung der Parteien unter Berücksichtigung von Gläubiger- und Schuldnerinteressen sowie der gesellschaftlich-wirtschaftlichen Bedeutung der Tätigkeit[216]. Im Moment der Verkündung des Befreiungsbeschlusses treten hinsichtlich der Ersatzsachen bereits die Pfändungswirkungen ein, auch wenn der Gerichtsvollzieher erst unverzüglich danach die mit der Pfändung verbundenen Tätigkeiten aufnimmt[217]. Der Antrag auf Befreiung von der Pfändung kann auch in der Erinnerung gestellt werden[218].

b) Ausnahmezugriff für den Gläubiger

(I) Austausch von Zugriffsobjekten

Orientiert man sich strikt an den Regelungszielen des Schutzes des Existenzminimums und der Erwerbstätigkeit, muss es im Rahmen der Zugriffsverbote entscheidend auf die Gebrauchsmöglichkeit für den Schuldner ankommen. Eine Sache, auf die der Schuldner existenziell angewiesen ist, unterliegt also unabhängig von ihrem *Geld*wert wegen ihres *Gebrauchs*wertes nicht dem Zugriff. Das kann zu unangemessenen Benachteiligungen des Gläubigers führen, wenn die Sache außergewöhnlich wertvoll ist (z. B. teure Stilmöbel, kostbares Por-

---

[210] (PL) Begriff: Art. 2 u. 3 SDziałGospU.
[211] (PL) Art. 55¹KC.
[212] (PL) Art. 55³ KC.
[213] (PL) Art. 1061 KPC.
[214] (PL) Dazu Piasecki-JAGIEŁA, Rn. 4 zu Art. 1061 KPC.
[215] (PL) Art. 1061 § 1 S. 1 KPC.
[216] (PL) Art. 1061 § 1 S. 2 KPC.
[217] (PL) Art. 1061 § 1 S. 3 u. 4 KPC.
[218] (PL) Art. 1061 § 1 S. 5 KPC (Erinnerung nach Art. 767 KPC).

zellan), ihr gesetzlich geschützter Verwendungszweck aber genauso gut auch durch eine einfache Sache (einfache Möbel, schlichtes Geschirr) erfüllt wird. In Polen wurde dies bislang im Bereich der (zivil-) gerichtlichen Zwangsvollstreckung trotz einiger gegenteiliger Stimmen weitgehend als Konsequenz der praktisch einfach zu handhabenden Orientierung am Gebrauchswert hingenommen. Inkonsequente Urteile der Vorkriegsrechtsprechung, die etwa die Pfändbarkeit eines Pelzmantels annahm, obgleich dies der einzige Wintermantel des Schuldners war,[219] werden *de lege lata* zu Recht abgelehnt.[220] Versuche, auch im Zivilverfahren den ersatzlosen Zugriff auf Luxusgegenstände unabhängig von ihrer funktionsbedingten Unentbehrlichkeit für den Schuldner zu ermöglichen, wie im französischen Recht[221] oder in der Positivliste des E 98 nach dem Muster der Verwaltungsvollstreckung [s. o. C II 2 d (I) (2)] wurden bis zur jetzigen KPC-Reform (Kraftfahrzeuge) nicht verwirklicht. Sie stellen auch aus den bereits dargelegten Erwägungen eine inkonsequente Abweichung vom Regelungsziel dar, bergen die Gefahr existenzvernichtender Zugriffe und sozialhilfeberechtigter Schuldner und sollten daher für ein modernes Vollstreckungsrecht keinen Vorbildcharakter haben (s. o.).

Ein Gesetzgeber kann aber auch, um das Gläubigerinteresse zu befriedigen, ohne gleichzeitig die genannten Regelungsziele aufzugeben, einen Austauschmechanismus regeln. Die Regelung eines Ausnahmezugriffs sollte nämlich zumindest funktionsäquivalenten Ersatz für den Schuldner sicherstellen, ob in natura oder in Gestalt eines Betrages zur Ersatzbeschaffung ist dann weniger entscheidend. Während in Polen im Gesetz kein solcher Mechanismus existiert, kann in Deutschland seit 1953[222] vom Gericht auf Antrag[223] der Zugriff auf bestimmte sonst unpfändbare Gegenstände[224] zugelassen werden. Die Zulassung kann erfolgen, wenn der Gläubiger dem Schuldner im Gegenzug entweder ein Ersatzstück zur Verfügung stellt, das dem gesetzlich geschützten Verwendungs-

---

219 (PL) SN v. 3. 3. 1931, R. 94/31, RPEiS 1931, 1037.

220 (PL) Der KPC sieht eben nicht vor, die Unpfändbarkeit vom Nachweis des Schuldners abhängig zu machen, dass er nicht in der Lage ist, anstelle des in Aussicht genommenen wertvollen Zugriffsobjekts ein funktionsgleiches von geringerem Wert zu beschaffen. Vgl. MARCINIAK, *Ograniczenia*, S. 113 und DERS. in Piasecki, Rn. 7 zu Art. 829 KPC, der daher etwa auch wertvolle antike Möbel für geschützt hält, wenn sie unentbehrlich sind.

221 (F) PERROT/THÉRY, S. 221.

222 (D) Seit dem Gesetz v. 20.8.1953 über Maßnahmen auf dem Gebiete der Zwangsvollstreckung, BGBl. I S. 952. Dies war allerdings vorher bereits in Literatur und Rechtsprechung anerkannt, dazu vgl. LIPPROSS, S. 71 f.

223 (D) § 811a Abs. 2 ZPO; §§ 802 ZPO, 20 Ziff. 17 RPflG.

224 (D) Nach § 811 Abs. 1 Nr. 1, 5 und 6 ZPO geschützte Sachen. Wegen des klaren Wortlauts ist eine Analogie abzulehnen: zu § 811a ZPO: MünchKomm-SCHILKEN Rn. 2; Musielak-BECKER, Rn. 1; diff. JAUERNIG, § 32 II B.

zweck genügt,[225] oder ihm den Geldbetrag überlässt, der zur Beschaffung eines solchen Ersatzobjekts erforderlich ist, oder ausnahmsweise auch mit der Maßgabe, dass dem Schuldner der notwendige Geldbetrag aus dem Vollstreckungserlös überlassen wird.[226] Da der Austausch nicht Selbstzweck oder Bestrafung des Schuldners sein soll[227], hat sich das Vollstreckungsgericht bei seiner Entscheidung[228] i. S. einer Einzelfallbetrachtung an der Angemessenheit der Verhältnisse zu orientieren. Dabei ist neben der Frage, ob der Schuldner nicht über ausreichend anderes pfändbares Vermögen verfügt, vor allem von Bedeutung, ob der aus dem Zugriffsobjekt zu erwartende Vollstreckungserlös erheblich über dem Wert des Ersatzstückes (bzw. des Geldbetrages) liegt.[229] Ab Erlass des Zulassungsbeschlusses ist dann der Zugriff durch Pfändung möglich. Eine Wegnahme kann aber erst erfolgen, wenn Ersatzstück bzw. Geldbetrag (i. d. R. vom Gerichtsvollzieher) übermittelt wurden.[230] Der Gläubiger muss dem Schuldner dabei Eigentum und unmittelbaren Besitz an der Ersatzsache verschaffen.[231]

Um die Effizienz der Vollstreckung zu steigern, ist in Deutschland darüber hinaus die Möglichkeit der *vorläufigen* Austauschpfändung anerkannt. Danach ist es zulässig, dass schon der Gerichtsvollzieher – ohne vorherige Gerichtsentscheidung – potenziell austauschfähige Gegenstände durch vorläufige Pfändung (ohne Wegnahme) sicherstellt, wenn eine Zulassung des Austauschs durch das Gericht zu erwarten ist und wenn der zu erwartende Vollstreckungserlös den Wert des Ersatzgegenstandes erheblich übersteigt.[232] Stellt der Gläubiger innerhalb einer Frist von zwei Wochen nach Benachrichtigung[233] keinen Antrag oder wird sein Antrag rechtskräftig zurückgewiesen, ist die Pfändung aufzuheben.[234]

---

[225] (D) Einbußen bei der Bequemlichkeit sind hinzunehmen, Musielak-BECKER Rn. 2 zu § 811a ZPO.

[226] (D) Nach § 811a Abs. 1 Hs. 2 ZPO nur, wenn dem Gläubiger rechtzeitige Ersatzbeschaffung nicht möglich oder zumutbar ist, d. h. wenn er deutlich mehr auf die ZV angewiesen ist, als der Schuldner auf die Weiterverwendung (z.B. Vollstreckung wegen Unterhalt oder eines schweren Delikts), vgl. Musielak-BECKER, Rn. 4 zu § 811a ZPO.

[227] (D) Wieczorek/Schütze-LÜKE, Rn. 8 zu § 811a ZPO.

[228] (D) Beschluss des Vollstreckungsgerichts nach Schuldneranhörung über Pfändbarkeit mit Festsetzung des Werts des Ersatzstückes oder des Geldbetrages zur Ersatzbeschaffung (§ 811a Abs. 2 S. 3 ZPO).

[229] (D) § 811 a Abs. 2 S. 2 ZPO. Nur sinnvoll, wenn der Erlös deutlich höher ist als die Austauschkosten und daher trotz Voraberstattung des Betrages an den Gläubiger aus dem Erlös (§ 123 Nr. 3 S. 1 GVGA) noch nennenswerte Befriedigung zu erwarten ist. Sonst zwecklose und unzulässige Vollstreckung (s. o. u. § 803 Abs. 2 ZPO).

[230] (D) Bzw. nach Rechtskraft des Beschlusses bei § 811a Abs. 1 Hs. 2 ZPO.

[231] (D) Bei Ablehnung durch den Schuldner genügt entsprechend § 756 ZPO ein Annahmeverzug begründendes Angebot; eine Hinterlegung ist dann möglich, aber nicht nötig. Zur Lage bei Mängeln und zur Durchführung: Musielak-BECKER, Rn. 9 zu § 811a ZPO.

[232] (D) § 811b Abs. 1 ZPO.

[233] (D) Mit Hinweis auf die Frist u. die Folgen der Fristversäumnis, vgl. § 811b Abs. 3 ZPO.

[234] (D) § 811b Abs. 2 ZPO.

Bei gerichtlicher Zulassung kommt es zum Übergang in das normale Austauschpfändungsverfahren.[235]

(II) Vorwegzugriff

Ist anzunehmen, dass eine zurzeit noch geschützte Sache demnächst dem Zugriff unterfallen wird, könnte ein Untätigbleiben den vollstreckenden Gläubiger gegenüber nachfolgenden Gläubigern unangemessen benachteiligen und zudem dem Schuldner die Gelegenheit geben, die Sache zu veräußern. Um diesen Gefahren zu begegnen, kommt ein sichernder Vorwegzugriff in Betracht, der insoweit die Reichweite des Schuldnerschutzes einschränkt. Während das polnische Recht, das einem Ausgleichsprinzip folgt (s. o. Kapitel 1 A II 3 a.E.), diese Situation nicht regelt, gibt es nach deutschem Recht, dem das Prioritätsprinzip zugrunde liegt, die Möglichkeit der Vorwegpfändung, wenn zu erwarten ist, dass eine zurzeit unpfändbare Sache demnächst pfändbar wird.[236] Der Gerichtsvollzieher muss dies selbständig prüfen und bei Vorliegen der Voraussetzungen pfänden.[237] Der Zugriff erfolgt durch Pfändung, wobei die Sache allerdings im Gewahrsam des Schuldners verbleiben muss und eine Fortsetzung der Vollstreckung mit Wegnahme und Verwertung erst erfolgt, wenn die Sache pfändbar geworden ist.[238] Die Vorwegpfändung ist aufzuheben, wenn innerhalb eines Jahres keine Pfändbarkeit eintritt.[239]

III. Andere Schutzformen

1. Einziehung in Teilbeträgen

Als flexibles Schutzinstrument, das potenziell sowohl im Gläubiger-, wie im Schuldnerinteresse liegt, bieten sich verschiedene Formen eines Aufschubs des Vollstreckungsverfahrens oder des Übergangs in ein Offenbarungsverfahren an, die mit Ratenzahlungsvereinbarungen verbunden werden. Der Gläubiger ist oft ebenso wie der Schuldner daran interessiert, das Risiko eines teilweisen oder vollständigen Scheiterns der Vollstreckung zu vermeiden und daher bereit, eine Zurückstellung, d. h. zeitweise Beschränkung seiner Rechte hinzunehmen. Das Regelungsinstrument eines Vollstreckungsaufschubs als „Gnadenerweis" für

---

[235] (D) § 811b Abs. 4 ZPO.

[236] (D) § 811d ZPO.

[237] (D) § 122 Nr. 1 GVGA. Alles ist zudem im Protokoll zu vermerken.

[238] (D) § 811d Abs. 1 S. 1 u. 2 ZPO.

[239] (D) § 811d Abs. 2 ZPO. Eine umgekehrte Anwendung in der Weise, dass zugunsten des Schuldners eine Pfändung zu unterlassen wäre, weil die Sache demnächst unpfändbar wird, ist nicht möglich, § 122 Nr. 2 GVGA.

den Schuldner findet sich etwa im französischen Recht: Neben einem Zahlungsaufschub kann der Richter auch Ratenzahlung anordnen oder den Zins auf den gesetzlichen Verzugszins reduzieren.[240]

Ein Vollstreckungsaufschub mit Teilzahlungsvereinbarung kommt vor allem in Betracht, wenn der Gläubiger nach dem erfolgten Zugriffs auf Schuldnervermögen in einer gesicherten Stellung ist und der Schuldner wegen der drohenden Verwertung einen starken Anreiz hat, seinen Ratenzahlungsverpflichtungen nachzukommen (dazu Kapitel 3 C II 1).[241] Dem Gläubiger kann an einer Ratenzahlungsvereinbarung aber ausnahmsweise auch schon vorher gelegen sein, wenn der Zugriffsversuch auf die Sachen des Schuldners fehlschlägt. Soweit das Vollstreckungsrecht bei Fehlschlagen des Zugriffsversuchs (weil z. B. keine pfändbaren Sachen vorgefunden wurden) ein Recht des Gläubigers regelt, vom Schuldner Vermögensoffenbarung (eidesstattliche Versicherung / *wyjawienie majątku*) zu verlangen,[242] wird es im Interesse des Schuldners liegen, diese unangenehme Folge zu vermeiden. Er hat daher durchaus auch ohne erfolgten Zugriff einen Anreiz, ratenweise Befriedigung des Gläubigers anzustreben. Sieht auch der Gläubiger mehr Hoffnung in einer Teilzahlungsvereinbarung, spricht alles für einen Vorrang solcher gütlichen Einigung vor einer Zwangsdurchsetzung oder einer Einleitung des Offenbarungsverfahrens.

Während in Polen eine solche Möglichkeit unbekannt ist, hat sich der deutsche Gesetzgeber dafür entschieden, dem Schuldner in der Situation eines ersichtlich fehlgeschlagenen Zugriffsversuchs eine letzte Chance zu geben, die Vermögensoffenbarung durch Ratenzahlung abzuwenden. Findet der Gerichtsvollzieher keine pfändbaren Sachen vor[243], so kann er eine Einziehung in Teilbeträgen veranlassen, wenn der Schuldner glaubhaft versichert[244], die Schuld kurzfristig in Teilbeträgen zu tilgen und der Gläubiger damit einverstanden ist.[245] Regelmä-

---

[240] (F) Art. 1244-1 Code Civil, « *delais de grâce* » Dies kann von einer Sicherheitsleistung abhängig gemacht werden. Aufschubgewährung ist nicht möglich, wenn wegen einer Unterhaltsforderung vollstreckt wird, WERTH, S. 202 f.

[241] (D) Dann steigt für den Gläubiger bei Befriedigung durch Ratenzahlung zudem der Sicherungswert der Sachen im Verhältnis zur Restschuld.

[242] (D) §§ 807, 900 ff. ZPO; (PL) Art. 913 ff. KPC.

[243] (D) Gleiches soll auch gelten, wenn der GVZ pfändbare Sachen vorfindet und pfändet, der geschätzte Wert aber Kosten und titulierte Forderung nicht deckt, vgl. SCHILKEN, DGVZ 1998, S. 146. Dann ggf. in Kombination mit dem Verwertungsaufschub bzgl. der gepfändeten Sachen nach § 813a ZPO, s. u. Kapitel 3 C II 1.

[244] (D) Darlegung plausibler Umstände (ggf. Belegung mit Urkunden), *womit* Tilgung erfolgen soll und welche Teilbeträge zu welchem Zeitpunkt geleistet werden sollen, SCHILKEN, DGVZ 1998, S. 147.

[245] (D) § 806b S. 2 ZPO. Der Gläubiger kann die Zustimmung (Einwilligung oder Genehmigung) an Bedingungen knüpfen, vgl. SCHILKEN, DGVZ 1998, S. 147 (auch zur Rechtsnatur der Vereinbarung und Problemen bei Beteiligung mehrerer Gläubiger, S. 148).

ßig soll die Tilgung dabei innerhalb von sechs Monaten erfolgen.[246] Das deutsche Recht sieht eine weitere Chance für zahlungswillige Schuldner auch noch im Verfahren zur Abnahme der eidesstattlichen Versicherung vor, obwohl hier eine große Gefahr bloßer Verfahrensverzögerung besteht[247]. Macht der Schuldner glaubhaft[248], er werde die Schuld innerhalb von sechs Monaten tilgen, setzt der Gerichtsvollzieher entweder den Termin zur Abnahme erst unverzüglich nach Ablauf der sechs Monate fest oder er vertagt den (begonnenen) Termin bis zu sechs Monaten und zieht Teilbeträge ein.[249] Das erscheint nur dann unter Effektivitätsgesichtspunkten noch hinnehmbar, wenn man annimmt, dass die Regelung durchgängig vom Gläubigereinverständnis abhängt.[250] Eine weitere Vertagung des Termins um bis zu zwei Monate kommt in Betracht, wenn der Schuldner im neuen Termin nachweist, dass er die Forderung zu mindestens ¾ getilgt hat.[251] Letzteres ist höchstens durch die in der erheblichen Teilerfüllung manifestierte begründete Aussicht auf vollständige Erfüllung zu rechtfertigen. Wegen der erheblichen Verfahrensverzögerungen, die mit den besprochenen Maßnahmen einhergehen, kann das Fehlen einer entsprechenden Regelung in Polen aber nicht als echte Regelungslücke angesehen werden.

2. *Generalklausel*

Neben den Zugriffsverboten und den speziellen Aufschubregeln sind auch andere Schutzformen denkbar, vor allem eine flexible Generalklausel. Greift der Gesetzgeber *neben* anderen Schutznormen ergänzend zu dieser Form der Regelung, ist stets vorrangig zu klären, wie weit dieser Billigkeitsschutz neben speziellen Regelungen noch Anwendung finden kann. Der umfangreiche Einsatz von Generalklauseln und anderen Billigkeitsnormen ist aber vor allem deshalb problematisch, weil damit den Gerichten – außerhalb des eigentlich dafür vorgesehenen Erkenntnisverfahrens – umfangreiche Möglichkeiten der eigenen Wertung gegeben werden und die Ergebnisse oft über eine Korrektur unvorhersehba-

---

[246] (D) § 806b S. 3 ZPO.

[247] (D) Dies betont zu Recht SCHILKEN, DGVZ 1998, S. 153.

[248] (D) Nach den strengen Maßstäben des § 294 ZPO, SCHILKEN, DGVZ 1998, S. 153.

[249] (D) § 900 Abs. 3 S. 1 ZPO.

[250] (D) Ob das Einverständnis des Gläubigers für alle diese Maßnahmen oder aber nur für die Teilbetragseinziehung (so etwa SCHILKEN, DGVZ 1998, S. 153 m. Nw.) Voraussetzung sein soll, ist str. Da kaum ersichtlich ist, warum es gerade zu diesem späten Zeitpunkt und ohne erkennbare Sicherung möglich sein sollte, derartig verzögernde Maßnahmen ohne Einverständnis des Gläubigers vorzunehmen, spricht mehr für eine strikte, durchgängige Orientierung am Gläubigerinteresse.

[251] (D) § 900 Abs. 3 S. 2 ZPO. Durch Quittungen oder Belege i. S.v. § 775 Nr. 5 ZPO.

rer Ausnahmefälle weit hinausgehen[252]. Zudem hängt das noch vertretbare Ausmaß des Eingriffs in die Gläubigerrechte auch davon ab, inwieweit die Beschränkungen vorhersehbar sind. Bei klaren gesetzlichen Vorgaben (etwa den Listen unpfändbarer Gegenstände oder den unpfändbaren Beträgen), die leicht vorhersehbar und einkalkulierbar sind, kann eher noch von einer Hinnehmbarkeit ausgegangen werden, als bei unbestimmten Generalklauseln[253]. Für eine zumindest einschränkende Auslegung solcher Normen (*ultima ratio des Vollstreckungsschutzes*[254]) spricht auch der Gedanke, dass sich bei zu starker Vernachlässigung der Effizienzaspekte insgesamt das Risiko prozessualen Vorgehens erhöht und damit rechtstatsächlich auch die Gefahr „wilder" bzw. „privater" Vollstreckung.[255]

Dem polnischen Recht ist eine solche Generalklausel unbekannt. Während das französische Recht mit generalklauselartigen Regelungen vor allem ermöglicht, dem Schuldner als „Gnadenerweis" einen Vollstreckungsaufschub zu gewähren,[256] besitzt das deutsche Recht noch flexiblere Möglichkeiten des richterlichen Vollstreckungsschutzes nach § 765a ZPO[257]. Danach kann das Vollstreckungsgericht auf Antrag des Schuldners eine Zwangsvollstreckungsmaßnahme ganz oder teilweise aufheben, untersagen oder einstweilen einstellen.[258] Dies ist aber nur in den Ausnahmefällen möglich, in denen die Maßnahme – trotz Würdigung der grundsätzlich vorrangigen Schutzbedürfnisse des Gläubigers – aufgrund ganz besonderer Umstände eine sittenwidrige Härte bedeuten würde.[259] Dies soll dem Gericht die Möglichkeit geben, die verfassungsrechtlich geschützten Rechte des Schuldners zu wahren.[260] Die Norm findet auf alle Zwangsvollstreckungsarten Anwendung und dient als Auffang- oder Generalklausel des Schuldnerschutzes der Verhinderung von Rechtsmissbrauch[261] und

---

252 (D) Der § 765a ZPO steht nach Wieczorek/Schütze-PAULUS (Rn. 34 zu § 765a ZPO) in der problematischen Tradition einer allgemeinen Billigkeitsrechtsprechung nach Grundsätzen des „gesunden Volksempfindens".

253 Für (D) Wieczorek/Schütze-PAULUS, Rn. 3 ff. zu § 765a.

254 (D) ALISCH, S. 289.

255 (D) Wieczorek/Schütze-PAULUS, Vor § 704 ZPO Rn. 18 f.

256 (F) Art. 1244 –1 Code Civil, « *delais de grâce* » vgl. WERTH, S. 199 ff.

257 (D) Zur Geschichte der Norm Wieczorek/Schütze-PAULUS, Rn. 1 zu § 765a ZPO; FENGE.

258 (D) Das Gericht kann einstweilige Anordnungen erlassen, insbes. die einstweilige Einstellung der ZV gegen oder ohne Sicherheitsleistung verfügen oder die Fortsetzung von einer Sicherheitsleistung abhängig machen (§§ 765a Abs. 1 S. 2, 732 Abs. 2 ZPO). Aufhebung oder Abänderung des Beschlusses bei veränderter Sachlage (§ 765a Abs. 4 ZPO). Aufhebung der Vollstreckungsmaßregeln erst nach Rechtskraft des Beschlusses (§ 765a Abs. 5 ZPO).

259 (D) BGHZ 44, S. 138, 143 (anderenfalls ganz untragbares Ergebnis); vgl. zur Kasuistik zu § 765a ZPO: MUSIELAK, Rn. 7 f., 15; Wieczorek/Schütze-PAULUS, Rn. 32 (Fallgruppenbildung); Schuschke-WALKER, Rn. 10.

260 (D) BVerfGE 52, S. 214, 219 f.

261 (D) Im Einzelnen zu den unterschiedlichen Herleitungen vgl. KEIP, 45 f.

der Milderung individueller außergewöhnlicher Härten des formstrengen Vollstreckungsrechts[262], sie soll eine „Gerechtigkeit ohne Grausamkeit" ermöglichen[263]. Die Vorschrift wird bei identischem Schutzziel von den speziellen Schuldnerschutzregelungen und Rechtsbehelfen verdrängt.[264] Ein Verzicht auf den Schutz wird wegen der Funktion des § 765a ZPO als letzte Hilfsmöglichkeit in unvorhersehbaren Extremsituationen ganz überwiegend ausgeschlossen[265].

Nach Ansicht des Bundesverfassungsgerichts ist eine Abwägung der Interessen des Schuldners mit den Vollstreckungsinteressen des Gläubigers vorzunehmen. Bei wesentlichem Überwiegen der Schuldnerinteressen, ist die Vollstreckung zumindest zeitweilig einzustellen.[266] Von anderen wird betont, dass es um keine „gleichwertige" Abwägung von Schuldner- und Gläubigerinteressen gehen könne: § 765a ZPO sei nach der Gesetzesfassung („sittenwidrige" und eben nicht „unverhältnismäßige"[267] Härte) unter Berücksichtigung des „eindeutigen Vorrangs der Durchsetzung des Gläubigergrundrechts Eigentum" eng auszulegen.[268] Trotz dieser unterschiedlichen Akzente ist man sich in den Ergebnissen aber weitgehend einig. Während eine sittenwidrige Härte insbesondere bei Eingriffen in die körperliche Unversehrtheit des Schuldners in Betracht kommt (z. B. Suizidgefahr),[269] soll allein die Tatsache, dass wegen einer Bagatellforderung vollstreckt wird, aus den o. g. Erwägungen (s. o. Kapitel 1 C II 1 b) zu keiner Sittenwidrigkeit wegen Unverhältnismäßigkeit der Pfändung führen.[270] Im Rahmen der Vollstreckung wegen Geldforderungen in bewegliche Sachen wird ohnedies grundsätzlich von einem hinreichenden Schutz der wirtschaftlichen und sozialen Existenz des Schuldners über die oben besprochenen speziellen Schuldnerschutzvorschriften[271] ausgegangen.[272] Zwecklose Pfändungen hat der

---

262 (D) KEIP, S. 45, 197 m.w.Nw.; Wieczorek/Schütze-PAULUS, Rn. 2 zu § 765a ZPO.

263 (D) So plastisch: Baumbach/Lauterbach/Albers-HARTMANN Rn. 2 zu § 765a ZPO.

264 (D) Zu § 765a ZPO: Schuschke-WALKER, Rn. 2; Musielak-LACKMANN Rn. 2.

265 (D) Vgl. nur zu § 765a ZPO: Musielak-LACKMANN Rn. 3; Zöller-STÖBER Rn. 25; a. A. MünchKomm-HESSLER Rn. 98 f..

266 (D) BVerfG NJW 1991, S. 3207; 1994, S. 1272; 1994, S. 1719; 1998, S. 295 f. Kommt es durch die Maßnahme nur zu einem Schaden beim Schuldner, ist demgegenüber aber keine Befriedigung des Gläubigers zu erwarten, ist die ZV unverhältnismäßig und stellt eine sittenwidrige Härte dar, OLG Düsseldorf, RPfl 1989, S. 470.

267 (D) Zu diesem Reformvorschlag von 1989 kritisch KEIP, 46 f. m.w.Nw.

268 (D) Gegen Verhältnismäßigkeitsmaßstab JAUERNIG, § 31 V ; Wieczorek/Schütze-PAULUS, Rn. 27 f. zu § 765a ZPO: Vernichtung der beruflichen/wirtschaftlichen Existenz u. Gesundheitsbeeinträchtigungen sind hinzunehmen.

269 (D) BVerfG NJW 1994, S. 1719, 1720; zur Suizidgefhar für Angehörige: BGH NJW 2005, S. 1859; weitere Beispiele bei Musielak-LACKMANN, Rn. 7 zu § 765a ZPO.

270 (D) Musielak-LACKMANN, Rn. 8 zu § 765a ZPO: Auch Kleingläubiger sind zu schützen.

271 (D) §§ 803 Abs. 1, 811 f., 813a f. und 817a ZPO.

Gerichtsvollzieher ohnehin zu unterlassen[273], im übrigen bleibt dem Schuldner der Weg über die Erinnerung.[274] Für § 765a ZPO bleiben nur ganz seltene Ausnahmefälle.[275]

D. ERGEBNIS

I. Regelungsbasis

[1] Wie in Deutschland erfolgt auch in Polen der *Zugriff* auf bewegliche Sachen durch den Gerichtsvollzieher im Wege der *Pfändung*. Während bei den Pfändungswirkungen Verfügungsverbot und verstrickungsähnliches „Vollstreckungsband" weitgehend der deutschen Rechtslage entsprechen, existiert wegen des polnischen „Ausgleichsprinzips" keine der deutschen entsprechende Konstruktion eines Pfändungspfandrechts.

[2] Gepfändete Mobilien werden in Polen regelmäßig beim Schuldner belassen, können aber aus wichtigen Gründen auch unter die *Aufsicht* einer anderen Person gestellt werden, den Gläubiger eingeschlossen. Schuldner oder Aufseher haben die Sachen mit solcher Sorgfalt aufzubewahren, dass sie nicht an Wert verlieren. Der Schuldner und seine Mitbewohner behalten das Recht, die ihnen belassenen Sachen gewöhnlich zu gebrauchen, soweit kein Wertverlust droht.

II. Regelungsziele

[1] In beiden Rechtsordnungen werden Zugriffsbeschränkungen in der Sachvollstreckung überwiegend mit dem *Erhalt des Existenzminimums* gerechtfertigt. Dafür werden vor allem „humanitäre" Begründungen angeführt, die auf die Menschenwürde und soziale Staatsziele abstellen. Darüber hinaus ist aber nicht zu verkennen, dass der Gesetzgeber heute mit den Zugriffsbeschränkungen auch finanzielle Belastungen des Staates abwehren will, die drohen, wenn „kahlgepfändete" Schuldner Ansprüche gegen die staatlichen Sozialhilfesysteme stellen. Die Allgemeinheit soll nicht das Risiko der Zahlungsunfähigkeit des Schuldners tragen.

---

272 (D) Musielak-LACKMANN, Rn. 13 zu 765a ZPO. Zum Schutz weiterer, nicht über den Katalog zugriffsgeschützter Sachen: Schuschke-WALKER, Rn. 6 zu § 765a ZPO.

273 (D) Nach §§ 803 Abs. 2, 812 ZPO.

274 (D) Nach § 766 ZPO.

275 (D) Etwa wenn mangels entsprechenden Zugriffsverbots der schuldnerische Lebensbedarf sonst nicht gedeckt ist, Musielak-LACKMANN, Rn. 13 zu § 765a ZPO; Beispiele bei Schuschke-WALKER, Rn. 10 zu § 765a ZPO.

[2] In beiden Rechtsordnungen ist als Regelungsaufgabe daneben auch der *Schutz der Erwerbstätigkeit* des Schuldners anerkannt. Hiermit soll ergänzend sichergestellt werden, dass dem Schuldner die Sachen erhalten bleiben, die er als Arbeitsmittel benötigt, um auch künftig das Existenzminimum für sich und seine Unterhaltsberechtigten zu erwirtschaften und um sich möglichst selbst aus der finanziellen Notlage zu befreien.

[3] Zugriffsverbote im Bereich der *Landwirtschaft* werden in beiden Ländern ergänzend durch den Schutz gesamtwirtschaftlicher Interessen sowie die Sicherung der Nahrungsmittelversorgung gerechtfertigt. Das deutsche Ziel des Schutzes vor Veräußerung von *Apotheken*zubehör an nicht Sachkundige findet in Polen ebenso wenig eine Entsprechung wie die Vermeidung von Armen*bestattungen* auf Staatskosten. Ein Regelungsdefizit wird man darin nicht sehen können.

III. Art und Umfang des Schutzes

1. Grundlagen der Zugriffsverbote

[1] Polnisches und deutsches Recht verwenden ein überwiegend *generelles System* mit Katalogen unpfändbarer Gegenstände. In Polen findet sich allerdings keine Ergänzung durch individuellen richterlichen Schutz, wie ihn das deutsche Recht in der Generalklausel des § 765a ZPO vorsieht.

[2] Der *sachliche Anwendungsbereich* der Zugriffsverbote erstreckt sich in beiden Ländern nur auf die Vollstreckung wegen Geldforderungen, nicht aber auf die Herausgabevollstreckung. Eine Eigentümerstellung erweitert nicht die Zugriffsmöglichkeiten des Gläubigers, dem insoweit die Herausgabevollstreckung offen steht. Nur in Deutschland kann ausnahmsweise eine Sache, an der sich der Gläubiger das Eigentum vorbehalten hat, trotz Zugriffsverbots gepfändet werden, wenn die Vollstreckung wegen der dadurch gesicherten Kaufpreisforderung erfolgt.

[3] Nur wenn der *geschützte Personenkreis* den Regelungszielen entsprechend alle vom Schuldner abhängigen Mitglieder des Haushalts erfasst, droht keine Bedürftigkeit auch der Abhängigen und deren Inanspruchnahme der Sozialsysteme. Dementsprechend werden zumindest die Unterhalt empfangenden Familienangehörigen in beiden Ländern weitgehend mitgeschützt. Das polnische Recht sieht aber – abweichend vom deutschen – ausdrücklich keine Einbeziehung anderer wirtschaftlich abhängiger Mitbewohner in den Schutz vor.

[4] Beide Rechtsordnungen *individualisieren* und *flexibilisieren* ihre Kataloge durch wertende, auslegungsfähige Begriffe, die eine Orientierung am Lebensstandard und der konkreten Situation der Beteiligten möglich machen. Das Existenzminimum soll relativ zum Wohlstandsniveau der Gesamtgesellschaft zu

verstehen sein. Die zeitgemäße Auslegung hat ein weites Verständnis der Existenz zu beachten, das auch ideelle Grundbedürfnisse erfasst.

2. *Einzelne Zugriffsverbote*

[1] Die einzelnen Zugriffsverbote lassen sich in zwei Gruppen einteilen: Neben den Sachen, die als Teil des *gegenwärtigen Existenzminimums* des Schuldners vom Zugriff ausgenommen werden, weil der Schuldner ansonsten in eine anspruchbegründende Notlage geriete, werden Sachen geschützt, die der Schuldner zur *Erwerbstätigkeit* benötigt, um sein künftiges Existenzminimum und seine Selbsthilfefähigkeit zu sichern.

[2] Bei den *Haushaltsgegenständen* entsprechen sich die Katalogvorschriften weitgehend, was Möbel, Kleidung und anderen Hausrat betrifft. Übereinstimmend werden in Auffangtatbeständen ergänzend andere alltägliche Gebrauchsgegenstände geschützt, wenn einem geringen Verwertungserlös ein hoher Nutzen für den Schuldner gegenübersteht.

[2a] Der noch abweichende durchschnittliche Lebensstandard der Gesellschaften führt zu *unterschiedlicher Auslegung* der wertenden Rechtsbegriffe in den Katalogvorschriften. Während in Polen elektrische Haushaltsgeräte, Radios und Fernseher weitgehend für pfändbar gehalten werden, kann auf die allermeisten derartigen Geräte in Deutschland nicht zugegriffen werden. Noch nicht absehbar ist, ob die polnische Rechtsprechung bei weiterer Angleichung des Lebensstandards, dem sehr schuldnerfreundlichen deutschen Beispiel folgen wird.

[2b] Beide Länder verzichten im Zivilverfahren auf „*Positivlisten*" stets pfändbarer Sachen. Die damit verbundenen Freigabe von Gegenständen, die aufgrund ihrer Funktion unpfändbar sein müssten, bei denen aber ein hoher Verkaufswert die Pfändbarkeit rechtfertigen soll, widerspricht der vom Regelungsziel geforderten durchgehenden Orientierung am Gebrauchswert. Ohne funktionsäquivalenten Ersatz sind anspruchsbegründende Notlagen nicht zu vermeiden.

[2c] Der ausufernden Einzelfallrechtsprechung in Deutschland steht bislang ein klares *Rechtsprechungsdefizit* in Polen gegenüber. Dies führt zu großen praktischen Problemen, oft unvorhersehbaren Vollstreckungsergebnissen und einer starken Abhängigkeit von den Vorstellungen des Gerichtsvollziehers. Unterschiede in der Zugriffsintensität werden über die Möglichkeit der Auswahl unter verschiedenen Gerichtsvollziehern von den Gläubigern regelmäßig zu Lasten der Schuldner und der Allgemeinheit ausgenutzt.

[3] Die Zugriffsverbote bei *Vorräten und Nutztieren* unterscheiden sich in beiden Ländern nur unwesentlich, haben aber in Polen eine größere praktische Bedeutung, da hier noch mehr Menschen auf „Selbstversorgung" angewiesen sind. Der Schutz von *Haustieren* in Deutschland lässt sich zumindest insoweit rechtfertigen, als Schuldner zur Bewahrung ihrer Menschenwürde in besonderer

Weise emotional auf das Tier angewiesen sind. Zudem wird oft einem niedrigen Weiterverkaufswert eine faktische Unmöglichkeit der Wiederbeschaffung gegenüberstehen.

[4] Der Schutz von *Barmitteln* nimmt in beiden Ländern auf die entsprechenden Summen Bezug, die für einen Zeitraum bis zum nächsten Zahlungstermin in der Forderungsvollstreckung geschützt wären. Bei den Zugriffsverboten für einen ähnlichen Kreis *höchstpersönlicher Sachen*, wie Papiere, Auszeichnungen etc., besteht regelmäßig ein Missverhältnis zwischen dem geringen Verwertungsinteresse des Gläubigers und der Unersetzlichkeit für den Schuldner.

[5] Soweit von Sachen, die *religiösen* oder *Unterrichtszwecken* dienen, in Deutschland generell nur Bücher geschützt sind, erreicht dies in beiden Bereichen nicht das erforderliche Schutzniveau. Die weite polnische Fassung entspricht demgegenüber den Anforderungen der Religionsfreiheit und ermöglicht den Schutz auch moderner Lehrmittel.

[6] Die Zugriffsverbote für Arbeitsmittel schützen in beiden Ländern nur den individuellen, persönlich Arbeit leistenden Schuldner, um einen der Marktwirtschaft systemfremden Schutz nicht überlebensfähiger Unternehmen zu vermeiden. Die in Polen neu eingeführte ausnahmslose Pfändbarkeit von Kraftfahrzeugen diskriminiert willkürlich einzelne Schuldner. Sie widerspricht auch dem Regelungsziel, da ein Kfz für die Weiterführung bestimmter Erwerbstätigkeiten ebenso unentbehrlich ist wie andere Gegenstände. Umgekehrt bevorzugt das deutsche Recht ohne ganz nachvollziehbaren Grund Angehörige des öffentlichen Dienstes und bestimmter „bürgerlicher" Berufe durch Ausschluss der Austauschpfändung.

[7] Die ähnlichen polnischen und deutschen Sonderschutzvorschriften für *landwirtschaftliche* Betriebe lassen sich heute kaum noch überzeugend durch „gesamtwirtschaftliche Erwägungen", Erhalt von Arbeitsplätzen und Gewährleistung der Nahrungsmittelversorgung begründen. In eingeschränktem Umfang sind sie jedoch zur Sicherung der persönlichen Existenz und Selbsthilfefähigkeit des individuellen Schuldners erforderlich.

3. Wirkung der Zugriffsverbote

[1] In beiden Rechtsordnungen erfolgt die *Berücksichtigung der Zugriffsverbote* von Amts wegen durch den Gerichtsvollzieher, der bei Unpfändbarkeit den Zugriff zu unterlassen hat. Bei der Regelung der *rechtlichen Folgen von Verstößen* gegen die Zugriffsverbote, sehen beide Länder keine automatische Nichtigkeit der Maßnahmen, sondern nur Anfechtbarkeit über den normalen Rechtsbehelf der Erinnerung vor. In Polen kann der Schuldner daneben hinweisende Anträge an Gerichtsvollzieher und Gericht stellen, das Verfahren von Amts wegen einzustellen.

[2] *Beurteilungszeitpunkt* für das Vorliegen eines Zugriffsverbots ist in beiden Ländern grundsätzlich der Zeitpunkt des Zugriffs. Bei erst nach Zugriff eintretender Pfändbarkeit spricht alles für ein Abstellen auf den Zeitpunkt der Erinnerungsentscheidung, so dass es zur „Heilung“ der anfänglich unzulässigen Pfändung kommt. Soweit umgekehrt Gegenstände, die zugriffsfrei waren nachträglich dem Verbot unterfallen, soll der Schuldner durch Veräußerung oder Vernichtung ihm belassener Sachen nicht die Freigabe bereits gepfändeter erreichen können. Trotz Abstellens auf den Zugriffszeitpunkt wird dem redlichen Schuldner aber übereinstimmend ermöglicht dazulegen, dass der Verlust auf von ihm nicht zu vertretenden Umständen beruht.

[3] Während in Polen Schuldnerschutznormen allgemein für zwingendes Recht gehalten werden, auf deren Schutz der Schuldner nicht verzichten könne, wird ein *Verzicht des Schuldners* bei oder nach der Vollstreckung in Deutschland teilweise für möglich gehalten. Auch hier drohen aber fiskalische Nachteile: Eine Verweigerung von Sozialhilfe in Verzichtsfällen ist aus praktischen wie humanitären Gründen unmöglich. Die Regelungen dienen also auch dem öffentlichen Interesse daran, Ansprüche gegen staatliche Sozialeinrichtungen abzuwehren, über das der Schuldner nicht disponieren kann. Die konsequentere polnische Linie ist daher vorzugswürdig.

4. *Ausnahmeregelungen*

[1] Nur in Polen kann ein unternehmerisch oder landwirtschaftlich tätiger Schuldner *gerichtliche Befreiung* wirtschaftlich unentbehrlichen Sachen von der Pfändung beantragen, wenn er zugleich ein *Austauschangebot* macht, d. h. andere Vermögensteile angibt, aus denen sich der Gläubiger stattdessen befriedigen kann. Für die Entscheidung ist neben Gläubiger- und Schuldnerinteressen die gesellschaftlich-wirtschaftliche Bedeutung der Tätigkeit zu berücksichtigen.

[2] Ist die vom Zugriffsverbot betroffene Sache sehr wertvoll, wird ihr gesetzlich geschützter Verwendungszweck aber genauso gut auch durch eine einfache Sache erfüllt, kann man dies als unangemessene Benachteiligung des Gläubigers ansehen. Das deutsche Recht ermöglicht deshalb die gerichtliche Zulassung eines *Ausnahmezugriffs* auf unpfändbare Gegenstände, wenn der Gläubiger dem Schuldner dafür entweder ein funktionsgleiches Ersatzstück zur Verfügung stellt oder wenn die Beschaffung solchen Ersatzes durch Überlassung von Geld sichergestellt wird.

[3] Zugunsten des Gläubigers kennt das deutsche Recht zudem eine *Vorwegpfändung*, wenn zu erwarten ist, dass eine zurzeit unpfändbare Sache demnächst pfändbar wird. Nach Pfändung verbleibt die Sache im Gewahrsam des Schuldners. Eine Fortsetzung der Vollstreckung mit Wegnahme und Verwertung erfolgt erst, wenn die Sache pfändbar geworden ist.

5. Andere Schutzformen

[1] Findet der Gerichtsvollzieher in Deutschland keine pfändbaren Sachen vor, kann er eine Einziehung in Teilbeträgen veranlassen, wenn der Schuldner glaubhaft versichert, die Schuld kurzfristig in Teilbeträgen zu tilgen, und der Gläubiger damit einverstanden ist. Weitere Vertagungsmöglichkeiten mit Einziehung von Teilbeträgen sind sogar noch im Verfahren zur Abnahme der eidesstattlichen Versicherung geregelt. Diese stark verfahrensverzögernden Regelungen erscheinen zwar wegen ihrer Bindung an das Gläubigereinverständnis bzw. eine erhebliche Teilerfüllung gerade noch hinnehmbar, das Fehlen einer entsprechenden Regelung in Polen kann aber nicht als echte Regelungslücke angesehen werden.

[2] Im Unterschied zum polnischen, sieht das deutsche Recht neben den eher generellen Zugriffsverboten flexiblen richterlichen Schuldnerschutz über eine *Generalklausel* vor. Danach kann das Vollstreckungsgericht auf Antrag des Schuldners eine Zwangsvollstreckungsmaßnahme aufheben, untersagen oder einstweilen einstellen, wenn sie aufgrund ganz besonderer Umstände eine sittenwidrige Härte bedeuten würde. Da die Existenz des Schuldners über die speziellen Zugriffsverbote grundsätzlich hinreichend geschützt wird, findet § 765a ZPO in der Sachvollstreckung nur in seltenen „Extremfällen" Anwendung.

KAPITEL 3
VOLLSTRECKUNG WEGEN GELDFORDERUNGEN IN BEWEGLICHE SACHEN – SCHUTZ IN DER VERWERTUNG

A. REGELUNGSBASIS: KONSTRUKTION DER VERWERTUNG

Um die Verwertungsphase[1] in Gang zu setzen, ist nach polnischem wie deutschem Recht kein weiterer Gläubigerantrag erforderlich.[2] Nach dem Antrag auf Beginn der Vollstreckung durch den Gläubiger nimmt das Vollstreckungsorgan im Prinzip alle weiteren Tätigkeiten bis zur Beendigung der Vollstreckung von Amts wegen vor. Gepfändetes inländisches Geld liefert der Gerichtsvollzieher in Polen[3] wie in Deutschland[4] grundsätzlich an den Gläubiger ab und befriedigt ihn damit. Im Übrigen wird in Polen zwischen dem „freihändigen" Verkauf (*sprzedaż z wolnej ręki*)[5], dem sonstigen Verkauf außerhalb einer Versteigerung (*sprzedaż pozalicytacyjna* bzw. *nielicytacyjna*)[6], dem Verkauf durch Versteigerung (*sprzedaż licytacyjna*)[7] und dem Kommissionsverkauf (*sprzedaż komisowa*)[8] unterschieden. Außerdem ist bei zweimaliger erfolgloser Versteigerung auch die Übernahme (*przejęcie*) der Sache durch den Gläubiger möglich[9]. Auch wenn nach der KPC-Reform die verschiedenen Formen des „freihändigen" Verkaufs heute theoretisch den Ausgangspunkt der Regelung bilden und prinzipiell jede Sache auf diesem Wege veräußert werden kann[10], stellt praktisch

---

[1] In (PL) z. T. als Konversionsverfahren (*postępowanie konwersyjne*) bzw. Verfahren des „zu Geld Machens" (*postępowanie spieniężające*) bezeichnet, JANKOWSKI, *Przebieg*, S. 85.

[2] (PL) JANKOWSKI, *Przebieg*, S. 85; Prinzip der „prozessualen Initiative" der Vollstreckungsorgane. Zu Ausnahmen vgl. Art. 942, 1049, 1050, 1051 KPC, Piasecki-JANKOWSKI, Rn. 3 zu Art. 864 KPC; (D) Musielak-BECKER, Rn. 3 zu § 814 ZPO. Ausnahme: § 811b Abs. 4 ZPO (s. o.).

[3] (PL) Art. 852 § 1 KPC. Hinterlegung erfolgt nur, wenn die Summe nicht für alle Gläubiger ausreicht, bei Drittansprüchen (bis zur gerichtl. Klärung, § 2) sowie bei ausländischen Zahlungsmitteln, vgl. §§ 40, 71 CzynKomR.

[4] (D) § 815 Abs. 1 ZPO; bei Drittansprüchen Hinterlegung (Abs. 2 S. 1), da sonst Drittwiderspruchsklage mit Ablieferung des Geldes (ZV beendet) ausgeschlossen, vgl. BAUR/STÜRNER § 29 II 1. Der GVZ hat dem Schuldner eine Quittung auszustellen und bei vollständiger Erfüllung die Titelausfertigung zu übergeben, §§ 757 Abs. 1 i.V.m. 815 Abs. 3 ZPO. Näher BAUR/STÜRNER, § 29 II 2; Wieczorek/Schütze-LÜKE, Rn. 20 zu § 815 ZPO.

[5] (PL) Art. 864^1 - 866^2 KPC n. F.

[6] (PL) Art. 865 KPC.

[7] (PL) Art. 867 § 1 - 3 KPC.

[8] (PL) Art. 867 § 4 - 5 KPC.

[9] (PL) Art. 875, 877 KPC.

[10] (PL) Art. 864^1 § 1 KPC. Vgl. auch Begründung KPC-RegE S. 23.

weiterhin die Versteigerung den grundlegenden Fall der Verwertung dar[11]: Der Gesetzgeber macht nämlich den „freihändigen" Verkauf von der Zustimmung beider Parteien und der Bestimmung eines Mindestverkaufspreises abhängig, den Verkauf von Neuwaren „außerhalb einer Versteigerung" vom Antrag einer Partei[12] und den Kommissionsverkauf von einem Antrag des Gläubigers[13]. Fehlt es - wie sehr häufig – an einer dieser Voraussetzungen, so erfolgt die Verwertung im Wege der Versteigerung.[14] Die Einzelheiten werden bei den jeweiligen Regelungslösungen diskutiert.

In Deutschland ist die öffentliche Versteigerung der – in Erwartung höherer Erlöse durch Bieterkonkurrenz – vorgesehene Regelfall[15]. Daneben erfolgt in einigen Sonderfällen freihändiger Verkauf.[16] Auf Antrag von Schuldner oder Gläubiger können Gerichtsvollzieher oder Vollstreckungsgericht auch eine andere Verwertungsart wählen[17], wenn dies erfolgversprechender ist[18], darunter auch die Zwangsüberweisung an den Gläubiger. Die oft unvorteilhaften Ergebnisse von Versteigerungen haben dazu geführt, dass ihre Bedeutung in der Praxis gegenüber den neuerdings gestärkten „anderen" Verwertungsformen abgenommen hat.[19]

B. REGELUNGSZIELE

Bei der Regelung eines Verwertungsverfahrens für bewegliche Sachen wird sich der Gesetzgeber hauptsächlich von drei Zielen leiten lassen, die man schlagwortartig als *Optimalverwertung, Verschleuderungsschutz* und *Transparenz* bezeichnen kann. Es gilt auch hier, dass es sich dabei keineswegs um isolierte oder klar getrennte Handlungsmotive handelt. Die Regelungsziele sind vielmehr verbunden und ergänzen sich gegenseitig. Setzt sich der Gesetzgeber die *Optimalverwertung* zum Ziel, so bedeutet dies, dass die Regelungen sicherzustellen haben, dass die Sachen zum bestmöglichen Preis verkauft werden, damit zugleich die Schuld messbar reduziert wird. Dies liegt im Interesse des Gläubigers wie

---

[11] (PL) Piasecki-JANKOWSKI, Rn. 1 zu Art. 865 KPC n. F.; MUCHA, R.Pr. 3/2005, S. 20.

[12] (PL) Art. 865 § 1 KPC.

[13] (PL) Art. 867 § 4 KPC.

[14] (PL) § 867 § 1 KPC. Piasecki-JANKOWSKI, Rn. 1 zu Art. 865 KPC n. F.

[15] (D) § 814 ZPO; zu § 814 ZPO: Wieczorek/Schütze-LÜKE, Rn. 1; Zöller-STÖBER, Rn. 1.

[16] (D) Bei marktgängigen Wertpapieren (§ 821 ZPO, Einzelheiten Musielak-BECKER, Rn. 1-7 zu § 821 ZPO) und ggf. bei Gold- und Silbersachen (§ 817a Abs. 3.S. 2 ZPO).

[17] (D) § 825 ZPO.

[18] (D) Zöller-STÖBER, Rn. 2 zu § 825 ZPO: „andere Verwertung" hat Ausnahmenatur.

[19] (D) Wieczorek/Schütze-LÜKE, Rn. 1 zu § 814 ZPO m.w.Nw.; umfassend FREELS, S. 80, 84 ff. Vgl. zum Vorschlag einer Verwertung über eBay: SCHNABL, NJW 2005, S. 941 ff.

des Schuldners und muss als Ausfluss des vollstreckungsprägenden Grundsatzes effektiver Gläubigerbefriedigung entscheidende Leitlinie der Verwertungsgestaltung sein. Regelungen mit diesem Ziel könnte man nur bei sehr weitem Verständnis als solche des Schuldnerschutzes ansehen, weil eben grundsätzlich sowohl Gläubiger als auch Schuldner gleichermaßen ein Interesse an optimaler Verwertung haben. Darüber hinaus sollen solche Regelungen eben gerade nicht die Verwertung des Schuldnervermögens *beschränken*, sondern im Gegenteil eine effektive Verwertung erst möglich machen.

Anderes gilt, soweit es darum geht, einen *Verschleuderungsschutz* für das Schuldnervermögen zu gestalten, durch den ein Verkauf deutlich unter Wert vermieden werden kann. Nunmehr verschiebt sich der Akzent eindeutig zur Wahrung der Schuldnerinteressen. Auch wenn es in der Regel gerade bei der Erzielung des bestmöglichen Preises eben nicht zu einer „Verschleuderung" kommt, ist dies nicht zwangsläufig der Fall. Der im Einzelfall erreichbare optimale Preis kann bei mangelnder Nachfrage so gering ausfallen, dass er in keinem Verhältnis zum Verlust für den Schuldner steht. Eine Verschleuderung kann dann in der Tatsache gesehen werden, dass überhaupt zu einem solchen Preis – unter Wert – verkauft wird. Ein wirksamer Verschleuderungsschutz kann aber nur durch Verschiebung der Verwertung, Wiederholung oder, in letzter Konsequenz, durch Zurückweisung eines unangemessen niedrigen Verwertungserlöses und in der Folge durch Einstellung des Verwertungsversuchs gewährleistet werden. Hieraus wird deutlich, dass solche Regelungen Beschränkungen des Vermögenszugriffs des Gläubigers darstellen, die nicht in seinem, sondern im Schuldnerinteresse liegen. Bei einer bloß zeitlichen Verzögerung und Wiederholung kann man noch Gläubigerinteressen fingieren. Sobald aber die Beendigung des Verfahrens droht, wird der Charakter als Vollstreckungsschutzvorschrift deutlich.

Eine Vermeidung verschleudernder Verwertung kann vor allem mit dem Schutz des schuldnerischen Eigentums[20] und dem Gebot der Verhältnismäßigkeit des staatlichen Vollstreckungszugriffs,[21] nicht aber mit der Sicherung des Existenzminimums gerechtfertigt werden: Nach polnischem und deutschem Recht soll letztere ja – logisch vorrangig – bereits durch die Zugriffsverbote erreicht werden. Nach der theoretischen Konzeption kann es nur zur Verwertung von Sachen kommen, die der Schuldner eben *nicht* zur Sicherung seiner Existenz benötigt. Auch wenn sich konkret existierende Regeln des Verschleuderungsschutzes am

---

20 (PL) Art. 64 Konst. (D) Art. 14 GG. Zöller-STÖBER, Rn. 1 zu § 817a ZPO; Wieczorek/Schütze-LÜKE, Rn. 1 zu § 817a ZPO und BVerfGE 46, S. 325, 334 f.: „[Der Eigentumsgarantie] kommt [...] die Aufgabe zu, dem Träger des Grundrechts einen Freiheitsraum im vermögensrechtlichen Bereich zu erhalten und damit eine Entfaltung und eigenverantwortliche Lebensgestaltung zu ermöglichen." (zum Grundvermögen)

21 (D) STÜRNER, ZZP 99 (1986), S. 330, der auch auf das „Gebot schonender Rechtsdurchsetzung unter Privaten und durch den Staat" hinweist.

einleuchtendsten mit Verhältnismäßigkeitserwägungen begründen lassen, ist umgekehrt nicht klar, ob ein verfassungsrechtlicher „Verhältnismäßigkeitsgrundsatz“ ein bestimmtes Ausmaß an Verschleuderungsschutz in der Zwangsvollstreckung erforderlich macht.

Die in der deutschen Diskussion anzutreffende Position, eine Veräußerung unter Wert immer von einem Überwiegen des Nutzens für den Gläubiger über den Schaden beim Schuldner abhängig zu machen,[22] dürfte dabei zu weit gehen. Fordert man nämlich, dass der durch einen Akt der Vollstreckung verursachte Sekundärschaden stets geringer sein müsse, als der anvisierte Nutzen in Höhe der beizutreibenden Leistung, berücksichtigt dies nicht das verfahrenstypisch größere Gewicht des Gläubigerinteresses. Ein Schuldner, der nur über wertvolle aber schwer verkäufliche Objekte verfügt, haftete demnach nur noch für hohe, nicht aber für geringe Forderungen, was dem Gläubigerinteresse und dem öffentlichen Interesse an der Rechtsdurchsetzung und Rechtsbewährung eklatant widerspräche. Zudem kann dieses Verständnis der Verhältnismäßigkeit als einer „mathematischen Formel zur Erlösberechnung“[23] schon wegen seiner fehlenden Flexibilität nicht als wegweisende Leitlinie angesehen werden.

Zum anderen wird einer zu weiten Berufung auf den Verhältnismäßigkeitsgrundsatz häufig entgegengehalten, dass der Schuldner ja schließlich selbst freiwillig günstiger verwerten könne, wenn er wolle und er es nicht zum unverhältnismäßigen, verschleudernden Vollstreckungszugriff kommen lassen müsse.[24] Dies kann aber den Gesetzgeber nicht aus seiner Minimalverpflichtung entlassen, sicherzustellen, dass eine Verwertung vermieden wird, die diesen Namen nicht mehr verdient und die, weit entfernt davon, ihren eigentlichen Zweck zu erfüllen, eher eine „Verschenkung“ der Schuldnersachen und eine Bestrafung des Schuldners darstellt. Dies gilt umso mehr, als regelmäßig staatliche Vollstreckungsorgane die Verwertung organisieren, die sich nach rechtsstaatlichem Verständnis nicht an Verletzungen der Grundrechte des Schuldners beteiligen dürfen. Während in Polen bislang der existierende Verschleuderungsschutz nicht ausdrücklich aus dem Verhältnismäßigkeitsgrundsatz abgeleitet wird[25], wird in Deutschland der Kern des Verschleuderungsschutzes als verfassungsfester Ausdruck des Verhältnismäßigkeitsgrundsatzes angesehen: Eine Wertvernichtung beim Schuldner dürfe „nicht ohne Not außer Verhältnis zum Nutzen für den Gläubiger stehen“.[26]

---

[22] (D) So aber Wieser, ZZP 98 (1985), S. 63 f.

[23] (D) Stürner, ZZP 99 (1986), S. 331.

[24] (D) Baur/Stürner, § 6 C VIII 3.

[25] (PL) Man könnte allerdings den in Art. 799 KPC zum Ausdruck kommenden Gedanken verallgemeinern.

[26] (D) Vgl. etwa Baur/Stürner, § 7 II 7, S. 92 m.w.Nw.

Schließlich werden moderne Gesetzgeber die *Transparenz* des Verwertungsverfahrens, d. h. ein möglichst offenes, durchsichtiges Verfahrens anstreben. Auch hier gilt allerdings wieder, dass es gleichermaßen im Gläubiger- wie im Schuldnerinteresse liegt, ein Anbieten der Sachen an einen möglichst weiten Interessentenkreis vorzusehen,[27] um durch eine gesteigerte Nachfrage den erzielbaren Preis für die Schuldnersachen zu erhöhen und preisdrückende Missbräuche durch Geheimverwertungen und die Kollusion zwischen Vollstreckungsorgan und eingeweihten „Exklusivinteressenten" zu verhindern. Regelungen, die schwerpunktmäßig diesem Ziel dienen, können aber wegen ihrer Ausgewogenheit und aufgrund ihres nicht beschränkenden Charakters nicht als Vollstreckungs- bzw. Schuldnerschutzregelungen i. e. S. angesehen werden. Die Untersuchung wird daher im Folgenden nur auf die Regelungen eingehen, die überwiegend dem Schutz vor Verschleuderung des Schuldnervermögens dienen.

C. Art und Umfang des Schutzes

I. Einleitung

Art und Umfang des Schuldnerschutzes, den ein Gesetzgeber im Verwertungsverfahren durch Umsetzung der Regelungsziele der Optimalverwertung, des Verschleuderungsschutzes und der Transparenz regeln kann, sollen nachfolgend näher untersucht werden. Dabei wird vom Vorfeld der Verwertung ausgegangen [unter II], da der Gesetzgeber schuldnerschützende Effekte zum einen auch dadurch erreichen kann, dass er es trotz Zugriffs vorerst oder dauerhaft überhaupt nicht zu einer Verwertung kommen lässt, zum anderen auch durch Regeln der Sachbewertung und von Wartefristen. Danach folgt die Analyse des Schutzes im Verwertungsverfahren [unter III], bei der zunächst schuldnerschützende Regelungen bei Verwertung durch Versteigerung [unter 1] und danach bei anderen Verwertungsarten [unter 2] betrachtet werden.

Von den gesetzgeberischen Regelungen im Verwertungsbereich, die die *Optimalverwertung* zum Ziel haben, soll hier auf solche eingegangen werden, die ganz besondere schuldnerschützende Auswirkungen und enge Bezüge zum Verschleuderungsschutz haben. Dies trifft vor allem auf die Sachbewertung durch Schätzung – als Grundlage fairer Verwertung – zu. Ohne Schätzung ist ein Verschleuderungsschutz nicht denkbar. Bei den Regelungen des eigentlichen, formalen *Verschleuderungsschutzes* ist zunächst darauf hinzuweisen, dass dieser rechtsvergleichend nicht als „Allgemeingut" bezeichnet werden kann: Einige

---

[27] Anderes kann gelten, wenn spezielle Abnehmer eine effizientere Verwertung erwarten lassen oder öffentliche Interessen (etwa Schutz von Kulturgütern) die Verwertung auf einem Sonderweg unumgänglich erscheinen lassen.

Rechtsordnungen sehen hier kaum Regelungen vor[28]. Regelungstechnisch kommt insbesondere die Statuierung eines Mindestgebots oder Mindestverkaufspreises in Betracht, mit dem Erfordernis weiterer Verwertungsversuche, wenn dieser nicht erreicht wird. Daneben besteht theoretisch die Möglichkeit der Annullierung des Verkaufs, der Anrechnung des Schätzwertes auf die Schuld, auch wenn der Verkauf darunter erfolgt, bis hin zu einer Schadensersatzpflicht des Verwerters.[29] In anderen Rechtsordnungen ist auch die Möglichkeit eines Übergebotes nach Versteigerungsschluss bekannt.[30] Trotz der nicht zu verkennenden Bezüge einiger transparenzorientierter Regelungen zum Verschleuderungsschutz – hier ist vor allem an die Bekanntmachung der Verwertung zu denken, die Sicherstellung des Zugangs zum Verwertungsverfahren für die Öffentlichkeit[31] sowie den Ausschluss bestimmter Personen von der Verfahrensteilnahme bei Gefahr von Interessenkonflikten – sollen diese „inhaltsbestimmenden" Verwertungsregelungen aus den o. g. Gründen nicht analysiert werden.

Im Hinblick auf Art und Umfang des Schutzes erscheint es grundsätzlich zweitrangig, ob die Verwertung in private oder staatliche Hände gelegt wird. Ohnehin hat der Gesetzgeber in diesem sensiblen Bereich ein enges Regelungskorsett bereitzustellen, damit unerlaubte Manipulationen vermieden und alle Ziele der Vollstreckung erreicht werden. Ist dies aber sichergestellt und kann davon ausgegangen werden, dass ein Privater in diesem Rahmen korrekt und transparent, dabei aber effizienter verwertet, spricht viel dafür, gerade in diesem Bereich zu „privatisieren".[32] In den untersuchten Rechtsordnungen ist dies bislang allerdings nur sehr eingeschränkt geschehen.

II. Vorfeld der Verwertung

1. Verwertungsaufschub

Da letztendlich Hauptziel der Vollstreckung stets die möglichst vollständige Gläubigerbefriedigung bleibt, kann es im Interesse beider Parteien liegen, eine sich kurzfristig an den Zugriff anschließende Verwertung zu vermeiden und stattdessen dem Schuldner noch eine letzte Chance zu geben, aus eigener Kraft die Schuld zu tilgen. Die Situation nach dem erfolgten Zugriff auf Objekte des

---

[28] So vor allem in der (CH). Vgl. dazu insgesamt STÜRNER, ZZP 99 (1986), S. 329 ff. Zu Japan: TAKESHITA, FS Baumgärtel, 1990, S. 553 ff.

[29] Vgl. die Darstellung bei bei BEATSON (*Report*), S. 77 m.w.Nw.

[30] Vgl. Nw. zu (I) u. (F) bei STÜRNER, ZZP 99 (1986), S. 330.

[31] Z.B. (D) Musielak-BECKER, Rn. 5 zu § 814 ZPO: Zweck in erster Linie „Ansprechen eines potenziell unbeschränkten Bieterkreises"; BAUR/STÜRNER, § 7 III 5 c „Gebot fairen rechtsstaatlichen Verfahrens".

[32] TARZIA, ZEuP 1996, S. 231, 240.

Schuldners ist dafür besonders geeignet, da sich zum einen der Gläubiger nun in einer relativ sicheren Position befindet und zum anderen dem Schuldner die Bedeutung des Zugriffs handfest verdeutlicht worden ist und ihm die Folgen erneuter Säumnis ständig vor Augen stehen. Ihm droht vor allem die jederzeitige Verwertung mit der Gefahr einer Wertverschleuderung beim Verkauf gebrauchter Sachen. Einem Schuldner zu diesem späten Zeitpunkt noch eine weitere Verzögerungsmöglichkeit zu geben, nach den vielfältigen Möglichkeiten, die er bis dahin schon hatte, den Vollstreckungszugriff zu vermeiden, ist allerdings eine außerordentliche Zumutung für den Gläubiger. Es erscheint aus Sicht eines ausgeglichenen Vollstreckungsrechts daher an dieser Stelle des Verfahrens erforderlich, wenn schon eine solche Möglichkeit vorgesehen wird, die Entscheidung über diese „letzte Chance" in die Hände des Gläubigers zu legen. Es sollte ihm überlassen bleiben, ob er lieber eine schnelle aber oft nur unzureichende Befriedigung durch Verwertung will, oder ob er die Geduld noch aufbringen kann, eine begrenzte Zeit abzuwarten, um dafür unter Umständen mit einer vollständigen Zahlung belohnt zu werden. Bei einer Befriedigung durch Ratenzahlung steigt zudem der Sicherungswert der Sachen im Verhältnis zur Restschuld.[33]

Dem aktuellen polnischen Recht[34] ist ein weiteres Verschieben der Verwertung an dieser Stelle unbekannt. Nach deutschem Recht hingegen kann der Gerichtsvollzieher die Verwertung von gepfändeten Sachen aufschieben, falls der Gläubiger die Ratenzahlung nicht ausgeschlossen hat und der Schuldner sich verpflichtet, den zur Gläubigerbefriedigung und Kostendeckung erforderlichen Betrag innerhalb eines Jahres zu zahlen[35]. Dazu kann der Gerichtsvollzieher Raten festlegen[36] und einen Verwertungstermin nach dem nächsten Zahlungstermin bestimmen oder einen schon bestimmten dorthin verschieben[37]. Der Gerichtsvollzieher geht von Amts wegen vor. Er hat die Verwertung aufzuschieben, wenn die Voraussetzungen vorliegen. Ermessen hat er nur hinsichtlich der Ratenfestsetzung und des Verwertungstermins[38]. Ein Gläubiger, der Ratenzahlung nicht schon bei Vollstreckungsauftragserteilung akzeptiert hat, ist zu unterrichten. Ihm steht ein Widerspruchsrecht zu[39]. Der Aufschub endet mit Unterrich-

---

[33] (D) BT-Drs. 13/341, S. 28; GOEBEL, RPfl 1995, S. 191.

[34] (PL) Im 19. Jhdt. gab es Aufschubregelungen nach franz. Modell, SZPOPER/ZDANOWSKI, PES 1(37)/1999, S. 42.

[35] (D) § 813a ZPO; zur Neufassung vom 1. 1. 1999 vgl. BT-Drs. 13/341, S. 26 ff.

[36] (D) Die Tilgungsfrist läuft von der Aufschubgewährung an und muss nicht ein Jahr betragen. Auch durch mehrmaliges Aufschubgewähren darf die Maximalfrist von einem Jahr nicht überschritten werden, es sei denn durch Parteivereinbarung, Musielak-BECKER; Rn. 2 zu § 813a ZPO; SCHILKEN, DGVZ 1998, S. 149.

[37] (D) § 813a Abs. 1 S. 2 ZPO.

[38] (D) SCHILKEN, DGVZ 1998, S. 150, KEIP, S. 41.

[39] (D) § 813a Abs. 2 S. 1 u. 2 ZPO; Das Gesetz unterstellt (außer bei vorherigem Ausschluss oder anfänglicher Zustimmung) bis zu einem Widerspruch die Zustimmung, vermutet diese

tung des Schuldners über den Widerspruch oder bei Verzug des Schuldners mit der Ratenzahlung. Drohen ganz unbillige Härten, soll ein weiterer Aufschub über die Generalklausel des § 765a ZPO denkbar sein.[40]

2. *Verwertungsaussetzung*

Das polnische Recht kennt auch keine zeitweilige Aussetzung der Verwertung gepfändeter Sachen unter Anordnung von Zahlungsfristen, wie sie nach deutschem Recht auf Antrag des Schuldners durch das Vollstreckungsgericht erfolgen kann.[41] Ergänzend zur neuen Möglichkeit des Verwertungsaufschubs, sollen so berechtigte Schuldnerinteressen bei unbegründetem Widerspruch des Gläubigers gewahrt werden. Entscheidende Voraussetzung ist zum einem die Angemessenheit der Aussetzung nach Persönlichkeit und wirtschaftlichen Verhältnissen des Schuldners sowie der Art der Schuld, zum anderen dürfen überwiegende Gläubigerbelange nicht entgegenstehen. Gegen eine Aussetzung sprechen danach vor allem mangelnde Schutzwürdigkeit des Schuldners (vorwerfbare Nichtleistung, keine absehbare Besserung des Schuldnerverhaltens), oder besondere Gläubigerbelange (dringende Schuld, Unterhaltsforderung).[42] Durch kurze Antragsfristen,[43] die grundsätzliche Versagung der aufschiebenden Wirkung des Antrags[44] sowie durch Bestimmung einer Höchstdauer des Aufschubs von einem Jahr ab Pfändung – auch bei mehreren Aussetzungen[45] – sollen dem Schuldnerschutz Grenzen gesetzt werden. Zudem können die Anordnungen auf Antrag des Gläubigers auch aufgehoben oder abgeändert werden, vor allem wenn Zahlungsverpflichtungen nicht erfüllt werden.[46] In Extremfällen wird eine

---

aber aus Beweislastgründen nicht (BT-*Drs* aaO. 13/341, S. 28, SCHILKEN DGVZ 1998, S. 149). Eine ausdrücklich erteilte Zustimmung kann der Gläubiger nicht mehr widerrufen (DERS. S. 150; BT-Drs. 13/341, S. 29; a. A. GOEBEL, RPfl 1995, S. 193.).

[40] (D) Schuschke-WALKER, Rn. 6 zu § 765a ZPO; a. A. LG Essen, MDR 1955, S. 50.

[41] (D) § 813b ZPO. Vor den Anordnungen grundsätzlich Anhörung des Gegners und Glaubhaftmachung der wesentlichen entscheidungserheblichen Tatsachen; das Gericht soll auf gütliche Abwicklung hinwirken (Abs. 5).

[42] (D) WERTH, S. 207; Stein/Jonas-MÜNZBERG, Rn. 4 zu § 813a ZPO. Gegen Ablehnung des Schutzantrags: Rechtspflegererinnerung (§ 11 Abs. 2 RpflG i.V.m. § 813b Abs. 1 u. 5 S. 4 ZPO). Ein Rückgriff auf § 765a ZPO kommt insoweit grundsätzlich nicht in Betracht, Schuschke-WALKER, Rn. 2 zu § 765a ZPO.

[43] (D) Frist für den Antrag grundsätzlich zwei Wochen nach Ende des Vollstreckungsaufschubs (gem. § 813a ZPO) bzw. nach Pfändung. Sonst hat das Gericht ihn ohne Sachprüfung zurückzuweisen, wenn es der Überzeugung ist, dass der Antrag in Verschleppungsabsicht oder grob nachlässig nicht früher gestellt wurde (§ 813b Abs. 2 S. 1 ZPO).

[44] (D) Das Gericht kann die Verwertung aber einstweilen einstellen (§ 813b Abs. 1 S. 2 ZPO).

[45] (D) § 813b Abs. 3 1.Alt. und Abs. 4 ZPO.

[46] (D) § 813b Abs. 3 2.Alt. ZPO.

weitere Verlängerung der Aussetzung über die Generalklausel des § 765a ZPO für möglich gehalten.[47]

3. *Sachbewertung*

Die Ermittlung des Wertes der beweglichen Sachen des Schuldners ist bereits zur Regelung eines angemessenen Zugriffsumfanges erforderlich. Das Vollstreckungsorgan muss sich einen Überblick darüber verschaffen, auf wie viele Sachen es zuzugreifen hat, um die Forderung des Gläubigers zu befriedigen und die Kosten des Vollstreckungsverfahrens zu decken. Darüber hinaus ist eine Sachbewertung für viele Zugriffsverbote erheblich. Im Rahmen der Verwertung schließlich wird der Verschleuderungsschutz in erster Linie dadurch umgesetzt, dass Mindestpreise festgelegt werden. Da diese sich sinnvoll nur am Wert der Sachen orientieren können, ist auch hier die Sachbewertung – zweckmäßigerweise durch Schätzung – für Fairness und Effizienz der Verwertung von entscheidender Bedeutung. Der Schuldner ist existenziell darauf angewiesen, dass sein Vermögen realistisch bewertet wird, damit es nicht schon infolge falscher Schätzung und zu niedriger Mindestpreise zu einem unnötigen Vermögensverlust kommt, mit dem nicht einmal eine angemessene Gläubigerbefriedigung einhergeht.[48] Regelungsbedarf besteht insofern vor allem hinsichtlich der Fragen, wer die Schätzung vornimmt (das Vollstreckungsorgan oder besonders befähigte Dritte), zu welchem Zeitpunkt dies geschieht, und welcher Weg zur Berücksichtigung etwaiger rechtlicher Bedenken bezüglich der Schätzung offen steht. Auch wenn der Gesetzgeber grundsätzlich die Schätzung durch das Vollstreckungsorgan vorsieht, sollten die Parteien eine Schätzung durch besonders befähigte Fachleute erreichen und ein für unrealistisch gehaltenes Ergebnis anfechten können. Anderenfalls bestünde kein Schutz, wenn – wie dies in der Praxis durchaus vorkommen soll – inkompetente oder mit Erwerbern kollusiv zusammenwirkende Vollstreckungsorgane zum Schaden beider Parteien zu niedrige Schätzpreise ansetzen.

In Polen gibt der Gerichtsvollzieher – wie in Deutschland – bei Eintragung der gepfändeten Sachen ins Protokoll für jede Sache gesondert[49] ihren Wert an.[50]

---

[47] (D) Zu § 765a ZPO: Musielak-LACKMANN, Rn. 13 (Schuldner wird durch unvorhersehbares Ereignis gehindert, letzte Raten zu zahlen); Schuschke-WALKER, Rn. 6.

[48] (PL) Piasecki-JANKOWSKI, Rn. 1 zu Art. 853 KPC.

[49] (PL) SN Beschluss v. 9. 12. 1986, III CZP 61/86, OSN 1987, poz. 129; WENGEREK, Anm. 2 zu § 853 KPC.

[50] (PL) Art. 853 § 1 KPC, § 61 CzynKomR; dies gilt seit der Reform allerdings nur noch „soweit eine spezielle Vorschrift nichts anderes bestimmt [...].“ Beispiel für eine abweichende Regelung etwa Art. 866[2] KPC; (D) §§ 813 Abs. 1 S. 1, 762 Abs. 2 Nr. 2 ZPO i.V.m. § 132 Nr. 8 GVGA.

Grundlage dafür ist die Schätzung des gewöhnlichen Verkaufswerts[51], die in Polen und Deutschland regelmäßig der Gerichtsvollzieher selbst vornimmt[52]. Die Schätzung durch einen Sachverständigen ist in beiden Ländern regelungstechnisch die Ausnahme. In Polen kann der Gerichtsvollzieher von sich aus die Hinzuziehung eines Sachverständigen veranlassen[53], er sollte dies tun, wenn er nicht über entsprechende eigene Sachkenntnis verfügt[54]. Eine Pflicht zur Heranziehung besteht, wenn Gläubiger oder Schuldner im Rahmen der Erinnerung Einwände (*zarzuty*) gegen seine Schätzung erheben[55], nach der KPC-Reform nun auch generell bei Sachen von historischem oder künstlerischem Wert sowie bei solchen aus Gold oder Platin.[56] In Deutschland muss ein Sachverständiger generell bei der Schätzung von Kostbarkeiten[57] sowie in bestimmten Fällen der Pfändung mit Bezug zu Landwirtschaft[58] herangezogen werden. Im Übrigen kann das Vollstreckungsgericht eine Schätzung durch Sachverständigen anordnen, wenn Schuldner oder Gläubiger es beantragen, weil sie mit der Schätzung durch den Gerichtsvollzieher oder einen von diesem hinzugezogenen Sachverständigen nicht einverstanden sind.[59] Hält sich der Gerichtsvollzieher für nicht sachkundig, ist umstritten, ob er von sich aus einen Sachverständigen einschalten kann.[60] Nimmt man das nicht an, hat er jedenfalls Schuldner und Gläubiger zu benachrichtigen, damit sie einen Antrag bei Gericht stellen können.[61]

---

[51] (PL) In Art. 853 § 1 KPC („Wert", *wartość*), präziser § 61 Abs. 1 CzynKomR „den gewöhnlichen Verkaufswert" *zwykłą wartość sprzedaży*. (D) „Gewöhnlicher Verkaufwert" (§ 813 Abs. 1 S. 1 ZPO), worunter der Durchschnittspreis zu verstehen ist, der aktuell im freien Verkauf erzielbar wäre, Musielak-BECKER Rn. 2 zu § 813 ZPO; bei Gold- und Silbersachen wird wegen § 817a Abs. 3 ZPO daneben auch der Gold- und Silberwert geschätzt, § 132 Nr. 8 GVGA.

[52] (PL) Art. 853 § 1 KPC, (D) § 813 ZPO.

[53] (PL) Art. 813, 853 § 2 S. 1 KPC; näher Piasecki-MARCINIAK zu Art. 813 KPC sowie die §§ 46 (feierliche Erklärung des nicht-gerichtlichen Sachverständigen), § 47 (Pflichtverletzungen), § 48 (Entlohnung) CzynKomR.

[54] (PL) Piasecki-JANKOWSKI, Rn. 1 zu Art. 853 KPC; DERS., *Przebieg*, S. 83.

[55] (PL) Art. 853 § 2 KPC; WENGEREK, Anm. 4 b) zu § 853 KPC: auch wenn der Gläubiger es im Antrag verlangt.

[56] (PL) Art. 866^2 KPC n. F. § 1 (historisch/künstlerisch), § 2 (Gold u. Platin).

[57] (D) § 813 Abs. 1 S. 2 ZPO; Gegenstände, deren Wert im Verhältnis zu ihrem Volumen besonders hoch ist und die nach der Verkehrsauffassung als Kostbarkeiten angesehen werden, Wieczorek/Schütze-LÜKE, Rn. 7 zu § 813 ZPO. Beurteilung durch GVZ nach pflichtgemäßem Ermessen, vgl. Musielak-BECKER, Rn. 3 zu § 813 ZPO.

[58] (D) § 813 Abs. 3, 4 ZPO; § 150 Nr. 1 u. 2; § 152 Nr. 3 GVGA; Wieczorek/Schütze-LÜKE, Rn. 11 ff. zu § 813.

[59] (D) § 813 Abs. 1 S. 3 ZPO.

[60] (D) Dagegen u.a. Musielak-BECKER Rn. 2; Zöller-STÖBER, Rn. 3; dafür Baumbach/Lauterbach-HARTMANN Rn. 5; Nw. bei Wieczorek/Schütze-LÜKE, Rn. 4, Fn. 4 u. 5. (alle zu § 813 ZPO).

[61] (D) Musielak-BECKER, Rn. 2 zu § 813 ZPO.

Der Normalfall einer Schätzung durch den Gerichtvollzieher findet in beiden Ländern während der Pfändung statt. Auch wenn ein Sachverständiger hinzugezogen werden muss, wird möglichst bei der Pfändung geschätzt, nur wenn das nicht möglich ist zu einem späteren Zeitpunkt.[62] Ist die erforderliche Hinzuziehung eines Sachverständigen bei der Pfändung nicht möglich, nimmt der Gerichtsvollzieher in Polen eine vorläufige Schätzung vor, um sich zu orientieren wie viele Sachen zu pfänden sind.[63] Was die Durchsetzung der schuldnerschützenden Regelungen betrifft, so schloss nach polnischem Recht die Möglichkeit, „Einwände" (*zarzuty*)[64] zu erheben, um die Schätzung durch einen Sachverständigen zu erreichen[65], es bis zur Reform von 2004/2005 aus, die vom Gerichtsvollzieher eigenständig durchgeführte Schätzung mit der Erinnerung anzugreifen[66]. Entsprechendes gilt in Deutschland für den Antrag auf Sachverständigenschätzung und die Erinnerung.[67] Nach der KPC-Reform entfällt diese Differenzierung in Polen und wird vereinfachend klargestellt, dass Einwände stets im Rahmen der Erinnerung zu erheben sind.[68] Die Erhebung der Erinnerung hindert nicht automatisch den Verkauf der gepfändeten Sachen: Das mit der Erinnerung befasste Gericht ist aber befugt, die Vollstreckung anzuhalten.[69] Wird einer Partei die Möglichkeit genommen, sich gegen eine fehlerhafte Schätzung zur Wehr zu setzen, kann dies in Polen einen Schadensersatzanspruch gegen Fiskus und Gerichtvollzieher auslösen.[70]

---

62 (PL) § 61 Abs. 2 CzynKomR. Nach Art. 853 § 2 KPC n. F. „zu einem späteren Termin, bis zum Tag der Versteigerung." (D) „unverzügliche Nachholung", § 813 Abs. 2 ZPO.

63 (PL) ŚWIEBODA, Anm. 3 zu Art. 853 KPC; Piasecki-JANKOWSKI, Rn. 3 zu Art. 853 KPC.

64 (PL) Zu deren Rechtsnatur, Piasecki³-JANKOWSKI, Rn. 4 f. zu Art. 853 KPC.

65 (PL) Art. 853 Abs. 2 KPC. Zum Zeitpunkt vgl. näher SN v. 7. 5. 1957, 2 CR 404/56, OSN 1958, poz. 30; ZEDLER, Bd. III, S. 26; WENGEREK, Anm. 5 zu Art. 853 KPC.

66 (PL) Nach Art. 767 KPC; Piasecki³-JANKOWSKI, Rn. 6 zu Art. 853 KPC. Die Erinnerung blieb aber in Polen weiter zulässig, wenn es darum ging, die Unterlassung der Hinzuziehung eines Sachverständigen auf die Einwände hin zu rügen und eine Wertfestsetzung anzugreifen, die aufgrund der Schätzung eines Sachverständigen oder in anderer Weise als durch selbständige Schätzung des Gerichtsvollziehers erfolgte. Piasecki-JANKOWSKI, Rn. 6 zu Art. 853 KPC; zur Rechtslage in (D) Wieczorek/Schütze-LÜKE, Rn. 15 ff. zu § 813 ZPO. (1) gegen unterlassene Herbeiziehung eines Sachverständigen § 766 ZPO; (2) gegen gerichtliche Bestellung eines Sachverständigen/Ablehnung der Bestellung: §§ 793 ZPO, 11 RpflG; (3) gegen Schätzungsergebnis str. (vgl. nachfolgende Fn.).

67 (D) Hier sperrt nach verbreiteter Ansicht die Antragsmöglichkeit nach § 813 Abs. 1 S. 3 ZPO die Erinnerung nach § 766 ZPO, vgl. Musielak-BECKER Rn. 7 zu § 813 ZPO m. w. Nw.; Zöller-STÖBER Rn. 10 zu § 813 ZPO; a. A. Wieczorek/Schütze-LÜKE, Rn. 17 zu § 813 ZPO: Antrag ist nicht speziell gegenüber Art. 766 ZPO.

68 (PL) Art. 853 § 2 S. 1 KPC n. F. Die Erinnerung gegen die Schätzung ist danach bei der Pfändung zu erheben, bzw. wenn dies nicht möglich ist, bis zum Tag der Versteigerung (S. 2). Zur Frage des richtigen Adressaten vgl. Piasecki-JANKOWSKI, Rn. 6 zu Art. 853 KPC.

69 (PL) Art. 821 § 1 KPC.

70 (PL) WENGEREK, Anm. 5 a.E. zu Art. 853 KPC.

4. Wartefristen

Um dem Schuldner noch unmittelbar vor der Verwertung eine „letzte Chance" zu geben, den Gläubiger zu befriedigen, kann eine Wartefrist zwischen Zugriff und Verwertung geregelt werden[71]. Dies hat lange Tradition: Im alten polnischen Recht wurden gepfändete Rinder bis zum Verkauf im königlichen Stall untergebracht und konnten noch innerhalb kurzer Zeit ausgelöst werden.[72] In der Praxis bewährt sich die Regelung zeitlichen Herauszögerns der Verwertung offenbar. In Deutschland wurde berichtet, dass es nur bei 0,5 bis 0,8 % der Sachpfändungen auch zu einer Verwertung durch Versteigerung kommt.[73] Zusätzlich kann die Wartefrist auch genutzt werden, um das Interesse potenzieller Bieter zu wecken[74] oder dem Schuldner Gelegenheit zur Geltendmachung von Rechtsbehelfen zu geben.[75] Ausnahmen müssen aber für die Fälle vorgesehen werden, in denen ein Abwarten zu Wertminderung oder Entstehung unnötiger Kosten führte und damit der Optimalverwertung klar zuwiderliefe.

In Polen kann der Verkauf gepfändeter Mobilien nicht früher als am siebten Tag vom Zeitpunkt der Pfändung an erfolgen.[76] Auch in Deutschland ist eine solche Wochenfrist vorgesehen[77]. Neben der Ermöglichung der Gläubigerbefriedigung dient die polnische Regelung auch dazu, die Rechtskraft der Pfändung abzuwarten: Innerhalb dieser Frist kann die Pfändung mit der Erinnerung angegriffen werden.[78] Nach der KPC-Reform gilt für Fälle des freihändigen Verkaufs durch den Gerichtsvollzieher sogar eine Wartefrist von 14 Tagen seit der Schätzung.[79] Der Verkauf kann ausnahmsweise unmittelbar nach der Pfändung erfolgen,

---

[71] (ENG) Zu allgemeinen Überlegungen auch BEATSON (*Report*), S. 70 ff.

[72] (PL) SZPOPER/ZDANOWSKI, PES 1 (37) /1999, S. 36, zu späteren Regeln des rezipierten französischen Rechts, S. 40.

[73] (D) BEHR, NJW 1992, S. 2738; zu etwas höheren Zahlen (1-5 %) vgl. Übersicht in DGVZ 1994, S. 143; zu absoluten Werten für 2003, Übersicht in DGVZ 2004, S. 143: 13 644 Versteigerungen (2001: 16 029).

[74] (D) Zöller-STÖBER, Rn. 2 zu § 816 ZPO; Musielak-BECKER, Rn. 2 zu § 816 ZPO.

[75] (ENG) Dazu Beatson (Report), S. 71 „*The period before sale must be sufficient for the debtor to have an opportunity to challenge the seizure of any item on the ground that it is exempt [...].*"

[76] (PL) Art. 864 § 1 KPC.

[77] (D) § 816 Abs. 1 ZPO.

[78] (PL) Nach Art. 767 KPC. Gegen die Entscheidung des Sąd Rejonowy, die die Erinnerung zurückweist, ist die Beschwerde nicht eröffnet, SN v. 15. 9. 1995, III CZP 110/95, OSN 12/1995, poz. 177; vgl. GAJEWSKI, Rejent 1/2002, S. 63. Die Erhebung einer Erinnerung gegen die Pfändung hält zwar nicht automatisch die Durchführung der Verwertung an, das Gericht, das über die Erinnerung entscheidet, kann jedoch das Anhalten anordnen, Art. 821 § 1 KPC, Art. 767^2 § 2 KPC n. F. Entsprechende Erwägungen in (D) für die Drittwiderspruchsklage des § 771 ZPO.

[79] (PL) Art. 864^1 S. 2 KPC n. F. Kritik daran bei Piasecki-JANKOWSKI, Rn. 1 zu diesem Art.

wenn die Mobilien leicht dem Verderb unterliegen[80] oder die Ausübung der Aufsicht über sie oder ihre Aufbewahrung übermäßige Kosten[81] verursachen würde[82]. Gleiches gilt auch bei der Pfändung lebenden Inventars, wenn der Schuldner sein Einverständnis verweigert, es unter Aufsicht (*dozór*) zu stellen[83]. Der Verkauf kann dann sowohl frei als auch durch Versteigerung erfolgen.[84] Das deutsche Recht löst dieselben Probleme durch eine etwas flexibler gefasste Regelung. Danach kann eine frühere Versteigerung erfolgen, wenn sich Schuldner und Gläubiger auf eine kürzere Frist einigen oder wenn sie erforderlich ist, um die Gefahr beträchtlicher Wertminderung abzuwenden oder um unverhältnismäßige Aufbewahrungskosten zu vermeiden[85]. Den häufigsten Fall in der Praxis stellt es auch hier dar, dass ein Verderb der Sachen zu befürchten ist[86]. Später als einen Monat nach Pfändung sollte nicht versteigert werden.[87] In Polen wie in Deutschland kann ein Verstoß gegen die Wartefrist lediglich mit der Erinnerung gerügt werden[88] und führt nicht zur Unwirksamkeit der Verwertung.[89] Der *Zuschlag* kann nach polnischem Recht wegen der Verletzung der Wartefrist aber nicht angegriffen werden (s. u. III e).[90] Bei Schädigung eines Beteiligten kommen in beiden Ländern Amtshaftungsansprüche in Betracht.[91]

III. Im Verwertungsverfahren

1. Bei Versteigerung

Nach polnischem Recht verkauft der Gerichtsvollzieher die zu verwertenden Mobilien immer dann im Wege der öffentlichen Versteigerung, wenn sie, wie

---

[80] (PL) Zur Terminologie (Redaktionsversehen), ZEDLER, Palestra 12/1987, S. 6.

[81] (PL) Entscheidend ist nicht nur das Verhältnis der Aufbewahrungskosten zum Wert der Sache, sondern auch das zum aus der Verwertung erzielbaren Betrag, Piasecki-JANKOWSKI, Rn. 6 zu Art. 864 KPC.

[82] (PL) Art. 864 § 2 Pkt. 1 KPC.

[83] (PL) Art. 864 § 2 Pkt. 2 KPC.

[84] (PL) Art. 867 § 3 S. 2 KPC; JANKOWSKI , *Przebieg*, 87.

[85] (D) § 816 Abs. 1, 2. Hs. ZPO.

[86] (D) Zu Einzelheiten, sehr anschaulich FLEISCHMANN/RUPP, RPfl 1987, S. 8 ff.

[87] (D) § 142 Nr. 3 a.E. GVGA.

[88] (PL) ŚWIEBODA, Anm. 2 zu Art. 864 KPC. Erinnerung dann gegenstandslos, wenn ihre Erhebung schon keine rechtliche Abhilfe mehr gewähren kann, CIEŚLAK, PS 11-12/2003, S. 124, S. 11; JANKOWSKI , *Przebieg*, S. 87.

[89] (PL) Piasecki-JANKOWSKI, Rn. 4 zu § 864 KPC; (D) Musielak-BECKER, Rn. 6 zu § 816 ZPO.

[90] (PL) Art. 870 § 1 KPC; da der nicht öffentliche Charakter der Versteigerung betroffen ist, JANKOWSKI, *Przebieg*, S. 87.

[91] (PL) ŚWIEBODA, Anm. 2 zu Art. 864 KPC; (D) Musielak-BECKER, Rn. 6 zu § 816 ZPO.

sehr häufig, nicht im Wege des freihändigen Verkaufs[92] oder in einem für sie vorgesehenen Sonderverfahren[93] verwertet wurden[94] oder wenn der Gläubiger keinen Antrag auf Kommissionsverkauf gestellt hat[95]. Die Verwertung im Wege der Versteigerung ist daher zurzeit noch die häufigste Verwertungsform in der polnischen Praxis.[96] In Deutschland geht der Gesetzgeber von der öffentlichen Versteigerung durch den Gerichtsvollzieher[97] aus, wenn nicht ausnahmsweise freihändiger Verkauf vorgesehen ist oder Schuldner oder Gläubiger eine andere Verwertung beantragen[98]. In der Praxis kommt es aber – wie erwähnt – nur noch selten zur Versteigerung.

a) Örtliche Beschränkungen

Zunächst können besondere örtliche Beschränkungen geregelt werden. Hinsichtlich des Versteigerungsortes hat der Gesetzgeber einerseits zu bedenken, dass jeder Transport das Risiko einer Beschädigung birgt[99] und auch im Schuldnerinteresse sinnlose Transport- und Lagerkosten vermieden werden sollten. Andererseits ist die schuldnerische Wohnung als wichtigster Ort der Privatsphäre besonders zu schützen und sind daher Verwertungsmaßnahmen in der Wohnung des Schuldners gegen dessen Willen kaum denkbar: Der Eingriff in die Grundrechte des Schuldners erscheint noch schwerwiegender als beim Zugriff, wo er in den meisten Fällen *conditio sine qua non* einer erfolgreichen Vollstreckung ist. Im Gegensatz dazu ist die Verwertung an einem anderen Ort regelmäßig unproblematisch und bedroht nicht den Vollstreckungserfolg.

Nach polnischem Recht sollen die Sachen möglichst nicht an dem Ort versteigert werden, an dem sie sich befinden (i. d. R. beim Schuldner), es sei denn dass der Gläubiger dem widerspricht[100]. Das deutsche Recht sieht zwar vor, dass die Versteigerung in der Gemeinde zu erfolgen hat, in der die Pfändung stattfand oder jedenfalls an einem anderen Ort im Vollstreckungsgerichtsbezirk[101], dies

---

92 (PL) Art. 864^1 ff. KPC.

93 (PL) Art. 865 KPC, Verkauf außerhalb einer Versteigerung, *sprzedaż pozalicytacyjna.*

94 (PL) Art. 867 § 1 KPC; mangels Antrags der Parteien oder Interesses bei den entsprechenden Händlern.

95 (PL) Art. 867 § 4 KPC; früher mussten geeignete Sachen zunächst zum Kommissionsverkauf übergeben werden und konnte der GVZ erst nach drei Monaten zur öffentlichen Versteigerung übergehen, Art. 867 § 1 KPC a.F.

96 (PL) KARNICKA-KAWCZYŃSKA/KAWCZYŃSKI, S. 84.

97 (D) Der GVZ ist nicht Beauftragter des Gläubigers, sondern handelt öffentlich, vgl. RGZ 156, S. 395, 398; BGHZ 55, S. 20, 25; Wieczorek/Schütze-LÜKE, Rn. 4, 8 zu § 814 ZPO.

98 (D) Nach § 825 ZPO.

99 (PL) KARNICKA-KAWCZYŃSKA/KAWCZYŃSKI, S. 84.

100 (PL) § 80 CzynKomR.

101 (D) § 816 Abs. 2 ZPO.

meint jedoch ebenfalls *nicht* den Ort der Aufbewahrung.[102] Schon wegen des verfassungsrechtlichen Schutzes der Wohnung nach Art. 13 GG kann eine *Versteigerung* in Wohn- oder Geschäftsräumen des Schuldners[103] ausschließlich mit seiner Zustimmung erfolgen. Diese kann auch – anders als beim Zugriff – nicht durch eine gerichtliche Anordnung ersetzt werden.[104] Außerhalb des Gerichtsbezirks kann nur versteigert werden, wenn sich die Parteien darauf einigen oder das Gericht dies anordnet[105]. Zur Zeit der Versteigerung gelten die allgemeinen Ausführungen über zeitliche Beschränkungen der Vollstreckung (Kap. 1 C IV).

b) Mindestgebot

Klassisches Element eines Schutzes des Schuldners vor einer Verschleuderung seiner gepfändeten Habe, der aus dem Eigentumsrecht und dem Verhältnismäßigkeitsgebot abgeleitet werden kann (s. o. B), ist die Regelung eines Mindestpreises für den Erwerb der zu verwertenden Sachen, d. h. im Rahmen einer Versteigerung eines Mindest*gebots*.[106] Die sinnvolle Festlegung eines Preises, unterhalb dessen ein Zuschlag nicht erfolgen darf, setzt logisch die Orientierung am Wert der Sache voraus. Ein solcher Wert muss daher zuvor bestimmt werden, zweckmäßigerweise im Wege der Schätzung (s. o. unter C II 3). Im Zusammenhang mit dem Mindestgebot ist weiterhin von Bedeutung, in welcher Weise die Versteigerung überhaupt abläuft, d. h. wie lange versucht wird, das Mindestgebot zu erreichen und was in den Fällen passiert, in denen das Mindestgebot nicht erreicht wird. Das Gläubigerinteresse an einem effizienten Verfahren wird hier einer zu häufigen Wiederholung entgegenstehen. Naheliegend ist es, das Mindestgebot schrittweise zu reduzieren oder schließlich etwa dem Gläubiger eine Übernahme zu gestatten. Auch eine „effiziente" Verwertung muss aus Schuldnersicht aber da ihre Grenze finden, wo die Verwertung anderenfalls wegen des faktischen Verschenkens der Mobilien zur Farce wird und Strafcharakter annimmt.

Die Regelung des Mindestgebots ist nur als Teil des Bietverfahrens verständlich. Dieses läuft in beiden Ländern mündlich und grundsätzlich für jede Sache gesondert ab.[107] Dabei sind Wünsche des Schuldners nach einer bestimmten Ver-

---

[102] (D) Zöller-Stöber, Rn. 3 zu § 816 ZPO; OLG Hamm NJW 1985, S. 75.

[103] (D) In denen die Pfandgegenstände oft belassen werden (§ 808 Abs. 2 ZPO).

[104] (D) OLG Hamm NJW 1985, 75; Musielak-Becker, Rn. 2 zu § 816 ZPO; Fleischmann/Rupp, RPfl 1987, S. 10; anders: Zöller-Stöber, Rn. 3 zu § 816 ZPO (mit gerichtlicher AnO nach § 825 KPC möglich).

[105] (D) Nach § 825 ZPO.

[106] (PL) Einführung 1811. Zum Hintergrund Szpoper/Zdanowski, PES 1(37)/1999, S. 41.

[107] (PL) §§ 96, 97 Abs. 1 CzynKomR; (D) Musielak-Becker, Rn. 2 zu § 817 ZPO.

steigerungsreihenfolge zu berücksichtigen.[108] Der Gerichtsvollzieher beginnt in beiden Ländern, wenn mindestens ein Bieter erscheint, nach Bekanntgabe der Versteigerungsbedingungen[109] mit dem Aufruf des Mindestgebots,[110] worauf die Teilnehmer der Reihe nach bieten. Er erteilt demjenigen den Zuschlag, der den höchsten Preis bietet[111], wenn nach dreimaliger Aufforderung zu weiteren Geboten niemand mehr bietet[112]. Im Augenblick des Zuschlags kommt es zum Verkauf der Sache zugunsten des Erwerbers.[113]

In Polen beträgt das Mindestgebot (*cena wywołania*, d. h. „Preis des Aufrufs") im ersten Termin der öffentlichen Versteigerung ¾ des Schätzwertes[114]. Wenn die Versteigerung im ersten Termin nicht zum Erfolg führt, können die Sachen in einem zweiten Termin verkauft werden, wobei das Mindestgebot dann nur noch die Hälfte des Schätzwertes beträgt[115]. Der Versteigerungsverkauf kann nicht unter dem Mindestgebot erfolgen[116]. Die Versteigerung führt nicht zum Erfolg, wenn nach dem Aufruf niemand wenigstens das Mindestgebot bietet[117] oder der einzige Bieter vom Bietverfahren ausgeschlossen ist[118]. Die deutsche Regelung ist etwas weniger schuldnerfreundlich ausgestaltet, da die Erteilung des Zuschlags von vorneherein davon abhängig ist, dass ein Gebot nur *mindestens die Hälfte* des gewöhnlichen Verkaufwertes des Sache erreicht, der im Wege des Schätzung festgestellt wurde[119]. Gold- oder Silbersachen dürfen allerdings zusätzlich nicht unter dem Metallwert zugeschlagen werden.[120] Mindestgebot und gewöhnlicher Verkaufswert sind beim Ausbieten bekannt zu geben[121]

---

[108] (PL) § 97 Abs. 2 CzynKomR; (D) (Zu § 817 ZPO) Zöller-STÖBER, Rn. 3: GVZ hat Schuldnerwünsche „tunlichst zu berücksichtigen"; ähnl. Musielak-BECKER, Rn. 2.

[109] (PL) § 92 CzynKomR; (D) § 145 Nr. 1 GVGA.

[110] (PL) §§ 94 (Mindestgebot), 95 CzynKomR (Mindestanwesenheit); in (D) sind zudem der gewöhnliche Verkaufspreis § 817 a Abs. 1 S. 2 ZPO und ggf. der Edelmetallwert zu nennen.

[111] Zur Rechtsnatur des Zuschlags in (PL) Piasecki-JANKOWSKI, Rn. 2 zu Art. 869 KPC; in (D) Musielak-BECKER, Rn. 3 a.E. zu § 817 ZPO.

[112] (PL) Art. 869 § 1 KPC, § 98 CzynKomR; (D) § 817 Abs. 1 ZPO.

[113] (PL) Art. 869 § 2 KPC; zu den besonderen Rechtswirkungen Piasecki-JANKOWSKI, Rn. 1 zu Art. 869 KPC, zum Eigentumsübergang Rn. 1 f. zu Art. 874 KPC; (D) § 156 BGB i.V.m § 817 Abs. 1 ZPO; zu Rechtswirkungen Musielak-BECKER, Rn. 3 zu § 817 ZPO; Zöller-STÖBER, Rn. 7 f. zu § 817 ZPO; Die Erteilung des Zuschlags wird im Protokoll mit Namen und Wohnsitz des Erwerbers verzeichnet. (PL) § 100 CzynKomR; (D) § 146 Nr. 1 e GVGA.

[114] (PL) Art. 867 § 2 S. 1 KPC.

[115] (PL) Art. 867 § 2 S. 2, 3 KPC.

[116] (PL) Art. 867 § 2 S. 4 KPC, § 94 S. 2 CzynKomR.

[117] (PL) § 101 CzynKomR.

[118] (PL) § 90 CzynKomR.

[119] (D) § 817a ZPO.

[120] (D) § 817 a Abs. 3 ZPO. Ob dies entsprechend auch für andere Edelmetalle (Platin) gilt ist str. Für Analogie Musielak-BECKER, Rn. 5 zu § 816 ZPO; dagegen z. B. Wieczorek/Schütze-LÜKE, Rn. 8 zu § 817a ZPO.

[121] (D) § 817 Abs. 1 S. 2 ZPO.

und von Amts wegen zu beachten. Kommt es mangels Erreichens des Mindestgebots nicht zu einem Zuschlag, ist auch in Deutschland auf Gläubigerantrag eine neue Versteigerung möglich. Das ohnehin niedrigere Mindestgebot wird aber anders als in Polen nicht weiter herabgesetzt.[122]

Während in Polen entsprechende Fallkonstellationen nicht diskutiert werden, geht man in Deutschland davon aus, dass ein Zuschlag unter dem Mindestgebot dann erteilt werden kann, wenn anderenfalls ein erheblicher Wertverlust droht oder übermäßige Lagerungskosten entstehen würden.[123] Überwiegend wird zudem in Übereinstimmung mit der GVGA[124] angenommen, dass das Mindestgebot dann nicht eingehalten werden muss, wenn sich im Termin Schuldner und Gläubiger darauf einigen.[125] Bei Zuschlag unter dem Mindestgebot ist der Eigentumserwerb in Polen wie in Deutschland trotzdem wirksam, der Schuldner ist auf die Erinnerung und gegebenenfalls Amtshaftungsansprüche angewiesen.[126] In atypischen Sonderfällen wird in Deutschland z. T. auch die Versagung des Zuschlags trotz Erreichens des Mindestgebots über die Generalklausel des § 765a ZPO für möglich gehalten.[127]

c) Beendigung bei Zweckerreichung

Da die Verwertung – wie die gesamte Vollstreckung – kein Selbstzweck ist, und auch nicht in eine Schuldnerbestrafung ausarten darf, sollte die Versteigerung bei Zweckerreichung enden. Damit wird der Schuldner vor einem durch den Verfahrenszweck nicht zu rechtfertigenden Verlust von Mobilien bewahrt, die zur Gläubigerbefriedigung und Kostendeckung nicht mehr benötigt werden. Das polnische Recht sieht demgemäss vor, dass der Gerichtsvollzieher, wenn die aus dem Verkauf eines Teils der gepfändeten Mobilien erzielte Summe bereits ausreicht, um Gläubigerforderung und Vollstreckungskosten zu befriedigen, die Vollstreckung abbricht und die verbleibenden Sachen „von der Pfändung befreit“[128]. Auch in Deutschland wird in einem solchen Fall die Versteigerung ein-

---

[122] (D) § 817a Abs. 2 ZPO.

[123] (D) Entsprechend § 816 Abs. 1 ZPO; zu § 817a ZPO Musielak-BECKER, Rn. 2 a.E.

[124] (D) § 145 Nr. 2c GVGA.

[125] (D) Musielak-BECKER, Rn. 2 zu § 817 ZPO; Zöller-STÖBER, Rn. 2 zu § 817a ZPO; Wieczorek/Schütze-LÜKE, Rn. 2 zu § 817a ZPO m.w.Nw.; diff. OLG München, NJW 1959, S. 1832 (*jedenfalls* kein Vorausverzicht).

[126] (PL) Arg. aus Art. 870 § 1 S. 1 KPC; (D) So h.M. (str.). Zu § 817a ZPO: THOMAS/PUTZO Rn. 3 zu § 817a ZPO; Zöller-STÖBER Rn. 6; Musielak-BECKER, Rn. 2; a. A. für Unwirksamkeit bei *bekanntgegebenem* Mindestgebot Stein/Jonas-MÜNZBERG Rn. 7 (u. 23 zu § 817 ZPO m.w.Nw.).

[127] (D) Schuschke-WALKER, Rn. 6 zu § 765a ZPO; BEHR, KritJ 1980, S. 156.

[128] (PL) *„zwolni [...] spod zajęcia"*, Art. 102 CzynKomR.

gestellt.[129] Die Pfändung nicht versteigerter Sachen wird aufgehoben[130] und sie werden dem Schuldner zurückgegeben[131].

d) Erfolgloser Verwertungsversuch

Der Schuldnerschutz ist nach polnischem Recht allerdings nicht so weitgehend ausgestaltet, dass bei Erfolglosigkeit der ersten Versteigerung[132], etwa weil das Mindestgebot nicht erreicht wurde, der Versuch einer Verwertung automatisch abgebrochen würde. Der Gläubiger kann vielmehr innerhalb von zwei Wochen, nachdem er vom Gerichtsvollzieher von der Erfolglosigkeit benachrichtigt wurde[133], die Festsetzung einer neuen Versteigerung verlangen oder die zum Verkauf vorgesehenen Mobilien oder einige davon zu einem Preis, der nicht niedriger ist als das Mindestgebot, ins Eigentum übernehmen.[134] Falls allerdings zum vorgesehenen Termin kein Antrag auf Bestimmung einer zweiten Versteigerung oder eine Erklärung über die Übernahme der Mobilien zu Eigentum erfolgt, stellt der Gerichtsvollzieher von Amts wegen das Verfahren hinsichtlich der nicht verkauften Sachen ein[135]. Umfassen der Versteigerungsantrag oder die Übernahmeerklärung nur einen Teil der nicht verkauften Sachen, muss nach Ablauf von zwei Wochen das Verfahren hinsichtlich der restlichen Sachen eingestellt werden.[136] Die Sachen müssen dann zurückgegeben, d. h. nach Aufforderung des Gerichtsvollziehers an den Schuldner innerhalb von zwei Wochen abgeholt werden. Anderenfalls gehen sie auf Gerichtsbeschluss in Staatseigentum über.[137] Führt auch die zweite Versteigerung nicht zum Erfolg, hat der Gläubiger wiederum zwei Wochen nach der Benachrichtigung durch den Gerichtsvollzieher das Recht, die Mobilien zu einem Preis zu übernehmen, der

---

[129] (D) § 818 ZPO.

[130] (D) Entstrickung schon durch Beseitigung des Pfandsiegels, Wieczorek/Schütze-LÜKE, Rn. 4 zu § 818 ZPO.

[131] (D) Musielak-BECKER, Rn. 2 zu § 818 ZPO. Bei Verletzung bleibt fortgesetzte Versteigerung wirksam. Rechtsbehelf für Schuldner, Gläubiger u. Dritte nur § 766 ZPO und ggf. Amtshaftung.

[132] (PL) Keine „Erfolglosigkeit" in den Fällen von Art. 870 § 3 (Verzicht auf Erwerb) und 872 KPC (Erwerber kann Erwerbspreis nicht aufbringen), Piasecki-JANKOWSKI, Rn. 1 zu Art. 875 KPC.

[133] PL) Näher: ZEDLER, Bd. III, S. 67, Piasecki-JANKOWSKI, Rn. 2 zu Art. 875 KPC.

[134] (PL) *Przejąć na własność*, Art. 875 § 1 KPC; mehrere Gläubiger § 2; näher zum Eigentumsübergang etc. Piasecki-JANKOWSKI, Rn. 5 f. zu Art. 875 KPC und Urteil SA Warschau v. 30.8.1995, I ACr 570/95, OSA 2/1997, poz. 12.

[135] (PL) Art. 875 § 4 KPC. Eine Anhörung ist wegen des Gläubigerverhaltens entbehrlich.

[136] (PL) Piasecki-JANKOWSKI, Rn. 7 zu Art. 875 KPC.

[137] (PL) § 105 CzynKomR Satz 2 verweist auf Art. 1 des Dekrets v. 18. September 1954 über die Liquidation nicht übernommener Depots und nicht abgeholter Sachen, Dz.U. Nr 41 poz. 184 m. Änd.

nicht unter dem ermäßigten Mindestgebot des zweiten Termins[138] liegen darf[139]. Diese Übernahme ist die letzte Möglichkeit der Gläubigerbefriedigung im Rahmen des laufenden Vollstreckungsverfahrens. Macht der Gläubiger davon keinen Gebrauch, stellt der Gerichtsvollzieher das Verfahren hinsichtlich der nicht verkauften oder ins Eigentum übernommenen Sachen ein[140].

In Deutschland hat der Gläubiger im Ganzen eine etwas stärkere Stellung, es kommt nicht so rasch zum Ende der Verwertung. Auch nach deutschem Recht ist die Vollstreckung nicht beendet und der Gläubiger behält sein Pfandrecht, wenn wegen Nichterreichens des Mindestgebots der Zuschlag nicht erteilt wird[141]. Auch hier ist der Fortgang des Verfahrens von einem Gläubigerantrag abhängig, im Gegensatz zum polnischen Recht sind die Möglichkeiten weiteren Vorgehens aber nicht so eindeutig festgelegt. Der Gläubiger kann *jederzeit* Anberaumung eines neuen Versteigerungstermins oder eine anderweitige Verwertung beantragen[142]. Es sind also durchaus mehrere weitere Verwertungsversuche denkbar, sowohl durch Versteigerung als auch auf andere Weise. Stets ist aber auch hier das Mindestgebot zu beachten.[143] Bei Erfolglosigkeit weiterer Verwertungsversuche kann der Gerichtsvollzieher nach Anhörung des Gläubigers, aber nur wenn dieser nicht widerspricht[144], die Pfändung aufheben[145], sonst bleibt sie bestehen. Letztlich kann nur das Vollstreckungsgericht auf Schuldnerantrag über den Fortbestand der Pfändung entscheiden.[146] Vereinzelt wird – sehr gläubigerfreundlich – vertreten, es müsse nach mehrfachen vergeblichen Verwertungsversuchen eine Neuschätzung vorgenommen werden.[147]

e) Absicherung der Schutzvorschriften

Für die Effektivität der Schutzvorschriften zugunsten des Schuldners ist ihre Wirkung und Durchsetzbarkeit von entscheidender Bedeutung. Grundsätzlich gilt auch bei der Versteigerung – wie allgemein im polnischen und deutschen Vollstreckungsverfahren –, dass Verstöße nur nachträglich über die Erinnerung geltend gemacht werden können. Im Interesse der Rechtssicherheit ist dieser

---

[138] (PL) S. o. Hälfte des Schätzwerts (Art. 867 § 2 S. 3 KPC). Für die Übernahme gilt Art. 875 § 2 KPC entsprechend.

[139] (PL) Art. 877 KPC.

[140] (PL) Art. 877 S. 2 KPC.

[141] (D) § 817 a Abs. 2 S. 1 ZPO.

[142] (D) § 817a Abs. 2 S. 2 ZPO; anderweitige Verwertung nach § 825 ZPO.

[143] (D) § 817a Abs. 2 S. 3 ZPO.

[144] (D) Schuschke/WALKER, Rn. 5 zu § 817a ZPO, der meint, aus dem Schweigen könne man auf die Freigabe der Sache schließen; ebs. Wieczorek/Schütze-LÜKE, Rn. 7 zu § 817a ZPO.

[145] (D) § 145 Nr. 2 c Abs. 1 GVGA; § 803 Abs. 2 ZPO entsprechend.

[146] (D) Zu § 817a ZPO: Stein/Jonas-MÜNZBERG, Rn. 10; Musielak-BECKER, Rn. 4.

[147] (D) STÜRNER, ZZP 99 (1986), S. 331.

Rechtsbehelf in Polen im Bezug auf den Zuschlag bei der Versteigerung zudem nur eingeschränkt möglich, wobei aber alle wesentlichen schuldnerschützenden Elemente über die Erinnerung gerügt werden können. In Deutschland kann uneingeschränkt Erinnerung eingelegt werden, der Eigentumsübergang an den Sachen bleibt allerdings grundsätzlich unangetastet.

In Polen können nur Schuldner und Gläubiger und nicht andere Teilnehmer des Bietverfahrens[148] die Erteilung des Zuschlags mit einer besonderen Erinnerung angreifen und dies auch nur im Falle der Verletzung der Vorschriften über den öffentlichen Charakter der Versteigerung, über das Mindestgebot und über die Ausschließung von der Teilnahme am Bietverfahren.[149] Hinsichtlich des Zuschlags für leicht verderbliche Sachen ist allerdings überhaupt keine Erinnerung möglich[150]. Eine Verletzung der Vorschriften über das Mindestgebot liegt etwa dann vor, wenn der Gerichtsvollzieher das Bietverfahren mit einem anderen, d. h. niedrigeren oder höheren Gebot eröffnet, als jeweils gesetzlich vorgesehen.[151] Die Erinnerung muss zum Versteigerungsprotokoll erklärt werden[152], ist also nur bis zur Schließung des Protokolls möglich, sonst wird der Zuschlag rechtskräftig.[153] Über die Erinnerung ist grundsätzlich innerhalb von zwei Wochen von ihrer Einreichung an zu entscheiden, da sich nach polnischem Recht ansonsten der Erwerber vom Geschäft zurückziehen kann.[154] Wird die Erinnerung abgewiesen, gibt der Gerichtsvollzieher die Sachen an den Erwerber heraus. Wird ihr stattgegeben und damit der Zuschlag versagt oder verzichtet der Erwerber auf den Erwerb, wird die Versteigerung als erfolglos angesehen[155] und setzt der Gerichtsvollzieher von Amts wegen einen neuen Versteigerungstermin

---

[148] (PL) Piasecki-JANKOWSKI, Rn. 1 zu Art. 870 KPC; ggf. Staatsanwalt und gesellschaftliche Organisationen (Art. 7 u. 8 KPC), ŚWIEBODA, Anm. 1 zu Art. 870 KPC.

[149] (PL) Art. 870 § 1 S. 1 KPC. Näher Piasecki-JANKOWSKI, Rn. 3-5 zu Art. 870 KPC.

[150] (PL) Art. 870 § 1 S. 3 KPC.

[151] (PL) WENGEREK, Anm. 3 c 2 zu Art. 870; Piasecki-JANKOWSKI, Rn. 4 zu Art. 870 KPC.

[152] (PL) Art. 870 § 1 S. 2 KPC; mündlich oder als schriftlicher Annex zum Protokoll i. S.v. Art. 161 KPC.

[153] (PL) JANKOWSKI , *Przebieg*, S. 91; KARNICKA-KAWCZYŃSKA/KAWCZYŃSKI, S. 30.

[154] (PL) Der Erwerber kann im Verlauf einer weiteren Woche auf die Sache verzichten und die gezahlte Summe zurückerhalten (Art. 870 § 3 KPC). Bei Einlegung einer Beschwerde, für deren Entscheidung das Gesetz keine zusätzliche Frist vorsieht, dürfte die Zweiwochenfrist nicht einzuhalten sein, ŚWIEBODA, Anm. 4 zu Art. 870 KPC.

[155] (PL) Verweis auf den dann bestehenden Rechtszustand. Beschluss von GVZ oder Gericht nicht erforderlich, JANKOWSKI , *Przebieg*, S. 93; ŚWIEBODA, Anm. 5 zu Art. 870 KPC; a. A. WENGEREK Anm. 8 zu Art. 870 KPC.

fest.[156] Gegen die Gerichtsentscheidung über diese besondere Erinnerung ist Beschwerde (*zażalenie*) möglich.[157]

In Deutschland können Schuldner und Gläubiger gegen Verfahren, Zuschlag und Eigentumsübertragung mit der normalen Erinnerung vorgehen[158], bei schweren Verstößen, etwa gegen das Öffentlichkeitsgebot, wird die Versteigerung sogar für unwirksam gehalten[159]. Darüber hinaus sind Amtshaftungsansprüche denkbar.[160] Der Rechtssicherheit wird insofern Rechnung getragen, als die Ablieferung der zugeschlagenen Mobilien zum endgültigen Eigentumserwerb des Erstehers führt, der mit verfahrensbezogenen Rechtbehelfen nicht rückgängig gemacht werden kann.[161] Nach Ablieferung besteht kein Rechtsschutzbedürfnis mehr für Erinnerung oder sofortige Beschwerde, mit denen der Verlust der Sachen selbst verhindert werden soll. Diese Rechtbehelfe sind nur noch zulässig, soweit sie die Erlösverteilung beeinflussen können.[162]

2. *Bei anderen Verwertungsarten*

Nach der Neufassung durch die KPC-Reform werden die anderen Verwertungsarten zumindest theoretisch zum Ausgangspunkt der Regelung – offenbar in Erwartung höherer Verwertungserlöse bei gleichzeitiger Einsparung von Verfahrenskosten[163]. Da diese aber regelmäßig nicht die rechtsstaatlichen Verfahrensgarantien der klassischen Versteigerung besitzen, müssen z. T. andere Lösungen gefunden werden, um die Schuldnerinteressen hinreichend zu berücksichtigen. Die polnische Reform behält klassische Instrumente wie Wartefristen und Mindestpreise[164] bei, erweitert aber gleichzeitig die Beteiligungsmöglichkeiten für den Schuldner.

---

[156] (PL) Art. 870 § 4 KPC; näher KARNICKA-KAWCZYŃSKA/KAWCZYŃSKI, S. 86; JANKOWSKI, *Przebieg*, S. 92.

[157] (PL) Art. 870 § 2 KPC; nicht aber gegen die Zurückweisung einer Erinnerung als verspätet oder gegen nach 767 § 3 KPC zu beurteilende Erinnerung wg. Nichterteilung des Zuschlags, Piasecki-JANKOWSKI, Rn. 7 zu Art. 870 KPC.

[158] (D) Nach § 766 ZPO. Drittbeteiligte können nur gegen Verfahrensverstöße vorgehen.

[159] (D) Musielak-BECKER, Rn. 5 zu § 814 ZPO.

[160] (D) BAUR/STÜRNER, § 29 III a); Musielak-BECKER, Rn. 4 zu § 817 ZPO.

[161] (D) Schuschke-WALKER, Rn. 12 zu § 817, 8 zu § 816 ZPO.

[162] (D) Schuschke-WALKER, Rn. 12 zu § 817 ZPO; Wieczorek/Schütze-LÜKE, Rn. 12 zu § 817a ZPO m.w.Nw. Danach sind die Beteiligten auf Amtshaftungs- oder Bereicherungsansprüche beschränkt.

[163] (PL) Begründung KPC-RegE, S. 23. Überblick: MUCHA, R.Pr. 3/2005, S. 20.

[164] (PL) Begründung KPC-RegE S. 23 „damit der Verkauf nicht nachteilig für den Schuldner ist.“

So kann freihändiger Verkauf nicht früher als 14 Tage nach der Schätzung erfolgen[165] und nur dann, wenn der Schuldner zustimmt und *selbst* einen Mindestpreis festlegt.[166] In einem solchen Fall kann ein Verkauf allerdings nur erfolgen, wenn (auch) die Gläubiger zustimmen.[167] Diese Einbeziehung des Schuldnerwillens gilt auch für den Verkauf von Sachen von historischem oder künstlerischem Wert[168].

In anderen Fällen einer Verwertung außerhalb der Versteigerung wird der Schuldner dadurch vor Verschleuderung geschützt, dass sich die Verkaufspreise am Markt- oder Schätzwert der Sachen orientieren. So hat der Gerichtsvollzieher beispielsweise bei Neuwaren den Großhandelspreis zugrunde zu legen bzw. einen Verkaufspreis, der um 25 % unter dem Schätzwert liegt.[169] Dies gilt auch bei der Verwertung von Sachen, deren Verkauf einer Erlaubnis bedarf[170] sowie bei solchen aus Gold oder Platin.[171] Bei gepfändeten Devisen ist ein Preis nicht unter dem Vortagskurs der Polnischen Nationalbank zugrunde zu legen [172].

Soweit keine Neuwaren betroffen sind oder wenn das für diese vorgesehene Verfahren[173] nicht zum Verkaufserfolg geführt hat, kann der Gläubiger auch einen für den Gerichtsvollzieher bindenden Antrag[174] auf Kommissionsverkauf stellen.[175] Dies ist zumindest theoretisch für Schuldner und Gläubiger die günstigste Alternative, da der Verkaufspreis für gepfändete Mobilien beim Kommissionsverkauf in Höhe des *vollen* Schätzwertes festgelegt wird[176]. Damit sich dies nicht als Hemmnis für eine effiziente Verwertung auswirkt, kann der Kommissionär den Verkaufspreis um 25% senken, wenn die Sachen nicht im Verlaufe eines Monats zu diesem Preis verkauft wurden[177]. Ein Übergang ins

[165] (PL) Art. 864^1 S. 2 KPC n. F.

[166] (PL) Art. 864^1 S. 1 KPC n. F.

[167] (PL) Art. 864^1 S. 3 KPC n. F. Zur Kritik an der Neuregelung: Piasecki-JANKOWSKI, Rn. 1.

[168] (PL) Art. 866^2 § 1 KPC n. F. Verkauf durch GVZ über den Kunst- oder Antiquitätenhandel oder an ein staatl. Museum, eine Bibliothek, ein Archiv oder ein Forschungszentrum.

[169] (PL) Art. 865 § 1 KPC; vgl. auch § 69 CzynKomR (teilweise obsolet).

[170] (PL) Der GVZ verkauft die Sachen an oder über ein Unternehmen, das eine solche Erlaubnis besitzt, Art. 866^1 KPC n. F. Art. 865 KPC soll entsprechende Anwendung finden.

[171] (PL) Art. 866^2 § 2 KPC n. F. Entsprechende Anwendung von Art. 865 KPC.

[172] (PL) Art. 866^2 § 3 KPC n. F. Verkauf an Bank oder Devisenhandelsunternehmen.

[173] (PL) Art. 865 § 1 KPC.

[174] (PL) Piasecki-JANKOWSKI, Rn. 2 zu Art. 867 KPC. Zum Zeitpunkt, ŚWIEBODA, Anm. 3 zu Art. 867 KPC.

[175] (PL) Art. 867 § 4 KPC. Einzelheiten zum Verfahren ŚWIEBODA, Anm. 5 zu Art. 867 KPC.

[176] (PL) Art. 867 § 5 S. 1 KPC. Vom erzielten Preis wird aber die Provision abgezogen (S. 3).

[177] (PL) Art. 867 § 5 S. 2 KPC.

Versteigerungsverfahren sollte als wesentliche Veränderung von einem weiteren Antrag des Gläubigers abhängen.[178]

Auch in Deutschland bleibt der Schuldner geschützt, wenn aus Effizienzgründen[179] eine Verwertung außerhalb einer Versteigerung vorgenommen wird. So sind etwa Wertpapiere, die einen Börsen- oder Marktpreis haben, und deren Erlös daher sicher festgelegt ist, grundsätzlich durch den Gerichtsvollzieher „freihändig" zum Tageskurs zu verkaufen[180]. Auch bei zu verwertenden Gold- oder Silbersachen bleibt die doppelte Mindestpreisgrenze erhalten[181]. Wollen Gläubiger oder Schuldner eine Verwertung durch den Gerichtsvollzieher in anderer Weise oder an einem anderen Ort als gesetzlich vorgesehen erreichen, so können sie dies heute direkt beim Gerichtsvollzieher beantragen,[182] der bei seiner Bestimmung das Befriedigungsinteresse des Gläubigers mit dem Interesse des Schuldners am Schutz vor Vermögensverschleuderung abzuwägen hat.[183]

Als Verwertung „in anderer Weise" kommt zunächst eine „modifizierte" Versteigerung, unter Abweichung von nicht zwingenden Vorschriften[184] in Betracht. Das aus Schuldnersicht wichtige Mindestgebot wird allerdings als nicht abdingbar angesehen.[185] Die Vorschriften über das Mindestgebot sind auch zu beachten, wenn es zum freihändigen Verkauf durch den – hoheitlich handelnden – Gerichtsvollzieher kommt[186], oder eine hoheitliche Eigentumszuweisung an Schuldner, Gläubiger oder Dritten gegen Zahlung eines Übernahmepreises er-

---

[178] (PL) Piasecki-JANKOWSKI, Rn. 2 zu Art. 867 KPC; SN v. 15. 6. 1999, III CZP 17/99, OSN 11/1999 poz. 186.

[179] (D) Örtliche, persönliche und sachliche Besonderheiten sollen genutzt werden, um schnell einen günstiger Verwertungserlös zu erzielen, BGHZ 119, S. 75, 77.

[180] (D) § 821 ZPO; näher Musielak-BECKER, Rn. 1 ff. zu § 821 ZPO.

[181] (D) (§ 817a Abs. 3 S. 2 ZPO. Mangels dem Metallwert entsprechenden Mindestgebots in der Versteigerung kann freihändig zum Metallwert verkauft werden, aber nicht unterhalb des halben gewöhnlichen Verkaufswerts.

[182] (D) § 825 ZPO; zu Geschichte, Normzweck etc. FREELS, S. 80 ff.; Hinweis durch GVZ, wenn bei Versteigerung nicht mit angemessenen Erlös zu rechnen ist oder sie sonst unzweckmäßig erscheint, § 141 Nr. 1 S. 3 GVGA.

[183] (D) Zöller-STÖBER, Rn. 8 f. zu § 825 ZPO. Der Antragsgegner ist von der Maßnahme schriftlich zu unterrichten, eine Verwertung kann ohne Zustimmung nicht vor Ablauf von zwei Wochen nach Zustellung der Unterrichtung erfolgen, damit der Antragsgegner die Chance hat, Erinnerung einzulegen, § 825 Abs. 1 S. 2 u. 3 ZPO.

[184] (D) Abweichung möglich von § 816 Abs. 1 (Wochenfrist), § 816 Abs. 2 (Ort), § 817 (Personenkreis), § 817 Abs. 2 (Zahlungsmodalitäten) ZPO, Musielak-BECKER, Rn. 3 zu § 825 ZPO.

[185] (D) Ebenso Vorschriften über Bindung des Gebots, den Zuschlag an den Meistbietenden, Zuschlagswirkung etc. vgl. Zöller-STÖBER, Rn. 3 zu § 825 ZPO. Zur Internetversteigerung VIERTELHAUSEN, DGVZ 2003, S. 2; SCHNABL, NJW 2005, S. 941 ff.

[186] (D) Wieczorek/Schütze-LÜKE, Rn. 22 zu § 825 ZPO: Erst-recht-Schluss aus § 817 a Abs. 2 S. 2 ZPO.

folgt.[187] Die Versteigerung oder der freihändige Verkauf durch eine andere Person als den Gerichtsvollzieher, etwa einen öffentlich bestellten Versteigerer[188], einen Notar, ein Auktionshaus oder einen Kunsthändler,[189] kann auf Antrag von Schuldner oder Gläubiger nur das Vollstreckungsgericht anordnen[190] und auch nur, wenn es nach umfassender Abwägung überzeugt ist, dass die beantragte Form erfolgversprechender ist als die Regelverwertung[191]. Auch hier sind die Mindestgebotsvorschriften anzuwenden.[192] Als Rechtsbehelfe stehen die Erinnerung gegen Tun oder Unterlassen des Gerichtsvollziehers bzw. die sofortige Beschwerde[193] gegen ablehnenden oder anordnenden Gerichtsbeschluss zur Verfügung.

IV. Ergebnis

Die zusammenfassende Analyse der Ergebnisse folgt dem Aufbau der Untersuchung. Nach Behandlung des Vorfelds der Verwertung (unter a), wird bei der Analyse des Verwertungsverfahrens (unter b)) zwischen dem Schutz bei Versteigerung [unter (I)] und bei anderen Verwertungsarten [unter (II)] unterschieden.

a) Vorfeld der Verwertung

[1] Im Vorfeld der Verwertung unterscheiden sich polnisches und deutsches Recht erheblich. Im Gegensatz zum polnischen Recht kennt das deutsche zwei weitere Möglichkeiten für den Schuldner, hier noch einmal Aufschub zu erlangen. Da der *Verwertungsaufschub* mit seiner Möglichkeit der Ratenzahlung innerhalb eines Jahres nicht gegen den Willen des Gläubigers erfolgen kann, dieser also Herr des Verfahrens bleibt, erscheint die Regelung auch unter Effizienzgesichtspunkten noch hinnehmbar. Ebenso nachvollziehbar erscheint

---

[187] (D) Nur möglich, wenn durch Versteigerung oder freihändigen Verkauf kein höherer Erlös zu erwarten ist, LG Koblenz, MDR 1981, S. 236. Überhaupt gegen eine solche Befugnis des GVZ: Zöller-STÖBER, Rn. 5 zu § 825 ZPO. Einzelheiten Wieczorek/Schütze-LÜKE, Rn. 23 ff. zu § 825 ZPO.

[188] (D) § 383 Abs. 3 BGB, § 34 Abs. 5 GewO.

[189] (D) Dann finden §§ 433 ff., 929 BGB volle Anwendung, vgl. nur BAUR/STÜRNER, § 29 III 3 b m.w.Nw. Die Anordnung stellt keine Beleihung mit hoheitlichen Befugnissen dar. Näher Zöller-STÖBER, Rn. 24 zu § 825 ZPO.

[190] (D) § 825 Abs. 2 ZPO; der Beschluss ergeht nach Anhörung des Antragsgegners (ggf. erst im Erinnerungsverfahren), mündliche Verhandlung ist freigestellt (§ 764 Abs. 3 ZPO).

[191] (D) Fehlgeschlagene Versteigerung ist starkes Indiz, Wieczorek/Schütze-LÜKE, Rn. 11 zu § 825 ZPO.

[192] (D) LG Frankfurt DGVZ 1993, S. 112; Musielak-BECKER, Rn. 5 zu § 825 ZPO.

[193] (D) §§ 11 Abs. 1 RpflG, 793 ZPO.

insoweit aber eine gesetzgeberische Zurückhaltung wie in Polen. Ein weiterer Vollstreckungsaufschub verbunden mit zusätzlicher Verlängerung und Komplizierung des Verfahrens kann kein „unabdingbares" Element eines modernen Vollstreckungsrechts sein.

[2] Dies gilt umso mehr für die nach deutschem Recht – vor allem für Fälle „unbegründeten" Gläubigerwiderspruchs – vorgesehene zeitweilige *Aussetzung der Verwertung* gepfändeter Sachen unter Anordnung von Zahlungsfristen auf Antrag des Schuldners durch das Vollstreckungsgericht. Diese erheblich in Gläubigerrechte eingreifende Regelung einer weiteren Aussetzungsmöglichkeit trägt zusätzlich zur Schwerfälligkeit des gesamten Verfahrens bei. Sie ist daher allerhöchstens angesichts der Perspektive eines für alle Beteiligten regelmäßig noch nachteiligeren Verwertungsverfahrens zu rechtfertigen. Eine „Anpassung" des polnischen Rechts in diese Richtung könnte nicht als zukunftsweisend angesehen werden.

[3] Die Regelung der *Sachbewertung* entspricht sich in beiden Rechtsordnungen weitgehend. Die klare Befugnis des polnischen Gerichtsvollziehers, von sich aus einen Sachverständigen heranzuziehen, ist der umständlicheren Konstruktion in Deutschland über eine Hinweispflicht an die Parteien allerdings vorzuziehen. Gleiches gilt für die Konzentration der Rechtsbehelfe auf die Erinnerung durch die KPC Reform. Damit können vor allem die Schuldnerrechte einfacher und effektiver durchgesetzt werden als nach deutschem und bisherigem polnischem Recht.

[4] Beide Rechtsordnungen sehen aus übereinstimmenden Motiven eine einwöchige *Wartefrist* zwischen Zugriff und Verwertung vor. Ausnahmen gelten vor allem bei drohender Wertminderung oder übermäßigen Aufbewahrungskosten. Aufgrund des strikten Verständnisses schuldnerschützender Regeln als *ius cogens* ist die Frist in Polen aber nicht abdingbar. Wenn dies auch angesichts der verbreiteten Rechtsunkenntnis und Passivität vieler Schuldner an dieser Stelle vorzugswürdig erscheint, ist die Frage doch vorwiegend akademischer Natur, da eine schnellere Verwertung in der Praxis ohnehin kaum möglich sein dürfte.

b) Verwertungsverfahren

(I) Bei Versteigerung

[1] Bei der Frage der *örtlichen Beschränkungen* unterscheiden sich die Regelungen nur marginal. Beide Rechtsordnungen sehen vor, dass grundsätzlich nicht beim Schuldner versteigert werden soll, in Deutschland wird dies zusätzlich verfassungsrechtlich begründet (Art.13 GG).

[2] Den Kern des formalen Verschleuderungsschutzes bildet in beiden Ländern die Regelung eines *Mindestgebotes*, das in Polen erst im zweiten Versteige-

rungsversuch von ¾ auf die Hälfte des Schätzwerts reduziert wird, in Deutschland hingegen von vorneherein beim halben Schätzwert liegt. Während in Deutschland überwiegend die Möglichkeit eines schuldnerischen Verzichts auf das Mindestgebot zumindest im Termin angenommen wird, dürfte in Polen – wo dies nicht explizit diskutiert wird – ein Verzicht wegen des angesprochenen strikten Verständnisses der schuldnerschützenden Normen als *ius cogens* nicht in Betracht kommen. Ein Verzicht auf den Schuldnerschutz erscheint hier eher vertretbar als bei den oben besprochenen Zugriffsverboten, da das Allgemeininteresse an der Verhinderung verschleudernder Veräußerung geringer ist: Weder ist das Existenzminimum des Schuldners bedroht, noch besteht unmittelbare Gefahr, dass der Schuldner durch die Verwertung unter die Sozialhilfegrenze gerät und Ansprüche gegen den Staat geltend macht. Trotzdem sollte man nicht nur keinen Vorausverzicht[194] sondern in Anlehnung an die polnische Auffassung überhaupt keinen pauschalen Gesamtverzicht zulassen: Es besteht immer noch ein öffentliches Interesse, zu verhindern, dass die staatlich durchgeführte Verwertung zur Farce wird. Darüber soll ein – oft unter starkem Druck agierender – Schuldner aus gutem Grund nicht disponieren können.

[3] Bei den Regelungen im Rahmen des Bietverfahrens zeigen beide untersuchten Rechtsordnungen große Übereinstimmung. Wenn die erzielte Summe zur Befriedigung von Gläubigerforderung und Vollstreckungskosten bereits ausreicht, kommt es zur *Beendigung* wegen *Zweckerreichung*: Die Versteigerung wird dann abgebrochen und die Pfändung der restlichen Sachen aufgehoben.

[4] Wenn ein *Versteigerungsversuch erfolglos* bleibt, zeigen sich Unterschiede zwischen polnischer und deutscher Lösung. In Polen hat der Gläubiger insgesamt eine etwas schwächere Position: Es kommt schneller zum Ende der Verwertung als in Deutschland. Die polnische Lösung, dem Gläubiger klare Fristen zu setzen, innerhalb derer er über einen erneuten Versteigerungsversuch oder die Übernahme der Sachen zu entscheiden hat, und – falls dies nicht geschieht – die Einstellung der Vollstreckung vorzusehen, beseitigt die Unklarheit hinsichtlich der weiterhin gepfändeten Sachen schnell und endgültig. Dies ist für den Schuldner, der auf die Sachnutzung meist angewiesen ist, von essentieller Bedeutung. Die Beschränkung auf nur einen weiteren Versteigerungsversuch und eine weitere Übernahmemöglichkeit erscheint aus denselben Gründen zweckmäßig: Bei guter Vorbereitung und Organisation einer Versteigerung, müssen zwei Versuche ausreichen, um ein angemessenes Ergebnis zu erzielen. Die deutsche Lösung, die es in die Hand des Gläubigers legt, eine unbestimmte Vielzahl weiterer Verwertungsversuche zu beantragen und gegebenenfalls sogar einer vom Gerichtsvollzieher beabsichtigten Einstellung zu widersprechen, vernachlässigt die Schuldnerinteressen in den Fällen, in denen an eine effektive Verwertung nicht mehr zu denken ist. Da hier das Vollstreckungsziel ersichtlich

---

194 (D) OLG München, NJW 1959, S. 1832; Wieczorek/Schütze-LÜKE, Rn. 2 zu § 817a ZPO.

nicht mehr erreicht werden kann, ist die Aufrechterhaltung des Zugriffs nicht mehr zu rechtfertigen. Der Verweis des Schuldners darauf, vor Gericht eine Aufhebung der Pfändung zu suchen, ist kein angemessener Ausweg, sondern ein unnötig langwieriger und komplizierter „Umweg“. Die ausgewogene und vorhersehbare polnische Lösung ist hier überlegen.

[6] Die *Absicherung* der Schutzvorschriften steht bei der Versteigerung in besonderem Spannungsverhältnis zu dem Ziel, die Beständigkeit des Versteigerungsverkaufs zu gewährleisten. Trotz deutlich verschiedener Ausgestaltung wird in beiden Rechtsordnungen ein Ausgleich erreicht. In Polen bestehen im Interesse der Rechtssicherheit zwar bedeutsame Einschränkungen der Möglichkeit, die Erteilung des Zuschlags mit der Erinnerung anzugreifen (Erhebung zum Versteigerungsprotokoll, nur aufgrund bestimmter Vorwürfe), die Verletzung der wichtigen schuldnerschützenden Regelung des Mindestgebots kann aber gerügt werden. In Deutschland ist demgegenüber uneingeschränkt Erinnerung möglich, nach Ablieferung bleibt der Eigentumsübergang an den Sachen allerdings grundsätzlich unangetastet. Der Verweis auf den Erlös bzw. Amtshaftungs- oder Bereicherungsansprüche erscheint insoweit angemessen.

(II) Bei anderen Verwertungsarten

In Polen bestehen die schuldnerschützenden Regelungen bei *anderen Verwertungsarten* vor allem in Mindestpreisen, die sich regelmäßig am Schätzwert der Sache orientieren, nach der Neuregelung aber auch vom Schuldner selbst festgelegt werden können. Generell ist festzustellen, dass stets im ersten Schritt die Optimalverwertung angestrebt wird und erst bei Fehlschlagen dieses Versuchs die Erwartungen an das Ergebnis reduziert werden, allerdings nicht unter das Schutzniveau bei der Versteigerung. Der Akzent der Regelungen verschiebt sich damit erst im zweiten Schritt hin zum Verschleuderungsschutz.

Im Gegensatz zur polnischen Lösung, bei der zwischen verschiedenen Verwertungswegen (Versteigerung, freihändiger Verkauf, Kommissionsverkauf) gewählt werden kann, die jeder für sich aber relativ festgelegte, wenig variable Alternativen darstellen, bestehen im deutschen Recht für die Parteien größere Gestaltungsfreiheiten. Da stets die Mindestgebotsvorschriften anwendbar bleiben, ist die umfassende „Verwertungsfreiheit“ der Parteien in Deutschland auch aus Schuldnersicht einer weniger flexiblen Vielzahl einzelner Verwertungswege vorzuziehen. Insbesondere die Möglichkeit, in größerem Umfang auf professionelle private Verwerter zurückzugreifen, ist uneingeschränkt begrüßenswert.

KAPITEL 4
SCHULDNERSCHUTZ IN DER FORDERUNGSVOLLSTRECKUNG

A. EINLEITUNG

Der Gesetzgeber eines modernen Vollstreckungsrechts kann nicht die Augen davor verschließen, dass ein Großteil des denkbaren Schuldnervermögens heutzutage oftmals nicht in beweglichen Sachen besteht, sondern in Ansprüchen unterschiedlichster Form gegenüber anderen Rechtssubjekten. Das Vermögen ist nicht mehr ohne weiteres sichtbar, sondern versteckt sich häufig im Speicher der Bankcomputer.[1] Die Regelung der Vollstreckung in Forderungen und andere Vermögensrechte des Schuldners, muss daher einen wichtigen Platz in jeder Analyse des Vollstreckungsrechts einnehmen.[2]

Der bereits analysierte ausgedehnte Schuldnerschutz hat dazu geführt, dass eine Vollstreckung in bewegliche Sachen oft zwecklos bleibt.[3] Verbleibende Konsumgüter verlieren zudem schnell an Wert und können kaum ertragreich verwertet werden. Verbreitet besteht Eigentumsvorbehalt der Verkäufer oder die Sachen sind ohnehin nur geleast.[4] Ein weiterer Grund für die gestiegene Bedeutung der Forderungsvollstreckung ist die Tatsache, dass ein Zugriff auf bewegliche Sachen des Schuldners in der Regel erhebliche Eingriffe in die Schuldnersphäre mit sich bringt: Das Eindringen in die Wohnräume und das Durchsuchen und Wegschaffen von Sachen stellen für jeden Menschen gravierende, nur schwer erträgliche Ereignisse dar. Unabhängig von der Frage, ob aus verfassungs- oder menschenrechtlicher Sicht sogar eine Subsidiarität der Vollstreckung in Wohnräumen geboten sein kann[5], ist klar, dass die Gesellschaft immer weniger bereit ist, physische Zugriffe in rein „kommerziellem" Zusammenhang zu akzeptieren.[6] Darüber hinaus kommt es bei der Verwertung, im Gegensatz zur Versteigerung beweglicher Sachen, in der Regel zu keiner Wert-

---

1 (PL) Piasecki2-SUCHECKI, Rn. 5 zu Art. 909 KPC *„w pamięci komputera"*. (F) PERROT/THÉRY, S. 22 : *« dans des boîtes informatiques »*.

2 In (D) „ertragreichste und häufigste Vollstreckungsart", PAULUS, Rn. 595.

3 (D) KEIP, S. 57; HONOLD S. 27; THOMAS/PUTZO Rn. 1 zu § 808 ZPO „in der Praxis oft aussichtslos."

4 In (PL) sollen ca. 90% der beweglichen Sachen in Firmen geleast sein, KOWALSKI, Rz. v. 16.12.2002.

5 In (F) bei geringfügigen Forderungen Subsidiarität gegenüber der Lohn- und Kontenpfändung, WERTH, S. 221.

6 (F) PERROT/THÉRY, S. 22 ; zur Entwicklung der Zwangsmittel S. 23.

vernichtung zum Nachteil von Schuldner wie Gläubiger[7]. Schließlich ist die große Bedeutung des Zugriffs auf das Arbeitsentgelt in der Praxis zu beachten. Im polnischen sozialistischen System stand das laufende Arbeitsentgelt aus abhängiger Beschäftigung wegen der beschränkten Möglichkeiten, andere Einkunftsquellen (selbständige Beschäftigung, Immobilien, sonstiges Vermögen) zu nutzen, ohnehin ganz im Vordergrund und war praktisch wie rechtlich primäres Vollstreckungsobjekt.[8] Auch unter marktwirtschaftlichen Bedingungen stellt das Arbeitsentgelt – über Polen und Deutschland hinaus – die Haupteinkommensquelle der Schuldner dar und ist die Lohnpfändung mit ihrer Möglichkeit, auch auf zukünftige Bezüge zuzugreifen, die in der Praxis meistgenutzte Vollstreckungsart[9]. Als Argumente dafür, der Forderungsvollstreckung – und hierbei dem Zugriff auf das Arbeitsentgelt – neben dem tatsächlichen auch einen *rechtlichen* Vorrang einzuräumen[10], werden heute vor allem die oben genannten Verhältnismäßigkeitserwägungen angeführt.

Andererseits hat auch der theoretisch so überzeugende rechtlich-abstrakte Zugriff auf das Schuldnervermögen, bei dem kein Vollstreckungsorgan gezwungen ist, sich archaisch-handgreiflich die „Hände schmutzig zu machen", nicht nur Vorteile. Die mit dem Zugriff auf Forderungen verbundenen Probleme liegen vor allem in einer oft unzureichenden Information des Gläubigers über diese Vermögenswerte[11]. Dies hat dazu geführt, dass jüngere Reformbestrebungen vor allem bei der Verbesserung der Informationserlangung Schwerpunkte setzen.[12] Zudem ist in diesem Bereich der Schuldnerschutz in den meisten Rechtsordnungen stark ausgebaut und sind Lohnpfändungen bei bestimmten Schuldnergruppen daher als weitgehend aussichtslos einzustufen.[13] Auch die anhaltend hohe Arbeitslosigkeit in Polen und Deutschland schmälert die Bedeutung dieser Zugriffsmöglichkeit, zumal die Alternative, auf staatliche Unterstützungen zuzugreifen, meist theoretisch bleibt.

---

[7] (D) HONOLD S. 27.

[8] (PL) MARCINIAK, *Ograniczenia*, S. 65 "unter unseren gesellschaftlich-ökonomischen Bedingungen häufigstes Vollstreckungsobjekt".

[9] (PL) „Hauptsächliches oder ausschließliches Unterhaltsmittel" BARZYCKA-BANASZCZYK, Rn. 1 zu Art. 87 KP; zu (D/F/ENG/Ö/CH) HONOLD, S. 95.

[10] So eingeschränkt in (Ö) § 14 Abs. 2 EO; dazu Angst-JAKUSCH Rn. 9 ff. zu § 14 EO.

[11] (D) Vgl. PAULUS, Rn. 602 „detektivische Fähigkeiten" von Gläubiger oder Anwalt gefragt; vgl. § 806a ZPO. Umfassend jetzt zur neueren Rechtsprechung des BGH (Erleichterung von Verdachtspfändungen), zum europäischen Vergleich und zu Reformbestrebungen: HESS, NJW 2004, S. 2350 und DERS. *Study* S. 39 ff.

[12] (PL) KOLAŃSKI, Prawo Bankowe 4/2001, S. 39. Vgl. auch die weiten Möglichkeiten zur Informationsbeschaffung durch den GVZ in Art. 761 § 1 KPC n. F.. Überblick über andere Rechtsordnungen: KENNETT, Kapitel 4, S. 100 ff. Zu (F) PERROT/THÉRY, Pkt. 328 ff. (S. 346 ff.). (EU) HESS, a.a.O.

[13] (D) HORNUNG, RPfl 2002, S. 130 nennt etwa Geringverdiener, Teilzeitbeschäftigte und Eltern mit Kindern.

Dem Grundansatz der Untersuchung entsprechend wird auch der Schuldnerschutz im Rahmen der Vollstreckung in Forderungen und andere Vermögensrechte als transnationales Gesamtregelungsproblem verstanden und demzufolge von den Regelungsfragen her dargestellt. Da sich Fragen des Schuldnerschutzes nicht isoliert, sondern nur als Teil des übergeordneten Regelungskomplexes „Vollstreckung" stellen, ist zunächst auf die Regelungsbasis einzugehen, d. h. die Konstruktion von Zugriff und Verwertung in der Forderungsvollstreckung (unter B). Diese ist wesentlich dafür verantwortlich, welche gestalterischen Spielräume der Gesetzgeber für schuldnerschützende Regelungen hat. Auf diesem Fundament aufbauend, lässt sich eine Regelungsentscheidung mit schuldnerschützender Wirkung dann am einfachsten nach ihren genauen Regelungszielen (unter C), ihren beiden Grundelementen – Vollstreckungsforderung und Vollstreckungsobjekt – (unter D), sowie schließlich der Art und dem Umfang des Schutzes analysieren (unter E). Diese drei Fragenkomplexe sind keinesfalls monolithische Blöcke, die abgesonderte Teilprobleme betreffen, sondern beleuchten vielmehr unterschiedliche Aspekte der einen Regelungsaufgabe von verschiedenen Seiten und unter anderer Schwerpunktsetzung. Grundsätzlich soll dabei versucht werden vom allgemeinsten Element, dem Regelungsziel, auszugehen, das dann im Folgenden als „Messlatte" und zur inneren Gliederung der spezielleren Regelungsprobleme dient.

Die Regelungsziele konnten aber im Gegensatz zur Untersuchung der Sachvollstreckung (und im Folgenden der Räumungsvollstreckung) nicht als allem übergeordnetes Ordnungselement dienen, da in der Forderungsvollstreckung eine Vielzahl von Regelungsinstrumenten zur Verfügung steht und ein und dasselbe Instrument (z. B. Zugriffsquoten) zur gleichzeitigen Erreichung unterschiedlicher Regelungsziele (Existenzsicherung, Erhalt der Arbeitsmotivation) an ein und demselben geschützten Objekt (z. B. Arbeitslohn) verwendet wird. Ein sinnvoller Vergleich der unterschiedlichen Regelungstechniken wäre dann nicht möglich. Auch eine Einteilung nach den Arten geschützter Forderungen ist als oberstes, übergeordnetes Gliederungsprinzip nicht geeignet, da infolge der unterschiedlichen rechtlichen Definitionen (etwa von „Arbeitslohn" oder „Sozialleistung") in den verschiedenen nationalen Rechtssystemen damit keine wirklich transnationale Ebene geschaffen werden könnte. Vorzuziehen war es daher, nach einer allgemeinen Erörterung der Regelungsziele die schützenswerten Arten von Forderungen und Rechten im Überblick vorzustellen und die Analyse der Einzellösungen, d. h. von Art und Umfang des Schutzes, schließlich anhand der rein rechtstechnischen und damit übernationalen Kategorie der Regelungsinstrumente vorzunehmen.

B. Regelungsbasis: Konstruktion von Zugriff und Verwertung

I. Regelungsprobleme

Das Regelungsproblem besteht zum einen darin, den Schuldner im Interesse der Gläubigerbefriedigung daran zu hindern, über die Forderung oder das Recht zu verfügen (sog. „Inhibitorium“[14]). Zum anderen muss als komplementäres Regelungselement („Arrestatorium“) der Schuldner des Schuldners, der sog. Drittschuldner (*trzeci dłużnik, trzeciodłuznik*),[15] dazu gebracht werden, seine Leistung nicht dem Schuldner gegenüber zu erbringen. Vielmehr muss sichergestellt werden, dass die Forderung – nachdem sie gegebenenfalls zuvor „zu Geld gemacht“ worden ist – zur Befriedigung des Gläubiger verwendet wird. Im Hinblick auf den erforderlichen sichernden Zugriff eignen sich Forderungen und Rechte ihrer abstrakt-unkörperlichen Natur gemäß schon überhaupt nicht zur „Wegnahme“ durch tatsächliche Besitzergreifung, wie sie bei körperlichen Sachen in Betracht kommt.[16] Ein Zugriff wird daher zweckmäßigerweise durch Verkündung eines Verbotes an den Schuldner geregelt werden, über die Forderung zu verfügen. Auf der anderen Seite muss der Drittschuldner vom Vollstreckungsorgan angewiesen werden, seine Leistung nicht mehr an den Schuldner zu erbringen, sondern sie zur Gläubigerbefriedigung einzusetzen. Aufgrund der Entbehrlichkeit faktischer Wegnahmehandlungen kommen als zweckmäßige Vollstreckungsorgane Gerichtsvollzieher wie Gericht in Betracht.[17]

II. Grundstruktur

In Polen zerfällt die Regelung der zivilprozessualen[18] Vollstreckung in Forderungen und andere Vermögensrechte zwar in die vier großen Arten der Vollstreckung in das (weit zu verstehende) Arbeitsentgelt (*egzekucja z*

---

[14] (D) Z.B. PAULUS, Rn. 600.

[15] (PL) So bezeichnet z.B. bei Piasecki-JANKOWSKI, Rn. 7 zu Art. 880 KPC.

[16] Eine Ausnahme bilden hier Forderungen/Rechte, die sich in einem (fassbaren) Papier verkörpern. Hier wird ein Vollstreckungszugriff i.d.R. durch Wegnahme des Papiers nach den Regeln für die Vollstreckung in bewegliche Sachen geregelt. So in (PL) Art. 901 KPC; HRYCAJ, Rn. 363; (D) nach § 808 ZPO, vgl. Zöller-STÖBER, Rn. 2 ff. zu 821 ZPO. Sonderfall der durch Indossament übertragenen Papiere: § 831 ZPO.

[17] Vgl. PAULUS, Rn. 597.

[18] (PL) Zur Verwaltungsvollstreckung in Arbeitseinkommen vgl. den Überblick bei ROSZEWSKA, S. 88 ff.

wynagrodzenia za pracę)[19], in Bankkonten (*z rachunku bankowego*)[20], in andere Forderungen (*z innych wierzytelności*)[21] und in andere Vermögensrechte (*z innych praw majątkowych*)[22], die Grundregeln sind jedoch überall gleich. Der Vollstreckung in das Arbeitsentgelt kommt ein gewisser Vorbildcharakter für die übrigen Regelungen zu, da sie aufgrund ihrer überragenden Bedeutung in der sozialistischen Rechtswirklichkeit damals folgerichtig im Gesetz vorangestellt und umfangreicher normiert wurde.[23] Die Vollstreckung in Bankkonten hat überhaupt erst in der Marktwirtschaft Bedeutung erlangt, da der Zugriff auf Konten vorher in der Regel durch die direkte (vollstreckungslose) Vollziehung von Arbitrageentscheidungen aus den Verfahren zwischen Staatsbetrieben oder anderen Vollstreckungstiteln im Wege des sog. Bankinkasso erfolgte.[24] Dies beruhte darauf, dass das sozialistische polnische Recht generell die Durchsetzung von Forderungen zwischen Staatsbetrieben auf dem Vollstreckungswege soweit wie möglich ausschließen wollte.[25] Im Rahmen der privilegierten Außervollstreckungsverfahren fungierten die staatlichen Banken als Quasi-Vollstreckungsorgane. Die Vollstreckung in andere Forderungen und Vermögensrechte war in der sozialistischen Praxis fast nicht anzutreffen.[26]

Der Zugriff auf Forderungen erfolgt im Wege der Pfändung (*zajęcie*) durch den – anders als in Deutschland[27] – auch hier zuständigen Gerichtsvollzieher, wenn der Gläubiger diese Vollstreckungsart im Antrag angegeben hat und über die nötigen Informationen etwa hinsichtlich des Arbeitgebers oder der Konten des Schuldners verfügt. [28] Der Drittschuldner wird davon benachrichtigt, dass die Forderung des Schuldners in Höhe der Vollstreckungsforderung gepfändet ist und angewiesen, insoweit keine Leistung an den Schuldner zu erbringen[29], also insbesondere kein Arbeitsentgelt oder Kontoguthaben – außer dem der Pfändung

---

[19] (PL) Art. 880–888 KPC. Zu Begriff und Umfang: Art. 881 § 2 S. 2 KPC. Vgl. JULKE, *Wynagrodzenie*. Für weiten Anwendungsbereich Piasecki[2]-SUCHECKI, Rn. 2 vor Art. 880 KPC, zur a. A. vgl. NISKI, PES 16 (52) /2001, S. 83.

[20] (PL) Art. 889–893 KPC. Vertragliche Grundlage Art. 725-733 KC u. 49-62 PrBank. Vgl. den Überblick bei GOŁACZYŃSKI, Rejent 10/2003, S. 26-36 m.w. Nw.

[21] (PL) Art. 895-908 KPC; Literaturübersicht bei Piasecki-JANKOWSKI vor Art. 895 KPC.

[22] (PL) Art. 909-912 KPC.

[23] (PL) MARCINIAK, *Ograniczenia*, S. 65; WENGEREK, Anm. 1 zu Art. 880 KPC.

[24] (PL) Vgl. WENTOWSKI, Palestra 2/1967, S. 15 ff.; zur Realisierung von Arbitrageentscheidungen S. 24 ff.; kurz: Piasecki[2]-SUCHECKI, Rn. 5 vor Art. 889 KPC; WENGEREK, Anm. 4 zu Art. 889 KPC. Zudem Subsidiarität gegenüber dem Vorgehen nach Art. 1060 ff. KPC.

[25] (PL) WENTOWSKI, Palestra 2/1967, S. 16.

[26] (PL) Piasecki[2]-SUCHECKI, Rn. 4 vor Art. 895 KPC; HRYCAJ, Rn. 350.

[27] (D) Vollstreckungsgericht, Rechtspfleger, vgl. § 828 ZPO, 20 Nr. 17 RpflG.

[28] (PL) HRYCAJ, Rn. 334; Piasecki[2]-SUCHECKI, Rn. 1 zu Art. 881 KPC. (D) HESS NJW 2004, S. 2350 ff. u. *Study*.

[29] (PL) Arbeitsentgelt: Art. 881 § 3 KPC; sonst. Forderungen: Art. 896 § 1 Pkt. 2 KPC. Neu für andere Vermögensrechte: Art. 910 § 2 KPC n. F.

nicht unterworfenen Teil – auszuzahlen[30]. Er hat dies vielmehr unmittelbar dem Gläubiger oder, wenn mehrere Gläubiger gleichgerichtete Vollstreckungsversuche unternehmen, dem Gerichtsvollzieher zu übermitteln[31]. Unter anderem wegen des strukturbedingten Wissensdefizits des Gläubigers treffen Arbeitgeber, Bank und sonstige Drittschuldner zahlreiche Auskunfts- und andere Mitwirkungspflichten[32], die eine erfolgreiche Vollstreckung sichern sollen und deren Nichtbeachtung nachteilige Folgen haben kann.[33] Auch dem Schuldner wird eine Benachrichtigung von der Pfändung zugestellt mit dem Hinweis darauf, dass es ihm bis zur Höhe der zu vollstreckenden Forderung verboten ist, über seine Forderung außerhalb des pfändungsfreien Rahmens zu verfügen[34]. Anders als das deutsche Recht, das im übrigen hinsichtlich des Zahlungsverbots für den Drittschuldner („Arrestatorium") und des Verfügungsverbots für den Schuldner („Inhibitorium") weitgehend entsprechende Regelungen trifft[35], kennt das polni-

---

30 (PL) Art. 889 § 1 Pkt. 1 KPC. Nach Art. 890 § 2 KPC betrifft dies nicht laufende Auszahlungen von Lohn (von Arbeitnehmern des Schuldners) und gerichtlich zuerkanntem Unterhalt bis zur Höhe des durchschnittlichen Arbeitsentgelts im vorigen Quartal, wie es im *Monitor Polski* amtlich bekannt gemacht wurde (vgl. Art. 20 Pkt. 2 EmRentFUSU). Dem GVZ muss dazu eine Abschrift der Gehaltsliste oder ein anderes glaubwürdiges Dokument, bei Unterhalts- und Rentenzahlungen der Vollstreckungstitel, vorgelegt werden. Die Bank nimmt Auszahlungen nur aufgrund einer Genehmigung des GVZ vor, Auszahlungen von Unterhalt erfolgen an die Berechtigten, Art. 890 § 2^1 KPC. Zur wechselhaften Geschichte der Norm, die seit 2005 schon drei Mal geändert wurde, vgl. die Kommentierung bei Piasecki-JANKOWSKI Rn. 1 zu Art. 890 KPC.

31 (PL) Arbeitsentgelt: Art. 881 § 3 u. 4 KPC; Konto: Art. 889 § 1 Pkt. 1 KPC und § 3 n. F.; sonst. Forderungen: Art. 896 § 1, 2 KPC: GVZ oder Gerichtsdepot; Näher zu den Fällen, in denen eine Überweisung an den GVZ zu erfolgen hat, vgl. Art. 881 § 3 Pkt. 2 KPC und JANKOWSKI, *Przebieg*, S. 101 f.

32 (PL) Arbeitgeber: Angabe der Schuldnereinkünfte für 3 Monate vor Pfändung (Art. 882 § 1 Pkt. 1 KPC), der Übermittlungen an Gläubiger (Art. 882 § 1 Pkt. 2 KPC), von Hindernissen und maßgeblichen Verhältnisänderungen (Art 882 § 2 KPC), um dem GVZ die Kontrolle zu ermöglichen; JANKOWSKI, *Przebieg*, S. 103; HRYCAJ, Rn. 323; Konto: Art. 889 § 1 KPC, HRYCAJ, Rn. 340; sonst. Forderungen: Art. 896 § 2 KPC. Andere Vermögensrechte: Art. 910 § 1 Pkt. 2 KPC n. F.; WALASIK, PS 7-8/2004, S. 70 ff.; (D) § 840 ZPO.

33 (PL) Arbeitsentgelt: Art. 886; Konto Art. 892; sonst. Forderungen: Art. 902 KPC; Vgl. zu den Pflichten der Banken (Beachtung gesetzlicher Unpfändbarkeiten) und deren Folgen auch das SN-Urteil vom 20.1.2005, II CK 375/04, und die (kritische) Anm. von ZRĘDA, PB 1272005, S. 23 ff. Umfassend: WALASIK, PS 7-8/2004, S. 82 ff.; (D) § 840 Abs. 2 S. 2 ZPO.

34 (PL) Arbeitsentgelt: Art. 881 § 2; Konto: Art. 889 § 1 Pkt. 2; hier bedarf es auch der Zustellung der Abschrift von Titel- und Bankbenachrichtigung; sonst. Forderungen: Art. 896 § 1 Pkt. 1 KPC: hier darf der Schuldner auch über bestehende Sicherungen für die Forderung nicht verfügen. Strafrechtliche Absicherung: Art. 300 Abs. 2 KK. Andere Vermögensrechte: Art. 910 § 1 KPC n. F.

35 (D) In § 829 Abs. 1 S. 1 ZPO (Arrestatorium), S. 2 (Inhibitorium). Näher Zöller-STÖBER Rn. 18 u. 19 zu § 829 ZPO.

sche also keine scharfe Unterscheidung zwischen Zugriff durch Pfändungsbeschluss und Verwertung durch Überweisungsbeschluss.[36]

Nach polnischem Recht erfolgt die Pfändung grundsätzlich im Moment der Zustellung der Weisung an den Drittschuldner[37], sie ist dem Schuldner gegenüber allerdings schon mit Zustellung der Pfändungsbenachrichtigung wirksam, wenn diese vorher erfolgte.[38] Die Pfändung hat die Wirkung, dass Verfügungen über die gepfändeten Forderungen, die den pfändungsfreien Anteil überschreiten, dem Vollstreckungsgläubiger gegenüber unwirksam sind, wenn sie nach der Pfändung vorgenommen wurden. Vorher erfolgte Verfügungen sind unwirksam, wenn die Fälligkeit der Forderung erst nach Pfändung eintritt.[39] Aus Verhältnismäßigkeitserwägungen darf das Verfügungsverbot in Umfang und Dauer nicht weiter reichen, als es die Ziele der Vollstreckung erfordern.[40] Dies ist schuldnerfreundlicher als die überwiegende – wenngleich nicht unproblematische[41] – Ansicht in Deutschland, die davon ausgeht, dass regelmäßig die ganze Forderung gepfändet ist.[42] Während das öffentlich-rechtliche „Vollstreckungsband"[43] der deutschen Verstrickung ähnelt, gibt es wegen der anderen Grundkonzeption der Vollstreckung („Ausgleichsprinzip") keine dem deutschen Pfändungspfandrecht entsprechende Konstruktion.[44]

Nach polnischem Recht erstreckt sich die Pfändung bei der Vollstreckung aus Bankkonten auch auf später eingehende Beträge, bei wiederkehrenden Forderungen (Mietzinsen etc.) auf spätere Zahlungen[45]. Die Pfändung des Arbeitsent-

---

36 (D) § 829 ZPO (Pfändung), § 835 ZPO (Überweisung). Zur Trennung: Zöller-STÖBER Rn. 3 f. zu § 835 ZPO.

37 (PL) Arbeitsentgelt: Art. 883 § 1; Konto: Art. 890 § 1; sonst. Forderungen: Art. 900 § 1 S. 1 KPC, Ausnahme bei anderen Vermögensrechten in Art. 910 § 3, § 4 KPC n. F.; in (D) § 829 Abs. 3 ZPO.

38 (PL) Piasecki-JANKOWSKI, Rn. 1 zu Art. 883 KPC; ebs. Art. 910 § 2 KPC n. F.

39 (PL) Arbeitsentgelt: Art. 84 KP, Art. 885 KPC; Konto, sonst. Forderungen: Verweis in Art. 893, 902 KPC. näher WENGEREK, Anm. 1 zu Art. 885 KPC, zur Wirkung gegenüber Bürgen und Pfandgeber Art. 899 KPC.

40 (PL) WENGEREK, Anm. 1 zu Art. 885 KPC. D. h. zeitlich etwa nur bis zu einer Einstellung des Vollstreckungsverfahrens. Bei Bankkonten bewirkt die Pfändung keine Totalblockade, sondern ist nur wirksam bis zur Höhe der zu vollstreckenden Beträge (inkl. Kosten), die der Gerichtsvollzieher der Bank genau mitzuteilen hat, Art. 889 § 1 Pkt. 1 KPC. Zur Wirkung bei Pfändung von Sp. z.o.o-Anteilen NISKI, PS 5/2002, S. 90 f.

41 (D) Auch PAULUS, Rn. 603, hält wegen des Verbots der Übermaßpfändung (§ 803 Abs. 1 S. 2 ZPO) allenfalls einen Aufschlag (ca. 50 % Übersicherung) für vertretbar.

42 (D) BGH NJW 1975, S. 738; Musielak-BECKER, Rn. 3 zu § 829 ZPO; THOMAS/PUTZO, Rn. 32 zu § 829 ZPO.

43 (PL) „*Węzeł egzekucyjny*", vgl. etwa NISKI, PS 5/2002, S. 89.

44 (D) Überblick bei Zöller-STÖBER Rn. 16 ff. zu § 829 ZPO; BAUR/STÜRNER, § 27 S. 347 ff.

45 (PL) Konto: Art. 890 § 1 KPC, zur Situation bei Debet, HRYCAJ, Rn. 336 und ausführlich: GOŁACZYŃSKI, Rejent 10/2003, S. 34 f.; sonst. Forderungen: Art. 900 § 2 KPC. Grundsätzlich

gelts dauert – angepasst an dessen wiederkehrende Natur – gleichfalls bis zur vollen Deckung der Schuld an, so dass also die Vollstreckung in diesen Fällen grundsätzlich erst mit der vollständigen Befriedigung des Gläubigers endet.[46] Ganz entsprechend sieht auch das deutsche Recht vor, dass sich das Pfandrecht bei Pfändung einer in fortlaufenden Bezügen bestehenden Forderung auch auf die nach der Pfändung fällig werdenden Bezüge erstreckt.[47] Wegen der potenziell langen Aufrechterhaltung der Pfändungsbelastung ist die Versuchung besonders groß, die Vollstreckung zu vereiteln oder ihren Lauf zu unterbrechen. Der polnische Gesetzgeber regelt deshalb, dass die Pfändung auch fortdauert, wenn nach ihrer Vornahme mit dem Schuldner ein neues Arbeitsverhältnis geschlossen wurde oder wenn der Betrieb des Arbeitgebers an einen anderen übergeht, der von der Pfändung wusste[48]. Die quasi-automatische (Weiter-) Pfändung auch bei einem neuen Arbeitgeber wird durch sanktionsbewehrte Mitteilungspflichten der Beteiligten sichergestellt.[49] Die Regelung scheint gläubigerfreundlicher als in Deutschland, wo beim Wechsel des Drittschuldners ein neuer Pfändungsbeschluss erforderlich ist[50], wird aber vor allem noch auf die Gegebenheiten des kontrollierbaren sozialistischen „Arbeitsmarkts" zurückzuführen sein.

Im Gegensatz zum deutschen Recht existiert in Polen keine strikte Unterscheidung zwischen Pfändungs- und Überweisungsbeschluss. Schon kraft der Pfändung ist der Drittschuldner verpflichtet, den Arbeitslohn, das Bankguthaben etc. des Schuldners an den Gläubiger oder ggf. Gerichtsvollzieher zu übermitteln. Unterlässt der Drittschuldner die Leistung an den Gläubiger, kann dieser gegen ihn im Klagewege vorgehen, da er unmittelbar infolge der Pfändung befugt ist, alle Rechte des Schuldners geltend zu machen und die Forderung einzuziehen.[51] In Deutschland erfolgt die Verwertung der Forderung in der Regel durch Überweisung der Forderung an den Gläubiger zur Einziehung. Die alternativ mögliche Überweisung an Zahlungs statt zum Nennwert ist in der Praxis selten[52]. Da-

---

sind aber nur bestehende (nicht künftige) Forderungen pfändbar, Urteil SN v. 19. 8. 1971, I CR 398/71, OSN 5/1972, poz. 85.

46 (PL) Art. 881 § 2 S. 1 KPC.

47 (D) § 832 ZPO.

48 (PL) Sog. *ciągłość zajęcia*, Art. 884 § 1 KPC. WENGEREK, Anm. 1 zu Art. 884 KPC; JULKE, *Wynagrodzenie*, Kap.IV.

49 (PL) Informationspflichten des ursprünglichen und neuem Arbeitgebers in Art. 884 §§ 2, 3 KPC, des Schuldners in Art. 884 § 4, 886 § 4 KPC, vgl. Piasecki²-SUCHECKI, Rn. 3 f. zu Art. 884 KPC; ROSZEWSKA, S. 87.

50 (D) § 833 Abs. 1 S. 2 ZPO. Fortgeltung bei Unterbrechung von bis zu 9 Monaten, Abs. 2.

51 (PL) Art. 887 KPC, näher Piasecki-JANKOWSKI, Rn. 1 ff.; WENGEREK, Anm. 1 f.; HRYCAJ, Rn. 324; JANKOWSKI, *Przebieg*, S. 104 ff. Vgl. bei anderen Vermögensrechten jetzt Art. 910² KPC n. F. und die Kommentierung bei Piasecki-JANKOWSKI zu diesem Art.

52 (D) § 835 Abs. 1 ZPO; andere Formen in § 844 ZPO. Vgl. PAULUS, Rn. 615.

bei ist der Überweisungsbeschluss[53] zwar anders als in Polen theoretisch streng vom Pfändungsbeschluss zu trennen, ergeht aber in der Praxis regelmäßig mit diesem zusammen als „Pfändungs- und Überweisungsbeschluss".[54]

Wegen ihrer geringen Relevanz für schuldnerschutzbezogene Fragen soll auf die Erörterung anderer, besonderer Zugriffs- und Verwertungsformen – etwa für Sparbücher[55] oder für „andere Vermögensrechte"[56] – verzichtet werden. Soweit, etwa bei der Pfändung von Gesellschaftsanteilen,[57] besondere schuldnerschützende Regelungen in der Verwertung zu finden sind, werden diese unten (E II, 3) kurz erläutert. Im Gegensatz zum deutschen Recht kennt das polnische nicht die Möglichkeit einer Vorpfändung im beschleunigten Verfahren.[58]

III. Vollstreckungsähnlicher Zugriff

Eine Besonderheit des polnischen Systems besteht darin, dass es bevorzugten Unterhaltsgläubigern grundsätzlich[59] offen steht, ihren Vollstreckungstitel auch ohne Einschaltung eines Vollstreckungsorgans, in einem „Außervollstreckungsverfahren" (*postępowanie pozaegzekucyjne*) oder Verfahren der „unmittelbaren Vollziehung"[60] zu realisieren. Die Wurzeln dieser Regelung sind im sozialistischen Recht zu finden, wo ein solches beschleunigtes Vorgehen generell auch

---

53 (D) §§ 835, 836 ZPO.

54 (D) Musielak-BECKER, Rn. 9 zu § 829, Rn. 3 zu § 835 ZPO; Zöller-STÖBER Rn. 3 zu § 835.

55 PL) Beim Zugriff auf Spareinlagen, für die ein Sparbuch ausgestellt wurde, an dessen Besitz die Forderung geknüpft ist, kann der GVZ, wenn eine Pfändung durch Wegnahme des Sparbuches (Art. 901 KPC) fehlschlägt, auch durch Benachrichtigung der Bank in einem besonderen, zeitaufwendigen Verfahren pfänden (Art. 893^1 ff. KPC). Vgl. dazu auch die Kommentierung bei Piasecki-JANKOWSKI zu Art 893^1 ff. KPC. und SN Urteil v. 19.3.2004, IV CK 165/03, zu diesem Rz. v. 27.8.2004; HRYCAJ, Rn. 345 ff.

56 (PL) Während die Zugriffsphase i.d.R. den dargestellten Grundlinien folgt, kann die Realisierungsphase jedoch unterschiedlich ablaufen. Überblick bei HRYCAJ, Rn. 349 ff. (Forderungen), Rn. 368 ff. (andere Vermögensrechte). Vgl. auch die Kommentierung der (neuen) Art. 910 ff. KPC bei Piasecki-JANKOWSKI.

57 Dazu in (PL) vgl. SN Beschluss v. 14.9.2005, III CZP 57/05, OSNC 4/2006, poz. 59; BRZEZIŃSKI, MoP 17/2006, S. 951; DRANIEWICZ, MoP 11/2006, S. 614 ff.; NISKI, PS 5/2002, S. 78 ff. (Sp.z.o.o.-Anteile) m. w. Nw.; die Pfändung des Sp.z.o.o.-Anteils erfolgt nach Art. 896 KPC; (D) Literaturnachweise bei Schuschke/WALKER Nw. 5 zu § 857 ZPO.

58 (D) § 845 ZPO. Überblick bei PAULUS, Rn. 604.

59 (PL) Das Außervollstreckungsverfahren kann nicht betrieben werden, wenn Unterhaltsforderungen zugunsten mehrerer Gläubiger abgezogen werden sollen und der abzugsfähige Gesamtbetrag zur vollen Deckung aller Forderungen nicht ausreicht und auch dann nicht, wenn die Forderungen bereits im Wege gerichtlicher oder behördlicher ZV gepfändet sind; Arbeitsentgelt: Art. 88 § 1 Nr. 1 u. 2 KP; Strafvollzug: Art. 1081 § 4 KPC; Regelung für die Altersversorgung in Art. 140 Abs. 5 EmRentFUSU: proportionale Abzüge.

60 (PL) So Piasecki[2]-SUCHECKI, Rn. 4 zu Art. 880 KPC.

Staatsbetrieben zur Anspruchsdurchsetzung zustand und gegenüber der Vollstreckung privilegiert wurde[61]. Im Zuge der Gleichstellung der staatlichen und privaten Sektoren der Wirtschaft wurde diese Berechtigung aber gestrichen[62]. Heute ermöglichen das Arbeitsrecht, das Recht der Altersversorgung und das Strafvollstreckungsrecht nur noch Unterhaltsgläubigern, ihren Titel direkt an Arbeitgeber, Rentenorgan oder Strafvollzugsbehörde zu übersenden, die dann von sich aus Abzüge von Entgelt oder Altersversorgung vornehmen und sie direkt dem Gläubiger übermitteln.[63] Für den Schuldner wirkt sich der Abzug daher ähnlich wie eine Pfändung aus.[64] Beantragt der Gläubiger später doch das Vorgehen im Vollstreckungswege, so ist der Gerichtsvollzieher berechtigt, die bereits abgezogenen Summen zu den vollstreckten Beträgen zu rechnen.[65]

Was die Regeln des Arbeitsrechts betrifft, so waren in sozialistischer Zeit lediglich staatliche Betriebe als Drittschuldner berechtigt und verpflichtet, Abzugsanträgen in diesem Verfahren nachzukommen, nicht „vergesellschaftete" Unternehmen waren ausgenommen. Im Interesse einer beschleunigten Gläubigerbefriedigung wurde ein solcher Einsatz der Drittschuldner außerhalb ihres eigentlichen Zuständigkeitsbereichs als „Quasi-Vollstreckungsorgan" nach dem Systemwechsel aber auf alle Arbeitgeber ausgeweitet[66]. Kritik an dieser Inanspruchnahme hatte im Falle der Arbeitgeber zunächst zum Verzicht auf die ursprünglich vorgesehene obligatorische Mitwirkung[67] und zu einer lediglich fakultativen Regelung geführt.[68] Im Zuge einer neuerlichen Reform des Rechts der Unterhaltsvollstreckung wurde eine solche Mitwirkungs*pflicht* der Arbeitgeber 2005 schließlich aber doch umgesetzt.[69] Im gesamten Verfahren der „unmittelbaren Vollziehung" gelten die Grundsätze des Schuldnerschutzes in der Nor-

---

61 (PL) Näher WENTOWSKI, Palestra 2/1967, S. 15 f.

62 (PL) Vgl. Art. 89 KP a.F. und IWULSKI/SANETRA, Anm. zu Art. 89 KP.

63 (PL) Arbeitsrecht: Art. 88 KP; Strafvollzug: Art. 1081 § 3 KPC; Altersvers.: Art. 139 Abs. 1 Pkt. 4 EmRentFUSU.

64 (PL) Entsprechende Anwendung von KPC und EgzAdmU (Art. 90 KP). Da der Schuldner infolge des Abzugs über den „ausgesonderten" Teil seines Entgelts nicht mehr verfügen kann, ähneln die Wirkungen denen der Pfändung i. S.v. Art. 885 KPC, Art. 72 EgzAdmU, vgl. näher ŚWIEBODA, Anm. 5 zu Art. 833 KPC.

65 (PL) SN Beschluss v. 21.11.1980, III CZP 53/80, OSNCP 5/1981, poz. 74, m. Anm. ŚWIEBODA, PiP 8/1982, S. 144. Damit macht er eine Klage des Schuldners aus Art. 840 § 1 Pkt. 2 KPC entbehrlich.

66 (PL) Umfassend IWULSKI/SANETRA, Anm. zu Art. 88 KP.

67 (PL) Für eine einheitliche verpflichtende Belastung aller Arbeitgeber mit diesen öffentlichen Aufgaben wurden vor allem der vorrangige Schutz der Unterhaltsforderungen und die sonst zu befürchtende uneinheitliche Praxis und damit einhergehende Ungleichbehandlungen angeführt, vgl. IWULSKI/SANETRA, Anm. zu Art. 88 KP.

68 (PL) BARZYCKA-BANASZCZYK, Rn. 2 zu Art. 88 KP; ROSZEWSKA, S. 82; ŚWIEBODA, Anm. 5 zu Art. 833 KPC.

69 (PL) Art. 88 § 1 KP in der Fassung des Gesetzes vom 22.4.2005, Dz.U. 86, poz 732 m. Änd. Dazu ROMER, Anm. 1 zu Art. 88 KP.

malvollstreckung entsprechend.[70] Eine weitere Ausnahmeregelung findet sich im Familienrecht mit dem vollstreckungsähnlichen Zugriff auf das Arbeitsentgelt eines mit dem Familienunterhalt säumigen Arbeitnehmers zugunsten seines Ehegatten.[71]

C. REGELUNGSZIELE

I. Schutz existenzsichernder Einkünfte

Zu den ersten Einschränkungen der Zugriffsmacht des Gläubigers im Recht der Forderungsvollstreckung gehörten die preußischen und französischen Pfändungsverbote für Beamten- und Soldatenbezüge. Das Ziel der Regelung bestand damals allerdings noch darin, *mittels* der Existenzsicherung der Beamtenschaft und des Militärs das Funktionieren des Staatswesens sicherzustellen.[72] Ab Beginn des 19. Jahrhunderts wurde zunehmend der soziale Aspekt von Schutzregelungen bei der Lohnpfändung betont[73]. Dementsprechend wird auch heute ihr Zweck meist direkt in der Bewahrung des Existenzminimums des Schuldners und seiner Familie gesehen[74], gegründet auf die Menschenwürde und die sozialen Staatsziele.[75] Für den Arbeitslohn existiert sogar die völkerrechtliche Regelung eines Mindestschutzniveaus.[76] Im Mittelpunkt gesetzgeberischer Maßnahmen werden daher von der großen Menge denkbarer Forderungen und Rechte

---

[70] (PL) Arbeitsrecht: Art. 88 KP „bei Anwendung der in Art. 87 bestimmten Grundsätze“ und Verweis in Art. 90 KP auf den ergänzend anzuwendenden KPC; ebs. in der Altersversorgung: Art. 140 Abs. 4 Pkt. 2 EmRentFUSU und Verweis auf KPC oder EgzAdmU (Art. 142); Strafvollzug: Art. 1081 § 3 KPC i.V.m. 125 KKW.

[71] (PL) Art. 28 KRO; näher ŚWIEBODA, Anm. 5 zu Art. 833 KPC.

[72] (D) AGO Th. I 24.Tit. §§ 106 ff. ; und LIPPROSS, S. 20 u. 22; HONOLD, S. 96 m.w.Nw.; (F) WEHRFRITZ, S. 3.

[73] Zur Entwicklung in (F) VINCENT/PREVAULT, Rn. 151; (D) LIPPROSS, S. 22 ff., ARNOLD, BB 1978, S. 1315.

[74] (PL) (Zu Art. 87 KP) Muszalski[2]-WRATNY, Rn. 1; BARZYCKA-BANASZCZYK, Rn. 1; (D) HONOLD, S. 100.

[75] (PL) Art. 30 u. 2 Konst.; die Ableitung ist vor allem implizit, etwa bei OSOWY, § 67, S. 408 und Piasecki-MARCINIAK, Rn. 1 vor Art. 829 KPC; (D) Art. 1 Abs. 1 i.V.m. 20 GG, vgl. BVerfG NJW 1990, S. 2869, 2871 (zum Steuerrecht): Staat muss dem Bürger den Betrag belassen, der zur Schaffung der Mindestvoraussetzungen für ein menschenwürdiges Dasein benötigt wird (Existenzminimum); LIPPROSS, S. 117-138, zu (Ö) HONOLD S. 99. Auch zum Völker- und Europarecht sowie rechtsvergleichend: MARTÍNEZ SORIA, JZ 13/2005, S. 645 ff.

[76] Die Konvention Nr. 95 der ILO v. 1.7.1949 (poln. Fundstelle: Dz.U. 1955, Nr. 38, poz. 234), regelt in Art. 10 Nr. 2, dass der Lohn vor der gerichtlichen Pfändung in dem Umfang zu schützen ist, der als erforderlich angesehen wird, um den Lebensunterhalt des Arbeitnehmers und seiner Familie zu gewährleisten. (D) hat die Konvention nicht ratifiziert.

des Schuldners vor allem existenzsichernde Einkünfte stehen. Betroffen sind also diejenigen wiederkehrenden Bezüge, die dazu dienen, den laufenden Lebensunterhalt des Schuldners und seiner Familie zu sichern, in der Praxis vorwiegend das Entgelt für eine gegenwärtige oder ehemalige Erwerbstätigkeit.[77]

Der moderne Gesetzgeber ist dabei allerdings hauptsächlich abwehrend tätig: Angesichts der Existenz von sozialen Sicherungssystemen in den meisten Rechtsordnungen ist Ziel der Regelungen auch, eine Situation zu verhindern, in der „kahlgepfändete" Schuldner Ansprüche gegen die staatlichen Sozialhilfesysteme stellen.[78] Würde ein Gesetzgeber mit rechts- und sozialstaatlichem Selbstverständnis einen Zugriff auf den existenzsichernden Teil der schuldnerischen Einkünfte ermöglichen, müsste er selbst die laufende Existenzsicherung des Schuldners durch Sozialunterstützung gewährleisten[79]. Anderenfalls würde er praktisch die Hand dazu leihen, dem Schuldner die Mittel zum eigenständigen Überleben zu nehmen und sich damit in Widerspruch zu seinem Staatsverständnis setzen. Soweit der Gesetzgeber aber dem Gläubiger den Zugriff auf existenzsichernde Einkommensteile gewährt und gleichzeitig den Schuldner durch Sozialleistungen direkt absichert, hat die Allgemeinheit (der Steuer- und Beitragszahler) das Risiko der Bonität des Schuldners zu tragen. Besonders deutlich wird die Problematik beim Zugriff auf staatliche Unterstützungsleistungen. Ohne Zugriffsschranken würde entweder der Zweck der staatlichen Leistung vereitelt und der Schuldner erhielte die betreffende Sozialunterstützung nicht, oder das staatliche Sicherungssystem müsste im Endeffekt mehrmals zahlen. Eine solche mittelbare Gläubigerbefriedigung aus öffentlichen Kassen ist nicht nur aufgrund des dann drohenden finanziellen Kollapses kaum vorstellbar. Aus diesem Grund wird es in der Regel auch in der Forderungsvollstreckung gesetzgeberische Leitlinie sein[80], eine anspruchsbegründende Notlage des Schuldner auf Kosten des Gläubigers zu vermeiden: Diesem wird der Zugriff nur auf Vermögensteile gestattet, die über das schuldnerische Existenzminimums hinausgehen.

Auch im Recht der Forderungsvollstreckung muss sich der Gesetzgeber Gedanken über den Umfang der mitgeschützten Personen machen, um das Existenzminimum korrekt zu erfassen. Wird hier beim Unterhaltspflichtigen ein zu geringer Betrag geschützt, droht eine Notlage der Unterhaltsberechtigten und deren Inanspruchnahme der Sozialhilfe.[81] Was den Umfang des geschützten Personenkreises anbetrifft, so überrascht zunächst, dass im Gegensatz zur ausführlichen

---

[77] (PL) BARZYCKA-BANASZCZYK, Rn. 1 zu Art. 87 KP, betont die Unterhaltsfunktion (*funkcja alimentacyjna*) des Arbeitsentgelts; ähnlich JANKOWSKI, *Przebieg*, S. 63.

[78] (D) „Entlastung der Sozialhilfeträger", HORNUNG, RPfl 2002, S. 126; Schuschke-WALKER Rn. 3 zu § 850 ZPO.

[79] (D) Vgl. BVerfGE 28, S. 60 = NJW 1990, S. 2869, 2871 (steuerfreies Existenzminimum).

[80] (D) HORNUNG, Rpflger 2002, S. 125, ARNOLD, BB 1978, S. 1316.

[81] Vgl. die Überlegungen des BVerfG in (D): BVerfG NJW 1990, S. 2869, 2871 (unter III, 2).

Behandlung im Recht der Sachpfändung, bei der Forderungspfändung in Polen die Familie keine Erwähnung findet. Es wird offenbar davon ausgegangen, dass die pauschale Unterschutzstellung von Einkommensteilen den gesamten Existenzbedarf von Unterhaltsberechtigten ausreichend sichere.[82] Dieses Regelungsdefizit wird in erster Linie mit der Herkunft der Regeln noch aus der umfassend fürsorglichen sozialistischen Rechtsordnung zusammenhängen, wo sehr häufig mehrere Familienmitglieder erwerbstätig waren. Obwohl bei zu geringem Schutz theoretisch auch in Polen heute Ansprüche aus sozialer Sicherung (*pomoc społeczna*) bestehen, die den grundlegenden Familienbedarf decken könnten, ist das System in der Praxis aber aufgrund wachsender Inanspruchnahme bei schwacher finanzieller Ausstattung noch nicht voll funktionsfähig.[83] In Deutschland wird der Familienschutz als eine der Grundlagen des Vollstreckungsschutzes angesehen[84] und spielt generell die Berücksichtigung der gegenüber dem Schuldner Unterhaltsberechtigten eine erhebliche Rolle.[85] Dies führt maßgeblich zu einer extrem einzelfallorientierten, kaum noch überschaubaren Zugriffsregelung.

II. Schutz der Erwerbstätigkeit, Erhalt der Arbeitsmotivation

Ähnlich wie schon im Recht der Sachvollstreckung kommt der Gesetzgeber am engen Zusammenhang zwischen der Existenzsicherung des Schuldners und seiner Erwerbstätigkeit nicht vorbei. Wenn der Schuldner in erster Linie in der Lage sein soll, seine Existenz selbst zu sichern, muss – wie schon oben angesprochen – die Erwerbstätigkeit ebenfalls in den Schutz einbezogen werden. Grundsätzlich sollte daher alles vermieden werden, was über Gebühr in die Schuldnertätigkeit eingreift, sie stört oder gar unmöglich macht. Dem Schuldner sollen Möglichkeit und Motivation erhalten bleiben, sich Schritt für Schritt selbst aus seiner Notsituation zu befreien.

Bei einer Regelung des Zugriffs auf existenzsichernde Einkünfte kann es daher in niemandes Interesse liegen, wenn dem Schuldner durch vollständige Pfändung seines Entgelts jeglicher Anreiz genommen würde, überhaupt oder jedenfalls im selben Maße wie bisher weiterzuarbeiten. Nähme der Gesetzgeber un-

---

[82] (PL) Dafür spricht, dass stets darauf verwiesen wird, dass der Schuldner vor dem Verlust seines Arbeitseinkommens geschützt werden müsse, weil dies regelmäßig das wesentliche oder ausschließliche Unterhaltsmittel für ihn *und seine Familie* sei. Vgl. nur BARZYCKA-BANASZCZYK, Rn. 1 zu Art. 87 KP.

[83] (PL) Vgl. den kritischen Bericht zum Zustand des polnischen Sozialhilfesystems bei ROMER, Prawo Pracy 4/2002, S. 3 und 5/2002, S. 3.

[84] (D) Art. 6 Abs. 1 GG; vgl. LIPPROSS, S. 122 f., HONOLD S. 100; § 16 SGB XII (Grundsatz der familiengerechten Hilfe / Leistungen). Zu (F) BURKARDT.

[85] (D) § 850c ZPO und unten E I. 1 a) (I) (1) (b) (ii) [Variabler Betrag] und (c) (ii) [Variable Quoten].

abhängig vom Einkommen stets nur denselben existenzsichernden Mindestbetrag vom Gläubigerzugriff aus, der wegen des o. g. staatlichen Abwehrinteresses regelmäßig im Bereich der staatlichen Minimalunterstützung liegen dürfte, wäre für den Schuldner der Anreiz gering, lediglich für die Gläubiger engagiert zu arbeiten und seine Arbeitskraft optimal einzusetzen, wenn ihm als Selbstbehalt letztlich nicht mehr verbliebe als der unpfändbare Satz der staatlichen Sozialunterstützung, den er auch hätte, wenn er auf völlig anderem Niveau oder gar nicht arbeiten würde. Es liegt also im öffentlichen Interesse, wie auch in dem des Gläubigers, dem arbeitenden Schuldner mehr zu belassen als dem untätigen, damit seine Arbeitsmotivation erhalten bleibt[86]. Daneben soll ein längerfristiger sozialer Abstieg vermieden werden.[87] Unterschutzstellungen mit dieser Zielrichtung sind insoweit konsequent in erster Linie bei den laufenden Einkünften aus gegenwärtiger Erwerbstätigkeit zu beobachten. Schutzwürdig können auch bestimmte Zusatzleistungen sein, die Auslagen, besondere Erschwernisse oder Mehrarbeit des Schuldners ausgleichen sollen. In Zeiten der Massenarbeitslosigkeit sollte man allerdings kritisch hinterfragen, ob derartige zusätzliche Privilegierungen zum Erhalt der Arbeitsmotivation tatsächlich erforderlich sind. Grundsätzlich können Forderungen auch aus allgemein volkswirtschaftlichen Überlegungen heraus geschützt werden. Ein über die Existenzsicherung hinausgehender, umfassender Schutz für unternehmerische Tätigkeit ist aber selten. Er würde oft einer Überlebenshilfe für moribunde Betriebe gleichkommen und damit dem marktwirtschaftlichen Rechtsverständnis widersprechen.[88]

III. Andere

Zum Teil kann die individuelle Existenzsicherung gegenüber anderen Regelungszielen in den Hintergrund treten, auch wenn die geschützten Leistungen einen Teil des Lebensunterhalts des Schuldners bilden. Unabhängig von seinem „materiellen" Endziel wird der Zugriffsschutz insoweit oft übergreifend durch die „Zweckgebundenheit" der Leistung gerechtfertigt. Soweit die Leistung auf einen bestimmten Zuwendungsgrund des Drittschuldners zurückzuführen sei, verfälsche eine Überweisung an den Gläubiger den beabsichtigten Zweck der Leistung.[89] Wenn auch für den Rechtsvergleich ein Blick auf die letztlich verfolgten Ziele ergiebiger erscheint als das eher formale Abstellen auf die Zweckgebundenheit, ist doch zuzugeben, dass letztere oft das in der Praxis entschei-

---

86 (D) Schuschke-Walker, Rn. 3 zu § 850 ZPO sieht die „Arbeitsfreude" auch durch Art. 1 Abs. 1 GG geschützt.

87 (D) Vgl. dazu Begründung zum Regierungsentwurf zum Siebten Gesetz zur Änderung der Pfändungsfreigrenzen, BT-Drs. 14/6812 v. 17.8.2001, S. 8 f., Keip, S. 58, S. 78.

88 (D) Lippross, S. 163, 166.

89 (D) Z.B. Keip, S. 59.

dende Rechtfertigungselement bildet. Vor allem bei staatlichen Leistungen wird es der Gesetzgeber nämlich unabhängig vom im einzelnen angestrebten Ziel nur selten zulassen, dass die von ihm direkt durch unterstützende Leistungen an den Schuldner verfolgten Ziele desavouiert werden und die Mittel stattdessen praktisch zur Gläubigerbefriedigung aus Staatsmitteln eingesetzt werden.

So kennt das polnische Recht einen weitgehenden Schutz der „Zweckbindung", indem es Beträge für unpfändbar erklärt, die vom Fiskus für besondere Ziele vorgesehen sind[90]. Regelungsziel ist aber nicht nur die etwas abstrakte Zweckbindung, sondern sind über diese Inkorporationsnorm praktisch all die „besonderen Ziele", die den einzelnen Leistungsnormen zugrunde liegen. Anhand der gesetzlich genannten Beispiele (Stipendien und Unterstützungen) lassen sich von diesen vor allem Kultur- und Bildungsförderung identifizieren[91]. Dies schließt nicht aus, dass bei vielen der Leistungen auch die Sicherung des Existenzminimums eine Rolle spielt (wie beispielsweise bei Stipendien). Wenn sich auch in Deutschland kein derart ausgeprägter allgemeiner Schutz zweckgebundener Beträge wie in Polen findet[92], liegt diese Überlegung doch ersichtlich verschiedenen zugriffsbeschränkenden Einzelregelungen zugrunde. Soweit das deutsche Recht etwa für Ausbildung und Fortbildung „zweckbestimmte" Mittel – Erziehungsgelder, Studienbeihilfen und ähnliche Bezüge – für unpfändbar erklärt[93], ist auch hier Regelungsziel die Bildungs- und Ausbildungsförderung.

Mit der sog. Zweckbindung hängt eine weitere Absicherung von Zielen des (materiellen) Gesetzgebers im Vollstreckungsrecht zusammen: die Verknüpfung der Unübertragbarkeit von Rechten mit deren Unpfändbarkeit.[94] Der Gesetzgeber wird zwar in erster Linie aus rechtssystematischen Erwägungen heraus materiellrechtlich unübertragbare Rechte von der Vollstreckung ausnehmen. Sollen Logik und Konsistenz des Gesamtrechtssystems gewahrt werden, muss insofern das Prozessrecht Überlegungen des materiellen Rechts folgen, da Rechte, deren Übertragbarkeit materiellrechtlich ausgeschlossen wurde, auch nicht auf dem prozessualen Weg sollen umgesetzt werden können.[95] Soweit allerdings im

---

[90] (PL) Art. 831 § 1 Nr. 2 KPC.

[91] (PL) Piasecki-Marciniak, Rn. 4 zu Art. 831 KPC; Świeboda, Anm. 2 zu Art. 831 KPC.

[92] (D) Vgl. aber zum recht weiten Schutz über § 851 Abs. 1 ZPO (Unpfändbarkeit nicht übertragbarer Forderungen) i.V.m. § 399 1. Alt. BGB (Unübertragbarkeit von Forderungen, soweit sie an einen anderen als den ursprünglichen Gläubiger nicht ohne Inhaltsänderung erfüllt werden können), und den Einschränkungen unter D II 2 b.

[93] (D) § 850a Nr. 6 ZPO.

[94] (PL) Art. 831 § 1 Pkt. 3 KPC. Umfassend zum Ganzen mit Beispielen: Piasecki-Marciniak, Rn. 7 ff. zu Art. 831 KPC; Świeboda, Anm. 3 zu Art. 831 KPC; Wengerek, Anm. 3 zu Art. 831 KPC; Ausnahme hier, wenn die Möglichkeit der Veräußerung vertraglich ausgeschlossen wurde und sich das Objekt der Forderung zur Vollstreckung eignet oder die Ausübung des Rechtes einem anderen übertragen werden kann. (D) § 851 ZPO.

[95] (PL) Marciniak, *Ograniczenia*, S. 142; (D) Musielak-Becker, Rn. 1 zu Art. 851 ZPO. Eine Pfändung ist nämlich ebenso wie eine Verpfändung eine Art „Teilabtretung", eine Ab-

Sinne der „Zweckbindung“ mit Unübertragbarkeit und Unpfändbarkeit gleichermaßen und komplementär sichergestellt werden soll, dass die Leistung auch tatsächlich dem Betroffenen selbst verbleibt und zu dem vorbestimmten Zweck verwendet werden kann, dient auch diese Verknüpfung der Weiterverfolgung und Absicherung materiellrechtlicher Ziele (Existenzsicherung, Bildungsförderung etc.) im Vollstreckungsrecht.

Von den vielfältigen weiteren Regelungszielen, die schuldnerschützenden Normen zugrunde liegen können, sollen hier nur beispielhaft einige wichtige genannt werden, die im polnischen und deutschen Recht eine Rolle spielen. Gemeinsamkeiten lassen sich z. B. im Hinterbliebenenschutz entdecken, der die schon angesprochenen Zugriffsverbote in der Sachvollstreckung ergänzt. In beiden Rechtsordnungen wird der Zugriff auf bestimmte Leistungen anlässlich eines Todesfalles beschränkt, die zur Deckung der Beerdigungskosten dienen. Hier wird man die Regelungsmotivation aber nicht so sehr in der Rücksichtnahme auf die Gefühle und die Situation der Hinterbliebenen bei einem Todesfall zu sehen haben, sondern wiederum in erster Linie im (Abwehr-) Interesse des Staates, „Armenbestattungen“ aus staatlichen Mitteln und damit eine Inanspruchnahme der Sozialsysteme zu verhindern.[96] Mit einzelnen Regelungen zum Schutz von Kleinsparern[97] und Versicherungsnehmern[98] verfolgt der polnische Gesetzgeber vor allem gesamtwirtschaftliche Ziele. Auch im deutschen Recht finden sich Sonderregelungen mit sehr spezifischen Regelungszielen.[99] Beide Rechtsordnungen kennen schließlich Schutzregelungen für Urheberrechte, die auch der Unterhaltssicherung dienen können.[100]

---

spaltung von Gläubigerbefugnissen, genauer eine Abspaltung der Verwertungsbefugnis, BAUR/STÜRNER, § 25 I.

96 (D) Musielak-BECKER, Rn. 8 zu § 850b ZPO. Dazu noch unter E I 1 c) a.E.

97 (PL) Art. 54 PrBank., Art. 1083 § 2 KPC.

98 (PL) Art. 831 § 1 Nr. 5 KPC i.V.m. § 1 EgzUbezpR; näher: ŁAWRINOWICZ/NOWAK, Palestra 5/1987, S. 1.

99 (D) Mit § 851b ZPO wird die Sicherung der Erhaltung eines Grundstücks- und die Bezahlung darauf ruhender Lasten angestrebt. Den Einschränkungen beim Anspruch auf Pflichtteil oder Zugewinnausgleich oder auf Rückgabe eines Geschenks (§ 852 ZPO) liegt der Schutz der persönlichen Beziehungen vor Vollstreckungseingriffen zugrunde. Der Berechtigte soll selbst entscheiden können, ob er seinen Anspruch geltend machen will.

100 (PL) Vgl. die Regelungen der AutorU und HRYCAJ, Rn. 381; (D) Vgl. Musielak-BECKER, Rn. 11 zu § 857 ZPO; BERGER, NJW 2003, S. 853 ff. Eine Untersuchung dieser Spezialmaterie würde den Rahmen der Arbeit sprengen.

D. GRUNDELEMENTE DER REGELUNGSENTSCHEIDUNG

Betrachtet man die Regelungsmöglichkeiten, die dem Gesetzgeber für Fragen des Schuldnerschutzes offen stehen, erscheint – wie auch bei beweglichen Sachen – die Regelung von Zugriffsverboten naheliegend. Im Gegensatz zur Pfändung beweglicher Sachen ist man bei der Pfändung von Forderungen allerdings selbst bei pauschaler Unterschutzstellung nicht auf ein starres „ganz oder gar nicht" angewiesen, sondern kann den Zugriffsumfang durch Quoten flexibel austarieren, wobei verschiedene Parameter eine Rolle spielen können. Dies macht die Regelung des Schuldnerschutzes in diesem Bereich zwar besonders elastisch und offen für Abwägungsprozesse, deren Resultate einen hohen „Gerechtigkeitsgehalt" aufweisen sollen, führt aber auch zu überaus komplexen Regelungsdickichten[101]. Um eine Übersicht zu gewinnen, lässt sich die Regelungsentscheidung in bezug auf Zugriffsschranken in der Forderungsvollstreckung dabei allerdings grob nach ihrer Orientierung an zwei Hauptelementen strukturieren. Dies ist zum einen die Art der Forderung, die vollstreckt wird (Vollstreckungsforderung), eng verknüpft mit der Situation des Gläubigers, zum anderen die Art der Forderung, in die vollstreckt wird (Vollstreckungsobjekt), eng verbunden mit der Situation des Schuldners als Forderungsinhaber. Die Zugriffsmöglichkeiten hängen dann also kombiniert von der jeweiligen Art der Vollstreckungsforderung bzw. des Vollstreckungsobjekts ab.

I. Vollstreckungsforderung

1. Normale und privilegierte Forderungen

Geht es darum, *was* vollstreckt wird, kann in die Regelungsentscheidung einfließen, ob der zu vollstreckenden Forderung ein besonderer Vorrang zukommen soll, d. h. ob die Interessen des Gläubigers besonders nachdrücklich durchzusetzen sind. Die beiden verglichenen Rechtsordnungen kennen, wie viele andere, neben „normalen" auch besonders privilegierte Forderungen, d. h. eine Sonderbehandlung von Gläubigern, die wegen bestimmter Ansprüche vollstrecken. Eine solche Bevorzugung lässt sich natürlich nur rechtfertigen, wenn die betroffenen Gläubigerinteressen oder Staatsinteressen den Schuldnerinteressen an einer Sicherung des Existenzminimums mindestens gleichwertig sind oder diese überwiegen. Im sozialistischen polnischen Recht wurden generell Forderungen

---

[101] Kritik für (D) etwa bei PAULUS, Rn. 607 „unübersichtliche Ausgestaltung", „fehlende Verständlichkeit und Praktikabilität.", KEIP, S. 56 „relativ kompliziert". (F) Die Schutzregelungen sind so vielfältig und verstreut, dass man sie oft nur zufällig findet (*„il faut souvent compter sur le hasard pour les découvrir"*), PERROT/THÉRY, S. 226.

staatlicher Wirtschaftsbetriebe bevorzugt[102], während heute in den meisten Rechtsordnungen vor allem an Unterhaltsforderungen zu denken ist. Zudem kann von Bedeutung sein, ob der hinter einem Zugriffsverbot stehende Schutzzweck bei bestimmten Vollstreckungsforderungen im Gegensatz zum Normalfall gerade den Zugriff erforderlich macht.

2. *Privilegierungen*

a) Unterhaltsforderungen

In vielen Rechtsordnungen sind die Forderungen bestimmter Unterhaltsgläubiger besonders privilegiert. Bei ihrer Vollstreckung wird ein erweiterter Zugriff ermöglicht und der normale Schuldnerschutz auf ein Minimum reduziert.[103] Ein Schutz des Schuldnereinkommens, der mehr als dessen absolutes Existenzminimum erfasst, ist kaum zu rechtfertigen, wenn auf der anderen Seite ein Gläubiger steht, dessen Lebensbedarfsdeckung ebenfalls entscheidend von diesem Einkommen abhängt. Auch hier muss man aber wieder die staatliche Abwehrposition sehen: Die auf das Schuldnereinkommen in besonderer Weise angewiesenen[104] Unterhaltsgläubiger sollen nicht zu Anspruchberechtigten der staatlichen Sozialfürsorge werden.[105]

In Polen tritt bei der Vollstreckung von Unterhaltsforderungen der Schuldnerschutz in der Regel zurück[106], zudem steht Unterhaltsgläubigern das angesprochene, vorteilhafte „Außervollstreckungsverfahren" offen. Als Unterhaltsforderungen sind Unterhaltsgeld (*alimenty*) und Renten mit Unterhaltscharakter anzusehen.[107] Unterhaltsgeld sind Geldbeträge, die unterhaltsberechtigten Personen i. S. der Vorschriften des Familien- und Vormundschaftsgesetzbuchs (KRO)[108] aufgrund eines Vollstreckungstitels als notwendige Mittel zum Lebensunterhalt und zur Erziehung zustehen.[109] Der Begriff der Renten mit

---

102 (PL) Etwa durch Eröffnung der günstigen, vollstreckungsorganlosen Forderungsrealisierung, Art. 89 KP a.F.

103 Vgl. die Dartellung bei HONOLD, S. 173 ff. zu (D/Ö/F/ENG/CH).

104 (D) KEIP, S. 80; HONOLD, S. 174.

105 (D) Stein/Jonas-BREHM, Rn. 1 zu § 850d ZPO; Musielak-BECKER, Rn. 1 zu § 850d ZPO. Z. T. wird dies mit dem Schutz des allgemeinen Persönlichkeitsrechts des Gläubigers begründet, vgl. MünchKomm-SMID, Rn. 1 zu § 850d ZPO; In (PL) werden die Beweggründe nicht offen angesprochen, sondern wird meist zur Begründung nur lakonisch auf den „Schutz der Gläubigerinteressen" verwiesen, vgl. BARZYCKA-BANASZCZYK, Rn. 2 zu Art. 87 KP.

106 (PL) Zum Ganzen umfassend KOWALSKI, *Alimentacyjnych.*

107 (PL) Art. 1081 § 1 KPC i.V.m. Art. 90 KP; Piasecki-MARCINIAK, Rn. 3 zu Art. 833 KPC.

108 (PL) Vgl. insbesondere Art. 128 ff. KRO (*Obowiązek alimentacyjny*).

109 In (PL) geht man davon aus, dass Unterhaltsforderungen beim Übergang auf Dritte durch Legalzession ihren Charakter als Unterhaltsforderungen im engeren Sinne verlieren (SN v.

Unterhaltscharakter ist gleichfalls weit zu fassen.[110] Auch in Deutschland werden Ansprüche, die kraft Gesetzes bestimmten Unterhaltsgläubigern[111] zustehen, dadurch besonders bevorzugt, dass in diesen Fällen ein erweiterter Zugriff auf laufende Einkünfte[112], die Pfändung von Rückständen und eine Vorratspfändung ermöglicht werden.[113] Besonders kompliziert gestaltet sich die Regelung der Zugriffsreihenfolge, wenn mehrere Berechtigter Ansprüche vollstrecken.[114] Die Einzelheiten sollen bei den jeweiligen Zugriffsregelungen erörtert werden.

b) Sonstige

Daneben kommen noch andere Gründe einer Privilegierung in Betracht. Im Sinne eines „Schutzzweckzusammenhangs" kann man den Schuldnerschutz dann zurücknehmen, wenn die Vollstreckungsforderung gerade auf einer Leistung beruht, die dem mit der Unterschutzstellung bezweckten Ziel dient. Dann ist insoweit ein Schutz eben nicht erforderlich oder wäre sogar kontraproduktiv. Gläubiger könnten von der Möglichkeit Abstand nehmen, vom Gesetzgeber an sich erwünschte Leistungen an „Risikoschuldner" zu erbringen, wenn sie befürchten müssten, ihre Forderungen wegen einer Zugriffssperre auf das Einkommen des Schuldner nicht durchsetzen zu können, obgleich dieses im konkreten Fall nur geschützt wird, um dem Schuldner die Möglichkeit zum Erwerb solcher Leistungen zu geben. In Polen wird daher etwa im Recht der Altersversorgung sogar zwischen drei Arten von Titeln unterschieden: Neben den Unterhaltstiteln sind hier noch Titel im Zusammenhang mit der Unterbringung in Pflegeanstalten gegenüber den übrigen („normalen") Titeln privilegiert[115]. Dahinter steht der Gedanke, dass Pflegeanstalten in höherem Maße der Zugriff auf Schuldnerforderungen ermöglicht werden kann, die das Existenzminimum sichern sollen, da diese Anstalten eben für Lebensunterhalt und Wohlergehen des Schuldners sorgen. Andere Forderungen sind aus vergleichbaren Erwägungen

---

11.9.1951, C 386/50, OSN 2/1952, poz. 52.). In (D) hat der Neugläubiger den privilegierten Zugriff dann, wenn es zum Forderungsübergang infolge einer Unterhaltsgewährung an den Altgläubiger kommt, vgl. MünchKomm-SMID, § 850d Rn. 6; STÖBER Rn. 1081.

[110] (PL) Er umfasst vom Gericht zugesprochene oder durch gerichtlichen Vergleich bzw. notarielle Urkunde festgelegte Renten für den Verlust der Erwerbsfähigkeit (Art. 444 § 2 KC), im Zusammenhang mit dem Tod des Ernährers (Art. 446 § 2 KC), als Ergebnis einer Umwandlung einer Leibrente (Art. 913 § 1 KC) oder die in einem Rentenvertrag festgelegte Quote (Art. 903 KC); vgl. näher MARCINIAK, *Ograniczenia*, S. 69 ff. (Fn. 14).

[111] (D) Verwandte, Ehegatte, früherer Ehegatte, Lebenspartner, früherer Lebenspartner oder Elternteil (nach §§ 1615l, 1615n), § 850d ZPO Abs. 1 S. 1 ZPO.

[112] (D) § 850 d Abs. 1 ZPO.

[113] (D) § 850d Abs. 3 ZPO, näher MünchKomm-SMID, Rn. 29 ff. § 850d ZPO.

[114] (D) Dazu § 850d Abs. 2 ZPO.

[115] (PL) Art. 140 Abs. 1 Nr. 2 EmRentFUSU; Ähnlich in (F) Forderungen aus Krankenhausaufenthalt oder Behindertenpflege, vgl. WERTH, S. 210.

schutzzweckgemäß nur dann pfändbar, wenn die Vollstreckung zur Befriedigung von Forderungen stattfindet, die im Zusammenhang mit der Verwirklichung des von der Zugriffschranke geschützten Zieles entstanden sind.[116] Eine Privilegierung kann auch auf der Überlegung beruhen, dass die Gläubigerstellung ähnlich wie bei Unterhaltsgläubigern nicht auf einer privatautonomen Auswahlentscheidung beruht.[117] In diesem Sinne werden nach deutschen Recht Forderungen aus vorsätzlich begangener unerlaubter Handlung bevorzugt. Durch umfangreicheren Zugriff soll ein schnellerer Schadensausgleich ermöglicht werden.[118]

II. Vollstreckungsobjekt

1. Einleitung

Im Rahmen der Forderungsvollstreckung wird das praxisrelevante schuldnerische Arbeitseinkommen regelmäßig ganz im Mittelpunkt stehen und oft eine Vorbildfunktion für die Behandlung anderer Einkunftsarten haben. Trotzdem erscheint es im Rahmen einer systematischen, transnationalen Darstellung nicht weiterführend, wie herkömmlich vom Begriff des „Arbeitseinkommens" als zentralem Vollstreckungsobjekt auszugehen und dann andere Einkommensarten als „Besonderheiten" getrennt zu behandeln, auch wenn dies vom Aufbau vieler Rechtssysteme her angezeigt scheint. Eine solche Herangehensweise muss heute als weitgehend anachronistisch angesehen werden, da sich der moderne Schuldnerschutz zwar aus den Schutzvorschriften bei der Lohnpfändung entwickelt hat, aber längst über diese hinausgewachsen ist. Geht man wie die meisten herkömmlichen Darstellungen von der Frage des Arbeiteinkommens als Vollstreckungsobjekt aus, ist dies notwendig verbunden mit umfassenden Erörterungen des Begriffs „Arbeitseinkommen", seines Inhalts oder des Verhältnisses von vollstreckungs- und arbeitsrechtlichem Begriff.[119] Von einem rein empirischen Blickpunkt aus gesehen mag das sinnvoll sein, da in der Tat viele Rechtssysteme – und ihnen folgend auch die wissenschaftliche Literatur – so vorgehen. Von einem systematischen und am Regelungsproblem orientierten Ansatz her kann dem aber nicht gefolgt werden. Wie oben gezeigt, liegen die Regelungsziele der

---

116 (PL) Art. 831 Pkt. 2 KPC (für besondere Ziele vorgesehene Forderungen); Art. 832 (Beerdigungskosten); (D) § 850a Nr. 5 (Heirats- und Geburtsbeihilfen), § 54 Abs. 4 SGB I (Kindergeld). (Ö) § 290a EO „*Die Unpfändbarkeit gilt nicht, wenn die Exekution wegen einer Forderung geführt wird, zu deren Begleichung die Leistung widmungsgemäß bestimmt ist.*"

117 (D) HONOLD, S. 347.

118 (D) KEIP, S. 87.

119 (D) Vgl. z.B. die umfassende Darstellung von HONOLD zum Rechtszustand in D/Ö/ENG/F/CH, S. 104 – 136 (§ 8 „Das Arbeitseinkommen als Gegenstand der Zwangsvollstreckung").

Zugriffsschranken eben nicht in einem undifferenzierten Schutz des Arbeitseinkommens an sich, sondern sind vielmehr übergeordneter und umfassender in der Existenzsicherung, dem Erhalt der Arbeitsmotivation und in einigen anderen speziellen Erwägungen zu sehen. Bei einer Erörterung, die die bestehenden Regelungen lediglich im Rahmen der gesetzlichen Systematik nachvollzieht, ist nicht zu beurteilen, hinsichtlich welcher Vollstreckungsobjekte ein Schutz vor dem Zugriff – gemessen am Regelungsziel des Gesetzgebers – überhaupt zweckfördernd, erforderlich und angemessen ist und damit als Einschränkung der vorrangigen Gläubigerrechte gerechtfertigt werden kann.

Die schlichte Qualifizierung von Einkünften als Arbeitseinkommen kann nach keinem der üblichen Regelungsziele hinreichend sein, um dem Gläubiger den Zugriff darauf zu verweigern. Die Diskussionen, ob etwas zum Arbeitsentgelt zu zählen und schon *deshalb* nach den dafür geltenden Grundlagen geschützt werden muss, ist in systematischer und regelungsorientierter Betrachtung daher nicht nur unpräzise, sondern verkehrt auch die Rechtfertigungslast. Ein schlüssiges Vollstreckungssystem muss vielmehr bei jeder Art von Einkommen zuerst begründen, warum dieses *ausnahmsweise* schützenswert ist, welches den Gläubigerinteressen übergeordnete Regelungsziel also eine Zugriffs- oder Verwertungsschranke rechtfertigen kann. Die Zurechnung zum Arbeitseinkommen ist ausgehend von den Regelungszielen daher eher nebensächlich, wie vor allem auch bei rechtsvergleichender Untersuchung deutlich wird. Ein und dieselbe Einkunftsart kann unterschiedlich qualifiziert werden – in einer Rechtsordnung als Arbeitseinkommen, in der anderen hingegen als Sozialleistung – und trotzdem gleichermaßen geschützt sein oder aber gleich qualifiziert und doch unterschiedlich behandelt werden. Worte sind insofern tatsächlich „Schall und Rauch": Durch die bloße Zuordnung ändert sich nichts an der Schutz*würdigkeit* des einzelnen Einkunftspostens und ergibt sich keine sinnvolle transnationale Vergleichsgrundlage. Im Mittelpunkt sollen daher im Folgenden die Fragen stehen, welche Einkunftsarten – gemessen an den oben genannten Regelungszielen – als schutzwürdig angesehen werden können (nachfolgend unter D II 2) und wie ein Schutz regelungstechnisch sinnvoll erreicht werden kann (unter E).

Ausgehend vom zentralen Regelungsziel bietet es sich an, Vollstreckungsobjekte zunächst danach zu beurteilen, inwieweit der Schuldner auf die betreffende Forderung angewiesen ist, d. h. wie und in welchem Umfang sie der Sicherung seines Existenzminimums dient. Schon durch Bildung der umfassenden Gruppe „existenzsichernder Einkünfte" wird deutlich, dass hier das Arbeitseinkommen nur eine Teilmenge bildet und dass einerseits andere Einkünfte unter Berücksichtigung des Regelungsziels genauso schützenwert sind wie dieses (und daher ebenso behandelt werden sollten) und dass andererseits viele Bestandteile des Arbeitseinkommens keinesfalls als „existenzsichernd" angesehen werden können. Für diese Bestandteile ist daher eine andere Rechtfertigung erforderlich – etwa die Sicherung der Arbeitsmotivation. Vor allem bei staatlichen Leistungen spielt eine wichtige Rolle, welcher Zweck mit der Leistungsgewährung verfolgt wird und ob die Zulassung der Vollstreckung diesen womöglich konterkariert.

2. Schutzwürdige Forderungen und Rechte

a) Existenzsichernde Einkünfte

(I) Überblick

Soweit entscheidender Beweggrund für den Schutz vor einem Zugriff durch den Gläubiger die Existenzsicherung ist, wird eine schlüssige Schutzregelung in erster Linie das Arbeitseinkommen in seinem existenzsichernden Teil, daneben aber auch alle Arten von anderen Einkünften umfassen, die diesem geschützten Zweck in gleicher Weise dienen. Neben sämtlichen wiederkehrenden, laufenden Einkünften aus gegenwärtiger Erwerbstätigkeit [unter (II) (1)] stellen auch Ansprüche aus Altersversorgung laufende Mittel zur Existenzsicherung dar und sind aus diesem Grunde vergleichbar zu behandeln [unter (III)]. Vergütungen für selbständige Erwerbstätigkeiten aller Art, insbesondere für handwerkliche, künstlerische und freiberufliche Arbeit, bilden ein interessantes Regelungsproblem, da sie in der Regel nicht i. e. S. wiederkehrend gezahlt werden, aber doch die Lebensgrundlage der Schuldners bilden [unter (II) (2)].

Bei den Sozialleistungen kommen neben umfassend existenzsichernden Leistungen, die Entgeltersatzfunktion erfüllen[120], auch solche in Betracht, die entweder einen konkreten, besonderen Unterhaltsbedarf sichern oder die jedenfalls zur Existenzsicherung beitragen. Da hier i. d. R. der Staat selbst mit den Leistungen direkt Handlungsziele verfolgt, wird zur Begründung einer Zugriffsbeschränkung allerdings – wie dargestellt – anders argumentiert: Schon die Zweckbindung der Leistung verbiete es, den Zugriff zuzulassen. Anderenfalls werde das geplante Handlungsziel konterkariert. Eine solche Argumentation schließt aber nicht aus, dass letztlich hinter der Beschränkung stehendes („materielles") Schutzziel der Erhalt einer menschenwürdigen Existenz des Schuldners ist. Im Einzelnen können aber auch andere Leistungsziele verfolgt werden [unter (IV)].

(II) Aktuelle Erwerbstätigkeit

Aufgrund der praktischen Bedeutung steht für den Gesetzgeber das Einkommen des Schuldners aus aktueller Erwerbstätigkeit meist im Vordergrund. Grob kann man hier zwischen wiederkehrenden (1) und nicht wiederkehrenden Leistungen

---

[120] In (Ö) ist diese Entgeltersatzfunktion einer Leistung für den Schutz in § 290 a Abs. 1 Nr. 5-8 EO maßgeblich.

(2) unterscheiden. Ein besonderes Problem besteht, wenn der Schuldner versucht seine tatsächlichen Einkünfte zu verschleiern (3).

(1) Wiederkehrende Einkünfte

Unter den wiederkehrenden Einkünften ist das laufende Arbeitseinkommen des Schuldners das praxisrelevanteste Vollstreckungsobjekt und zugleich das, dessen Schutzwürdigkeit aus sozialen Erwägungen heraus am notwendigsten ist.[121] Während in den meisten Ländern die Gläubiger zunächst weitgehend freien Zugriff auch auf das künftige Arbeitseinkommen der Schuldner genossen und sich erst langsam zugunsten des Schuldners Pfändungsschutzvorschriften entwickelten, ging etwa das englische Recht den umgekehrten Weg[122]. International fordert die Konvention zum Schutz des Lohns einen Mindestschutz vor Zugriff in Höhe des Existenzminimums des Arbeitnehmers und seiner Familie.[123]

Einkommen aus einem Arbeitsverhältnis unterliegt in Polen der Vollstreckung nur in dem Umfang, der in den Vorschriften des Arbeitsgesetzbuchs (*Kodeks pracy*, KP) bestimmt ist (Art. 833 § 1 KPC i.V.m. Art. 87 KP). Dabei behandelt das polnische Recht den Vollstreckungszugriff auf das Arbeitsentgelt nur als einen von verschiedenen Fällen, in denen Abzüge (*potrącenia*) [124] vom Lohn möglich sind. Im Rahmen des Kapitels „Schutz des Arbeitsentgelts" (*Ochrona wynagrodzenia za pracę*)[125] werden die Abzugsmöglichkeiten – auch im Falle eines Vollstreckungszugriffs – abschließend nach Art, Umfang und Reihenfolge bestimmt und fungieren dadurch als Zugriffsschranken[126]. Diese Vollstre-

---

[121] Zum Begriff des Arbeitseinkommens in CH/Ö/ENG/F, Honold S. 105.

[122] (ENG) Nachdem die Gläubiger lange Zeit auf das umfassend geschützte künftige Arbeitseinkommen überhaupt nicht zugreifen konnten, wurde dies später schrittweise ermöglicht – zunächst 1958 für Unterhaltstitel und erst 1971 auch für normale Leistungstitel, Honold, S. 99 m.w.Nw.

[123] Konvention Nr. 95 der ILO v. 1.7.1949 (poln. Fundstelle: Dz.U. 1955, Nr. 38, poz. 234), Art. 10 Abs. 2. (D) hat die Konvention nicht ratifiziert.

[124] (PL) Begriff d. *potrącenie*, Gersdorf/Rączka/Skoczyński, Anm. 1 zu Art. 87 KP; Marciniak, *Ograniczenia*, S. 68: Rechtliche Befugnis zu einseitigem Handeln des Arbeitgebers, mit dem dieser das dem Arbeitnehmer zustehende Gehalt in den Fällen und in der Höhe vermindert, die in den arbeitsrechtlichen Vorschriften vorgesehen ist.

[125] (PL) Teil III, Kapitel II KP; Art. 84 ff.; umfassend: Julke, *Wynagrodzenie*, Kap. II und III.Vgl. Lit.-Nw. bei Świątkowski, vor Art. 84 KP; Skoczyński, PiZS 3/1997, S. 17 ff. Muszalski[2]-Wratny, Rn. 2 zu Art. 87 KP weist auf die Europäische Sozialcharta und das dort enthaltene Prinzip des Schutzes der Integralität des Arbeitslohnes hin (Art. 4 Abs. 5 Charta). Danach sind Abzüge vom Arbeitslohn nur unter den Bedingungen und in den Grenzen zulässig, die in den nationalen Gesetzen oder in Tarifverträgen oder Schiedsentscheidungen vorgesehen sind.

[126] (PL) Barzycka-Banaszczyk, Rn. 6 zu Art. 87 KP.

ckungsbegrenzungen erfassen alles, was arbeitsrechtlich unter Arbeitsentgelt verstanden wird,[127] mit sämtlichen Bestandteilen[128].

Ganz im Sinne des oben dargestellten Regelungsziels, alle existenzsichernden Einkünfte zu schützen, gelten in Polen die Zugriffsschranken des Arbeitsrechts entsprechend für die Bezüge der Abgeordneten und Senatoren, die Forderungen der Mitglieder landwirtschaftlicher Produktionsgenossenschaften und ihrer Haushaltsangehörigen wegen Arbeit in der Genossenschaft[129], das Entgelt der Mitglieder von Erwerbsgenossenschaften (*spółdzielnia pracy*)[130] sowie „alle wiederkehrenden Leistungen, die die Sicherung des Unterhalts zum Ziel haben" (Art. 833 § 2 KPC). Eigentlicher Oberbegriff der gesamten Schutzregelung sind daher eben „wiederkehrende Leistungen, die die Sicherung des Unterhalts zum Ziel haben", das Arbeitsentgelt kann nur als wichtigster Anwendungsfall angesehen werden. Entscheidend für die Schutzwürdigkeit ist also der unterhaltssichernde Charakter einer Forderung.[131]

Der Begriff „alle wiederkehrenden Leistungen, die die Sicherung des Unterhalts zum Ziel haben" wird sehr weit verstanden. Will man wirklich alle derartigen Leitungen erfassen, kommt schon regelungstechnisch keine abschließende Aufzählung solcher Bezüge in Betracht. Dieser offene „unbegrenzte" Begriff[132] soll im Recht der Forderungsvollstreckung die Anpassung an die Vielgestaltigkeit, ständige Umgestaltung und Weiterentwicklung der sozialen Wirklichkeit ermöglichen. Bei der Frage ob eine Leistung unter die schützenwerten Einkünfte fällt, muss in Polen nur geklärt werden, ob die Leistung einen wiederkehrenden

---

[127] (PL) Die arbeitsrechtlichen Einzelheiten können hier nicht näher untersucht werden, sind aber wegen des weiten Oberbegriffs der unterhaltsgewährenden Leistungen auch i. d. R. unerheblich.

[128] (PL) Zum Arbeitsentgelt rechnen grundsätzlich auch alle Zulagen etc. Vgl. IWULSKI/SANETRA, Anm. 2 zu Art. 87 KP m.Nw. Erfasst auch Leistungen für die Zeit der Abwesenheit, wegen Fortbildung etc., WENGEREK, Anm. 3 zu Art. 833 KPC; zur weiten Auslegung der Rspr. WRÓBLEWSKA, PiZS 2/1999, S. 40.

[129] (PL) Vgl. Art. 158 PrSpółdz. Voller Zugriff hingegen auf Forderungen der Mitglieder landwirtschaftlicher Produktionsgenossenschaften aus ihrer Beteiligung an Genossenschaftseinkünften, die ihnen aufgrund ihrer geleisteten Einlagen zufallen. (Art. 833 § 3 KPC). Begriff des „Haushaltsangehörigen" in Art. 156 § 2 PrSpółdz.

[130] (PL) Dieses besteht aus laufendem Einkommen und der Beteiligung an dem Teil des Bilanzüberschusses, der zur Verteilung unter den Genossenschaftsmitgliedern nach der Jahresabrechnung vorgesehen ist. Trotz der Gleichstellung beider Einkommensarten in Art. 183 § 2 PrSpółdz, soll nach einhelliger Ansicht nur das laufende Einkommen am Schutz teilhaben, ŚWIEBODA, Anm. 2 zu Art. 833 KPC; WENGEREK, Anm. 7 zu Art. 833 KPC.

[131] (PL) BARZYCKA-BANASZCZYK, Rn. 1 zu Art. 87 KP, betont den „Unterhaltscharakter" des Arbeitslohns. Auch in (F) kommt es auf den *caractère alimentaire* einer Forderung an, der anzunehmen ist, wenn damit der Lebensunterhalt (*entretien et subsistance*) des Schuldners gesichert werden soll (PERROT/THÉRY, S. 224 f.).

[132] (PL) MARCINIAK, *Ograniczenia*, S. 90.

Charakter hat und ob sie dem genannten Ziel zu dienen bestimmt ist.[133] Entscheidend ist also zunächst, ob die Leistung dem Schuldner periodisch, in wiederkehrenden Zeitabschnitten gewährt wird, wobei die Häufigkeit der Zahlungen (monatlich, vierteljährlich, jährlich) gleichgültig ist und auch unregelmäßige Zahlungsabschnitte denkbar sind.[134] Wann eine Leistung der Unterhaltssicherung (*zapewnienie utrzymania*) zu dienen bestimmt ist, definiert das Gesetz nicht, sondern bietet nur einige Beispiele. Eine erschöpfende Aufzählung der erforderlichen Umstände wird für unmöglich und entbehrlich gehalten.[135] Unter diese Auffangregelung fallen auch wiederkehrende Leistungen, in die zwar nach den Vorschriften der „Vollstreckung in das Arbeitsentgelt" (Art. 881 KPC s. o.) vollstreckt wird, die aber nicht unter den arbeitsrechtlichen Begriff des Arbeitsentgelts subsumiert und damit nicht *direkt* über die arbeitsrechtlichen Vorschriften geschützt werden könnten. Diffizile Abgrenzungsfragen spielen für den Schuldnerschutz daher im Endeffekt zu Recht keine Rolle.[136]

Entsprechend den arbeitsrechtlichen Grundsätzen behandelt werden nach polnischem Recht – entweder über die allgemeine Verweisung im KPC als „wiederkehrende Leistungen, die die Sicherung des Unterhalts zum Ziel haben", oder über eine Verweisung im jeweiligen Spezialgesetz – die Vergütung verschiedener Staatsbediensteter[137], das Entgelt von in Heimarbeit beschäftigten Personen[138], Ausgleichsleistungen für Arbeitnehmer, deren Entgelt in Folge langfristiger gesundheitlicher Schäden reduziert ist,[139] und auch ein wiederkehrendes Entgelt, das aufgrund zivilrechtlicher Verträge gezahlt wird[140]. Schließlich sol-

---

133 (PL) MARCINIAK, *Ograniczenia*, S. 63.

134 (PL) Piasecki-MARCINIAK Rn. 13 zu Art. 833 KPC; DERS., *Ograniczenia*, S. 64.

135 (PL) MARCINIAK, *Ograniczenia*, S. 64 „Intuition erforderlich" und S. 90 „entbehrliche Kasuistik". Etwas vage wird der unterhaltssichernde Charakter dann angenommen, wenn die Leistung für den Schuldner mit einem bestimmten Vermögensvorteil verbunden sei, der es ihm erlaube, Güter zu erwerben und Dienstleistungen zu nutzen, Piasecki-MARCINIAK, Rn. 13 zu Art. 833 KPC. Plastischer erscheint insofern in (F) „Sicherung von *entretien* und *subsistance*", PERROT/THÉRY, S. 224.

136 (PL) Forderungen, die – obwohl außerhalb der arbeitsrechtlichen Definition – der Vollstreckung in das Arbeitsentgelt unterliegen, aber nur *einmalig* ausgezahlt werden, können nicht als wiederkehrende Leistungen angesehen werden und unterliegen grundsätzlich voll der Vollstreckung, wenn sie nicht aufgrund anderer Vorschriften davon ausgenommen sind, Piasecki-MARCINIAK, Rn. 2 zu Art. 833 KPC; DERS., *Ograniczenia*, S. 67 f.

137 (PL) Polizei: Art. 127 § 1 PolU; Gefängnisdienst: Art. 123 § 1 SłużWięzU; Grenzschutz: Art. 103-104, 131 StrażGranU; Feuerwehr: Art. 85 ff., 110 § 1 StrażPożU u.a.m.

138 (PL) § 12 Abs. 3 u. 4 PracNakłR, näher (teilweise nicht mehr aktuell) MARCINIAK, *Ograniczenia*, S. 92.

139 (PL) Nach Art. 15-17 WypadPracU.

140 (PL) Z.B. auf Grundlage eines Auftragsvertrages, eines Agenturvertrages oder eines anderen Vertrages über Dienstleistungen, auf den nach Art. 750 KC die Vorschriften über den Auftragsvertrag anzuwenden sind, vgl. dazu WENGEREK, Anm. 5 zu Art. 831 KPC, ausführlich MARCINIAK, *Ograniczenia*, S. 90 f.

len auch bestimmte Sportstipendien für Athleten[141] keine gesondert geschützten Ausbildungsstipendien sein, sondern von ihrem Charakter und ihrer Funktion her ein Arbeitsentgelt darstellen.[142] Neben Geldleistungen werden auch Naturalleistungen berücksichtigt[143] indem sie bei der Bestimmung des Arbeitseinkommens in Geld umgerechnet werden (dazu unter E I 3 b).

Im deutschen Recht kann man, mehr noch als im polnischen, die Entwicklung des Schuldnerschutzes vom Arbeitseinkommen aus erkennen, das ganz im Mittelpunkt der gesetzlichen Regelungen des Zugriffsschutzes steht. Auch hier wird der Begriff aber weit verstanden und umfasst alle Vergütungen, die im Zusammenhang mit einem Arbeitsverhältnis stehen und die Existenzgrundlage des Schuldners darstellen.[144] Unter den Begriff des Arbeitseinkommens fallen neben Beamtenbezügen, Arbeits- und Dienstlöhnen sowie beim Ausscheiden aus dem Beruf gezahlten fortlaufenden Bezügen (s. u.)[145] auch alle sonstigen wiederkehrend zahlbaren Vergütungen für Dienstleitungen aller Art, die die Erwerbstätigkeit des Schuldners vollständig oder zu einem wesentlichen Teil in Anspruch nehmen[146]. Ohne Rücksicht auf Benennung und Berechnung wird alles erfasst, was dem Schuldner aus der Arbeits- oder Dienstleistung zusteht.[147] Obwohl die Schutzbestimmungen nur das in Geld zahlbare Arbeitseinkommen betreffen – Bezüge *in natura* sind von der Pfändung ausgenommen – , wird der Wert dieser Naturalbezüge ebenso wie in Polen in die Entgeltberechnung einbezogen.[148] Die Unübersichtlichkeit der deutschen Lösung war Anlass für den österreichischen Gesetzgeber seine bis dahin weitgehend identische Regelung unter Verzicht auf den Oberbegriff des Arbeitseinkommens zu reformieren.[149]

(2) Nicht wiederkehrende Einkünfte

Von den nicht wiederkehrenden Einkünften aus der aktuellen Erwerbstätigkeit sind diejenigen, die im Zusammenhang mit einem geschützten Arbeitsentgelt

---

141 (PL) Vgl. die Vorschriften der SportU (Art. 34 ff.) und der dazu ergangenen StypSportR.

142 (PL) MARCINIAK, *Ograniczenia*, S. 91.

143 (PL) Piasecki-MARCINIAK, Rn. 13 zu Art. 833 KPC. Die sog. Deputate waren in der sozialistischen Zeit von größerer Bedeutung als heute. Sie sind nur zulässig wenn im Gesetz oder Tarifvertrag vorgesehen, Art. 86 § 2 KP und BARZYCKA-BANASZCZYK, Rn. 3 zu Art. 86 KP; zur Rspr. des SN vgl. WRÓBLEWSKA, PiZS 2/1999, S. 39.

144 (D) BGH RPfl 1986, S. 145.

145 (D) Umfassend zu den einzelnen Begriffen Stein/Jonas-BREHM, Rn. 20 ff. zu § 850 ZPO.

146 (D) § 850 Abs. 2 ZPO. Dabei muss richtiger Ansicht nach *keine* persönliche oder wirtschaftliche Abhängigkeit vorliegen, zu § 850 ZPO: Musielak-BECKER, Rn. 11, Stein/Jonas-BREHM Rn. 38; Schuschke-WALKER, Rn. 14.

147 (D) § 850 Abs. 4 ZPO.

148 (D) § 850e Nr. 3 ZPO; näher s. u. E I 3 b.

149 (Ö) Vgl. §§ 290, 290a EO; dazu HONOLD, S. 105.

ausgezahlt werden, meist entweder über dieses mitgeschützt[150], im Schutz diesem gleichgestellt[151], oder es gelten Sonderregelungen mit Rücksicht auf die besonderen mit diesen Zulagen, Aufwandsentschädigungen, Prämien etc. verbundenen Ziele.[152] Hier steht allerdings meist nicht die Sicherung des Existenzminimums hinter der Zugriffsbeschränkung (vgl. u. D II 2 b).

Findet kein derartiger Schutz statt, stellen nicht wiederkehrend gezahlte Leistungen ein schwieriges Regelungsproblem dar, da das Ausmaß, in dem sie der Existenzsicherung des Schuldners dienen, wegen ihrer Unregelmäßigkeit kaum zu bestimmen ist. Die Festlegung von Freibeträgen kann hier nur in einer Individualentscheidung getroffen werden. Bei einer Zulassung unbeschränkten Zugriffs käme es zu einer Benachteiligung der faktisch vorrangig betroffenen selbständig tätigen Schuldner – vor allen von Handwerkern, Landwirten und Freiberuflern – gegenüber abhängig beschäftigten Arbeitnehmern. Daher schützt etwa das deutsche Recht auch nicht wiederkehrend zahlbare Vergütungen für persönlich[153] geleistete Arbeiten und Dienste[154] sowie Forderungen, die einem Landwirtschaft betreibenden Schuldner aus dem Verkauf von landwirtschaftlichen Erzeugnissen zustehen[155], über eine Individualentscheidung.

Das polnische Recht hingegen stellt bei seinen Schutzregeln entscheidend auf die periodische Natur der Einkünfte ab. Daher kann es die Vielzahl gleichartiger Ansprüche gegen unterschiedliche Drittschuldner nicht erfassen, die nicht im engeren Sinne „wiederkehrend" sind. Diese Schlechterstellung von Schuldnern, deren Einkünfte mehr oder weniger unvorhersehbar eingehen, ist keine Besonderheit des polnischen Rechts, da keineswegs alle Rechtsordnungen diese Einkünfte schützen.[156] Sie lässt sich vor allem durch die Schwierigkeiten der Bestimmung des angemessenen Freibetrages bei unregelmäßigen Einzeleinkünften rechtfertigen, die das in Polen zuständige Vollstreckungsorgan – den Gerichtsvollzieher – in der Regel überfordern. Denkbar erscheint nur, in den Begriff der „wiederkehrende Leistungen" bestimmte weitgehend regelmäßige Ansprüche

---

150 (PL) Eine Jubiläumsprämie (*nagroda jubileuszowa*) ist als Teil des Arbeitsentgelts wie dieses geschützt, SN v. 25.11.1982, I PRN 118/82, OSNCP 7/1983, poz. 102 und SN v. 19.2.2004, I PK 217/03, dazu Rz. v. 23.2.2004; (D) § 850 Abs. 4 ZPO.

151 In (PL) gilt dies etwa für eine einmalige Abfindung (*odprawa*, vgl. Urteil des SN v. 14.11.1996, I PKN 3/96, OSNAPiUS 11/1997, poz. 193). Zu weiteren Fällen vgl. WRÓBLEWSKA, PiZS 2/1999, S. 40.

152 (PL/D) Vgl. im Einzelnen bei Art und Umfang der Zugriffsbeschränkungen.

153 (D) Wie in der Sachvollstreckung ist also eine Tätigkeit durch abhängige Arbeitskräfte nicht erfasst, Musielak-BECKER, Rn. 1 zu § 850i ZPO; STÖBER Rn. 1233. (Ö) Kritisch: Angst-OBERHAMMER, Rn. 2 zu § 291e EO.

154 (D) § 850i ZPO.

155 (D) § 851a ZPO.

156 Unbeschränkter Zugriff auch z.B. in (F) und (ENG), vgl. HONOLD, S. 123 ff.; individueller Zugriffsschutz hingegen etwa in (Ö) und (CH), DIES. S. 172 f.

(aus laufenden Wartungsverträgen, für regelmäßige anwaltliche Beratung eines Unternehmens, gegen Krankenkassen etc.) mit einzubeziehen.[157]

(3) Verschleiertes Einkommen

Anders als in früheren Zeiten kann der Gläubiger in modernen Vollstreckungsrechtssystemen nicht auf die Arbeitskraft des Schuldners, sondern lediglich auf dessen Vermögen zugreifen. Die Befriedigungsaussichten des Gläubigers sind also davon abhängig, ob sich der Schuldner selbst für eine ökonomische Verwertung seiner Arbeitskraft entscheidet. Beschließt der Schuldner hingegen – was ihm freisteht –, überhaupt keiner bezahlten Arbeit nachzugehen oder seine bisherige Erwerbstätigkeit zu verringern oder einzustellen, hat der Gläubiger das regelmäßig hinzunehmen. Ihm bleibt dann nichts anderes übrig, als zu versuchen, auf eventuelle Leistungen mit Entgeltersatzfunktion zuzugreifen, die aber oft gering und zudem vollständig oder zu einem großen Teil zugriffsgeschützt sind. Von dieser Möglichkeit der „Flucht in die Armut“, der freiwilligen Aufgabe der bisherigen Lebensgrundlage, werden in der Regel allerdings nur wenige Schuldner Gebrauch machen. Wahrscheinlicher ist es, dass Schuldner versuchen – gegebenenfalls durch Kollusion mit ihrem Arbeitgeber – ihr Einkommen vor dem Vollstreckungszugriff in Sicherheit zu bringen. Durch Verschleierung der tatsächlichen Einkünfte oder ihre Verschiebung an Dritte, d. h. Mittelspersonen des Schuldners, kann das Einkommen zum Schein auf einem pfändungsfreien Niveau gehalten werden. Soweit eine Rechtsordnung solche Manöver als rechtsmissbräuchlich ansieht, stellt sich die Frage, ob und in welchen Grenzen auch auf verschleiertes oder verschobenes Einkommen zugegriffen werden, inwieweit dieses also Vollstreckungsobjekt sein kann[158].

In Polen wird einem Missbrauch zunächst dadurch vorgebeugt, dass der Schuldner nicht auf sein Arbeitsentgelt verzichten und es nicht auf Dritte übertragen kann[159]. Ein Verzicht ist unwirksam und der Gläubiger kann in einer Klage gegen den Arbeitgeber erreichen, dass zugunsten des Schuldners diesem ein Betrag zugesprochen wird, der einer angemessenen Vergütung für die vom Schuldner tatsächlich geleistete Arbeit entspricht.[160] Ist Arbeitgeber des Schuld-

---

[157] So in (D) beim Begriff „Dienstleistungen aller Art“ in § 850 ZPO: Schuschke-WALKER Rn. 14 zu § 850 ZPO.

[158] Zur Regelung in (D/Ö/CH) sowie zu den Gründen der Nichtregelung in (ENG/F), HONOLD, S. 126-136. In (F) aber immerhin scharfe Sanktionen für die Abgabe einer unrichtigen Drittschuldnererklärung, vgl. WERTH, S. 210.

[159] (PL) Art. 84 KP. Dies soll auch für dienstliche Bezüge (*uposażenie*) gelten.

[160] (PL) Über Art. 887 KPC, vgl. ŚWIEBODA, Anm. 3 zu Art. 1087 KPC; WENGEREK, Anm. D zu Art. 881 KPC.

ners eine nahestehende Person (*osoba bliska*) – was weit zu verstehen ist[161] –, kann diese bei der Vollstreckung von Unterhaltsforderungen nicht vorbringen, dass der Schuldner im voraus bezahlt worden sei, dass er ohne oder zu einem unterdurchschnittlichen Entgelt arbeite oder dass sie eine eigene Forderung gegen den Entgeltanspruch des Schuldners aufrechnen könne[162]. In diesen Fällen wird ein (fiktives) durchschnittliches Entgelt für vergleichbare Arbeiten zugrundegelegt[163] und damit praktisch eine „Zwangskommerzialisierung"[164] der schuldnerischen Arbeitskraft vorgenommen.

Etwas abstrakter gefasst ermöglicht auch das deutsche Recht dem Gläubiger, auf die angemessene (fiktive) Vergütung zuzugreifen, wenn der Schuldner einem Dritten in einem ständigen Verhältnis unentgeltlich oder gegen unverhältnismäßig geringe Vergütung Arbeiten oder Dienste leistet, die üblicherweise vergütet werden.[165] Damit der Gläubiger nicht besser steht, als er bei normaler Lohnpfändung stünde, spricht viel dafür, auch in Polen – entsprechend der deutschen Rechtsauffassung – davon auszugehen, dass die Pfändungsfreibeträge zugunsten des Schuldners zu beachten sind[166] und dass auf (fiktive!) Lohnrückstände regelmäßig nicht zugegriffen werden kann.[167] Um weitere Umgehungen zu verhindern, ist in Deutschland zudem ein Gläubigerzugriff auch dann möglich, wenn Schuldner und Arbeitgeber vereinbaren, dass der Lohnanspruch ganz oder teilweise in der Person eines Dritten entsteht, in der Praxis meist beim Ehegatten des Schuldners.[168]

---

161 (PL) Nach ŚWIEBODA (Anm. 1 zu § 1087 KPC) fasst die Rechtsprechung darunter Ehegatten, Verwandte, Verschwägerte, nichteheliche („faktische") Partner und sogar Freunde, vgl. auch MARCINIAK, *Ograniczenia*, S. 79 f.

162 (PL) Art. 1087 KPC.

163 (PL) § 169 CzynKomR. Der GVZ hat den Charakter der Arbeiten, die ausgeübte Funktion, die Berufsausbildung und Dauer der Berufstätigkeit zu berücksichtigen, unter Heranziehung sachkundiger Stellen (Handwerkskammern etc.) bzw. eines Sachverständigen; er informiert dann den Drittschuldner über die Festlegung des Durchschnittsentgelts und darüber, welche Summe er an GVZ bzw. Gläubiger zu übermitteln hat.

164 (D) HONOLD, S. 129.

165 „Lohnverschleierung" (D) § 850h Abs. 2 ZPO. Berücksichtigt werden sollen „alle Umstände des Einzelfalles, insbesondere die Art der Arbeits- und Dienstleistung, die verwandtschaftlichen oder sonstigen Beziehungen zwischen dem Dienstberechtigten und dem Dienstverpflichteten und die wirtschaftliche Leistungsfähigkeit des Dienstberechtigten, § 850h Abs. 2 S. 2 ZPO; (Ö) § 292e EO dazu Angst-OBERHAMMER, Rn. 3 zu § 292 e EO.

166 (D) Zu § 850h ZPO: MünchKomm-SMID, Rn. 7 ; Stein/Jonas-BREHM, Rn. 33.

167 (D) MUSIELAK-BECKER, Rn. 18 zu § 850h. Der vereinbarte Lohn wäre sonst ja auch ausgezahlt worden.

168 „Lohnschiebung" (D) § 850h Abs. 1 ZPO, (Ö) 292 d EO, Angst-OBERHAMMER, Rn. 1 zu § 292d EO.

(III) Ehemalige Erwerbstätigkeit

Eine weitere wichtige Gruppe der existenzsichernden Einkünfte, neben den oben behandelten aus aktueller Erwerbstätigkeit, umfasst die Bezüge aus ehemaliger Erwerbstätigkeit, also in weitestem Sinne die Altersversorgung. In Polen sind existenzsichernde Forderungen aus der Altersversorgung in ähnlicher Weise wie andere unterhaltssichernde Bezüge geschützt, die Zugriffsschranken sind hier aber – wieder in Form der Begrenzung zulässiger Abzüge – gesondert im Gesetz über Pensionen und Renten aus dem Sozialversicherungsfonds (EmRentFUSU)[169] bestimmt. Die zahlreichen Gesetze, die speziell die Altersversorgung einzelner Berufsgruppen regeln, verweisen heute in Bezug auf die Vollstreckungsgrenzen direkt oder implizit auf die allgemeinen Vorschriften dieses Gesetzes.[170] In Deutschland erfasst die Regelung für das Arbeitseinkommen bereits Dienst- und Versorgungsbezüge der Beamten, Ruhegelder und ähnliche nach dem einstweiligen oder dauernden Ausscheiden aus dem Dienst- oder Arbeitsverhältnis gewährte fortlaufende Einkünfte und Hinterbliebenenbezüge[171]. Altersrenten, Witwenrenten und sonstige Leistungen der gesetzlichen Rentenversicherung werden als laufende Sozialgeldleistungen entsprechend dem Arbeitseinkommen gepfändet und geschützt.[172] Erst kürzlich wurde zusätzlich ein vergleichbarer Schutz für die Altersvorsorge der Selbständigen eingeführt.[173]

(IV) Sonstige existenzsichernde Einkünfte

Soll ein umfassender Schutz der existenzsichernden Leistungen erreicht werden, muss der Gesetzgeber neben solchen Einkünften, die unmittelbar mit der Erwerbstätigkeit des Schuldners zusammenhängen, auch alle anderen mit einbe-

---

169 (PL) Verweis in Art. 833 § 4 KPC. Soweit Fragen in Art. 139-141 EmRentFUSU nicht geregelt sind, finden die Vorschriften des KPC oder der EgzAdmU Anwendung (Art. 142).

170 (PL) Z.B. Lehrer: Art. 86 NauK; Armeeinvaliden: Art. 64 InwalidU; Polizisten, Geheimdienste, Staatsschutz, Grenzschutz, Feuerwehr, Gefängnisdienst: Art. 51 EmFunkcjonU; Angestellte staatl. Ämter: Art. 27 Abs. 1 PUrzPU.

171 (D) § 850 Abs. 2 ZPO.

172 (D) § 54 Abs. 4 SGB i.V.m. § 23 Abs. 1 Nr. 1 u. 2 SGB I.

173 (D) Vgl. die neuen §§ 851c ZPO „Pfändungsschutz bei Altersrenten" (Pfändung wie Arbeitseinkommen bzw. Ansammlung eines unpfändbaren Betrages in der Aufbauphase) und 851d „Pfändungsschutz bei steuerlich gefördertem Altersvorsorgevermögen" (Pfändungsschutz wie Arbeitseinkommen) und dazu die Gesetzesbegründung in BT-Drs. 16/886 v. 9.3.2006 sowie die Beschlussempfehlung und den Bericht des Rechtsausschusses in BT-Drs. 16/3844 v. 13.12.2006. In der Gesetzesbegründung (S. 7) heißt es: „Der zum Zeitpunkt der Schaffung von Pfändungsschutzvoraussetzungen genannte Grund für eine ungleiche Behandlung von Arbeitnehmern und Selbständigen, dass dem Selbständigen aufgrund seiner gehobenen sozialen Stellung eine höhere Verantwortung und Mündigkeit zukomme und er deshalb nicht in gleicher Weise schutzbedürftig sei wie die Angehörigen der sozialen Unterschichten, besitzt heute keine Überzeugungskraft mehr."

ziehen, die dieselbe Aufgabe erfüllen. Verschiedene Rechtsordnungen ermöglichen dies auf unterschiedliche Weise, z. B. durch gleichmäßigen Schutz aller Leistungen mit Entgelt- oder Entgeltersatzfunktion[174], durch spezialgesetzliche Gleichstellungen einer Vielzahl von Einkünften mit dem Arbeitseinkommen oder durch noch umfassendere Unterschutzstellungen bestimmter Leistungen.[175] In Polen werden anders als in Deutschland die allermeisten in Frage kommenden Forderungen bereits über den weiten Auffangbegriff der „wiederkehrenden Leistungen, die die Sicherung des Lebensunterhalts zum Ziel haben" erfasst und damit wie Arbeitsentgelt geschützt. Daneben finden sich in beiden Rechtsordnungen aber auch spezialgesetzliche Verweise und gesonderte Schutzregelungen für weitere Gruppen von existenzsichernden Forderungen.

In Polen sind Unterhaltsforderungen nicht nur besonders privilegiert, wenn sie vollstreckt werden sollen, auch als Objekt der Vollstreckung, als Anspruch des Schuldners, genießen sie besonderen Schutz: Auf sie darf überhaupt nicht zugegriffen werden[176]. In Bezug auf ihren unterhaltssichernden Charakter dem Arbeitseinkommen vergleichbar sind auch verschiedene Formen von Renten und anderen Versorgungsleistungen. Oft betrifft dies Fälle, in denen die Leistungen dem Schuldner oder seiner Familie anstelle eines Arbeitsentgelts zufließen, weil er zeitweilig oder dauerhaft zur eigenen Erwirtschaftung der Existenzsicherung nicht in der Lage ist. In Polen werden dementsprechend Renten wegen Arbeitsunfällen oder Berufskrankheiten,[177] gerichtlich zugesprochene oder vertraglich festgelegte Renten für den Verlust der Arbeitsfähigkeit oder den Tod des Ernährers[178] oder Renten aus einer freiwilligen Rentenversicherung[179] entsprechend den Leistungen der Altersversorgung gepfändet und geschützt.[180] Ähnlich sind in Deutschland Renten, die wegen Körper- oder Gesundheitsverletzung zu entrichten sind, gesetzliche Unterhaltsrenten sowie zu Unterstützungszwecken gewährte Bezüge aus „Witwen-, Waisen-, Hilfs- und Krankenkassen" nur bedingt pfändbar.[181] Gleiches gilt für fortlaufende Einkünfte, die ein Schuldner aus Stiftungen oder in Folge der „Fürsorge und Freigebigkeit eines Dritten" oder aufgrund eines Altenteils- oder Auszugsvertrags bezieht.[182] Als beschränkt pfänd-

---

[174] So in (Ö) in § 290a EO.

[175] Kurz zu (F) und (ENG) HONOLD, S. 102.

[176] (PL) Art. 833 Abs. 6 KPC. Relative Unpfändbarkeit auch in (F) WERTH, S. 211.

[177] (PL) Aufgrund der Art. 18 u. 26 WypadPracU.

[178] (PL) Vgl. Art. 444 § 2 KC; 446 § 2 KC.

[179] (PL) Vgl. Art. 805 § 2 Pkt. 2 KC, näher MARCINIAK, *Ograniczenia*, S. 96.

[180] (PL) Art. 833 § 5 KPC i.V.m. Art. 139 ff. EmRentFUSU.

[181] (D) § 850b Abs. 1 Nr. 1, 2 und 4 ZPO. Zum Taschengeldanspruch des Ehegatten BGH NJW 2004, S. 2450. Die Unpfändbarkeit von Unterhaltsansprüchen ablehnend: FOERSTE, NJW 2006, S. 295.

[182] (D) § 850b Abs. 1 Nr. 3 ZPO. Laufende Einkünfte aus Vermögen sind hingegen in Deutschland nicht geschützt, auch wenn sie die wirtschaftliche Existenzgrundlage des Schuldners bilden, WERTH, S. 236; ebenso in (F).

bares Arbeitseinkommen qualifiziert werden Hinterbliebenenbezüge, Ausgleichsbezüge für Wettbewerbsbeschränkungen und Versorgungsrenten aus Versicherungsverträgen.[183]

Bei den Sozialleistungen muss ein Gesetzgeber, der konsequent das Regelungsziel der Existenzsicherung (und Abwehr neuer schuldnerischer Ansprüche gegen den Staat) verfolgt, zunächst die laufenden Bezüge in dem Umfang vom Zugriff ausnehmen, in dem sie für den Betroffenen existenzsichernde Einkünfte darstellen. Dies gilt auch für Zulagen und Beihilfen, gleichgültig ob wiederkehrend oder einmalig ausgezahlt, die für sich allein zwar die Existenz des Schuldners nicht sichern, aber doch als „Zusatzeinkünfte" des Schuldners ebenfalls – ähnlich wie einzelne unentbehrliche bewegliche Sachen – einen integralen Teil seines Existenzminimums bilden können. Im Bereich staatlicher Leistungen wird – wie oben dargelegt – insoweit der Zugriffschutz oft eher formal mit der Zweckgebundenheit der Forderungen gerechtfertigt: Gerade mit Sozialeistungen werde staatlicherseits ein ganz bestimmtes Ziel verfolgt, dessen Erreichung nicht durch „Umleitung" der Leistung verhindert werden dürfe[184]. Bei Dienst- und Sachleistungen wird ähnlich argumentiert, dass diese auf persönliche Bedürfnisse des Schuldners abgestimmt seien und daher bei Erbringung an Dritte ihren Zweck verfehlen würden[185]. Dieser Argumentation ist zuzugestehen, dass sie einen wesentlichen Beweggrund für den Zugriffsschutz bei diesen Leistungen nennt: Der Staat wird kaum eine Umleitung von Geldern zur Gläubigerbefriedigung zulassen, da dann entweder die angestrebten Ziele nicht erreicht werden, oder später erneut geleistet werden müsste. Dennoch erscheint es für den Rechtsvergleich ergiebiger, auf das eigentliche Endziel der Leistung abzustellen, das bei den meisten Sozialleistungen eben in der (umfassenden oder punktuellen) Existenzsicherung des Empfängers liegt, und die Gleichwertigkeit mit anderen unterhaltssichernden Einkünften zu betonen.

In Polen können bestimmte Sozialleistungen einmal über die oben dargestellte allgemeine Schutzklausel für wiederkehrende unterhaltsichernde Einkünfte[186] dem Arbeitseinkommen gleichgestellt werden. So hat beispielsweise das Oberste Gericht (SN) entschieden, dass die Arbeitslosenunterstützung[187] wegen ihrer Nähe zum Arbeitsentgelt als derart geschützte unterhaltssichernde Leistung aufzufassen ist[188]. Darüber hinaus werden „in Geld zahlbare Sozialversiche-

---

[183] (D) § 850 Abs. 2, Abs. 3 a) und b) ZPO.

[184] (PL) So etwa JACKOWIAK/DALKA, PiZS 7/1992 , S. 59.

[185] (D) STÖBER Rn. 1334.

[186] (PL) Art. 833 § 2 KPC.

[187] (PL) Kapitel 15, Art. 71 ff. ZatrudU.

[188] (PL) Vgl. Beschluss des SN v. 30.4.1991, III CZP 10/91, OSN 8-9/1991 poz. 101. Nur vereinzelt wird vertreten, diese als Leistung anzusehen, die „vom Fiskus für besondere Ziele bestimmt ist", und sie nach Art. 831 § 1 Pkt. 2 KPC *vollständig* zu schützen, so JACKOWIAK/DALKA, PiZS 7/1992, S. 58 ff. (Keine Entgeltähnlichkeit).

rungsansprüche im Falle von Krankheit und Mutterschaft“[189], wie Altersversorgungsansprüche behandelt.[190] Besonders umfassenden Schutz genießen Familienleistungen,[191] Geburts- und Vollwaisenbeihilfen und -zulagen.[192]

In Deutschland kann auf Dienst- und Sachleistungen überhaupt nicht und auf einmalige Sozialgeldleistungen nur sehr eingeschränkt im Einzelfall zugegriffen werden[193]. Laufende Sozialgeldleistungen können aufgrund ihrer Ähnlichkeit zu den anderen existenzsichernden Einkünften, heute weitgehend[194] entsprechend dem Arbeitseinkommen in den dafür geltenden Grenzen gepfändet werden.[195] Dies ist vor allem der Entwicklung geschuldet, nach der diese Leistungen inzwischen in der Praxis eine wichtige „Lohnersatzfunktion“ einnehmen. Zu nennen sind hier unter anderem die Arbeitslosenunterstützung und andere Arbeitsförderungsleistungen, Familienunterstützungen, allgemein Leistungen aus den Sozialversicherungssystemen, Entschädigungen bei Gesundheitsschäden und Wohnungszuschüsse.[196] Bei manchen Sozialgeldleistungen, wie etwa den Bildungsförderungsleistungen, steht das Ziel der Existenzsicherung allerdings nicht im Vordergrund. Auf die am Existenzminimum ausgerichtete Sozialhilfe ist kein Zugriff möglich.[197]

b) Andere Forderungen und Rechte

Neben den existenzsichernden Einkünften des Schuldners können aufgrund der oben dargestellten anderen denkbaren Regelungsziele noch weitere Forderungen und Rechte gesetzgeberischen Schutzes bedürfen. Was das Regelungsziel des Schutzes der schuldnerischen Erwerbstätigkeit anbetrifft, so ist dieses zunächst eng verbunden mit dem Schutz existenzsichernder Einkünfte. Maßnahmen zur Erhaltung der Arbeitsmotivation werden daher normalerweise ebenfalls existenzsichernde Forderungen betreffen, allerdings vor allem deren nicht existenzsichernden Teil, d. h. den bislang nicht geschützten „Mehrverdienst“. Daneben macht ein solches gesetzgeberisches Ziel aber auch den Schutz von weiteren, nicht unterhaltssichernden Einkommensteilen erforderlich. So könnte ein stö-

---

189 (PL) Aufgrund der Vorschriften der ChorMacierzU.

190 (PL) Art. 833 § 5 KPC i.V.m. EmRentFUSU. Hierunter fallen etwa Krankheits-, Rehabilitations-, Ausgleichs-, Mutterschafts- und Vormundschaftsbeihilfen.

191 (PL) Vgl. das Gesetz über die Familienleistungen (ŚwiadRodzU).

192 (PL) Art. 833 § 6 KPC.

193 (D) § 54 Abs. 1 und 2 SGB I. Näher unter E I 1 c (Zugriffsverbote) und E I 1 b (bedingter Zugriff).

194 (D) Zu den unpfändbaren s. u. E I 1 c.

195 (D) § 54 Abs. 4 SGB I. Umfassend KEIP, S. 120 ff., zum Verfahren S. 127 ff. Näher unter E I 1 a) (I) (1) b) u. c).

196 (D) Im Einzelnen Nw. bei Musielak-BECKER, Rn. 18 zu § 850i ZPO (§ 54 SGB I).

197 (D) § 17 Abs. 1 S. 2 SGB XII; Musielak-BECKER, Rn. 19 zu § 850i ZPO (§ 54 SGB I).

render Eingriff in das Arbeitsverhältnis des Schuldners etwa dadurch erfolgen, dass der unbeschränkte Zugriff auf Aufwandsentschädigungen und ähnliche Zulagen des Schuldners zugelassen würde. In diesem Fall bestünde die Gefahr, dass der Schuldner jegliche Motivation verlieren könnte, kostenaufwändige und gefährliche Tätigkeiten oder Mehrarbeit zu erbringen. Auch die Bereitschaft zu Dienstreisen o.ä. wäre kaum noch vorhanden, wenn der Schuldner das Risiko läuft, sie praktisch aus eigener Tasche zahlen zu müssen. Bei Aufwandsentschädigungen kommt hinzu, dass es sinnvoll erscheint, den Zugriff der Gläubiger auf die Forderungen zu beschränken, die für den Schuldner überhaupt als Einkünfte anzusehen sind. Forderungen, die lediglich vom Schuldner übernommene Aufwendungen aufgrund dienstlicher Verpflichtungen ersetzen,[198] stellen keine Einkünfte und auch keinen eigentlichen Vermögenszuwachs dar, sondern fließen dem Schuldner praktisch nur aus Organisationsgründen zu, statt arbeitgeberintern verrechnet zu werden.[199]

In Polen werden dementsprechend Leistungen in Geld oder Natur, die zur Deckung von Ausgaben oder Reisen in dienstlichen Angelegenheiten[200] vorgesehen sind, als Kompensations- oder Ausgleichszahlungen nicht zum Arbeitsentgelt gezählt und vom Zugriff ausgenommen.[201] Da es entscheidend auf das Ziel und nicht auf die Form der Zahlung ankommt, sind die Leistungen sogar geschützt, wenn sie periodisch und in pauschaler Form ausgezahlt werden und sich damit „äußerlich" dem Arbeitsentgelt angleichen.[202] Auch das deutsche Recht kennt einen besonderen Schutz von Aufwandsentschädigungen, Gefahrenzulagen[203] und ihnen entsprechenden Sozialgeldleistungen[204]. Indem es zusätzlich auch Mehrarbeitszuschläge[205], Urlaubs-, Treuegelder und ähnliche Prämien[206] sowie Weihnachtsvergütungen[207] ganz oder teilweise von der Pfändung aus-

---

[198] (PL) Piasecki-MARCINIAK, Rn. 1 zu Art. 831 KPC.

[199] (D/Ö) „Durchgangsposten" ohne Entgeltcharakter, Angst-JAKUSCH Rn. 3 zu § 290 EO.

[200] (PL) *Sprawy służbowe*; als dienstliche Angelegenheiten versteht man weit all solche, die mit der vom Schuldner im Rahmen des Arbeitsverhältnisses geleisteten Arbeit oder mit einem von ihm geleisteten Dienst (z.B. Wehrdienst) verbunden sind, vgl. Piasecki-MARCINIAK, Rn. 2 zu Art. 831 KPC; WENGEREK, Anm. 1 zu Art. 831 KPC.

[201] (PL) Art. 831 § 1 Nr. 1 KPC. Erfasst sind Kompensationen nicht nur für Dienstreisekosten (vgl. Art. 77^5 KP), sondern auch für Ausgaben aufgrund von dienstlichen Abordnungen, Versetzungen, Fahrten zur Arbeit etc. Piasecki-MARCINIAK, Rn. 1 zu Art. 831 KPC.

[202] (PL) MARCINIAK, *Ograniczenia*, S. 139.

[203] (D) § 850a Nr. 3 ZPO: Aufwandsentschädigungen, Auslösegelder und sonstige soziale Zulagen für auswärtige Beschäftigungen, das Entgelt für selbstgestelltes Arbeitsmaterial, Gefahrenzulagen sowie Schmutz- und Erschwerniszulagen, soweit diese Bezüge den Rahmen des Üblichen nicht übersteigen.

[204] (D) Analoge Anwendung über § 54 Abs. 4 SGB I, vgl. KEIP, S. 122.

[205] (D) § 850a Nr. 1 ZPO: unpfändbar zur Hälfte.

[206] (D) § 850a Nr. 2 ZPO.

[207] (D) § 850a Nr. 4 ZPO bis zu ½ des monatlichen Einkommens, höchstens bis 500 Euro.

nimmt, erweist es sich allerdings als weitaus schuldnerfreundlicher – und damit ineffizienter und gläubigerfeindlicher – als andere Rechtsordnungen.[208]

Im Hinblick auf gesamtwirtschaftlich motivierte Unterschutzstellungen von Forderungen finden sich in Polen neben einem noch aus sozialistischer Zeit stammenden Zugriffsschutz für Forderungen aus Liefer-, Werk- und Dienstverträgen gegen staatliche Einrichtungen[209] – der allerdings jüngst für verfassungswidrig erklärt wurde[210]– auch Zugriffsschranken für Versicherungsforderungen und kleine Sparguthaben[211]. In Deutschland existiert ein spezieller Pfändungsschutz für Landwirte, der deren Einkünfte nicht nur dann schützt, wenn sie für den Unterhalt von Schuldner, Familie und Arbeitnehmern, sondern auch dann, wenn sie „zur Aufrechterhaltung einer geordneten Wirtschaftführung" unentbehrlich sind.[212] Dies ließe sich allerdings zwanglos auch dadurch erklären, dass dem *individuellen* Schuldner der Betrieb als Grundlage zur Erwirtschaftung seiner zukünftigen Existenz belassen werden soll, vergleichbar dem Arbeitswerkzeug in der Sachvollstreckung.

Weitere schützenswerte Vollstreckungsobjekte können sich aus den anderen Regelungszielen ergeben. Das polnische Recht schafft insoweit einen weitgehenden Schutz für Beträge, die vom Fiskus für besondere Ziele vorgesehen sind.[213] Das Gesetz nennt beispielhaft Stipendien und Unterstützungen: Man wird darunter weithin Subventionen, vor allem für kulturelle, künstlerische und Bildungszwecke fassen können[214], jede Art von Ausbildungsstipendien, auch Leistungen aus dem Unterhaltsfonds, die Geldunterstützung für Kinder in Ersatzfamilien und anderes.[215] Auch das deutsche Recht kennt die Unpfändbarkeit von Erziehungsgeldern, Studienbeihilfen und ähnlichen Bezügen.[216]

Beide Rechtsordnungen erklären zudem aus systematischen Gründen und teilweise auch, um die Verwirklichung materiellrechtlicher Ziele nicht durch eine

---

208 Vgl. zu (Ö/F/ENG/CH) HONOLD, S. 139 f.

209 (PL) Art. 831 § 1 Nr. 4 KPC. Die im KPC-RegE vorgesehene Streichung konnte sich nicht durchsetzen.

210 (PL) Durch Urteil des Verfassungsgerichts, TK Urteil v. 9.1.2007, P 5/05, vgl. <http://www.trybunal.gov.pl/Rozprawy/2007/p_05_05.htm> [Abruf: 22.1.2007].

211 (PL) Versicherungen: Art. 831 § 1 Nr. 5 KPC, § 1 EgzUbezpR; vgl. ŁAWRINOWICZ/NOWAK, Palestra 5/1987, S. 1; Sparguthaben: Art. 54 PrBank, Art. 1083 § 2 KPC.

212 (D) Art. 851a ZPO.

213 (PL) Art. 831 § 1 Nr. 2 KPC.

214 (PL) Nach Ansicht von WENGEREK, Anm. 2 zu Art. 831 KPC auch Subventionen für Investitionen; ähnlich ZIELIŃSKI, NP 11/1966, S. 139.

215 (PL) Weitere Beispiele bei MARCINIAK, *Ograniczenia*, S. 139 f. (z. T. nicht aktuell), DERS. in Piasecki, Rn. 4 zu Art. 831 KPC; ŚWIEBODA, Anm. 2 zu Art. 831 KPC. Zu einer spezialgesetzlichen Unterschutzstellung vgl. SN Urteil vom 20.1.2005, II CK 375/04, und die Anm. von ZRĘDA, PB 1272005, S. 23 ff.

216 (D) § 850a Nr. 6 ZPO.

Vollstreckung scheitern zu lassen, sämtliche unübertragbaren Rechte für unpfändbar.[217] Eine Umgehung der differenzierten gesetzlichen Zugriffsbeschränkungen durch vertragliche Vereinbarung der Unabtretbarkeit zwischen Schuldner und Drittschuldner, die einen umfassenden Pfändungsschutz für Schuldnerforderungen zu Lasten des Gläubigers ermöglichen würde, verhindern beide Rechtsordnungen.[218] Dadurch dass Forderungen unpfändbar sind, soweit sie nicht übertragen werden können, und Forderungen nicht übertragbar sind, soweit sie an einen anderen als den ursprünglichen Gläubiger nicht ohne Veränderungen ihres Inhalts erfüllt werden können[219], ergibt sich auch im deutschen Recht ein weiter vollstreckungsrechtlichen Schutz für zweckgebundene Leistungen[220]. Eine wichtige Einschränkung folgt aber daraus, dass dies nur in „Ermangelung besonderer Vorschriften" gilt und daher jede besondere Regelung – wie etwa die Möglichkeit laufende Sozialgeldleistungen wie Arbeitseinkommen zu pfänden – einen Rückgriff auf die allgemeinen Vorschriften unzulässig macht.[221] Polnisches und deutsches Recht schützen schließlich bestimmte Leistungen zur Deckung von Beerdigungskosten, vor allem wiederum um dem Staat Kosten zu ersparen[222].

3. *Vergleichende Analyse*

[1] Beide Rechtsordnungen begründen auch bei der Forderungspfändung die Schuldnerschutzregelungen weitgehend mit Erwägungen der *Existenzsicherung*. Konsequent schützen daher beide existenzsichernde Einkünfte des Schuldners, in erster Linie, aber nicht ausschließlich, *wiederkehrende Einkünfte* aus aktueller Erwerbstätigkeit. Im Rahmen dieser vor allem unselbständig tätige Schuldner betreffenden Schutzregelungen lassen sich, was die Arten geschützter Einkünfte angeht, keine wesentlichen Unterschiede zwischen polnischem und deutschem Recht ausmachen. Damit dem Regelungsziel der Existenzsicherung entsprechend alle danach schutzwürdigen Einkünfte erfasst werden, werden die verwendeten Begriffe zum einen weit ausgelegt, zum anderen sehen beide Systeme

---

217 (PL) Art. 831 § 1 Pkt. 3 KPC; (D) § 851 ZPO. Eine Pfändung ist aber trotz Unübertragbarkeit möglich, wenn die Ausübung des unveräußerlichen Rechts einem anderen übertragen werden kann, (PL) Art. 831 § 1 Pkt. 3 KPC (D) § 857 Abs. 3 ZPO. Näher zu den weitgehend materiellrechtlichen Einzelheiten (PL) ŚWIEBODA, Anm. 3 zu Art. 831 KPC; MARCINIAK, *Ograniczenia* S. 142 ff. (D) Musielak-BECKER, Rn. 6 zu § 851 ZPO.

218 In (D) u. (PL) ist trotz vertraglicher Vereinbarungen schon dann Pfändung möglich, wenn der geschuldete „Gegenstand" pfändbar ist, (PL) Art. 831 § 1 Pkt. 3 KPC; MARCINIAK, *Ograniczenia*, S. 142 ff.; (D) Art. 851 Abs. 2 ZPO.

219 (D) § 399 1. Alt. BGB.

220 (D) Vgl. die Übersicht bei Musielak-BECKER, Rn. 6 zu § 851 ZPO.

221 (D) KEIP, S. 124 ff.; LG Augsburg, RPfl 1997, S. 121.

222 (PL) Art. 832 KPC; (D) v.a. § 850a Nr. 7, § 840b Nr. 4 ZPO; näher s. u. E I 1 c.

Auffangtatbestände vor: Das polnische Recht ist hier mit seiner Formulierung „und alle wiederkehrenden Leistungen, die die Sicherung des Unterhalts zum Ziel haben“ klarer am Regelungsziel ausgerichtet als das deutsche, das auch alle „sonstigen Vergütungen für Dienstleitungen aller Art“ als Arbeitseinkommen ansieht, „die die Erwerbstätigkeit des Schuldners vollständig oder zu einem wesentlichen Teil in Anspruch nehmen“. Regelungstechnisch wären *de lege ferenda* ein noch deutlicherer Abschied von der Orientierung am Arbeitseinkommen des abhängig beschäftigten Schuldners und die Schaffung einer generalklauselartigen Bestimmung wünschenswert, nach der alle Einkünfte eingeschränkt pfändbar sind, die den Lebensunterhalt des Schuldners sichern. Insofern ist das polnische Recht einer modernen Lösung bereits näher als das deutsche.

[2] Ein deutlicher Unterschied besteht allerdings noch bei bestimmten *nicht wiederkehrenden Einkünften*. Während das polnische Recht für die Schutzgewährung generell auf die wiederkehrende Natur der Einkünfte abstellt, ermöglicht das deutsche Recht auch den Schutz von nicht i. e. S. wiederkehrenden Einkünften, die etwa aus gleichartigen Forderungen gegen verschiedene Drittschuldner bestehen und in ihrer Gesamtheit oft die Lebensgrundlage selbständiger, freiberuflicher Schuldner bilden. Eine solche – grundsätzlich wünschenswerte – Regelung erfordert aber wegen der Unvorhersehbarkeit solcher Einkünfte und des Ausmaßes, in dem sie konkret den Lebensunterhalt des Schuldners sichern, ein Abgehen von einem pauschalen und die Verwendung eines individuellen Schutzmodells. Da dies der durchgehend pauschalen polnischen Vollstreckungsregelung vollständig fremd ist, existiert für diese Einkunftsart keine zugriffsbeschränkende Regelung. Ein modernes Vollstreckungsrecht sollte aber die für das Funktionieren eines marktwirtschaftlichen Gemeinwesens unentbehrlichen Selbständigen und Freiberufler nicht vollständig ungeschützt lassen. Insofern wäre eine zumindest partielle „Individualisierung“ des polnischen Vollstreckungsschutzes sicher begrüßenswert. Was hingegen die Bekämpfung rechtsmissbräuchlicher Verringerung der Zugriffsmasse betrifft, besitzen beide Rechtsordnungen sehr ähnliche Sonderregelungen, die dem Gläubiger auch den Zugriff auf verschleiertes Arbeitseinkommen ermöglichen. Das polnische Recht könnte insofern höchstens um die Möglichkeit eines Zugriffs bei Lohnschiebung auf Dritte ergänzt werden.

[3] Neben dem Einkommen aus aktueller Erwerbstätigkeit schützen beide Rechtordnungen auch andere existenzsichernde Schuldnereinkünfte: Neben übereinstimmend als schutzwürdig angesehenen Einkünfte aus *ehemaliger Erwerbstätigkeit* sind auch die meisten *Sozialleistungen* entsprechend ihrer heute anerkannten Entgeltersatzfunktion vom Zugriffsschutz erfasst. Auch hier lassen sich bezüglich der Arten geschützter Einkünfte keine erheblichen Unterschiede erkennen. Bis auf die erwähnten Einzeleinkünfte aus freiberuflicher Tätigkeit in Polen und bestimmte Einkünften, die nicht aus Erwerbstätigkeit stammen in Deutschland, orientieren sich beide Rechtsordnungen demnach konsequent am

Regelungsziel und schützen weitgehend existenzsichernde Einkünfte der verschiedensten Art.

[4] Was das Ziel des *Erhalts der Arbeitsmotivation* betrifft, überschneiden sich die schutzwürdigen Forderungen im polnischen und deutschen Recht zu einem großen Teil mit den als existenzsichernd zu schützenden, daneben kommen aber auch bestimmte Zusatzvergütungen in Betracht. Das deutsche Recht ist in dieser Hinsicht wesentlich schuldnerfreundlicher als das polnische (und andere Rechtsordnungen), indem es neben der beiden Rechtsordnungen bekannten Unterschutzstellung von Aufwandsentschädigungen und Ausgleichszahlungen auch zahlreiche andere Sonderleistungen ganz oder teilweise für unpfändbar erklärt. Diesem Problem soll unten im Rahmen der Analyse der Zugriffsverbote näher nachgegangen werden [unter E I 1 d (IV)]. Bei den aufgrund anderer Regelungsziele ganz oder teilweise vom Zugriff ausgenommenen Forderungen und Rechten lassen sich mit Ausnahme der unübertragbaren Forderungen und Rechte, die vor allem aus systematischen Gründen in beiden Ländern unpfändbar sind, kaum noch Gemeinsamkeiten erkennen.

Die einzelnen Schutzregelungen für die angesprochenen Schutzobjekte sollen anschließend im Einzelnen dargestellt und analysiert werden. Dabei folgt die Untersuchung einem systematischen Aufbau nach Regelungsinstrumenten, mit denen der Gesetzgeber die dargestellten Regelungsziele für die gerade analysierten schutzwürdigen Forderungen umsetzen kann.

E. Art und Umfang des Schutzes

I. Zugriffsschranken

1. Grundsystem

Zugriffsschranken stellen wie bei der Sachvollstreckung die praxisrelevantesten Regelungsinstrumente dar und müssen daher bei der Untersuchung von Art und Umfang des Schutzes im Vordergrund stehen. Von den anderen – nicht im engeren Sinne als Zugriffsschranken anzusehenden – Schutzformen sollen nur eine besondere Einstellungsmöglichkeit des polnischen Rechts, die deutsche Generalklausel des § 765a ZPO und einige schuldnerschützend wirkende Regelungen und Schranken bei der Verwertung besprochen werden (unter II). Um die Darstellung verständlich und nicht unnötig komplex zu gestalten, wird zunächst das Grundsystem des Zugriffsschutzes in den verglichenen Rechtsordnungen erörtert und erst danach auf Fragen möglicher Modifikationen (unter 2), der Berechnungsgrundlage (unter 3) und der Wirkung der Beschränkungen (unter 4) eingegangen.

Die Arbeit beginnt mit dem schwächsten, aber zugleich wichtigsten Schutzinstrument, der teilweisen Einschränkung des Zugriffsumfangs. Dabei betrifft angesichts des dort liegenden rechtspolitischen Schwerpunkts wiederum der weit überwiegende Teil der Regelungen den Schutz existenzsichernder Einkünfte des Schuldners, in erster Linie den Zugriff auf das Arbeitsentgelt. Neben der Möglichkeit, Forderungen im Umfang eingeschränkt dem Zugriff zu unterwerfen [unter a], kommt auch in Betracht, einen Zugriff nur bedingt, d. h. nur unter bestimmten Voraussetzungen zu gestatten [unter b]. Den stärksten Schutz schließlich genießen diejenigen Forderungen oder Rechte, auf die überhaupt nicht zugegriffen werden kann [unter c]. Dabei ist neben der absoluten Unpfändbarkeit auch denkbar, dass die Forderungen relativ, d. h. nur gegenüber bestimmten Vollstreckungsforderungen zugriffsgeschützt sind, anderen bevorrechtigten gegenüber aber nicht.

a) Eingeschränkter Zugriffsumfang

Geht man davon aus, dass Hauptziel eines Vollstreckungsverfahrens die effektive Gläubigerbefriedigung darstellt, muss eine Beschränkung der Zugriffsmöglichkeiten stets gerechtfertigt werden. Ein Zugriffsschutz auch zugunsten wichtigster Schuldner- oder Allgemeininteressen sollte daher aus Sicht des Gesetzgebers stets nur erfolgen, wenn und soweit dies zum Schutz der betreffenden Interessen erforderlich ist. Bei der Regelung von Zugriffschranken in der Forderungsvollstreckung führt dies dazu, dass ein vollständiges Zugriffsverbot meist über das angestrebte Schutzziel hinausginge. Werden Existenzsicherung und eine Abwehr schuldnerischer Sozialansprüche beabsichtigt, reicht eine Unterschutzstellung des Teils der Schuldnereinkünfte, der dem Schuldner das Existenzminimum bewahren und ihm ein Auskommen oberhalb der anspruchsberechtigenden Bedürftigkeitsschwelle sichert. Auch zur Arbeitsmotivation ist es nicht erforderlich, gut verdienenden Schuldnern ihr gesamtes Einkommen zu belassen. Die große Mehrheit der Schutzregelungen kann sich daher damit begnügen, den Zugriff des Gläubigers im Umfang einzuschränken, anstatt ihn ganz auszuschließen. Zu starke Beschränkungen führen neben einer Entlassung weiter Schuldnerkreise aus der Haftung für ihre Schulden zudem dazu, dass das Arbeitseinkommen nicht mehr als Kreditsicherheit verwendet werden kann.[223]

Die entscheidende Frage bei einer Regelung ist nun, ob und in welchem Ausmaß pauschale Grenzen und Quoten gewählt werden oder ob ein System individueller Festlegung von Zugriffsmöglichkeiten bevorzugt oder ergänzend hinzugezogen wird. Ein eher pauschales System hat den nicht zu unterschätzenden Vorteil der Einfachheit und ist daher besser zu überschauen und zu handhaben. Gerade wenn – wie in Polen – die Vollstreckung in den Händen von Gerichtsvollziehern

223 (D) ARNOLD, BB 1978, S. 1316; HORNUNG, RPfl 2002, S. 130.

liegt, ist diese „benutzerfreundliche" Gestaltung von großer Bedeutung. Individualentscheidungen und flexible Billigkeitsnormen fördern zwar die Einzelfallgerechtigkeit, können aber ein Vollstreckungssystem unübersichtlich, komplex und damit weniger effektiv machen. Nur bei Anwendung des pauschalen Modells kann auf eine Schuldneranhörung grundsätzlich verzichtet werden und können praxisgerechte Blankettbeschlüsse ergehen. Beim individuellen Ansatz sind in der Regel zunächst umfangreiche Nachforschungen über die Einkommenslage des Schuldners erforderlich.[224]

(I) Existenzsichernde Einkünfte

(1) Pauschaler Schutz

(a) Differenzierungskriterien

Entscheidet sich der Gesetzgeber ganz oder teilweise für ein pauschales System des Schutzes, muss er entscheiden, ob und nach welchen Kriterien er differenziert. Neben der Möglichkeit eines fixen Schutzbetrages, der für alle Betroffenen das geschützte Minimum einheitlich festlegt, kommen auch variablere Gestaltungen in Betracht.

Zum einen ist das Einkommen denkbarer Anknüpfungspunkt: Einen gut verdienenden Schuldner trifft die Regelung eines festen Mindestbetrages weitaus härter als einen schlecht bezahlten. Während der eine vielleicht nur 5-10% seines Verdienstes behält, bleiben dem anderen bis zu 100%. Bei solch „blinder" Gleichbehandlung drohen ein fatales Sinken der Arbeitsmotivation und erheblicher sozialer Abstieg. Dem kann durch Koppelung des Schutzes an das Einkommen – etwa über prozentuale Zugriffsbeschränkungen – entgegengewirkt werden. Einkommensabhängige Pfändungsfreibeträge finden sich in vielen Rechtsordnungen, sind aber keineswegs als unabdingbarer Bestandteil eines modernen Vollstreckungsrechts anzusehen.[225]

Zum anderen ist es möglich, an besondere Umstände der Schuldnersituation anzuknüpfen, etwa an Unterhaltspflichten des Schuldners. Eine solche Anpassung an die Belastung des Schuldners durch die Zahl der Unterhaltsberechtigten oder das Ausmaß der geschuldeten Leistungen, kann aus dem Ziel der Existenzsicherung abgeleitet werden, wenn man auch das Existenzminimum der Unterhaltsberechtigten als mitgeschützt ansieht. Vorrangiges Motiv bei einer solchen Konstruktion wird aber in erster Linie auch hier das Interesse des Staates sein, eine Notlage der vom Schuldner abhängigen Personen zu vermeiden, damit insoweit

---

224 Vgl. HONOLD, S. 143, 153 u. 159 (ENG), auch zu Problemen durch „unzureichende Tatsachenbasis".

225 Berücksichtigung etwa in (D)/(Ö)/(F), nicht aber in (CH/ENG), vgl. HONOLD, S. 168 ff., und in (PL).

nicht die Sozialkassen belastet werden. Eine derartige Differenzierung trägt allerdings zusätzlich ganz erheblich zur Komplizierung des Schutzsystems bei. Bei der Vollstreckung muss dann stets ermittelt werden, wie viele Unterhaltsberechtigte vorhanden sind, ob diesen Unterhalt geleistet wird, ob eventuell eigenes Einkommen anzurechnen ist oder welcher Vorrang zu gelten hat, wenn einer der Unterhaltsberechtigten selbst vollstreckt. Trotzdem ist eine solche Berücksichtigung mit all den daraus folgenden Regelungsproblemen heute in den meisten Vollstreckungssystemen zu finden.[226]

(b) Zugriffsfreier Grundbetrag

Als Schutzmechanismus ist zunächst die Regelung eines zugriffsfreien Grundbetrages möglich. Nimmt man an, dass als Regelungsabsichten hinter einem derartigen Mindestschutz die Sicherung des Existenzminimums und die Abwehr schuldnerischer Sozialansprüche stehen, besteht ein enger Zusammenhang der Festsetzung dieses Betrages mit der Regelung des Existenzminimums in anderen Rechtsbereichen, vor allem im Sozialrecht. Eine Diskrepanz sollte daher möglichst vermieden werden: Ein deutlich höheres vollstreckungsrechtliches Minimum kann kaum eine „erforderliche" Einschränkung der Gläubigerbefugnisse darstellen, ein niedrigeres könnte Schuldneransprüche in der Sozialhilfe auslösen. Aufgrund der ständigen Entwicklung der sozialen Verhältnisse sollte ein Mechanismus vorgesehen werden, um den Schutz von Zeit zu Zeit den veränderten Umständen anzupassen.[227]

(i) Starrer Betrag

Der zugriffsfreie Grundbetrag kann starr sein und nicht nach gläubiger- oder schuldnerbezogenen Kriterien differenzieren. Eine solche Regelung ist einfach und praxisfreundlich. Wie Vorläufer der heutigen deutschen Regelungen,[228] kennt das polnische Recht derartige starre Mindestbeträge, die zudem mit anderen Rechtsbereichen koordiniert sind.

Wichtigster Fall ist insoweit die Vollstreckung in das Arbeitsentgelt oder gleichgestellte unterhaltssichernde Bezüge aufgrund eines nicht privilegierten

---

[226] Vgl. für (D/Ö/F/ENG/CH) die umfassende Darstellung bei HONOLD, S. 142 ff.; 159 ff. Auf eine detaillierte Behandlung soll hier verzichtet werden, da in Polen all diese Probleme keinerlei Entsprechung finden und ein Vergleich daher unergiebig ist. Insoweit ist der Arbeit von HONOLD kaum etwas hinzuzufügen.

[227] Zu Beispielen aus (Ö) und (F) HONOLD, S. 151 f.

[228] (D) Etwa § 4 des Gesetzes des Norddeutschen Bundes betreffend die Beschlagnahme des Arbeits- oder Dienstlohnes v. 21.6.1869, BGBl. 1869, S. 242 (Grenze von 400 Talern jährlich); § 749 CPO (1500 RM jährlich). Vgl näher LIPPROSS, S. 30-32; ARNOLD, BB 1978, S. 1315 m.w.Nw.

„Normaltitels". In diesen Fällen bleibt ein Betrag des Arbeitsentgelts oder der gleichgestellten Bezüge in Höhe des gesetzlichen Mindestlohns für vollzeitbeschäftigte Arbeitnehmer zugriffs- bzw. abzugsfrei[229]. Ist der Arbeitnehmer nur teilzeitbeschäftigt, reduziert sich der genannte Betrag sogar noch proportional zur Arbeitszeit.[230] Der jährlich anzupassende Mindestlohn betrug für 2006 monatlich 899,10 zł, für 2007 liegt er bei 936 zł [231]. Dieser Schutz entfällt allerdings vollständig, wenn wegen privilegierter Unterhaltsforderungen vollstreckt wird.[232] Insoweit wird eine Mindestexistenzsicherung nur noch über die prozentualen Zugriffsquoten gewährleistet (s. u.). Bei geringem Einkommen oder Teilzeitarbeit dürfte der dem Schuldner verbleibende Betrag damit deutlich unter dem Existenzminimum liegen und der Betroffene und seine Familie somit regelmäßig auf Sozialunterstützung angewiesen sein. Eine besondere Grundsicherung regelt das Strafvollzugsgesetz: Gelder, die einem Strafgefangenen nach der Entlassung für Heimreise und Lebensunterhalt aus dem dafür vorgesehenen Fonds zustehen, können in Höhe eines *durchschnittlichen* Monatsentgelts der Arbeitnehmer nicht gepfändet werden.[233]

Bei der Vollstreckung in Altersversorgungsbezüge hat der polnische Gesetzgeber vorgesehen, dass Pensionen und Renten, unabhängig davon, ob es um einem Abzug aufgrund sonstiger Vollstreckungstitel oder von privilegierten Unterhaltstiteln[234] geht, nur in einer Höhe von 50% der Mindestpension oder -rente zugriffsfrei bleiben[235]. Um flexibel auf gesellschaftliche und wirtschaftliche Entwicklungen reagieren zu können, werden Mindestpension und -rente von Zeit zu Zeit angepasst und durch den Vorsitzenden der Sozialversicherungsanstalt (ZUS) im *Monitor Polski* bekannt gemacht. Im Jahr 2006 betrug danach die niedrigste monatliche Pension, Familienrente bzw. Rente bei vollständiger Ar-

---

229 (PL) Art. 87¹ § 1 Nr. 1 KP. Die Steuervorauszahlungen und Sozialversicherungsbeiträge sind herauszurechnen.

230 (PL) Art. 87¹ § 2 KP.

231 (PL) Vgl. das Mindestlohngesetz (WynagMinU) und dazu ergangene Verordnungen (WynagMinR für 2006 und 2007). Die Anpassung erfolgt ein- oder zweimal jährlich, die Veröffentlichung bis zum 15.9. des Vorjahres.

232 Ähnlich vor der Reform in (F) vgl. WERTH, S. 209.

233 (PL) Art. 126 KKW.

234 (PL) Im Vollstreckungs- und Außervollstreckungsverfahren.

235 (PL) Art. 141 Abs. 1 Nr. 1 Pkt. a)-c) EmRentFUSU. Die abzugs- und vollstreckungsfreien Beträge werden für Pensionen und Renten zusammen mit allen Erhöhungen, Steigerungen, Zulagen und anderen Leistungen festgesetzt, die mit der Pension oder Rente zusammen auszuzahlen sind, mit Ausnahme der Familienleistungen, Vollwaisen- und Pflegebeihilfen, Art. 141 Abs. 3. Im Falle der Berechtigung zu zwei oder mehr Geldleistungen wird der zugriffsfreie Betrag anhand der höheren Leistung festgesetzt, Art. 141 Abs. 4 EmRentFUSU.

beitsunfähigkeit 597,46 zł, die niedrigste Rente bei teilweiser Arbeitsunfähigkeit 459,57 zł.[236]

(ii) Variabler Betrag

Ein einkommensunabhängiger Grundbetrag kann aber auch variabel festgelegt werden und an die besondere Schuldnersituation anknüpfen.[237] So hängt nach deutschem Recht bei der Pfändung von Arbeitseinkommen und gleichgestellten Bezügen (vor allem laufenden Sozialgeldleistungen) der pfändungsfreie Grundbetrag in seiner Höhe von der Anzahl derjenigen ab, denen der Schuldner aufgrund gesetzlicher Verpflichtung Unterhalt gewährt.[238] Existenz und Höhe des Betrages werden ganz im Sinne des oben herausgearbeiteten sozialstaatlichen Abwehrinteresses abgeleitet: Dem Schuldner müsse von seinen Bezügen wenigstens das belassen werden, was staatlicherseits dem Bedürftigen zur Deckung seines existenznotwendigen Bedarfs aus öffentlichen Mitteln gewährt wird.[239] Die Grundfreibeträge orientieren sich folgerichtig am sozialrechtlichen Existenzminimum und sind neuerdings an die Sozialhilfesätze angepasst,[240] im Gegensatz zu diesen aber bundeseinheitlich und pauschal.[241] Um eine dauerhafte Entlastung der Sozialhilfeträger zu erreichen, regelt das Gesetz nunmehr eine Dynamisierung, d. h. eine jährliche Anpassung der Freibeträge an den sozialhilferechtlichen Mindestbedarf, durch Bezugnahme auf die Entwicklung des von der Einkommenssteuer zu verschonenden steuerrechtlichen Grundfreibetra-

---

236 (PL) Jeweils aktuelle Daten auf der Website der Sozialversicherungsanstalt ZUS: <http://www.zus.pl/niusy/inf008.htm>.

237 Zur Regelung in (Ö) § 291a EO, in (ENG) HONOLD, S. 153 f. (CH), DIES. S. 155 f.

238 (D) § 850c Abs. 1 ZPO. Ohne Unterhaltsgewährung zzt. 985,15 Euro monatlich, für die 1. Person Erhöhung um 370,76 Euro, für die 2. bis 5. Person um je 206,56 Euro, bis auf 2182,15 Euro (monatlich). Die Berücksichtigung eigener Einkünfte eines Unterhaltsberechtigten hängt von einem Gläubigerantrag an das Vollstreckungsgericht ab. Dieses kann „nach billigem Ermessen" bestimmen, dass der Betreffende – etwa ein mitverdienender Ehegatte – bei der Berechnung ganz oder teilweise unberücksichtigt bleibt, Musielak-BECKER, Rn. 10 ff. zu § 850c ZPO.

239 (D) Musielak-BECKER, Rn. 1 zu § 850 c ZPO.

240 (D) Durch das zum 1.1.2002 in Kraft getretene Siebte Gesetz zur Änderung der Pfändungsfreigrenzen v. 13.12.2001 (BGBl I, S. 3638) wurden diese erheblich angehoben, am Sozialrecht orientiert und dynamisiert sowie auf Euro umgestellt. Vgl. im Einzelnen Begründung zum Regierungsentwurf, BT-Drs. 14/6812 v. 17.8.2001, S. 8 ff. sowie HORNUNG, RPfl 2002, S. 125 ff. und ERNST, DGVZ 2002, 87 ff. Kritisch etwa Musielak-BECKER, Rn. 1 zu § 850c ZPO: Erhöhung weit über den Bedarf nach dem SGB XII hinaus; ERNST, DGVZ 2002, S. 89: Scheitern von Verbraucherinsolvenzverfahren, da Schuldner den Gläubigern i.d.R. keine akzeptable Quote mehr zur Verfügung stellen kann.

241 (D) Anders § 9 Abs. 1 SGB XII (Einzelfall, v.a. örtliche Gegebenheiten); KEIP, S. 78, näher zur Problematik HORNUNG, RPfl 2002, S. 126 f.; ARNOLD, BB 1978, S. 1316.

ges.[242] Bei der Vollstreckung privilegierter Unterhaltsansprüche gelten die pauschalen Grundfreibeträge nicht. Der Gesetzgeber hat sich hier für einen individuellen Schutz entschieden, wobei dem Schuldner aber der „notwendige Unterhalt" zu belassen ist [unter (2)].

(c) Zugriffsquoten

Der Mindestschutz durch Grundfreibeträge kann durch eine Regelung von Zugriffsquoten ergänzt werden. Neben der Existenzsicherung kann dies zum einen dazu dienen, die übermäßig harte Belastung einzelner gut verdienender Schuldner zu vermeiden, die durch eine „blinde" Gleichbehandlung aller entsteht, und zum anderen dazu, die Motivation des Schuldners zu erhalten, engagiert weiterzuarbeiten und seine Schuldenkrise aus eigener Anstrengung zu überwinden. Ein solcher Schutz des „Mehrverdienstes" ist aber nicht zwingend, da ein Gesetzgeber durchaus den Gläubigerschutz höher bewerten kann als die Motivationserhaltung des Schuldners,[243] die etwa bei Ansprüchen aus ehemaliger Erwerbstätigkeit ohnehin irrelevant ist. Ein Mittelweg kann in der Regelung einer Einkommensobergrenze liegen, ab der kein „motivationserhaltender" Zugriffsschutz mehr stattfindet.

(i) Starre Quoten

Regelungstechnisch denkbar sind zunächst starre Quoten ohne Rücksicht auf Einkommenshöhe oder Unterhaltspflichten des Schuldners[244]. Auch hier hat sich das polnische Recht für diese übersichtlichere Lösung entschieden. Im „Grundfall" einer Vollstreckung in Arbeitsentgelt oder gleichgestellte Bezüge aufgrund eines Vollstreckungstitels über Nicht-Unterhaltsforderungen können Abzüge grundsätzlich bis zur Hälfte (50%) des Arbeitsentgeltes erfolgen.[245] Besonderheiten gelten aber für das Arbeitsentgelt von Strafgefangenen.[246]

Bei der Vollstreckung wegen bevorrechtigter Unterhaltsforderungen besteht die Privilegierung zunächst in einer Prioritätsstellung bei der gesetzlich geregelten Abzugsreihenfolge: Abzüge wegen der Vollstreckung eines Titels zu Befriedi-

---

[242] (D) § 850c Abs. 2a ZPO, Änderung jeweils zum 1.7 eines jeden zweiten Jahres; Bezugnahme auf § 32a Abs. 1 Nr. 1 EstG.

[243] So in der (CH) wo generell *nur* der „Notbedarf" von Schuldner und Familie geschützt ist, Art. 93 SchKG. Dazu auch ENDERLE, S. 249 ff.

[244] So z.B. auch die ersten Regelungen in (F) 1895 – 1930, vgl. VINCENT/PREVAULT, Rn. 151.

[245] (PL) Art. 87 § 3 Nr. 2 KP.

[246] (PL) Vgl. Art. 125, 126 KKW. Vom Eigenanteil des Gefangenen am Arbeitsentgelt sind 60% vor Vollstreckung geschützt, es kann also nur auf bis zu 40% des Eigenanteils zugegriffen werden (Art. 125 § 2 KKW). Zur Behandlung von Inhaftiertengeldern in (D) Musielak-BECKER, Rn. 8 zu § 850 ZPO und BGH NJW 2004, S. 3714.

gung von Unterhaltsforderungen stehen an erster Stelle vor allen anderen Abzugsmöglichkeiten[247]. Zudem kann auf mehr zugegriffen werden als bei der Vollstreckung wegen Normalforderungen. Vom Arbeitsentgelt dürfen Beträge bis zu einem Anteil von 3/5 (60%) des Entgeltes abgezogen werden (statt normal bis zu 50%) unabhängig von dessen Höhe, auch vom niedrigsten Einkommen.[248] Die verbleibenden 40% stellen insoweit die Mindestsicherung des Unterhaltsschuldners dar, da nach polnischem Recht gegenüber Unterhaltsforderungen ja kein fester geschützter Grundbetrag existiert [oben (b) (i)]. Auf ein jährliches Zusatzentgelt[249] und Beträge, die dem Arbeitnehmer aus seinem Anteil am Gewinn oder am Bilanzüberschuss zustehen, dürfen Unterhaltsgläubigern sogar in voller Höhe zugreifen[250]. Hierbei geht der Gesetzgeber offenbar davon aus, dass aufgrund des Charakters als zusätzliche oder wegen ihrer Abhängigkeit von der jeweiligen aktuellen Situation des Arbeitgebers unsichere Leistung keine derart schützenswerte Situation des Arbeitnehmers wie bei der Basisvergütung besteht. Treffen mehrere Vollstreckungsforderungen zusammen, dürfen die Abzüge *insgesamt* bei mehreren Nichtunterhaltsforderungen die Hälfte, bei Einbeziehung von Unterhaltsforderungen 3/5 (60%) des Arbeitsentgelts nicht überschreiten.[251]

Bei der Vollstreckung aufgrund von Normaltiteln in Altersversorgungsansprüche darf im Gegensatz zur arbeitsrechtlichen Regelung statt auf die Hälfte (50%)

---

247 (PL) Abgesehen von vorher herauszurechnenden Steuervorauszahlungen und Sozialversicherungsbeiträgen (Muszalski[2]-Wratny, Rn. 3 zu Art. 87 KP) besteht nach Art. 87 § 2 i.V.m. § 1 KP die Reihenfolge; (1) Abzüge aufgrund von Vollstreckungstiteln über Unterhaltsforderungen, (2) aufgrund von Vollstreckungstiteln über andere als Unterhaltsforderungen; (3) wegen gewährter Geldvorschüsse (4) wegen Geldbußen (Art. 108 KP).

248 (PL) Art. 87 § 3 Nr. 1 KP; Jaśkowski/Maniewska, Anm. 6 zu Art. 87 KP.

249 (PL) Der im KP noch verwendete Begriff „Preise aus dem betrieblichen Preisfonds" meint heute das jährliche Zusatzentgelt der Beschäftigten des öffentlichen Sektors (vgl. Art. 6 der DoWynRoczU).

250 (PL) Art. 87 § 5 KP. Gilt auch bei Abzügen im Außervollstreckungsverfahren für Unterhaltstitel (Art. 88 § 1 KP).

251 (PL) Art. 87 § 1 KP, näher Marciniak, *Ograniczenia*, S. 72 ff. Reicht bei einem Zusammentreffen von Unterhalts- und „Normalforderungen" bereits ½ zur Befriedigung der vorrangigen Unterhaltsforderungen aus, kann *nicht* insgesamt auf bis zu 3/5 zugegriffen werden. Damit sie nicht ungerechtfertigt an der Privilegierung teilhaben, bleibt für die „Normalforderungen" dann nur der eventuell bis zur Hälft des Entgelts noch verbleibende Betrag, Marciniak, *Ograniczenia*, S. 74-76, 95, und in Piasecki Rn. 6 zu Art. 833 KPC. In (D) muss zuerst auf den nur privilegierten Gläubigern offen stehenden Teil zugegriffen werden und erst danach auf den Rest (§ 850e Nr. 4 ZPO), damit ein nachrangiger Normalgläubiger nicht am Zugriff gehindert wird, wenn ein bevorrechtigter (Unterhalts-) Gläubiger seine erweiterten Zugriffsmöglichkeiten nicht ausschöpft.

nur auf ein Viertel (25%) zugegriffen werden[252], womit dem allgemein niedrigeren Leistungsniveau Rechnung getragen wird. Was die Privilegierungen angeht, unterliegen Geldleistungen aus dem Pensions- und Rentengesetz der Vollstreckung zur Befriedigung von Unterhaltsforderungen – wie nach den arbeitsrechtlichen Vorschriften – bis zu einer Höhe von 3/5 (60%)[253]. Daneben kennt das polnische Altersversorgungsrecht aber auch eine Besserbehandlung von Titeln im Zusammenhang mit der Unterbringung in Pflegeanstalten. Werden Kostenforderungen für die Unterbringung in Anstalten der Sozialhilfe vollstreckt, darf auf bis zur Hälfte (50%)[254] der Leistung zugegriffen werden. Das lässt sich – wie oben erwähnt – dadurch begründen, dass hier nach dem Schutzzweck nur geringere Zugriffsschranken erforderlich sind.

Beim Zusammentreffen mehrerer Vollstreckungsforderungen orientiert sich auch hier die maximale Höhe der Gesamtabzüge an der Zugriffsquote für die bevorzugteste beteiligte Forderung[255]. Die Regelung der Abzugsreihenfolge[256] und des Falles, dass die abziehbare Summe zur Deckung aller zum Abzug anstehenden Forderungen nicht ausreicht[257], betrifft allerdings keine Frage des Schuldnerschutzes sondern ist vor allem aus Gläubigersicht interessant.

(ii) Variable Quoten

Die Zugriffsquoten können – wie der Grundbetrag – auch variabel an besondere Schuldnersituationen anknüpfen. Das deutsche Recht hat sich bei der Pfändung von Arbeitseinkommen und gleichgestellten Einkünften wiederum für die komplexere Lösung entschieden und differenziert – wie viele andere Rechtsordnungen[258] – nach der Unterhaltsbelastung. Anders als nach polnischem Recht erhöht sich der Zugriffsschutz in Deutschland pauschal je nach der Anzahl derjenigen,

---

[252] (PL) Art. 140 Abs. 1 Nr. 3 EmRentFUSU. Die Quote berechnet sich dabei unter Zugrundelegung des Bruttobetrages, vor Abrechnung der Vorauszahlungen auf die Einkommenssteuer, Art. 140 Abs. 7 EmRentFUSU.

[253] (PL) Art. 140 Abs. 1 Nr. 1 u. Abs. 4 Nr. 2 EmRentFUSU.

[254] (PL) Art. 140 Abs. 1 Nr. 2 EmRentFUSU.

[255] (PL) Detaillierte Regelungen für die unterschiedlichen Kombinationen in Art. 140 Abs. 6 Nr. 1-3 EmRentFUSU. Die Probleme sind analog zu lösen wie bei Art. 87 § 4 KP, s. Fn. 251. MARCINIAK, *Ograniczenia*, S. 95.

[256] (PL) Art. 139 Abs. 3 u. 4 EmRentFUSU.

[257] (PL) Beträge verbleiben im Betriebsdepot (Art. 140 Abs. 2 EmRentFUSU) bis Vollstreckungsorgan über Zuweisung entscheiden. Entsprechendes gilt, wenn Abzüge im Vollstreckungs- und Außervollstreckungsverfahren (wegen Unterhaltsforderungen) zusammentreffen (Art. 140 Abs. 3 EmRentFUSU). Sollen Abzüge im Außervollstreckungsverfahren für Unterhaltsforderungen mehrerer Gläubiger erfolgen und reicht die abziehbare Summe wieder nicht zur Deckung aus, erfolgen die Abzüge proportional zur Höhe des jeweiligen Anteils an der Gesamtsumme der Vollstreckungstitel (Art. 140 Abs. 5 EmRentFUSU).

[258] Vgl. zu (Ö/F/ENG/CH) HONOLD, S. 145-157.

denen der Schuldner Unterhalt gewährt.[259] Ohne Unterhaltsgewährung verbleiben dem Schuldner 3/10 (30%) des den Grundbetrag übersteigenden Mehrbetrages, bei Unterhaltsleistung für eine Person schon 5/10 (50%), für zwei bis fünf Personen steigt der Freibetrag um je 1/10 (60-90%). Allerdings findet dieser Schutz hier ein Ende in der Regelung eines Höchstbetrages (zzt. 3020,06 Euro monatlich), ab dem sämtliche Einkünfte uneingeschränkt pfändbar sind[260]. Der Erleichterung des Verfahrens in der Praxis dienen amtliche Tabellen der pfändbaren Beträge, die dem Gesetz als Anlage beigefügt wurden, und auf die das Gericht im Pfändungsbeschluss verweisen kann (sog. Blankettbeschluss).[261] Der Drittschuldner hat dann die pfändbaren Beträge zu ermitteln. Werden bevorzugte Unterhaltsforderungen vollstreckt, hat sich das deutsche anders als das polnische Recht gegen eine schlichte „prozentuale Reduzierung" des Schutzes entschieden. Die genannten pauschalen Beschränkungen gelten gegenüber Unterhaltsgläubigern vielmehr überhaupt nicht. Stattdessen ist ein individueller Schuldnerschutzes vorgesehen[262] [unter (2)].

(2) Individueller Schutz

Neben dem pauschalen kommt auch ein individueller Schutz in Betracht. Darunter ist zu verstehen, dass die Vollstreckungsorgane über den Zugriffsschutz in jedem Einzelfall gesondert entscheiden und die Umstände der Situation des einzelnen Schuldners berücksichtigen. Trotzdem werden die Entscheidungen – schon aus Gründen der Rechtssicherheit – übereinstimmende Maßstäbe zugrunde zu legen und sich einheitlich am Schutzziel (z. B. „Existenzminimum") auszurichten haben. Einige Rechtsordnungen folgen durchgehend einem individuellen Ansatz, andere sehen nur punktuelle Individualentscheidungen vor. Ein Beispiel für ausschließlich individuellen Schuldnerschutz bietet die Schweiz. Nach der dort geregelten Generalklausel kann Erwerbseinkommen allgemein nur soweit gepfändet werden, als es nach dem Ermessen des Beitreibungsbeamten für den Schuldner und seine Familie nicht unbedingt notwendig ist.[263] Auch in England wird der Pfändungsfreibetrag im Einzelfall nach freiem Ermessen festgesetzt.[264]

Das deutsche Recht folgt zwar grundsätzlich dem pauschalen Modell, sieht aber anders als das polnische auch individuellen Schutz vor, soweit es um die privilegierte Vollstreckung von Unterhaltsforderungen in das Arbeitseinkommen und

---

259 (D) § 850c Abs. 2 ZPO.

260 (D) § 850c Abs. 2 S. 2 ZPO.

261 (D) § 850c Abs. 3 ZPO. Tabellen sind auch in (Ö) bekannt, vgl. HONOLD, S. 146 f.

262 (D) § 850 d Abs. 1 S. 1, 2, 3 ZPO.

263 (CH) Art. 93 SchKG.

264 Näher HONOLD, S. 153 f.

gleichgestellte Bezüge geht. Unterhaltsgläubiger[265], die gesetzliche Unterhaltsansprüche vollstrecken, können auf das Arbeitseinkommen[266] grundsätzlich ohne die normalen pauschalen Beschränkungen der Grundfreibeträge und der Zugriffsquoten beim Mehrverdienst zugreifen und u.U. eine Vorratspfändung[267] vornehmen. Dem Schuldner ist allerdings trotzdem so viel zu belassen, wie er für seinen „notwendigen Unterhalt" benötigt. Zudem muss die Erfüllung laufender Unterhaltspflichten gegenüber dem Gläubiger vorgehenden Unterhaltsberechtigten und die gleichmäßige Befriedigung gleichrangiger Berechtigter sichergestellt sein[268]. Damit es durch die Individualentscheidung nicht sinnwidrig zu einer Benachteiligung von Unterhaltsgläubigern kommt, darf der pfändungsfreie Betrag aber nicht höher sein, als der sich bei pauschaler Festlegung gegenüber Normalgläubigern ergebende.[269] Ganz ähnlich *kann* das Gericht auf Antrag des Gläubigers bei der Vollstreckung von Forderungen aus vorsätzlich begangenen unerlaubten Handlungen die normalen Pfändungsgrenzen außer Betracht lassen, muss dem Schuldner aber auch in diesem Fall das zur Deckung des „notwendigen Unterhalts" und zur Erfüllung laufender Unterhaltspflichten Erforderliche belassen.[270]

Ursprünglich wollte der Gesetzgeber mit diesen Regelungen wohl erreichen, dass der Schuldner – ähnlich wie heute noch in Polen – gegenüber dem privilegierten Gläubiger nicht nur einen Zugriff ohne Schutz des Mehrverdienstes, sondern sogar eine Reduzierung des aus Gründen der Existenzsicherung geschützten Mindestbetrages sollte hinnehmen müssen. Heute allerdings orientiert sich die Praxis bei der näheren Bestimmung des Begriffs „notwendiger Unterhalt" – mangels konkreter Informationen über die näheren Lebensumstände des Schuldners – ebenso wie der Gesetzgeber bei der Neuregelung der Grundfreibe-

---

[265] (D) Unterhaltsansprüche, die kraft Gesetzes einem Verwandten, dem derzeitigen oder früheren Ehegatten oder Lebenspartner oder einem Elternteil (nach §§ 1615l, 1615n) zustehen (§ 850d ZPO Abs. 1 S. 1 ZPO).

[266] (D) Ein privilegierter Zugriff ist grundsätzlich nur auf laufende Unterhaltsforderungen aus dem letzten Jahr vor Pfändungsantrag möglich, auf Altrückstände kann zugegriffen werden, wenn sich der Schuldner den Zahlungspflichten absichtlich entzogen hat, vgl. § 850d Abs. 1 S. 4 ZPO.

[267] (D) § 850d Abs. 3 ZPO.

[268] (D) § 850d Abs. 1 S. 2 ZPO. Zur Reihenfolge verschiedener Berechtigter § 850d Abs. 2 ZPO. Im Verhältnis zu Normalgläubigern besteht das Problem, dass ein nachrangiger Normalgläubiger überhaupt am Zugriff gehindert werden könnte, wenn ein bevorrechtigter (Unterhalts-)Gläubiger seine erweiterten Zugriffsmöglichkeiten nicht ausschöpft. In (D) muss zuerst auf den nur privilegierten Gläubigern offenstehenden Teil zugegriffen werden und erst danach auf den Rest (§ 850e Nr. 4 ZPO), zur Rechtslage in (PL) vgl. oben Fn. 247.

[269] (D) § 850d Abs. 1 S. 3 ZPO.

[270] (D) § 850 f Abs. 2 ZPO, sog. „Härteklausel" des Gläubigers. Näher KEIP, S. 87 f. Bei der Ermessensentscheidung sind Unrechtsgehalt der Tat, Ausmaß des Schadens u. Vorteil des Schuldners aus der Tat zu berücksichtigen.

träge vor allem an den sozialhilferechtlichen Bestimmungen und Regelsätzen.[271] Im deutschen Recht wird also – wie auch in anderen Rechtsordnungen[272] – übergreifend ein im Großen und Ganzen einheitlicher Maßstab des „Existenzminimums" angelegt, wonach Grundlage und unterste Grenze ist, was der Schuldner nach den Sozialhilfevorschriften als laufende Hilfe zum Lebensunterhalt bekäme.[273] Durch den weitgehend einheitlichen Maßstab und die Dynamisierung der Freibeträge werden Diskrepanzen vermieden, die sich aus den unterschiedlichen Mindestsicherungen des Schuldners früher ergaben.[274] Man könnte insoweit von einer absoluten Natur des Begriffs „Existenz*minimum*" sprechen: Ein relatives Minimum, unterschiedlich gegenüber Normal- und Unterhaltsgläubigern, ist danach ausgeschlossen. Dieser einheitliche Schutz leuchtet vor allem ein, wenn man sich vor Augen führt, dass auch das staatliche Abwehrinteresse insoweit konstant ist: Stets geht es darum, die Anspruchsberechtigung des Schuldners in der Sozialhilfe zu verhindern.

Ein Individualschutz ist auch dann naheliegend, wenn aufgrund der Unregelmäßigkeit der Einkünfte das Ausmaß, in dem sie für den Schuldner von existenzsichernder Bedeutung sind, nicht pauschal bestimmbar ist. Anders als das polnische Recht, das in diesen Fällen keinen Schutz regelt, sieht das deutsche Vollstreckungsrecht aus diesem Grund beim Zugriff auf nicht wiederkehrend zahlbaren Vergütungen für persönlich[275] geleistete Arbeiten und Dienste, der in erster Linie freiberufliche Schuldner betrifft, einen Individualschutz vor. Das Vollstreckungsgericht hat auf Antrag des Schuldners oder begünstigter Unterhaltsberechtigter eine Einzelfallscheidung über den Pfändungsschutz zu treffen. Auch hier ist dem Schuldner das Existenzminimum in Gestalt des „notwendigen Unterhalt" für sich und bestimmte Unterhaltsberechtigte während eines angemessenen Zeitraums zu belassen.[276] In der Praxis bestimmt sich der Umfang wieder nach den sozialrechtlichen Regelsätzen[277]. Bei der Entscheidung werden wirtschaftliche Verhältnisse des Schuldners, insbesondere sonstige Verdienstmöglichkeiten berücksichtigt. Der Betrag, der im Falle des Zugriffs auf laufen-

---

271 (D) Vgl. nur LG Flensburg, DGVZ 2002, S. 187 f.; Musielak-BECKER, Rn. 5 zu § 850d ZPO. Der Schuldnerbedarf beinhaltet vor allem neben dem ortüblichen Regelsatz eine Pauschale für Kleidung und größeren Hausrat, angemessene Kosten für Unterkunft und Heizung, arbeitsbedingten Mehraufwand und bei bestimmten Personengruppen Zuschläge für besondere Bedürfnisse; ausführlich zur detaillierten Berechnung, Rn. 6.

272 Zu (F/Ö/ENG) HONOLD, S. 183 ff.

273 (D) Dem Bürger ist an Einkommen so viel zu belassen, als er zur Schaffung der Mindestvoraussetzungen für ein menschenwürdiges Dasein benötigt, BVerfG NJW 1990, S. 2869, 2871 (unter III, 2.).

274 (D) Dazu noch umfassend KEIP, 90 f., vgl. auch CHRISTMANN, RPfl 1990, S. 403 ff.

275 Zu Recht kritisch zur Einschränkung auf „persönliche" Leistungen („ökonomisch naiv") und für „weitherzige" Auslegung: Angst-OBERHAMMER, Rn. 2 zum entspr. § 291e EO in (Ö).

276 (D) § 850i Abs. 1 ZPO. Entsprechendes gilt in (Ö) § 291 e Abs. 1 EO.

277 (D) MünchKomm-SMID Rn. 16 zu § 850i ZPO; HONOLD, S. 172.

des Arbeitseinkommen pfändungsfrei wäre, darf aber nicht überschritten werden und überwiegende Belange des Gläubigers dürfen nicht entgegenstehen[278]. Da das Gesetz eine Gleichstellung von einmaligen mit wiederkehrend zahlbaren Bezügen anstrebt, soll der Schutz dem bei „normalen“ Arbeitnehmern möglichst weitgehend entsprechen.[279]

(II) Andere Forderungen

Im Bereich der nicht in erster Linie der Existenzsicherung dienenden Forderungen können bei der Ausgestaltung eines Schuldnerschutzes, der auf anderen Regelungszielen beruht, auch andere Gestaltungsgrundsätze gelten. Art und Umfang der Beschränkungen sind hier kaum zu systematisieren und hängen unmittelbar mit dem verfolgten Ziel zusammen.

In Polen sind die Einlagen auf Sparkonten einer Person – unabhängig von der Anzahl abgeschlossener Verträge – der Pfändung auf Grundlage eines gerichtlichen oder behördlichen Vollstreckungstitels bis zur Höhe des dreifachen durchschnittlichen Monatsentgelts im „Unternehmenssektor“ nicht unterworfen.[280] Dies gilt aber nicht, wenn Unterhaltsforderungen vollstreckt werden: Hier kann auf das Gesamtguthaben zugegriffen werden.[281] Eine solche Regelung, die in ihrem gesellschaftspolitischen Kern noch aus der sozialistischen Zeit herrührt[282], heute aber vor allem die politisch bedeutsame Gruppe der Kleinsparer im Blick haben dürfte, lässt sich nur schwer mit Erwägungen der Existenzsicherung rechtfertigen. Man könnte insoweit höchstens daran denken, ein geringes Sparguthaben als „Notgroschen“ zum Existenzminimum zu zählen. Es bleibt aber kaum nachvollziehbar, warum ein Schuldner, der über ein solches Guthaben verfügt gegenüber einem Schuldner bevorzugt werden soll, der als Notrücklage eine andere Art der Geldanlage gewählt hat und etwa eine wertvolle Sache gekauft hat, die dann der Pfändung unterliegt. Man wird daher die *ratio* der Norm im volkswirtschaftlichen Gesichtspunkt der Sparförderung sehen müssen.

---

[278] (D) § 850i Abs. 1 S. 2, 3 u. 4 ZPO.

[279] (D) KEIP, S. 94. Vgl. zu Diskussionen über eine Reform: FOERSTE/ISING, ZRP 2005, S. 129 ff., und den dort diskutierten „Referentenentwurf eines Gesetzes zur Änderung der Insolvenzordnung, des Kreditwesengesetzes und anderer Gesetze“, in: NZI 2004, S. 549.

[280] (PL) Art. 54 PrBank. Entscheidend ist das Entgelt, das der Präsident des Statistischen Hauptamtes (GUS) für den Zeitraum bekanntgegeben hat, der dem Tag der Ausstellung des Vollstreckungstitels unmittelbar vorausgeht.

[281] (PL) Art. 1083 § 2 KPC.

[282] (PL) Vgl. zu älteren Fassungen MARCINIAK, *Ograniczenia*, S. 156 f.; zur Funktion der Banken im sozialistischen System, WENTOWSKI, Palestra 2/1967, S. 12 ff. m.w.Nw.; der Gesetzgeber wollte damit offenbar die Bürger anhalten, ihr Geld bei den staatlichen Banken anzulegen.

Nach polnischem Recht unterliegen zudem Forderungen aus Personenversicherungen und Entschädigungen aus Vermögensversicherungen[283] zu ¾ nicht der Vollstreckung.[284] Dies betrifft allerdings nicht die Vollstreckung, die eine Befriedigung aus Unterhaltstiteln zum Ziel hat. Die Vollstreckung ist auch möglich hinsichtlich von Beiträgen, die dem Versicherungsunternehmen aus den Versicherungsverträgen zustehen.[285] Eine Begründung für diese Besserstellung ließe sich unter Existenzsicherungserwägungen darin sehen, dass dem Schuldner Versicherungsforderungen erhalten bleiben sollen, die einen Ausgleich für Schäden an höchstpersönlichen Rechtsgütern oder an Teilen des zum Existenzminimum zählenden Güterbestandes darstellen sollen. Ein Gläubiger soll keinen Vorteil daraus ziehen können, dass der Schuldner die Ansprüche noch nicht realisiert hat. Durch die pauschale Unterschutzstellung und die ebenso pauschale Besserstellung von Unterhalts- und Beitragstiteln dürfte es aber in der Praxis häufig zu einer wenig einleuchtenden Besser- bzw. Schlechterstellung von Schuldnern mit solchen Versicherungsforderungen kommen. Ist das pfändbare Auto des Schuldners zerstört, erscheint es willkürlich, die Versicherungssumme zu ¾ unter Schutz zu stellen: Hätte der Schuldner bereits Ersatz beschafft, wäre dieser pfändbar. Auch hier könnten also höchstens gesamtwirtschaftliche Überlegungen herangeführt werden, um die Einschränkung der Gläubigerbefugnisse zu rechtfertigen.[286]

Als Relikt des sozialistischen Vollstreckungsrechts fand sich in Polen bis Anfang 2007 noch eine zugriffsbeschränkende Regelung, die dazu dienen sollte, die Durchführung von Verträgen zu sichern, die von staatlichen Einrichtungen geschlossen wurden.[287] Darüber sollte mittelbar das „gesellschaftliche Eigentum“ (*mienie społeczne*) geschützt und die Erfüllung der Planaufgaben sichergestellt werden.[288] Zugriffsfrei waren danach Forderungen, die der Schuldner gegen staatliche Organisationseinheiten hatte, aus Lieferungen, Arbeiten oder Dienstleistungen[289] *vor* Beendigung der Lieferung, der Arbeiten oder Dienste, in einer Höhe, die 75% der jeweiligen Auszahlung nicht überstieg. Anderes galt nur, wenn es sich um Forderungen der Angestellten des Schuldners handelte aus

---

283 (PL) Zu den Begriffen Art. 805 KC.

284 (PL) Art. 831 § 1 Nr. 5 KPC i.V.m. § 1 EgzUbezpR. Zur Entwicklung der KPC-Norm, die zunächst enger gefasst war und sich auf Versicherungsleistungen bei Naturkatastrophen bezog, MARCINIAK, *Ograniczenia*, S. 151 f.

285 (PL) Art. 831 § 1 Nr. 5 i.V.m. § 2 EgzUbezpR.

286 (PL) Zum Ganzen näher ŁAWRINOWICZ/NOWAK, Palestra 5/1987, S. 1.

287 (PL) Art. 831 § 1 Nr. 4 KPC. Vgl. Piasecki-MARCINIAK, Rn. 12 zu Art. 831 KPC.

288 (PL) MARCINIAK, *Ograniczenia*, S. 145 ff.(146) (eingehend zum Ganzen); WENGEREK, Anm. 4 zu Art. 831 KPC.

289 (PL) Die altertümliche Terminologie hängt mit heute obsoleten Besonderheiten des sozialistischen Wirtschaftssystems zusammen, vgl. WENGEREK, Anm. 4 zu Art. 831 KPC. Ausführlich MARCINIAK, *Ograniczenia*, S. 146 f. Zum heutigen Verständnis Piasecki-MARCINIAK, Rn. 12 zu Art. 831 KPC.

Arbeitsleistungen, die bei diesen Lieferungen, Arbeiten oder Diensten erbracht wurden. Zulässig war auch eine Pfändung der Quote, die dem Schuldner *nach* Ausführung der Lieferungen, Arbeiten oder Dienste zustand[290]. Im Einklang mit der allgemeinen Tendenz, Bevorzugungen von staatlichen Betrieben abzubauen, sollte die gesamte Regelung, die schon bislang restriktiv ausgelegt wurde[291], zunächst im Rahmen der KPC-Reform gestrichen werden.[292] Dieses Vorhaben konnte sich aber im Gesetzgebungsverfahren nicht durchsetzen. Wegen Verstoßes gegen das Prinzip der sozialen Marktwirtschaft (*zasada społecznej gospodarki rynkowej*) und den Gleichheitsgrundsatz wurde die Vorschrift vom Verfassungsgericht im Januar 2007 für verfassungswidrig erklärt.[293]

Der in der deutschen Forderungsvollstreckung vorgesehene spezielle Individualschutz für Landwirte kann nicht ausschließlich durch das Bestreben nach dem Schutz existenzsichernder Einkünfte erklärt werden, sondern beabsichtigt auch den Schutz der schuldnerischen Erwerbstätigkeit bzw. die Fortführung des schuldnerischen Betriebes. Ein Landwirt kann danach beim Vollstreckungsgericht beantragen, die Pfändung von Forderungen aus dem Verkauf landwirtschaftlicher Erzeugnisse insoweit aufzuheben, als die Einkünfte zu seinem Unterhalt, dem seiner Familie[294] und seiner Arbeitnehmer oder zur Aufrechterhaltung einer geordneten Wirtschaftsführung unentbehrlich sind. Bei Offenkundigkeit des Vorliegens der Aufhebungsvoraussetzungen soll auch schon der Zugriff durch Pfändung unterbleiben. [295] Durch Sicherung des notwendigen Unterhalts ergänzt die Vorschrift den Schutz bei der Sachpfändung.

b) Bedingter Zugriff

Neben Regelungen, die einen im Umfang beschränkten Zugriff auf Schuldnerforderungen zulassen, kann auch der Weg gewählt werden, die Forderungen grundsätzlich für unpfändbar zu erklären, unter bestimmten Bedingungen aber einen Zugriff zuzulassen. Besonders wenn die Pfändbarkeit nur von Billigkeitserwägungen abhängt, liegt diese Regelungsmöglichkeit konstruktiv sehr nah bei der individuellen Bestimmung des (eingeschränkten) Zugriffsumfangs. Der

---

[290] (PL) Art. 831 § 3 KPC.

[291] (PL) Vgl. aus der jüngeren Rspr.: SN Beschluss v. 27.4.2001, III CZP 12/01, OSNC 10/2001, poz. 150: Krankenkassen sind keine staatlichen Organisationseinheiten i. S. der Vorschrift.

[292] (PL) Vgl. KPC-RegE Art. 1 Pkt. 115.

[293] (PL) TK, Urteil vom 9.1.2007, P 5/05, vgl. <http://www.trybunal.gov.pl/Rozprawy/2007/p_05_05.htm> [Abruf: 22.1.2007].

[294] (D) Geschützt sind alle mit dem Schuldner zusammenlebenden und von ihm unterhaltenen Familienmitglieder.

[295] (D) Einzelheiten bei Musielak-BECKER, Rn. 3 zu § 851a ZPO: Vollstreckungsschutz muss nach dem konkreten Zuschnitt des Betriebes „unbedingt nötig“ sein. Zum Verfahren Rn. 4.

Ausgangspunkt ist allerdings ein anderer: Beim individuellen Schutz ist die Forderung grundsätzlich voll pfändbar, nach individuellen Gesichtspunkten aber eingeschränkt zugriffsgeschützt: Bei bedingter Pfändbarkeit hingegen ist die Forderung grundsätzlich voll unpfändbar, bestimmte Unstände können aber einen Zugriff möglich machen. Das ist für Interessenabwägungen bedeutsam, die im einen Fall die Ausnahmenatur der Unpfändbarkeit, im anderen die der Pfändbarkeit nicht außer Betracht lassen können. Die Konstruktion der bedingten Pfändbarkeit findet sich nicht im polnischen Recht und scheint überhaupt zusehends zu einer deutschen Besonderheit zu werden, nachdem sich auch das österreichische Recht im Interesse einer Vereinfachung seines Vollstreckungsrechts von ihr getrennt hat.[296] Die meisten betroffenen Regelungsprobleme könnten ohne weiteres praxisfreundlicher und vorhersehbarer über beschränkte Pfändbarkeit oder (relative) Unpfändbarkeit gelöst werden.

In Deutschland sind einzelne dem Arbeiteinkommen mit Rücksicht auf ihre existenzsichernde Natur gleichgestellte Einkünfte, vor allem Renten und bestimmte andere Versorgungsbezüge[297], sowie zur Deckung von Beerdigungskosten vorgesehene Kleinlebensversicherungen[298] nur bedingt pfändbar. Trotz grundsätzlicher Unpfändbarkeit können sie vom Vollstreckungsgericht für pfändbar *erklärt* werden[299], so dass dann auf sie nach den für das Arbeitseinkommen geltenden Vorschriften, d. h. im oben geschilderten beschränkten Umfang, zugegriffen werden kann. Voraussetzung ist, dass eine Vollstreckung in das sonstige bewegliche Vermögen des Schuldners den Gläubiger nicht vollständig befriedigt hat (oder es voraussichtlich zu keiner Befriedigung kommt) und dass der Zugriff der Billigkeit entspricht[300]. Letzteres beurteilt sich anhand verschiedener Kriterien, vor allem nach der Art des beizutreibenden Anspruchs und der Höhe der Bezüge[301]. Zu privilegierende Ansprüche können entsprechend ihrer Bevorzugung an anderer Stelle vor allem Unterhaltsansprüche, Schadensersatzansprüche aus vorsätzlicher unerlaubter Handlung[302] oder auch Ansprüche sein, die sich aus unterhaltssichernden Leistungen an den Schuldner ergeben. Negativ für den Gläubiger kann gewertet werden, wenn er den Schuldner dazu gebracht hat, durch Anschaffung von Überflüssigem oder Aufnahme

---

296 (Ö) HONOLD, S. 138 auch zur Rechtslage in der (CH).

297 (D) § 850b Abs. 1 Nr. 1 (Verletzungsrenten), Nr. 2 (Unterhaltsrenten), Nr. 3 (fortlaufende Einkünfte aus Stiftungen oder sonst aufgrund Freigebigkeit eines Dritten oder eines Altenteils- oder Auszugsvertrages), Nr. 4 (Bezüge aus öffentlichen und privaten Hilfskassen).

298 (D) Ansprüche aus Lebensversicherungen nur auf den Todesfall des Versicherungsnehmers mit Versicherungssumme bis 3579 Euro, § 850b Abs. 1 Nr. 4 a.E. ZPO, näher HORNUNG, Rpflger 2002, S. 128. Die Differenzierung ist verfassungsgemäß, vgl. BVerfG, NJW 2004, S. 2585 (Nichtannahmebeschluss).

299 (D) MünchKomm-SMID, Rn. 1 zu § 850b ZPO.

300 (D) § 850b Abs. 2 ZPO.

301 (D) Dazu BGHZ 53, S. 41 ff. und Musielak-BECKER, Rn. 11 zu § 850b ZPO.

302 (D) In §§ 850d und 850 f Abs. 2 ZPO.

ungünstiger Kredite, über seine Verhältnisse zu leben.[303] Unbillig könnte die Pfändung einer Verletzungsrente auch sein, wenn der Schuldner nur mit ihrer Hilfe die verletzungsbedingt erhöhten Lebenshaltungskosten decken kann.[304]

Hier ist also eine umfassende Einzelfallbetrachtung vorzunehmen, die die relevanten Interessen von Gläubiger und Schuldner abzuwägen hat. Dabei muss man sich vor allem an den Leitlinien orientieren, die von der Rechtsprechung herauszuarbeiten sind.[305] Damit hierfür eine ausreichende Grundlage vorhanden ist, geht man davon aus, dass vor der Entscheidung – im Gegensatz zum sonst geltenden Anhörungsverbot des § 834 ZPO – auch der Schuldner zu hören ist.[306]. Der Zugriff ist also deutlich schwerer zu erlangen als bei normalem Arbeitseinkommen. Neben dem Subsidiaritätskriterium muss eine zusätzliche, von Kasuistik geprägte Billigkeitsschleuse überwunden werden, bevor zumindest eingeschränkte Pfändung erfolgen kann. Der Gläubiger hat die Voraussetzungen der Billigkeit darzulegen und gegebenenfalls zu beweisen.[307]

Ein weiteres Beispiel für bedingt pfändbare Forderungen findet sich im deutschen Recht bei den einmaligen Sozialleistungen in Geld[308]. Da bei diesen Forderungen die oben besprochene Zweckbindung besonders groß ist und die Grundsätze beschränkten Zugriffs bei der Pfändung von Arbeitseinkommen daher meist nicht passen würden (es ist eben genau der Betrag für das angestrebte Ziel erforderlich), kann eine Pfändung nur im Rahmen der Billigkeit erfolgen. Maßgebliche Umstände bei der Beurteilung der Billigkeit durch das Vollstreckungsgericht[309] sind hier insbesondere Einkommens- und Vermögensverhältnisse des Leistungsberechtigten, die Art des beizutreibenden Anspruchs und vor allem Höhe und Zweckbestimmung der jeweiligen Geldleistung.[310] Auch hier ist also wieder eine umfassende Einzelfallabwägung erforderlich, die ihre Leitlinien aus einer vielfältigen Kasuistik gewinnt.[311] Insoweit kann weitestgehend auf die

---

303 (D) Näher m.w.Nw. KEIP, S. 64 f. Letzteres darf aber i.d.R. nicht zum dauerhaften Pfändungsausschluss führen.

304 (D) KEIP, S. 66. Umfassend zur Kasuistik S. 66 f.

305 (D) Übersicht bei KEIP, S. 65 ff. Gläubigerseite: Bedürftigkeit, finanzielle Notsituation etc.; Schuldnerseite: persönliche Verhältnisse und Verhalten, Krankheit, Tod des Ehegatten, Einkommens- u. Vermögensverhältnisse.

306 (D) § 850b Abs. 3 ZPO, KEIP, S. 75 f. unter Hinweis auf Art. 103 Abs. 1 GG. Wegen der Unpfändbarkeit und damit Unübertragbarkeit der Forderungen vor der Entscheidung besteht keine Gläubigergefährdung.

307 Umfassend zu den hiermit verbundenen Ansichten und Problemen KEIP, S. 68-73.

308 (D) Hier kommt es nicht auf die Anzahl der Auszahlungen, sondern auf die Einmaligkeit der Zahlungsverpflichtung an, STÖBER Rn. 1335, KEIP S. 105.

309 (D) Zum Verfahren: KEIP, S. 112 ff. der – entsprechend der Rechtslage bei § 850b ZPO – überzeugend die Notwendigkeit einer Anhörung entgegen § 834 ZPO darlegt (mangels Gläubigergefährdung), S. 115 f. Ausführlich auch zur Darlegungslast, S. 117 f.

310 (D) § 54 Abs. 2 SGB I.

311 (D) Näher Musielak-BECKER, Rn. 21 zu § 850i ZPO (§ 54 SGB I) und KEIP, S. 104 ff.

Ausführungen zur bedingten Pfändbarkeit von Arbeitseinkommen verwiesen werden. Obgleich besonders häufig die enge „Zweckbestimmung" der Leistung zur Unbilligkeit der Pfändung führen wird, kann – im Einklang mit allgemeinen auch aus dem polnischen Recht bekannten Wertungen – der Zugriff gerade wegen der Zweckbestimmung dann „billig" sein, wenn die Sozialgeldleistung damit zweckentsprechend verwandt wird, weil der Gläubiger z. B. Vorleistungen für den geschützten Zweck erbracht hat.[312]

c) Absolute und relative Zugriffsverbote

Als stärkste Schutzmaßnahme stehen dem Gesetzgeber Zugriffsverbote zur Verfügung. Die Verwendung von Zugriffsverboten ist in der Regel Anzeichen eines besonderen Schutzinteresses. Dies kann insbesondere darauf beruhen, dass der Schuldner in außergewöhnlichem Maße auf die Forderung angewiesen ist, dass eine starke Zweckbindung einer Pfändung grundsätzlich entgegensteht oder dass sich wegen des geringen Umfangs der Forderung ein teilweiser Zugriff verbietet. Man kann hier zum einen nach verfolgten Regelungszielen gliedern, zum anderen aber auch je nach Schutzintensität unterscheiden zwischen absoluten Zugriffsverboten, die keine Ausnahme kennen, und relativen Zugriffsverboten, die nur gegenüber bestimmten Forderungen geschützt sind, in die zugunsten anderer, privilegierter, hingegen vollstreckt werden darf. Die relativen Zugriffsverbote kann man regelungstechnisch auch als eine Art bedingte Zugriffsbeschränkung ansehen, wenn man die Art der Vollstreckungsforderung als Bedingung annimmt. Da letztere einfach zu bestimmen ist, kommt es regelmäßig nicht zu derart diffizilen rechtlichen Prüfungen und Abwägungsentscheidungen wie bei den oben beschriebenen bedingt pfändbaren Forderungen. Die relativen Zugriffsverbote sind daher praktisch wesentlich einfacher zu handhaben. Inhaltlich sind aber oft identische Wertungen entscheidend: Bei einer Vollstreckung wegen bestimmter privilegierter Forderungen wird meist auch die Bedingung der „Billigkeit" erfüllt sein. Die entscheidende Rolle spielen auch hier wieder die bereits oben erwähnten Arten privilegierter Vollstreckungsforderungen. Der Gesetzgeber kann einerseits Unterhaltsgläubigern den Zugriff erlauben und andererseits Gläubigern, die wegen Ansprüchen vollstrecken, deren Erfüllung mit der Unterschutzstellung gerade sichergestellt werden soll. Letzteren gegenüber ist ein „Schutz" nicht nötig und ein Pfändungsverbot liefe dem Sinn der Regelung zuwider[313].

Zugriffsverbote können zunächst der Existenzsicherung dienen. So kann in Polen auf Unterhaltsforderungen und die sog. Unterhaltsvorschüsse (*zaliczki*

---

312 (D) KEIP, S. 108 verweist auf die Pfändung eines Instandsetzungszuschusses für KfZ wegen Reparaturkosten.

313 (Ö) § 290a Abs. 2 EO: „Die Unpfändbarkeit gilt nicht, wenn die Exekution wegen einer Forderung geführt wird, zu deren Begleichung die Leistung widmungsgemäß bestimmt ist."

alimentacyjne) – als existenzsichernde Einkünfte – überhaupt nicht zugegriffen werden[314]. Damit aber das differenzierte Schutzsystem mit seinen eingeschränkten Zugriffsmöglichkeiten nicht konterkariert wird, wird der Begriff „Unterhaltsforderungen“ eng ausgelegt.[315] Existenzsichernde Funktion haben auch die Zugriffsverbote, die sich auf Sozialleistungen im weitesten Sinne beziehen. Im polnischen Recht kann auf verschiedene Leistungen, Zulagen – *dodatki* – und Beihilfen – *zasiłki* (Familienleistungen,[316] Geburts- und Vollwaisenbeihilfen) – überhaupt nicht zugegriffen werden.[317] In Deutschland sind von den Sozialleistungen Dienst- und Sachleistungsansprüche nach dem Sozialgesetzbuch vor allem wegen ihrer umfassenden Zweckbindung absolut zugriffsgeschützt.[318] Gleiches gilt für Erziehungsgeld und vergleichbare Leistungen der Länder[319], Mutterschaftsgeld[320] und für bestimmte Ausgleichsansprüche[321]. Auch die Sozialhilfe ist gänzlich unpfändbar[322]. Nur relativ unpfändbar sind nach deutschem Recht hingegen Ansprüche auf Kindergeld[323] sowie Heirats- und Geburtsbeihilfen[324], die ganz im Sinne eines „Schutzzweckzusammenhangs“ aber dem Zugriff unterliegen, wenn wegen gesetzlicher Unterhaltsansprüche eines beim Kindergeld berücksichtigten Kindes bzw. wegen Ansprüchen vollstreckt wird, die aus Anlass der Heirat oder Geburt entstanden sind.

In Polen erfolgt auch der bereits mehrfach erwähnte Schutz von Beträgen, die vom Fiskus für besondere Ziele vorgesehen sind[325] – hierunter fallen vor allem Bildungs- und Ausbildungsförderungsleistungen[326]–, über eine relative Unpfändbarkeit. Diese Forderungen sind zum einen bei Vollstreckung wegen Un-

---

314 (PL) Art. 833 § 6 KPC. Relativ unpfändbar in (F) WERTH, S. 211.

315 (PL) SN v. 25.6.1955, II CR 460/55, Nr 4, poz. 94: Forderungen zur Gewährleistung der Mittel zum Lebensunterhalt und für die Erziehung; ŚWIEBODA, Anm. 11 zu Art. 833 KPC.

316 (PL) Geregelt im Gesetz über Familienleistungen (ŚwiadRodzU).

317 (PL) Art. 833 § 6 KPC. Die Beihilfen, die hingegen unter das Gesetz über die „Geldleistungen aus der Sozialversicherung bei Krankheit und Mutterschaft“ (ChorMacierzU) fallen, werden nach den Grundsätzen der Altersversorgung behandelt und sind nur teilweise zugriffsfrei (Art. 833 § 5 KPC i.V.m. EmRentFUSU), unter E I 1) (I) (1).

318 (D) § 54 Abs. 1 SGB I. Näher KEIP, S. 103 f. Bei Gegenständen gilt § 811 ZPO.

319 (D) § 54 Abs. 3 Nr. 1 SGB I.

320 (D) § 54 Abs. 3 Nr. 2 SGB I. Leistungen nach § 13 Abs. 1 des Mutterschutzgesetzes, soweit das Mutterschaftsgeld nicht aus einer Teilzeitbeschäftigung während der Elternzeit herrührt oder anstelle von Arbeitslosenhilfe gewährt wird, bis zur Höhe des Erziehungsgeldes nach § 5 Abs. 1 des Bundeserziehungsgeldgesetzes.

321 (D) § 54 Abs. 3 Nr. 3 SGB I. Ausgleichsleistungen bei Mehraufwand wegen Körper- oder Gesundheitsschadens.

322 (D) § 17 Abs. 1 S. 2 SGB XII; Musielak-BECKER, Rn. 19 zu § 850i ZPO (§ 54 SGB I).

323 (D) § 54 Abs. 4 SGB I. Näher Musielak-BECKER Rn. 22 zu § 850i ZPO (§ 54 SGB I).

324 (D) § 850a Nr. 5 ZPO. Dies sind nur Ansprüche gegen den Arbeitgeber, für die anderen gilt § 54 SGB I.

325 (PL) Art. 831 § 1 Nr. 2 KPC.

326 (PL) Art. 831 § 2 KPC. Auch für bereits ausgezahlte Beträge und Leistungen.

terhaltsforderungen zu 3/5 (60 %) – also dem üblichen privilegierten Satz – pfändbar[327], zum anderen schutzzweckgemäß sogar insgesamt, wenn die Vollstreckung zur Befriedigung von Ansprüchen stattfindet, die im Zusammenhang mit der Verwirklichung dieser Ziele entstanden sind.[328] Auch das deutsche Recht kennt die Unpfändbarkeit bestimmter für Ausbildungs- und Fortbildung „zweckbestimmter" Mittel, wie Erziehungsgelder, Studienbeihilfen und ähnliche Bezüge, ohne dass hier aber Ausnahmen für privilegierte Forderungen gemacht würden.[329] Eine entsprechende Anwendung dieser gesetzlichen Vorschrift nimmt man für Sozialgeldleistungen der Ausbildungs- oder Fortbildungsförderung an, soweit sie nicht wegen ihrer Natur als laufende existenzsichernde Bezüge und der daraus folgenden Ähnlichkeit mit dem Arbeitseinkommen wie dieses beschränkt pfändbar sind.[330] Eine allgemeine Unpfändbarkeit „zweckbestimmter" Sozialgeldbezüge kann wegen der ausdrücklichen, punktuellen gesetzlichen Regelungen nach deutschem Recht nicht angenommen werden.[331]

Mit Zugriffsverboten kann auch in erster Linie der Erhalt der Arbeitsmotivation und der Schutz der Erwerbstätigkeit bezweckt werden. Im polnischen Recht gilt dies für die absoluten Pfändungsverbote hinsichtlich von Kompensations- oder Ausgleichszahlungen für Ausgaben oder Reisen in dienstlichen Angelegenheiten.[332] Solche Aufwandsentschädigungen sowie zusätzlich Gefahrenzulagen[333] – und ihnen entsprechende Sozialgeldleistungen – [334] sind auch nach deutschem Recht absolut unpfändbar. In Deutschland findet sich anders als in Polen zudem

---

327 (PL) Art. 1083 § 1 KPC. Str. ist, ob die engere Formulierung in Art. 831 KPC („aus einem Titel über eine Unterhaltsverpflichtung") gegenüber Art. 1081 -1088 KPC („Unterhaltsgeld und Renten mit Unterhaltscharakter") dazu zwingt, in Art. 831 KPC vom engeren Begriff des Unterhaltsgelds nach Art. 128, 130 KRO ausgehen (so ŚWIEBODA, WENGEREK beide Anm. 2 zu Art. 831 KPC). Näher liegend erscheint die Annahme eines Redaktionsversehens, vgl. Piasecki-MARCINIAK, Rn. 6 zu Art. 831 KPC, DERS., *Ograniczenia*, S. 140 f.

328 (PL) Art. 832 Pkt. 2 KPC.

329 (D) § 850a Nr. 6 ZPO.

330 (D) Z.B. Fahrt- bzw. Praktikumskosten, Schulgeld- und Studiengebühren, Leistungen für Lern- und Arbeitsmittel etc. Entsprechende Anwendung des § 850a ZPO über § 54 Abs. 4 SGB I, vgl. KEIP S. 122.

331 (D) KEIP, S. 126.

332 (PL) Art 831 § 1 Nr. 1 KPC. Näher s. o. unter D II 2) b). Diese Forderungen genießen den Schutz aber nur so lange, wie sie dem geschützten Ziel dienen: Haben die genannten Summen etc. bereits die Ausgaben oder Reisekosten gedeckt, so unterliegt eine eventuell verbleibende Summe dem Zugriff, ŚWIEBODA, Anm. 1 zu Art. 831 KPC. Geschützt sind noch geschuldete wie bereits ausgezahlte Beträge und Leistungen (Art. 831 § 2 KPC), bar oder auf dem Konto, WENGEREK, Anm. 1 zu Art. 831 KPC.

333 (D) § 850a Nr. 3 ZPO: Aufwandsentschädigungen, Auslösegelder und sonstige soziale Zulagen für auswärtige Beschäftigungen, das Entgelt für selbstgestelltes Arbeitsmaterial, Gefahrenzulagen sowie Schmutz- und Erschwerniszulagen, soweit diese Bezüge den Rahmen des Üblichen nicht übersteigen.

334 (D) Analoge Anwendung über § 54 Abs. 4 SGB I, vgl. KEIP, S. 122.

eine gesonderte relative Unpfändbarkeit von Mehrarbeitszuschlägen[335], Urlaubs- und Treuegeldern sowie ähnlichen Prämien[336], und Weihnachtsvergütungen[337]. Privilegierte Unterhaltsgläubiger können eingeschränkt auf diese Leistungen zugreifen, wobei dem Schuldner mindestens die Hälfte des sonst unpfändbaren Betrages zu verbleiben hat.[338] Während der Schutz für Aufwandsentschädigungen auch anderen Rechtsordnungen bekannt ist[339], bildet der umfassende Schutz von zweckgebundenen Zulagen eine im Rechtsvergleich nicht repräsentative Privilegierung des Schuldners. Hier entspricht die Zurückhaltung des polnischen Gesetzgebers eher der Norm[340]. Sieht man tatsächlich in der Gläubigerbefriedigung das Hauptziel der Vollstreckung, ist eine derartige Besserbehandlung vor allem von Urlaubs- und Weihnachtsgeld kaum zu rechtfertigen[341]. In Zeiten verbreiteter Arbeitslosigkeit dürfte die Arbeitsmotivation des Schuldners nicht entscheidend vom umfassenden Genuss derartiger Zulagen abhängen.

Polnisches und deutsches Recht kennen schließlich Zugriffsverbote auch aus Gründen des Hinterbliebenenschutzes und, um Armenbestattungen aus Staatsmitteln zu vermeiden. In Polen sind Forderungen unpfändbar, die dem Schuldner anlässlich eines Todesfalles zur Deckung der Beerdigungskosten zustehen (aus Beihilfe-, Versorgungs-[342], oder Versicherungsansprüchen[343]). Sie sind der Vollstreckung – wiederum schutzzweckgemäß – nur zur Befriedigung der Kosten unterworfen, zu deren Deckung sie bestimmt sind[344]. Unter Beerdigungskosten werden beispielsweise Kosten für die Überführung des Leichnams, für Erwerb und Herrichtung des Grabes und sogar für die Anschaffung von Trauer-

---

335 (D) § 850a Nr. 1 ZPO: unpfändbar zur Hälfte.

336 (D) § 850a Nr. 2 ZPO. Jubiläumsprämien sind in (PL) als Teil des normalen Arbeiteinkommens wie dieses geschützt, IWULSKI/SANETRA, Anm. 2 zu Art. 87 KP (S. 270).

337 (D) § 850a Nr. 4 ZPO bis zu ½ des monatlichen Einkommens, höchstens bis 500 Euro.

338 (D) § 850d Abs. 1 S. 2 und S. 2, 2. Hs. ZPO.

339 HONOLD, S. 140 ff.; zu (Ö) § 290 Z. 1 EO; Angst-JAKUSCH, Rn. 3 zu § 290 EO.

340 Zu (Ö/F/ENG/CH) HONOLD, S. 139 f.

341 (D) Zur Begründung: Dem Schuldner solle ein bescheidenes Weihnachtsfest und die Tätigung von *größeren Anschaffungen* ermöglicht werden, BT-Drs. 14/6812 S. 10 f.

342 (PL) Bezeichnung und Leistender (Arbeitgeber, Hilfskassen, Gewerkschaften, Hilfsorganisationen) gleichgültig.

343 (PL) Z.B. Sterbegeld, das der Familie des Arbeitnehmers zusteht (Art. 93 KP); die einmalige Entschädigung beim Tod des Arbeitnehmers oder Rentners, die dessen Familie beim Tod infolge eines Arbeitsunfalls oder einer Berufskrankheit zusteht (Art. 12-14 u. 30 WypadPracU.); Bestattungsbeihilfen (vgl. z.B. Art. 77-81 EmRentFUSU; Art. 25 Pkt. 6 WypadPracU.) i.H.v. z.Zt. 4854,54 zł (jeweils aktuelle Höhe auf der Website des ZUS: <http://www.zus.pl/niusy/inf008.htm>), die Begräbniskostenerstattung und Entschädigung an die Familie des Getöteten (bei unerlaubter Handlung) nach Art. 446 § 1 u. 2 KC, die dem Berechtigten zustehende Summe aus einer Versicherung auf den Todesfall der versicherten Person, Art. 829 Pkt. 1 KC i.Z.m. Art. 805 § 1 u. 2 Pkt. 2 KC u.a.m.

344 (PL) Art. 832 KPC.

kleidung verstanden.[345] Die Begrenzungen betreffen gleichermaßen Forderungen und bereits ausgezahlte Beträge.[346] In Deutschland sind vergleichbare Sterbe- und Gnadenbezüge aus Arbeits- oder Dienstverhältnis sogar absolut unpfändbar[347], auf Kleinlebensversicherungen zur Deckung der Beerdigungskosten kann nur bedingt, d. h. – wie erörtert – nur nachrangig und im Rahmen der Billigkeit zugegriffen werden.[348]

d) Vergleichende Analyse

(I) Allgemeines

Bei vergleichender Analyse der Regelung von Zugriffsschranken lassen sich für das Grundsystem einige übergreifende Ergebnisse festhalten. Beide Rechtsordnungen verwenden als Regelungsinstrument vor allem die Einschränkung des Zugriffsumfangs, kennen aber daneben auch Formen der absoluten und relativen Unpfändbarkeit. Der bedingte Zugriff des deutschen Rechts, mit seinem starken Billigkeitselement, ist hingegen im polnischen Recht nicht anzutreffen. Im Rahmen der Einschränkung des Zugriffsumfangs folgen das polnische ausschließlich, das deutsche Recht vorwiegend einem pauschalen Schutzansatz. Das polnische Recht ist hier jedoch wesentlich konsequenter und verzichtet nicht nur gänzlich auf die Möglichkeit individueller Festlegung des Schutzumfangs, sondern sogar auf die Anpassung der pauschalen Schutzbeträge an individuelle Besonderheiten der Unterhaltsbelastung oder der Einkommenshöhe. Dies gilt sowohl für die Ausgestaltung der zugriffsfreien Grundbeträge, wie auch für die Zugriffsquoten beim Mehrverdienst. Eine solche „schlichte" Schutzregelung könnte mit Erwägungen der Praxisnähe und Effizienz gerechtfertigt werden: Je pauschaler die Schutzregelung ausfällt, desto einfacher ist sie sowohl für das Vollstreckungsorgan wie auch für die Drittschuldner zu handhaben. Angesichts der Möglichkeit, bei stärkeren Unterhaltsbelastungen pauschale Erhöhungen der Grundbeträge pro Person zu bestimmen und bei den Mehrbeträgen pfändbare oder unpfändbare Beträge in Tabellenform festzuhalten, erscheint dieses Argument aber nicht zwingend.

---

[345] (PL) MARCINIAK, *Ograniczenia*, S. 154 mit Nw. zur Rspr. und Lit. zu Art. 446 § 1 KC.

[346] (PL) WENGEREK, Anm. 1 zu Art. 832 KPC

[347] (D) § 850a Nr. 7 ZPO.

[348] (D) § 850b Abs. 1 Nr. 4 ZPO, zur bedingten Pfändbarkeit Abs. 2, siehe näher oben E I 1) b). Zur Vereinbarkeit mit Art. 3 Abs. 1 GG: BVerfG NJW 2004, S. 2585 (Nichtannahmebeschluss).

(II) Zugriffsfreie Grundbeträge

Was zunächst die Regelung ausschließlich starrer Grundbeträge im polnischen Recht betrifft, steht sie mit ihrer vollständigen Vernachlässigung der individuellen Familienverhältnisse des Schuldners in rechtsvergleichender Betrachtung recht allein da und kann kaum noch als zeitgemäß angesehen werden. Dabei nimmt die Benachteiligung von Familien, die an sich besonderen Schutz sowohl auf europäischer Ebene[349] als auch in der nationalen Verfassung genießen[350], sogar mit der Anzahl der Familienmitglieder immer mehr zu. Infolge unzureichenden Schutzes dürfte es dadurch auf mittlere Sicht auch zu einer zusätzlichen Belastung der Sozialhilfeeinrichtungen kommen.

Darüber hinaus bleibt kaum verständlich, warum die ohnehin als sozial schwächer einzustufenden Rentner und Pensionäre im Bereich des pfändungsfreien Grundbetrages noch wesentlich weniger geschützt sind, als Arbeitnehmer. Nicht nur ist die Mindestpension ohnehin deutlich geringer als der Mindestlohn, der pfändungsfreie Grundbetrag beträgt hier zudem nur die Hälfte dieser Mindestrente. Man könnte insofern nur vermuten, dass über die höheren Beträge bei Arbeitnehmern eben deren Familien mitgeschützt werden sollen. Die doppelte Benachteiligung eines alleinstehenden Rentners (geringere Mindestrente, nur halber Betrag geschützt) gegenüber einem alleinstehenden Arbeitnehmer bleibt aber auch dann nicht nachvollziehbar. Auch wenn der Gesetzgeber wahrscheinlich vermeiden wollte, durch vollständige Unterschutzstellung der Mindestrente, einen großen, für die Vollstreckung völlig unzugänglichen Bereich zu schaffen, kann dies kaum ein Ergebnis rechtfertigen, bei dem ein erheblicher Teil der ärmsten Schuldner beim Zugriff offenbar unter das Existenzminimum gerät. Vor allem auch im Hinblick auf die teilweise Bevorzugung von Schuldnern im oberen Einkommensbereich (dazu sogleich) offenbart das polnische Vollstreckungsrecht hier eine starke „soziale Schieflage" und Reformbedürftigkeit.

Ähnliches gilt für die generelle Versagung einer vom Einkommen unabhängigen Grundsicherung für Unterhaltschuldner und ihre Familien[351]. Auch insoweit orientieren sich heute viele moderne Rechtsordnungen an einem einheitlichen Begriff des Existenzminimums, das auch dem Unterhaltschuldner zugebilligt wird.[352] Bei dieser Konstellation ist allerdings zu beachten, dass beide Seiten aus einem, u.U. zu geringen Betrag ihren Lebensbedarf decken müssen. Ver-

---

349 Art. 8 EMRK (Familienleben).

350 (PL) Art. 47 Konst.(Familienleben), Art. 71 § 1 Konst. („Der Staat berücksichtigt in seiner Sozial- und Wirtschaftspolitik das Wohl der Familie. Familien, die sich in einer schwierigen materiellen und sozialen Situation befinden, *insbesondere kinderreiche* und unvollständige, haben einen Anspruch auf besondere Hilfe von Seiten der öffentlichen Gewalten.").

351 Dies kritisieren zu Recht auch JACKOWIAK/DALKA, PiZS 7/1992 , S. 64.

352 Vgl. zu (F) WERTH, S. 209; zu (F) und (ENG) HONOLD, S. 183 ff. In (Ö) kann dieser sogar einen Teil des Mehrverdienstes behalten, vgl. § 292 b Abs. 2 EO.

zichtet ein sozialstaatlicher Gesetzgeber auf den Schutz eines absoluten Existenzminimums beim Schuldner, muss er im Grunde hinnehmen, dass diesem im Ernstfall die Mittel zum Überleben aus den Sozialkassen zur Verfügung gestellt werden müssen. Regelt er ein solches absolutes Minimum, so kann es aufgrund der Versagung des Zugriffs beim Unterhaltsschuldner beim Unterhalts*berechtigten* zu einer Bedürftigkeit kommen, die wiederum diesen sozialhilfeberechtigt macht. Bei einem umfassenden Sozialhilfesystem ist aber letztlich gleichgültig, ob der Unterhaltsschuldner oder der Unterhaltsgläubiger oder sogar beide anteilig Sozialunterstützung in Anspruch nehmen.[353]

(III) Zugriffsquoten

Analysiert man die unterschiedlichen Regelungen der Zugriffsmöglichkeiten auf den „Mehrbetrag", kann als Argument für die polnische Lösung wiederum nur die einfache Abwicklung in der Praxis angeführt werden. Sie vermeidet sämtliche Folgeprobleme der komplexen, an Einkommen und Unterhaltspflichten orientierten Modelle. Allerdings erscheint das starre prozentuale System in seiner „Blindheit" gegenüber den sozialen Unterschieden doch archaisch und auch in vielen Aspekten ungerecht, wenn es alleinstehende und gutverdienende Schuldner progressiv gegenüber geringverdienenden Schuldnern mit Familie bevorzugt.[354] Die fehlende Regelung eines Höchstbetrages für den prozentualen Schutz kann bei hohen Einkommen zu kaum noch zu rechtfertigenden Ergebnissen führen. Nur im Sozialismus mit seiner im Großen und Ganzen geringen Schwankungsbreite im (offiziellen) Einkommensbereich ließ sich eine Regelung, die dem Schuldner grundsätzlich 50% seines Einkommens belässt, noch pauschal mit sozialen Erwägungen begründen. Das kann heute allenfalls noch für die Vollstreckung in Alterversorgungsansprüche gelten. Unter marktwirtschaftlichen Bedingungen denkbare hohe Einkommen verdienen einen solchen Schutz jedenfalls nicht aus „sozialen" Gründen. Ob im Hocheinkommensbereich stattdessen Gründe des Motivationsschutzes in der Tat einen derart umfangreichen Schutz rechtfertigen können, ob dieses Ziel wirklich schwerer wiegt als die effiziente Gläubigerbefriedigung, ist jedoch mehr als zweifelhaft. Die Möglichkeit, den allgemein als übermäßig kritisierten Schuldnerschutz insoweit maßvoll zu korrigieren, hat der polnische Gesetzgeber auch in der jüngsten Reform allerdings nicht genutzt.

---

353 Dies ist in der (CH) möglich, wo es kein absolut geschütztes Minimum gibt, HONOLD, S. 187 m.w.Nw.

354 Diese Schutzform wurde deshalb etwa in (F) schon 1921 und 1931 modifiziert, VINCENT/PREVAULT, Rn. 151.

(IV) Bedingter Zugriff und Zugriffsverbote

Demgegenüber erscheint der Verzicht des polnischen Rechts auf die inzwischen wohl als deutsche Besonderheit anzusehende Figur einer bedingten Pfändbarkeit gut begründbar. Die Billigkeitsprüfungen sind praktisch schwer zu handhaben und führen zu einer stark einzelfallfixierten Kasuistik. Ein Schutzsystem, dass effizienzorientiert einer pauschalen Ausrichtung folgt, kann für sensiblere Bereiche das praxistauglichere Instrument relativer Unpfändbarkeit wählen. Dabei entscheidet der Gesetzgeber die Abwägung der Interessen besonders schützenswerter Gläubiger auf der einen und der Schuldner auf der anderen Seite bereits vorweg abstrakt. Die Beurteilung der Schutzwürdigkeit der Gläubiger anhand von deren Vollstreckungsforderungen ist insoweit in der Regel ein brauchbarer, gerechter Weg, der die meisten Konflikte angemessen zu lösen vermag. Für völlig untypische Fälle kann eine Härteklausel vorgesehen werden.

Im Bereich der absoluten und relativen Zugriffsverbote zeigen beide Rechtsordnungen trotz aller Unterschiede in den Einzellösungen doch auch bemerkenswerte Übereinstimmungen. Beide nehmen bestimmte existenzsichernde Forderungen vom Zugriff aus, vor allem, wenn es sich nicht um unspezifisch unterstützende Leistungen handelt, die eher „Lohnersatzfunktion" erfüllen, sondern wenn ein starkes Zweckbindungselement hinzukommt (Geburts-, Heiratsbeihilfen etc.). Zugriffsverbote gelten auch in beiden Rechtsordnungen für übereinstimmend als besonders schutzwürdig angesehene Bildungs- und Ausbildungsförderungsleistungen.

Was das Regelungsziel des Erhalts der Arbeitsmotivation angeht, ist der vollständige Schutz von Aufwandsentschädigungen und Ausgleichszahlungen, die keine eigentlichen Schuldnereinkünfte darstellen, in Polen wie in Deutschland (und anderen Rechtsordnungen) sinnvoll und angemessen. Große Effektivitätseinbußen und Gläubigerverluste sind infolge dieses Zugriffsverbots ohnehin nicht zu erwarten. Problematischer sind andere zweckgebundene Zulagen (wie Mehrarbeitszuschläge, Weihnachtsgelder etc.), deren Sonderbehandlung in Deutschland nicht als Vorbild für das polnische Recht angesehen werden kann. Am einleuchtendsten ist eine Lösung, die alle Zusatzvergütungen genau wie das Arbeitsentgelt im Umfang beschränkt vor dem Zugriff schützt. Ansonsten wird u.U. einer Entgeltmanipulation Vorschub geleistet und werden Schuldner bevorzugt, deren Arbeitgeber viele Lohnanteile als Sondervergütung auszahlt, gegenüber anderen, die ihren Urlaub und ihre Weihnachtsgeschenke direkt über das Grundentgelt bezahlen müssen.

2. Modifikationen bei besonderen und veränderten Umständen

a) Besondere Umstände

Auch der vorausschauendste Gesetzgeber ist nicht in der Lage, alle denkbaren Konstellationen vorherzusehen und in seinem Regelungssystem zu berücksichtigen. Dies kann man entweder im Interesse der Rechtssicherheit und Übersichtlichkeit des Systems hinnehmen, oder man kann versuchen, die Regelungen flexibel zu gestalten und Vorsorge für Fälle zu treffen, in denen die normale Regelung aus welchen Gründen auch immer keine angemessene Lösung darstellt. Damit hier nicht die Grenze zur Willkür überschritten wird, sollten sich derartige Härtefallregelungen immer auf absolute Ausnahmefälle beschränken, mit denen nicht gerechnet werden konnte und die daher keinen Eingang in die abstrakten Abwägungsentscheidungen finden konnten, die den Regelungen für Normalfälle zugrunde liegen.

Im Kontext des Schuldnerschutzes in der Forderungsvollstreckung ist eine solche Korrekturmöglichkeit regelungstechnisch nur dann erforderlich, wenn für den Normalfall pauschale Schutzregelungen vorgesehen sind. Während die durchgehend pauschale polnische Regelung auch bei der Forderungspfändung aber keinen Individualausgleich für unvorhergesehene Extremfälle kennt, ist ein solcher im deutschen Recht vorgesehen, obwohl sich hier bereits verschiedene Billigkeits- und Individualschutzregelungen im Grundsystem finden. Geregelt ist nicht nur eine Härteklausel zugunsten des Schuldners, sondern auch zugunsten des Gläubigers.[355]

(1) Einschränkung des Zugriffs

Besondere Umstände können eine weitere Einschränkung der Zugriffsmöglichkeiten des Gläubigers und damit einen noch umfangreicheren Schuldnerschutz als im Grundsystem erforderlich machen. In Deutschland kann das Gericht dem Schuldner auf dessen Antrag hin in bestimmten Ausnahmefällen einen größeren Betrag von seinem Einkommen belassen, als ihm bei Anwendung der pauschalen, an einem durchschnittlichen Bedarf orientierten Freibeträge zustände. Hier wird also auf Schuldnerantrag vom pauschalen zum individuellen Schutzmodell übergegangen. Dies kommt zum einen zur Sicherung des „konkreten Existenzminimums" in Betracht, wenn der Schuldner nachweist[356], dass er bei Anwendung der Freibeträge den notwendigen Lebensunterhalt im Sinne des Sozialhil-

---

[355] (D) § 850 f Abs. 1 (Schuldner), Abs. 2, 3 (Gläubiger).

[356] (D) Durch eine Garantiebescheinigung über fiktiven Sozialbedarf, vgl. näher BT-Drs. 12/1754 S. 17 f.

ferechts für sich und die Unterhaltsberechtigten nicht decken kann.[357] Auch hinter dieser Regelung steht das öffentliche Interesse, ein Absinken des verbleibenden Einkommens unter die Sozialhilfegrenze zu verhindern und so zu vermeiden, dass wegen der Pfändung Sozialhilfe zu leisten ist und der Gläubiger letztlich auf Kosten der Allgemeinheit befriedigt wird.[358] Wegen der besprochenen Angleichung der Zugriffsgrenzen an die Sozialhilfesätze hat die Vorschrift zzt. allerdings kaum noch praktische Bedeutung.[359]

Ein erhöhter Freibetrag kann auch zugesprochen werden, wenn besondere Bedürfnisse aus beruflichen oder privaten Gründen[360] oder besondere Unterhaltsbelastungen[361] dies erfordern und überwiegende Gläubigerbelange nicht entgegenstehen. Dieser allgemeine Billigkeitstest, der eine umfassende Abwägung der eingangs der Arbeit angesprochenen Interessen erfordert, wird schuldnerfreundlich ausgelegt. Bei der Sicherung des „konkreten Existenzminimums" sollen überwiegende Gläubigerinteressen nur selten denkbar sein[362]. Bei der Pfändung durch bevorzugte Unterhaltsgläubiger findet die Vorschrift Anwendung, wenn besondere Schuldnerbelastungen noch nicht berücksichtigt wurden[363].

(II) Erweiterung des Zugriffs

Ein auf Ausgleich bedachter Gesetzgeber wird bei Regelung einer Härtefallklausel für den Schuldner auch an eine entsprechende Möglichkeit für den Gläubiger denken und unter besonderen Umständen ein Zurücktreten des Schuldnerschutzes und damit einen erweiterten Zugriff ermöglichen. Das deutsche Recht sieht in diesem Sinne zum einen eine bevorzugte Pfändung wegen Forderungen aus vorsätzlicher, unerlaubter Handlung [oben E I 1 a (I) (2)], zum anderen die Möglichkeit vor, bei bestimmten besonders hohen Einkommen auf Antrag des

---

357 (D) § 850 f Abs. 1 lit. a ZPO. Trotz des missverständlichen Wortlautes gebührt dem Schuldner das zum notwendigen Lebensunterhalt Erforderliche in *voller* Höhe und kommt daher auch hier eine völlige Freistellung in Betracht, bei der für den Gläubiger kein pfändbarer Betrag mehr bleibt, wenn überwiegende Belange des Gläubigers nicht entgegenstehen, Musielak-BECKER, Rn. 3 zu § 850f ZPO; HORNUNG, Rpflger 2002, S. 126.

358 (D) BT-Drs. 12/1754 S. 17 f.; Stein/Jonas-BREHM, Rn. 2 zu § 850 f ZPO.

359 (D) Anders früher wegen bestehender Diskrepanzen, vgl. KEIP, S. 83 f., HORNUNG, Rpflger 2002, S. 126.

360 (D) § 850 f Abs. 1 lit. b ZPO. Dies sind noch nicht bei §§ 850a-d, 850e Nr. 1 ZPO berücksichtigte Bedürfnisse, Krankheit und Invalidität, hohe Fahrtkosten zum Arbeitsplatz, etc., näher KEIP, S. 85.

361 (D) § 850 f Abs. 1 lit. c ZPO. Mehr als fünf Unterhaltsberechtigte (vgl. BT-Drs. 6/2203, S. 30) oder besondere persönliche Bedürfnisse der Unterhaltsberechtigten.

362 (D) So steht der Minimalbetrag dem Schuldner sogar dann zu, wenn der Gläubiger dadurch sozialhilfebedürftig wird: Stein/Jonas-BREHM, Rn. 2a zu § 850f. ZPO; Musielak-BECKER, Rn. 3 zu § 850f ZPO.

363 (D) Näher KEIP, S. 84 f.

Gläubiger Pfändungsfreigrenzen unter Berücksichtigung der Belange des Gläubigers und des Schuldners „nach freiem Ermessen“ zu bestimmen. Auch hier ist aber ein Mindestschutz für den Schuldner vorgesehen.[364]

b) Veränderte Umstände

Neben dieser Möglichkeit, die Zugriffsgrenzen an besonders gelagerte Einzelfälle anzupassen, können sich auch die tatsächlichen Umstände, die Unpfändbarkeitsvoraussetzungen, nach Pfändung ändern. Soweit der Drittschuldner veränderte Umstände nicht schon von sich aus berücksichtigt, wenn er davon Kenntnis erlangt,[365] kann eine Änderung in Polen durch Hinweis an den Gerichtsvollzieher oder durch Veranlassung gerichtlicher Weisungen (Art. 759 § 2 KPC) an diesen erreicht werden, da nach allgemeinen Grundsätzen die Pfändungsschutzbestimmungen von Amts wegen zu berücksichtigen sind. Das deutsche Recht hingegen sieht für den Fall, dass kein Blankettbeschluss vorliegt, nur *auf Antrag* von Schuldner, Gläubiger oder potenziell begünstigten Unterhaltsberechtigten, die Änderung des Pfändungsbeschlusses durch das Vollstreckungsgericht vor.[366] Die hier in erster Linie relevante Veränderung der Zahl der Unterhaltsberechtigten oder wesentlich andere Lebenshaltungskosten spielen wegen der Unerheblichkeit für die Schutzbeträge in Polen ohnehin keine Rolle.

3. Bestimmung des maßgeblichen Einkommens

a) Allgemeines

Für die Reichweite der Zugriffsschutzbestimmungen ist die Bestimmung und Berechnung des maßgeblichen Einkommens von außerordentlicher Bedeutung.[367] Im Schuldnerinteresse liegt es, wenn möglichst viele Beträge nicht zur Berechnungsgrundlage gezählt werden und damit generell außerhalb des Vollstreckungszugriffs verbleiben, wodurch sich der dem Gläubiger nach Abzug des pfändungsfreien Teils verbleibende Anteil an den Einkünften verringert. Das

---

364 (D) § 850 f Abs. 3 ZPO, zzt. bei Einkommen über 2985 Euro monatlich (S. 1). Dem Schuldner ist soviel zu belassen, wie ihm bei einem Einkommen von 2985 Euro nach den normalen Pfändungsgrenzen verbliebe (S. 2). Anpassung der Summen entsprechend § 850c Abs. 2a ZPO zum 1.7 jedes zweiten Jahres (S. 3).

365 In (D) nimmt man eine dahingehende Verpflichtung an, vgl. Zöller-STÖBER, Rn. 2 zu § 850g; Rn. 9 zu § 850c; Musielak-BECKER Rn. 2 zu § 850g ZPO; in (PL) wird das Problem mangels Relevanz bislang nicht erörtert.

366 (D) § 850g ZPO. Haben sich allerdings nicht die Umstände verändert, sondern ist das Vollstreckungsorgan bei Pfändung von unzutreffenden Tatsachen ausgegangen, ist die Erinnerung einschlägig, STÖBER Rn. 1203.

367 Vgl. zur Berechnung in (Ö)/(ENG)/(CH)/(F), HONOLD, S. 200 f.

Gläubigerinteresse hingegen muss darauf gerichtet sein, alle dem Schuldner zufließenden Einkünfte zumindest als Ausgangsbasis zu nehmen, von der dann die unpfändbaren Beträge ermittelt werden.

In Polen wie in Deutschland wird der Berechnung der Pfändungsfreibeträge regelmäßig das Nettoeinkommen zugrundegelegt[368], da der Schuldner nur dieses zur Schuldentilgung und zur Unterhaltssicherung einsetzen kann.[369] Nicht zur Berechnungsbasis zählen danach zunächst völlig zugriffsgeschützte Einkommensteile[370] und in beiden Ländern bestimmte Beträge die direkt zur Erfüllung gesetzlicher Verpflichtungen abgezogen werden. Darunter fallen in beiden Ländern Steuervorauszahlungen[371] und – nach Klarstellung des Gesetzestextes in Polen[372] – auch Sozialversicherungsbeiträge.[373]

Die übrigen freiwilligen Beiträge des Schuldners – wie etwa Gewerkschaftsbeiträge[374] – werden hingegen grundsätzlich nicht „herausgerechnet", auch wenn ein automatischer Abzug erfolgt.[375] Dahinter dürfte der Gedanke stehen, dass die soziale Grundsicherung des Schuldners durch den Vollstreckungszugriff nicht gefährdet werden soll, dass hingegen eine über das Mindestmaß hinausgehende freiwillige Besserversorgung – wie andere Formen der Vermögensanlage – nicht auf Kosten des Gläubigers erfolgen kann.[376]

---

368 (PL) *Brutto*einkommen als Berechnungsgrundlage dagegen bei der Vollstreckung in Altersversorgungsbezüge, Art. 140 Abs. 7 EmRentFUSU.

369 (PL) Muszalski²-WRATNY, Rn. 3, 8 f. zu Art. 87 KP; (D) KEIP, S. 95.

370 (PL) Piasecki-MARCINIAK, Rn. 1 zu Art. 835 KPC. (D) Absolut unpfändbare Bezüge nach § 850a Nr. 5-8 ZPO werden überhaupt nicht eingerechnet, Bezüge nach § 850a Nr. 1-4, soweit sie der Pfändung entzogen sind. Bedingt pfändbares Einkommen nach § 850b wird nicht berücksichtigt, solange kein Beschluss vorliegt.

371 (PL) Abzug der Einkommenssteuervorauszahlungen (Arbeitsentgelt: Art. 87 § 1 KP, sonst.: Art. 834 KPC) ; (D) Lohn- und Kirchensteuervorauszahlungen, die Arbeitgeber einbehält (§ 38 Abs. 3 EStG), sowie Solidaritätszuschlag.

372 (PL) Ausdrückliche Erwähnung der Sozialversicherungsbeiträge im KP erst durch Art. 1 Pkt. 13 lit. a Gesetz v. 26. 7. 2002 über die Änderung der Arbeitsgesetzbuchs und einiger anderer Gesetze (*Ustawa o zmianie ustawy –Kodeks pracy oraz o zmianie niektórych innych ustaw*), Dz.U. Nr 135, poz. 1146), dazu STRUSIŃSKA-ŻUKOWSKA, Prawo Pracy 11/2002, S. 9. Vorher war die Frage des Vorabzugs umstritten..

373 (PL) Arbeitnehmeranteil in Sozial- und Krankenversicherung; (D) Beiträge zu Kranken-/Pflege-/Arbeitslosen-/Unfall-/Rentenversicherung.

374 (PL) In Polen ist der Arbeitgeber ggf. zum Abzug verpflichtet, vgl. Art. 33¹ ZwiązZawU.

375 (PL) Außer Betracht bleiben in Polen Abzüge, die mit Zustimmung des Schuldners (Art. 91 KP) abgezogen werden für Abschlagsforderungen der Betriebsparkasse, Gewerkschaftsbeiträge, für ein privates Girokonto oder die Abzüge aufgrund einer gerichtlichen Auszahlungsverfügung nach Art. 28 KRO (s. o.), näher MARCINIAK, *Ograniczenia*, S. 84; MUSZALSKI, Rn. 1 f. zu Art. 91 KP). (D) Bestimmte freiwillige Zahlungen sind im Rahmen des Üblichen aber den Sozialbeiträgen gleichgestellt, vgl. § 850e Nr. 1 S. 2 ZPO.

376 HONOLD, S. 201 unter Verweis auf die Begründung zur österreichischen EO Novelle.

b) Naturalleistungen

Soweit die Zugriffsquoten pauschal bestimmt werden, sind auch feste Regelungen zur Behandlung von Naturalleistungen nötig[377]. In Polen berechnen sich die monatlichen Einkünfte inklusive aller Zulagen, inklusive des Werts von Naturalleistungen nach Umrechnung in Geld[378]. Bezieht ein Schuldner in Deutschland neben einem in Geld zahlbaren Einkommen auch Naturalleistungen, so sind – im Rahmen des pauschalen Schuldnerschutzes – ebenfalls Geld- und Naturalleistungen zusammenzurechnen, wobei der Schuldner sich den Wert der grundsätzlich unpfändbaren und daher ihm verbleibenden Naturalleistungen allerdings auf den pfändungsfreien Grundbetrag anrechnen lassen muss.[379] Er wird also unabhängig von seinen Bedürfnissen darauf verwiesen, sein Existenzminimum in erster Linie aus den Naturalleistungen zu decken. Eine solche Regelung ist aus sozialstaatlicher Perspektive problematisch und stuft auch die Bedeutung von Bargeld zu gering ein. Man kann dies regelungstechnisch entschärfen, indem man zusätzlich Vorsorge dafür trägt, dass dem Schuldner – wie in Österreich – stets ein Mindestbarbetrag verbleibt.[380] Bezieht der Schuldner relevante Einkünfte aus mehreren Quellen, so stellen sich weitere Fragen, die nachfolgend [unter c] untersucht werden sollen.

c) Schutz bei mehrfachen Einkünften

Bezieht der Schuldner mehrfache Einkünfte von verschiedenen Drittschuldnern, treten besondere Schwierigkeiten auf. Als Ausgangspunkt leuchtet nur eine Gleichbehandlungsmaxime ein: Es sollte sichergestellt sein, dass Schuldner mit mehrfachem Einkommen gegenüber Schuldnern mit entsprechendem Einzeleinkommen weder besser, noch schlechter behandelt werden. Grundsätzlich wird man daher eine Betrachtung vorziehen, die das Gesamteinkommen zugrundelegt. Eine Gesamtbetrachtung nach Zusammenrechnung der Einkünfte kann aber vor allem bei unterschiedlich geschützten Einkünften unpraktikabel sein. Für die Zusammenrechnung spricht allerdings entscheidend, dass eine getrennte Be-

---

[377] (PL) Naturalleistungen in Form von Deputaten waren in der sozialistischen Zeit von größerer Bedeutung. Heute sind sie nur noch eingeschränkt zulässig (wenn im Gesetz oder Tarifvertrag vorgesehen) und weniger üblich, vgl. Art. 86 § 2 KP und BARZYCKA-BANASZCZYK, Rn. 3 zu Art. 86 KP. Vgl. auch Art. 4 der Konvention Nr. 95 der ILO/IAO v. 1. 7. 1949 über den Schutz des Arbeitslohns, Fundstelle in Polen Dz.U. 1955, Nr. 38, poz. 234.

[378] (PL) Wertfestsetzung oft in Tarifverträgen, sonst erfolgt Schätzung durch den GVZ oder bei Zweifeln Beiziehung eines Sachverständigen entsprechend Art. 813 KPC, Piasecki-MARCINIAK, Rn. 3 zu Art. 834 KPC.

[379] (D) § 850e Nr. 3 ZPO. Dies ist allerdings nur bei tabellenbasierter Feststellung der Quote erforderlich, ansonsten ist der Wert der Naturalleistung ohne Anordnung zu berücksichtigen, vgl. KEIP, S. 98.

[380] (Ö) § 292 Abs. 4 S. 2 EO u. Angst-OBERHAMMER, Rn. 7 zu § 292 EO.

trachtung dazu führen könnte, dass der Schuldner doppelt von einem geschützten Mindestbetrag profitiert oder sogar alle bezogenen Einkünfte – für sich gesehen – unterhalb dieses Betrages liegen. Diese unbegründete Gläubigerbenachteiligung könnte auch durch Aufsplitterung von Einkommen bewusst herbeigeführt werden. Bedarf nach formellen Regeln für das Zusammenrechnen von Einkünften besteht insbesondere dann, wenn pauschale Zugriffsschranken vorgesehen sind, die an einzelne Einkommensquellen anknüpfen. Erfolgt die Bestimmung des Schutzumfangs dagegen individuell, werden bei der dann erforderlichen umfassenden Einzelfallbeurteilung regelmäßig ohnehin die gesamten Einkommensverhältnisse des Schuldners in den Blick genommen.[381]

Bei der Regelungsfrage, wann mehrere Schuldnereinkommen zusammengerechnet werden können, unterscheiden sich die Ansätze im deutschen und polnischen Recht. In Polen geht das Gesetz grundsätzlich davon aus, dass Einkünfte des Schuldners aus verschiedenen Quellen zusammenzuziehen sind, bevor der zulässige Zugriffsumfang ermittelt wird.[382] Das polnische Recht betont im Rahmen der Regelung der Grundbeträge beim Arbeitsentgelt nochmals, dass nur *ein* zugriffsfreier Betrag, von *einem* summierten Gesamtbetrag bestimmt wird.[383] Im Bereich der Altersversorgung wird der Doppelschutz allerdings anders vermieden: Der abzugsfreie Grundbetrag wird im Falle der Berechtigung zu zwei oder mehr Geldleistungen nur von einer, der höheren Leistung festgesetzt.[384]

Das deutsche Recht geht demgegenüber grundsätzlich davon aus, dass für jedes Einkommen von verschiedenen Drittschuldnern gesondert ein Pfändungsfreibetrag festzulegen ist. Um einen Mehrfachschutz zu vermeiden, sind *auf Antrag* mehrere Arbeitseinkommen vom Vollstreckungsgericht zusammenzurechnen und wie ein einzelnes zu behandeln[385]. Aus diesem Gesamteinkommen wird dann der Teil bestimmt, der dem Zugriff unterliegt. Der unpfändbare Grundbetrag wird dabei in erster Linie dem Arbeitseinkommen entnommen, dass die wesentliche Grundlage der schuldnerischen Lebenshaltung bildet,[386] der Mehrbetrag nach billigem Ermessen dem Haupt- oder Nebeneinkommen.[387] Eine besondere Regelung findet sich für die ebenfalls auf Antrag mögliche Zusammenrechnung von Arbeitseinkommen und laufenden Geldleistungen nach dem Sozialgesetzbuch (SGB)[388], soweit sie der Pfändung unterworfen sind: Der unpfändbare Grundbetrag ist dann in erster Linie den Leistungen nach dem SGB

---

381 So etwa in (CH) und (ENG), vgl. HONOLD, S. 209.

382 (PL) Art. 835 KPC.

383 (PL) § 1 Nr. 3 AbzugsquotenVO (s. o. Fn. 226).

384 (PL) Art. 141 Abs. 4 EmRentFUSU.

385 (D) § 850e Nr. 2 S. 1 ZPO. Zum Inhalt des Beschlusses, Musielak-BECKER Rn. 11 zu § 850e ZPO.

386 (D) § 850e Nr. 2 S. 2 ZPO.

387 (D) Stein/Jonas-BREHM, Rn. 24 zu § 850e ZPO.

388 (D) Vgl. auch zu Ausnahmen: Zöller-STÖBER § 850e Rn. 15 f.

zu entnehmen, wodurch ein größerer Teil des Arbeitseinkommens dem Gläubigerzugriff offen steht.[389] Nach beiden Rechtordnungen bedeutet die Zusammenrechnung aber nicht, dass die Pfändung von Einkünften von einem Arbeitgeber auch automatisch diejenigen beim zweiten Arbeitgeber erfasst.[390]

Einzelheiten der komplexen Regeln für das Zusammenrechnen erscheinen auf den ersten Blick wenig kohärent. So beziehen polnisches und deutsches Recht in die Berechnungsgrundlage für den Pfändungsfreibetrag ausschließlich geschützte Einkommensarten ein, mit Ausnahme völlig pfändungsfreier Bezüge.[391] Sonstige, ungeschützte Einkünfte, wie Einnahmen aus Miete oder Kapitalvermögen, werden überhaupt nicht berücksichtigt, was teilweise schlicht damit begründet wird, dass der Schuldner nicht zur Lebensbedarfsdeckung auf ungeschützte Einkünfte verwiesen werden könne.[392] Das Herausnehmen ungeschützter und unpfändbarer Einkünfte aus der Betrachtung stellt aber weder rechtsvergleichendes Gemeingut dar,[393] noch ist sie ein durchgehend eingehaltenes Prinzip.[394] Auch Unterhaltsansprüche des Schuldners (vor allem bei erheblichem Ehegattenverdienst) können nach beiden Systemen die Zugriffsquote nicht erhöhen, indem sie etwa mit zum Gesamteinkommen des Schuldners gerechnet werden[395].

Betrachtet man diese Regelung losgelöst von der Konstruktion des Schutzsystems und allein hinsichtlich des Regelungsziels der Existenzsicherung des Schuldners, ist sie kaum nachvollziehbar. Auf ein umfassend verstandenes Ge-

---

389 (D) § 850e Nr. 2a ZPO. Ausnahme für Zugriff aufgrund von gesetzlichen Unterhaltsansprüchen.

390 (PL) Gesonderte Anträge sind nur ggf. bei der Vollstreckung aus Unterhaltstiteln entbehrlich, in deren Rahmen der Gerichtsvollzieher eine Einkommensermittlung vorzunehmen hat (Art. 1086 KPC, dazu KOWALSKI, *Alimentacyjnych*, S. 46 ff.). Nach Benachrichtigung des Gläubigers von den Ermittlungsergebnissen kann dieser dann den Antrag erweitern. Nach Ansicht von ŚWIEBODA (Anm. 1 zu Art. 835 KPC) hat der Gerichtsvollzieher ohne Antrag von sich aus die Pfändung zu erweitern; (D) Schuschke/WALKER, Rn. 7 zu § 850e ZPO.

391 (PL) Piasecki-MARCINIAK, Rn. 1 zu Art. 835 KPC. (D) Überhaupt nicht eingerechnet werden absolut unpfändbare Bezüge nach § 850a Nr. 5-8 ZPO, Nr. 1-4, soweit sie der Pfändung entzogen sind, bedingt pfändbares Einkommen nach § 850b wird nicht berücksichtigt, solange kein Beschluss vorliegt.

392 So in (D) GRUNSKY, ZIP 1983, S. 908, 909. (PL) Art. 835 KPC bezieht sich nur auf in Art. 833 KPC geschützte Einkünfte, Piasecki-MACINIAK, Rn. 1 zu Art. 835 KPC.

393 Vgl die Hinweise auf die andere Betrachtungsweise in (ENG) und der (CH) bei HONOLD, S. 212.

394 (D) Die Berücksichtigung anderer Einkünfte ist in (D) im Rahmen des Individualschutzes bei § 850d ZPO möglich, vgl. STÖBER Rn. 1104.

395 Der Verdienst etwa eines Ehegatten kann in (D) nur insoweit berücksichtigt werden, als er ggf. die Unterhalts*pflichten* des Schuldners verringert und damit der Ehegatte nicht mehr als Unterhaltsberechtigter die Zugriffsquote vermindert. In (PL) sind Unterhaltsansprüche unpfändbar und bleiben damit außer Betracht. Zu den Fragen der Berücksichtigung von Unterhaltsansprüchen umfassend HONOLD, S. 213 ff. zu (ENG), (Ö) und (CH).

samteinkommen abzustellen, wäre insoweit einleuchtender. Es ist gerechter zu fragen, ob und inwieweit der konkrete Schuldner sein Arbeitseinkommen tatsächlich benötigt, um seinen Lebensunterhalt zu decken, oder ob er nicht über andere Einkünfte – die in Polen und Deutschland unberücksichtigt bleiben – abgesichert ist. Zumindest im selben Ausmaß, wie der Schuldner im Rahmen der Sozialhilfesysteme auf solche Einkünfte verwiesen werden kann, müsste dies an sich auch im Vollstreckungsrecht möglich sein.

Die ausschnittartige Betrachtung der Schuldnereinkünfte hängt aber mit der Entscheidung für ein Pauschalsystem des Schutzes zusammen. Eine „Gesamtlösung" lässt sich nämlich sinnvoll nur mit Hilfe einer eingehenden Erforschung der Einkommensverhältnisse des Schuldners verwirklichen, wie sie für den individuellen Schutzansatz typisch, bei pauschalem Schutz aber nicht möglich und konstruktiv auch nicht gewollt ist. Im Rahmen des pauschalen Ansatzes, der ja auf eine weitreichende Mitwirkung der Drittschuldner bei der Berechnung angewiesen ist, stellt schon die eingeschränkte, formalisierte Zusammenrechnung Gläubiger, Vollstreckungsorgan und Drittschuldner mangels hinreichender Informationen über die verschiedenen Einkünfte oft vor kaum lösbare Probleme.[396] Das polnische Recht enthält bislang auch keine Bestimmungen, wie der pfändende Gerichtsvollzieher den Drittschuldner bei der Berechnung anzuleiten und zu unterstützen hat.[397] Je komplexer die Berechnungsgrundlage zusammengesetzt wird, desto mehr nimmt sie dem pauschalen Schutz mit seiner Möglichkeit schnellen Zugriffs seine Vorteile. Durch die pauschale, an einzelne Einkunftsquellen anknüpfende Schutzbetrachtung ist einfach zu erkennen, bei welchen geschützten Einkunftsarten die Vollstreckung beschränkt ist und in welche ungeschützten der Gläubiger ohne weiteres vollstrecken kann, ohne dass eine effizienzhemmende Gesamtbetrachtung den Zugriff erschwert.

d) Schutz von Einkommen auf Bankkonten

Unter Berücksichtigung des Schutzziels der Vollstreckungsbegrenzungen, dem Schuldner die existenzsichernden Einkünfte zu erhalten, bereitet die Behandlung von Konstellationen Schwierigkeiten, die nicht die laufenden Bezüge betreffen. Es muss geklärt werden, was mit Bezügen geschieht, deren Natur als „laufende" Existenzsicherung zweifelhaft erscheinen kann. Dies ist vor allem der Fall, wenn Bezüge sich bereits auf einem Konto des Schuldners befinden und ggf. „ansammeln".[398] Hier muss der Gesetzgeber nicht nur der Tatsache Rechnung tragen,

---

396 (PL) Vgl. den Versuch, dies durch die Erweiterung der Möglichkeiten zur Informationsbeschaffung durch den GVZ in Art. 761 KPC n. F. zu verbessern. Im Regierungsentwurf noch vorgesehene Einschränkungen wurden während des parlamentarischen Verfahrens wieder gestrichen.

397 Ausführliche Regelungen über richterliche Kompetenzen aber in (F), vgl. HONOLD 208 f.

398 Rechtsvergleichend zu (D)/(Ö)/(F)/(CH)/(ENG), HONOLD, § 11, S. 230 ff.

dass bargeldlose Lohnzahlung heute die Regel darstellt, sondern auch, dass der existenzsichernde Charakter des Schuldnereinkommens und dessen Schutzwürdigkeit jedenfalls nicht allein dadurch verloren gehen, dass sich der Lohnanspruch dogmatisch in einen Auszahlungsanspruch gegen die Bank umwandelt. Vor allem unter Berücksichtigung des Regelungsziels der Existenzsicherung scheint es allerdings nicht geboten, auch Mittel zu schützen, die offenbar nicht zur laufenden Deckung des Minimalbedarfs verwendet, sondern auf dem Konto „kumuliert" werden. Bei auf ein Bankkonto überwiesenen Bezügen ist daher die Parallele zur Konstellation im Rahmen der Sachvollstreckung evident, in der beim Schuldner Barmittel in größerem Umfang gefunden werden. Es sind keine Gründe ersichtlich, die es rechtfertigen könnten, den Schuldner, der seine Bezüge entgegennimmt oder abhebt und in bar zu Hause aufbewahrt, anders zu behandeln, als denjenigen, der sie auf dem Konto belässt.

Daher ist man sich in Polen einig, dass grundsätzlich nur laufende unterhaltssichernde Forderungen (*należności bieżące*) im vollen oben geschilderten Umfang über Zugriffsquoten und pfändungsfreie Grundbeträge geschützt sind. Gleiches gilt auch für sämtliche Fälle rückständiger existenzsichernder Einkünfte[399], entsprechend der deutschen Situation[400]. Entgegengenommene („*pobrane*") Bezüge, worunter auch auf ein Konto überwiesene gezählt werden, sollen hingegen in entsprechender Anwendung der Regelung bei der Sachvollstreckung gepfändet werden können.[401] Danach ist nur noch der Betrag vom Zugriff ausgenommen, der dem nicht der Pfändung unterliegenden Teil des Einkommens für die Zeit von der Pfändung bis zum nächsten Zahlungstermin entspricht[402]. Der Schutzumfang lässt sich damit erklären, dass in einer solchen Situation angenommen werden kann, der Schuldner habe die zur laufenden Existenzsicherung erforderlichen Ausgaben für die seit dem letzten Zahlungstermin vergangene

---

399 (PL) Piasecki-MARCINIAK, Rn. 10 zu Art. 833 KPC; DERS., *Ograniczenia*, S. 85 ff.. Der Charakter von Beträgen als existenzsichernde Bezüge ändert sich nicht dadurch, dass sie nicht rechtzeitig ausgezahlt oder entgegengenommen wurden (SN v. 31.8.1938, C I 1419/37, OSN 1939, poz. 219). Wären die Bezüge rechtzeitig bereitgestellt worden, unterlägen sie in vollem Umfang dem Schutz. An diesem Schutz für den Schuldner kann sich jedenfalls nichts durch eine im Verantwortungsbereich des Arbeitgebers oder anderen Drittschuldners liegende Unterlassung ändern (MARCINIAK, *Ograniczenia*, S. 86.). Allenfalls wenn der Schuldner *selbst* seine Bezüge nicht entgegengenommen oder gefordert hat (was in der Praxis vernachlässigenswert selten sein dürfte), könnte anderes gelten. Es erscheint aus Praxiserwägungen aber undenkbar, den GVZ mit der Ermittlung von derartigen Problemen zu belasten.

400 In (D) erfasst die Pfändung auch Lohnrückstände, die dabei dem Zeitraum zugerechnet werden müssen, auf den sie sich beziehen bzw. für den sie vorgesehen waren, vgl. STÖBER Rn. 1042. Rechtsvergleichend HONOLD, S. 227 ff.

401 (PL) Urteil des SN v. 15.12.1976, II CR 398/76, OSN 1977, poz. 170; SN Beschluss v. 17.12.1981, III CZP 32/81, OSN 7/1982, poz. 93. Piasecki-JANKOWSKI, Rn. 2 zu Art. 890 KPC. Anders aber etwa SZYMALA, Rz. v. 7.2.2006: Überwiesenen Einkommen bleibe Arbeitseinkommen und sei entsprechend zu behandeln.

402 (PL) Entsprechend Art. 829 Pkt. 5 KPC.

Zeit schon getätigt und benötige daher für die verbleibende Zeit nur noch entsprechend weniger Mittel. Bezüglich einer Reihe von Forderungen, deren Unterschutzstellung weniger dem Ziel laufender Existenzsicherung geschuldet ist, sondern eher anderen Regelungszielen des Gesetzgebers dient, geht man in Polen aber davon aus, dass in vollem Umfang auch Beträge vom Schutz erfasst sind, die auf Bankkonten des Schuldners überwiesen wurden.[403] Umgekehrt unterliegen Beträge auf Bankkonten voll der Pfändung, wenn wegen Unterhaltsforderungen vollstreckt wird.[404] Eine neu eingeführte Sonderregelung nimmt auf einem Treuhandkonto befindliche Beträge vollständig von der Pfändung aus.[405]

Die Schutzbestimmungen sind nach polnischem Recht nicht nur auf Antrag, sondern von Amts wegen zu berücksichtigen. Eine darüber hinausgehende Pfändung ist unzulässig und unterliegt der Einstellung. In Folge des Informationsdefizits bei Drittschuldner[406] und Vollstreckungsorgan ist aber der Schuldner gleichwohl zur Durchsetzung seiner Rechte in der Regel auf spätere Hinweise an den Gerichtsvollzieher oder nachträglichen Rechtsschutz angewiesen [vgl. nachfolgend unter 4 a) und b)].

Die deutsche Rechtslage ist ganz ähnlich. Da mit Leistung an den Schuldner der Anspruch erlischt, endet grundsätzlich auch der Pfändungsschutz, der sich nicht an einem Surrogat – etwa dem Auszahlungsanspruch gegen eine kontoführende Bank – fortsetzt.[407] Im Interesse eines effektiven Schuldnerschutzes auch bei allgemein gewordener bargeldloser Entgeltzahlung werden insoweit aber selbständige neue Zugriffsbeschränkungen geregelt, die – ebenso wie in Polen – an die Regelung für die Bargeldpfändung[408] anknüpfen. Bei Überweisung wiederkehrender[409] existenzsichernder Einkünfte auf ein Konto des Schuldners und nachfolgender Pfändung des Guthabens durch den Gläubiger, hat das Vollstreckungsgericht die Pfändung auf Schuldnerantrag insoweit aufzuheben, als das Guthaben dem der Pfändung nicht unterworfenen Teil der Einkünfte für die Zeit

---

403 (PL) Bzgl. der in Art. 831 § 1 KPC geschützten Ausgleichs- und Kompensationszahlungen (Nr. 1), staatlich für besondere Zielen bestimmten Leistungen (Nr. 2), nicht übertragbaren Rechte (Nr. 3), Forderungen gegen staatliche Organisationseinheiten (Nr. 4); Versicherungsforderungen (Nr. 5) und in Art. 832 KPC unter Schutz gestellten Leistungen zur Deckung von Beerdigungskosten, vgl. WENGEREK, Anm. 12 b zu Art. 889 KPC.

404 (PL) Art. 1083 § 2 KPC.

405 (PL) Art. 59 Abs. 4 PrBank. Eingehend dazu WIERZBICKI, PB 2/2006, S. 55 ff., 60.

406 (PL) Vgl. sehr kritisch zum vom SN (Urteil vom 20.1.2005, II CK 375/04) angenommenen (unrealistischen) Umfang der Nachforschungspflichten der Banken („Quasi Vollstreckungsorgan"), die in einer Marktwirtschaft unangemessen seien: ZRĘDA, Prawo Bankowe 12/2005, S. 23 ff.

407 (D) Stein/Jonas-BREHM Rn. 1 zu § 850k ZPO; Zöller-STÖBER Rn. 1 zu § 850k ZPO.

408 (D) § 811 Abs. 1 Nr. 8 ZPO.

409 (D) Nicht wiederkehrende Einkünfte können nur über § 765a ZPO geschützt werden, BGHZ 104, S. 309.

bis zur nächsten Zahlung entspricht,[410] d. h. im selben Umfang wie nach polnischem Recht. Dabei ist ohne Bedeutung, ob der Betrag gerade aus der Gutschrift der geschützten Einkünfte stammt, es reicht aus, dass das Schuldnerkonto regelmäßig beispielsweise als Lohn- und Gehaltskonto genutzt wird.[411] Der Schuldner steht wegen des Antragserfordernisses nur theoretisch schlechter als in Polen, wo er regelmäßig ebenfalls auf nachträgliches Handeln verwiesen ist. Nur das deutsche Recht hingegen bietet dem Schuldner praxisnah die Möglichkeit eines schnellen „Vorabschutzes", der den dringend notwendigen Lebensbedarf bis zur Entscheidung sicherstellt[412]. Um dem Schuldner die Antragstellung zu ermöglichen, regelt der deutsche Gesetzgeber zudem eine „Schutzfrist": Zwei Wochen nach Zustellung des Überweisungsbeschlusses darf die Bank nicht an den Gläubiger leisten.[413]

Bei allen Sozialgeldleistungen, die auf ein Bankkonto des Schuldners überwiesen wurden[414], ist die Kontogutschrift in Deutschland sogar sieben Tage lang unpfändbar, so dass der Schuldner Gelegenheit erhält, den Betrag abzuheben und zweckentsprechend zu verwenden[415]. Dieser starke, kurzzeitige Schuldnerschutz bezieht sich auch auf Zugriffe von sonst privilegierten Gläubigern (die eben rechtzeitig auf den Leistungsanspruch zugreifen müssen). Nur laufende Leistungen sind – wegen ihrer „Lohnersatzfunktion" – nach Ablauf der sieben Tage wie Bargeld insoweit nicht der Pfändung unterworfen, als ihr Betrag dem unpfändbaren Teil der Leistungen für die Zeit von der Pfändung bis zum nächsten Zahlungstermin entspricht. Da der Pfändungsbeschluss ohne Einschränkungen ergeht und es nicht Sache der Bank ist, die Freibeträge zu berücksichtigen, ist der Schuldner in der Praxis gezwungen, den Schutz innerhalb der genannten Zweiwochenfrist[416] über die nachträgliche Erinnerung vom Vollstreckungsgericht festlegen zu lassen.[417] Zurzeit wird eine partielle Reform des Kontopfändungsrechts diskutiert.[418]

---

410 (D) § 850k Abs. 1 ZPO. Zum Debet: Musielak-BECKER, Rn. 11 zu § 850k ZPO; zur kontokorrentmäßigen Verrechnung: BGH, Urteil vom 22.3.2005, XI ZR 286/04, JZ 1/2006, S. 46.

411 (D) MünchKomm-SMID, Rn. 8 zu § 850k; Zöller-STÖBER Rn. 3 zu § 850k; ARNOLD, BB 1978, S. 1320.

412 (D) § 850k Abs. 2 ZPO. Näher KEIP, S. 99 f. Einstweilige Anordnungen bleiben möglich (Abs. 3).

413 (D) § 835 Abs. 3 S. 2 ZPO. Gilt nur für natürliche Personen.

414 (D) Nach § 47 SGB I ist die Überweisung auf ein Konto des Berechtigten vorgesehen.

415 (D) § 55 SGB I. Einzelheiten bei Musielak-BECKER, Rn. 26 ff. zu § 850i ZPO.

416 (D) Nach § 835 Abs. 3 S. 2 ZPO.

417 (D) Musielak-BECKER, Rn. 29 zu § 850i ZPO: notfalls § 765a ZPO.

418 Dazu vgl. den Vorschlag für eine Neufassung des § 850k im „Referentenentwurf eines Gesetzes zur Änderung der Insolvenzordnung, des Kreditwesengesetzes und anderer Gesetze", in: NZI 2004, S. 549, 552 (und die ausführliche Begründung auf S. 569 ff.) sowie BUNDESREGIERUNG, Kontopfändung, BT-Drs. 15/3626 (Fragen 28 u. 29). Eines der im Zuge der zunehmenden Kontopfändungen deutlich gewordenen Probleme liegt darin, dass durch

e) Zusammenfassung

Die *Ausgangslage* zur Bestimmung des für die Zugriffsschutzbestimmungen maßgeblichen Einkommens ist ähnlich: Beide Rechtsordnungen gehen vom Nettoeinkommen aus, d. h. Einkommensteuervorauszahlungen und Sozialversicherungsbeiträge werden vorweg herausgerechnet. Die Sicherung der Fiskalinteressen des Staates und die soziale Grundversorgung des Schuldners werden insofern gegenüber der Gläubigerbefriedigung als vorrangig angesehen. Nicht zum maßgeblichen Einkommen zählen in beiden Ländern auch die vollständig unpfändbaren Beträge, damit deren umfassendes Schutzziel verwirklicht wird. Mögliche Leistungen *in natura* werden in beiden Rechtsordnungen nach Umrechnung in Geld zum Einkommen gerechnet. Die deutsche Regelung ist ungünstiger und problematischer als die polnische, da sie den Schuldner zur Deckung seines Lebensunterhalts vorrangig auf die Naturalleistungen verweist. Angesichts der auch sozialen Freiheitsfunktion von Bargeld kann sie daher nicht als Modell angesehen werden, sondern ist ihrerseits reformbedürftig.

Mehrfache Einkünfte des Schuldners von verschiedenen Drittschuldnern sind nach polnischem Recht grundsätzlich zusammenzuziehen, nach deutschem Recht wird nur auf Antrag zusammengerechnet. In Deutschland bleibt es daher der Initiative des Gläubigers überlassen, einen überflüssigen, doppelten Schutz des Schuldners durch unpfändbare Grundbeträge zu verhindern. Beide Rechtsordnungen nehmen keine umfassende Gesamtbetrachtung der Einkommenssituation des individuellen Schuldners vor, sondern knüpfen den Schutz pauschal und ausschnittartig an einzelne Einkommensarten, die entweder in die Betrachtung durch Einrechnung mit einbezogen werden (alle geschützten Einkünfte außer den völlig pfändungsfreien) oder nicht (ungeschützte Einkünfte, Unterhaltsansprüche des Schuldners). Dies kann zwar im Einzelfall – vor allem aus Gläubigersicht – zu ungerechten Ergebnissen und einer „Übersicherung" des Schuldners führen, ist aber der generell pauschalen Betrachtungsweise des polnischen und deutschen Rechts geschuldet. Deren Effizienzvorteile gegenüber der Individualbetrachtung anderer Rechtsordnungen wiegen diese Nachteile aber jedenfalls auf.

In beiden Rechtsordnungen wird – dem Regelungsziel der Existenzsicherung entsprechend – auch von den *auf ein Konto überwiesenen Einkünften* noch der Betrag vom Zugriff ausgenommen, der dem nicht der Pfändung unterliegenden Teil des Einkommens für die Zeit von der Pfändung bis zum nächsten Zahlungstermin entspricht. Obgleich das deutsche Recht den Schutz hier im Gegensatz zum polnischen von einem Antrag abhängig macht, ist der Schuldner im Endeffekt wegen des Informationsdefizites von Vollstreckungsorgan und Bank

---

Mehrfachpfändungen dem Kontoinhaber die Teilnahme am bargeldlosen Zahlungsverkehr auf absehbare Zeit bzw. dauerhaft verwehrt werden kann. Hier könnten unpfändbare Sockelbeträge helfen.

auch in Polen meist zu aktivem Tun gezwungen und auf nachträglichen Schutz angewiesen. Günstiger für den Schuldner sind die dem polnischen Recht noch unbekannten Zahlungssperrfristen für die Leistung Bank – Gläubiger, die eine Antragstellung ermöglichen sollen, der Vorabschutz bis zur Entscheidung und die siebentägige Unpfändbarkeit überwiesener Sozialleistungen.

4. *Wirkung der Zugriffsbeschränkungen*

a) **Berücksichtigung**

Im Hinblick auf die Wirkung der Zugriffsbeschränkungen gilt im Rahmen der Vollstreckung in Forderungen und Rechte weitgehend dasselbe wie bei der Sachvollstreckung (s. o. Kapitel 2, C II 3). Einige Besonderheiten ergeben sich allerdings aus der abweichenden organisatorischen Gestaltung der Forderungsvollstreckung.

In Polen wie in Deutschland haben die Vollstreckungsorgane die Zugriffsbeschränkungen von Amts wegen zu berücksichtigen[419], abgesehen von den oben besprochenen Fällen, in denen der Zugriff nur auf Antrag des Schuldners begrenzt wird. Wegen der besonderen Situation der Forderungspfändung, die zügig und ohne direkten Kontakt zum Schuldner erfolgt, hat aber das Vollstreckungsorgan – anders als bei der Sachvollstreckung – regelmäßig keine Kenntnis von den einzelnen schuldnerschützenden Umständen. In beiden Ländern nimmt das Vollstreckungsorgan die Pfändung grundsätzlich nur auf Basis des Gläubigerantrags vor, ohne den Schuldner anzuhören[420] und ohne sonst Einblick in seine Lebenssituation zu haben. Eine Berücksichtigung der Zugriffsschranken von Amts wegen ist daher nur dann überhaupt denkbar, wenn die tatsächlichen Voraussetzungen aus dem Vortrag des Gläubigers hervorgehen[421] oder wenn – wie in Deutschland z. T. – ausnahmsweise doch eine Anhörung vorgesehen ist.[422] Der deutsche Pfändungsbeschluss hat die dem Schuldner verbleibenden Beträge zwar zu bezeichnen, kann aber teilweise auch als Blankettbeschluss ergehen, wobei dann praktisch der Drittschuldner für die konkrete Berechnung der pfändbaren Beträge zuständig ist. Der Schuldner ist daher in beiden Rechtsordnungen noch mehr als bei der Sachvollstreckung auf nachträgliche Rechtsdurchsetzung über die Vollstreckungserinnerung angewiesen.

---

419 (PL) MARCINIAK, *Ograniczenia*, S. 51.; DERS. in Piasecki Rn. 6 vor Art. 829 KPC; §§ 56 (Begrenzungen außerhalb des KPC), 60 CzynKomR (Protokollpflichten); (D) Stein/Jonas-BREHM, Rn. 15 zu § 850 ZPO; PAULUS, Rn. 613.

420 (PL) Gegenschluss aus Art. 839, 827 KPC; (D) Grundsätzliches Anhörungsverbot in § 834 ZPO.

421 (D) Musielak-BECKER Rn. 17 zu § 850 ZPO.

422 (D) Bei §§ 850b Abs. 2, 850c Abs. 4, 850d, 850 f Abs. 2, 3 ZPO.

b) Rechtsfolgen von Verstößen

Bezüglich der Rechtsfolgen von Verstößen entscheidet sich die polnische Rechtsordnung, wie oben ausgeführt, allgemein gegen eine automatische Nichtigkeit (*nieważność*) von Maßnahmen, die entgegen den Zugriffsbeschränkungen vorgenommen wurden.[423] Sie geht vielmehr lediglich von einer Anfechtbarkeit und Aufhebbarkeit solcher Maßnahmen aus. Zur Verwirklichung der Zugriffsverbote, die nicht bereits von Amts wegen beachtet wurden, ist der Schuldner in Polen daher in erster Linie auf den Weg über die Erinnerung gegen Art und Weise der Vollstreckung angewiesen,[424] die grundsätzlich keine die Vollstreckung aufschiebende Wirkung besitzt.[425] Auch hier ist in Polen wieder die Besonderheit zu beachten, dass an sich bei Unzulässigkeit der Vollstreckung hinsichtlich ihres Objektes das Verfahren von Amts wegen teilweise oder im Ganzen einzustellen ist.[426] Soweit sich also z. B. im Fall der Kontenpfändung auf dem Konto eine nicht der Vollstreckung unterliegende Summe befindet[427], hat zwar theoretisch die Bank davon den Gerichtsvollzieher zu unterrichten, der dann die Vollstreckung ganz oder zum Teil von Amts wegen einzustellen hat. Aufgrund der mangelnden Detailkenntnisse der Bank über die Herkunft der Gelder dürfte es allerdings hier noch mehr als bei der Sachvollstreckung in erster Linie Sache des Schuldners sein, den hinweisenden Einstellungsantrag an Gerichtsvollzieher oder Gericht[428] zu stellen. Dann ist auch die Erinnerung fristungebunden möglich.[429]

Nach deutschem Recht geht man ebenfalls überwiegend davon aus, dass eine entgegen den Zugriffsbegrenzungen erfolgte Pfändung nicht nichtig,[430] sondern wieder lediglich nachträglich anfechtbar[431] ist. Zudem sind Rückforderungsan-

---

423 (PL) WENGEREK Anm. 1 zu Art. 829 KPC; Piasecki-MARCINIAK, Rn. 6 vor Art. 829 KPC.

424 (PL) Art. 767 KPC.

425 (PL) Klargestellt in Art. 767^2 § 2 KPC n. F.: „Die Einlegung der Erinnerung hält weder das Vollstreckungsverfahren noch die Durchführung der angegriffenen Maßnahme an, es sei denn das Gericht setzt das Verfahren aus oder hält die Ausführung der Maßnahme an."

426 (PL) Art. 824 § 1, Pkt. 2 KPC; § 56 CzynKomR; Piasecki-MARCINIAK, Rn. 1 zu § 839 KPC.

427 (PL) So z.B. im Sachverhalt, der dem SN Beschluss v. 27. 4. 2001 (III CZP 12/01, OSNC 10/2001, poz. 150) zugrunde lag, wo der GVZ nach Pfändung per Beschluss bestimmte (für zugriffsgeschützt gehaltene) Quoten von der Vollstreckung ausnahm (*wyłączył spod egzekucji*).

428 (PL) 1) An GVZ, das Verfahren v.A.w. einzustellen bzw. 2) an das Gericht, im Rahmen der Aufsicht, von Amts wegen den GVZ anzuweisen (nach Art. 759 § 2 KPC), das Verfahren einzustellen, vgl. Piasecki-MARCINIAK, Rn. 1 zu § 839 KPC.

429 (PL) S. o. Kapitel 2.

430 (D) Dafür aber Stein/Jonas-BREHM, Rn. 19 zu § 850, Rn. 109 zu § 829 ZPO.

431 (D) Vgl. nur Schuschke/WALKER, Rn. 7 zu § 850 ZPO.

sprüche denkbar.[432] Der Schuldner ist also in der Forderungsvollstreckung mehr noch als in der Sachvollstreckung zur Durchsetzung der Schuldnerschutzvorschriften regelmäßig auf den normalen nachträglichen Rechtsschutz angewiesen, der sich aufgrund der Einschaltung des Gerichts als Vollstreckungsorgan allerdings wesentlich komplizierter gestaltet als in Polen.[433] Als Grundprinzip gilt, dass gegen *Maßnahmen* des Vollstreckungsgerichts und damit gegen die Art und Weise der Vollstreckung die Vollstreckungserinnerung einzulegen ist, gegen Vollstreckungs*entscheidungen* hingegen die sofortige Beschwerde[434]. Während Erinnerungen nicht fristgebunden sind und daher bis zum Abschluss der jeweiligen Vollstreckungsmaßnahme eingelegt werden können, ist die sofortige Beschwerde, bei der es zu einer Überprüfung durch die nächsthöhere Instanz kommt, innerhalb einer Frist von zwei Wochen ab Zustellung einzulegen[435].

Bei der in der Praxis überaus schwierigen Abgrenzung[436] zwischen Maßnahme und Entscheidung wird ganz überwiegend darauf abgestellt, wie der Rechtsbehelfsgegenstand verfahrensintern zustande gekommen ist, d. h. ob der Rechtsmittelführer zuvor angehört wurde (mit sofortiger Beschwerde angreifbare Entscheidung) oder nicht (mit Erinnerung zu rügende Vollstreckungsmaßnahme).[437] Eine erneute Selbstprüfung durch das Vollstreckungsgericht wie bei der Erinnerung erscheint in der Tat nur dann sinnvoll, wenn der die Erinnerung Einlegende erstmals angehört wird und dadurch u.U. bislang nicht berücksichtigte Argumente vorbringen kann. Eine Überprüfung durch die höhere Instanz im Beschwerdeweg ist demgegenüber dann zweckmäßig, wenn die vom Beschwerdeführer vorgetragenen Aspekte schon bei Beschlussfassung zugrundegelegt werden konnten und eine wiederholte Selbstprüfung überflüssig erscheint. Der Schuldner hat daher Einwendungen grundsätzlich mit der Erinnerung geltend zu

---

432 (D) Verstöße gegen die Schutzbestimmungen (der §§ 850 ff ZPO) verhindern die Entstehung eines Pfändungspfandrechts (h.M.). Bei Einziehung der Forderung fehlt es mangels Pfändungspfandrechts am Rechtsgrund für das Behaltendürfen i. S. des Bereicherungsrechts und Drittschuldner (§ 812 Abs. 1 S. 1, 1.Alt. BGB, Leistungskondiktion), wie auch Schuldner im Falle der Leistungsgenehmigung (§ 816 Abs. 2 BGB; vgl. BGH NJW 1986, S. 2430) sind berechtigt, die Zahlung zurückzufordern, Schuschke-WALKER, Rn. 8 zu § 850 ZPO.

433 (D) Zum Folgenden zusammenfassend KEIP, S. 134 ff.

434 (D) Erinnerung: § 766 ZPO. Sofortige Beschwerde gegen Entscheidungen des Richters §§ 567 ff, 577, 793 I ZPO. Für Rechtspflegerentscheidungen § 11 Abs. 1 RpflG.

435 (D) §§ 793, 577 Abs. 2 S. 1 ZPO, § 11 Abs. 1 RpflG.

436 (D) Dazu KEIP, S. 135 ff.

437 (D) Streitig ist weiter ob dies auch gelten soll, wenn es dadurch zu einer Spaltung der Rechtsbehelfe für die Beteiligten käme, vgl. KEIP, S. 136 f., der für eine Einschränkung plädiert, um dies zu vermeiden (S. 141).

machen. Nur wenn er (ausnahmsweise) angehört worden ist[438], hat auch er sich der sofortigen Beschwerde zu bedienen.[439]

c) Vereinbarungen über Zugriffsschutz

Hinsichtlich der Zulässigkeit von Vereinbarungen über den Zugriffsschutz, insbesondere der Möglichkeit eines Verzichts, gelten dieselben Grundsätze wie beim Zugriff auf bewegliche Sachen (s. o. Kapitel 2, C II 3). Da nach polnischer und (zutreffender) deutscher Rechtsauffassung – wie in anderen Rechtsordnungen – die Zugriffsschranken auch im Bereich der Forderungspfändung aufgrund der betroffenen öffentlichen Interessen als zwingendes Recht angesehen werden,[440] kann auf den gesetzlichen Zugriffsschutz nicht verzichtet werden[441].

Die mangelnde Dispositionsbefugnis des Schuldners ist hier aber noch deutlicher als in der Sachpfändung. So kann der Schuldner im polnischen Arbeitsrecht seinen Lohnanspruch weder abtreten noch darauf verzichten[442]. Um die Umgehung von Zugriffsschutzvorschriften zu verhindern, die dadurch droht, dass der Schuldner geschützte Teile seines Vermögens an den Gläubiger abtritt oder damit aufrechnet, sieht das Gesetz in Deutschland ausdrücklich vor, dass Forderungen, die unpfändbar sind, auch nicht abgetreten werden können und aufrechnungsfeindlich sind.[443] Auch soweit in Deutschland über einmalige Sozialleistungen in begrenztem Maße doch rechtsgeschäftlich verfügt werden kann[444], ist aber davon auszugehen, dass die Dispositionsbefugnis des Schuldners wegen der Zweckbindung der Sozialleistung und der darin zum Ausdruck kommenden öffentlichen Interessen beschränkt ist. Daher wird auch in diesen Fällen die Möglichkeit des bindenden Verzichts abgelehnt.[445]

---

438 (D) Anhörung ausdrücklich nur bei § 850b Abs. 3 ZPO, sonst vgl. Musielak-BECKER Rn. 2 u. 3 zu § 834 ZPO.

439 (D) Gleiches gilt grundsätzlich für den Drittschuldner. Der Gläubiger hat sofortige Beschwerde einzulegen, wenn er sich gegen die Ablehnung des Pfändungsantrags wehrt, da er rechtliches Gehör erhalten hat. Nur wenn Schuldner und Gläubiger gegen die teilweise Stattgabe des Pfändungsgesuchs vorgehen, sollte man beide einheitlich auf die Vollstreckungserinnerung verweisen. Vgl. Musielak-LACKMANN, Rn. 14 zu § 766 ZPO.

440 (Ö) Art. 293 EO; (CH) HONOLD, S. 102 f.; (F) PERROT/THÉRY, Pkt. 26 ff. (S. 28 ff.).

441 (PL) Piasecki-MARCINIAK Rn. 4 vor § 829 KPC; WRÓBLEWSKA, PiZS 2/1999, S. 42. (D) Z.B. Stein/Jonas-BREHM § 850 Rn. 18; Schuschke-WALKER, Rn. 5 zu § 850 ZPO.

442 (PL) Art. 84 KP, näher ŚWIĄTKOWSKI, Rn. 1 f. zu Art. 84 KP; BARZYCKA-BANASZCZYK, Rn. 1 zu Art. 84 KP.

443 (D) §§ 400, 394, 1274 Abs. 2 BGB.

444 (D) § 53 Abs. 2 SGB I.

445 (D) KEIP, S. 142 f. Auch unter Hinweis auf § 46 SGB I, nach dem ein Verzicht jederzeit frei widerruflich ist.

II. Andere Schutzformen

1. *Einstellung der Vollstreckung hinsichtlich zukünftig fälliger Forderungen*

Auch wenn ein Schuldner, der zu wiederkehrenden Leistungen (Unterhalt, Renten) verpflichtet ist, diese regelmäßig und in einer Weise erbringt, die dem Titelinhalt entspricht, kann es vorkommen, dass der Gläubiger zur Vollstreckung schreitet[446]. In Polen ist der Gerichtsvollzieher insoweit nämlich nicht berechtigt zu untersuchen, ob der Vollstreckungsbeginn begründet ist oder nicht.[447] Daher regelt der polnische Gesetzgeber[448], dass ein solcher Schuldner, die Einstellung der Vollstreckung in das Arbeitsentgelt[449] hinsichtlich zukünftig fälliger Leistungen verlangen kann, wenn er sämtliche fälligen Leistungen begleicht[450], im Gerichtsdepot einen Betrag hinterlegt, der dem Betrag der wiederkehrenden Leistungen für sechs Monate entspricht[451], und gleichzeitig den Gerichtsvollzieher ermächtigt, diesen Betrag abzuheben. Der Gerichtsvollzieher macht von dieser Ermächtigung Gebrauch, wenn er feststellt, dass der Schuldner in Verzug mit der Begleichung der fälligen Leistungen geraten ist; zugleich beginnt er von Amts wegen die Vollstreckung[452] durch erneute Pfändung des Arbeitseinkommens, noch auf Grundlage des ursprünglichen Gläubigerantrags und des alten Titels.[453]

Dem Schuldnerverlangen muss eine Bescheinigung des Gerichts beigefügt sein, aus der hervorgeht, dass der entsprechende Betrag im Gerichtsdepot hinterlegt wurde[454] und die schriftliche Ermächtigung des Gerichtsvollziehers zur sukzessiven Abhebung jeweils fälliger Raten. Der Gerichtsvollzieher hört die Parteien an[455] und stellt dann, wenn er dem Verlangen des Schuldners stattgibt, das Ver-

---

[446] (PL) HRYCAJ, Rn. 326. Er muss dann aber ggf. die Vollstreckungskosten tragen.

[447] (PL) Beschluss SN (7) v. 5. 12. 1986, III CZP 62/86, OSN 1987, poz. 146;

[448] (PL) Art. 883 § 2 S. 1 KPC. Praxisbeispiel bei HRYCAJ, Rn. 326.

[449] (PL) Geltung auch für Vollstreckung in sonstige Forderungen (Art. 900 § 2 S. 2 KPC).

[450] (PL) Nach Ansicht von WENGEREK, Anm. 5 zu Art. 883 KPC, kann dies auch dann gelten, wenn *aufgrund der Vollstreckung* alle fälligen Forderungen beglichen wurden (also nicht „freiwillig").

[451] (PL) Zu anderen Möglichkeiten, die wegen der hohen Inflation in der Praxis verwendet wurden vgl. JANKOWSKI, *Przebieg*, S. 106 f.; Piasecki[2]-SUCHECKI, Rn. 4 zu Art. 883 KPC: verzinste Wertpapiere, Sparbücher.

[452] (PL) Zur Kontroverse, ob es sich hier tatsächlich um einen Fall des Beginns der Vollstreckung von Amts wegen oder eher um eine Wiederaufnahme auf Grundlage des alten Gläubigerantrags und des bei den Akten verbliebenen Titels handelt, vgl. JANKOWSKI, *Przebieg*, S. 107 (für letztere Ansicht), WENGEREK, Anm. 7 zu Art. 883 KPC.

[453] (PL) JANKOWSKI, *Przebieg*, S. 60, verweist auf die ähnliche Situation bei Art. 817 KPC.

[454] (PL) Art. 10 DepSR.

[455] (PL) Art. 827 § 1 S. 1KPC.

fahren ein. Dadurch kommt es zu einer Aufhebung der Pfändung und anderer bereits durchgeführter Vollstreckungsmaßnahmen[456]. Allerdings behält hier ausnahmsweise der Gerichtsvollzieher den Titel bei sich und sendet ihn nicht an den Gläubiger zurück[457]. Der Gerichtsvollzieher ist nicht verpflichtet zu überwachen, ob der Schuldner seiner Pflicht nachkommt und regelmäßig die fälligen Beträge entrichtet.[458] Die Entscheidung über die Abhebung des Depotbetrags und die Wiederaufnahme der Vollstreckung ergeht, wenn der Gerichtvollzieher vom Gläubiger erfährt, dass der Schuldner die freiwilligen Zahlungen nicht vornimmt.[459] Bei der erneuten Pfändung des Arbeitsentgelts hat der Gerichtsvollzieher dem Arbeitgeber mitzuteilen, von welchem Zeitpunkt an er die Entgeltbeträge an den Gläubiger abzuführen hat, wobei er die Höhe des Depotbetrages zu berücksichtigen hat.[460]

2. *Generalklausel*

Soweit Rechtsordnungen auch einen Schuldnerschutz über Generalklauseln vorsehen, ist stets wichtigste Regelungsfrage, wie weit dieser Billigkeitsschutz neben speziellen Regelungen noch Anwendung finden kann. Während das polnische Recht keine solche Generalklausel kennt, geht man in Deutschland überwiegend davon aus, dass einem richterlichen Schuldnerschutz über § 765a ZPO im Bereich der Forderungspfändung grundsätzlich die besprochenen Spezialregeln für existenzsichernde Einkünfte und Sozialgeldleistungen entgegenstehen,[461] da diese die Beschränkungen des Gläubigerinteresses abschließend festlegen und selbst ein überaus differenziertes System zur Anpassung an besondere Einzelfälle regeln.[462] Insbesondere die Härtefallklauseln [oben E II a] sehen eine dem § 765a ZPO ähnliche Abwägungsprozedur vor. Ein Anwendungsbereich für § 765a ZPO verbleibt nur insoweit, als der Schuldner seinen Lebensunterhalt aus gesetzlich ungeschützten Bezügen bestreitet[463].

---

456 (PL) Art. 826 KPC.

457 (PL) § 112 Abs. 1 CzynKomR.

458 (PL) Piasecki-JANKOWSKI, Rn. 3 zu Art. 883 KPC.

459 (PL) WENGEREK, Anm. 8 zu Art. 883 KPC.

460 (PL) Art. 112 Abs. 2 CzynkomR.

461 (D) S. nur Musielak-LACKMANN, Rn. 14 zu § 765a ZPO; Stein/Jonas-MÜNZBERG Rn. 34 zu § 765a ZPO; MünchKomm-HESSLER Rn. 49 zu § 765a; a. A. u.a. HONOLD, S. 377; Schuschke/WALKER, Rn. 6 zu § 765a ZPO.

462 (D) KEIP, S. 143.

463 (D) Z.B. Einnahmen eines Hauptmieters aus Untervermietung, Musielak-LACKMANN, Rn. 14 zu § 765a ZPO.

3. *Schuldnerschutz in der Verwertung*

a) Einleitung

Auch im Rahmen der Vollstreckung in Forderungen und andere Vermögensrechte kann es erforderlich sein, den Schuldner in einer gesonderten Verwertungsphase zu schützen. Wegen der Ähnlichkeit der Interessenlage wird die Lösung weitgehend derjenigen bei der Verwertung beweglicher oder unbeweglicher Sachen entsprechen. Allerdings stellen sich aufgrund der Eigentümlichkeit mancher Forderungen und Rechte besondere Regelungsprobleme, von denen hier aufgrund des thematischen Schwerpunkts der Arbeit nur solche angesprochen werden sollen, die in der *polnischen* Rechtspraxis von besonderer Bedeutung sind.[464]

Das polnische Recht kennt neben der Einziehung der Forderung oder sonst unmittelbaren Realisierung des Rechts auch je nach den Umständen des Einzelfalles die Bestellung eines Pflegers (*kurator*) oder Verwalters (*zarządca*) oder den Verkauf der Forderung oder des Rechts.[465] Auch in Deutschland ist neben der Verwertung durch Überweisung[466] die Möglichkeit einer anderen Verwertungsart vorgesehen[467]. Wenn Überweisung nicht möglich ist oder die Forderungseinziehung Schwierigkeiten mit sich bringt, kann auch nach deutschem Recht öffentliche Versteigerung oder freihändiger Verkauf erfolgen. Insbesondere bei der Vollstreckung in Nutzungsrechte kann das Gericht auch eine Verwaltung anordnen.[468]

b) Verhältnismäßigkeit und Subsidiarität

Grundsätzlich wird der Gesetzgeber sich in erster Linie von Effektivitätsgesichtspunkten leiten lassen und demzufolge dem Gläubiger sowohl die unverzügliche Verwertung gestatten als auch die Auswahl zwischen den Verwertungsmöglichkeiten nach Zweckmäßigkeitsaspekten treffen. So geht man in Polen davon aus, dass die Bestellung eines „Pflegers“ (*kurator*) helfen soll, durch bestimmte (Einzel-)Handlungen die Interessen des Schuldners zu sichern, vor allem wenn sich mehrere Vollstreckungsgläubiger nicht über die Durchsetzung

---

464 (PL) Vgl. zur Vollstreckung in Anteile an Gesellschaften mit beschränkter Haftung: BRZEZIŃSKI, MoP 17/2006, S. 951; DRANIEWICZ, MoP 11/2006, S. 614 ff.; NISKI, PS 5/2002, S. 78 ff.; CIEŚLAK, PPE 4-5/2003, S. 24 ff.

465 (PL) Vgl. Art. 908 § 1 S. 1, 904^1 KPC. Für andere Vermögensrechte vgl. Art. 910^2 § 2 KPC n. F. (Verwalterbestellung)

466 (D) § 835 ZPO.

467 (D) § 844 und 857 ZPO. Vgl. Schuschke/WALKER zu § 857 ZPO m.w.Nw.

468 (D) § 857 Abs. 4 ZPO. Näher Musielak-BECKER, Rn. 6 ff. zu § 857 ZPO. Rn. 13a zur Verwertung gepfändeter Internet-Domains (durch Versteigerung oder freihändigen Verkauf), was bislang in Polen kaum diskutiert wird.

der Rechte des Schuldners einigen können.[469] Die Einsetzung einer Verwaltung ist hingegen für die Fälle vorgesehen, in denen die Durchsetzung der Schuldnerrechte eine dauerhafte Tätigkeit erforderlich macht[470]. Dem Rechtsverkauf schließlich kommt jüngst wieder größere Bedeutung zu, da er sich bei der Vollstreckung in Anteile an Gesellschaften mit beschränkter Haftung (sp. z o. o.)[471] und Aktien[472] als zweckmäßig erweisen kann. Auch in Deutschland erfolgt die Verwertung von GmbH-Anteilen regelmäßig durch Veräußerung.[473]

Der Gesetzgeber kann aber auch im Schuldnerinteresse Verhältnismäßigkeitsgesichtspunkte einfließen lassen, wenn er die Zulässigkeit bestimmter Verwertungsmöglichkeiten regelt. Durch die damit verbundenen Abwägungsprozesse und Subsidiaritätsverhältnisse werden allerdings die Vollstreckungsmöglichkeiten des Gläubigers nicht unerheblich eingeschränkt. So muss in Polen wegen des allgemeinen Verhältnismäßigkeitsgebots, das auch in Art. 799 KPC zum Ausdruck kommt, abgewogen werden, ob mit einer bestimmten Verwertung oder einer Verwertung in diesem Umfang dem Schuldner nicht ein überflüssiger Schaden entsteht.[474] Der Rechtsverkauf soll grundsätzlich nur *ultima ratio* sein.[475] Bei der Vollstreckung aus sp. z o. o.-Anteilen dürfte ein Anteilsverkauf unverhältnismäßig sein, wenn der Gläubiger in einem vernünftigen Zeitraum bereits aus den laufenden mit dem Anteil verbundenen Ansprüchen des Schuldners gegen die Gesellschaft – etwa aus Gewinnbeteiligung – Befriedigung erreichen kann[476]. Beim Anteilsverkauf verliert der Schuldner nämlich zugleich auch jegliche Aussichten, am künftigen Gewinn der Gesellschaft teilzuhaben. Aufgrund dieser „Verhältnismäßigkeitshürde“ vor der Verkaufsverwertung geht man davon aus, dass ein Schuldnerschutz beim Zugriff auf Gesellschaftsanteile[477] nicht erforderlich ist und daher insoweit die Gläubigerinteressen an

---

[469] (PL) Piasecki-JANKOWSKI, Rn. 4 zu Art. 908 KPC. Der *kurator* wird vom Gericht überwacht (Art. 605, 595-597 KPC), das auch seine Vergütung festsetzt (Art. 597 KPC).

[470] (PL) Zu Art. 908 KPC: WENGEREK, Anm. 2: bei Jagd- und Fischereirechten; Piasecki²-SUCHECKI, Rn. 4.

[471] (PL) Dazu Piasecki-JANKOWSKI, Rn. 2 zu Art. 909 KPC; BRZEZIŃSKI, MoP 17/2006, S. 951; DRANIEWICZ, MoP 11/2006, S. 614 ff.; NISKI, PS 5/2002, S. 78 ff.; HRYCAJ, Rn. 371 ff.; CIEŚLAK, PPE 4-5/2003, S. 24 ff.

[472] (PL) Zur Vollstreckung in Aktien: Piasecki²-SUCHECKI u. Piasecki-JANKOWSKI, Rn. 3 ff. zu Art. 909 KPC; ŚWIEBODA, PS 5/1997, S. 11 ff.; GAWAŁEK, Rz. v. 8.5.2000; MANIKOWSKI; ROŚNIAK-RUTKOWSKA, PPE 3-4/2004, S. 51 ff.; ZIENOWICZ, PPE 4-5/2003, S. 5., sowie die Kontroverse zw. SKAWIAŃCZYK (Rz. v. 2.4. u. 17.6.2004) und MICHALSKI (Rz. v. 7.5.2004); (D) vgl. Schuschke/WALKER, Rn. 4 zu § 821 ZPO.

[473] (D) Über §§ 844, 857 Abs. 5 ZPO. Die Überweisung zur Einziehung oder an Zahlungs Statt ist regelmäßig unzulässig. Näher Schuschke/WALKER, Rn. 33 zu § 857 ZPO.

[474] (PL) WENGEREK, Anm. 1 zu Art. 908 KPC, Piasecki²-SUCHECKI, Rn. 4 zu Art. 909 KPC.

[475] (PL) NISKI, PS 5/2002, S. 82 f. Piasecki-JANKOWSKI, Rn. 6 zu Art. 908 KPC.

[476] (PL) Piasecki²-SUCHECKI, Rn. 4 zu Art. 909 KPC.

[477] (PL) Z.B. Zugriff nur in verhältnismäßigem Umfang, Art. 799 § 2 KPC.

schneller Befriedigung vorgehen.[478] Auch wenn stets alle Anteile in voller Höhe *gepfändet* werden können, bedeutet das eben noch nicht, dass auch alle *verkauft* werden können.[479]

Nach der KPC Reform wird jetzt klarer zwischen der Vollstreckung in Forderungen und der in andere Vermögensrechte getrennt. Im Bereich der Vollstreckung in Forderungen wird die Verwertung durch Forderungsverkauf erleichtert. Sie kann nun stets erfolgen, wenn der Gläubiger den Verkauf der Forderung im Wege der Versteigerung oder durch freihändigen Verkauf beim Gerichtsvollzieher beantragt und dem nicht der Charakter der gepfändeten Forderung entgegensteht.[480] Bei der neu gefassten „Vollstreckung in andere Vermögensrechte" geht das Gesetz nunmehr auch im Wortlaut davon aus, dass die Gläubigerbefriedigung in erster Linie aus den Einkünften des Rechts erfolgt, wenn dieses Einkünfte mit sich bringt, ansonsten aus der Realisierung oder dem Verkauf des Rechts.[481]

Eine auch den Schuldner schützende Subsidiarität einer Verwertungsmöglichkeit findet sich zudem bei der Vollstreckung in Gesellschafterrechte bei Personengesellschaften des bürgerlichen Rechts (*spółka cywilna*) oder des Handelsrechts (offene und Kommanditgesellschaft – *spółka jawna / komandytowa*).[482] Um die Verhältnismäßigkeit des Zugriffs zu wahren und dem Schuldner (und der betreffenden Gesellschaft) keinen überflüssigen Schaden zuzufügen, muss der Gläubiger vor einer Kündigung der Gesellschaft erst sechs Monate erfolglos versucht haben, in bewegliche Sachen des Schuldner-Gesellschafters zu vollstrecken.[483] Die Einzelheiten können hier aber nicht erörtert werden. In Deutschland finden sich ganz ähnliche Regelungen für OHG und KG.[484]

---

478 (PL) Die Grenzen zulässiger Pfändung haben sich jedenfalls an den zu erwartenden Einkünften, nicht am Wert der gepfändeten Anteile zu orientieren, HRYCAJ, Rn. 372.

479 (PL) NISKI, PS 5/2002, S. 83 f.

480 (PL) Neuer Art. 904^{1} § 1 KPC n. F.

481 (PL) Art. 911^{6} § 1 KPC n. F. Piasecki-JANKOWSKI, Rn. 1 zu Art. 911^{5} KPC n. F. Für die Befriedigung aus den Einkünften bzw. die Realisierung des Rechts verweist die Neufassung auf die Art. 1064^{1}-1064^{11} KPC (Vollstreckung durch Zwangsverwaltung).

482 (PL) Überblick bei HRYCAJ, Rn. 376 ff.; CIEŚLAK, PPE 4-5/2003, S. 21 ff. Zur *spółka jawna* WRĘCZYCKA, PS 6/2003, S. 30 und 9/2003, S. 30.

483 (PL) Art. 870 KC, Art. 62 § 2 (i.V.m. Art. 103) KSH; Überblick bei Piasecki[2]-SUCHECKI, Rn. 6 zu Art. 909 KPC.

484 (D) In § 135 HGB. Kündigung erst, nachdem der Privatgläubiger eines Gesellschafters vor Zustellung des Pfändungs- und Überweisungsbeschlusses sechs Monate lang erfolglos die Zwangsvollstreckung in das bewegliche Vermögen des Gesellschafters versucht hat.

c) Durchführung der Verwertung

Wie schon bei der Sachvollstreckung kann der Gesetzgeber auch bei der Durchführung der Verwertung Schuldnerinteressen vor allem durch Regelung eines Verschleuderungsschutzes Rechnung tragen. Da die Verwertung im Bereich des Forderungs- und Rechtsverkaufs, der hier vowiegend von Interesse ist, weitgehend entsprechend den Vorschriften über die Sachvollstreckung erfolgt[485], kann für den Schuldnerschutz grundsätzlich auf das oben geschilderte verwiesen werden (s. o. Kapitel 3). Allerdings wurden durch die KPC-Reform einige Fragen detaillierter und gesondert geregelt.

Die schon aus der Sachvollstreckung bekannten Regelungsmechanismen der Schätzung, der Mindestgebote und Mindestverkaufspreise, finden nun eine spezielle Regelung. Nach der Neufassung wird der freihändige Verkauf deutlich bevorzugt, da man sich von ihm offenbar im allseitigen Interesse liegende höhere Verwertungserlöse bei gleichzeitiger Einsparung von Verfahrenskosten verspricht[486]. Da andererseits klar ist, dass der freihändige Verkauf nicht dieselben rechtsstaatlichen Verfahrensgarantien bietet wie die klassische Versteigerung, müssen hier andere Regelungen gefunden werden, um die Schuldnerinteressen hinreichend zu berücksichtigen. Das neue polnische Recht sieht insofern auch im Bereich der Forderungsvollstreckung erweiterte Beteiligungs- und Vorschlagsmöglichkeiten für den Schuldner und höhere Mindesterlöse vor.

Im Bereich der „Vollstreckung in andere Forderungen" (Teil IV) kann der Forderungsverkauf einmal im Wege der Versteigerung erfolgen, durchgeführt nach den Vorschriften über die Vollstreckung in bewegliche Sachen. Dann ist als Verschleuderungsschutz ein Mindestgebot in Höhe von 50% des Forderungswerts (einschließlich bis zum Versteigerungstag fälliger Zinsen) vorgesehen.[487] Alternativ kann mit Zustimmung des Schuldners zu einem von ihm bestimmten Preis freihändig verkauft werden, wenn ein Verkauf zu diesem Preis nicht die Interessen des Gläubigers verletzt. Der Schuldner kann dann auch die Person des Erwerbers und andere Verkaufbedingungen bestimmen. Die Zustimmung des Schuldners zum freihändigen Verkauf ist nicht erforderlich, wenn die Forderung vor dem Tag der Pfändung bereits fällig war. Damit aber auch dann der freihändige Verkauf (mit seinen geringeren Verfahrensgarantien) für den Schuldner nicht ungünstiger ausfällt als eine Versteigerung, ist in diesem Fall ein Mindestverkaufspreis von 60% des Schätzwertes und der bis zum Versteigerungstag anfallenden Zinsen festgesetzt.[488] Sonderformen des freihändigen Verkaufs finden

---

[485] (PL) Vgl. die Verweise in Art. 904^1 § 2, 908 § 2 KPC, 911^6 § 3 KPC.

[486] (PL) Die Neuregelung soll generell „die Vollstreckung erheblich beschleunigen und ihre Effektivität steigern." Begründung des Regierungsentwurfs 2002 zur Änderung des KPC (Sejm-Druck Nr. 965), S. 25.

[487] (PL) Art. 904^1 § 2 KPC n. F.

[488] (PL) Art. 904^1 § 3 KPC n. F.

sich für gepfändete Wertpapiere, die nicht zum öffentlichen Handel zugelassen sind[489] sowie für Wechsel[490].

Bei der Vollstreckung in „andere Vermögensrechte“ (Teil IVa)[491] ist als Grundlage fairer Verwertung auch hier die Schätzung eingehend geregelt. Die grundsätzlich vorgesehene Schätzung durch einen Sachverständigen[492] ist aber dann entbehrlich, wenn die Parteien einvernehmlich den Wert des gepfändeten Rechts festlegen oder wenn das Recht innerhalb von drei Monaten vor Pfändung zu Handelszwecken geschätzt oder wenn sein Wert vertraglich zu solchen Zwecken festgelegt wurde: Dann wird dieser Betrag als Wert zugrundegelegt.[493]

Bei der eigentlichen Verwertung erfolgt die bevorzugte Befriedigung aus den Einkünften oder die sonstige Realisierung des Rechts im Wege der Vollstreckung durch Zwangsverwaltung.[494] Auf den Rechtsverkauf hingegen finden die Vorschriften über die Sachvollstreckung entsprechende Anwendung, wobei aber Sonderregelungen vorgesehen sind.[495] Der Gerichtsvollzieher kann das gepfändete Recht grundsätzlich – nicht früher als 14 Tage nach der Schätzung – aus freier Hand zu einem Preis verkaufen, der 75% des Schätzwertes nicht unterschreitet.[496] Auf Antrag des Schuldners – bei Einverständnis des Gläubigers – kann der Verkauf auch ohne Schätzung des Rechts zu einem vom Schuldner bestimmten Preis erfolgen, wenn dies die Interessen des Gläubigers nicht verletzt. Dabei hat der Schuldner einen Mindestpreis anzugeben, unterhalb dessen der Verkauf nicht erfolgen kann. Der Schuldner kann darüber hinaus einen Erwerber vorschlagen oder mehrere Erwerbsberechtigte oder die Reihenfolge, in der ihnen das Recht zum Erwerb zustehen soll.[497] Kommt es innerhalb einer Woche vom Tag, an dem der Gläubiger seine Zustimmung erklärt hat, nicht zum freihändigen Verkauf, verkauft der Gerichtsvollzieher das gepfändete Recht im Wege der Versteigerung, wenn nicht der Gläubiger sein Einverständnis mit einem erneuten freihändigen Verkauf erklärt.[498]

---

489 (PL) Der GVZ kann sie innerhalb eines Monats nach Pfändung -mit Zustimmung des Schuldners auch später- von konzessionierten Maklern oder Banken zu einem von Sachverständigen festgelegten oder auf Antrag des Schuldner von diesem bestimmten Preis verkaufen lassen. Neuer § 4 zu Art. 901.

490 (PL) Neue §§ 5 und 6 zu Art. 901 KPC. Dazu PAKOWSKI, PPE 1-2/2004, S. 48.

491 (PL) Übersicht bei Piasecki-JANKOWSKI, Rn. 1 zu Art. 909 KPC.

492 (PL) Art. 910^4 § 1 KPC n. F.

493 (PL) Art. 910^4 § 2, 3 KPC n. F.

494 (PL) Art. 911^6 § 2 S. 1 KPC n. F. Entsprechende Geltung der neuen Vorschriften über die Vollstreckung durch Zwangsverwaltung Art. 1064^1 –1064^{13} KPC n. F. Dazu vgl. KRAKOWIAK, PS 1/2006, S. 82; ŚWIECZKOWSKI, S. 37 ff. und DERS. PES 4 (40) /2000, S. 74 ff.

495 (PL) Art. 911^6 § 3 KPC n. F.

496 (PL) Art. 911^7 § 1 KPC n. F.

497 (PL) Art. 911^7 § 2 KPC n. F.

498 (PL) Art. 911^7 § 3 KPC n. F.

Besondere Regeln finden sich für die Vollstreckung in sog. „Finanzinstrumente" (*instrumenty finansowe*), d. h. vor allem zum öffentlichen Handel zugelassene Wertpapiere, die sich auf einem sog. „Wertpapierkonto" (*rachunek papierów wartościowych*) oder einem vergleichbaren Konto befinden.[499] Neben besonderen Zugriffsbestimmungen[500] ist als schuldnerschützende Regelung vorgesehen, dass zunächst dem Schuldner die Möglichkeit gegeben werden muss, innerhalb von drei Tagen einen Verkaufsauftrag über Finanzinstrumente seiner Wahl aus dem Konto zu erteilen.[501] Erst wenn er dem nicht nachkommt oder der Gläubiger dadurch nicht befriedigt wird, kann der Gläubiger die Finanzinstrumente auswählen[502]. Erteilt der Gläubiger innerhalb von zwei Wochen keinen Verkaufsauftrag oder ist der von ihm beauftragte Verkauf nicht innerhalb eines Jahres erfolgreich, kommt es zur Einstellung der Vollstreckung.[503] Diese schuldnerfreundliche Möglichkeit der „Erstauswahl", die zu einer erneuten Verzögerung führen kann, wird auf das allgemeine Verhältnismäßigkeitsgebot zurückgeführt, wie es in Art. 799 KPC zum Ausdruck kommt[504]. Angesichts der langen Zeit, die der Gläubiger schon auf die Befriedigung der ihm zustehenden Forderung wartet, und der Tatsache, dass der Schuldner ja jederzeit bereits Finanzinstrumente seiner Wahl verkaufen und den Erlös zur Gläubigerbefriedigung hätte einsetzen können, ist die gefundene Lösung nur schwer nachvollziehbar. Da andererseits für den Gläubiger natürlich in erster Linie der Erlös entscheidend ist, durch einen Verkauf bestimmter Finanzinstrumente zur Unzeit ein außer Verhältnis zum Erlös stehender Schaden entstehen kann und die Fristen kurz bemessen sind, erscheint die Regelung allerdings auch unter Effektivitätsgesichtspunkten noch hinnehmbar.[505]

Eine weitere Sonderregelung gilt schon seit längerem für die Gesellschaft mit beschränkter Haftung. Macht der Gesellschaftsvertrag einer sp. z o. o. die Anteilsveräußerung von der Zustimmung der Gesellschaft abhängig oder begrenzt sie in sonstiger Weise, hat die Gesellschaft das Recht, einen Erwerber vorzuschlagen, der den Anteil dann zu einem vom Registergericht – ggf. mit Sachverständigenunterstützung – festgelegten Preis erwirbt.[506] Dazu hat die Gesellschaft innerhalb von zwei Wochen nach der Benachrichtigung über die Anordnung des

---

499 (PL) Dazu ausführlich (und kritisch aus dogmatischer Sicht) ROŚNIAK-RUTKOWSKA, PPE 1-3/2006, S. 47 ff.; PPE 4-6/2006, S. 23 ff. Zum Begriff der Finanzinstrumente, ebd., PPE 1-3/2006, S. 51 ff. Vorschläge *de lege ferenda* ebd., PPE 4-6/2006, S. 45 ff.

500 (PL) Art. 911^8 § 1 Pkt. 1 u. 2 KPC n. F.

501 (PL) Art. 911^8 § 2 KPC n. F. Dies gilt allerdings nur, wenn sich auf dem Konto kein zur Befriedigung ausreichender Geldbetrag befindet.

502 (PL) Art. 911^8 § 3 KPC n. F.

503 (PL) Art. 911^8 § 4 KPC n. F.

504 (PL) Vgl. ROŚNIAK-RUTKOWSKA, PPE 4-6/2006, S. 42.

505 (PL) Die Außergewöhnlichkeit der Lösung betont auch ROŚNIAK-RUTKOWSKA, PPE 4-6/2006, S. 43.

506 (PL) Art. 185 § 1 KSH.

Verkaufs einen Antrag auf Bewertung des Anteils beim Registergericht zu stellen[507]. Geschieht das nicht, oder zahlt der von der Gesellschaft vorgeschlagene Bewerber nicht innerhalb von zwei Wochen nach Benachrichtigung der Gesellschaft vom festgesetzten Preis diesen an den Gerichtsvollzieher, erfolgt der Verkauf normal nach den Vorschriften über die Sachvollstreckung.[508] Schuldnerschutz wird hier also praktisch nur über die Bewertung des Anteils durch das Registergericht gewährt. Allerdings erscheint das insofern ausreichend, als diese Bewertung ohnehin den Marktwert zugrunde zu legen hat und dieser *volle* Anteilswert vom ausgewählten Erwerber zu erbringen ist. Erst wenn diese „Optimalverwertung" fehlschlägt, erfolgt ja der „normale" Verkauf, in dem dann die üblichen Schuldnerschutzregelungen greifen.

F. ERGEBNIS

Die zusammenfassende Analyse der Ergebnisse folgt dem Aufbau der Untersuchung und geht zunächst kurz auf die Regelungsbasis ein (unter I), dann auf die Regelungsziele (unter II) und die Grundelemente der Regelungsentscheidung (unter III) sowie schließlich auf Art und Umfang des Schutzes (unter IV).

I. Regelungsbasis

[1] Für die vier Arten der Forderungsvollstreckung des polnischen Rechts (in Arbeitsentgelt, Bankkonten, in andere Forderungen und in Vermögensrechte) gelten dieselben Grundregeln. Anders als in Deutschland nimmt der umfassend zuständige Gerichtsvollzieher den Zugriff durch Pfändung (*zajęcie*) vor, die mit den Elementen des Inhibitoriums und des Arrestatoriums ganz ähnlich wie im deutschen Recht gestaltet ist. Gerade bei den Pfändungswirkungen ist aber die dogmatisch schlichtere Konstruktion auffällig: Vor allem das Verwertungselement (der „Überweisungsbeschluss") ist in Polen nicht nur praktisch, sondern auch dogmatisch nicht deutlich vom Zugriff getrennt. Aufgrund des polnischen „Ausgleichsprinzips" gibt es auch keine dem deutschen Pfändungspfandrecht entsprechende Konstruktion.

[2] Noch aus sozialistischer Zeit stammen einige Sonderregelungen des polnischen Rechts, die auf einer – so nicht mehr existenten – weitgehend staatlich kontrollierten Rechtswirklichkeit basieren. Die vorgesehene *quasi-automatische Weiterpfändung* des Arbeitsentgelts, wenn der Schuldner ein neues Arbeitsver-

---

507 (PL) Art. 185 § 2 KSH.

508 (PL) Art. 185 § 3 KSH.

hältnis mit einem anderen Arbeitgeber eingeht, lässt sich nur mit umfassender Mitwirkung aller Arbeitgeber realisieren.

[3] Sozialistische Wurzeln hat auch das sog. „Außervollstreckungsverfahren" (*postępowanie pozaegzekucyjne*), bei dem Unterhaltsgläubiger ihren Vollstreckungstitel ohne Einschaltung des Gerichtsvollziehers dadurch realisieren können, dass sie ihn direkt an Arbeitgeber, Rentenorgan oder Strafvollzugsbehörde übersenden, die dann Abzüge von Entgelt oder Altersversorgung vornehmen und sie direkt dem Gläubiger übermitteln. Da die Grundsätze des Schuldnerschutzes entsprechend gelten und der Einsatz der Arbeitgeber als „Quasi-Vollstreckungsorgan" heute nur noch fakultativ vorgesehen ist, erscheint die Regelung aus Schuldner und Drittschuldnersicht akzeptabel.

II. Regelungsziele

[1] Bei den Regelungszielen lässt sich eine weitgehende Übereinstimmung des polnischen und deutschen Rechts feststellen. Als Hauptregelungsziele des Gesetzgebers können in erster Linie der Schutz der existenzsichernden Einkünfte des Schuldners und der Erhalt seiner Arbeitsmotivation identifiziert werden. Mit der Figur der Zweckgebundenheit wird die Inkorporation anderer, materieller Regelungsziele ins Vollstreckungsrecht erklärt.

[2] Beim Regelungsziel des *Schutzes existenzsichernder Einkünfte* ist auch in der Forderungsvollstreckung heute eine passiv-abwehrende Vollstreckungsschutzkonzeption verbreitet. Die Abwehr des Gläubigerzugriffs durch Unterschutzstellung von Einkünften soll verhindern, dass die Allgemeinheit aktiv helfend über Sozialleistungen eingreifen muss. Das Existenzminimum des Schuldners wird also auf Kosten des Gläubigers (über eine Einschränkung seiner Zugriffsmacht) und nicht der Allgemeinheit (über aktive Sozialleistungen) gesichert. Konsequent weiterverfolgt, erfordert dieser Ansatz, dass auch die Bedürfnisse von Dritten, die auf die Schuldnereinkünfte zur Existenzsicherung angewiesen sind (Familie), bei der Schutzgestaltung berücksichtigt werden, damit auch für diese ein aktiv-unterstützendes Handeln entbehrlich bleibt. Letzteres ist in Polen noch nicht konsequent verwirklicht.

[2] Mit dem übereinstimmend verfolgten Regelungsziel des *Schutzes der Erwerbstätigkeit* sollen dem Schuldner Möglichkeit und Motivation erhalten bleiben, sich seine Existenz selbst zu sichern und sich schrittweise aus seiner Notsituation zu befreien. Damit der Schuldner seine Arbeitskraft optimal verwertet und sich nicht resignierend mit einem Auskommen unterhalb der existenzsichernden Grenzen begnügt, führt die Umsetzung dieses Regelungsziels in erster Linie zu einem weitergehenden Schutz erwerbstätiger Schuldner.

[3] Regelungsziele, die bereits in der Gewährung bestimmter Leistungen an den Schuldner zum Ausdruck kommen (Bildungs-, Familienförderung), können im

Vollstreckungsrecht weiterverfolgt werden, indem die betreffenden Schuldnerforderungen unter Schutz gestellt werden. Abstrakt von den eigentlichen materiellen Zielen wird dies dann oft mit der „*Zweckbindung*" dieser Forderungen erklärt. Soweit beide Rechtsordnungen die Unübertragbarkeit von Rechten mit deren Unpfändbarkeit verknüpfen, spielt neben rechtssystematischen Erwägungen auch hier die Absicht eine Rolle, sicherzustellen, dass die Leistung nur vom Adressaten zu dem vorbestimmten Zweck verwendet wird und damit materiellen Zielen auch im Vollstreckungsrecht Wirkung verschafft wird.

III. Grundelemente der Regelungsentscheidung

[1] Beide Rechtsordnungen sehen privilegierte *Vollstreckungsforderungen* vor, denen gegenüber der Schuldnerschutz stark eingeschränkt wird. Neben der Privilegierung von Unterhaltsforderungen, die vor allem die Abwehr von Sozialleistungsansprüchen der abhängigen Unterhaltsgläubiger bezwecken dürfte, werden auch Vollstreckungsforderungen bevorzugt, die auf Leistungen beruhen, mit denen gerade das mit der Unterschutzstellung bezweckte Ziel verfolgt wird. Forderungen aus vorsätzlicher unerlaubter Handlung sind nur im deutschen Recht privilegiert.

[2] Bei den *Vollstreckungsobjekten* lässt sich die Schutzwürdigkeit einer Forderung oder eines Rechts nur in einer Zusammenschau mit dem verfolgten Regelungsziel bewerten.

- Im Rahmen der Umsetzung des Regelungsziels der *Existenzsicherung* werden übereinstimmend nicht nur *wiederkehrende Einkünfte* aus aktueller, sondern auch aus ehemaliger Erwerbstätigkeit sowie die meisten Sozialleistungen mit „Entgeltersatzfunktion" als schutzwürdig angesehen. Das polnische Recht regelt dabei einen Auffangtatbestand, der alle wiederkehrenden Einkünfte schützt, die der Unterhaltssicherung zu dienen bestimmt sind. In vorbildlicher Orienticrung am Regelungsziel löst es sich damit weitergehend als das deutsche Recht von der Fixierung auf das Arbeitseinkommen des unselbständigen Schuldners als „Idealtyp".
- Im durchgängig pauschalen Schutzsystem des polnischen Rechts fehlt es an einer Schutzregelung für *nicht i. e. S. wiederkehrenden Einkünfte*, da deren Unvorhersehbarkeit zwingend eine Individualentscheidung erfordert. Die Regelung führt daher zu einer Benachteiligung vor allem selbständiger Schuldner. Zur konsequenten Umsetzung des Regelungsziels wäre eine vorsichtige „Individualisierung" wie im deutschen Recht erforderlich.
- Das Regelungsziel des *Erhalts der Arbeitsmotivation* wird in beiden Ländern durch Unterschutzstellung weiterer Teile existenzsichernder Forderungen und bestimmter Zusatzleistungen umgesetzt, wobei der Schutzumfang in Deutschland kritikwürdig ist.

IV. Art und Umfang des Schutzes

1. Grundsystem der Zugriffsschranken

[1] Die Regelung ausschließlich *starrer pfändungsfreier Grundbeträge* im polnischen Recht, die die individuellen Familienverhältnisse des Schuldners ignoriert, muss als Anachronismus angesehen werden. Für eine Reform sprechen verfassungs- und menschenrechtliche Vorgaben sowie die sonst bestehende Gefahr weiterer Ansprüche gegen Sozialhilfeträger.

[2] Der *schwächere Schutz von Rentnern und Pensionären* infolge geringerer zugriffsfreier Grundbeträge als bei anderen Schuldnern kann bei diesen zu einer existenzbedrohenden Lage führen. Jedenfalls die Benachteiligung gegenüber alleinstehenden Schuldnern mit anderen unterhaltssichernden Einkünften ist nicht zu rechtfertigen.

[3] Die generelle Versagung einer vom Einkommen unabhängigen *Grundsicherung für Unterhaltsschuldner* entspricht weder modernen Tendenzen noch dem Regelungsziel der Existenzsicherung. Ein einheitlicher Begriff des Existenzminimums wäre insoweit vorzuziehen.

[4] Die starren *prozentualen Zugriffsquoten* des polnischen Rechts, das anders als das deutsche auf eine Berücksichtigung von Einkommen und Unterhaltspflichten verzichtet, führen zu sozial ungerechten Ergebnissen. Alleinstehende, gutverdienende Schuldner werden progressiv gegenüber geringverdienenden Schuldnern mit Familie bevorzugt. Die relative Bevorzugung von Schuldnern mit hohem Einkommen – durch Zugriffsschutz für absolut gesehen höhere Beträge – schränkt die Gläubigermöglichkeiten massiv ein, ohne dass eine Rechtfertigung erkennbar wäre. Eine maßvolle Korrektur durch Schaffung einer Obergrenze, ab der unbegrenzter Zugriff möglich ist, könnte Effizienz und soziale Ausgewogenheit fördern.

[5] Unter Effizienzgesichtspunkten zu begrüßen ist der Verzicht des polnischen Rechts auf die Figur der *bedingten Pfändbarkeit* mit ihren Billigkeitsprüfungen. Die erforderlichen Interessenabwägungen können regelmäßig abstrakt vorgenommen und praxisnäher über eine relative Unpfändbarkeit umgesetzt werden.

[6] Über *absolute und relative Zugriffsverbote* schützen beide Rechtordnungen vor allem stark zweckgebundene Unterstützungsleistungen im sozialen und Bildungsbereich sowie bestimmte Ausgleichsleistungen für Auslagen und Aufwandsentschädigungen. Der dem polnischen Recht unbekannte besondere Schutz für weitere Zusatzleistungen zum Arbeitsentgelt in Deutschland ist nach keinem Regelungsziel indiziert und stellt eine nicht zu rechtfertigende Beschränkung des Gläubigerzugriffs dar.

2. *Modifikationen bei besonderen und veränderten Umständen*

[1] Das polnische Recht verfolgt konsequent einen pauschalen Schutzansatz und sieht demzufolge – effizienzfördernd – keinen Individualausgleich für unvorhergesehene Extremfälle vor. *Härteklauseln* zugunsten des Schuldners und des Gläubigers, wie sie das deutsche Recht vorsieht, das damit einmal mehr partiell vom pauschalen zum individuellen Schutzmodell übergeht, ließen sich im polnischen Modell auch noch schwerer integrieren. Der durchgehende Verzicht auf einzelfallbezogene Abwägungsentscheidungen beim Zugriff beruht vor allem darauf, dass das System ganz auf das Vollstreckungsorgan Gerichtsvollzieher zugeschnitten ist.

[2] Das *Härteklauseln* bei durchdachtem Grundsystem *weitgehend entbehrlich* sind, zeigt die Entwicklung bei der deutschen Regelung, nach der das Gericht dem Schuldner auf Antrag in Ausnahmefällen einen größeren Betrag von seinem Einkommen belassen kann, als ihm bei Anwendung der pauschalen Freibeträge zustände: Wegen der Erhöhung und Dynamisierung der Beträge besitzt die Klausel kaum noch Relevanz in der Praxis.

[3] Eine *Veränderung der tatsächlichen Umstände* nach Pfändung ist vor allem im einzelfallbezogeneren deutschen Recht relevant: Zahl und Umfang der Unterhaltsverpflichtungen des Schuldners, die in Deutschland zunächst der Drittschuldner von sich aus zu berücksichtigen hat, sind für den Schutzumfang in Polen ohne Bedeutung. Während in Deutschland eine Änderung des Vollstreckungsbeschlusses nur auf Antrag ergehen kann, hat in Polen der Gerichtsvollzieher die Pfändungsschutzbestimmungen theoretisch jederzeit von Amts wegen zu berücksichtigen – praktisch allerdings nur nach Schuldnerhinweis oder gerichtlicher Weisung.

3. *Bestimmung des maßgeblichen Einkommens*

[1] *Ausgangslage* ist übereinstimmend das Nettoeinkommen des Schuldners, wobei aber auch vollständig unpfändbaren Beträge vorweg abgezogen werden. Leistungen *in natura* werden nach Umrechnung in Geld zum Einkommen gerechnet.

[2] *Mehrfache Einkünfte* des Schuldners von verschiedenen Drittschuldnern sind nach polnischem Recht stets, nach deutschen nur auf Antrag zusammenzuziehen. Dabei erfolgt übereinstimmend keine Gesamtbetrachtung der individuellen Einkommenssituation, sondern eine pauschale Berücksichtigung bestimmter Einkunftsarten und Nichtberücksichtigung anderer. Im Einzelfall ungerecht erscheinende Ergebnisse sind wegen der Effizienzvorteile hinzunehmen.

[3] Beide Rechtsordnungen schützen von den *auf ein Konto überwiesenen Einkünften* noch den Betrag, der dem nicht der Pfändung unterliegenden Teil des

Einkommens für die Zeit von der Pfändung bis zum nächsten Zahlungstermin entspricht. Die Berücksichtigung von Amts wegen in Polen stellt für den Schuldner wegen des regelmäßigen Informationsdefizits von Vollstreckungsorgan und Bank keinen echten Vorteil dar. Anregungen für Verbesserungen können die deutschen Regelungen von Auszahlungssperrfristen und siebentägiger Unpfändbarkeit überwiesener Sozialleistungen geben.

4. *Wirkung der Zugriffsbeschränkungen*

[1] In beiden Ländern sind die Zugriffsbeschränkungen grundsätzlich *von Amts wegen* zu berücksichtigen. Da die Forderungspfändung allerdings weitgehend ohne vorherigen „Schuldnerkontakt" und daher regelmäßig ohne nähere Kenntnisse von der Schuldnersituation abläuft, ist der Schuldner besonders auf nachträglichen Rechtsschutz angewiesen.

[2] Bei Maßnahmen, die entgegen den Zugriffsbeschränkungen vorgenommen wurden, wird in beiden Ländern nicht automatische Nichtigkeit, sondern nur *Anfechtbarkeit* angenommen. Da in Polen bei solchen Verstößen das Verfahren stets von Amts wegen ganz oder teilweise einzustellen ist, stehen dem Schuldner neben der Erinnerung auch (hinweisende) Einstellungsanträge an Gerichtsvollzieher oder Gericht zur Verfügung. In Deutschland wird beim nachträglichen Rechtsschutz – wenig praxisfreundlich – differenziert: Eine mit der Erinnerung zu rügende Vollstreckungs*maßnahme* wird angenommen, wenn der Betroffene zuvor nicht angehört wurde, eine mit der sofortigen Beschwerde anzugreifende Vollstreckungs*entscheidung* hingegen, wenn der Rechtsmittelführer zuvor angehört wurde und daher nur eine Überprüfung durch die höhere Instanz zweckmäßig erscheint. Der Schuldner hat also mangels Anhörung Einwendungen in der Regel mit der Erinnerung geltend zu machen.

[3] Nach polnischem und deutschem Recht werden auch die Zugriffsschranken im Bereich der Forderungspfändung aufgrund der betroffenen öffentlichen Interessen als zwingendes Recht angesehen und ist hinsichtlich des gesetzlichen Zugriffsschutzes *kein Verzicht* möglich.

5. *Andere Schutzformen*

[1] Nach polnischem Recht kann ein Schuldner, der zu wiederkehrenden Leistungen verpflichtet ist, die *Einstellung der Vollstreckung in das Arbeitsentgelt hinsichtlich zukünftig fälliger Leistungen* verlangen, wenn er sämtliche fälligen Leistungen begleicht, einen Betrag in Höhe der wiederkehrenden Leistungen für sechs Monate hinterlegt und gleichzeitig den Gerichtsvollzieher ermächtigt, diesen Betrag abzuheben. Der Gerichtsvollzieher macht von dieser Ermächtigung Gebrauch, wenn der Schuldner in Verzug mit der Begleichung der fälligen

Leistungen gerät; zugleich beginnt er von Amts wegen die Vollstreckung durch erneute Pfändung des Arbeitseinkommens.

[2] Der Anwendung der deutschen *Generalklausel* des § 765a ZPO, die im polnischen Recht keine Entsprechung findet, stehen im Bereich der Forderungspfändung grundsätzlich die Spezialregeln für existenzsichernde Einkünfte und Sozialgeldleistungen entgegen. Diese legen die Beschränkungen des Gläubigerinteresses abschließend fest und sehen auch eine Anpassung an besondere Einzel- und Härtefälle vor. Ausnahmen sind nur denkbar, soweit der Schuldner existentiell auf gesetzlich ungeschützte Bezüge angewiesen ist.

[3] Schuldnerschutzregelungen finden sich auch in einer teilweise anzutreffenden gesonderten *Verwertungsphase*. Das polnische Recht kennt auch die Bestellung eines Pflegers oder Verwalters oder den Verkauf der Forderung oder des Rechts. Auch in Deutschland sind statt der Überweisung öffentliche Versteigerung, freihändiger Verkauf oder die Anordnung einer Verwaltung möglich.

[3a] Vor den genannten Verwertungsformen steht in Polen eine allgemeine „*Verhältnismäßigkeitshürde*". Es ist zu prüfen, ob mit dieser Verwertung oder einer Verwertung in diesem Umfang dem Schuldner nicht ein unverhältnismäßiger Schaden entsteht. Vor allem der Verkauf „sonstiger Vermögensrechte" soll ultima ratio sein.

[3b] Nach der *KPC-Reform* werden die Sonderregelungen für die Verwertung gepfändeter Forderungen und anderer Vermögensrechte ausgebaut. Dabei wird der – generell als effektiver eingeschätzte – freihändige Verkauf deutlich bevorzugt, dem der Schuldner in der Regel allerdings zustimmen muss und bei dem er dann Verkaufspreis und Erwerber vorschlagen kann. Anderenfalls sind hohe Mindesterlöse festgelegt. Bei der als „Auffangmechanismus" weiterhin möglichen Versteigerung wird Schuldnerschutz vor allem über das Erfordernis von Schätzung und Mindestgeboten gewährt. Der gestiegenen Praxisbedeutung der Vollstreckung in Wertpapiere und andere sog. Finanzinstrumente wird durch eine Sonderregelung Rechnung getragen, bei der vorrangig der Schuldner bestimmen kann, welche Finanzinstrumente aus einem Depot zur Gläubigerbefriedigung dienen sollen. Wegen der kurzen Fristen erscheint dies auch aus Gläubigersicht noch hinnehmbar.

KAPITEL 5
SCHULDNERSCHUTZ IN DER RÄUMUNGSVOLLSTRECKUNG

A. REGELUNGSBASIS

I. Interessenlage

Die Interessenlage bei der Vollstreckung von Räumungsentscheidungen von Wohnraum[1], weist gegenüber der Situation bei der Vollstreckung wegen Geldforderungen bestimmte Besonderheiten auf. Daher erscheint es gerechtfertigt, hier kurz vorweg die Ausgangsposition des Gesetzgebers in dieser außergewöhnlich konfliktträchtigen Konstellation zu skizzieren[2]. Aus Gründen der Übersichtlichkeit soll im Folgenden von Räumungen im Zusammenhang mit mietrechtlichen Beziehungen ausgegangen werden, da dies der Bereich ist, der in der Praxis von herausragender Bedeutung ist und im Rahmen dessen die meisten mit Räumungstiteln verbundenen rechtlichen und sozialen Probleme auftreten.

1. Schuldner (Mieter) – Bestandsinteresse

Die Vollstreckung von Titeln auf Räumung (*opróżnienie*) von Wohnraum, bei der das Vollstreckungsorgan gegebenenfalls unter Anwendung von Gewalt den Schuldner aus dem Besitz an der Wohnung setzt und den Gläubiger in den Besitz einweist[3], ist einer der schwersten denkbaren Eingriffe in die persönliche Schuldnersphäre. Obgleich jede Vollstreckung die Bestandsinteressen des Schuldners berührt, kommen doch bei der Räumung von Wohnraum noch erschwerende Aspekte hinzu, weil die Wohnung ein besonderes Rechtsobjekt darstellt: Sie dient zum einen der Verwirklichung von Menschenrechten, ist Zufluchtsstätte und Ort der Persönlichkeitsentfaltung ihrer Bewohner, zum anderen kann ihr Verlust zu Entwurzelung und Obdachlosigkeit und dadurch zu einer

---

[1] (PL) „Räume, die dazu dienen, den Wohnbedarf zu befriedigen", Def. des Begriffs „*lokal*" in Art. 2 Abs. 1 Pkt. 4 OchrLokU. Zu erfassten (Ateliers etc.) und nicht erfassten Räumen (zum vorübergehenden Aufenthalt dienende etc) DOLIWA Rn. 9 ff. zu Art. 2 OchrLokU; (D) Zum Wohnungsbegriff im BGB, Palandt-WEIDENKAFF Rn. 89 Einf v § 535 BGB; Ausnahmen vom Mieterschutz: § 549 Abs. 2 Nr. 1 –3 BGB.

[2] (PL) Zu Ganzen jetzt sehr instruktiv auch das Urteil des TK vom 23.5.2006, OTK 5A/2006, poz. 58, S. 8 ff.

[3] (PL) Art. 1046 § 1 KPC; (D) § 885 Abs. 1 ZPO; zu (F) vgl. Überblick bei GRANGE/APP, DGVZ 2000, S. 148.

Bedrohung von Gesundheit und Leben der Betroffen führen. Das Bestandsinteresse des Schuldners gründet sich also heute auf verschiedene, im Internationalen Pakt über wirtschaftliche, soziale und kulturelle Rechte,[4] in der EMRK, der polnischen Verfassung oder dem Grundgesetz verankerte Menschenrechte, die nur durch Besitz einer Wohnung realisiert werden können (Privatsphäre, Familienleben etc.) oder die bei Räumung in Gefahr geraten (Menschenwürde, Gesundheit, Leben).

Obgleich man zweifellos die Wohnung zum Existenzminimum des Schuldners rechnen muss, ist es bei der Räumung – als Herausgabevollstreckung – allerdings nicht möglich, wie bei der Vollstreckung wegen Geldforderungen zu argumentieren, wo dem Gläubiger der Zugriff auf bestimmte Sachen wegen ihrer existenzsichernden Funktion beim Schuldner verweigert werden kann. Da dort theoretisch stets Ausweichmöglichkeiten auf andere Vollstreckungsobjekte bestehen, wird die Vollstreckung von Geldforderungen durch ein Zugriffsverbot nicht schon konstruktiv regelmäßig unmöglich gemacht. Im Rahmen der Herausgabevollstreckung hingegen, die sich zwangsläufig auf ein bestimmtes Objekt richtet und bei der schon theoretisch keine alternativen Vollstreckungsobjekte vorhanden sind, kann es dem Gläubiger nicht zugemutet werden, auf dieses Objekt nicht zugreifen zu können. Bildet es einen Teil des schuldnerischen Existenzminimums, käme nämlich eine Vollstreckung regelmäßig überhaupt nicht mehr in Betracht, die Forderung wäre nicht vollstreckbar. Herausgabeansprüche auf Wohnungen (oder vergleichbar existenznotwendige bewegliche Sachen) könnten nur noch in den seltenen Fällen vollstreckt werden, in denen die Objekte konkret nicht existenznotwendig sind, weil dem Schuldner funktionsgleicher Ersatz zur Verfügung steht. Dies würde die Vollstreckung im Regelfall unmöglich machen und damit dem Gläubiger systematisch Rechtsschutz und Rechtsverwirklichung verweigern. Praktisch dürfte eine solche Regelung zu einem Zusammenbruch der Marktmechanismen für die betroffenen existenznotwendigen Güter führen, etwa zu einem Ende des Mietwohnungsmarktes.

Auch wenn demzufolge aus der Existenznotwendigkeit kein regelmäßiges und umfassendes Zugriffsverbot abgeleitet werden kann, hat sich die Gestaltung der Räumungsvollstreckung in einem Rechtsstaat an den Menschen- bzw. Grundrechten des Schuldners zu orientieren, zuallererst an seiner Menschenwürde.[5] Neben der Notwendigkeit abstrakten Schutzes (der vor allem die Vermeidung von Obdachlosigkeit im Blick hat) kann dies im konkreten Einzelfall von Bedeutung sein, wenn z. B. eine Räumung erfolgt, obwohl der Schuldner bzw. ein

---

[4] (PL) Dz. U. 1977 r., Nr 38, poz. 169, 170; (D) Gesetz v. 23. 11. 1973, BGBl. II, 1569.

[5] (PL) Art. 30 Konst. Vgl. TK Urteil v. 23.5.2006, SK 51/05, OTK 5A/2006, poz. 58, S. 8 f. Zur wachsenden Bedeutung in der Rspr. des TK in Anlehnung an franz. u. dt. Vorbilder, SAFJAN, Rz. v. 9.4.2001, S. C1, C2. (D) Art. 1 Abs. 1 GG; zur Grundrechtsbindung BVerfGE 52, S. 214, 219 ff.; SCHLINK, NJW 1988, S. 1690; krit. GERHARDT, ZZP 95 (1982), 482 ff.; JAUERNIG, § 31 V.

Angehöriger im Sterben liegt oder gerade gestorben ist. Hier spielen dann auch die speziellen menschenrechtlichen Ausprägungen wie das Recht auf Leben[6] und Gesundheit[7] mit hinein. Letzteres ist vor allem einschlägig, wenn schwerkranke, depressive und daher suizidgefährdete oder schwangere, behinderte oder betagte Schuldner betroffen sind[8]. Von besonderer Bedeutung ist daneben der weithin zu beachtende Schutz von Ehe und Familie[9], sowie von minderjährigen Kindern[10]. Die Wohnung ist auch selbst wegen ihrer Beziehung zu den verschiedenen Rechten besonders geschützt.[11] Soweit Mechanismen vorgesehen werden, die Schuldner- und Gläubigerinteressen gegeneinander abwägen, können etwa das Verschulden der Parteien[12], Fragen des Rechtsmissbrauchs sowie das Maß des jeweiligen Bedarfs und die Größe der Gefahr für die bedrohten Rechtsgüter in die Entscheidungsfindung miteinbezogen werden.

Da die genannten Schuldnerinteressen jeden Wohnungsnutzer grundsätzlich gleichermaßen betreffen, sollte der Rechtsgrund der Wohnungsnutzung bei der Gestaltung der Schutzregelungen im Vollstreckungsrecht keine zentrale Rolle spielen. Allerdings ist natürlich im vorgelagerten Bereich des materiellen Rechts (das ja mitentscheidend dafür ist, ob es zu Räumungspflichten kommt) denkbar, verschiedene Formen von Wohnungsnutzung in unterschiedlicher Art und Weise auszugestalten, stabilere und flexiblere Nutzungsformen vorzusehen. In Polen geht das Gesetz über den Schutz der Wohnungsnutzer (OchrLokU)[13], das spezialgesetzliche Schutzregelungen des materiellen Rechts, des Erkenntnisverfahrens und des Vollstreckungsrechts enthält, von einem einheitlichen Begriff des zu schützenden Wohnungsnutzers („Lokators", *lokator*) aus, worunter neben dem Mieter jeder verstanden wird, der die Wohnräume aufgrund eines anderen

---

[6] Art. 2 EMRK; (PL) Art. 38 Konst.; (D) Art. 2 Abs. 2 S. 1 GG.

[7] (PL) Art. 68 Konst. (D) Art. 2 Abs. 2 S. 1 GG.

[8] (D) Z.B. BVerfGE 52, S. 214 ff.; Nw. bei Wieczorek/Schütze-PAULUS, Rn. 32. Aus der jüngeren Rspr. vgl. BVerfG, NW 2004, S. 49 (akute Gesundheitsgefährdung); OLG Jena, NJW RR 2000, S. 1251 (Suizidgefahr); BGH NJW 2005, S. 1859 (Suizidgefahr für Angehörigen).

[9] Art. 8 EMRK; (PL) Art. 47 (Privat- und Familienleben), 71 Konst. (Familienwohl); (D) Art. 6 GG.

[10] (PL) Art. 72 Konst.; vgl. auch Übereinkommen über die Rechte des Kindes v. 20.11.1989, BGBl. 1992 II S. 122; internationale Fundstelle GAOR 44th Sess., Resolutions, No. 25 v. 5.12.1989.

[11] Art. 8 EMRK, „Recht auf Achtung des Privat- und Familienlebens, ihrer Wohnung.."; (PL) Art. 50 (Unverletzlichkeit der Wohnung), vgl. aber auch Art. 75 Konst. (Befriedigung des Wohnbedarfs, Bekämpfung der Obdachlosigkeit, Förderung des Sozialwohnungsbaus als Staatsziele); (D) Art. 13 GG. Dabei ist str., ob die Räumung schon gar keine „Durchsuchung" darstellt (Schutzbereich Art. 13 Abs. 2 GG nicht betroffen, BVerfGE 51, S. 107; 75, S. 327; PAULY, DGVZ 2000, S. 21), oder ob der Räumungstitel den richterlichen Durchsuchungsbeschluss enthält (AG Tiergarten, NJW 1979, S. 1552; AG Kassel, DGVZ 1997, S. 172; w.Nw. bei PAULY, aa.O.).

[12] (D) Dazu im Rahmen von § 765a ZPO Musielak-LACKMANN, Rn. 10.

[13] (PL) Kommentierung bei DOLIWA.

Rechtstitels als aufgrund seines Eigentums nutzt.[14] In der vorliegenden Untersuchung soll der Schwerpunkt allerdings auf die Regelung der Mietverhältnisse an Wohnraum und ihre Abwicklung gelegt werden. Die genossenschaftlichen Wohnrechte werden nicht näher behandelt.[15]

2. *Gläubiger (Vermieter) – Erlangungsinteresse*

Im Vollstreckungsrecht kann prinzipiell keine „gleichberechtigte" Abwägung zwischen Bestandsinteresse des Schuldners und Erlangungsinteresse des Gläubigers mehr stattfinden. Nachdem der Gläubiger im Erkenntnisverfahren einen Räumungstitel erstritten hat, kommt seinen Interessen im Vollstreckungsverfahren grundsätzlicher Vorrang zu.[16] Dieser Interessenvorrang gründet sich vor allem darauf, dass er aus den oben (Kapitel 1, A I) geschilderten Gründen einen Vollstreckungsanspruch gegen den Staat besitzt. Daneben ist häufig sein Eigentumsrecht an der Wohnung[17] betroffen. Im Einzelfall können auch andere Grundrechte des Gläubigers einschlägig sein, etwa bei Schwangerschaft, fortgeschrittenem Alter oder Krankheit, wenn er selbst über keine andere Wohnung verfügt (Menschenwürde, Leben, Gesundheit) oder wenn er die Wohnung für seine Angehörigen benötigt (Familie).

3. *Staatliche/Allgemeininteressen*

Bei der Wohnungsräumung sind schließlich auch staatliche bzw. Allgemeininteressen von Bedeutung. Wird auch das Hauptinteresse des Staates auf diesem Gebiet regelmäßig darin zu sehen sein, einen den Rechtsfrieden sichernden Ausgleich zwischen Gläubiger- und Schuldnerinteressen zu gewährleisten, so spielen doch auch das Allgemeininteresse an einem funktionierenden Wohnungsmarkt, an der Vermeidung von Obdachlosigkeit und Sozialhilfebedürftigkeit eine wichtige Rolle. Dies folgt aus dem Selbstverständnis Polens als

---

[14] (PL) Art. 2 Abs. 1 Pkt. 1 OchrLokU. Kommentierung bei DOLIWA Rn. 3. Also z.B. ein Genossenschaftsmitglied, ein lebenslanger Nutznießer (*dożywotnik*), der Berechtigte einer Wohndienstbarkeit, ein Untermieter und auch Hausgenossen des Mieters, die ihren Rechtstitel aus einem familienrechtlichen Verhältnis (NAZAR, MoP 19/2001, S. 962 Fn. 9) oder einem Arbeitsverhältnis (BIDZIŃSKI, KPP 4/X (2001), S. 866) ableiten. Weites Verständnis auch bei SN, Beschluss v. 23.9.2004, III CZP 50/04 und Urteil v. 22.4.2005, II CK 655/04.

[15] (PL) Dazu die SpMieszkU, Einführung PIETRZYKOWSKI„ MoP 8/2001, S. 433, zur Novellierung DERS. MoP 19/2005, S. 934; WRZOŁEK-ROMANCZUK, Palestra 9-10/2005, S. 9; Kommentierung bei DOLIWA. Speziell zur OchrLokU: BOŃCZAK-KUCHARCZYK, Nieruchomości C.H.Beck 10/2002, S. 14 ff.

[16] (PL) OSOWY, § 67 S. 407; (D) Musielak-LACKMANN Rn. 9 zu § 765a ZPO.

[17] Art. 1 des 1.Protokolls zur EMRK; dazu ZOLL, PS 5/1998, S. 24 ff. (PL) Art. 64 Konst; (D) Art. 14 GG. Vgl. BVerfG NJW 2003, S. 3759.

„Rechtsstaat, der die Grundsätze sozialer Gerechtigkeit verwirklicht," bzw. Deutschlands als „sozialer Rechtsstaat".[18] In Polen sind die Befriedigung des Wohnbedarfs der Bürger und die Bekämpfung der Obdachlosigkeit sogar besonders als Staatsziele in der Verfassung genannt[19]. Der Vertrag über eine Verfassung für Europa sieht die Mitgliedsstaaten insoweit ebenfalls zur Unterstützung verpflichtet[20].

Auch in der Rechtsprechung des Europäischen Gerichtshofs für Menschenrechte ist es als legitimes Ziel im Allgemeininteresse anerkannt worden, durch gesetzgeberische Maßnahmen soziale Spannungen und eine Bedrohung der öffentlichen Ordnung zu vermeiden, die durch eine gleichzeitige Durchsetzung einer großen Zahl an Räumungsentscheidungen auftreten würden. Die Legislative verfügt in diesem Bereich über besonders weite Beurteilungsspielräume: *„In spheres such as housing, which plays a central role in the welfare and economic policies of modern societies, the Court will respect the legislature's judgement as to what is the general interest unless that judgement is manifestly without reasonable foundation.*"[21] Andererseits besteht auch ein öffentliches Interesse an einem funktionierenden Gerichtswesen und einer effizienten Vollstreckung von Räumungstiteln, schon um nicht Anreize zu illegaler Privatvollziehung zu geben[22].

II. Räumungsschutz als übergreifendes Regelungsproblem

Eine Betrachtung der rechtlichen Regelung der Räumungsvollstreckung kann nicht vollständig aus ihrem größeren Regelungszusammenhang, dem Wohnungsrecht insgesamt, gelöst werden. Im Wohnungsrecht haben Gesetzgeber spätestens seit dem Beginn des 20. Jahrhunderts erkannt, dass besonders in Krisenzeiten der „normale", liberale Marktmechanismus auf der Basis von Eigen-

---

[18] (PL) Art. 2 Konst. (D) Art. 20 Abs. 1 GG, i. V. m. §§ 1, 27, 29 SGB XII (Unterkunft).

[19] (PL) Art. 75 Konst. konkretisiert in Art. 6 Nr. 8, 7 Nr. 3, 17 Abs. 1 Nr. 3, 36 Abs. 2 i) u. q), 48 f. PomSpołU. Vgl. dazu TK Urteil v. 23.5.2006, SK 51/05, OTK 5A/2006, poz. 58, S. 9.

[20] (EU) Vgl. Art. II –94, Abs. 3.

[21] EGMR v. 28.7.1999, *Immobiliare Saffi/Italy* (Appl. No. 22774/93), § 48 f., wo es um das Anhalten der Vollstreckung von Räumungsurteilen in (I) ging; die Einwirkung auf das Eigentum darf nicht willkürlich und unvorhersehbar sein. Vgl. EGMR v. 30.11.2000, *Edoardo Palumbo/Italy* (Appl. No 15919/89), § 26, 29. Zur Wirkung der Rechtsprechung des EGMR in Polen, vgl. SN Beschluss v. 11.1.1995, III ARN 75/94; vgl. auch EGMR, Urteil v. 22.2.2005, *Hutten-Czapska/Polen*; EGMR (Große Kammer), Urteil v. 19.6.2006, *Hutten-Czapska/Polen*, abrufbar unter: <http://www.echr.coe.int>.

[22] Dazu in (PL) Romanowski, Rz. v. 29.1.2003; (D) Paulus, ZRP 2000, S. 296; (RUS) Maskow, S. 101; Volkov, Leviathan 2000, S. 173.

tum und Vertragsfreiheit nicht funktioniert.[23] Kommt es zu einer starken Nachfrage nach Wohnungen oder sogar einer Wohnungsnot, würde von Vermieterseite die tendenziell schwächere Position des Mieters ausgenutzt, vor allem auch deshalb, weil regelmäßig nicht genug Wohnungen so schnell gebaut werden können, um ein Marktgleichgewicht oder einen Überschuss herzustellen. Angesichts der auch menschenrechtlich besonders sensiblen Lage des Mieters sind im Wohnungsrecht demzufolge in den meisten Rechtsordnungen die marktwirtschaftlichen Grundelemente Eigentum und Vertragsfreiheit[24] stark eingeschränkt. Diese Beschränkung und Modifizierung kann dabei im materiellen Recht, in den Regeln des Erkenntnisverfahrens, im Vollstreckungsrecht oder sogar im Sozial- oder Ordnungsrecht vorgenommen werden. Auch wenn im Folgenden der Schuldnerschutz im Vollstreckungsrecht im Mittelpunkt der Untersuchung stehen soll, darf nicht verkannt werden, dass die Art und Weise in der der Staat seine Machtmittel zur Durchsetzung von titulierten Eigentums- und Vertragsansprüchen zur Verfügung stellt, nur die letzte der möglichen Regelungsstufen ist. Alle vorhergehenden können in einer vergleichenden Darstellung nicht vollständig ausgeklammert werden, weil oft der Effekt einer bestimmten Schutzmaßnahme derselbe bleibt, gleich auf welcher Ebene sie vorgenommen wird.

Das Recht der Wohnungsräumung wird regelmäßig durch drei ineinandergreifende Regelungsziele geprägt. Ein solches Ziel ist die „Stabilisierung" der Rechtsverhältnisse an Wohnraum und die Prävention von Vollstreckungen, d. h. der Gesetzgeber wird sich fragen, wie eine unfreiwillige Wohnungsräumung überhaupt möglichst vermieden werden kann. Bei bestehender Pflicht zur Räumung ist dann zu klären, wie ein angemessener Zeitraum für die Selbstbeschaffung von Wohnraum bereitgestellt werden und damit dem Schuldner durch Aufschub eine „Hilfe zur Selbsthilfe" gewährt werden kann. Schließlich folgt der Punkt, an dem angesichts einer bevorstehenden Räumung nunmehr die Vermeidung von Obdachlosigkeit im Vordergrund steht.

III. „Akzessorische" Wohnungsnutzer

Ein kurz vorweg zu erörterndes Problem stellt die Behandlung von „akzessorischen" Wohnungsnutzern dar, d. h. von Personen ohne eigenen Mietvertrag, die ihr Recht zur Wohnungsnutzung vom Schuldner ableiten und die von einer Räumung in gleichem Maße betroffen sind wie dieser. In der Praxis geht es vor allem um Familienangehörige ohne eigenen Mietvertrag, Hausangestellte, Mitglieder von Wohngemeinschaften und Untermieter. Der Gesetzgeber muss sich

---

[23] Vgl. zum allgemeinen rechtshistorischen Hintergrund SCHRÖDER, 156 JITE (2000), S. 180, 182 ff.; zur Entwicklung in (D) Staudinger-EMMERICH, Vorbem zu §§ 535, 536 BGB Rn. 1 ff.

[24] Dazu z.B. WAELDE /GUNDERSON, 43 ICLQ (1994), S. 347, 350.

damit beschäftigen, gegen wen der Gläubiger einen gesonderten Titel zu erlangen hat, wer also in den eigentlichen „Schuldnerschutz" einbezogen werden soll.

Der Gesichtspunkt einer effizienten Vollstreckung und das Gläubigerinteresse an rascher Befriedigung sprechen für eine möglichst umfassende Wirksamkeit des Räumungstitels gegen den Mieter (oder anderweitigen „Hauptberechtigten") und die Einschränkung des Erfordernisses von Titeln auch gegen die anderen Mitbewohner. Eine Lösungsmöglichkeit für dieses Problem besteht daher darin, auch für nicht im Titel erwähnte Familienangehörige oder sonstige Hausgenossen des Schuldners ohne eigenständiges Nutzungsrecht an den Wohnräumen eine Pflicht anzunehmen, diese gemeinsam mit dem Schuldner zu räumen. Aus praktischen Gründen ist zu bedenken, dass beim Erfordernis der Klage auch gegen die Mitbewohner dem Vermieter zusätzliche Kosten und gegebenenfalls Ermittlungsbemühungen aufgebürdet werden und es zu erheblichen zeitlichen Verzögerungen kommen kann, wenn erst spät weitere unselbständige Wohnungsnutzer entdeckt werden.[25] Gerade weil es sonst der Schuldner in der Hand hätte, durch „Herbeischaffen" ständig neuer Mitbewohner, die Vollstreckung unbegrenzt zu verschleppen, wäre eine Begrenzung der Räumungspflicht auf im Titel genannte Personen geeignet, den Vollstreckungserfolg zu vereiteln.[26] Andererseits ist nicht zu verkennen, dass die Räumung diesen Personenkreis oft überraschend und daher besonders hart trifft.[27] Viele gesetzgeberische Schutzmaßnahmen, die den Mitbewohnern zukämen, wenn sie selbständig zu verklagende Räumungsschuldner wären, greifen häufig nicht, da der Räumungsschuldner, von dem sie ihr Recht ableiten, von den gesetzlichen Möglichkeiten nur unzureichenden oder überhaupt keinen Gebrauch macht (etwa bei Entscheidung durch Versäumnisurteil)[28].

In Polen folgte die überwiegende Ansicht den genannten Effizienzgesichtspunkten und nahm an, dass trotz Fehlens entsprechender ausdrücklicher gesetzlicher Regelung ebenso wie in der Verwaltungsvollstreckung[29] der Gerichtsvollzieher aus der Wohnung neben dem Schuldner auch seine Familienangehörigen, Hausgenossen und andere Mitbewohner zu entfernen habe.[30] Diese Regelung

---

[25] (D) PAULY, DGVZ 2000, 20 m. Nw.

[26] (PL) SN Beschluss v. 20.6.2000, III CZP 16/00, OSNC 2000, Nr 12, poz. 217.

[27] Zum Hintergrund in (PL) KRUPA, in: Rz. v. 15.12.2000.

[28] (PL) Daher jetzt die Regelung in Art. 15 Abs. 4 OchrLokU: Versäumnisurteil erst nach Beweisaufnahme.

[29] (PL) Art. 141 § 2, 144 EgzAdmU.

[30] (PL) Die Regelung der Verwaltungsvollstreckung galt wegen der Verweisung in Art. 1046 § 4 KPC a.F. früher für alle Räumungen von Wohnungen, die der sozialistischen Wohnungswirtschaft unterlagen (s. u.). Der SN billigte trotz späteren Wegfalls der Verweisung letztlich die Beibehaltung dieser Rechtsauffassung, da eine bloße Änderung des zuständigen Vollstreckungsorgans nicht eine prinzipielle Änderung der Verpflichtungen des Schuldners und mit ihm verbundener Personen hervorrufen könne, vgl. SN Beschluss v. 20.6.2000, III CZP

wird grundsätzlich auch nach der KPC-Reform beibehalten. Obgleich danach nunmehr die effektive „Ein-Titel-Lösung" als Grundsatz ins Zivilverfahrensgesetzbuch aufgenommen wurde, gilt dies aber ausdrücklich nicht für die Vollstreckung bei Räumen, die der Befriedigung von Wohnbedürfnissen des Schuldners dienen.[31] Für diese gelten die Regelungen im Gesetz zum Schutz der Wohnungsnutzer (OchrLokU). Hier legte der Gesetzgeber allerdings die Gegenposition zugrunde und stellte die Schutzinteressen der Mitbewohner in den Vordergrund, indem er den Kreis der zu verklagenden Personen stark erweiterte: Ergibt es sich, dass in einer Räumungssache bei stattgebender Entscheidung auch andere Personen zur Räumung verpflichtet sein könnten, die nicht Beklagte sind, gibt das Gericht dem Kläger auf, in einer bestimmten Frist diese Personen so zu bezeichnen, dass sie geladen werden können, und gegebenenfalls die Bestellung eines Pflegers (*kurator*) zu veranlassen. Das Gericht lädt dann diese Personen als Beklagte.[32]

In Deutschland wird das Problem kontrovers behandelt.[33] Zunehmend orientiert man sich strikt am sachenrechtlichen Besitzbegriff, da die Vollstreckung den Besitzentzug gegenüber jedem Mitbesitzer des Räumungsobjekts erforderlich mache und grundsätzlich gegen jeden Vollstreckungsschuldner ein Titel erforderlich sei.[34] Dadurch kommt man zu einem ähnlich umfangreichen Titelerfordernis wie in Polen. Dann muss der Gläubiger nämlich gegen alle Mitbewohner einen gesonderten Titel erlangen, die nach den Umständen erkennbar Mitbesitzer sind, da ihnen Räume zu selbständigem Gebrauch überlassen wurden (nach h. M. in der Regel Ehegatten, Lebensgefährten, Mitglieder von Wohngemeinschaften, Untermieter, je nach Umständen auch volljährige Kinder und andere Angehörige).[35] Enger als die polnische Gesetzesfassung ist die Lösung lediglich

---

16/00, OSNC 2000, Nr 12, poz. 217; Piasecki-JANKOWSKI, Rn. 5 zu Art. 1046 KPC; a. A. ŚWIEBODA, Anm. 15 zu Art. 1046 KPC.

[31] (PL) Art. 1046 § 2 u. § 3 KPC n. F. Nach § 2 soll der GVZ aus den Wohnräumen auch Personen entfernen, die die Räume zusammen mit dem Schuldner innehaben, es sei denn sie weisen mit einem Dokument nach, dass ihre Nutzung auf einem nicht vom Schuldner abzuleitenden Rechtstitel beruht. Dann wird die ZV angehalten und die Betroffenen können Vollstreckungsschutz bei Gericht beantragen (Art. 791 KPC n. F., dazu MULIŃSKI; JANKOWSKI, MoP 22/2004, S. 1019 f.). Art. 1046 § 3 KPC n. F. normiert die Ausnahme für Wohnraum. Vgl. die neue Kommentierung bei Piasecki-JANKOWSKI, Rn. 5 zu Art. 1064 KPC.

[32] (PL) Art. 15 Abs. 1 OchrLokU; str. ob notwendige Streitgenossenschaft (Art. 195 KPC), dafür ŚWIEBODA, PS 9/2001, S. 12; DOLIWA Rn. 2 zu Art. 15 OchrLokU; dagegen BIDZIŃSKI, KPP 4/X (2001), S. 874.

[33] (D) Vgl. nur die Nw. bei PAULY, DGVZ 2000, 17 ff. und Musielak-LACKMANN, Rn. 6 ff. zu Art. 885 ZPO. Umfänglich (aus Praxissicht) jetzt GILLESSEN, DGVZ 10/2006, S. 152 ff.

[34] (D) §§ 704, 750 ZPO. Umfassend BGH v. 25.6.2004, DGVZ 2004, S. 138 f.

[35] (D) BGH, aa.O. (zu Ehegatten), S. 138 f.; Musielak-LACKMANN, Rn. 7, m.Nw.; Zöller-STÖBER, Rn. 5-12, zu Lebensgefährten Rn. 10; z. T. wird das Nichtvorhandensein eines Titels als unschädlich angesehen (entspr. §§ 809, 886 ZPO), wenn der Betroffene der Räumung

insoweit, als gegen bloß weisungsabhängige Besitzdiener[36] (Hausangestellte, Besucher und minderjährige Kinder) der Titel gegen den Mieter ausreichen soll.[37] Demgegenüber wird die effizienzorientierte „Ein-Titel-Lösung“ von ihren Vertretern in Deutschland entweder über eine analoge Anwendung von § 885 Abs. 2 ZPO[38] oder dadurch gerechtfertigt, dass wegen funktionell bedingter Unterschiede zwischen Sachen- und Vollstreckungsrecht der Besitzbegriff modifiziert werden müsse. Folge das Besitzrecht nur aus dem Innenverhältnis zwischen Schuldner und Mitbewohner, stelle dies ein „akzessorisches“ oder abgeschwächtes Besitzrecht dar, das unter vollstreckungsrechtlichen Aspekten nicht zu schützen sei. Der Gerichtsvollzieher könne daher ohne gesonderten Titel alle Personen aus dem Besitz weisen, die ihre Besitzposition nicht aus einem selbständigen Rechtsgrund, sondern nur über den Schuldner ableiteten, also etwa mitwohnende Ehegatten, Lebensgefährten, sonstige Angehörige und Mitglieder von Wohngemeinschaften.[39]

Beim Problem der „akzessorischen Wohnungsnutzer“ lässt sich in beiden Rechtsordnungen also ein Trend zur Ausweitung des Titelerfordernisses und damit zu einer weiteren Erschwerung der Räumungsprozedur für den Gläubiger feststellen. Das Erfordernis, alle potenziell zur Räumung Verpflichteten bzw. alle Mitbesitzer zu verklagen und einen Titel gegen sämtliche Wohnungsinsassen zu erlangen, stellt sicherlich die rechtstechnisch „sauberste“ Lösung dar, die geeignet ist, überraschende Räumungen gegen diesen Personenkreis zu vermeiden und eine umfassende gerichtliche Würdigung aller beteiligten Interessen sowie die Anwendung sämtlicher gesetzlicher Schutzmaßnahmen auf direktem Wege sicherzustellen.[40] Zudem trägt sie gerade in Bezug auf Ehepartner, Lebensgefährten und volljährige Kinder der veränderten rechtlichen Vorstellung von Partnerschaft und Familie Rechnung, der Entwicklung also von einem patriarchalischen Bild des für das gesamte „Haus“ allein verantwortlichen Familienoberhaupts hin zu mehr Gleichberechtigung der Mitbewohner.[41]

---

nicht widerspricht, vgl. Stein/Jonas-BREHM Rn. 16, MünchKomm-SCHILKEN Rn. 7a; dagegen zu Recht BGH, aa.O., Musielak-LACKMANN Rn. 11 (alle zu § 885 ZPO).

36 (D) I. S.d. § 855 BGB.

37 (D) Musielak-LACKMANN, Rn. 9 zu § 885 ZPO mit weiteren Differenzierungen.

38 (D) MünchKomm-SCHILKEN, RN. 9 ff. zu § 885 ZPO; dagegen BGH DGVZ 2004, S. 139.

39 (D) Zuletzt PAULY, DGVZ 2000, S. 18 f. m.w.Nw. der auch Untermieter nicht schützen will; a. A. insoweit aber die ganz h. M., vgl. ebd. S. 19 f.; THOMAS/PUTZO Rn. 4a zu § 885 ZPO; diff. Baumbach/Lauterbach/Albers/ HARTMANN, Rn. 9 ff. zu § 885 ZPO. Zur Kritik am akzessorischen Mitbesitz z. B.: OLG Köln, WM 1994, S. 286. Das AG Wesel (DGVZ 2002, S. 188 f.) hält alle Mitbewohner, die nicht Vertragspartner sind, für Besitzdiener.

40 (PL) So darf ein Versäumnisurteil etwa erst nach Beweisaufnahme ergehen (Abs. 4). Der Regelung zustimmend ŚWIEBODA, PS 9/2001, S. 12; KNYPL, Currenda 4/2005, S. 128.

41 (D) In diese Richtung auch das aktuelle BGB-Mietrecht, bei dem der Schutz der Haushaltsangehörigen verstärkt wurde, vgl. §§ 554, 563, 563a, 574, 577, BGB.

Ob die damit einhergehende Komplizierung und Erschwerung des Verfahrens für den Gläubiger nicht zu weit geht, ist letztlich eine rechtspolitische Frage der Abwägung zwischen den beteiligten Interessen, die nicht ohne Betrachtung des gesamten Netzwerks von schuldnerschützenden und effizienzfördernden Normen beurteilt werden kann. In Polen hängt die gesetzgeberische Entscheidung eng mit der Gesamtkonstruktion des Räumungsschutzes zusammen, bei der im Erkenntnisverfahren bereits über die für alle Bewohner zentrale Frage einer Sozialunterkunftsberechtigung mitentschieden wird. Angesichts der deutlich schlechteren Lage von Räumungsadressaten ohne eine solche Berechtigung ist die umfassende Beteiligung im Erkenntnisverfahren hier in der Tat von besonderer Bedeutung (näher s. u. B III 2 b).

B. REGELUNGSZIELE UND IHRE UMSETZUNG

I. Stabilisierung der Wohnverhältnisse

Das erste Regelungsziel des Gesetzgebers wird darin bestehen, schon im Vorfeld einer möglichen Auseinandersetzung die Wohnverhältnisse so zu stabilisieren, dass möglichst selten Räumungsansprüche entstehen und Mieter unfreiwillig ihre Wohnung verlassen müssen.[42]

1. Beschränkung der Beendigungsmöglichkeiten

Will ein Gesetzgeber bereits mit materiellrechtlichen Regelungen der besonderen Natur des Rechts an der Wohnung Rechnung tragen, kann er nicht dem Grundmodell der Vertragsfreiheit mit freier Bestimmung der Dauer und Beendigung des Mietverhältnisses folgen. Er wird vielmehr die Gestaltungsmöglichkeiten des Vermieters beschränken und – wie im polnischen Gesetz zum Schutz der Wohnungsnutzer (OchrLokU) oder in den §§ 549-577 BGB – Sonderregelungen für die Wohnraummiete schaffen. Er kann dabei unter anderem die Möglichkeit befristeter Mietverhältnisse einschränken[43] und die Verwendung auflösender Bedingungen[44] sowie die Beendigung durch einseitiges Handeln des

---

[42] So auch für (PL) DOLIWA Rn. 5 zu Art. 1 OchrLokU.

[43] (PL) Art. 5 Abs. 2 OchrLokU. Die früheren strikteren Vorschriften (Vertrag grundsätzlich auf unbestimmte Zeit [Abs. 1 a.F.], Mindestdauer 3 Jahre sonst Geltung auf unbestimmte Zeit, Abs. 2 a.F.), wurden stark liberalisiert. (D) § 575 BGB (Zeitmietvertrag). Bei Nichtangabe der Gründe für Befristung gilt Mietverhältnis als für unbestimmte Zeit abgeschlossen, Abs. 1 S. 2.

[44] (D) § 572 Abs. 2 BGB.

Vermieters (Kündigung oder Auflösungsklage)[45] nur in Grenzen zulassen. Umgekehrt kann dann wiederum Anknüpfungspunkt für den Gesetzgeber, den Mieterschutz hinter die Vermieterbelange zurücktreten zu lassen, die fehlende Schutzwürdigkeit des Mieters sein. Diese kann auf eigenem Fehlverhalten, etwa wegen Vertrags- oder anderer Pflichtverletzungen[46], insbesondere wegen des Verzuges mit der Mietzinszahlung[47], oder wie in Polen auf erwiesen mangelndem Wohnbedarf beruhen.[48] Andererseits wird einem überwiegenden Interesse des Vermieters Rechnung getragen, wenn bei Eigenbedarf die Kündigung ermöglicht wird. Da hier keine mangelnde Schutzwürdigkeit des Mieters erforderlich ist, ist die Regelung in Polen wie in Deutschland nur eingeschränkt möglich.[49]

Im Sinne einer Feinsteuerung sind Abstufungen durch das Erfordernis qualifizierter Verstöße, die Dauer des Zahlungsverzuges, die Kombinierung bestimmter Arten von Beendigungsgründen mit unterschiedlich langen Kündigungsfristen oder einer besonderen Art der Geltendmachung denkbar.[50] Greift der Gesetzgeber aus Gründen der Flexibilität wie in Polen und Deutschland auch auf

---

45 (PL) Art. 11 Abs. 1 S. 1 OchrLokU, und Abs. 10 „aus anderen wichtigen Gründen, als den in Abs. 2 genannten.“ Entsprechende Geltung bei genossenschaftlichen Wohnrechten, Art. 11 Abs. 8 OchrLokU. Auflösungsklage in Art. 11 Abs. 10; (D) Eingeschränkte Möglichkeiten außerordentlicher Kündigung, §§ 543, 569, 573 d, 575a BGB, auch ordentliche nur bei berechtigtem Interesse des Vermieters, §§ 542, 573 BGB, vgl. aber § 573a BGB.

46 (PL) Art. 11 Abs. 2 OchrLokU: Vertragswidrige Nutzung, Pflichtverletzung mit Schadensfolge, Zerstörung von Gemeinschaftsanlagen, Mitmieterbelästigung durch gravierenden HausO-Verstoß (Nr. 1), unberechtigte Untervermietung (Nr. 3), Weiternutzung wegen Abbruchs oder Renovierung zu räumender Wohnung (Nr. 4); (D) § 543 Abs. 2 (Gefährdung d. Mietsache, unbefugte Überlassung); § 569 Abs. 2 (Hausfriedensstörung); § 573 Abs. 2 Nr. 1 BGB (nicht unerhebliche, schuldhafte Pflichtverletzung), näher Palandt-WEIDENKAFF, Rn. 13 ff. zu § 573 BGB.

47 (PL) Art. 11 Abs. 2 Nr. 2 OchrLokU: drei volle Zahlungszeiträume; (D) § 543 Abs. 2 Nr. 3 BGB: Verzug für zwei aufeinanderfolgende Termine (gesamter Mietzins oder nicht unwesentlicher Teil) (a) oder bei längerem Zeitraum, wenn Verzug mit der Miete in Höhe eines Betrages für zwei Monate (b) i.V.m. § 569 Abs. 3 Nr. 1 BGB.

48 (PL) Art. 11 Abs. 3 Nr. 1 OchrLokU (mehr als 12 monatige Nichtnutzung), Art. 11 Abs. 3 Nr. 2 (rechtlich gesicherte alternative Wohnmöglichkeit des Mieters am selben oder einem nahegelegenen Ort).

49 (PL) Art. 11 Abs. 4 OchrLokU: 6 Monate Kündigungsfrist nur bei Rechtstitel des Mieters auf Ersatzwohnung oder Bereitstellung einer solchen durch Vermieter, sonst 3 Jahre (Art. 11 Abs. 5 OchrLokU). Scharfe Missbrauchssanktionen (Abs. 6), näher BIDZIŃSKI, KPP 4/X (2001), S. 871; (D) § 573 Abs. 2 Nr. 2 BGB (Eigenbedarf), Nr. 3 (Hindernis für angemessene wirtschaftliche Verwertung); vgl. §§ 573a, 577a BGB (Sperrfristen).

50 (PL) Bei „anderen wichtigen Gründen" nur klageweise Geltendmachung und gerichtliche Auflösung des Mietverhältnisses, Art. 11 Abs. 10 OchrLokU; „archaisch“ (NAZAR, MoP 20/2001, S. 1012).

generalklauselartig gefasste Kündigungsmöglichkeiten zurück[51], kann eine Konkretisierung sowohl durch Orientierung an den ausdrücklich geregelten Kündigungsgründen, als auch durch Abwägung der Gläubiger – und Schuldnerinteressen stattfinden.[52]

2. *Sonstige materiellrechtliche Regelungen*

Als weitere gesetzgeberische Mittel zur „Stabilisierung" von Rechtsverhältnissen an Wohnungen kommen eine Legalisierung „wilder" Wohnungsnutzer (*dzice lokatorze*) wie in Polen in Betracht, wo neuerdings unter bestimmten Bedingungen eine „Ersitzung", d. h. ein ursprünglicher gesetzlicher Erwerb von Mieterrechten für Wohnungsnutzer ohne Rechtstitel vorgesehen ist,[53] oder Eintrittsmöglichkeiten Dritter in das Mietverhältnis nach dem Tod des Schuldners.[54] In Deutschland kann es zudem durch Widerspruch des Mieters zu einer Fortsetzung des Mietverhältnisses kommen, wenn in der Beendigung eine nicht zu rechtfertigende Härte liegen würde, insbesondere weil zu zumutbaren Bedingungen Ersatzwohnraum nicht zu beschaffen ist.[55]

Auch die Aufstellung zusätzlicher Verfahrensvorschriften ist denkbar, die im Sinne einer Warnung zum Ziel haben, dem Bewohner eine letzte Chance zu geben, die zur Beendigung des Rechtsverhältnisses berechtigenden Gründe auszuräumen. Hier ist vor allem an die nochmalige Aufforderung zu denken, das kündigungsrelevante Verhalten abzustellen[56], bzw. seine Rückstände bezüglich des Mietzinses oder der Gebühren für Versorgungsleistungen innerhalb einer bestimmten Frist zu begleichen.[57] Darüber hinaus kann wie in Polen das Erfordernis eines vorherigen ergebnislosen Einigungsversuchs[58] oder sogar – wie nach früherem Recht – eines obligatorischen Vergleichsversuchs hinsichtlich des

---

[51] (PL) Art. 11 Abs. 10 OchrLokU „aus anderen wichtigen Gründen"; (D) Z.B. § 573 Abs. 2 BGB „ein berechtigtes Interesse [...] liegt *insbesondere* vor".

[52] (PL) „Wichtiger Grund" wenn sich eine Wohnung aus wesentlichen persönlichen oder familiären Gründen als unentbehrlich für den Vermieter, aber nicht für den Mieter darstellt. Richterliche Abwägung zwischen Eigentümer- und Bewohnerinteressen, Urteil SN v. 27.5.1999, II CKN 362/98, MoP 11/1999, S. 36 f.; (D) Da § 573 BGB nicht abschließend ist, sind weitere Gründe denkbar, die den geregelten gleichgewichtig sind, vgl. BVerfG, NJW 1992, S. 105; Palandt-WEIDENKAFF Rn. 39 zu § 573 BGB. Vgl. aber 573a BGB n. F.

[53] (PL) Art. 30 OchrLokU; krit. NAZAR, MoP 19/2001, S. 962; zum Recht der Wohnungsbesetzer auf eine Sozialunterkunft vgl. LEWANDOWSKA, Rz. v. 23.6.2003.

[54] (PL) Art. 691 KC n. F.; dazu Beschluss SN v. 21.5.2002, III CZP 26/02; ausführlich KOSTAŃSKI, MoP 11/2006, 571 ff.; (D) erweitert in § 563 BGB n. F.

[55] (D) § 574 ff. BGB. Zur Kasuistik Palandt-WEIDENKAFF, Rn. 9 ff. zu § 574 BGB.

[56] (PL) Schriftliche Aufforderung, Art. 11 Abs. 2 Nr. 1 OchrLokU; (D) Abmahnung, § 543 Abs. 3 BGB.

[57] (PL) Art. 11 Abs. 2 Nr. 2 OchrLokU: weitere Monatsfrist.

[58] (PL) Art. 11 Abs. 10 OchrLokU: „wenn die Parteien keine Einigung [...] erreicht haben."

Mietrückstandes[59] vorgesehen werden. Demgegenüber kann nach deutschem Recht die Kündigung wieder unwirksam werden, wenn unverzüglich aufgerechnet wird oder innerhalb kurzer Frist Rückstände vollständig bezahlt werden.[60]

3. Mietzinsregulierung, Mietzuschüsse, Sozialwohnungsbau

Nicht zu vergessen sind die Möglichkeiten des Gesetzgebers, durch rechtliche und finanzielle Regelungen schon das Entstehen von Konflikten im Mietverhältnis und damit von Kündigungslagen zu verhindern. Hier ist an die Regulierung des Mietzinses[61] oder zumindest der Mietzinserhöhung[62] zu denken, an Mietzuschüsse und Mietübernahme.[63] Auch die Förderung von sozialem Wohnungsbau im weitesten Sinne steht in engem funktionalem Zusammenhang mit den Regelungsproblemen der Wohnungsräumung[64]. In Polen wurden zur Errichtung einfacher Wohnungen mit lediglich kostendeckendem, kontrolliertem Mietzins 1995 die „Sozialbaugesellschaften" in Leben gerufen, die allerdings mittlerweile faktisch eher besser verdienende Familien versorgen.[65] Daneben unterstützt nunmehr ein staatliches Förderungsprogramm die Gemeinden beim Bau von Sozialunterkünften und Obdachlosenheimen.[66]

---

59 (PL) Art. 12 OchrLokU a. F.: Der Vermieter musste sozialunterkunftsberechtigten Mietern einen Vergleich (*ugoda*) mit bestimmtem Inhalt anbieten; GOLA/MYCZKOWSKI, Anm. 1 - 11; die Vorschrift wurde nach Kritik gestrichen.

60 (D) §§ 543 Abs. 2 S. 3; 569 Abs. 3 Nr. 2 BGB: Befriedigung innerhalb von 2 Monaten nach Rechtshängigkeit des Räumungsanspruchs, auch wenn sich eine öffentliche Stelle zur Übernahme verpflichtet.

61 (PL) Auslaufend, vgl. Art. 7 OchrLokU. Näher die Kommentierung bei DOLIWA sowie NAZAR, MoP 19/2001, S. 964 f.; (D) Vgl. zur Mietpreisbindung Hinweise bei Palandt-WEIDENKAFF, Rn. 130 Einf v § 535.

62 (PL) Art. 8a und 9 OchrLokU; vgl. die Kommentierung bei DOLIWA; zur Entwicklung im Einzelnen unter C II. (D) Vgl. §§ 557-561 BGB n. F., zu Sonderregelungen Palandt-WEIDENKAFF Rn. 128, 129 Einf v § 535 BGB.

63 (PL) Zum Gesetz über die Wohnungszuschüsse (DodMieszkU): GOLA/MYCZKOWSKI (Kommentar); BIDZIŃSKI, KPP 4/X (2001), S. 876 ff.; KRZEKOTOWSKA/KRZEKOTOWSKA-OLSZEWSKA, MiP 6-7/2003; (D) Wohngeld für Bezieher niedriger Einkommen nach. Wohngeldgesetz; (EU) kleiner Vergleich bei ŻYCIŃSKI, Gazeta Wyborcza v. 2.9.2003.

64 (RU) Vgl. zur Situation in Russland JASPERT/BÖLLMANN, WiRO 5/2006, S. 133 ff.

65 (PL) *Towarzystwa Budownictwa Społecznego, TBS*; s. dazu die PBudMU (Kommentierung: DOLIWA); bis 2003 wurden ca. 36.000 Wohnungen gebaut, vgl. KRUPA-DĄBROWSKA, Rz. v. 26.5.2003 und v. 27.8.2004.

66 (PL) Vgl. das Gesetz vom 29.4.2004 über die finanzielle Unterstützung beim Bau von Sozialunterkünften, Übernachtungsplätzen und Obdachlosenheimen in den Jahren 2004-2006 (FWSocjalU). Mit Hilfe des Programms wurden 5000 Sozialunterkünfte und 500 Plätze in Obdachlosenunterkünften geschaffen. Zum weitergehenden Nachfolgeprogramm (Gesetz vom 8.12.2006, *Sejm*-Druck 1080) vgl. Rz. v. 9.12.2006. Danach sollen innerhalb von 8 Jahren mit

II. Aufschub

Die nächste regelungsbedürftige Situation, in der der Gesetzgeber soziale Schuldnerbelange berücksichtigen kann, liegt vor, wenn ein Räumungsanspruch geltend gemacht wird. Hier stellt sich vorrangig die Frage, wie dem Schuldner genügend Zeit gegeben werden kann, auf die Situation zu reagieren und eine Ersatzwohnung zu finden. Insoweit geht es mehr um zeitlich begrenzte Hilfe zur Selbsthilfe als die Verhinderung akut drohender Obdachlosigkeit[67].

1. Kündigungsfristen

Einen ersten schützenden Aufschub können insoweit die Kündigungsfristen[68] gewähren, die der „Vorwarnung" des Mieters dienen und ihm Zeit geben sollen, sich auf die Veränderungen einzustellen. Die Länge der Frist orientiert sich meist an der abstrakten Schutzwürdigkeit des Mieters. Anhaltspunkte für von der Normalfrist[69] abweichende Regelungen fristloser Kündigung können z. B. schwere Pflichtwidrigkeiten des Mieters sein.[70] Andererseits können längere Fristen gelten angesichts der langen Dauer des Mietverhältnisses[71] oder der Tatsache, dass der Mieter keinen Anlass zur Kündigung gegeben hat (etwa bei Eigenbedarf des Vermieters).[72]

2. Räumungsfristen

a) Im Erkenntnisverfahren

Eine weitere Möglichkeit, den Räumungsschutz umzusetzen, besteht in der Bestimmung von Räumungsfristen.[73] Mit der Bestimmung einer Räumungsfrist durch das Gericht in der Räumungsentscheidung wird dem Schuldner die Möglichkeit gegeben, sich auf die Wirkungen des Urteils einzustellen und sich nach

---

staatlicher Unterstützung 100.000 Wohnungen und 20.000 Unterkunftsplätze entstehen. Vgl. auch Rz. v. 10.1.2007.

67 (D) So auch Wieczorek/Schütze-PAULUS, Rn. 2 Fn. 6 zu § 721 ZPO.

68 (PL) Umfassend POKRZYWNIAK, MoP 21/2001, 1061 ff.; NAZAR, MoP 20/2001, S. 1011 f.

69 (PL) Ein Monat, Art. 11 Abs. 2, 3 Nr. 2 OchrLokU; (D) Drei Monate, § 573c Abs. 1 BGB.

70 (D) Fristlose Kündigung, § 543, 569 BGB.

71 (D) Die Frist verlängert sich für d. Vermieter nach 5 und 8 Jahren um je 3 Monate § 573c Abs. 1 S. 2 BGB.

72 (PL) Regelmäßig 3 Jahre (Art. 11 Abs. 5 OchrLokU), bei Rechtstitel des Mieters auf Ersatzwohnung oder Bereitstellung einer solchen durch Vermieter 6 Monate (Abs. 4); (D) Fristverlängerung in § 573a BGB.

73 Zu Räumungsfristen in (F) Überblick bei WERTH, S. 204 f.

Klärung der Rechtslage nun eine Nachfolgewohnung zu suchen.[74] Durch zeitlich frühe Regelung soll ermöglicht werden, denkbaren Schwierigkeiten im Rahmen der Vollstreckung vorzubeugen, die man schon im Erkenntnisverfahren vorhersehen kann.[75] Das Gericht kann damit den Inhalt der Entscheidung an wirtschaftliche oder sonstige Schwierigkeiten des Schuldners anpassen.

Bei Räumung von Wohnraum kann in Polen im Erkenntnisverfahren das Gericht „in besonders begründeten Fällen“ eine „angemessene Frist“ zur Erfüllung der Räumungsverpflichtung bestimmen[76], in Deutschland ist die Zubilligung einer „den Umständen nach angemessenen Räumungsfrist“ möglich.[77] Bei der erforderlichen Ermessenentscheidung des Gerichts findet eine Interessenabwägung statt.[78] In Polen sollen die „besonders begründeten Fälle“ grundsätzlich keinen Ausnahmecharakter haben müssen, es sind die konkreten Einzelfallumstände entscheidend.[79] Dabei kommt insbesondere in Betracht, dass eine sofortige Erfüllung der Räumungsverpflichtung wegen der Vermögens-, Finanz- oder Familiensituation des Schuldners unrealistisch ist, bzw. mit den Wertmaßstäben der sog. „Prinzipien des gesellschaftlichen Zusammenlebens“ kollidieren würde.[80] Ähnlich stellt man in Deutschland vor allem auf die besonderen Interessen und Bedürfnisse des Beklagten, sein Alter, die Dauer des Mietverhältnisses, den Bedarf des Gläubigers, das Bemühen um Ersatzwohnraum[81] und ein Verschulden der Parteien ab[82].

Die Entscheidung kann in Polen wie in Deutschland sowohl auf Antrag als auch von Amts wegen ergehen[83], entweder im Urteil, oder, wenn ein solches bereits

---

[74] (D) Wieczorek/Schütze-PAULUS § 721 Rn. 2, Musielak-LACKMANN, Rn. 1 zu § 721 ZPO.

[75] (PL) Piasecki[3]-PIASECKI, Rn. 2 zu Art. 320 KPC.

[76] (PL) Art. 320 KPC.

[77] (D) § 721 ZPO; bei Prozessvergleichen, auf Schuldnerantrag: § 794a ZPO. Ausnahme: Zeitmietverträge und sozial motivierte Weitervermietung für dringenden Wohnbedarf (§ 721 Abs. 7 und § 794a Abs. 5 ZPO).

[78] (PL) Piasecki[3]-PIASECKI, Art. 320 KPC Rn. 26; (D) Mit Beisp. Musielak-LACKMANN, Rn. 4 zu § 721 ZPO.

[79] (PL) Piasecki[3]-PIASECKI, Art. 320 KPC Rn. 26.

[80] (PL) Vgl. Art. 5 KC, Piasecki[3]-PIASECKI, Rn. 36 zu Art. 320 KPC; Art. 320 KPC begrenzt also das subjektive Recht, die Wohnungsräumung zu verlangen und schließt gleichzeitig die Anwendung von Art. 5 KC aus, vgl. SN vom 17.9.1969, III CRN 310/69, OSN 1970, Nr 6, poz. 115, mit krit. Anm. RADWAŃSKI, Nr 9 poz. 192.

[81] (D) Ist die Wirksamkeit der Kündigung offensichtlich, muss sich der Schuldner schon von ihrem Zugang an um Ersatzwohnraum bemühen, Musielak-LACKMANN, Rn. 6 zu § 721 ZPO.

[82] (D) Zur Kasuistik WERTH, S. 206 f.; BayObLG ZMR 1984, S. 23; Musielak-LACKMANN, Rn. 5 zu § 721 ZPO.

[83] (PL) Piasecki[3]-PIASECKI, Rn. 7 zu Art. 320 KPC. (D) § 721 Abs. 1 ZPO; der Schuldner kann daher auf den Schutz verzichten, vgl. Musielak-LACKMANN, Rn. 1 zu § 721 ZPO.

ergangen ist, in Deutschland auch durch Beschluss.[84] Geht es um die nachträgliche Festsetzung einer Räumungsfrist in Fällen, in denen im Urteil über eine künftige Räumung bisher ohne Gewährung einer Frist entschieden wurde, kann der Schuldner in Deutschland (nur) noch bis zwei Wochen vor dem festgesetzten Räumungstermin den Antrag auf Fristgewährung stellen.[85] Dies soll der Verfahrenseffizienz dienen und Verschleppungen verhindern. Die Frist kann – auf Antrag bis spätestens zwei Wochen vor ihrem Ablauf – verlängert oder verkürzt werden.[86] Sie darf aber insgesamt nicht mehr als ein Jahr ab Rechtskraft des Urteils bzw. ab Räumungstermin betragen[87]. In Polen hingegen ist die Fristlänge nicht weiter konkretisiert.[88]

b) Im Vollstreckungsverfahren

Auch im eigentlichen Vollstreckungsverfahren kann die Räumung nochmals von Fristen abhängig gemacht werden, die es dem Schuldner ermöglichen sollen, bis zum festgesetzten Zeitpunkt die Wohnung mit seinen beweglichen Sachen auch tatsächlich zu verlassen, damit die Räumung durch das Vollstreckungsorgan selbst effizienter und konfliktfreier abläuft.

In Polen beginnt die Herausgabevollstreckung von Immobilien mit einer Aufforderung des Gerichtsvollziehers an den Schuldner, die Sache freiwillig herauszugeben bzw. die Wohnung zu räumen. Dazu bestimmt er eine angemessene Frist[89], bei deren Bemessung er sich im Fall der Räumung einer Wohnung an der zur Zeit der Vollstreckung bestehenden Situation zu orientieren hat. Auch hier ist dann eine Abwägung der oben behandelten geschützten Interessen vorzunehmen.[90] In Deutschland soll die beabsichtigte Vollstreckung auch dem

---

[84] (D) Je nach Verfahrenslage entscheidet über die Anträge nach § 721 Abs. 2, 3 ZPO das Gericht erster Instanz oder das Berufungsgericht (Abs. 4 S. 1) durch Beschluss nach Anhörung des Gegners, S. 2, 3. Bis zur Entscheidung kann das Gericht auf Antrag auch die ZV gegen oder ohne Sicherheitsleistung einstweilen einstellen oder die Fortsetzung von einer Sicherheitsleistung abhängig machen, § 721 Abs. 4 S. 4 i.V.m. § 732 Abs. 2 ZPO (vgl. beim Urteil Abs. 1). Gegen Fristentscheidungen ist sofortige Beschwerde möglich (Abs. 6).

[85] (D) § 721 Abs. 2 ZPO.

[86] (D) § 721 Abs. 3 ZPO.

[87] (D) § 721 Abs. 5 ZPO. Während des Fristlaufs ist der Schuldner, dessen Mietverhältnis nicht verlängert wird, dem Vermieter gegenüber verpflichtet, bis zum Ende des tatsächlichen Gebrauchs der Wohnung eine Entschädigung in Höhe der bisherigen oder ortsüblichen Miete zu zahlen (§ 546a Abs. 1 BGB).

[88] (PL) Piasecki[3]-PIASECKI, Rn. 34 zu Art. 320 KPC.

[89] (PL) Art. 1046 § 1 KPC.

[90] (PL) § 152 CzynKomR . JANKOWSKI, *Przebieg*, 3. 2. 2. und Piasecki-JANKOWSKI, Rn. 4 zu Art. 1046 KPC. Nach der Ausführungsverordung (OpróżR) muss der GVZ die familiäre und materielle Situation des Schuldners zuvor in einer obligatorischen Anhörung klären (§ 1 Abs. 1 u. § 2 Abs. 1 OpróżR).

Schuldner rechtzeitig mitgeteilt werden, in Anbetracht der Antragsfrist für den Schutz über die Generalklausel (Art. 765a Abs. 3 ZPO) spätestens ca. drei Wochen vor dem Räumungstermin.[91]

3. *Generalklausel*

Neben den klassischen Räumungsfristen kommt auch ein flexibleres, weitergehendes aktives Eingreifen des Gerichts in Betracht, um unbillige Vollstreckungen aufzuschieben oder zu stoppen. Eine solche flexible Billigkeitsnorm kann sowohl dem Regelungsziel eines Aufschubs als auch bereits dem kurzfristigen Schutz vor drohender Obdachlosigkeit dienen. Während das polnische Recht eine derartige Generalklausel nicht kennt, kann in Deutschland– nach § 765a ZPO das Vollstreckungsgericht auf Antrag des Schuldners eine Zwangsvollstreckungsmaßnahme ganz oder teilweise aufheben, untersagen oder einstweilen einstellen, wenn trotz Würdigung der grundsätzlich vorrangigen Schutzbedürfnisse des Gläubigers die Maßnahme aufgrund ganz besonderer Umstände eine sittenwidrige Härte bedeuten würde[92] (vgl. näher oben, Kapitel 2 C III 2). Da die Norm nur der Verhinderung von Rechtsmissbrauch und der Milderung individueller, ganz außergewöhnlicher Härten des formstrengen Vollstreckungsrechts dienen soll,[93] kann sie bei der Wohnungsräumung nur Anwendung finden, wenn ausnahmsweise der Schutz durch Räumungsfristen bei dem individuell betroffenen Schuldners nicht ausreicht[94] oder wenn neue Tatsachen nach der Fristentscheidung eintreten.[95]

Der Antrag ist bis spätestens zwei Wochen vor dem festgesetzten Räumungstermin zu stellen[96], wenn er nicht auf später entstandenen Gründen beruht oder der Schuldner unverschuldet die Antragsfrist nicht wahren konnte.[97] Um dem

---

[91] (D) Musielak-LACKMANN, Rn. 12 zu § 885 ZPO.

[92] (D) BGHZ 44, 138, 143 (anderenfalls ganz untragbares Ergebnis); vgl. zur Kasuistik MUSIELAK, Rn. 7 f., 15 zu § 765a ZPO; für Fallgruppenbildung Wieczorek/Schütze-PAULUS, Rn. 32. Zu § 765a ZPO umfassend: STURM; aus Praxissicht jetzt GILESSEN, DGVZ 12/2006, S. 187 ff.

[93] (D) KEIP, 197 m.w.Nw.; Wieczorek/Schütze-PAULUS, Rn. 2 zu § 765a. Zur umstr. Frage ob ein Verzicht auf den Schutz des § 765a möglich ist, vgl. Musielak-LACKMANN, Rn. 3 zu § 765a ZPO.

[94] (D) Musielak-LACKMANN, Rn. 15 zu § 765a ZPO m.w.Nw.; WERTH, S. 207.

[95] (D) Keine Übergehung der Wertungen des Prozessgerichts bzw. Umgehung der Fristen des § 721 ZPO. D. h. § 765a ZPO nicht möglich, solange noch Antrag nach § 721 ZPO denkbar, vgl. KEIP, S. 197 f. Enger Wieczorek/Schütze-PAULUS, Rn. 7 u. 12 zu § 765a ZPO: Präklusion nicht vorgetragener Elemente analog § 767 Abs. 2 ZPO.

[96] (D) Zur Neufassung Wieczorek/Schütze-Paulus, Rn. 20 zu § 765a ZPO; Hinweis nach § 180 Nr. 2 S. 1 GVGA.

[97] (D) § 765a Abs. 3 ZPO.

Schuldner in Extremsituationen eine Antragstellung noch möglich zu machen, kann der Gerichtsvollzieher die Räumung bis zur gerichtlichen Entscheidung, höchstens aber eine Woche aufschieben.[98] Dem Vermieter steht ein Entschädigungsanspruch für die weitere Wohnungsnutzung gegen den Mieter zu, der aber bei mangelndem Verschulden regelmäßig auf den bisherigen oder ortsüblichen Mietzins begrenzt bleibt.[99] Da der Titel allerdings nur mittels der betroffenen Vollstreckungsmaßnahme – Räumung der Wohnung – durchzusetzen ist, droht bei endgültiger Untersagung eine Titelbeseitigung. Das Gläubigerinteresse macht daher eine zeitliche Begrenzung erforderlich.[100] In der Praxis ist die Erteilung von Auflagen üblich.[101]

III. Vermeidung von Obdachlosigkeit

1. Einleitung

Wenn sich von vorneherein oder im Laufe eines Verfahrens herausstellt, dass der Räumungsschuldner trotz eines Herausschiebens des Termins nicht bereit oder in der Lage ist, Ersatzwohnraum zu finden, dass also die gesetzgeberische Intention, die hinter der Regelung eines Aufschubs steht, Zeit zur Selbsthilfe zu geben, hier nichts bewirkt, muss sich ein umsichtiger Gesetzgeber mit dem Problem beschäftigen, wie eine drohende Obdachlosigkeit[102] des Schuldners zu verhindern ist. Auch wenn ein Gesetzgeber grundsätzlich die Vermeidung von Obdachlosigkeit als Regelungsziel anerkennt, bleiben ihm im Bereich des Vollstreckungsrechts immer noch zwei Alternativen: Er kann präventiv oder reaktiv vorgehen. Ein präventives Vorgehen verhindert die Obdachlosigkeit vollständig, bevor sie – auch nur für kürzeste Zeit – entsteht. Dafür muss die Vollstreckung des Räumungstitels vom Vorhandensein einer Ersatzunterkunft abhängig gemacht werden. Ein reaktives Vorgehen hingegen lässt eine Räumung auch zu, wenn nicht sichergestellt ist, dass dem Schuldner Ersatzwohnraum zur Verfügung steht. Staatliches Handeln reagiert hier erst auf eine durch Wohnungsverlust eintretende Obdachlosigkeit.

---

[98] (D) § 765a Abs. 2 ZPO. Bei Glaubhaftmachung der Voraussetzungen des Abs. 1 und Unmöglichkeit rechtzeitiger Antragstellung durch den Schuldner, d. h. im Falle plötzlicher Notlagen.

[99] (D) § 546a Abs. 1 BGB i.V.m. § 571 Abs. 1 S. 1 BGB.

[100] (D) Vgl. nur JAUERNIG, § 31 V; Wieczorek/Schütze-PAULUS, Rn. 36 zu § 765a ZPO.

[101] (D) VGl. z.B. OLG Jena NJW-RR 2000, S. 1251: halbjährliche Bestätigung der Fortdauer der Suizidgefährdung. Ähnlich BGH NJW 2005, S. 1859 (1860).

[102] (PL) Zum Thema der Obdachlosigkeit in Polen vgl. ABUCEWICZ-SZCZEŚNIAK, PSp 1/2001, S. 15 ff. und die anderen Beiträge dieses Bandes.

In der Praxis sind beide Formen nicht klar zu trennen, vor allem wenn Ersatzwohnraum vorhanden ist. Eine Räumung direkt in eine Obdachlosenunterkunft kann auf präventiven oder reaktiven Regelungen beruhen. Die Unterschiede werden erst sichtbar, wenn eine Ersatzunterbringung nicht möglich ist. Entscheidend ist die Frage der Risikoverteilung: Bei präventivem Vorgehen trägt sämtliche Risiken der Gläubiger. Findet der Schuldner keine andere Wohnung und stellt der Staat auch keine Plätze in Obdachlosenunterkünften zur Verfügung (obwohl er ggf. dazu verpflichtet ist), kommt es nicht zur Räumung. Da diese Requirierung der Wohnung den Gläubiger enorm belastet – ihm wird jegliche Verfügungsgewalt genommen –, sind hier zumindest Entschädigungsansprüche vorzusehen. Demgegenüber trägt bei reaktivem Vorgehen der Schuldner sämtliche Risiken: Die Räumung findet statt, auch wenn er keinen Ersatzwohnraum besitzt. Stehen nicht genügend vom Staat oder karitativen Einrichtungen betriebene Unterkünfte zur Verfügung, wird der Schuldner obdachlos[103]. Das Ziel einer effektiven Gläubigerbefriedigung wird insofern über die humanitären Ziele des Schuldnerschutzes gestellt.

Während das präventive Modell in Reinkultur in der sozialistischen Rechtswirklichkeit durchgeführt war (s. u. C IV 2 a), ist es wegen der damit notwendig verbundenen Nachrangigkeit der Eigentümer- bzw. Vermieterinteressen heute i. d. R nur noch in abgeschwächter Form – mit Entschädigungsregelungen für die Gläubiger – zu finden.

2. *Präventives Vorgehen*

a) Räumungsschutzperioden

Eine Möglichkeit des „Basisschutzes"[104] vor Obdachlosigkeit und der damit einhergehenden Gefährdung von Menschenrechten der Betroffenen besteht in der Festlegung von Schutzperioden, in denen in Anbetracht der schlechten klimatischen Verhältnisse überhaupt keine Räumungen vorgenommen werden dürfen, wenn nicht eine Ersatzwohnung zur Verfügung steht. Anders als in Deutschland sind solche Regelungen in Frankreich[105] und Polen bekannt. Nach polnischem Recht ist ein Räumungsschutz während des Winters vorgesehen[106]. Räumungsurteile werden in der Zeit vom 1. November bis zum 31. März des nächsten Jahres einschließlich, nicht vollstreckt, wenn dem Verpflichteten nicht eine Unterkunft nachgewiesen ist, in die eine Umquartierung erfolgen kann. Dies gilt al-

---

[103] (PL) Zu dieser Situation unter Geltung der NajLokU: GNYS, R.Pr. 5(50)/2000, S. 108.
[104] (PL) Ähnlich Piasecki[3]-JANKOWSKI Rn. 11 zu Art. 1046 KPC: „Minimalschutz".
[105] (F) „*Trêve hivernale*" vom 1.12 bis zum 15.3. Überblick bei WERTH, S. 202 f.
[106] (PL) Art. 16 OchrLokU.

lerdings nicht in Fällen der Räumung wegen Familienmisshandlung.[107] Der Gläubiger hat in dieser Zeit nur einen Entschädigungsanspruch gegen den Ex-Mieter.[108]

b) Verknüpfung mit Recht auf Sozialunterkunft

Als wesentlich weitergehenden Schutz regelt das polnische Recht die Pflicht des Gerichts, im Räumungsurteil über eine Berechtigung des Räumungsschuldners auf eine Sozialunterkunft[109] mitzuentscheiden[110] und das damit zusammenhängende Anhalten der Vollstreckung. Da die Befriedigung des Wohnbedarfs ihrer Mitglieder nunmehr Aufgabe der jeweiligen Gemeinde ist, sind solche Räume von den Gemeinden bereitzustellen[111]. Das Gericht der Räumungssache hat aus eigener Initiative, von Amts wegen die Voraussetzungen des Anrechts auf eine Sozialunterkunft zu untersuchen[112] und muss darüber stets – positiv oder negativ – entscheiden.[113] Bei seiner Entscheidung hat sich das Gericht vor allem am bisherigen Umgang des Schuldners mit der Wohnung sowie an seiner besonderen materiellen und familiären Situation[114] zu orientieren[115]. Gegenüber einer Anzahl besonders schützenswerter Personen ohne anderweitige Wohnmöglichkeit

---

[107] (PL) Art 17 OchrLokU. Vgl. den Straftatbestand des Art. 207 KK. Zur Form des Urteils in diesen Fällen aus Praxissicht: GOLA/MYCZKOWSKI, Anm. 8 zu Art. 17 OchrLokU.

[108] (PL) Art. 18 Abs. 1 OchrLokU. Zur Höhe Art 18 Abs. 2 OchrLokU. Reduzierter Anspruch bei Anhalten wegen Sozialunterkunftsberechtigung (Abs. 3). Näher die Erörterungen bei DOLIWA zu diesem Art.

[109] (PL) Unter Sozialunterkünften (*lokale socjalne*, vgl. Art. 2 Abs. 1 Pkt. 5, Kap. 4, Art. 22 ff. OchrLokU) versteht der Gesetzgeber Räume einer gewissen Mindestgröße ($5m^2$ pro Person), die sich zum Wohnen eignen, allerdings mit niedrigem Standard (*lokal o obniżonym standardzie*).

[110] (PL) Art. 14 Abs. 1 S. 1 OchrLokU. Das gilt nur für ehemals *berechtigte* Wohnungsnutzer, nicht für Besetzer o.ä., vgl. SN v. 15.11.2001, III CZP 66/01, OSNC, Nr 9/2002, poz. 109, dazu DOLIWA Rn. 6 ff. zu Art. 14 OchrLokU.

[111] (PL) Art. 4 Abs. 1-3, 14 Abs. 1 S. 2 OchrLokU. Näher DOLIWA zu Art. 4 OchrLokU; Mietverträge über eine Sozialunterkunft können, außer der Regelung des Art. 14 Abs. 1 OchrLokU, mit bedürftigen Gemeindeangehörigen abgeschlossen werden, wenn deren Einkommen eine durch Gemeinderatsbeschluss festgelegte Höhe nicht überschreitet, Art. 23 Abs. 2 OchrLokU. Sie sind befristet aber verlängerbar Art. 23 Abs. 1, Abs. 3 OchrLokU.

[112] (PL) Art. 14 Abs. 3 OchrLokU.

[113] (PL) Art. 14 Abs. 1 S. 1 OchrLokU. Eine negative Entscheidung, kann nach Art. 14 Abs. 5 OchrLokU etwa dann erfolgen, wenn Beendigung des Mietverhältnisses und Räumung darauf beruhen, dass der Mieter in gravierender oder beharrlicher Weise gegen die Hausordnung verstößt und es dadurch zu einer Belästigung bei der Nutzung der anderen Wohnräume kommt (Art. 13 Abs. 1 OchrLokU) oder dass das „gravierend tadelnswertes" Verhalten eines Mitmieters ein Zusammenwohnen mit diesem unmöglich macht (Art 13 Abs. 2 OchrLokU).

[114] (PL) Zu diesen Begriffen MYCZKOWSKI, Anm. 4 zu Art. 36 NajLokU.

[115] (PL) Art. 14 Abs. 3 OchrLokU.

kann keine negative Entscheidung mehr ergehen[116]. Zum Kreis der derart von Räumung grundsätzlich zu verschonenden zählt der Gesetzgeber schwangere Frauen, Minderjährige, Behinderte[117], Entmündigte und die mit ihnen zusammenlebenden Betreuer bzw. Vormünder, nach Neufassungen auch Schwerkranke, sozialhilfeberechtigte Pensionäre und Rentner sowie Arbeitslose und schließlich andere Personen, die durch Gemeinderatsbeschluss als besonders schützenswert definiert werden. Folge positiver Entscheidung ist das gerichtliche Anhalten der Räumung *(wstrzymanie wykonania opróżnienia)* bis die Gemeinde ein Mietvertragsangebot über eine Sozialunterkunft unterbreitet.[118] Bis zu diesem Zeitpunkt findet also keine Räumung statt und kann der Ex-Mieter in der Wohnung verbleiben. Nicht geschützt ist aber auch hier, wer seine Familie misshandelt.[119]

Da ein Ex-Mieter mit Sozialunterkunftsberechtigung für die Wartezeit nur verpflichtet ist, eine (reduzierte) Entschädigung in Höhe des bisherigen Mietzinses an den Eigentümer zu zahlen,[120] hatte der Gesetzgeber als Ausgleich für die Eigentümer einen besonderen, reduzierten und praktisch ineffektiven Schadensersatzanspruch gegen die Gemeinde vorgesehen.[121] Er sollte eingreifen, wenn die Entscheidung auf Räumung der Wohnung deshalb nicht vollstreckt werden kann, weil die Gemeinde ihrer gesetzlichen Pflicht nicht nachkommt, dem Mieter eine Sozialunterkunft bereitzustellen. Nachdem diese Vorschrift – in zwei verschiedenen Fassungen – vom Verfassungsgericht als verfassungswidrig verworfen wurde[122], galten zunächst die allgemeinen Haftungsregeln bei rechtswidrigem staatlichen Handeln.[123] Danach steht den Eigentümern gegen die untätige Gemeinde ein Anspruch auf Ersatz ihres Schadens in voller Höhe zu, so-

---

116 (PL) Art. 14 Abs. 4 Nr. 1-6 OchrLokU. Abs. 4 findet allerdings keine Anwendung auf Räumungsschuldner, die ihren Rechtstitel an Wohnraum verloren haben, der nicht zum öffentlichen Wohnungsbestand (Definition in Art. 2 Abs. 1 Nr. 11) gehört, es sei denn, dass sie zur Nutzung aufgrund eines mit einer Genossenschaft oder mit einer Sozialbaugesellschaft (TBS) bestehenden Rechtsverhältnisses berechtigt waren, vgl. Art. 14 Abs. 7 OchrLokU.

117 (PL) Im Sinne der Vorschriften der PomSpołU.

118 (PL) Art. 14 Abs. 6 OchrLokU. In der Praxis werden Personen auch bei Nichtannahme der Offerte „umquartiert“, PODSIADLIK, MoP 20/2002, S. 934.

119 (PL) Art. 17 OchrLokU. Zur Kritik daran: KNYPL, Currenda 5/2005, S. 110.

120 (PL) Art. 18 Abs. 3 OchrLokU.

121 (PL) Art. 18 Abs. 4 OchrLokU; angelehnt an Rechtsprechung des SN zur NajLokU, Beschluss SN v. 28.3.1996, III CZP 18/96, OSNC 1996, Nr 5, poz. 74, zu den Unterschieden PODSIADLIK, MoP 20/2002, S. 939.

122 (PL) TK Urteil v. 23.5.2006, SK 51/05, OTK 5A/2006, poz. 58; Urteil v. 11.9.2006, P 14/06, OTK 8A/2006, poz. 102. Vgl. Rz. v. 24.5.2006 und KRONER/KOSIARSKI, Rz. v. 12.9.2006.

123 (PL) Urteil des TK v. 23.5.2006, SK 51/05, OTK 5A/2006, poz. 58, S. 21. Dies war nach Ansicht des TK allerdings nicht die einzig denkbare Lösung des Problems. Das TK sah aber in erster Linie den Gesetzgeber in der Pflicht, eine verfassungsgemäße Lösung zu finden, ebd.

lange der Wohnungsnutzer weiter in der Wohnung verbleibt. Diese Lösung wurde auch in der nunmehr geltenden Neuregelung beibehalten.[124]

c) Keine Räumung ohne Ersatzunterkunft

Die Normierung der OchrLokU mit ihrem Kreis besonders geschützten Personen wurde im Rahmen der KPC-Reform von 2004 durch eine noch weitergehende Regelung ergänzt, nach der die Räumung immer, d. h. für *alle* Betroffenen, vom Vorhandensein einer Ersatzunterkunft abhängig gemacht wird. Als Grundsatz ist festgelegt, dass die Vollstreckung eines Räumungstitels für Wohnräume stets erst dann erfolgen kann, wenn eine Unterkunft nachgewiesen ist, in die die Umquartierung erfolgen kann. Wenn aus dem Titel auf Wohnungsräumung *kein* Recht des Schuldners auf eine Sozial- oder Ersatzunterkunft hervorgeht (und schon deshalb ggf. ein Anhalten erforderlich ist), hält der Gerichtsvollzieher nach der Neuregelung die Räumung bis zum Zeitpunkt an, zu dem die von ihm dazu aufgeforderte Gemeinde eine Behelfsunterkunft (*tymczasowy pomieszczenie*) nachweist oder bis der Schuldner eine solche Unterkunft findet.[125] Der Gerichtsvollzieher kann die Räumung allerdings nicht anhalten, wenn der Gläubiger bereits eine Behelfsunterkunft nachweist.[126] Behelfsunterkünfte werden ganz ähnlich wie Sozialunterkünfte definiert, auch wenn die Anforderungen an die Ausstattung noch niedriger sein sollen. Die zum 5. Februar 2005 in Kraft getretene Ausführungsverordnung (OpróżR) bestimmt nach dem Willen des Gesetzgebers „die besonderen Anforderungen, darunter sanitäre, denen Behelfsunterkünfte zu entsprechen haben, wobei [...] zu berücksichtigen ist, dass eine Behelfsunterkunft sich zum Wohnen eignen muss, auch wenn sie nicht die technischen Anforderungen erfüllen sollte, die an Wohnungen zu stellen sind, die dem dauerhaften Aufenthalt von Menschen dienen.“ [127] Für Räumun-

---

[124] (PL) Vgl. Art. 18 Abs. 5 n. F. OchrLokU.

[125] (PL) Art. 1046 § 4 KPC n. F. Der Gerichtsvollzieher hat zunächst den Schuldner anhören, um seine familiäre und wirtschaftliche Situation zu klären und um festzustellen, ob der Schuldner nicht einen Rechtsanspruch auf eine andere Wohnung oder Unterkunft hat, in der er wohnen könnte (§ 2 Abs. 1 OpróżR). Die Ansicht von KNYPL, Currenda 5/2005, S. 113, dass in der winterlichen Schutzperiode überhaupt nicht in eine Behelfsunterkunft geräumt werden könne, vermag nicht zu überzeugen.

[126] (PL) Art. 1046 § 5 KPC n. F. Ebs. § 3 OpróżR.

[127] (PL) Die Anforderungen finden sich zum einen direkt in Art. 1046 § 6 KPC n. F.: 1) Eignung zum Wohnen, 2) mind. 5 m^2 Wohnfläche pro Person; 3) im selben Ort oder in der Nähe, wenn dies nicht die Lebensbedingungen der umquartierten Personen übermäßig verschlechtert. Von den Anforderungen 2) und 3) kann mit Zustimmung der Betroffenen abgewichen werden (Art. 1046 § 7 KPC n. F.). Die Ausführungsverordnung (VO-Ermächtigung in Art. 1046 § 11 KPC n. F.) regelt detaillierter, dass die Unterkunft 1) Zugang zur Wasserversorgung und zu einem „Abort“ (*ustęp*) bieten muss, auch wenn diese sich außerhalb des Gebäudes befinden; dass sie 2) natürliches und elektrisches Licht sowie 3) eine Heizungsmöglich-

gen schließlich, die Minderjährige und Entmündigte betreffen, sind Sonderregelungen vorgesehen.[128]

Nach Ansicht des Verfassungsgerichts gelten für Fälle, in denen die Räumung nicht vollstreckt werden kann, weil die Gemeinde keine Behelfsunterkunft zur Verfügung stellt, die allgemeinen Haftungsregeln bei rechtswidrigem staatlichen Handeln, so dass den Eigentümern auch hier ein Anspruch auf Ersatz ihres Schadens in voller Höhe zusteht.[129]

d) Staatliche Einweisung in die bisherige Wohnung

Ein faktisch ähnlicher aber rechtstechnisch anderer Weg, das Problem drohender Obdachlosigkeit anzugehen, besteht darin, bei Fehlen von Ersatzwohnraum außerhalb des zivilrechtlichen Verfahrens öffentlich-rechtlich einzugreifen. Diese Vorgehensweise kann rein äußerlich präventiv oder reaktiv sein: Durch staatliche Stellen kann dem Vermieter aufgegeben werden, entweder von seinem Kündigungsrecht keinen Gebrauch zu machen bzw. ein Räumungsurteil nicht zu vollstrecken (präventiv), oder nach Vollstreckung den Ex-Mieter wieder in die Wohnung aufzunehmen (reaktiv). Die Wohnung wird damit in Beschlag genommen[130]. Da hierbei in jedem Fall nicht der Schuldner, sondern zunächst der Gläubiger sämtliche Risiken trägt, ist die Vorgehensweise im Sinne der obigen Abgrenzung aber eher als präventiv anzusehen.

Grundsätzlich steht in Deutschland zwar drohende Obdachlosigkeit der Vollstreckung nicht entgegen, sie ist aber der zuständigen Behörde mitzuteilen.[131] Bei drohender Obdachlosigkeit besteht dann nach öffentlich-rechtlichen Grundsätzen eine Gefahr für die öffentliche Sicherheit in Gestalt des drohenden Schadens an den persönlichen Rechtsgütern Leben und Gesundheit des Räumungsschuldners.[132] Die Ordnungsbehörden können oder müssen[133] die betrof-

---

keit und 4) trockene Wände besitzen muss, und 5) die Möglichkeit bieten muss, Geräte zum Kochen von Mahlzeiten zu installieren (§ 3 OpróżR).

[128] (PL) Art. 1046 § 8 KPC n. F..

[129] (PL) TK Urteil v. 11.9.2006, P 14/06, OTK 8A/2006, poz. 102, S. 11.

[130] (D) In der Praxis begleitet bei der Vollstreckung des Räumungsurteils ein Mitarbeiter des Ordnungsamtes den GVZ. Droht Obdachlosigkeit und stehen der Behörde keine sonstigen Räume zur Verfügung, wird dem Vermieter aufgegeben, von der Vollstreckung abzusehen und den Ex-Mieters befristet weiter in der Wohnung zu dulden (GUSY Rn. 343); zur Entwicklung nach 1945 LIPPROSS, S. 70. Aus Praxissicht GILESSEN, DGVZ 11/2006, S. 188 ff. Zum Ganzen umfassend auch STEINMEIER.

[131] (PL) § 181 Nr. 2 GVGA.

[132] (D) H.M., vgl. GUSY, Rn. 343; SCHLINK, NJW 1988, 1689; a. A. „öffentliche Ordnung" GÜNTHER/TRAUMANN, NVwZ 1993, S. 130.

[133] (D) Eingriffsermessen z.B. bei Familien mit Kleinkindern auf Null reduziert, OVG Münster, NVwZ 1991, S. 692.

fenen Personen dann in ihre bisherige Wohnung einweisen.[134] Da diese Wohnungsbeschlagnahme in das Recht des Eigentümers aus Art. 14 GG eingreift und diesen sogar als „Nichtstörer“[135] in Anspruch nimmt, darf von der Befugnis nur nachrangig in den Ausnahmefällen Gebrauch gemacht werden, in denen der zuständigen „Obdachlosenbehörde“ andere Abhilfe nicht möglich ist[136]. Nach verbreiteter Ansicht muss zunächst versucht werden, die Wohnungslosigkeit durch Unterbringung in einer Obdachlosenunterkunft[137] oder durch Miete einer Wohnung, eines Pensions- oder Hotelzimmers auf dem freien Markt zu vermeiden.[138] Aus Gründen der Verhältnismäßigkeit ist die Maßnahme zu befristen.[139] Sie darf zudem nur solange andauern, wie sie erforderlich ist, sonst muss sie aufgehoben werden. Bei Fristablauf hat der Eigentümer nach verbreiteter Ansicht einen öffentlich-rechtlichen (Folgenbeseitigungs-)Anspruch gegen die Behörde auf Zwangsausweisung und Räumung,[140] obwohl die Zwangseinweisung den Räumungstitel nicht verbraucht, der Vermieter also auch aus diesem vorgehen könnte[141]. Dem Eigentümer steht darüber hinaus eine Nutzungsentschädigung gegen die Behörde[142], wie auch gegen den Ex-Mieter[143] zu.

---

[134] (D) GÖTZ, Rn. 268 ff. m.Nw. zur Rspr.; GÜNTHER/TRAUMANN, NVwZ 1993, S. 130 ff.; krit. SCHLINK, NJW 1988, 1689 f.; öffentlich-rechtliches Nutzungsverhältnis, RÜFNER, JuS 1997, S. 309.

[135] (D) Keine Rechts- oder Sozialwidrigkeit, GUSY, Rn. 344; GÖTZ. Rn. 269.

[136] (D) Nichtstörerinanspruchnahme nach Polizeigesetzen *ultima ratio*, vgl. z.B. § 19 Abs. 1 Nr. 3 NRWOBG.

[137] (D) Zu den Anforderungen an die Beschaffenheit, OVG Münster, NVwZ 1993, 202; Darstellung der Rspr. bei GÜNTHER/TRAUMANN, NVwZ 1993, 131 ff.; notfalls sollen vorhandene Unterkünfte enger besetzt bzw. neue errichtet oder angemietet werden müssen; zur Kritik an der rigorosen Rspr. ebd. 133.

[138] (D) GÖTZ, Rn. 268; SCHENKE, Rn. 317; GÜNTHER/TRAUMANN, NVwZ 1993, 132 f. m. Nw. zur Rspr.

[139] (D) Von 6 (§ 33 Abs. 3 S. 2 PolG BW) bis 12 Monate (§ 27 Abs. 3 S. 2 SächsPolG), Gerichtspraxis uneinheitlich von max. 2 (VGH München, BayVBl. 1991, 1372) bis 6 Monaten (BWVGH, NVwZ-RR 1990, 476) abhängig vom Einzelfall, BGH NJW 1959, 768, näher GÜNTHER/TRAUMANN, NVwZ 1993, 134; SCHENKE, Rn. 320.

[140] (D) BGHZ 130, S. 334; RÜFNER, JuS 1997, S. 309; VGH Mannheim, NJW 1997, 2833 f. und GÖTZ, Rn. 272 f. m.Nw. Das Eingriffsermessen ist ggf. bis auf Null reduziert, vgl. RÜFNER, ebd.; a. A. SCHENKE, Rn. 323 m. Nw.

[141] (D) BGHZ 130, S. 334; RÜFNER, JuS 1997, S. 311; GÜNTHER/TRAUMANN, NVwZ 1993, S. 135 m.Nw. zur a. A.

[142] (D) Zu Rechtsgrundlagen (Amtshaftung § 839 BGB, Art. 34 GG, und Landesrecht) und Umfang (ortsübliche Höhe, Orientierung am bisherigen Mietvertrag, ggf. zudem Räumungskosten) vgl. RÜFNER, JuS 1997, S. 310.

[143] (D) Aus § 546a BGB.

3. *Reaktives Vorgehen*

Ein reaktives Vorgehen, das die Räumung grundsätzlich nicht beeinträchtigt, sondern erst nach durchgeführter Vollstreckung gegen die Obdachlosigkeit des Räumungsschuldners vorgeht, kann in erster Linie in der Bereitstellung von Obdachlosenunterkünften und der Hilfe bei der Wohnungssuche bestehen. [144] Der verstärkte soziale Wohnungsbau bietet sich in längerer Perspektive auch hier an, kann also sowohl als präventives wie reaktives Mittel gegen Obdachlosigkeit eingesetzt werden.

C. VERGLEICHENDE ANALYSE

I. Rahmen für die Regelungsentscheidung

Eine Analyse der dargestellten Regelungen des Schuldnerschutzes in der Räumungsvollstreckung muss zunächst die in den untersuchten Rechtsordnungen vorhandene Dreiteilung in materielles Recht, Erkenntnisverfahren und Vollstreckungsverfahren berücksichtigen. Diese grundsätzlich vorgefundene Struktur bestimmt in nicht geringem Ausmaß Handlungsspielräume des Gesetzgebers.[145] Für die grundlegende, generelle Abwägung der oben angesprochenen Interessen und geschützten Rechte kommt nur das materielle Recht, in diesem Fall das Wohnungsmietrecht in Betracht. Das Erkenntnisverfahren sollte grundsätzlich der Interessenabwägung im Einzelfall dienen, durch individuelle Anwendung der generellen materiellrechtlichen Normen und Ausfüllung ihrer Spielräume sowie durch Gewährung von Übergangshilfe zur Selbsthilfe etwa durch Räumungsfristen. Das Vollstreckungsverfahren schließlich bietet aufgrund seiner Struktur an sich nur wenige Gestaltungsmöglichkeiten. Ein Hindernis für Schuldnerschutzerwägungen stellt der (theoretisch) absolute Vorrang der Gläubigerinteressen dar[146]. Dem Schuldner können in dieser späten Verfahrensphase nicht mehr unbegrenzt Möglichkeiten eingeräumt werden, das im Erkenntnisverfahren erfolgte Abwägungsergebnis erneut infrage zu stellen und zu seinen Gunsten zu ändern. Im Vollstreckungsverfahren kann der Gesetzgeber also grundsätzlich nur noch Sorge tragen, dass außergewöhnliche, unvorhersehbare Härtefälle von den Vollstreckungsorganen berücksichtigt werden. Trotzdem

---

144 (PL) Begründet in Art. 75 Konst., Art. 6 Nr. 8, 7 Nr. 3, 17 Abs. 1 Nr. 3, 36 Abs. 2 i) u. q), 48 f. PomSpołU, näher ABUCEWICZ-SZCZEŚNIAK, PSp 1/2001, S. 21. (D) Sozialstaatsprinzip, Art. 20 Abs. 1 GG; konkret § 27 SGB XII (Unterkunft).

145 Zum Folgenden Wieczorek/Schütze-PAULUS Rn. 4 zu § 765a ZPO.

146 Das Vollstreckungsrecht dient in erster Linie dazu, „die durch die materielle Rechtsordnung vorgegebene und durch den Zivilprozeß im Einzelfall konkretisierte Sollensordnung herzustellen", Wieczorek/Schütze-PAULUS, ebd.

macht die Praxis gerade in der Räumungsvollstreckung von den vorhandenen Schutzinstrumenten regen Gebrauch. Um ein schlüssiges Gesamtbild zu bekommen, müssen zudem die umfangreichen rechtlichen Instrumente anderer Art berücksichtigt werden, über die der Staat verfügt, um soziale Ziele durchzusetzen.

II. Regelungsziel „Stabilisierung“

Im materiellen Wohnungsmietrecht folgen die untersuchten Systeme einem restriktiven Kurs, der Eigentum und Vertragsfreiheit stark einschränkt und den Interessen der Mieter umfangreich Rechnung trägt[147]. Dies ist keinesfalls eine neue Tendenz, sondern ist in verstärktem Maße bereits seit dem Ersten Weltkrieg zu beobachten.[148] In Polen hatte der Gesetzgeber des wiedererstandenen polnischen Staates in der Zeit zwischen den Weltkriegen zur Bekämpfung der Wohnungsnot und zum Schutz der Mieter durch verschiedene Maßnahmen die zivilrechtliche Vertragsfreiheit stark eingeschränkt[149], vor allem durch das Gesetz zum Schutz der Wohnungsnutzer vom 11. April 1924[150], in dem bereits viele spätere Regelungen anklingen.[151]

Der heutige Zustand in Polen ist allerdings nur vor dem Hintergrund des sozialistischen Wohnungsrechts zu verstehen. Die Lösung vom sozialistischen System der administrativen öffentlichen Wohnungswirtschaft (*publiczna gospodarka lokalami)*[152], das als „besondere Art der Miete“ (*szczególny tryb*

---

[147] Zu einem Vergleich aus polnischer Sicht etwa KRZEKOTOWSKA, MiP 6-7/2004 (u. in verschiedenen anderen Nummern dieser Zeitschrift), die dem deutschen Recht allerdings etwas zu unkritisch umfassend Vorbildcharakter zubilligt.

[148] (PL) CZERWIAKOWSKI, Palestra 9-10/1996, S. 35 ff.; BIDZIŃSKI, R.Pr. 6/2000, S. 44 ff.; 1/2001, S. 55 ff. (D) Zur deutschen Entwicklung Staudinger-EMMERICH, Vorbem zu §§ 535, 536 BGB Rn. 1 ff.

[149] (PL) Z.B. (1.) Gesetz zum Schutz der Lokatoren v. 18.12.1920, *Ustawa o ochronie lokatorów*, Dz.U. R.P. Nr 4, poz. 19; sowie Dekret Nr. 407 des Oberkommandos der mittellitauischen Armeen v. 15.11.1921 betr. die Festlegung der Entgeltsätze für vermietete Räume, *Dekret Nr 407 Naczelnego Dowództwa Wojsk Litwy Środkowej w przedmiocie ustalenia norm płacy za wynajmowane lokale*, Dz.U. T.K.R. Nr 3545; vgl. BIDZIŃSKI, R.Pr. 6/2000, S. 44 ff.; ZOLL, S. 23 f.

[150] (PL) *Ustawa o ochronie lokatorów* , konsolidierte Fassung Dz.U. 1936, Nr 39, poz. 297.

[151] (PL) U.a. (1) Begrenzung der Mietzinshöhe, (2) Beschränkung der Kündigungsgründe, (3) winterliche Schutzperiode, (4) Räumungsfristen, (5) Aussetzung der Vollstreckung bei Arbeitslosigkeit des Schuldners. Neubauten waren von den meisten Beschränkungen ausgenommen (Neubauförderung), vgl. ZOLL, S. 24.

[152] (PL) Vgl. Dekret v. 21.12.1945 über die öffentliche Wohnungswirtschaft, *Dekret o publicznej gospodarce lokalami*, konsolidierte Fassung Dz.U. 1950, Nr 36, poz. 343; allg. Einführung: ZOLL , S. 24 ff.; BIDZIŃSKI, R.Pr. 6/2000, S. 45 ff.; MYCZKOWSKI, Anm. a) 1 zu Art. 1 NajLokU, S. 1 ff. Zur Wohnraumbewirtschaftung in (D) LIPPROSS, S. 70.

najmu) für einen Großteil der Wohnverhältnisse in der Stadt und oft auch auf dem Land galt, erfolgte nur schrittweise. Im sozialistischen *Prawo lokalowe*[153] (PrLok) wurde die „Stabilisierung“ auf die Spitze getrieben und waren Eigentum und Vertragsfreiheit praktisch bedeutungslos: Dem Hauseigentümer wurde das Dispositionsrecht über die Wohnung entzogen, er hatte keinen Einfluss auf die Auswahl der Mieter. Mietverhältnisse wurden nicht durch Mietvertrag der Beteiligten sondern durch administrative Zuteilungsentscheidung der zuständigen Wohnungsorgane der Verwaltung begründet[154] und konnten nur bei Vorliegen enger gesetzlicher Voraussetzungen durch Gerichtsentscheidung aufgelöst werden.[155] Der Mietzins war in Abhängigkeit von der Größe der Stadt, der Belegenheit der Wohnung und ihrer technischen Ausstattung auf ein oft symbolisches Niveau reguliert; dafür bestand ein Anrecht nur auf Wohnflächen bestimmter, normierter Größe. Das sozialistische Wohnungsrecht war allerdings keinesfalls statisch, sondern zeigte nach rigidem Beginn mit vollständiger Entrechtung der Wohnungseigentümer[156] zunehmend Tendenzen einer vorsichtigen Liberalisierung durch Herausnahme von Wohnungen aus der öffentlichen Wohnungswirtschaft.[157]

Insgesamt ist auch die heutige polnische Regelung zur „Stabilisierung“ der Mietverhältnisse in vielen Bereichen noch vom „Erbe des Sozialismus“ geprägt und behandelt das Vermieter- bzw. Eigentümerinteresse trotz verfassungsrechtlicher Verankerung häufig als nachrangig.[158] Die Kündigungsgründe sind erheblich eingeschränkt. Nachdem die Regulierung der Mietzinsen nach einem Verfassungsgerichtsurteil größtenteils aufgehoben worden war[159], versuchte der Gesetzgeber ein ähnliches Ergebnis durch extreme Beschränkung der Möglichkeiten der Mietzinserhöhung für bestimmte Wohnungen zu erreichen. Auch hier stärkte erst das Verfassungsgericht die elementaren Eigentümerrechte, indem es 2002 die Regelung größtenteils (vor allem für private Mietshäuser) für

---

[153] (PL) Letzte „sozialistische“ Fassung: *Ustawa* v. 10.4.1974, konsolidierte Fassung Dz.U. 1987, Nr 30, poz. 165.

[154] (PL) ZOLL, S. 25 f.: Durchsetzung „klassenbewusster“ Politik, s. auch BIDZIŃSKI, R.Pr. 6/2000, S. 45.

[155] (PL) Art. 45 Abs. 1 PrLok. (1974). Die Räumungsverpflichtung konnte zudem nicht Gegenstand einer notariellen Urkunde oder eines gerichtlichen Vergleichs sein (Abs. 2).

[156] (PL) Vor allem. während der Geltung des Dekrets v. 21.12.1945, aa.O. , und des Dekrets v. 28.7.1948 über die Miete von Räumen, *Dekret o najmie lokali*, (kons. Fassung Dz.U. 1958, Nr 50, poz. 243): vollständiger Entzug der Hausverwaltung und Abführung von 55% der Miete an staatl. Fonds, vgl. BIDZIŃSKI, R.Pr. 6/2000, S. 46.

[157] (PL) Vgl. BIDZIŃSKI, R.Pr. 6/2000, S. 46-48; CZERWIAKOWSKI, Palestra 9-10/ 1996, S. 35.

[158] (PL) Kritisch auch NAZAR, MoP 19/2001, S. 964.

[159] (PL) Das TK hatte in der Mietzinsregulierung des NajLokU einen Verstoß gegen das Eigentumsrecht aus Art. 64 der Verfassung und gegen Art. 1 des 1.Protokolls zur EMRK gesehen, TK Urteil v. 12.1.2000, P/11/99, OTK Nr 1/2000, poz. 3. Vgl. auch NAZAR, MoP 19/2001, S. 964 f.

verfassungswidrig erklärte.[160] Es folgte damit den Argumenten der Eigentümer und des Bürgerrechtsbeauftragten, nach denen die Regulierung eine ökonomische Nutzung des Wohnungseigentums nicht mehr zulasse und damit einen übermäßigen Eingriff in das Wesen des Eigentumsrechts (Art. 64 Konst.) darstelle.[161] In der Folge billigte das TK eine neue Fassung zunächst für eine Übergangszeit mit Hinweis auf die absehbare Freigabe der Mietzinsen zum ersten Januar 2005.[162] Als der Gesetzgeber aber – statt wie geplant die Mietzinsen zum 1. Januar 2005 freizugeben – versuchte, trotzdem deutliche Beschränkungen der Mietzinserhöhung beizubehalten[163], erklärte das Verfassungsgericht zweimal auch die jeweiligen Neufassungen wieder in wesentlichen Teilen für verfassungswidrig[164] und erließ sogar einen Beschluss, in dem es Leitlinien für eine verfassungsmäßige Gestaltung entwickelte.[165] Die Lage für Regierung und *Sejm* verkomplizierte sich zusätzlich dadurch, dass Polen auch in einem Präzedenzfall vor dem Europäischen Gerichtshof für Menschenrechte verurteilt wurde, u. a. wegen seiner Mietzinsregulierung, die keine kostendeckenden Mieten zulasse.[166] Nach einigen Schätzungen könnten dadurch insgesamt Schadensersatzzahlungen von 10–14 Mrd. zł an geschädigte Wohnungseigentümer fällig werden[167]. Weitere Novellierungen des Gesetzes zum Schutz der Wohnungsnutzer dürften daher erforderlich sein.[168]

---

[160] (PL) TK Urteil v. 2.10.2002, K 48/01, OTK-A 5/2002, poz. 62; dazu KOWALSKI, Rz. v. 3.10.2002; Reaktionen bei BŁASZCZAK, Rz. v. 4.10.2002; PILCZYŃSKI, Rz. v. 17.10.2002; DOLIWA Rn. 21 zu Art. 9 OchrLokU.

[161] (PL) So schon NAZAR, MoP 19/2001, S. 967. Lt. Grundeigentümerverband deckte der Mietzins 2002 nur 40% der Betriebskosten, vgl. KRUPA/BŁASZCZAK, Rz. v. 6.2.2002, C 2. NAZAR, MoP 20/2001, S. 1012. Überblick über die Rspr. zu Art. 64 Konst.: TK Urteil v. 17.5.2006, K 33/05, OTK 5A/2006, poz. 57, S. 12.

[162] (PL) TK Urteil v. 12.5.2004, SK 34/02, OTK 5A/2004, poz. 42, KRUPA-DĄBROWSKA, Rz. v. 13.5.2004.

[163] (PL) KRUPA-DĄBROWSKA/JANUSZEWSKA, Rz. v. 23.2.2005.

[164] (PL) TK Urteil v. 19.4.2005, K 4/05, OTK 4A /2005, poz. 37; TK Urteil v. 17.5.2006, K 33/05, OTK 5A/2006, poz. 57. Nach diesem Urteil bleiben einige Vorschriften allerdings bis zum 31.12.2006 in Kraft.

[165] (PL) TK Beschluss v. 29.6.2005, S 1/05, OTK 6A/2005, poz. 77. Dieser wurde allerdings im Sejm nie debattiert und offenbar auch nicht beachtet – was das TK in seinem Urteil vom 17.5.2006 scharf kritisierte (unter II u. III 1).

[166] Verletzung von Art. 1 des Prot. Nr. 1 zur EMRK, vgl. EGMR, Urteil v. 22.2.2005, *Hutten-Czapska/Polen*; EGMR (Große Kammer), Urteil v. 19.6.2006, *Hutten-Czapska/Polen*, abrufbar unter: <http://www.echr.coe.int>. Nach Angaben des Gerichts in seiner Pressemitteilung waren zu diesem Zeitpunkt allein 18 Klagen anhängig, darunter bereits eine von 200 Geschädigten.

[167] (PL) KRUPA-DĄBROWSKA, Rz. v. 23.2.2005. Näher zu den bevorstehenden Klagen auf Entschädigungen und den praktischen Problemen DIES./ KOSIARSKI, Rz. v. 21.6.2006.

[168] (PL) Dazu vgl. die jüngste Neufassung der OchrLokU durch Änderungsgesetz v. 15.12.2006, Dz. U. Nr 249, poz. 1833 (Gesetzesbegründung: Sejm-Druck Nr 964 v. 11.9.2006). Vgl. KRUPA-DĄBROWSKA, Rz. v. 2.10.2006 und v. 16.12.2006.

Auch der zeitweise vorgesehene weitgehende Ausschluss der Möglichkeit von befristeten Mietverträgen ging an den Bedürfnissen des Marktes vorbei, da dies zu einer Verknappung des Angebotes an dringend benötigten Räumen führte, deren Vermieter nicht bereit waren, das Risiko der Entstehung eines Mietverhältnisses auf unbestimmte Zeit einzugehen.[169] Diese ungewollten Nebenwirkungen der gesetzlichen Regelung wurden im Wesentlichen aber schon 2003 durch eine liberalere Neufassung beseitigt.[170]

Das größte Hindernis für eine „Stabilisierung" der Mietverhältnisse und die Verringerung von Räumungsentscheidungen stellt in Polen noch immer die schlechte Zahlungsmoral dar.[171] Als erfolgversprechendes Mittel wird zu Recht das gezielte sozialrechtliche Eingreifen des Staates über Mietzuschüsse oder Mietübernahme gesehen, wie es auch in Deutschland und anderen EU-Mitgliedstaaten praktiziert wird[172]. Da hier der Staat den Schuldner bei der Erfüllung seiner privatrechtlichen Verbindlichkeiten unterstützt oder er diese übernimmt, kann er damit schon auf materiellrechtlicher Ebene die potenziellen Konflikte vermeiden, ohne in das privatrechtliche Gefüge störend einzugreifen. Allerdings ist dieses System in Polen noch nicht voll ausgereift und hat mit Schwierigkeiten zu kämpfen[173]. Größtes Problem war anfangs neben der schlechten finanziellen Ausstattung der Gemeinden die große Zahl der Berechtigten, die von ihrem Recht wegen Unkenntnis keinen Gebrauch machen. Der finanzielle Aufwand für Mietzuschüsse ist aber erheblich und stellt nicht nur Transformationsländer wie Polen vor große Probleme.

III. Regelungsziel „Aufschub"

Soweit es darum geht, durch einen befristeten Aufschub Hilfe zur Selbsthilfe zu gewähren, sind die vorgesehenen Kündigungs- und Räumungsfristen sicherlich geeignet. Allerdings sind Regelfristen von drei Jahren wie bei der polnischen

---

[169] (PL) Insgesamt war ein verbreitetes Ausweichen in den grauen, illegalen Bereich festzustellen mit mündlichen Absprachen oder vom Mieter selbst anzufertigenden Blankokündigungen, in die der Vermieter bei Bedarf ein ihm genehmes Datum einfügte, vgl. KRUPA/BŁASZCZAK, Rz. v. 6. 2. 2002, C 2.

[170] (PL) Vgl. KRUPA-DĄBROWSKA, Rz. v. 10.5.2003; sehr krit. BOŃCZAK-KUCHARCZYK, Rz. v. 22.5.2003. Zur aktuellen Regelung vgl. Art. 5 OchrLokU.

[171] (PL) Schon 2001 zahlten 20-30% der Mieter keinen Mietzins, Angabe aus Gazeta Wyborcza v. 15.5.2001. Dies hat sich nicht gebessert, vgl. Rz vom 17.10.2006.

[172] (EU) Kurzer europäischer Vergleich bei ŻYCIŃSKI, Gazeta Wyborcza v. 2.9.2003 (Dom).

[173] (PL) KRZEKOTOWSKA/KRZEKOTOWSKA-OLSZEWSKA, MiP 6-7/2003; BIDZIŃSKI, R.Pr. 2001, S. 57 ff.; auch das Verfassungsgericht hat ein besseres Funktionieren angemahnt, vgl. TK Beschluss v. 29.6.2005, S 1/05, OTK 6A/2005, poz. 77 (unter 5).

Eigenbedarfkündigung problematisch und lassen sich nur aus der schwierigen Übergangssituation rechtfertigen.[174]

Bei den Räumungsfristen ermöglichen beide Länder eine flexible Fristgewährung. Da beide Rechtsordnungen insoweit allerdings im einfachen Gesetz kaum Leitlinien für die Entscheidung bereithalten, liegt die gesamte Verantwortung für eine auch dem Gläubigerinteresse Rechnung tragende Entscheidung bei den Richtern, die sich dabei soweit als möglich an den oben diskutierten Kriterien orientieren werden, vor allem an den jeweiligen Verfassungsvorgaben. Eine übermäßige Belastung des Gläubigers will der deutsche Gesetzgeber zumindest durch Festlegung einer Höchstdauer von einem Jahr vermeiden, in Polen ist auch die Fristlänge eine Frage der in einer Abwägung vom Richter zu entscheidenden „Angemessenheit." Es ist aber klar, dass zu lange Fristen den Gläubiger unverhältnismäßig belasten würden. Ebenso würden unbegrenzt verlängerbare Fristen ein unerwünschtes Element der Unsicherheit in die Vollstreckung bringen. Die Räumungsfristen sind auch rechtstechnisch kein geeignetes Mittel für das Problem der dauerhaften Vermeidung von Obdachlosigkeit, sondern bieten sich nur an, um ersichtlich vorübergehende Schwierigkeiten zu berücksichtigen. Der vom deutschen Gesetzgeber festgelegte Zeitraum von einem Jahr erscheint auch aus Effizienzgesichtspunkten gerade noch als „Übergangsperiode" vertretbar. Für alle darüber hinaus absehbaren Schwierigkeiten sollten andere Lösungen gefunden werden.

Der Befugnis des polnischen Gerichtsvollziehers, dem Schuldner im Vollstreckungsverfahren eine weitere Frist zu gewähren, stehen im deutschen Recht die flexiblen Reaktionsmöglichkeiten des Gerichts nach § 765a ZPO gegenüber. Beides soll der Vermeidung unvorhersehbarer akuter Härten dienen, die erst im Vollstreckungsverfahren auftreten. Der Einsatz von unbestimmten Billigkeitsnormen – wie § 765a ZPO[175] – ist aber problematisch, da damit den Gerichten außerhalb des Erkenntnisverfahrens umfangreiche Möglichkeiten der eigenen Wertung gegeben werden und die Ergebnisse oft über eine Korrektur unvorhersehbarer Ausnahmefälle weit hinausgehen.[176] Bei zu starker Vernachlässigung

---

[174] (PL) Z. T. wird argumentiert, dass dies unter Berücksichtigung der dazukommenden langen Dauer von Gerichts- und Vollstreckungsverfahren eine faktische Versagung der Beendigungsmöglichkeit und damit einen lang andauernden Entzug jeglicher Dispositionsmöglichkeit über das Eigentum darstelle, der verfassungswidrig in das „Wesen des Eigentumsrechts" (*istoty prawa własności*) eingreife, BIDZIŃSKI, KPP 4/X (2001), S. 871.

[175] (D) § 765a ZPO steht in der problematischen Tradition einer allgemeinen Billigkeitsrechtsprechung nach Grundsätzen des „gesunden Volksempfindens", vgl. Wieczorek/Schütze-PAULUS, Rn. 34 zu § 765a ZPO.

[176] (D) Das vertretbare Ausmaß des Schuldnerschutzes als Eingriff in Gläubigerrechte hängt auch davon ab, inwieweit die Hindernisse vorhersehbar sind. Bei klaren gesetzlichen Vorgaben, die leicht vorhersehbar und einkalkulierbar sind, kann eher noch von einer Hinnehmbarkeit ausgegangen werden, als bei unbestimmten Generalklauseln, vgl. Wieczorek/Schütze-PAULUS, Rn. 3 ff. zu § 765a.

der Effizienzaspekte erhöht sich insgesamt das Risiko prozessualen Vorgehens und damit rechtstatsächlich auch die Gefahr „wilder“ bzw. „privater“ Vollstreckung.[177]

IV. Regelungsziel „Obdachlosigkeitsvermeidung“

1. Schwerpunkt Reaktion

Die eigentlich akuten Probleme, bei denen die Interessen von Schuldner, Gläubiger und Staat aufeinanderprallen, treten bei der Frage der Obdachlosigkeitsvermeidung auf[178]. Die Lösung, die den Interessen der Gläubiger am weitesten entgegenkommt, besteht sicher darin, sie aus der Verantwortung für dieses gesamtgesellschaftliche Sozialproblem vollständig zu entlassen und Räumungen unabhängig von der Frage einer Ersatzunterkunft zuzulassen. Regelungstechnisch liegt dann der Schwerpunkt bei der Reaktion auf einen aktuellen Verlust des Obdachs durch die erfolgte Räumung auf die Straße. Obdachlose Personen werden, soweit möglich, in staatlichen Obdachlosenunterkünften, Pensionen o. ä. untergebracht[179]. Das Risiko nicht vorhandener Plätze trägt der Schuldner.

Positiv an einer solchen Lösung ist sicherlich die starke Disziplinierungswirkung durch Androhung erheblicher Konsequenzen bei Nichtzahlung von Miete und grob ungebührlichem Benehmen von Mietern. Dies ist aber nur bei Schuldnern angemessen, die zahlungsfähig aber nicht zahlungswillig sind. Zahlungsunfähige Mieter hingegen können nicht durch Drohung mit der Obdachlosigkeit „diszipliniert“ werden. Auch in Fällen, in denen Kündigung und Räumungstitel durch rechtzeitige Einschaltung der Sozialbehörden im Wege der Mietunterstützung durchaus hätten vermieden werden können, werden die Betroffenen aus ihrer gewohnten Umgebung gerissen und in einem sozialen „Ghetto“ untergebracht, wo ein weiteres Abrutschen droht und der Wiedereinstieg in die Erwerbsgesellschaft erschwert wird[180]. Unabhängig von diesen Problemen ist der größte Nachteil dieser Lösung aber, dass es in den meisten Fällen nicht einmal genügend auch kurzfristig bereitstehender (Not-)Unterkünfte gibt. Gerade in Polen, wo den Gemeinden die Aufgabe zugewiesen wurde, die Obdachlosigkeit zu bekämpfen, fehlen für eine umfassende Ausstattung die Mittel. In der Realität kommt es bei reaktivem Vorgehen daher regelmäßig zu Räumungen auf die Straße und anschließender Obdachlosigkeit.

---

177 (D) Wieczorek/Schütze-PAULUS, Vor § 704 ZPO Rn. 18 f.

178 (PL) Vgl. die Analyse im Urteil des TK vom 23.5.2006, OTK 5A/2006, poz. 58, S. 8 ff.

179 (D) So grundsätzlich SCHLINK, NJW 1988, S. 1693.

180 (PL) Zum Bau von Großunterkünften in Warschau („Armutsghetto“) vgl. Gazeta Wyborcza v. 19.8.2005.

2. *Zurück zur Prävention: das Problem der Räumung „auf die Straße" in Polen*

Genau vor diesem Problem stand der polnische Gesetzgeber bei Einführung des neuen Mietrechts von 1994. Die geplante liberale Loslösung vom administrativ-reglementierten System der sozialistischen Wohnungswirtschaft war rechtstechnisch unvollkommen und der Verzicht auf klare präventive Schutzmaßnahmen führte zu einer von der Öffentlichkeit nicht mehr tolerierten Menge an Räumungen auf die Straße und einem starken Ansteigen der Obdachlosigkeit. Eine Analyse der Vorgehensweise des polnischen Gesetzgebers bei der Bekämpfung der Obdachlosigkeit[181] zeigt zugleich beispielhaft die Schwierigkeiten, die sich einem Gesetzgeber in der Transformationssituation bei der Bekämpfung eines sozialen Problems stellen.

a) Die Situation vor 1994

Das sozialistische Wohnungsrecht des *Prawo Lokalowe* (PrLok)[182] hatte die Vollstreckung von Räumungsentscheidungen den Wohnungsorganen übertragen, die die Entscheidungen nach den Prinzipien der Verwaltungsvollstreckung realisierten.[183] Es war dabei dem Prinzip gefolgt, dass die Räumung vom Vorhandensein einer Ersatzwohnung abhängig war, d. h. grundsätzlich nicht auf die Straße erfolgen konnte.[184] Hatte der Räumungsschuldner keine anderweitige Wohnmöglichkeit, waren entweder das vollstreckende Wohnungsorgan – vor allem wegen seiner gleichzeitigen grundsätzlichen Verpflichtung, den Wohnbedarf des Betroffenen zu befriedigen[185] – oder in manchen Fällen der Arbeitgeber verpflichtet, eine Ersatzwohnung für ihn und seine Familie bereitzustellen.[186] Die Vollstreckung begann erst nach der Bereitstellung. Soweit bei nicht dem PrLok unterliegenden Wohnungen bereits zivilprozessual der Gerichtsvollzieher

---

[181] (PL) Guter einleitender Überblick bei PILCZYŃSKI, Rz. v. 21.10.2002; DYBOWSKI, PiP 11/2001, S. 52.

[182] (PL) Letzte „sozialistische" Fassung: *Ustawa* v. 10.4.1974, konsolidierte Fassung Dz.U. 1987, Nr 87, poz. 165.

[183] (PL) Art. 1046 § 4 KPC a.F., Art. 64 Abs. 1 PrLok. Dazu Piasecki-JANKOWSKI, Rn. 10 f. zu Art. 1046 KPC.

[184] (PL) Vgl. Beschluß des SN v. 29.10.1992, III AZP 15/92, OSN 1993, Nr 1-2, poz. 5; MYCZKOWSKI, Einl. zu Art. 36 NajLokU; GOLA/SUCHECKI, Anm. 1 zu Art. 36 NajLokU.

[185] (PL) ŚWIEBODA, PS 9/2001, S. 4, weist darauf hin, dass diese Organe natürlich am besten in der Lage waren, das eigene Wohnungsreservoir und die Möglichkeit der „Umquartierung" zu überblicken.

[186] (PL) Art. 64 Abs. 2 PrLok in Verbindung mit Berechtigungen aus dem PrLok., etwa Art. 57 Abs. 3, oder auch mit § 4 Abs. 1 Pkt 3 der Verordnung des Ministerrates v. 18 Juli 1988 über die Prinzipien und das Verfahren der Befriedigung des Wohnungsbedarfs, *Rozporządzenie Rady Ministrów z dnia 18 lipca 1988 r. w sprawie zasad i trybu zaspokajania potrzeb mieszkaniowych,* Dz.U. Nr 27, poz. 187 m.Änd.

vollstreckte, machte dieser die Räumung vom Nachweis des Gläubigers abhängig, dass der Schuldner über eine Nachfolgewohnung verfügte (die der Eigentümer zumeist hätte suchen oder kaufen müssen) oder dass er in eine frühere Wohnung zurückkehren konnte.[187] Da es an Ersatzwohnungen mangelte, wurde die Durchsetzung von Räumungsentscheidungen durch diese Bedingung praktisch verhindert. Solche Entscheidungen waren faktisch kraftlos.[188]

Die allgemeine Kenntnis von der Nichtvollstreckbarkeit von Räumungsentscheidungen und damit vom Fehlen einer Sanktion für den schlechten Umgang mit der Wohnung oder die Nichtzahlung von Mietzins führte verbreitet zu anarchischen Zuständen[189] und im Zusammenhang mit der schlechten Wirtschaftslage besonders nach dem politischen Umbruch zu einer sich ständig verschlechternden Zahlungsmoral. Da es demzufolge an erforderlichen Einnahmen aus dem Mietzins fehlte, aber auch eine Zuweisung ausreichender staatlicher Gelder für die Renovierung der Gebäude nicht mehr erfolgte, blieb als Erbe der sozialistischen Wohnungswirtschaft in erster Linie eine weitgehend ruinierte Gebäudesubstanz.[190] Schon hier zeigt sich die große Bedeutung der Räumungsvollstreckung als praktisch einzigem Disziplinierungselement im Wohnungsrecht.

b) Das Wohnungsmietgesetz von 1994

Die bisherige Regelung wurde als übermäßiger Mieterschutz auf Kosten der Eigentümer, als Bremse für dringend benötigte Investitionen in den Bau neuer Mietshäuser und Erwerb und Renovierung schon bestehender angesehen. Mit der gesetzlichen Neuregelung durch das Gesetz über die Miete von Wohnungen und Wohnungszuschüsse vom 2 Juli 1994 (NajLokU) sollten daher die Mietverhältnisse wieder an privatrechtliche Grundsätze herangeführt, die Abkehr vom sozialistischen Wohnungsrecht vollzogen[191] und der in Art. 64 der Verfassung verankerte Eigentumsschutz[192] verwirklicht werden. Entsprechend dem wieder ausschließlich zivilrechtlichen Charakter des Mietverhältnisses wurde auch die

---

[187] (PL) § 151 CzynKomR.

[188] (PL) Vgl. ZOLL, S. 275 auch zur Kritik; CZERWIAKOWSKI, Palestra 9-10/1996, S. 37.

[189] (PL) Darstellung bei GOLA/MYCZKOWSKI, Anm. 1 zu Art. 14 OchrLokU.

[190] (PL) MYCZKOWSKI, Anm. 3 zu Art. 36 NajlokU; WIELGO, Gazeta Wyborcza v. 22.10.2002. So auch das Verfassungsgericht, vgl. TK Urteil v. 17.5.2006, K 33/05, OTK 5A/2006, poz. 57, S. 13 und TK Urteil v. 23.5.2006, SK 51/05, OTK 5A/2006, poz. 58, S. 8.

[191] (PL) CZERWIAKOWSKI, Palestra 9-10/1996, S. 36; ZOLL, S. 28 f.; GOLA/MYCZKOWSKI, Anm. 5 zu Art. 1 OchrLokU, die einen kritischen Überblick über die Entwicklung geben.

[192] (PL) Einführend DE VRIES, WGO-MfOR 2000, S. 173.

Vollstreckung von Räumungstiteln erneut dem normalen zivilprozessualen Verfahren unterworfen.[193]

Im Gegensatz zum sozialistischen System war nach überwiegender Ansicht eine Räumung ohne Bereitstellung einer Ersatzunterkunft nunmehr grundsätzlich möglich.[194] Dies zeigte sich schon in der Regelung einer winterlichen Räumungsschutzperiode mit vollständiger Aussetzung von Vollstreckungen, die neben die klassischen Räumungsfristen trat. Eine solche Regelung impliziert ja bereits, dass es theoretisch zu Räumungen auf die Straße kommen kann und dass zudem kein sehr ausgeprägtes Sozialrecht besteht, das Obdachlosigkeit im Winter durch Bereithaltung einer ausreichenden Menge von Obdachlosenunterkünften vermeidet. Daneben hatte der Gesetzgeber allerdings erstmals geregelt, dass von den Gemeinden[195] Sozialunterkünfte für bedürftige Gemeindeangehörige bereitgestellt werden sollten. Um diese *lokale socialny* auch in Fällen der Räumungsvollstreckung nutzbar zu machen, war schon in der ersten Gesetzesfassung vorgesehen, dass das Prozessgericht im Räumungsurteil über eine Sozialunterkunftsberechtigung mitentscheiden sollte[196] und es entsprach herrschender Meinung, dass bei positiver Entscheidung die Vollstreckung bis zur Bereitstellung einer solchen Unterkunft ausgesetzt werden sollte.[197] Dies erwies sich allerdings als schwache Schutzregelung, da die Praxis der Gerichte von der geschilderten Möglichkeit des Räumungsschutzes durch Zuerkennung einer Sozialunterkunftsberechtigung wenig Gebrauch machte.[198] Nach der Rechtsprechung des Obersten Gerichts (SN)[199] hatten Untersuchung und Entscheidung über die Berechtigung nämlich grundsätzlich nur auf Initiative des Vollstreckungsschuldners zu erfolgen. Dem SN zufolge musste das Gericht insoweit nur in be-

---

193 (PL) Durch Streichung von Art. 1046 § 4 KPC a.F., vgl. Art. 48 NajLokU. Piasecki-Jankowski, Rn. 11 zu Art. 1064 KPC. Einzelne Bereiche bleiben aber bis heute einem administrativen System unterworfen, so Wohnungen die Polizeibeamten zugeteilt worden waren. Vgl. zu diesem für Eigentümer besonders problematischen Bereich Rz. v. 25.1.2007.

194 (PL) Vgl. nur Czerwiakowski, Palestra 9-10/1996, S. 37 f. auch zur Nichtgeltung von § 151 CzynKomR; Zoll, S. 276; Bidziński, *Status*, S. 153 ff.; Gnys, R.Pr. 5(50)/2000, S. 106; SN Urteil v. 27.4.1995, III CZP 49/95, OSNCP 1995, Nr 9, poz. 124; SN Beschluss v. 7.2.1997, III CZP 120/96, OSNC 1997, Nr 6-7, poz. 69; Beschluss vom 22.12.1997, III CZP 64/97, OSNC 1998, Nr 7-8, poz. 109; Beschluss v. 23.12.1998, III CZP 38/98, OSNC 1999, Nr 5, poz. 88; .a. A. Knypl/Nowakowski, S. 15-25; Gola/Suchecki, Anm. 9 ff. zu Art. 37 NajLokU, unter Berufung auf Art. 75 Konst., an den der GVZ gebunden sei.

195 (PL) Der Zuständigkeitsübergang wurde mit der Dezentralisierung und der Entwicklung des Selbstverwaltungsgedankens begründet, vgl. Gnys, R.Pr. 5/50 (2000), S. 107.

196 (PL) Art. 36 NajLokU a.F..

197 (PL) Das war vor der Neufassung von 2000 aber umstritten, vgl. Nw. bei Zoll, S. 277 f.

198 (PL) Krzekotowska, S. 26 Fn. 22; für eine Ausnahmenatur der Bestimmung z.B. ausdrücklich Myczkowski, Anm. 4 zu Art. 36 NajLokU.

199 (PL) SN Beschl. v. 19.5.2000, III CZP 4/2000, dazu Lewandowska, Rz. v. 22.5.2000.

sonderen Ausnahmesituationen[200] von Amts wegen tätig werden. Da die meist rechtsunkundigen Schuldner selten initiativ wurden und oft nicht einmal vor Gericht erschienen, wurde häufig der Frage der Sozialunterkunftsberechtigung nicht weiter nachgegangen (vor allem wenn durch Versäumnisurteil entschieden wurde).

Infolgedessen kam es zu vielen Entscheidungen, die trotz an und für sich bestehender Sozialunterkunftsberechtigung des Schuldners durch Räumung auf die Straße (*eksmisja na bruk*) vollstreckt wurden. Von den 21 557 im Jahre 1999 in sämtlichen Gerichten gefällten Räumungsentscheidungen wurden 13 325 Sachen dem Gerichtsvollzieher übergeben und 9382 vollstreckt (im Übrigen wurde auf Durchführung der Räumung verzichtet). Nur 1751 Räumungen erfolgten in eine Sozialunterkunft oder vom Gläubiger bereitgestellte Wohnung, 5120 hingegen waren unfreiwillige Räumungen auf die Straße, d. h. ohne Ersatz- oder Sozialunterkunft.[201] Unter den 2511 freiwilligen Räumungen dürften sich weitere solche Fälle befunden haben, da hierunter sämtliche Räumungen erfasst wurden, bei denen der Schuldner angesichts der Vollstreckungsorgane und Räumungshelfer ohne Widerstand die Wohnung verließ.

c) Die Änderungen des Gesetzes

Die große Anzahl solcher Entscheidungen, bei denen Familien mit minderjährigen Kindern oder andere besonders schützenswerte Personen betroffen waren, und ihr z. T. dramatischer Verlauf führten zu lebhaften Debatten und politischen Aktionen durch Gegner der Neuregelung.[202] Zum Teil weigerten sich die Gerichtsvollzieher, die Entscheidungen auszuführen.[203] Schließlich kam es zu einer Verfassungsklage gegen das Gesetz durch den Bürgerrechtsbeauftragten[204], der zahlreiche Beschwerden von Betroffenen erhalten hatte.

---

200 (PL) Hier war nach Angaben des Justizministeriums an generelle „Lebensuntüchtigkeit", Krankheit und fortgeschrittenes Alter zu denken, vgl. KRUPA, Rz. v. 3.1.2001, C 1.

201 Daten des Justizministeriums für 1999 aus der Auskunft des Justizministers vom 15.6.2000, Diariusz Senatu RP Nr 65 <http://www.senat.gov.pl/K4/DOK/DIAR/65/6506.htm>; ebs. GNYS, R.Pr. 5(50)/2000, S. 106. Daten für 2003 (2002): 8528 (7631) Räumungen, davon 4557 (4935) ohne Ersatzunterkunft, Rz. v. 27.8.2004. Daten für 2005: 7000 Räumungen, davon 3700 ohne Sozialunterkunft, vgl. Hauptstatistikamt GUS, <http://www.stat.gov.pl/opracowania_zbiorcze/maly_rocznik_stat/2006/10_mrs2006.pdf> [Abruf: 19.1.2007].

202 (PL) Vgl. Gazeta Poznańska v. 5.4.2000, Rz. v. 25.4.2001, Trybuna online v. 25.10.2000; Wspólne Sprawy 9 (114)/2000 <www.ursa.as.net.pl/ws/114/ws114_eksmisja.htm> [Abruf: 19.1.2007].

203 (PL) Vgl. die scharfe Kritik bei MYCZKOWSKI, Anm. zu Art. 36 NajLokU.

204 (PL) RPO/338562/2000/V, v. 25.4.2000.

Mit dem Änderungsgesetz vom 15. Dezember 2000[205] reagierte der Gesetzgeber auf den öffentlichen Druck und führte anstelle der unbefriedigenden und vom Bürgerrechtsbeauftragten gerügten Praxis in der Frage der Sozialunterkunftsberechtigung für die Gerichte den oben geschilderten Untersuchungsgrundsatz und eine Entscheidungspflicht ein. Zudem wurden nunmehr erstmals besonders schützenswerte Personen genannt, denen gegenüber keine negative Entscheidung mehr ergehen kann und die demnach von der Räumung regelmäßig verschont bleiben. Das Gesetz versuchte darüber hinaus – wie oben erwähnt – , auch drittbetroffene Wohnungsinsassen, die ihr Recht zur Wohnungsnutzung vom Räumungsschuldner ableiten, vor überraschenden Räumungen durch Prozessteilnahme im Erkenntnisverfahren und Einschränkung der Möglichkeit eines Versäumnisurteils zu schützen.[206]

Auf den Antrag des Bürgerrechtsbeauftragten erklärte das Verfassungsgericht (TK) die Neuregelung allerdings bereits am 4. April 2001 wegen noch bestehender Schutzlücken teilweise für verfassungswidrig. Zum einen hatte der Gesetzgeber vergessen, bestimmte Altfälle in den Schutz einzubeziehen: Nicht geschützt waren Personen mit bereits rechtskräftig entschiedenen und noch nicht vollstreckten Räumungssachen, die sich wegen der winterlichen Schutzperiode bis zum 1. April „angesammelt" hatten[207]. Zum anderen waren Fälle von Personen übersehen worden, die erst nach Urteilsverkündung die geschützte Rechtsposition erlangen (z. B. schwanger werden), so dass nunmehr das Gericht keine Räumung ohne Sozialunterkunftszuweisung mehr aussprechen dürfte.[208] Um diese Probleme zu beheben[209] und den Verfassungsauftrag aus Art. 75 Abs. 2 vollständig umzusetzen, verabschiedete der *Sejm* am 11. Mai 2001 das neue Gesetz zum Schutz der Wohnungsnutzer (OchrLokU) mit seinen oben geschilderten Regelungen. Der Kreis der faktisch vor Räumung geschützten Nutzer wurde darin nochmals um Schwerkranke, sozialhilfeberechtigte Pensionäre und Rentner sowie Arbeitslose erweitert. Vorläufiger Schlusspunkt der Entwicklung ist eine weitgehende Rückkehr des polnischen Rechts zum Ausgangspunkt, d. h. zu

---

[205] (PL) Änderungsgesetz zum NajLokU v. 15.12.2000, Dz.U. Nr 122, poz. 1317 (Inkrafttreten 31.12.2000); dazu KRUPA, Rz. v. 3.1.2001, C 1.

[206] (PL) Art. 36a Abs. 1, Abs. 4 NajLokU, nunmehr Art. 15 Abs. 1, Abs. 4 OchrLokU. Ein Versäumnisurteil ist erst nach Durchführung der Beweisaufnahme möglich.

[207] (PL) Die Neufassung sollte nur auf vor Inkraftreten des Änderungsgesetzes begonnene und noch nicht abgeschlossene Sachen Anwendung finden.

[208] (PL) Urteil des TK v. 4.4.2001, K 11/00, Dz.U. 2001 Nr 32, poz. 386, OTK, Nr 3/2001, poz. 54 und vom gleichen Tag: S 2/01, OTK, Nr 3/2001, poz. 58. Dazu KRONER, Rz. v. 5.4.2001.

[209] (PL) Zur Umsetzung vgl. Art. 35 OchrLokU, der z. T. wiederum vom TK für vefassungswidrig gehalten wurde, vgl. TK, Urteil v. 2.10.2002, K 48/01, Dz. U. Nr 168, poz. 1383. Näher DOLIWA, Rn. 5 ff. zu Art. 35 OchrLokU und KNYPL, Currenda 4/2005, S. 133 ff.

den Regelungen des sozialistischen Wohnungsrechts[210]: Wie damals macht auch die KPC-Reform die Durchführung einer Räumung wieder stets von der Bereitstellung einer Ersatzunterkunft durch Gläubiger oder Gemeinde abhängig – nunmehr allerdings flankiert von einer Schadensersatzpflicht der Gemeinden, die keine Unterkünfte bereitstellen.

d) Zusammenfassung und Ausblick

(I) Ausgangssituation und Regelungsalternativen

Schon die Regelungen des Gesetzes zum Schutz der Wohnungsnutzes (OchrLokU) stießen in Wissenschaft und Praxis auf starke Kritik.[211] Das Gesetz stelle das typische Beispiel einer „Gesetzgebungsinflation" dar, die vor allem in Bereichen um sich greife, die anfällig für „Ideologisierung, Politisierung und reinen Populismus" seien[212], und ermögliche durch seinen weiten Schutz Umgehung und Rechtsmissbrauch[213]. Die einseitig schuldnerschützende Ausrichtung des Gesetzes hat den legalen privaten Mietmarkt schwer beeinträchtigt.[214] Die Neufassung des KPC berücksichtigte diese Kritik kaum. In einigen Bereichen wurden die problematischen Elemente der Regelung sogar ausgebaut.

Ausgangspunkt jeder Analyse muss die tatsächliche gesellschaftliche Situation sein, aus der sich die Regelungsprobleme ergeben. Die wirtschaftliche und rechtliche Transformation zu einem marktwirtschaftlichen System hat in Polen im Bereich des Wohnungsrechts zu einer besonders verfahrenen Situation geführt. In den letzten Jahren waren ständig 20-30% der Mieter mit der Miete im Rückstand oder zahlten überhaupt keinen Mietzins[215]. Schon nach der ersten Entscheidung des Verfassungsgerichts, Mieterhöhungen in erheblich größerem Umfang als bislang möglich zuzulassen, erhöhten die Vermieter flächendeckend den Mietzins massiv – z. T. um bis zu 100%. Auch dadurch nahm die Zahl nicht zahlungsfähiger Mieter wieder zu.[216] Dass die Einnahmen aus der Wohnungsvermietung häufig die entstehenden Kosten nicht annähernd decken, ist umso

---

[210] (PL) So auch WIELGO, Gazeta Wyborcza v. 22.10.2002; BOŃCZAK-KUCHARCZYK, Rz. v. 21.10.2002.

[211] (PL) Vgl. nur NAZAR, MoP 19/2001, S. 961; KRUPA/BŁASZCZAK, Rz. v. 6.2.2002 C 2: „Beispiel für Vorschriften, die an der Lebenswirklichkeit vorbeigehen"; abwägend: ZOLL, Rz. v. 23.8.2001.

[212] (PL) NAZAR, MoP 19/2001, S. 961; DOLIWA Rn. 9 zu Art. 1 OchrLokU; zur generellen Kritik am Gesetzgeber BOBER/VON REDECKER, Osteuropa Recht 2/2002, S. 83 ff.

[213] (PL) BOŃCZAK-KUCHARCZYK, Rz. v. 23.8.2002: unklare Definitionen.

[214] (PL) KRUPA/BŁASZCZAK, Rz. v. 6.2.2002; GOLA/MYCZKOWSKI, Anm. 5 zu Art. 1 OchrLokU

[215] (PL) Vgl. zu neuen Zahlen: Rz. v. 17.10.2006 (in 2005 Mietrückstände von 1,8 Mrd. zł); zum Vergleich in 2002 PILCZYŃSKI, Rz. v. 21.10.2002 (2 Mrd. zł).

[216] Zu den Mieterhöhungen WIELGO, Gazeta Wyborcza v. 22.10.2002.

problematischer, als die Vermieter natürlich trotzdem – schon um Haftung oder Strafverfolgung zu vermeiden – verpflichtet bleiben, die Gebäude in verkehrsicherem Zustand zu erhalten.[217] Die Zahl der Räumungsklagen und damit potenziell wohnungsloser Schuldner blieb auch aufgrund der zunehmenden Eigenbedarfskündigungen auf sehr hohem Niveau.[218]

Um dieser komplexen Gemengelage an Regelungsproblemen Herr zu werden, bieten sich verschiedene Lösungswege an. In einer sozialen Marktwirtschaft müssen dabei beide konstitutiven Elemente berücksichtigt werden, das soziale *und* das Marktelement. Dazu ist ein fragiler Kompromiss erforderlich, der vor allem darin besteht, beide betroffenen Interessengruppen zufrieden zu stellen und sowohl das Eigentum als auch die Mieterrechte zu wahren[219]. Das ist aber nur durch staatliche finanzielle Abfederung der Markthärten möglich. Wenn es nicht genügend billige Wohnungen gibt, bzw. eine große soziale Gruppe die marktüblichen Mieten nicht zahlen kann, drohen Räumungen und Obdachlosigkeit. Will man dies verhindern und trotzdem die Rechte der Eigentümer im Kern erhalten, müssen kostspielige Förderprogramme zum massenhaften Bau billiger (Ausweich-)Wohnungen aufgelegt, die Mieter subventioniert oder die Eigentümer für eine Requirierung ihrer Wohnungen zumindest entschädigt werden. Die einzige Alternative dazu ist eine Mietersicherung auf Kosten der Eigentümer. Dieser sozialistische Weg allerdings erstickt, wie die Erfahrung aus Polen zeigt, letzten Endes jede Initiative zum Wohnungsbau durch potenzielle Marktakteure.

Die polnische Gesetzgebung begab sich – wie gesehen – zunächst auf einen liberalen Weg, der die Fehler des sozialistischen Wohnungsrechts und die schlimmsten sozialen Spannungen eines freien Wohnungsmarktes vermeiden wollte. Dabei wurden im Vorfeld angesiedelte „Stabilisierungsmaßnahmen" wie Wohnungszuschüsse und Sozialwohnungsbau mit einem nur reaktiven Vorgehen im Falle der Räumungen verbunden. Ein solches System kann aber „humanitär" zufriedenstellend nur funktionieren, wenn ausreichendes Geld für Zuschüsse und den Bau von Sozialwohnungen oder zumindest Übernachtungsplätzen zur Verfügung steht, damit es nicht zu Räumungen mit der Folge der Obdachlosigkeit kommt. Dieses Modell ist in Polen ersichtlich gescheitert. Wegen zu geringer Staatsmittel konnten die Wohnungszuschüsse niemals auch nur annähernd einen befriedigenden Umfang erreichen, der Bau von Sozialwohnun-

---

[217] (PL) Hier ist in erster Linie an die häufig erforderliche sehr kostspielige Dacherneuerung zu denken. Ebenso argumentiert auch das Verfassungsgericht, vgl.: TK Urteil v. 17.5.2006, K 33/05, OTK 5A/2006, poz. 57, S. 12.

[218] (PL) Seit Mitte 2004 liefen erstmals die dreijährigen Kündigungsfristen ab und beschäftigten die ersten Räumungsklagen die Gerichte, vgl. Gazeta Wyborcza v. 4.8.2004; KRUPA-DĄBROWSKA, Rz. v. 27.8.2004. Die Zahl der Räumungsurteile: 2001: 34 926, 2003: 35 326 (Rz. v. 1. 4. 2004).

[219] (PL) So auch das TK, Urteil v. 23.5.2006, SK 51/05, OTK 5A/2006, poz. 58, S. 9.

gen kam kaum voran. Hauptleidtragende der unzureichenden Umsetzung des „liberalen" Modells waren die auf die Straße geräumten Mieter.

Gedrängt von der öffentlichen Meinung und dem Wählerpotenzial der „Lokatoren" begann der Gesetzgeber daher schon früh, Risiken und Lasten schrittweise auf die Gläubiger zu verschieben. Eine Verhinderung von Obdachlosigkeit durch „Einfrieren" der bestehenden Situation, d. h. Requirierung der Wohnung, ist zur Krisenbewältigung sicherlich geeignet. „Marktwirtschaftlicher Kompromiss" kann dies aber nur dann noch genannt werden, wenn die Maßnahme zum einen eine Ausnahmenatur behält sowie vorübergehenden Charakter hat, d. h. nicht zum Normalfall wird und ein Ende der Requirierung absehbar ist, und zum anderen, wenn die Gläubiger für den Verlust ihrer Verfügungsfreiheit effektiv entschädigt werden. Beides traf in Polen lange Zeit nicht zu.[220]

(II) Kritik der Regelungssituation aus praktischer Sicht

(1) Sozial- und Ersatzunterkünfte

Schon die Verknüpfung der Räumungsentscheidung mit der Frage des Anrechts auf eine Sozialunterkunft kann in ihrer praktischen Umsetzung nicht mehr als fairer Kompromiss angesehen werden. Aufgrund des progressiv ausgeweiteten Kreises der absolut räumungsgeschützten Personen ergehen Räumungsurteile in der ganz überwiegenden Zahl der Fälle unter Zuerkennung des Rechts auf eine Sozialunterkunft. Bei mangelnder Zinszahlung sind nämlich überaus häufig Arbeitslose, Rentner oder Familien mit minderjährigen Kindern betroffen.[221] Da bislang allerdings noch immer Sozialunterkünfte nicht in ausreichender Zahl vorhanden sind[222] und die meisten Gemeinden ihre Aktivitäten im Sozialunterkunftsbau erst langsam ausweiten[223], ist die Vollstreckung von Räumungsurteilen mit Sozialunterkunftsberechtigung nur selten zu realisieren und ist auch ein Ende der „Wohnungsrequirierung" häufig nicht abzusehen.[224] Diese einseitige Risikotragung erscheint umso unausgewogener, als sie ohne Berücksichtigung der einzelnen Situation und des individuellen Verhaltens gilt, also etwa auch

---

220 (PL) Ausführlich die Analyse im TK Urteil v. 23.5.2006, SK 51/05, OTK 5A/2006, poz. 58, S. 9 ff.

221 (PL) KRUPA/BŁASZCZAK, Rz. v. 6.2.2002, C 2.

222 (PL) 2003 brauchten ca. 100.000 Personen eine solche Unterkunft, MILEWSKA, Rz. v. 11.3.2003. Zu Zahlen aus einzelnen Großstädten: KRUPA-DĄBROWSKA, Rz. v. 27.8.2004.

223 (PL) 2001 errichteten die Gemeinden 2300 Wohnungen, d. h. statistisch eine pro Gemeinde, WIELGO, Gazeta Wyborcza v. 22.10.2002; zur neuen staatl. Bauförderungn, Rz. v. 9.12.2006. Die Gemeinden können jetzt auch Wohnungen anmieten und sie als Sozialwohnungen an Bedürftige untervermieten, vgl. Art. 20 Abs. 2a und 2b OchrLokU.

224 (PL) Regelmäßig muss man weiterhin mehrere Jahre oder sogar Jahrzehnte auf einen Räumungsvollzug in eine Sozialunterkunft warten, vgl. TK Urteil v. 23.5.2006, SK 51/05, OTK 5A/2006, poz. 58, S. 11.

dann, wenn der absolut räumungsgeschützte Wohnungsnutzer in beharrlicher Weise gegen die Hausordnung verstößt und er die Nutzer der anderen Wohnräume dauerhaft belästigt. Hier kann in der Tat von einer „Paralysierung des Räumungsverfahrens" gesprochen werden,[225] die die Autorität von Räumungsentscheidungen und das Vertrauen in ein effektives Rechtsschutzsystem und den Rechtsstaat untergräbt und zu Selbstjustiz animiert. Das Gesetz führt zudem dazu, dass Wohnungen an „besonders schützenwerte Personen" bzw. Familien nicht mehr vermietet werden, da viele Vermieter das Risiko nicht tragen wollen, sich von solchen Mietern dauerhaft nicht trennen zu können.

All dies gilt natürlich auch für die neue Regelung, nach der eine Räumung ohne Ersatzunterkunft ja ausdrücklich in keinem Fall mehr möglich ist.[226] Der Versuch des Gesetzgebers, die Ausnahmenatur der Requirierung und ihre vorübergehende Natur dadurch sicherzustellen, dass er die Anforderungen an die Ersatzunterkunft reduziert („Behelfsunterkunft"), ist allerdings ein Schritt in die richtige Richtung. Bislang sind zwar einfache Obdachlosenunterkünfte noch nicht in ausreichender Zahl vorhanden,[227] da das vom Gesetzgeber als flankierende Maßnahme verabschiedete Programm zur Unterstützung der Gemeinden beim Bau von Sozial- und Obdachlosenunterkünften wegen des Erfordernisses hoher Eigenfinazierungsanteile der Gemeinden anfangs nicht die erwartete Resonanz fand.[228] Dies könnte sich aber gerade wegen der „Aktivierung" der bisher toten Schadensersatzvorschriften (dazu nachfolgend) relativ zügig ändern. Zudem erleichtert die neue Rechtslage es finanzkräftigen Vermietern, durch Bau von Billigstwohnungen oder Aufstellung von Containern zur „Umquartierung" der Mieter eine schnellere Räumung ihrer Wohnungen zu erreichen. Auch wenn sich dieses Verfahren also im Einzelfall bei Wohnungen mit hohem Marktwert durchaus „rechnen" kann, bleibt dabei natürlich problematisch, dass dann die Gläubiger in Anspruch genommen werden, um primär gesamtgesellschaftliche Probleme zu lösen.

(2) Schadensersatzanspruch

Die von Rechtsstaatsprinzip (*zasada państwa prawnego*) und Eigentumsschutz (*ochrona własności*)[229] geforderte Ausgewogenheit der Regelung sollte nach

---

225 (PL) NAZAR, MoP 19/2001, S. 964, MoP 20/2001, S. 1013 f. Realisierung von Räumungstiteln „illusorisch".

226 (PL) Krit. KLUKOWSKA, Gazeta Wyborcza v. 3.12.2002; MILEWSKA, Rz. v. 31.3.2003.

227 (PL) KRUPA-DĄBROWSKA Rz. v. 12.12.2005; Zum Bau solcher Großunterkünfte in Warschau („Armutsghetto") vgl. Gazeta Wyborcza v. 19.8.2005.

228 (PL) Vgl. die FWSocjalU. Näher: KRUPA-DĄBROWSKA, Rz. v. 27.8.2004.

229 (PL) Art. 2 und 64 Konst. Diese Ableitung betont zu Recht PODSIADLIK, MoP 20/2002, S. 936. Ausführlich auch das Verfassungsgericht: TK Urteil v. 23.5.2006, SK 51/05, OTK 5A/2006, poz. 58, S. 6 ff., 9 ff.

dem Willen des Gesetzgebers – für den Fall von Sozialunterkünften – dadurch wiederhergestellt werden, dass dem Eigentümer in der OchrLokU ein reduzierter gesetzlicher Schadensersatzanspruch gegen die Gemeinde eingeräumt wurde, solange sich die Räumungsentscheidung gegen den Mieter mangels Bereitstellung einer Sozialunterkunft als nicht durchsetzbar erwies.[230] Die Regelung sollte zusätzlich als Druckmittel gegen die Gemeinden dienen, damit diese endlich ihren gesetzlichen Verpflichtungen nachkommen und den sozialen Wohnungsbau mit der nötigen Entschlossenheit angehen. Diese Sanktionierungs- und Ausgleichsfunktion konnte die unklare Vorschrift aber aufgrund der Auslegung durch das Oberste Gericht (SN)[231] lange Zeit nicht erfüllen.[232]

Nach Ansicht der Gemeinden und einheitlicher Auffassung der ordentlichen Gerichte, die dem SN in dieser Frage folgten, war die unklare Norm nämlich so auszulegen, dass der Eigentümer nur einen Anspruch in Höhe des Unterschieds zwischen dem bei Neuvermietung auf dem freien Markt erzielbaren Mietzins[233] und dem hatte, was vom Mieter an Entschädigung (theoretisch) *zu zahlen war* – gleichgültig ob dieser tatsächlich zahlte oder nicht. Das bedeutete, dass der Schadensersatzanspruch gegen die Gemeinde regelmäßig nur gering ausfiel[234] und dass die Grundentschädigung *nur* gegen den Ex-Mieter geltend gemacht werden konnte – notfalls auf dem Klageweg.[235] Demgegenüber war die überwiegende Literaturansicht davon ausgegangen, dass gegen die Gemeinden ein Anspruch in Höhe des Unterschieds zwischen marktüblichem Zins und dem vom Ex-Mieter an den Gläubiger *tatsächlich gezahlten* Betrag bestand. Zahlte der Mieter also (wie häufig) nichts, sollte die Gemeinde vollumfänglich haften.[236] Für diese Auffassung sprach schon der Wortlaut der Norm in ihrer bis

---

230 (PL) Art. 18 Abs. 4 OchrLokU. Auch das TK sieht die Vorschrift angesichts der Situation als „grundlegendes Instrument" zur Herstellung des erforderlichen Interessenausgleichs an, vgl. TK Urteil v. 23.5.2006, SK 51/05, OTK 5A/2006, poz. 58, S. 11.

231 (PL) SN Beschluss v. 16.4.2003, III CZP 22/03, OSNCP 2/2004, poz. 19; dazu PIONKOWSKA, Gazeta Prawna v. 9.5.2003.

232 (PL) Vgl. die instruktive Darstellung im Urteil des TK v. 23.5.2006, SK 51/05, OTK 5A/2006, poz. 58, S. 6 ff. Das Verfassungsgericht weist auf die fehlende Motivation für die Gemeinden ausdrücklich hin, S. 20.

233 (PL) Bei Wohnungsnutzung ohne Rechtstitel an sich fällig nach Art. 18 Abs. 2 OchrLokU. Näher BOŃCZAK-KUCHARCZYK, S. 144.

234 (PL) Vgl. die Angaben in Gazeta Wyborcza v. 4.8.2004: Toruń zahlt *jährlich* für eine 50 qm Wohnung 1212 - 3000 zł, für 80 qm 1939 – 4800 zł und für 100 qm 2424 – 6000 zł.

235 (PL) SN, s. o. Fn. 230. Andere waren davon ausgegangen, der Gläubiger habe jedenfalls im Einzelnen nachzuweisen, dass er überhaupt einen Schaden erlitten habe. Er müsse dazu zunächst (erneut) gegen den Ex-Mieter gerichtlich vorgehen und dann versuchen, seine Entschädigungsforderung gegen diesen zu vollstrecken: Erst bei Erfolglosigkeit habe er nachweislich einen Schaden erlitten. Vgl. Nw. bei PODSIADLIK, MoP 20/2002, S. 935, 936 f.

236 (PL) DOLIWA, Rn. 12 zu Art. 18 OchrLokU m.w. Nw.; PODSIADLIK, MoP 20/2002, S. 936 f., GOLA/MYCZKOWSKI, Anm. 4 zu Art. 18 OchrLokU. Danach hätte der Eigentümer nur versuchen müssen, zunächst vom Ex-Mieter freiwillige Zahlung der Entschädigung zu errei-

zum 31. Dezember 2004 geltenden Fassung: Danach stand dem Eigentümer der Unterschied zwischen dem vollen Schadensersatz und der vom Ex-Mieter „gezahlten Entschädigung" (*odszkodowaniem płaconym*), nicht der „zu zahlenden Entschädigung" zu.[237] Zudem gab es auch teleologische Argumente: Folgte man der vom SN bestätigten Auffassung, war der Eigentümer im Regelfall für weitere unbestimmte Zeit mit der Unterbringung der Ex-Mieter auf eigene Kosten belastet. Letztere waren nämlich angesichts ihrer gesicherten Situation wenig motiviert und wegen ihrer zumeist bestehenden Vermögenslosigkeit auch gar nicht in der Lage, die gesetzlich vorgesehene Entschädigung an den Eigentümer zu zahlen – die im übrigen der Miete entsprach, die sie ja schon bisher nicht zahlen konnten.[238] Der Eigentümer war daher größtenteils auf einen wertlosen Anspruch gegen die Ex-Mieter beschränkt. Ein solcher Schadensersatzanspruch lief praktisch leer. Die Norm erfüllte damit weder ihre Sanktionierungs- noch Ausgleichsfunktion.

Um sogar die Zahlung des geringen Ausgleichsanspruchs verweigern zu können, beriefen sich die Gemeinden zusätzlich auf ihr mangelndes Verschulden am Entstehen der Mangelsituation. Die Praxis der Untergerichte war in dieser Frage nicht eindeutig: Manche akzeptierten diese Verteidigung der Gemeinden, andere nicht.[239] In dieser Hinsicht folgte das Oberste Gericht allerdings nicht der Auffassung der Gemeinden: Gleichgültig, warum eine Gemeinde keine Sozialunterkünfte bereitstellen könne – sei es weil sie überhaupt keine, ungenügende oder ungeeignete Anstrengungen unternimmt –, stets unterlasse sie es, ihren gesetzlichen Pflichten nachzukommen. Die *objektive* Pflichtverletzung reiche bei diesem öffentlich-rechtlich begründeten Staatshaftungsanspruch[240] aus, auf ein Verschulden komme also nicht an.[241]

Ein weiteres Problem bestand darin, dass in der Praxis in Fällen, in denen der Mietzins noch gesetzlich reguliert ist (etwa bei den Genossenschaften), überhaupt kein Schadensersatzanspruch berechnet werden konnte, da die Genossenschaft als Vermieter ja vom Neumieter auch nicht mehr verlangen könnte als

---

chen und wäre nicht verpflichtet gewesen, auch diesen Betrag erneut einzuklagen und zu vollstrecken. A. a. z.B. ZOLL/OLCZYK/PECYNA, S. 243.

237 (PL) Allerdings spricht das Gesetz auch beim Umfang der Entschädigungspflicht davon, dass Ex-Mieter nur eine reduzierte Entschädigung „zahlen" (*opłącają*), obwohl es eine Verpflichtung ausdrücken will.

238 (PL) Da die Gemeinde auch ihnen gegenüber ihre Verpflichtung auf Bereitstellung einer billigeren Sozialunterkunft nicht erfüllt, stünde auch ihnen ein Schadensersatzanspruch gegen die Gemeinde zu, in Höhe der Differenz zwischen dem an den Eigentümer zu zahlenden Entschädigungsbetrag und dem potenziell für das Soziallokal zu entrichtenden (niedrigeren) Mietzins, vgl. PODSIADLIK, MoP 20/2002, S. 937 Anm. 22.

239 (PL) KRUPA-DĄBROWSKA, Rz. v. 27.8.2004, v. 12.12.2005 und v. 28. 2. 2004.

240 (PL) Zurückzuführen auf Art. 77 Konst. DOMAGALSKI, Rz. v. 15. 5. 2004.

241 (PL) SN, Urteil v. 18.2.2004, V CK 253/03; vgl. auch SAFJAN, PiP 4/1999, S. 9; PODSIADLIK, MoP 20/2002, S. 941 f. m.w.Nw.

vom Ex-Mieter. Einen Preis „auf dem freien Markt“ konnte es daher nicht geben. Nach überwiegender Ansicht der Praxis bestand daher *überhaupt kein* Anspruch der Genossenschaften als Vermieter gegen die Gemeinden.[242]

Die Auslegung des Obersten Gerichts sowie die Weigerungshaltung der Gemeinden, die angesichts ihrer Finanzkrise sogar die geringe Differenzentschädigung fast nie freiwillig zahlten, machten den Schadensersatzanspruch lange Zeit praktisch illusorisch.[243] Indem die Rechtsprechung zunächst in „sozialistischer Tradition“ die Eigentümer mit sämtlichen Kostenrisiken belastete, wuchs die Gefahr, dass zu illegaler Privatvollstreckung Zuflucht genommen wurde. Die unsichere Lage der Eigentümer führte dazu, dass diese häufig, schon um ihre Schäden zu begrenzen, den Ex-Mietern die Gas, Strom und Wasserzufuhr abstellten,[244] da sie nicht einsahen, warum sie diese Leistungen bereitstellen und bezahlen sollten, wenn keine Aussicht bestand, die Kosten jemals erstattet zu bekommen. Auf diese Weise trieb die aussichtslose Lage Eigentümer sogar in die Strafbarkeit.[245]

Das Verfassungsgericht beendete diese unhaltbare Situation schließlich durch zwei Entscheidungen im Jahr 2006[246], in denen es die Verfassungswidrigkeit der Vorschrift in ihrer bis zum 31. Dezember 2004 geltenden und in einer kaum veränderten Neufassung feststellte. Das Gericht setzte sich vor allem in der ersten, deutlich ausführlicheren Entscheidung – die daher im Folgenden im Vordergrund steht – umfassend mit den Problemen des polnischen Wohnungsrechts auseinander und mahnte einmal mehr eine stimmige Gesamtreform an.[247] Dabei sah es sich aufgrund der einheitlichen Auslegung der ordentlichen Gerichte (s. o.), gehindert, die Norm abweichend verfassungskonform zu interpretie-

---

242 (PL) Dazu PODSIADLIK, MoP 20/2002, S. 935 und KRUPA-DĄBROWSKA, Rz. v. 8.9.2004.

243 (PL) Schon vor dem SN-Beschluss war der Anspruch ausgesprochen ineffektiv, vgl. WIELGO, Gazeta Wyborcza v. 22.10.2002; PILCZYŃSKI, Rz. v. 21.10.2002.

244 (PL) Vgl. Berichte in Gazeta Wyborcza v. 3.12.2002; PODSIADLIK, MoP 20/2002, S. 938, hält sie sogar dazu verpflichtet (Schadensminderungspflicht), soweit dies nicht gegen Art. 5 KC („Grundsätze des gesellschaftlichen Zusammenlebens“) verstoße wie im Falle von behinderten Nutzern oder bei Kleinkindern in der Wohnung.

245 (PL) Vgl. zur erstinstanzlichen Verurteilung eines Eigentümers ROMANOWSKI, Rz. v. 29.1.2003. Später sprach der SN ihn vom Vorwurf der Bedrohung frei, DOMAGALSKI, Rz. v. 14.2.2004.

246 (PL) TK Urteil v. 23.5.2006, SK 51/05, OTK 5A/2006, poz. 58; Urteil v. 11.9.2006, P 14/06, OTK 8A/2006, poz. 102. Dazu vgl. Rz. v. 24.5.2006 und KRONER/KOSIARSKI, Rz. v. 12.9.2006.

247 (PL) TK Urteil v. 23.5.2006, SK 51/05, OTK 5A/2006, poz. 58, S. 8 ff., 21. Das Gericht stimmte in diesem ersten (Grundsatz-)Urteil weitgehend mit der Ansicht des Bürgerrechtsbeaufragten und des Generalstaatsanwalts überein, die am Verfahren teilgenommen hatten. Deren Positionen werden in der Begründung der Entscheidung mitgeteilt, vgl. ebd., S. 3 (*Rzecznik Praw Obywatelskich*), S. 4 (*Prokurator Generalny*).

ren[248]. Es legte vielmehr in der ersten Entscheidung die (restriktive) Auslegung des SN zugrunde – in der zweiten war die Norm vom Gesetzgeber ohnehin im Sinne dieser Interpretation angepasst worden[249] – und musste demzufolge in der ersten Entscheidung einen Verstoß der Vorschrift gegen das Rechtsstaatsprinzip[250], in beiden Entscheidungen einen Verstoß gegen die Eigentumsgarantie[251] und die Garantie des Schadensausgleichs für rechtwidriges statliches Handeln[252] konstatieren. Das Resumee des Gerichts zur Verletzung der Eigentumsgarantie in der ersten Entscheidung ist in seiner Schärfe bemerkenswert:

„Währendessen erweist sich der im Art. 18 OchrLokU geschaffene – formell korrekte – rechtliche Mechanismus, wenn man ihn an der konkreten Realität misst, als reine Fassade, als Scheinmechanismus. Es ist eine allgemein bekannte Tatsache, dass das gemeindliche Wohnungsreservoir in der Regel im Vergleich zum Bedarf bescheiden ist; zugleich ist häufigster Grund für eine Kündigung des Mietvertrages und eine Räumung die Nichtzahlung von Mietzins durch Wohnungsnutzer, die sich in einer schwierigen materiellen Situation befinden. Wenn man in diesem Kontext die Möglichkeit einführt, die Räumung anzuhalten und dabei dem Eigentümer einen Anspruch auf Bezahlung bestimmter Quoten für die Weiternutzung der Wohnung durch dazu nicht mehr berechtigte Personen zuerkennt (die in der Regel zahlungsunfähig sind) und dies schließlich mit der gleichzeitigen Begrenzung der Haftung der Gemeinde verbindet, die ihrer Pflicht zur Bereitstellung von Sozialunterkünften nicht nachkommt, schafft man einen Zustand, in dem die rechtliche Wirklichkeit sich vollständig von der Realität des Lebens ablöst; aufgestellte Rechtsnormen erfüllen ihre vorgesehene Funktion nicht mehr und der Schutz der Interessen der Eigentümer [...] erweist sich geradezu als illusorisch. Der Inhaber eines rechtskräftigen Gerichtsurteils [...] verfügt zwar – zumindest formell – über Schadensersatzansprüche sowohl gegen den Ex-Mieter als auch gegen die Gemeinde, ist aber in Wirklichkeit nicht im Stande, einen dieser Ansprüche zu realisieren [...].“[253]

Das Verfassungsgericht sah im vorliegenden Fall auch keinen verfassungsrechtlichen Rechtfertigungsgrund[254] für eine Einschränkung der Kompensationszah-

---

248 (PL) TK Urteil v. 23.5.2006, SK 51/05, OTK 5A/2006, poz. 58, S. 8.

249 (PL) Vgl. dazu die zweite Entscheidung TK Urteil v. 11.9.2006, P 14/06, OTK 8A/2006, poz. 102, S. 7.

250 (PL) Art. 2 Konst. Dazu TK Urteil v. 23.5.2006, SK 51/05, OTK 5A/2006, poz. 58, S. 14.

251 (PL) Art. 64 Abs. 1 Konst. Dazu TK Urteil v. 23.5.2006, SK 51/05, OTK 5A/2006, poz. 58, S. 15 ff.; Urteil v. 11.9.2006, P 14/06, OTK 8A/2006, poz. 102, S. 9 ff.

252 (PL) Art. 77 Abs. 1. Dazu TK Urteil v. 23.5.2006, SK 51/05, OTK 5A/2006, poz. 58, S. 18 ff.; Urteil v. 11.9.2006, P 14/06, OTK 8A/2006, poz. 102, S. 7. ff.

253 (PL) TK Urteil v. 23.5.2006, SK 51/05, OTK 5A/2006, poz. 58, S. 17 (Übersetzung des Verf.).

254 (PL) Vgl. Art. 31 Abs. 3 Konst. :„Einschränkungen, verfassungsrechtliche Freiheiten und Rechte zu genießen, dürfen nur in einem Gesetz beschlossen werden und nur dann, wenn sie in einem demokratischen Staat wegen seiner Sicherheit oder öffentlicher Ordnung oder zum

lungen der Gemeinden und damit für eine Beschränkung der Eigentumsgarantie oder der Garantie des Schadensausgleichs für rechtwidriges statliches Handeln. Die Lösung erscheine allein „von dem Motiv geleitet, das Budget [der Gemeinde] zu schützen, was jedoch nicht zum Katalog der Werte und Rechte gehört, die in der genannten Verfassungsvorschrift enthalten sind."[255]

Das Gericht betonte zudem die Bedeutung der Garantie des Schadensausgleichs für rechtwidriges statliches Handeln, die einen Haftungsmechanismus schaffe, der rechtmäßiges Handeln von Seiten der öffentlichen Gewalt sicherstellen solle. Die bisherige Rechtslage, bei der es an realen Sanktionen völlig fehle, reduziere die verfassungsrechtlich verankerten Staatsziele, eine Politik der Befriedigung des Wohnbedarfs der Bürger und der Bekämpfung der Obdachlosigkeit durchzuführen,[256] zu „leeren Erklärungen". Die Gemeinden unternähmen keine Anstrengungen, die fatale Mangelsituation bei Sozialunterkünften zu ändern. Paradoxerweise zahle es sich für die Gemeinden eher aus, sich die Nichtvollziehung rechtskräftiger Gerichtsurteile durch verhältnismäßig geringe Schadensersatzbeträge zu erkaufen, als langfristige Investitionen in Bauvorhaben und die Schaffung eines gemeindlichen Wohnungsreservoirs zu unternehmen. Die Folgen der fehlenden Aktivität trügen allein die Eigentümer.[257]

Das Gericht zog schließlich auch die systematische Unstimmigkeit der Regelung für Sozialunterkünfte mit heran, um deren Verfassungswidrigkeit im Lichte der Eigentumsgarantie zu begründen: Eigentümer, die ihre Wohnung nicht räumen lassen könnten, da sie darauf warten müssten, dass die Gemeinde eine *Ersatz*wohnung oder eine *Behelfs*unterkunft zur Verfügung stelle, könnten – mangels spezieller gesetzlicher Regelung – gegen die Gemeinden nach allgemeinen Grundsätzen einen unbeschränkten, vollen Schadensersatzanspruch geltend machen, ohne dass für diese Ungleichbehandlung ein Grund ersichtlich sei.[258]

Nach der Verwerfung der Vorschrift durch das TK und der zügigen Neuregelung finden nun auch im Bereich der Sozialunterkünfte die allgemeinen Haftungsregeln bei rechtswidrigem staatlichem Handeln Anwendung, nach denen den Eigentümern gegen die untätige Gemeinde grundsätzlich ein Anspruch auf Ersatz ihres Schadens in voller Höhe zusteht[259]. Anders als ursprünglich ge-

---

Schutz der Umwelt, Gesundheit, der öffentlichen Moral oder der Freiheiten und Rechte anderer Personen notwendig sind. Diese Einschränkungen dürfen das Wesen der Freiheiten und Rechte nicht verletzen." (Übersetzung von <http://www.sejm.gov.pl/prawo/konst/konst.htm> [Letzer Abruf: 19.1.2007])

[255] (PL) TK Urteil v. 23.5.2006, SK 51/05, OTK 5A/2006, poz. 58, S. 18 (zu Art. 64), S. 20 (zu Art. 77 Abs. 1).

[256] (PL) Art. 75 Konst.

[257] (PL) TK Urteil v. 23.5.2006, SK 51/05, OTK 5A/2006, poz. 58, S. 20.

[258] (PL) TK Urteil v. 11.9.2006, P 14/06, OTK 8A/2006, poz. 102, S. 11.

[259] (PL) Nach den Grundsätzen des Art. 417 KC, vgl. Art. 18 Abs. 5 n. F. OchrLokU.

plant[260], versuchte der Gesetzgeber also nicht erneut, eine Beschränkung des Schadensersatzanspruchs gegen die Gemeinden zu konstruieren.

(III) Fazit

Die dargestellte Situation stieß in Polen vor den Entscheidungen des Verfassungsgerichts keinesfalls auf einhellige Kritik. Verbreitet herrschte noch eine Betrachtungsweise des Wohnungsrechts vor, die Wohnraum als dem Einzelnen zustehende Sozialleistung begriff[261] und sogar in der einseitigen Abwälzung von Risiken und Kosten auf Vermieter oder Hauseigentümer nichts Negatives zu erkennen vermochte: Derjenige, der in der Lage sei, Wohnungen zu vermieten, müsse eben damit rechnen, bei Räumung Ersatzwohnungen bereitzustellen.[262] Dahinter steht ein nicht nur in ex-sozialistischen Ländern verbreitetes Klischee des Hauseigentümers oder Vermieters als Inbegriff des wohlhabenden Kapitalisten, das gerade in Polen in keiner Weise der Realität entspricht. Die der geschilderten Situation zugrundeliegenden gesellschaftlichen Probleme der Wohnungsnot und der Armut können in einer (angestrebten) sozialen Marktwirtschaft auf längere Sicht nicht erfolgreich durch ein restriktives Miet- oder Vollstreckungsrecht bekämpft werden, das die Vermietung von Wohnungen unrentabel macht, die Entstehung eines Wohnungsmarktes mit Alternativangeboten verhindert und dazu führt, dass viele Vermieter wegen immenser Außenstände von Insolvenz bedroht sind[263]. In einem marktwirtschaftlichen Rechtsstaat kann nicht von den Vermietern verlangt werden, langfristige soziale Probleme durch dauerhaftes kostenloses Bereitstellen ihres Wohnraums zu lösen, wie es in der polnischen Praxis jedenfalls bislang häufig der Fall war.[264] Dies ist vielmehr eine Herausforderung an die Gesamtgesellschaft, die diese mit Wohnzuschüssen oder Sozialwohnungsbau angehen muss[265].

Auch wenn dies lange Zeit mangels finanzieller Ressourcen noch nicht im ausreichenden Maße möglich war und wegen der Krisensituation eine beschränkte Inpflichtnahme der Eigentümer rechtlich vertretbar war, sollte eine Abwälzung

---

260 (PL) KRONER/KOSIARSKI, Rz. v. 12.9.2006. Vgl den Gesetzentwurf: Sejm-Druck Nr 964 v. 11.9.2006.

261 (PL) So zu Recht GOLA/MYCZKOWSKI, Anm. 5 zu Art. 1 OchrLokU.

262 (PL) Beispielhaft KNYPL/NOWAKOWSKI, S. 72.

263 (PL) So auch das TK, vgl. TK Urteil v. 23.5.2006, SK 51/05, OTK 5A/2006, poz. 58, S. 9, S. 20.

264 (PL) Von BOŃCZAK-KUCHARCZYK, Rz. v. 21.10.2002 zu Recht als „Humanitarismus auf fremde Kosten" bezeichnet; vgl. auch NAZAR, MoP 20/2001, S. 1012 ff.; PODSIADLIK, MoP 20/2002, S. 941.

265 (PL) So auch BYDZIŃSKI, R.Pr. 2000, S. 51; MILEWSKA, Rz. v. 11.3. und 31.3.2003. Ähnlich argumentierte das TK in seiner Entscheidung zur Mietzinserhöhung v. 12.1.2000, zitiert bei DOLIWA Rn. 20 zu Art. 9 OchrLokU.

der Probleme auf die Eigentümer schon wegen ihrer abschreckenden und langfristig investitionshemmenden Wirkung nur eine Übergangslösung sein[266]. Angesichts der geschilderten Situation war in der Tat ein Rückzug von Investoren sogar aus bereits begonnenen Projekten zu beobachten und ein Wohnungsleerstand, weil Eigentümer das Vermietungsrisiko scheuten.[267] Wie sich die verfassungsgerichtliche „Aktivierung" der Ersatzansprüche gegen die Gemeinden praktisch auswirkt, bleibt abzuwarten.

3. Vergleich mit Problemen der deutschen Situation

In Deutschland werden viele der in Polen aktuellen Probleme über Wohngeld und Mietübernahme, oder auch über die Widerspruchsmöglichkeit des Mieters und ggf. gerichtlich entschiedene Fortsetzung des Mietverhältnisses bei nicht zu rechtfertigender Härte[268] im Vorfeld abgefangen. Kommt es trotz Räumungsfristen zum Extremfall akut drohender Obdachlosigkeit, entspricht der polnischen Verknüpfung von Räumung und Bereitstellung einer Sozialunterkunft, wie gesehen, funktionell die nicht unproblematische Einweisung durch die Ordnungsbehörde[269].

Hier ließe sich zunächst fragen, ob nicht das Vollstreckungsrecht und insbesondere die flexible Norm des § 765a ZPO ebenso gut oder besser für die Obdachlosigkeitsvermeidung eingesetzt werden könnten. Kommt es nach Ablauf der durch die Räumungsfristen gewährten Zeit zur Selbsthilfe zu unvorhergesehenen Schwierigkeiten, so kann in der Tat das Vollstreckungsgericht schnell Überbrückungsschutz über § 765a ZPO gewähren. Dessen Regelungsaufgabe ist es, eine kurzfristige Pause im Konflikt zwischen Gläubiger und Schuldner zu gewähren, wenn grundsätzlich noch davon auszugehen ist, dass sich der Schuldner selbst helfen kann, ihm dies aber wegen einer außergewöhnlichen Situation gerade im Augenblick nicht möglich ist. § 765a ZPO geht also davon aus, dass bis zu diesem Zeitpunkt die Probleme immer noch zuallererst in der individuellen

---

266 (PL) Vgl. auch die Ausführungen des TK zum Eigentumsrecht (Art. 64 Konst.) in: TK Urteil v. 17.5.2006, K 33/05, OTK 5A/2006, poz. 57, S. 12: Möglichkeit ökonomischer Nutzung kann *in extremen Fällen übergangsweise* ausgeschlossen werden.

267 (PL) KRUPA/BŁASZCZAK, Rz. v. 6. 2. 2002, C2; KLUKOWSKA, Gazeta Wyborcza v. 3. 12. 2003; vgl. KIREJCZYK, Nieruchomości C.H.Beck 9/2002, S. 26 f. Darüber hinaus darf nicht übersehen werden, dass eine hypothekarische Kreditsicherung für die Banken bei der geschilderten Lage häufig nicht ausreichend war. Damit fehlten dringend benötigte Kredite für Investitionen in den Wohnungsbau. Ein Zurückgreifen auf Bürgschaften ist nur eine unzureichende Ersatzmöglichkeit, vgl. WIELGO, Gazeta Wyborcza v. 22.10.2002; KLUKOWSKA, a.a.O., vgl. auch das Interview mit KRYSIAK von der Bank PKO BP, ebd. Zu ausländischen Banken DIEDRICH, DPJZ 2/2001, S. 44.

268(D) Nunmehr § 574 ff. BGB.

269 (D) Umfassend dazu STEINMEIER und jetzt REITZIG.

Persönlichkeit des Schuldners begründet liegen. Daher ist es auch noch vertretbar, den Gläubiger als denjenigen, der sich diesen Schuldner ausgesucht hat, das finanzielle Risiko einer weiteren Unterbringung tragen zu lassen. Es ist dann naheliegend ein polizeirechtliches Eingreifen und Einweisen nach dem Subsidiaritätsprinzip auszuschließen, da insoweit eben gerichtlicher Schutz zu erlangen war und die Gerichte zu dieser Art der Schutzgewährung primär berufen sind.[270]

Sobald aber absehbar ist, dass eine Selbsthilfe kurzfristig nicht möglich ist,[271] liegt der Schwerpunkt nunmehr auf der staatlichen Verpflichtung, die Obdachlosigkeit als Gefahr für die öffentliche Sicherheit und Ordnung zu verhindern. Nach deutscher Rechtssystematik sind insoweit Ordnungsrecht und Sozialrecht einschlägig.[272] Kann die Gefahr nicht mehr durch Übernahme der Mietverpflichtungen durch staatliche Stellen oder Verhandlungen mit dem Vermieter beseitigt werden, muss der Staat an sich eine anderweitige Unterkunft bereitstellen. Die Lasten längerfristiger Obdachlosigkeitsbekämpfung (als überindividuellem Problem) können dem Gläubiger grundsätzlich nicht mehr zugemutet werden. Ist aber in der konkreten Situation nunmehr diese Unterbringung noch nicht möglich[273] – und *nur* in diesen Fällen –, ist es systemkonform, diese Wartezeit ordnungsrechtlich über eine Einweisung zu begründen. Da nunmehr in erster Linie Fragen der Sozialpolitik angesprochen sind, die sich unabhängig vom konkreten zivilprozessualen Verfahren stellen, ist es konsequent, die Regelung nicht im Vollstreckungs- sondern im Ordnungs- und Sozialrecht zu verankern.[274]

Für eine Übergangszeit, in der ein akuter Mangel an Obdachlosenunterkünften besteht, erscheint eine Einweisung des Ex-Mieters in die bisherige Wohnung vertretbar[275]. Gerade in Fällen, in denen die zu spät informierte Behörde Miet-

---

270 (PL) Insoweit ist daher SCHLINK, NJW 1988, S. 1689, 1691, 1693 f. Recht zu geben.

271 (D) Sozialhilferechtlich (§§ 2 Abs. 1, 19 Abs. 1 SGB XII) und ordnungsrechtlich ist der Betroffene zuerst selbst verpflichtet, mit eigenen Mitteln seine Odachlosigkeit abzuwenden, vgl. VG Bremen, NVwZ 1991, S. 706; OVG Lüneburg, ZMR 1955, S. 60; GÜNTHER/TRAUMANN, NVwZ 1993, 131.

272 (D) Musielak-LACKMANN, Rn. 1 5 zu § 765a ZPO; GUSY, Rn.342 f. Sozialrecht: § 68 SGB XII.

273 (D) Zu den hohen Anforderungen der Rspr.: GÜNTHER/TRAUMANN, NVwZ 1993, S. 132 f.

274 (D) Z. T. wird ein Tätigwerden der Ordnungsbehörde angesichts der im vorangegangenen Zivilverfahrens bereits erfolgten Prüfung der Grundrechte des Betroffenen abgelehnt (SCHLINK, NJW 1988, S. 1689, 1693 f.: Die Polizei „desavouiert [sonst die gerichtl.] Entscheidung."). Mangels identischen Prüfungsmaßstabes und weil die in Rede stehenden vollstreckungs- und ordnungsrechtlichen Normen schwerpunktmäßig anderen Zielen dienen, kann zivilprozessualer Räumungsschutz die ordnungsrechtlichen Rechtsgrundlagen für Gefahrenabwehr durch Wieder-einweisung aber nicht verdrängen, vgl. GUSY, Rn. 343; GÜNTHER/TRAUMANN, aa.O., S. 132.

275 (D) A. A. SCHLINK, NJW 1988, 1693: nur Einweisung in andere, neue Wohnung. Ähnlich SCHENKE, Rn. 320: „Regelmäßig ermessensfehlerhaft" (wenn andere Räume freistehen).

schulden nicht rechtzeitig ausgleichen konnte, hat der Vermieter keine wirtschaftlichen Nachteile, der betroffene Schuldner und die Allgemeinheit hingegen deutliche Vorteile. Der Vermieter erhält mit der öffentlichen Hand einen solventen Schuldner, der Nutzungsentgelt in angemessener Höhe zahlt und auch etwaige Schäden ausgleicht. Der Mieter wird nicht vollständig entwurzelt, sondern kann seine Lebenssituation festigen. Wie bei der polnischen Regelung sind auch hier der Ausnahmecharakter und die vorübergehende Natur der Requirierungsmaßnahme entscheidend.[276]

Ein Vergleich mit der geschilderten polnischen Situation zeigt, dass es kaum zu bezweifeln ist, dass in besonderen Krisenzeiten, wie etwa im heutigen Polen, angesichts der Finanzschwäche der Kommunen und der problematischen Hinterlassenschaft des Sozialismus, auch noch weit stärkere Belastungen der Eigentümer *rechtlich* zu rechtfertigen sind.[277] Die eigentlich interessante Abwägungsfrage ist dann eher *wirtschaftlich* darin zu sehen, ab wann sich eine solche Belastung dringend benötigter potenzieller Investoren langfristig derart negativ auswirkt, dass sie sich schon deshalb verbietet. Zudem sollte der Gesetzgeber immer auch die Funktion der Vollstreckung als Disziplinierungsmittel im Auge behalten. Bei zu starkem Überhandnehmen von langen Wartefristen oder Einweisungen in die eigene Wohnung kann sich die Auffassung bilden, dass der Staat in jedem Falle für ein Verbleiben in der bisherigen Wohnung Sorge tragen werde. Das Bewusstsein für die eigene Verantwortung, sich die Wohnung durch korrektes Verhalten sowie berufliche und finanzielle Anstrengungen zu erhalten, kann so verloren gehen.

D. ERGEBNIS

I. Regelungsbasis

[1] Die Regelungsentscheidung hat auf der Basis einer Analyse der *Interessenlage* zu erfolgen, die bei der Räumungsvollstreckung Besonderheiten aufweist.

- Das gesteigerte *Bestandsinteresse des Schuldners* bei der Räumung von Wohnraum gründet sich in beiden Rechtsordnungen auf Grundrechte, die nur durch Besitz einer Wohnung realisiert werden können oder die bei Räumung in Gefahr geraten. Wegen der Natur der Räumungsvollstreckung als Herausgabevollstreckung kann aus der Existenznotwendigkeit der Wohnung aber

---

276 (D) Die längerfristige Beeinträchtigung zivilrechtliche Räumungsurteile wird vom VG Frankfurt, NVwZ 1990, S. 498, als Argument gegen die Einweisung angeführt.

277 (D) Zu diesem Aspekt. GÜNTER/TRAUMANN, S. 133: "Je größer also die allgemeine Wohnungsnot ist, desto stärker wirkt sich die Sozialbindung des Eigentums aus."

kein umfassendes Zugriffsverbot abgeleitet werden, da sonst dem Gläubiger regelmäßig die Rechtsverwirklichung verweigert würde.

- Der Vorrang des *Erlangungsinteresses des Gläubigers*, der in seinem Vollstreckungsanspruch gegen den Staat und regelmäßig auch in seinem Eigentumsrecht an der Wohnung begründet ist, kann in der Räumungsvollstreckung – wegen der Bedeutung von Wohnraum für die Grundrechtsverwirklichung des Schuldners – nur eingeschränkt verwirklicht werden.
- Ein *Allgemeininteresse* besteht vor allem an einem Ausgleich zwischen Gläubiger- und Schuldnerinteressen, einem funktionierenden Wohnungsmarkt wie auch an der Vermeidung von Obdachlosigkeit und Sozialhilfebedürftigkeit. Gegenläufig wirkt das öffentliche Interesse an einem funktionierenden Gerichtswesen und einer effizienten Vollstreckung von Räumungstiteln.

[2] Der Schutz des Schuldners vor Räumung ist als *übergreifendes Regelungsproblem* zu verstehen, dessen Lösung nicht nur im Vollstreckungsrecht, sondern schon im materiellen Recht, im Erkenntnisverfahrens oder sogar im Sozial- oder Ordnungsrecht angestrebt werden kann.

[3] Beim Problem *akzessorischer Wohnungsnutzer* hat der Gläubiger in Polen neuerdings sämtliche potenziell Räumungsbetroffenen zu verklagen. Auch die deutsche Rechtsauffassung tendiert zunehmend dazu, vom effizienzorientierten „Ein-Titel-Erfordernis" Abschied zu nehmen und Titel gegen alle sachenrechtlichen Mitbesitzer zu verlangen. Durch die Ausweitung des Titelerfordernisses in beiden Rechtsordnungen wird die Vollstreckung zwar nicht unerheblich erschwert; dies erscheint aber erforderlich, um überraschende Räumungen zu vermeiden, eine gerichtliche Würdigung aller beteiligten Interessen sowie die Anwendung sämtlicher gesetzlicher Schutzmaßnahmen für alle Mitbewohner sicherzustellen.

II. Regelungsziele

1. Stabilisierung

Beide Rechtsordnungen verfolgen das Ziel, die Wohnverhältnisse schon im Vorfeld einer Auseinandersetzung so zu stabilisieren, dass Räumungsansprüche möglichst vermieden werden.

[1] Im *Mietrecht* beschränken beide stark die Gestaltungsmöglichkeiten des Vermieters und vor allem seine Beendigungsmöglichkeiten, um den Stabilitätsinteressen der Mieter Rechnung zu tragen. Das polnische Recht ist dabei noch vom sozialistischen Wohnungsrecht geprägt, dessen administrative Wohnungswirtschaft die Hauseigentümer fast vollständig entrechtete und die Marktmechanismen außer Kraft setzte. Die Vernachlässigung der Gläubigerinteressen setzt

sich zum Teil bis heute fort: Die Regulierung der Mietzinserhöhung wurde wiederholt vom Verfassungsgericht für verfassungswidrig erklärt und nun auch vom Europäischen Gerichtshof für Menschenrechte als konventionswidrig angesehen.

[2] Instrumente der Konfliktvermeidung im *Sozialrecht* sind vor allem die Mietzuschüsse für Bedürftige, die beide Rechtsordnungen kennen. Die polnischen Wohnungszuschüsse sind wegen der verbreiteten Zahlungsschwierigkeiten zwar von größter Bedeutung, können bislang wegen ungenügender Finanzausstattung der Gemeinden ihre Aufgabe aber noch nicht zufriedenstellend erfüllen. Auch der Sozialwohnungsbau kommt in Polen wegen der Haushaltskrisen von Staat und Gemeinden noch nicht ausreichend voran.

2. *Aufschub*

Wenn ein Räumungsanspruch geltend gemacht wird, regeln polnisches wie deutsches Recht Möglichkeiten eines Aufschubs als zeitlich begrenzte Hilfe zur Selbsthilfe.

[1] Neben den Kündigungsfristen des materiellen Rechts kennen beide Rechtsordnungen die Möglichkeit des Gerichts im *Erkenntnisverfahren*, dem Schuldner eine angemessene *Räumungsfrist* zuzubilligen. Für die Entscheidung sind die Umstände des Einzelfalles und die Interessen beider Parteien entscheidend. Während die Frist in Deutschland auf ein Jahr beschränkt ist, kennt das polnische Recht keine maximale Fristlänge. Anders als in Deutschland sind Räumungsfristen wegen der Problematik der Sozialunterkunftsberechtigung praktisch aber kaum relevant.

[2] Während das polnische Recht *im Vollstreckungsverfahren* dem Gerichtsvollzieher die Möglichkeit gibt, dem Schuldner eine weitere Räumungsfrist zu setzen, ist in Deutschland ein flexibles Eingreifen des Gerichts nach der Generalklausel des § 765a ZPO möglich, um die Vollstreckung noch aufzuschieben oder zu stoppen. Die Norm – die im polnischen Recht keine Entsprechung findet – soll bei der Wohnungsräumung aber nur ausnahmsweise dann Anwendung finden, wenn der Schutz durch Räumungsfristen bei dem individuell betroffenen Schuldner nicht ausreicht, oder wenn neue Tatsachen nach der Fristentscheidung eintreten.

3. *Obdachlosigkeitsvermeidung*

a) Regelungssituation

[1] Drohende Obdachlosigkeit zu verhindern, ist wegen des sozialen Staatsverständnisses in Polen und Deutschland Regelungsziel beider Gesetzgeber. Ein

reaktives Vorgehen stellt die effektive Gläubigerbefriedigung über die humanitären Ziele des Schuldnerschutzes, indem es Räumungen uneingeschränkt zulässt, auch wenn der Schuldner keinen Ersatzwohnraum besitzt. Deutsches wie polnisches Recht kennen zwar auch reaktive Regelungen wie die Bereitstellung von Übernachtungsplätzen für Obdachlose, sehen dies aber heute nur noch für Ausnahmefälle vor, in denen ein vorrangiges *präventives Vorgehen* nicht erfolgreich war. Grundsätzlich soll der Schuldner nicht das Risiko mangelnder Unterkunftsplätze tragen.

[2] Das polnische Recht normiert eine *Räumungsschutzperiode* während des Winters, in der ohne Ersatzwohnung überhaupt keine Räumungen vorgenommen werden dürfen.

[3] Wichtiger ist die Pflicht des Gerichts, im Räumungsurteil über eine *Berechtigung des Räumungsschuldners auf eine Sozialunterkunft* mitzuentscheiden und die Vollstreckung ggf. anzuhalten, bis die Gemeinde eine solche Unterkunft bereitstellt. Heute sind fast alle gesundheitlich oder gesellschaftlich benachteiligten Gruppen ohne andere Wohnmöglichkeit automatisch sozialunterkunftsberechtigt, können also regelmäßig in der Wohnung verbleiben. Als Ausgleich für die Eigentümer, die ihre Räumungsentscheidung nicht durchsetzen können, war ein reduzierter gesetzlicher Schadensersatzanspruch gegen die Gemeinde vorgesehen, wenn diese ihrer gesetzlichen Pflicht nicht nachkommt, dem Mieter eine Sozialunterkunft anzubieten. Nach Verwerfung dieser Vorschrift durch das polnische Verfassungsgericht können die Eigentümer zurzeit nach allgemeinen Haftungsgrundsätzen vollen Schadensersatz von der Gemeinde verlangen.

[4] Nach der Neuregelung des polnischen KPC kann die Wohnungsräumung stets erst dann erfolgen, wenn eine *Ersatzunterkunft* nachgewiesen ist, in die umquartiert werden kann. Ohne einen solchen Platz hält der Gerichtsvollzieher die Räumung an, bis Gläubiger oder Gemeinde eine Behelfsunterkunft bereitstellen oder bis der Schuldner eine Unterkunft findet.

[5] In Deutschland können die Ordnungsbehörden bei drohender Obdachlosigkeit nach öffentlich-rechtlichen Grundsätzen die betroffenen Personen befristet *in ihre* bisherige *Wohnung einweisen*, solange ihnen andere Abhilfe nicht möglich ist. Dem Eigentümer steht eine Nutzungsentschädigung gegen Behörde und Ex-Mieter zu, bei Fristablauf hat er verbreiteter Ansicht nach einen Anspruch gegen die Behörde auf Zwangsausweisung und Räumung.

b) Analyse

Analysiert man die polnische Entwicklung, so begab sich der Gesetzgeber – nach dem liberalen „Abstecher“ zu einem eher reaktiven Modell – mit der präventiven Sozialunterkunftsregelung wieder zurück in Richtung eines eher marktfeindlichen Requirierungsmodells.

[1] Im *sozialistischen* Wohnungsrecht konnte ohne Ersatzwohnung nicht geräumt werden. Weil es an Ersatzwohnungen fehlte, waren Räumungsentscheidungen praktisch nicht vollstreckbar. Da auch die Wohnungszerstörung oder Nichtzahlung von Mietzins nicht sanktioniert wurden, verschlechterten sich Zahlungsmoral und Gebäudesubstanz stetig.

[2] Der Versuch, 1994 in Polen ein *liberales*, schwerpunktmäßig *reaktives Modell* zu verwirklichen, führte wegen Unterfinanzierung des Systems der Zuschüsse und fehlender Unterkunftsmöglichkeiten zu stark ansteigender Obdachlosigkeit und musste nach öffentlichen Protesten modifiziert werden.

[3] Bei der Koppelung der Räumungsentscheidung mit der *Frage der Sozialunterkunftsberechtigung* ist die ständige Erweiterung des Kreises absolut schützenswerter Personen bemerkenswert. Wegen akuten Unterkunftsmangels bleiben alle diese Personen von der Räumung dauerhaft verschont. Räumungsurteile sind daher wie im Sozialismus wieder regelmäßig nicht vollstreckbar. Die Situation animiert zu Selbstjustiz und führt dazu, dass Wohnungen an besonders schützenwerte Personen wegen des Räumungsrisikos überhaupt nicht mehr vermietet werden.

[4] Der *Schadensersatzanspruch* gegen die Gemeinden konnte seine Ausgleichs- und Sanktionsfunktion aufgrund der engen Auslegung durch den SN und die gemeindliche Blockadehaltung lange Zeit nicht erfüllen. Erst nach Verwerfung der restriktiven Vorschrift durch das Verfassungsgericht steht den Eigentümern nun voller Schadensersatz gegen die Gemeinden zu.

[5] Die *Neuregelung* mit ihrem Ersatzunterkunftserfordernis ist ebenfalls problematisch. Der Versuch, die Ausnahmenatur der Requirierung durch Absenkung der Anforderungen an die Ersatzunterkunft herzustellen, geht in die richtige Richtung. Allerdings sind noch nicht ausreichend Behelfsunterkünfte vorhanden.

[6] Die polnische Wohnungsrequirierung entsprach bislang in der Praxis nicht den *Anforderungen einer sozialen Marktwirtschaft*, da sie weder eine Ausnahmenatur mit vorübergehendem Charakter besaß, noch eine effektive Entschädigung der Gläubiger stattfand. Auch das Verfassungsgericht hatte erkannt, dass den Vermietern nicht zugemutet werden kann, langfristige soziale Probleme durch dauerhaftes kostenloses Bereitstellen ihres Wohnraums zu lösen. Unabhängig von ihrer rechtlichen Vertretbarkeit als Krisenmaßnahme, hatte die polnische Regelung stark investitionshemmende Wirkung. Es bleibt abzuwarten, ob die Aktivierung der Schadensersatzansprüche durch das Verfassungsgericht die Situation dauerhaft zum Besseren wenden kann.

[7] Die *deutsche Regelungssituation* sieht wegen umfangreicherer Mittel (noch) ausgeglichener aus als die polnische. Viele Probleme werden über Wohngeld und Mietübernahme im Vorfeld abgefangen. Die Einweisung durch die Ordnungsbehörde bei drohender Obdachlosigkeit entspricht zwar funktionell der

faktischen Requirierung durch Vollstreckungsanhalten in Polen, kann aber wegen ihrer regelmäßigen Befristung und der effektiven Entschädigung als in einer *sozialen* Marktwirtschaft noch vertretbar angesehen werden.

ZUSAMMENFASSUNG UND AUSBLICK

Bei einem Vergleichsgegenstand wie dem Schuldnerschutz im Zwangsvollstreckungsrecht in zwei eng verwandten kontinentalen Rechtsordnungen kann es nicht überraschen, wenn am Ende der Untersuchung ein Gesamteindruck überwiegender Gemeinsamkeiten steht. Dabei wird durch den gewählten Ansatz der Arbeit besonders deutlich, dass diese Gemeinsamkeit sowohl auf der Seite der Regelungsfragen und Regelungsziele, als auch auf der Seite der Regelungslösungen besteht. Die weitgehende Ähnlichkeit bei den Regelungsfragen liegt regelmäßig „in der Natur der Sache“: In einem Staatsgebilde einer gewissen Organisationsstufe treten naturgemäß vergleichbare Probleme auf, die einer rechtlichen Lösung bedürfen. Die Regelungs*ziele* sind demgegenüber eher durch nationale und kulturelle Besonderheiten geprägt. Hier bestehen im Rahmen der vorliegenden Arbeit vor allem deshalb große Übereinstimmungen, weil sowohl Polen als auch Deutschland heute ein vergleichbares rechts- und sozialstaatliches Selbstverständnis besitzen. Bei den Regelungs*lösungen* schließlich finden sich die größten Unterschiede. Ein schlichtes Fazit in dem Sinne, dass das polnische Recht schuldner- oder gläubigerfreundlicher sei als das deutsche, lässt sich aber nicht ziehen: Es kombiniert beispielsweise härtere Pauschalregelungen in der Forderungsvollstreckung mit umfangreicheren Schutzregelungen in der Räumungsvollstreckung. Soweit teilweise eine Reformbedürftigkeit des polnischen Rechts konstatiert werden musste, wurde dieser Schluss nicht aus einem Vergleich mit dem – vermeintlich fortschrittlicheren – deutschen Recht gezogen, sondern ausschließlich aus einer Bewertung, inwieweit die einzelne Lösung das jeweilige Regelungsziel verwirklicht. Gerade das übermäßig komplizierte und dogmatisierte deutsche Vollstreckungsrecht erscheint kaum durchgängig als nachahmenswertes Vorbild.

Die *allgemeinen oder übergreifenden Schuldnerschutzregelungen* dienen übereinstimmend dem Ziel, ein verfassungsgemäßes und die Menschenrechte des Schuldners respektierendes Verfahren zu schaffen. Wie das deutsche Recht schränkt das polnische zunächst dem Zugriff auf die Person ein, stellt aber zusätzlich auch das Auswahlrecht des Gläubigers zwischen den Vollstreckungsarten unter einem allgemeinen, flexiblen Verhältnismäßigkeitsvorbehalt. Beide Rechtsordnungen kennen ein Verbot des Zugriffs bei zweck- oder erfolgloser Vollstreckung, wie auch ein Verbot des übermäßigen Zugriffs. Reicht die Vollstreckung in einen Teil des Schuldnervermögens offensichtlich zur Gläubigerbefriedigung aus, kann der Schuldner in Polen zudem die Aussetzung der Vollstreckung aus dem übrigen Teil verlangen. Bei den örtlichen Beschränkungen besteht der hauptsächliche Unterschied darin, dass im polnischen Recht – gläubigerfreundlich – für das Betreten und Durchsuchen von Schuldnerwohnungen neben dem Vollstreckungstitel keine gesonderte richterliche Anordnung erforderlich ist. Die zeitlichen Beschränkungen zum Schutz von Nacht- und Feiertagsruhe unterscheiden sich nur marginal.

Bei der *Vollstreckung in bewegliche Sachen* werden Zugriffsbeschränkungen vor allem mit dem Erhalt des Existenzminimums gerechtfertigt. Neben dem Schutz der Menschenwürde und den sozialen Staatszielen steht dahinter die Absicht, finanzielle Belastungen der Allgemeinheit abzuwehren, die drohen, wenn „kahlgepfändete" Schuldner Ansprüche gegen die staatlichen Sozialhilfesysteme stellen. Regelungsziel ist daneben der Schutz der Erwerbstätigkeit des Schuldners. Dadurch soll sichergestellt werden, dass ihm die Arbeitsmittel verbleiben, derer er bedarf, um auch künftig das Existenzminimum für sich und seine Unterhaltsberechtigten zu erwirtschaften und um sich selbst aus der finanziellen Notlage zu befreien. Das überwiegend generelle System mit Katalogen unpfändbarer Gegenstände wird in Polen nicht durch individuellen richterlichen Schutz ergänzt, wie ihn das deutsche Recht in der Generalklausel des § 765a ZPO vorsieht. Bedeutsame Unterschiede ergeben sich zurzeit noch aus unterschiedlicher Auslegung der wertenden Rechtsbegriffe in den Katalogvorschriften. Dies beruht letztlich auf dem noch abweichenden durchschnittlichen Lebensstandard der Gesellschaften und führt in Polen zu einer weiteren Pfändbarkeit bei Haushaltsgeräten als in Deutschland. Darüber hinaus kennt das polnische Recht weder eine Austauschpfändung, noch die Möglichkeiten des Verwertungsaufschubs oder der zeitweiligen Aussetzung der Verwertung unter Anordnung von Zahlungsfristen im Vorfeld der Verwertung.

Den Kern des formalen Verschleuderungsschutzes bildet in beiden Ländern die Regelung eines Mindestgebotes, das in Polen erst im zweiten Versteigerungsversuch von ¾ auf die Hälfte des Schätzwerts reduziert wird, in Deutschland hingegen von vorneherein beim halben Schätzwert liegt. Unterschiede zeigen sich vor allem, wenn ein Versteigerungsversuch erfolglos bleibt. In Polen hat der Gläubiger insgesamt eine etwas schwächere Position: Durch klare Entscheidungsfristen für den Gläubiger kommt es schneller zum Ende der Verwertung als in Deutschland. Auch bei den anderen Verwertungsarten wird in beiden Rechtsordnungen durch Mindestgebote oder Mindestpreise das Schutzniveau der Versteigerung gewahrt.

Im Rahmen der *Vollstreckung in Forderungen und andere Vermögensrechte* sind Hauptregelungsziele beider Gesetzgeber der Schutz der existenzsichernden Einkünfte des Schuldners und der Erhalt seiner Arbeitsmotivation. Während durch die Existenzsicherung wieder die Allgemeinheit vor Sozialleistungsansprüchen des Schuldners bewahrt werden soll, werden erwerbstätige Schuldner weitergehend geschützt, damit sie ihre Arbeitskraft optimal verwerten und sich nicht mit einem Auskommen innerhalb der existenzsichernden Grenzen begnügen. Schließlich können auch (materielle) Regelungsziele, die bereits in der Gewährung bestimmter Leistungen an den Schuldner zum Ausdruck kommen, im Vollstreckungsrecht weiterverfolgt werden, indem die betreffenden Schuldnerforderungen unter Schutz gestellt werden (sog. Zweckgebundenheit). Beide Rechtsordnungen privilegieren vor allem die Vollstreckung von Unterhaltsforderungen. Forderungen aus vorsätzlicher unerlaubter Handlung sind nur im deutschen Recht bevorzugt.

Im Rahmen der Existenzsicherung werden übereinstimmend nicht nur wiederkehrende Einkünfte des Schuldners aus aktueller, sondern auch aus ehemaliger Erwerbstätigkeit sowie die meisten Sozialleistungen mit „Entgeltersatzfunktion" als schutzwürdig angesehen. Das polnische Recht regelt dabei einen Auffangtatbestand, der alle wiederkehrenden Einkünfte schützt, die der Unterhaltssicherung zu dienen bestimmt sind, und löst sich damit weitergehend als das deutsche Recht von der nur historisch begründbaren Fixierung auf das Arbeitseinkommen. Das durchgängig pauschale Schutzsystem des polnischen Rechts kennt aber keinen Schutz für nicht wiederkehrende Einkünfte – vor allem freiberuflicher Schuldner –, da deren Unvorhersehbarkeit zwingend eine Individualentscheidung erfordern würde. Reformbedürftig erscheint vor allem die polnische Regelung ausschließlich starrer, pfändungsfreier Grundbeträge, die die Familienverhältnisse des Schuldners ignoriert, sowie die generelle Versagung einer einkommensunabhängigen Grundsicherung für Unterhaltschuldner. Auch die starren prozentualen Zugriffsquoten des polnischen Rechts – ohne Berücksichtigung von Einkommen und Unterhaltspflichten – führen zu sozial ungerechten Ergebnissen: Alleinstehende, gutverdienende Schuldner sind ohne jede Obergrenze progressiv privilegiert. Der pauschale Schutzansatz des polnischen Rechts sieht auch keinen Individualausgleich für unvorhergesehene Extremfälle vor, weder über Härteklauseln, noch über eine Generalklausel.

Bei der *Räumungsvollstreckung von Wohnraum* verfolgen beide Gesetzgeber drei teilweise ineinandergreifende Regelungsziele. Zunächst sollen die Wohnverhältnisse schon im Vorfeld einer Auseinandersetzung so stabilisiert werden, dass Räumungsansprüche möglichst vermieden werden. Wird trotzdem ein Räumungsanspruch geltend gemacht, wird ein Aufschub angestrebt, um zeitlich begrenzt Hilfe zur Selbsthilfe zu gewähren. Schließlich ist Regelungsziel beider Gesetzgeber, eine drohende Obdachlosigkeit zu verhindern. Das Regelungsziel der Stabilisierung verfolgen beide Rechtsordnungen zum einen durch ein restriktives Mietrecht, das Gestaltungs- und Beendigungsmöglichkeiten des Vermieters stark einschränkt, zum anderen durch sozialrechtliche Regelungen wie Mietzuschüsse, die aber in Polen wegen allgemeiner Finanznot noch nicht die Effizienz vergleichbarer deutscher Regelungen erreichen. Aufschub gewähren beide Systeme durch sehr ähnliche Regelungen von Kündigungs- und Räumungsfristen. Die deutsche Möglichkeit flexiblen Schuldnerschutzes über die Generalklausel findet auch hier keine Entsprechung.

Die größten Unterschiede lassen sich beim Regelungsziel der Obdachlosigkeitsvermeidung ausmachen, wo der polnische Gesetzgeber seit Jahren versucht, die Folgen der sozialistischen administrativen Wohnungswirtschaft zu bewältigen.

Wichtigstes Schutzinstrument ist zurzeit die Pflicht des Gerichts, im Räumungsurteil über eine Berechtigung des Schuldners auf eine Sozialunterkunft mitzuentscheiden und die Vollstreckung ggf. anzuhalten, bis die Gemeinde eine solche Unterkunft bereitstellt. Da heute Mitglieder fast aller gesundheitlich oder gesellschaftlich benachteiligten Gruppen stets sozialunterkunftsberechtigt sind, wenn sie keine anderweitige Wohnmöglichkeit besitzen, können sie mangels bestehender Unterkunftsplätze regelmäßig in der (an sich zu räumenden) Wohnung verbleiben. Die Eigentümer können ihre Räumungstitel wegen der Untätigkeit der Gemeinden nicht durchsetzen und auch eine effektive Entschädigung fand lange Zeit nicht statt. Die Situation animierte zu Selbstjustiz und führte dazu, dass Wohnungen an „besonders schützenwerte Personen" wegen des Räumungsrisikos überhaupt nicht mehr vermietet wurden. Mit der KPC-Reform wurde zudem die Regelung eingeführt, dass die Wohnungsräumung sogar *immer* erst dann erfolgen kann, wenn eine Ersatzunterkunft nachgewiesen ist, in die umquartiert werden kann. Die polnische Wohnungsrequirierung entsprach daher lange kaum den Anforderungen einer sozialen *Markt*wirtschaft: Den Eigentümern kann – schon wegen der investitionshemmenden Wirkung – nicht zugemutet werden, soziale Probleme durch dauerhaftes kostenloses Bereitstellen ihres Wohnraums zu lösen. Dadurch wird auch der Wohnungsbau erheblich behindert. Nach Verwerfung der restriktiven Schadensersatzvorschrift durch das Verfassungsgericht, besteht jetzt die Möglichkeit, dass in diesem Bereich zumindest eine effektive Kompensation der Eigentümer stattfindet.

Insgesamt ist festzuhalten, dass den Gesetzgebern in beiden Ländern aufgrund des sozial- und rechtsstaatlichen Selbstverständnisses und der daraus folgenden Regelungsziele nur marginaler Spielraum bleibt, gerade durch Einschränkung des Schuldnerschutzes die Effektivität der Zwangsvollstreckung zu steigern. Auch der enge Zusammenhang der Regelungen mit anderen Rechtsgebieten, vor allem dem Sozialrecht, lässt isolierte Änderungen kaum zu. Wie gezeigt wurde, besteht eben ein nicht zu leugnendes, erhebliches staatliches Eigeninteresse daran, keine einschneidenderen Zugriffe zuzulassen, da dies – ohne entsprechende Kürzung der Sozialhilfe – zu Sozialleistungsansprüchen des „kahlgepfändeten" Schuldners führen würde. Im Gegensatz zum deutschen Recht ist das polnische gerade in Sach- und Forderungspfändung schlichter und pauschaler als das mit Härtefall- und Generalklauseln sowie Individualentscheidungen ausgestattete deutsche Recht. Diese Pauschalität hat erhebliche Ungerechtigkeiten im Einzelfall zur Folge.

Reformen, die zur Erhöhung der Effizienz in Richtung einer mehr summarischen Regelung gehen und die Einzelfallorientierung deutlich zurückschneiden würden, sind in Deutschland kaum zu erwarten. Einer umfangreichen „Entschlackung" wird regelmäßig entgegenstehen, dass der Großteil des Schuldnerschutzes nach deutschem Verständnis verfassungsrechtlich garantiert ist. Wegen der Verankerung in der Menschenwürde müssen viele Schuldnerschutznormen sogar als vollständig änderungsfest angesehen werden. Reformen werden daher eher bei einer Verbesserung der Position der Gläubiger ansetzen. Dabei wird etwa an eine Vermeidung der Notwendigkeit einer Vollstreckung durch Maßnahmen im Vorfeld gedacht[1] oder an eine bessere Sachaufklärung schon zu Beginn des Verfahrens[2].

Die *Europäische Gemeinschaft* weitet ihre Aktivitäten im Bereich des Zivilverfahrensrechts schon seit längerem aus. Ziel ist dabei auch die Harmonisierung von Schnittstellen zwischen Erkenntnisverfahren und Zwangsvollstreckung, soweit ansonsten die Freizügigkeit von Urteilen im europäischen Binnenmarkt beeinträchtigt wird.[3] Von den jüngeren Vorhaben seien hier nur beispielhaft der Europäische Vollstreckungstitel für unbestrittene Forderungen[4], das Europäische Mahnverfahren[5] und das Europäische Verfahren für geringfügige Forderungen[6] genannt. In einer umfangreichen Studie wurden zudem die Einführung einer Europäischen Schuldnererklärung zu Beginn der Vollstreckung vorgeschlagen, die das im gesamten EU-Gebiet belegene Vermögen erfassen soll, sowie die grenzüberschreitende Pfändung von Bankkonten.[7] Die Kommission hat daraufhin am 24. Oktober 2006 ein „Grünbuch zur effizienteren Vollstreckung von Urteilen in der Europäischen Union: vorläufige Kontenpfändung"[8] mit umfangreichem An-

---

[1] (D) Vgl. z.B. die geplante sog. Vorläufige Zahlungsanordnung, in § 302a n. F. ZPO, und die §§ 632a und 648a n. F. BGB (u. a. Abschlagszahlungen für Werkunternehmer). Zur Begründung des Forderungssicherungsgesetzes vgl. BT-Drs. 16/511.

[2] (D) HESS, NJW 2004, S. 2352 auch zur Vorbildfunktion des österreichischen Rechts; SEIP, DGVZ 1/2006, S. 1.

[3] (EU) Vgl. als Kompetenzgrundlage Art. 65 lit. c EG. „Beseitigung der Hindernisse für eine reibungslose Abwicklung von Zivilverfahren, erforderlichenfalls durch Förderung der Vereinbarkeit der in den Mitgliedstaaten geltenden zivilrechtlichen Verfahrensvorschriften." Näher zum Ganzen: HESS, NJW 2004, S. 2352 und DERS., *Study* und jetzt in: *Europäisches Zivilprozessrecht*.

[4] (EU) Verordnung (EG) Nr. 805/2004 des Europäischen Parlaments und des Rates vom 21. April 2004 zur Einführung eines europäischen Vollstreckungstitels für unbestrittene Forderungen, ABl. Nr. L 143 v. 30.4.2004, S. 15. Durchführungsvorschriften in (PL) Art. 795[1]-795[5], 1153[1] f. KPC; in (D) Buch 11, Abschnitt 4, §§ 1079-1086 ZPO.

[5] (EU) Verordnung (EG) Nr. 1896/2006 des Europäischen Parlaments und des Rates vom 12. Dezember 2006 zur Einführung eines Europäischen Mahnverfahrens, ABl. Nr. L 399 v. 30.12.2006, S. 1.

[6] (EU) Interinstitutionelles Dossier 2005/0020 (COD); Begründung im Vorschlag der Kommission vom 15.3.2005, KOM(2005) 87 endgültig.

[7] (EU) HESS, *Study*, *General Report*, S. 54 ff.; 94 f., 148 ff.

[8] (EU) KOM(2006) 618 endg. Dabei hätte ein europäisches Verfahren für die vorläufige Kontenpfändung nach den Vorstellungen der Kommission lediglich eine sichernde Wirkung. „Ein in einem Mitgliedstaat ergangener Pfändungsbeschluss würde überall in der Europä-ischen Union anerkannt und vollstreckt, ohne dass es hierzu einer Vollstreckbarerklärung bedürfte." (Vgl. Presserklärung der Kommission vom 24.10.2006 [IP/06/1460]) Was den angemessenen Schuldnerschutz anbetrifft, müssten ggf. Pfändungsfreigrenzen geregelt werden, vgl. Grün-

hang[9] vorgelegt. Ein Grünbuch zur Transparenz des Schuldnervermögens soll Ende 2007 folgen.[10]

Auch eine solche fortschreitende „Europäisierung" des Vollstreckungsrechts dürfte allerdings den Kern der nationalen Regelungen des Schuldnerschutzes bis auf weiteres unangetastet lassen. Dabei stünde einer Vereinheitlichung – wenn denn ein politischer Wille dazu bestünde und die entsprechende Kompetenz der EG gegeben wäre – weniger das unterschiedliche Mindestniveau des Schutzes entgegen als vielmehr die grundlegende Ausgestaltung des Schutzverfahrens (individuell oder pauschal etc.) und die eng damit zusammenhängende Vollstreckungsorganisation. Da gerade bei den Vollstreckungsorganen, ihrer Selbständigkeit und ihren Aufgabenbereichen europaweit große Unterschiede bestehen, wäre hier eine Harmonisierung mit besonderen Schwierigkeiten verbunden. Die oben genannten Vorhaben stellen bislang auch größtenteils eine nur eine erhebliche *Ergänzung* durch neue europäische Instrumente und keine durchgreifende Umformung der bestehenden nationalen Vollstreckungsrechte dar[11]. Die schwere Aufgabe, das Recht des Vollstreckungsschutzes zu modernisieren und dabei Schutz- und Effizienzaspekte neu auszutarieren, werden polnischer und deutscher Gesetzgeber daher aller Voraussicht nach selbst in die Hand nehmen müssen.

---

buch S. 8 ff., Anhang S. 19. Dabei ist noch zu klären, wie und von wem der Freibetrag berechnet werden sollte und auf welcher Grundlage (S. 9).

9 SEK(2006) 1341, v. 24.10.2006. Das Dokument enthält Hintergrundinformationen und stellt einen kurzen rechtsvergleichenden Überblick zur vorläufigen Kontenpfändung dar.

10 (EU) Grünbuch „Vorläufige Kontenpfändung" [KOM(2006) 618 endg.], S. 3.

11 (EU) Es sollen eigenständige europäische Zivilverfahren geschaffen werden. Auch bei der vorläufigen Kontenpfändung wäre das vorgeschlagene neue europäische Verfahren *zusätzlich* zu den einzelstaatlichen Maßnahmen verfügbar. Die Kommission hält allerdings auch eine Harmonisierung der einschlägigen mitgliedstaatlichen Vorschriften mittels einer Richtlinie für eine denkbare Alternative, vgl. Presserklärung der Kommission vom 24.10.2006 (IP/06/1460) und MEMO/06/398, Grünbuch „Vorläufige Kontenpfändung" [KOM(2006) 618 endg.], S. 4.

LITERATURVERZEICHNIS

ABUCEWICZ-SZCZEŚNIAK, MONIKA, Bezdomność we współczesnej literaturze przedmiotu [Obdachlosigkeit in der gegenwärtigen Literatur zum Thema], PSp 1/2001, S. 15.

ALISCH, HERBERT, Wege zur interessengerechteren Auslegung vollstreckungsrechtlicher Normen, Frankfurt a.M., Bern 1981.

ALLERHAND, MAURYCY, Kodeks postępowania cywilnego, cz. II, Postępowanie zabezpieczające i egzekucyjne [Zivilverfahrensgesetzbuch, Teil II, Sicherungs- und Vollstreckungsverfahren], Lwów 1932-1933.

ANGST, PETER (Hrsg.), Kommentar zur Exekutionsordnung, Wien 2000.

ARNOLD, HANS, Der neue Pfändungsschutz für Arbeitseinkommen und für Gehaltskonten, BB 1978, S. 1314.

BANASIŃSKI, CEZARY; **CZECHOWSKI**, PIOTR, Der Einfluß des Assoziierungsvertrages zwischen Polen und den Europäischen Gemeinschaften (EG) auf das polnische Recht, in: C. TOMUSCHAT; H. KÖTZ; B. V. MAYDELL (Hrsg.), Europäische Integration und nationale Rechtskulturen, Köln, Berlin 1995, S. 367.

BANASZAK, BOGUSŁAW, Die Konzeption der Rechte des Individuums in Polen, Osteuropa Recht 47 (2001), S. 477.

BANASZAK, BOGUSŁAW, Das Rechtssystem Polens im Wandel, ROW 1995, S. 185.

BARZYCKA-BANASZCZYK, MAŁGORZATA, Kodeks pracy, Komentarz [Arbeitsgesetzbuch, Kommentar], 4. Auflage, Warszawa 2004.

BAUMBACH, ADOLF; **LAUTERBACH**, WOLFGANG; **ALBERS**, JAN; **HARTMANN**, PETER, Zivilprozessordnung mit Gerichtsverfassungsgesetz und anderen Nebengesetzen, 65. Auflage, München 2007.

BAUR, FRITZ; **STÜRNER**, ROLF, Zwangvollstreckungsrecht (Studienausgabe), Heidelberg 1996.

BEATSON, JACK, Independent Review of Bailiff Law, Report, Cambridge 2000, <http://www.open.gov.uk/lcd/enforcement/beatson.pdf> [Abruf: 25.9.2002].

BECHTLOFF, JÜRGEN, Der Schuldnerschutz bei Verwertung unpfändbarer Sachen aufgrund vertraglicher und gesetzlicher Sicherungsrechte, ZIP 1996, S. 994.

BEHR, JOHANNES, Effektive Sachpfändung durch den Gerichtsvollzieher, NJW 1992, S. 2738.

BEHR, JOHANNES, Vollstreckungsschutz: Gläubiger- oder Schuldnerschutz?, KritJ 1980, S. 156.

BERGER, CHRISTIAN, Zwangsvollstreckung in urheberrechtliche Vergütungsansprüche, NJW 2003, S. 853.

BIDZIŃSKI, ZYGMUNT, Nowa regulacja prawna w zakresie ochrony lokatorów [Die neue rechtliche Regelung im Bereich des Schutzes von Wohnungsnutzern], KPP 4/X (2001), S. 865.

BIDZIŃSKI, ZYGMUNT, Ewolucja polskiego prawa mieszkaniowego [Die Evolution des polnischen Wohnungsrechts], Teil I: R.Pr. 6/2000, S. 44; Teil II: R.Pr. 1/2001, S. 55.

BIDZIŃSKI, ZYGMUNT, Status prawny lokali i ich dysponentów [Der Rechtsstatus von Wohnräumen und ihren Verfügungsberechtigten], Warszawa 1998.

BŁASZCZAK, GRAŻYNA, Po orzeczeniu Trybunału Konstytucyjnego w sprawie czynszów w prywatnych kamienicach, Lokatorzy poszukają pomocy w parlamencie [Nach der Entscheidung des Verfassungsgerichts zu dem Mietzinsen in privaten Mietshäusern, Wohnungsnutzer suchen Hilfe im Parlament], Rzeczpospolita vom 4.10.2002 (Prawo).

BOBER, JOANNA; NIELS V. REDEKER, Polens Gesetzgebung im Zuge der EG-Rechtsangleichung – Zur polnischen Debatte über Gesetzesfehler und Gesetzgebungsverfahren, Osteuropa Recht 48. Jg. (April 2002), S. 83.

BOHATA, PETER, Das Zwangsvollstreckungsverfahren in der Slowakei, DGVZ 1998, S. 33.

BOŃCZAK-KUCHARCZYK, EWA, Ustawa o ochronie lokatorów po zmianach, Wyraźne osłabienie najemców, Ostatnia zmiana przepisów przynosi wiele niekorzystnych dla lokatorów skutków [Das Gesetz zum Schutz der Wohnungsnutzer nach den Änderungen, Deutliche Schwächung der Mieter, Die letzten Änderungen der Vorschriften wirken sich vielfach ungünstig für die Mieter aus], Rzeczpospolita vom 22.5.2003 (Prawo).

BOŃCZAK-KUCHARCZYK, EWA, Umówmy się, że to ochrona [Laßt uns das als Schutz definieren], Rzezcpospolita vom 23.8.2002 (Prawo).

BOŃCZAK-KUCHARCZYK, EWA, Stosowanie przepisów o ochronie praw lokatorów w spółdzielnich mieszkaniowych [Anwendung der Vorschriften über den Schutz der Wohnungsnutzer in Wohnungsgenossenschaften], Nieruchomości C.H.Beck 10/2002, S. 14.

BOŃCZAK-KUCHARCZYK, EWA, Ochrona praw lokatorów, najem i inne formy odpłatnego używania mieszkań w świetle nowych przepisów [Schutz der Rechte der Wohnungsnutzer, Miete und andere Formen entgeltlicher Wohnungsnutzung im Lichte neuer Vorschriften], Warszawa 2002.

BREHM, WOLFGANG, Zur Reformbedürftigkeit des Lohnpfändungsrechts, in: Festschrift für WOLFRAM HENCKEL, Berlin, New York 1995, S. 41.

BREIDENBACH, STEPHAN (Hrsg.), Handbuch Wirtschaft und Recht in Osteuropa (Loseblatt), Bd. 2, Länderteil Polen (PL), Stand 69. Ergänzungslieferung, München 2006.

BREIDENBACH, STEPHAN, Thesen zur Entwicklung des Mobiliarsicherheitenrechts in Mittel- und Osteuropa, in: ULRICH DROBNIG; KLAUS J. HOPT; HEIN KÖTZ; ERNST-JOACHIM MESTMÄCKER, Systemtransformation in Mittel- und Osteuropa und ihre Folgen für Banken, Börsen und Kreditsicherheiten (Beiträge zum ausländischen und internationalen Privatrecht Bd. 64), Tübingen 1998, S. 357.

BREIDENBACH, STEPHAN, Computersoftware in der Zwangsvollstreckung (Sachpfändung), CR 1989, S. 873.

BRENNER, CLAUDE, Voies d'exécution, Paris 1998.

BROCKHUIS, JÖRN, Recht der Kreditsicherheiten in Europäischen Ländern, Teil IX: Polen, Berlin 2000.

BRODECKI, ZDISŁAW (Hrsg.), Polish Business Law, The Hague, London, New York 2003.

BRONIEWICZ, WITOLD, Postępowanie cywilne w zarysie [Abriss des Zivilverfahrens], 8. Auflage, Warszawa 2005.

Brzeziński, Piotr, Czy wierzyciel, na rzecz którego dokonano zajęcia, może wykonywać prawa korporacyjne z zajętego udziału? Z problematyki egzekucji udziału w spółce z o.o. [Kann der Gläubiger, zu dessen Gunsten eine Pfändung vorgenommen wurde, die Verwaltungsrechte aus dem gepfändeten Anteil ausüben? Zur Problematik der Vollstreckung in Anteile an einer Gesellschaft mit beschränkter Haftung], MoP 17/2006, S. 951.

Bundesregierung, Bericht über die Höhe des Existenzminimums von Erwachsenen und Kindern für das Jahr 2008 (Sechster Existenzminimumbericht), in: Deutscher Bundestag, Drucksache 16/3265 vom 2.11.2006.

Bundesministerium der Finanzen, Zehn Jahre Existenzminimumbericht – eine Bilanz, Auszug aus dem Monatsbericht des BMF vom Oktober 2005, 20.10.2005, <http://www.bundesfinanzministerium.de/lang_de/DE/Aktuelles/Monatsbericht__des__BMF/2005/10/051019agmb003,templateId=raw,property=publicationFile.pdf> [Abruf: 11.10.2006].

Bundesregierung, Antwort auf die schriftlichen Fragen der Abg. Gerda Hasselfeldt (CDU/CSU) zum Kontopfändungsrecht (Fragen Nr. 28 und 29), in: Deutscher Bundestag, Drucksache 15/3626 vom 23.7.2004.

Bundesregierung, Antwort auf die Kleine Anfrage der Abgeordneten Ursula Heinen, Gerda Hasselfeldt, Peter H. Carstensen (Nordstrand), weiterer Abgeordneter und der Fraktion der CDU/CSU – Drucksache 15/1396 – Überschuldung privater Haushalte und Verbraucherinsolvenzen, in: Deutscher Bundestag, Drucksache 15/1450 vom 24.7.2003.

Burkardt, Claus, Der Schutz der Familie in der französischen Zwangsvollstreckung, Münsteraner Studien zur Rechtsvergleichung (Band 17), Münster 1996.

Christmann, Günther, Konkordanz von Schuldnerschutz und Sozialhilferecht, RPfl 1990, S. 403.

Cieślak, Sławomir, Skutki procesowe niezachowania wymagań prawnych czynności egzekucyjnych komornika sądowego [Prozessuale Folgen der Nichteinhaltung rechtlicher Anforderungen an die Vollstreckungstätigkeiten des Gerichtsvollziehers], PS 11-12/2003, S. 106.

Cieślak, Sławomir, Egzekucja przeciwko spółce handlowej oraz z akcji i udziałów w tej spółce [Vollstreckung gegen eine Handelsgesellschaft sowie in Aktien und Anteile an einer solchen Gesellschaft], PPE 4-5/2003, S. 21.

Cudak, Arkadiusz, Skarga na czynności komornika [Erinnerung gegen Gerichtsvollziehertätigkeiten], Sopot 1998.

Cudak, Arkadiusz, Termin do wniesienia skargi na czynności komornika [Die Frist zur Einlegung der Erinnerung gegen Gerichtsvollziehertätigkeiten], PS 3/1998, S. 46.

Czerwiakowski, J., Ustawa o najmie lokali mieszkalnych w działaniu [Das Gesetz über die Wohnungsmiete in der Praxis], Palestra 9-10/1996, S. 36.

Dalka, Sławomir, Nadzór judykacyjny sądu nad czynnościami komornika w trybie art. 759 § 2 k.p.c. [Gerichtliche Aufsicht über die Tätigkeiten des Gerichtsvollziehers nach Art. 759 § 2 KPC], PES 4 (40) 2000, S. 5.

DEREN-YILDIRIM, NEVHIS, Gedanken über die Verteilungsprinzipien im Zwangsvollstreckungsrecht, in: EBERHARD SCHILKEN, EKKEHARD BECKER-EBERHARD, WALTER GERHARD (Hrsg.), Festschrift für HANS FRIEDHELM GAUL zum 70. Geburtstag, 19. November 1997, Bielefeld 1997, S. 109.

DE VRIES, TINA, Die Eigentumsgarantie in Polen, WGO (Monatshefte für Osteuropäisches Recht) 3/2000, S. 173.

DIEDRICH, PETER, Unternehmerisches Engagement ausländischer Banken in Polen unter Berücksichtigung der Besonderheiten von Kreditgeschäften der Pfandbrief- und Hypothekenbanken, Teil III / Przedsiębiorcze zaangażowanie banków zagranicznych w Polsce przy uwzględnieniu odrębności transakcji kredytowach banków hipotecznych, część III, DPJZ 2/2001, S. 44.

DIETZ, ANDREAS, Tiere als Pfandobjekt – zu den Auswirkungen des Art. 20a GG n. F., DGVZ 2003, S. 81.

DOLIWA, ADAM, Prawo mieszkaniowe, Komentarz [Wohnungsrecht, Kommentar], 2. Auflage, Warszawa 2005.

DOMAGALSKI, MAREK, Odszkodowania za działania władzy, Prawo cywilne, Nowelizacja kodeksu cywilnego [Schadensersatz für Handeln der Staatsmacht, Zivilrecht, Novellierung des Zivilgesetzbuchs], Rzeczpospolita vom 15.5.2004.

DOMAGALSKI, MAREK, Kamienicznik może się bronić, Sąd Najwyższy, Lokatorzy kwaterunkowi nie mogą uważać się za właścicieli [Der Hauseigentümer kann sich wehren, Oberstes Gericht, Einquartierte Wohnungsnutzer können sich nicht als Eigentümer gerieren], Rzeczpospolita vom 14.2.2004 (Prawo).

DRANIEWICZ, BARTOSZ, Skutki zajęcia udziału w spółce z o. o. w postępowaniu egzekucyjnym w sferze uprawień korporacyjnych – wybrane aspekty praktyczne [Folgen der Pfändung von Anteilen an einer Gesellschaft mit beschränkter Haftung im Bereich der Verwaltungsrechte – ausgewählte praktische Aspekte], MoP 11/2006, S. 614.

DUDZIK, JAROSŁAW; ERNST, ULRICH; MARTINY, DIETER, Zugang zum polnischen Privatrecht, Eine Literaturübersicht, ZEuP 2000, S. 366.

DYBOWSKI, KRZYSZTOF, Ustawa o ochronie praw lokatorów na tle wcześniejszych urególowań [Das Gesetz zum Schutz der Wohnungsnutzer vor dem Hintergrund früherer Regelungen], PiP 11/2001, S. 52.

DYLEWSKA, JOANNA, Zasada proporcjonalności w orzecznictwie Trybunału Konstytutcyjnego po wejściu w życie Konstitucji RP z 2 kwietnia 1997 r. [Das Verhältnismäßigkeitsprinzip in der Rechtsprechung des Verfassungsgerichts nach Inkrafttreten der Verfassung der Republik Polen vom 2. April 1997], PSejm 1 (42)/2001, S. 45.

ENDERLE, GEORGES, Ökonomische Überlegungen zur Bestimmung des beitreibungsrechtlichen Existenzminimums, in: Festschrift 100 Jahre SchKG, Zürich 1989, S. 249.

ENGEL, THOMAS, Das Recht der Mobiliarzwangsvollstreckung im Staat New York aus rechtsvergleichender Sicht (Münchener Universitätsschriften, Reihe der Juristischen Fakultät, Bd. 134), München 1998.

ERNST, IRENE, Siebtes Gesetz zur Änderung der Pfändungsfreigrenzen, DGVZ 2002, S. 87.

Fenge, Hilmar, Die dogmatische Bedeutung des richterlichen Schuldnerschutzes in der Zwangsvollstreckung, Diss. Heidelberg 1961.

Fischer, Nikolaj, Die bundesverfassungsgerichtliche Kontrolle des Gerichtsvollziehers – Anmerkungen zur Bedeutung der Judikatur des Bundesverfassungsgerichts für die Wohnungsdurchsuchung in der Zwangsvollstreckung (§§ 758, 758a ZPO), DGVZ 2004, S. 97.

Fleischmann, Guntram; **Rupp**, Wolfgang, Pfändung und Verwertung verderblicher Warenvorräte, RPfl 1987, S. 8.

Foerste, Ulrich, Pfändbarkeit von Unterhaltsansprüchen trotz § 850b ZPO, NJW 2006, S. 2945.

Foerste, Ulrich; **Ising**, Petra, Reform des Pfändungsschutzes für Selbständige – wirklich durchdacht?, in: ZRP 2005, S. 129.

Freels, Horst, Andere Verwertungsarten in der Mobiliarzwangsvollstreckung (Eberhard Schilken [Hrsg], Rechtswissenschaft im Gardez!; Bd. 6), St. Augustin 1998.

Gadomska, Marta, Dobry zwyczaj, nie pożyczaj, Windykacja, Uczciwi przedsiębiorcy coraz częściej łamią prawo, aby odzyskać wierzytelność [Guter Brauch: Borge nicht, Forderungsbeitreibung, Ehrliche Unternehmer brechen zunehmend das Recht, um Schulden einzutreiben], Rzeczpospolita vom 28.6.2004 (Prawo).

Gajewski, Marcin, Zaskarżalność postanowień sądowych rozstrzygających skargę na czynności komornika [Anfechtbarkeit von Gerichtsbeschlüssen, die über Erinnerungen gegen Gerichtsvollziehertätigkeiten entscheiden], Rejent 1/2002, S. 63.

Gawałek, Elżbieta, Dola wierzyciela. Egzekucja z publicznych papierów wartościowych [Das Los des Gläubigers, Vollstreckung in öffentliche Wertpapiere], Rzeczpospolita vom 8.5.2000 (Prawo).

Gersdorf, Małgorzata; **Rączka**, Krzysztof; **Skoczyński**, Jacek, Kodeks Pracy, Komentarz [Arbeitsgesetzbuch, Kommentar], 7. Auflage, Warzawa 2005.

Gerhardt, Walter, Bundesverfassungsgericht, Grundgesetz und Zivilprozess, speziell: Zwangsvollstreckung, ZZP 95 (1982), S. 467.

Gil, Piotr, Tytuł egzekucyjny w postaci aktu notarialnego [Der Exekutionstitel in Gestalt einer notariellen Urkunde], Teil I: R.Pr. 2 (47)/2000, S. 47; Teil II: R.Pr. 3 (48)/2000, S. 95.

Gillessen, Hubert, Die Räumungsvollstreckung und ihre Problembereiche – eine systematische Darstellung, Teil I, DGVZ 10/2006, S. 145; Teil II, DGVZ 11/2006, S. 165; Teil III, DGVZ 12/2006, S. 185.

Gnys, Anna, Prawnospołeczne aspekty eksmisji [Rechtlich-soziale Aspekte der Wohnungsräumung], R.Pr. 5 (50)/2000, S. 105.

Goebel, Joachim, Die Einführung der ratenweisen Forderungseinziehung in der Mobiliarvollstreckung, RPfl 1995, S. 189.

Götz, Volkmar, Allgemeines Polizei- und Ordnungsrecht, 13. Auflage Göttingen 2001.

Gola, Alfred; **Myczkowski**, Lesław, Ochrona praw lokatorów, Dodatki mieszkaniowe, Komentarz [Schutz der Rechte der Wohnungsnutzer, Wohnungszuschüsse, Kommentar], Warszawa 2003.

GOLA, ALFRED; **SUCHECKI**; JULIUSZ, Najem i własność lokali, Przepisy i komentarz [Miete und Eigentum an Wohnraum, Vorschriften und Kommentar], Warzawa 1999.

GOŁACZYŃSKI, JACEK, Wybrane zagadnienia egzekucji z rachunku bankowego [Ausgewählte Probleme der Vollstreckung in Bankkonten], Rejent 10/2003, S. 26.

GRANGE, MARIANNE; **APP**, MICHAEL, Die Zwangsräumung von Wohnraum im französchen Recht – Kurzüberblick, DGVZ 2000, S. 148.

GRUNSKY, WOLFGANG, Probleme des Pfändungsschutzes bei mehreren Arbeitseinkommen des Schuldners, ZIP 1983, S. 908.

GÜNTHER, JÖRG-MICHAEL; **TRAUMANN**, EDZARD, Aktuelle Rechtsprobleme der Wohraumbeschlagnahme zur Unterbringung Obdachloser, NVwZ 1993, S. 130.

GURGUL, STANISŁAW, Prawo upadłościowe i naprawcze, Komentarz [Konkurs- und Sanierungsrecht, Kommentar], 6. Auflage, Warszawa 2005.

GUSY, CHRISTOPH, Polizeirecht, 6. Auflage, Tübingen 2006.

HESS, BURKHART, Europäisches Zivilprozessrecht, Heidelberg 2007.

HESS, BURKHART, Effektuierung der Forderungspfändung: Der BGH erleichtert „Verdachtspfändungen", NJW 2004, S. 2350.

HESS, BURKHART, Study JAI A3/02/2002 on Making More Efficient the Enforcement of Judgements within the European Union, <http://ec.europa.eu/justice_home/doc_centre/civil/studies/doc_civil_studies_en.htm> [6.1.2007].

HESS, BURKHART, Aktuelle Perspektiven der europäischen Prozessrechtsangleichung, JZ 2001, S. 573.

HONOLD, BARBARA, Die Pfändung des Arbeitseinkommens – Eine rechtsvergleichende Untersuchung, Schriften zum Deutschen und Europäischen Zivil-, Handels- und Prozessrecht, Bd. 185, Bielefeld 1998.

HORN, NORBERT, Die Rolle des Privatrechts in der Transformation von Wirtschaft und Gesellschaft in Mittelosteuropa und Osteuropa, in: HORN, NORBERT (Hrsg.), Die Neugestaltung des Privatrechts in Mittelosteuropa und Osteuropa, Polen, Russland, Tschechien, Ungarn, Schriften des Rechtsinstituts für Europäische und Internationale Zusammenarbeit (R.I.Z.), Band 17, München 2002, S. 3.

HORNUNG, ANTON, Siebtes Gesetz zur Änderung der Pfändungsfreigrenzen, RPfl 2002, S. 125.

HRYCAJ, ANNA, Egzekucja Praktyczna [Praktische Vollstreckung], Poznań 2002.

IWULSKI, JÓSEF; **SANETRA**, WALERIAN, Kodeks pracy, Komentarz [Arbeitsgesetzbuch, Kommentar], Warszawa 2001.

JACKOWIAK, URSZULA; **DALKA**, SŁAWOMIR, Dopuszczalność egzekucji z zasiłków dla bezrobotnych [Zulässigkeit der Vollstreckung in Arbeitslosenbeihilfen], PiZS 7/1992, S. 58.

JAGIEŁA, JÓSEF, Podjęcie zawieszonego postępowania egzekucyjnego [Aufnahme des ausgesetzten Vollstreckungsverfahrens], PS 3/2000, S. 73.

JANKOWSKI, JANUSZ, Środki zaskarżenia w postępowaniu egzekucyjnym, in: Seminarium „Problemy nowelizacji KPC – postępowanie egzekucyjne" [Rechtsbehelfe im Vollstreckungsverfahren, in: Seminar „Probleme der Novellierung des KPC – Vollstreckungsverfahren"], <http://www.monitorprawniczy.pl/niusy.php?id_news=2676> [Abruf: 27.10.2006].

Jankowski, Janusz, Nowelizacja Kodeksu postępowania cywilnego, Cz. III, Postępowanie egzekucyjne [Die Novellierung des Zivilverfahrensgesetzbuchs, Teil III, Zwangsvollstreckungsverfahren], (1) MoP 22/2004, S. 1017; (2) MoP 23/2004, S. 1067.

Jankowski, Janusz, Ustawa o komornikach sądowych i egzekucji po nowelizacjach [Das Gesetz über Gerichtsvollzieher und Vollstreckung nach den Novellierungen], MoP 1/2001, S. 9.

Jankowski, Janusz, Ustawa o komornikach sądowych i egzekucji [Das Gesetz über Gerichtsvollzieher und Vollstreckung], Warszawa 2000.

Jankowski, Janusz, Przebieg postępowania egzekucyjnego, upadłościowego i układowego, Struktura postępowań w ujęciu dynamicznym [Der Ablauf des Vollstreckungs-, Konkurs- und Vergleichsverfahrens, Verfahrensstruktur dynamisch erfasst], Kraków 1999.

Jankowski, Janusz, Uczestnicy sądowego postępowania egzekucyjnego [Die Beteiligten des gerichtlichen Vollstreckungsverfahrens], Łódź 1992.

Jaśkowski, Kazimierz; **Maniewska**, Eliza, Kodeks pracy, Komentarz, Tom I [Arbeitsgesetzbuch, Kommentar], Kraków 2006.

Jaspert, Herbert; **Böllmann**, Felix, Verwaltung kommunaler Wohnungsbestände in der Russischen Föderation, WiRO 5/2006, S. 133.

Jauernig, Othmar, Zwangsvollstreckungs- und Insolvenzrecht, 21. Auflage, München 1999.

Julke, Grzegorz, Egzekucja z nieruchomości [Vollstreckung in Immobilien], Sopot 2006.

Julke, Grzegorz, Egzekucja z wynagrodzenia za pracę [Vollstreckung in das Arbeitsentgelt], Sopot 2005.

Justizminister, 77. Konferenz der Justizministerinnen und Justizminister am 1. und 2. Juni 2006 in Erlangen, Beschluss zu TOP I.4, Große Justizreform – Organisation des Gerichtsvollzieherwesens / Privatisierung.

Kannowski, Bernd, Von huelff und execution – Der Fronbote in der Zwangsvollstreckung des 16. Jahrhunderts, DGVZ 2003, S. 53.

Karnicka-Kawczyńska, Agata; **Kawczyński**, Jarosław, Postępowanie zabezpieczające i egzekucyjne [Sicherungs- und Vollstreckungsverfahren], Warzawa 1999.

Keip, Dieter, Umfang und Grenzen eines sozialen Schuldnerschutzes in der Zwangsvollstreckung, Schriftenreihe Studien zur Rechtswissenschaft, Bd. 70, Hamburg 2000; zugleich Bonn, Univ. Diss. 2000.

Kengyel, Miklós, Die Neuregelung der Zwangsvollstreckung in Ungarn, ZZPInt 1 (1996), S. 211.

Kennett, Wendy, The Enforcement of Judgements in Europe, Oxford Monographs in Private International Law, Oxford 2000.

Kerameus, Konstantinos D., Angleichung des Zivilprozessrechts in Europa, Einige grundlegende Aspekte, Rabels Zeitschrift Bd. 66 (2002), S. 1.

Kilian, Alina; **Hanckel**, Götz, Słownik języka prawniczego i ekonomicznego, Wörterbuch der Rechts- und Wirtschaftssprache, Tom/Bd. 1, Polsko-Niemiecki, Polnisch-Deutsch, München 2000.

Kirejczyk, Kazimierz, Wpływ wejścia Polski do UE na krajowy rynek mieszkaniowy [Der Einfluss des Beitritts Polens zur EU auf den inländischen Wohnungsmarkt], Nieruchomości C.H. Beck 9/2002, S. 26.

Klukowska, Katarzyna, O eksmisjach w sejmie [Wohnungsräumungen im Sejm], Gazeta Wyborcza vom 3.12.2002 (Nieruchomości).

Knypl, Zenon, Wykonywanie eksmisji [Durchführung der Räumungsvollstreckung], Teil I, Currenda April 2005, S. 127; Teil II, Currenda Mai 2005, S. 107.

Knypl, Zenon, Odpowiedzialność cywilna komornika [Zivilrechtliche Haftung des Gerichtsvollziehers], PES 4 (40)/2000, S. 62.

Knypl, Zenon, Status und Zuständigkeit des Gerichtsvollziehers in Polen, DGVZ 1994, S. 135.

Knypl, Zenon; **Nowakowski**, Bogusław, Eksmisja w świetle nowych uregulowań prawnych [Die Räumung im Lichte neuer rechtlicher Regelungen], Sopot 1995.

Kolański, Józef, Źródła informacji w postępowaniu egzekucyjnym [Informationsquellen im Vollstreckungsverfahren], PB 4/2001, S. 39.

Kordasiewicz, Bogudar, Änderungen im polnischen Zivil- und Handelsrecht, in: Horn, Norbert (Hrsg.), Die Neugestaltung des Privatrechts in Mittelosteuropa und Osteuropa, Polen, Russland, Tschechien, Ungarn, Schriften des Rechtsinstituts für Europäische und Internationale Zusammenarbeit (R.I.Z.), Band 17, München 2002, S. 55.

Korzan, Kazimierz, Stanowisko prawne komornika jako organu egzekucyjnego (raport o statusie prawnym komorników w Polsce oraz o przyczynach perturbacji w postępowaniu egzekucyjnym) [Die Rechtsstellung des Gerichtsvollziehers als Vollstreckungsorgan (Bericht über den Rechtsstatus der Gerichtsvollzieher in Polen und über Gründe für die Störungen im Vollstreckungsverfahren)], in: Korzan, Kazimierz (Red.), Komornicy jako organy egzekucyjne w nowych warunkach ustrojowych (poszukiwanie optymalnych rozwiązań), Zagadnienia egzekucji sądowej w Polsce Nr. III, wydanie specialne [Gerichtsvollzieher als Vollstreckungsorgane unter den neuen gesellschaftlichen Bedingungen (Suche nach optimalen Lösungen), Probleme der gerichtlichen Vollstreckung in Polen Nr. III, Sonderausgabe], Sopot 1994, S. 1.

Kostański, Piotr, Wstąpienie w stosunek najmu lokalu mieszkalnego [Eintritt in das Mietverhältnis über Wohnraum], MoP 11/2006, 571 ff.

Kot, J., Umorzenie postępowania egzekuyjnego [Einstellung des Vollstreckungsverfahrens], Teil 1, Palestra 3/1979, S. 30, Teil 2, Palestra 4/1980, S. 38.

Kot, J., Zawieszenie postępowania egzekucyjnego [Aussetzung des Vollstreckungsverfahrens], NP 4/1980, S. 36.

Kowalska, Renata, Kamienica w Gdyni, rozprawa w Strasburgu, Prawa człowieka, Hutten-Czapska przeciwko Polsce [Mietshaus in Gdynia, Verhandlung in Straßburg, Menschenrechte, Hutten-Czapska gegen Polen], Rzeczpospolita vom 28.1.2004 (Prawo).

Kowalski, Jerzy, Komornicy w kleszczach recesji, Wierzyciele nie ryzykują, dłużnicy bez majątku, a wyroki na papierze [Die Gerichtsvollzieher in den Fängen der Rezession,

Gläubiger riskieren nichts, Schuldner ohne Vermögen und Urteile nur auf dem Papier], Rzeczpospolita vom 16.12.2002 (Prawo).

KOWALSKI, JERZY, Właścicielom lżej, Trybunał Konstytucyjny umożliwił podwyżkę czynszu w prywatnych kamienicach [Leichter für die Eigentümer, Das Verfassungsgericht ermöglicht die Mietzinserhöhung in privaten Mietshäusern], Rzeczpospolita vom 3.10.2002.

KOWALSKI, WOJCZECH, Egzekucja świadczeń alimentacyjnych [Vollstreckung von Unterhaltsforderungen], Sopot 2006.

KOWALSKI, WOJCZECH, Egzekucja świadczeń niepieniężnych [Vollstreckung anderer als Geldforderungen], Sopot 2005.

KRAJEWSKI, JAN, Egzekucja sądowa świadczeń pieniężnych od rolników [Die Vollstreckung von Geldforderungen gegenüber Landwirten], NP 7-8/1956, S. 171.

KRAKOWIAK, MICHAŁ, Zakres przedmiotowy egzekucji przez zarząd przymusowy [Zum gegenständlichen Umfang der Vollstreckung durch Zwangsverwaltung], PS 1/2006, S. 82.

KRAKOWIAK, MICHAŁ, Wyjawienie majątku w świetle nowelizacji Kodeksu postępowania cywilnego [Die Vermögensoffenbarung im Lichte der Novellierung des Zivilverfahrensgesetzbuchs], MoP 23/2004, S. 1076 ff.

KRANJC, JANEZ, Probleme der Übernahme ausländischer Rechtssätze in nationale Rechtssysteme, WiRO 12/1993, S. 409.

KRINGS, ERNEST, Le droit de saisies dans les États membres de l'Union européenne (Synthèse), in: DE LEVAL, GEORGES (ed.), Seizure and Overindebtedness in the European Union, Civil Procedure in Europe, Volume 1, The Hague, London, Boston 1997; S. 3.

KRONER, JOLANTA; KOSIARSKI, MICHAŁ, Ochrona lokatorów, Od gminy należy się lokal socjalny albo odszkodowanie [Schutz der Wohnungsnutzer, Gegen die Gemeinde besteht ein Anspruch auf eine Sozialunterkunft oder auf Schadensersatz], Rzeczpospolita vom 12.9.2006.

KRONER, JOLANTA, Niewielka, ale lepiej adresowana, Pomoc społeczna, Nowe zasady i mechanizmy [Gering, aber besser adressiert, Sozialhilfe, Neue Prinzipien und Mechanismen], Rzeczpospolita vom 13.3.2004 (Prawo).

KRONER, JOLANTA, Czyj zysk, tego ryzyko, Prawo cywilne, Trybunał Konstytucyjny o odpowiedzialności komornika [Wessen Gewinn, dessen Risiko, Zivilrecht, Verfassungsgericht zur Haftung des Gerichtsvollziehers], Rzeczpospolita vom 21.1.2004 (Prawo).

KRONER, JOLANTA, Eksmisje tylko do lokali socjalnych, Trybunał Konstytucyjny, Ochrona dla ciężarnych, dzieci i inwalidów [Räumung nur in Sozialunterkünfte, Verfassungsgericht, Schutz für Schwangere, Kinder und Invaliden], Rzeczpospolita vom 5.4.2001, C 1 (Prawo).

KRUPA-DĄBROWSKA, RENATA, Prawo mieszkaniowe, Nowe zasady podnoszenia czynszów [Wohnungsrecht, Neue Prinzipien der Mietzinserhöhung], Rzeczpospolita vom 16.12.2006 (Prawo).

KRUPA-DĄBROWSKA, RENATA, Podwyżka czynszu tylko raz na pół roku, Prawo mieszkaniowe, Szykują się zmiany w ochronie lokatorów [Mietzinserhöhung nur einmal pro Halbjahr, Wohnungsrecht, Änderungen beim Schutz der Wohnungsnutzer werden vorbereitet], Rzeczpospolita vom 2.10.2006 (Prawo).

KRUPA-DĄBROWSKA, RENATA; KOSIARSKI, MICHAŁ, Nieruchomości, Właściciele kamienic czeka walka o odszkodowania [Immobilien, Eigentümern von Mietshäusern steht Kampf um Schadensersatz bevor], Rzeczpospolita vom 21.6.2006 (Prawo).

KRUPA-DĄBROWSKA, RENATA, Odszkodowanie zamiast mieszkania, Prawo mieszkaniowe, Kiedy lokator czeka na eksmisję [Schadensersatz statt Wohnung, Wohnungsrecht, Wenn der Wohnungsnutzer auf die Räumung wartet], Rzeczpospolita vom 12.12.2006 (Prawo).

KRUPA-DĄBROWSKA, RENATA, Polska wypłaci miliardowe odszkodowania, Orzeczenie w Strasburgu [Polen zahlt Schadensersatz in Milliardenhöhe, Entscheidung in Straßburg], Rzeczpospolita vom 23.2.2005.

KRUPA-DĄBROWSKA, RENATA; JANUSZEWSKA, MAGDALENA, Zmienić przepisy, wypłacić odszkodowania, Prawo Mieszkaniowe, Precedensowy wyrok Europejskiego Trybunału Praw Człowieka w sprawie czynszów regulowanych [Vorschriften ändern, Entschädigung zahlen, Wohnungsrecht, Präzedenzurteil des Europäischen Gerichtshofs für Menschenrechte in Sachen Mietzinsregulierung], Rzeczpospolita vom 23.2.2005.

KRUPA-DĄBROWSKA, RENATA, Wolne, ale pod rygorem, Prawo mieszkaniowe, Od nowego roku rząd chce odmrozić czynsze [Frei, aber geregelt, Wohnungsrecht, Vom nächsten Jahr an will die Regierung die Mietzinsen freigeben], Rzeczpospolita vom 6.10.2004 (Prawo).

KRUPA-DĄBROWSKA, RENATA, Uwalniać czy zamrażać, Prawo mieszkaniowe, Reglamentacja czynszów ciągle jedną wielką niewiadomą [Freigeben oder einfrieren, Wohnungsrecht, Die Mietzinsregulierung ist weiterhin eine große Unbekannte], Rzeczpospolita vom 22.9.2004 (Prawo).

KRUPA-DĄBROWSKA, RENATA, Lokator nadal chroniony, Prawo mieszkaniowe, Dwie propozycie ograniczenia podwyżek czynszów [Der Wohnungsnutzer ist weiterhin geschützt, Wohnungsrecht, Zwei Vorschläge für eine Begrenzung der Mietzinserhöhung], Rzeczpospolita vom 20.9.2004 (Prawo).

KRUPA-DĄBROWSKA, RENATA, Spółdzielnia, czyli gorszy właściciel, Prawo mieszkaniowe, Iluzoryczne prawa do odszkodowania od gminy za brak lokali socjalnych [Genossenschaft, bzw. der schlechtere Gläubiger, Wohnungsrecht, Illusorische Schadensersatzansprüche gegen die Gemeinden wegen Fehlens von Sozialunterkünften], Rzeczpospolita vom 8.9.2004 (Prawo).

KRUPA-DĄBROWSKA, RENATA, Miłosierdzie pod przymusem, Prawo lokalowe, Zwiększy się kolejka oczekujących na mieszkania socjalne w gminach [Barmherzigkeit unter Zwang, Wohnungsrecht, Die Schlange derjenigen, die auf Sozialwohnungen in den Gemeinden warten, vergrößert sich], Rzeczpospolita vom 27.8.2004 (Prawo).

KRUPA-DĄBROWSKA, RENATA, Zamrażanie podwyżek zgodne z prawem, Prawo mieszkaniowe, Czynsze regulowane przed Trybunałem Konstytucyjnym [Einfrieren der Mietzinserhöhungen rechtmäßig, Wohnungsrecht, Regulierte Mietzinsen vor dem Verfassungsgerichtshof], Rzeczpospolita vom 13.5.2004 (Prawo).

KRUPA-DĄBROWSKA, RENATA, Rząd uszczelnia system, Prawo mieszkaniowe, Trudniej o dodatek mieszkaniowy [Die Regierung schließt Lücken im System, Wohnungsrecht, Wohnungszuschüsse schwerer zu erhalten], Rzeczpospolita vom 10.3.2004 (Prawo).

KRUPA-DĄBROWSKA, RENATA, Odszkodowanie zamiast mieszkania, Prawo mieszkaniowe, Gminy płacą właścicielom domów za niedostarczanie lokali eksmitowanym [Entschädigung statt Wohnung, Wohnungsrecht, Die Gemeinden zahlen den Hauseigentümern dafür, dass Räumungsbetroffenen keine Räume zur Verfügung gestellt werden], Rzeczpospolita vom 28.2.2004 (Prawo).

KRUPA-DĄBROWSKA, RENATA, Nalewanie z próżnego, Nie ma pieniędzy na dodatki mieszkaniowe, a potrzebujących przybywa [Aus dem Leeren schöpfen, Es gibt kein Geld für die Wohnungszuschüsse und die Zahl der Bedürftigen steigt], Rzeczpospolita vom 14.10.2003 (Prawo).

KRUPA-DĄBROWSKA, RENATA, Zrywanie z fikcją – Najemca będzie mógł współfinansować budowę mieszkania w Towarzystwie Budownictwa Społecznego [Schluss mit der Fiktion – Der Mieter wird den Bau einer Wohnung in der Sozialbaugesellschaft mitfinanzieren können], Rzeczpospolita vom 26.5.2003 (Prawo).

KRUPA-DĄBROWSKA, RENATA, Najem uwolniony, ale nie całkiem – Sejm uchwalił zmiany w ustawie o ochronie praw lokatorów [Miete freigegeben, aber nicht ganz – Der Sejm verabschiedet Veränderungen des Gesetzes zum Schutz der Wohnungsnutzer], Rzeczpospolita vom 10.5.2003 (Prawo).

KRUPA, RENATA; **BŁASZCZAK**, GRAŻYNA, Prostowanie tego, co złe – Ustawa o ochronie praw lokatorów to przykład przepisów rozmijających się z życiem [Verbesserung dessen, was schlecht ist, Das Gesetz über den Schutz der Wohnungsnutzer ist ein Beispiel für Vorschriften, die dem Leben widersprechen], Rzeczpospolita vom 6.2.2002, C 2 (Prawo).

KRUPA, RENATA, Nie do końca wolne czynsze, Sejm uchwalił, Z jednej strony ochrona lokatorów, z drugiej - nowe obciążenia dla właścicieli [Nicht vollständig freie Mietzinse, Vom Sejm verabschiedet, Einerseits Schutz der Wohnungsnutzer, andererseits – neue Belastungen für die Eigentümer], Rzeczpospolita vom 14.5.2001 (Prawo).

KRUPA, RENATA, Eksmisje, Ochrona najsłabszych, Nie każdy pójdzie na bruk [Räumungen – Schutz der Schwächsten, Nicht jeder wird auf die Straße gesetzt], Rzeczpospolita vom 3.01.2001, C 1 (Prawo).

KRUPA, RENATA, Nie każdy pójdzie na bruk [Nicht jeder wird auf die Straße gesetzt], Rzeczpospolita vom 15.12.2000 (Prawo).

KRZEKOTOWSKA, KRYSTYNA, Ochrona lokatorów w świetle prawa międzynarodowego i europejskiego [Der Schutz der Wohnungsnutzer im Lichte des internationalen und europäischen Rechts], MiP 6-7/2004, <http://www.prawo.lex.pl/czasopisma/mip/och_pmie.html> [Abruf: 30.1.2007].

KRZEKOTOWSKA, KRYSTYNA; **KRZEKOTOWSKA-OLSZEWSKA**, IWONA, Dodatki mieszkaniowe [Wohnungszuschüsse], MiP 6-7/2003, <http://www.prawo.lex.pl/czasopisma/mip/dodatki.html> [Abruf: 30.1.2007].

KRZEKOTOWSKA, KRYSTYNA, Eksmisja z lokali mieszkalnych [Die Räumung aus Wohnräu men], Bielsko-Biała 1999.

KUŹNICKI, REMIGIUSZ, Ustawa o komornikach sądowych i egzekucji; Koszty egzekucji, Komentarz [Gesetz über Gerichtsvollzieher und Vollstreckung; Kosten der Vollstreckung, Kommentar], Wrocław 1998.

ŁASZEWSKA, MARTYNA, Unternehmensbesteuerung in Polen, Einfluss der Systemtransformation und des Europäischen Gemeinschaftsrechts, Berlin 2003.

Ławrynowicz, J.; **Nowak**, S., Wyłączenie z egzekucji odszkodowań i świadczeń przysługujących z tytułu ubezpieczeń majątkowych i osobowych [Ausschluss von Entschädigungen und Ansprüchen aus Vermögens- und Personenversicherung von der Vollstreckung], Palestra 5/1987, S. 1.

Lewandowska, Izabela, Żona w spółdzielczym, dla męża lokal socialny, Porozwodowe działy obciążające gminę [Die Ehefrau in der Genossenschaftswohnung, für den Mann eine Sozialunterkunft, Teilungen nach Scheidung belasten die Gemeinden], Rzeczpospolita vom 4.10.2004 (Prawo).

Lewandowska, Izabela, Coraz większy krąg uprawnionych – Dziki lokator może się domagać przyznania przez sąd prawa do lokalu socialnego [Immer weiterer Kreis von Berechtigten – Hausbesetzer kann vom Gericht die Zuerkennung des Rechts auf eine Sozialunterkunft verlangen], Rzeczpospolita vom 23.6.2003 (Prawo).

Lewicki, Rafal, Das Sanierungsverfahren nach dem neuen polnischen Insolvenz- und Sanierungsrecht, NZI 2006, S. 568.

Liebscher, Mark; **Zoll**, Fryderyk [Hrsg.], Einführung in das polnische Recht, München 2005.

Lipross, Otto-Gerd, Grundlagen und System des Vollstreckungsschutzes, Schriften zum deutschen und europäischen Zivil-, Handels- und Prozessrecht, Bd. 97, Bielefeld 1983.

Łopatowska-Rynkowska, Joanna, Uproszczona egzekucja z nieruchomości (uwagi na tle nowego sposobu egzekucji) [Beschleunigte Vollstreckung in Immobilien (Anmerkungen zu einer neuen Vollstreckungsart)], MoP 21/2005, S. 1061 ff.

Lubiński, Kazimierz, Organe der Gerichtszwangsvollstreckung und ihre Zuständigkeit in Zivilsachen in Polen, DGVZ 2003, S. 50.

Lubiński, Kazimierz, Status publicznoprawny komornika sądowego [Der öffentlich-rechtliche Status des Gerichtsvollziehers], in: Ders. (Hrsg.), Analiza i ocena ustawy o komornikach sądowych i egzekucji [Analyse und Bewertung des Gesetzes über Gerichtsvollzieher und Vollstreckung], Sopot 2000.

Manikowski, Roman, Egzekucja z akcji na okaziciela [Vollstreckung in Inhaberaktien], Poznań 1994.

Marciniak, Andrzej, Podstawa egzekucji sądowej (Tytuł wykonawczy) [Grundlage der Zwangsvollstreckung (Vollstreckungstitel)], Łódź 1991.

Marciniak, Andrzej, W kwestii oświadczenia dłużnika o poddaniu się egzekucji [Zur Frage der Erklärung der Vollstreckungsunterwerfung durch den Schuldner], Acta Universitatis Lodziensis, Folia Iuridica Nr. 42, Łódź 1989.

Marciniak, Andrzej, Ograniczenia egzekucji sądowej [Begrenzungen der Zwangsvollstreckung], Acta Universitatis Lodziensis, Folia Iuridica Nr. 26, Łódź 1986.

Marciniak, Andrzej, Wypływ czynności stron na przedmiotowy zakres egzekucji sądowej świadczeń pieniężnych [Einfluss der Parteihandlungen auf den gegenständlichen Umfang der Zwangsvollstreckung], NP 11-12/1980, S. 91.

Martínez Soria, José, Das Recht auf Sicherung des Existenzminimums, JZ 13/2005, S. 644.

MASKOW, DIETRICH, Rechtliche und faktische Probleme der Durchsetzung von Forderungen in Osteuropa, in: H. ROGGEMANN, K.-J. KUSS (Hrsg.), Wirtschaften und Investieren in Osteuropa, Rechtsgrundlagen und Rechtspraxis (Quellen zur Rechtsvergleichung aus dem Osteuropa-Institut der Freien Universität Berlin, Band 34), Berlin 1994, S. 101.

MĄDRZAK, HENRYK; MARZAŁKOWSKA-KRZEŚ, ELWIRA, Postępowanie cywilne [Zivilverfahren], 4. Auflage, Warzawa 2003.

MERCHEL, ZBIGNIEW, Egzekucja z ruchomości, tom I [Vollstreckung in bewegliche Sachen, Band I], Sopot 1996.

MICHALSKI, MAREK, Wierzyciel nie nabywa uprawień akcjonariusza, Polemika, Zajęcie akcji na zabezpieczenie roszczeń [Der Gläubiger erwirbt nicht die Rechte des Aktionärs, Polemik, Pfändung von Aktien zur Forderungssicherung], Rzeczpospolita vom 7.5.2004 (Prawo).

MILEWSKA, KRYSTYNA, Kończy się okres ochronny, Od 1 kwietnia można eksmitować na bruk [Die Schutzfrist endet, Ab 1. April kann auf die Straße geräumt werden], Rzeczpospolita vom 31.3.2003 (Prawo).

MILEWSKA, KRYSTYNA, Budownictwo socialne, Dach dla eksmitowanych [Sozialer Wohnungsbau, Ein Dach für Räumungsbetroffene], Rzeczpospolita vom 11.3.2003 (Prawo).

MISZCZUK, KAMILA, Kodeks postępowania cywilnego, Polnisches Zivilverfahrensgesetzbuch, Tekst dwujęzyczny polsko-niemiecki, Tłumaczenie K. M. [Zweisprachiger Text polnisch-deutsch, Übersetzung K. M.], Warszawa 2005.

MROZYNSKI, PETER, Verschuldung und sozialer Schutz, Eine Untersuchung zum Verhältnis von Sozial- und Zwangsvollstreckungsrecht, Neuwied 1989.

MRÓWCZYŃSKI, MAREK, Wyjawnienie majątku w świetle znowelizowanych przepisów kodeksu postępowania cywilnego [Die Vermögensoffenbarung im Lichte der novellierten Vorschriften des Zivilverfahrensgesetzbuchs], PPE 7-8/2006, S. 5.

MRÓWCZYŃSKI, MAREK, Wyjawnienie majątku w postępowaniu egzekucyjnym [Die Vermögensoffenbarung im Vollstreckungsrecht], Sopot 2001.

MUCHA, JOANNA, Nowe regulacje w kodeksie postępowania cywilnego [Neuregelungen im Zivilverfahrensgesetzbuch], Teil II, R.Pr. 3/2005, S. 7.

MÜNCHENER KOMMENTAR ZUR ZIVILPROZESSORDNUNG, Hrsg. von GERHARD LÜKE UND PETER WAX, Band 2, §§ 355-802, 2. Auflage, München 2000; Band 3, §§ 803 – 1066, EGZPO – GVG – EGGVG, Internationales Zivilprozessrecht, 2. Auflage, München 2001 [zitiert als: MünchKomm-BEARBEITER].

MÜNZBERG, Die Pfändung unter Eigentumsvorbehalt verkaufter Sachen durch den Verkäufer nach § 811 Abs. 2 ZPO, DGVZ 1998, S. 81.

MULIŃSKI, MACIEJ, Postępowanie klauzulowe po nowelizacjach KPC, in: Seminarium „Problemy nowelizacji KPC – postępowanie egzekucyjne" [Das Klauselverfahren nach der Novellierung des KPC, in: Seminar „Probleme der Novellierung des KPC – Vollstreckungsverfahren"], <http://www.monitorprawniczy.pl/niusy.php?id_news=2676> [Abruf: 27.10.2006].

MUSIELAK, HANS-JOACHIM (Hrsg.), Kommentar zur Zivilprozeßordnung, 5. Auflage, München 2007.

MUSZALSKI, WOJCIECH (Red.), Kodeks Pracy, Komentarz, 5. Auflage [Arbeitsgesetzbuch, Kommentar], Warszawa 2005.

MUSZALSKI, WOJCIECH (Red.), Kodeks Pracy, Komentarz, 2. Auflage [Arbeitsgesetzbuch, Kommentar], Warszawa 2001 [zitiert als: MUSZALSKI[2]].

MYCZKOWSKI, LESŁAW, Najem Mieszkań – Praktyczny komentarz do ustawy z dnia 2 lipca 1994 r. o najmie lokali mieszkalnych i dodatkach mieszkaniowych wraz z omówieniem artykułów 2-9 ustawy z dnia 21 sierpnia 1997 r. o zmianie ustawy o najmie lokali mieszkalnych; wzory umów, pozwów i pism oraz orzecznictwo SN w sprawach najmu mieszkań [Wohnungsmiete – Praktischer Kommentar zum Gesetz vom 2.7.1994 über die Miete von Wohnräumen und die Wohnungszuschüsse, zusammen mit einer Besprechung der Artikel 2-9 des Gesetzes vom 21.8.1997 über die Änderung des Gesetzes über die Miete von Wohnräumen; Musterverträge, -klagen und -schriftsätze sowie Entscheidungen des SN in Wohnungsmietsachen], Warszawa; Zielona Góra 1998.

NAJWYŻSZA IZBA KONTROLI, Informacja o wynikach kontroli, Sprawowanie przez prezesów sądów rejonowych i Ministra Sprawiedliwości nadzoru nad działalnością komorników [Rechnungshof, Informationen über die Ergebnisse der Kontrolle, Ausübung der Aufsicht über die Tätigkeit der Gerichtsvollzieher durch die Vorsitzenden der Rayongerichte und den Justizminister], Warzawa März 2006, <http://bip.nik.gov.pl/pl/bip/wyniki_kontroli_wstep/inform2006/2005166> [Abruf 2.11.2006].

NAZAR, MIROSŁAW, Ochrona praw lokatorów [Schutz der Rechte der Wohnungsnutzer], Teil I, MoP 19/2001, S. 961; Teil II MoP 20/2001, S. 1011.

NESEMANN, URTE, Gerichtsvollzieher in Vergangenheit und Zukunft, ZZP 1/2006 (119), S. 87.

NISKI, RAFAŁ, Zajęcie udziału dłużnika w spółce z ograniczoną odpowiedzialnością [Pfändung des Anteils des Schuldners an einer Gesellschaft mit beschränkter Haftung], PS 5/2002, S. 78.

NISKI, RAFAŁ, Zajęcie wynagrodzenia za pracę – wybrane zagadnienia [Die Pfändung des Arbeitsentgelts – ausgewählte Probleme], PES 16/2001 (52), S. 83.

OSOWY, PIOTR, Postępowanie cywilne w zarysie [Abriss des Zivilverfahrens], Warszawa 2001.

OTS, JAANUS, Die Reform des Vollstreckungssystems in Estland: Freiberufliche Gerichtsvollzieher, DGVZ 2002, S. 102.

PABIS, ROBERT, Prawo Upadłościowe i naprawcze [Konkurs- und Sanierungsrecht], 2. Auflage, Warszawa 2006.

PAINTNER, THOMAS, Die Insolvenz des Unternehmers in Polen, Studien des Instituts für Ostrecht München Nr. 42, Frankfurt am Main u. a. 2003.

PAKOWSKI, MACIEJ, Przebieg egzekucji z weksla na tle egzekucji z wierzytelności związanych z posiadaniem dokumentu (art. 901 k.p.c.) [Ablauf der Vollstreckung in Wechsel vor dem Hintergrund der Vollstreckung in Forderungen, die mit dem Besitz eines Dokuments verbunden sind (Art. 901 KPC)], PPE 1-2/2004, S. 48.

PALANDT, Bürgerliches Gesetzbuch, 66. Auflage, München 2007.

PANDER, ARNOLD, Wyjawienie majątku [Vermögensoffenbarung], GS 11/1999, S. 23.

PAULUS, CHRISTOPH G., Die Privatisierung der „Zwangsvollstreckung" - oder: Wie der Rechtsstaat an seinem Fundament erodiert, ZRP 2000, S. 296.

PAULUS, CHRISTOPH G., Zivilprozessrecht, Erkenntnisverfahren und Zwangsvollstreckung, 3. Auflage, Berlin; Heidelberg u. a. 2003.

PAULY, HOLGER, Die Räumungsvollstreckung gegen nicht am Mietvertrag beteiligte Personen - zugleich eine Besprechung von OLG Düsseldorf, Beschluss vom 27.5.1998 - 3 W 192/98, DGVZ 2000, S. 17.

PERROT, ROGER; **THERY**, PHILIPPE, Procédures civiles d'exécution, Paris 2000.

PETERS, EGBERT, Die richterliche Anordnung zur Zwangsvollstreckung nach § 758 ZPO – Wege und Irrwege, in: Festschrift für FRITZ BAUR, Hrsg. von WOLFGANG GRUNSKY, ROLF STÜRNER, GERHARD WALTER und MANFRED WOLF, S. 549.

PIASECKI, KAZIMIERZ (Red.), Kodeks postępowania cywilnego, Komentarz, Tom II [Zivilverfahrensgesetzbuch, Kommentar Bd. II], 4. Auflage, Warszawa 2006 (zitiert als Piasecki-BEARBEITER).

PIASECKI, KAZIMIERZ (Red.), Kodeks postępowania cywilnego, Komentarz, Tom II & III, [Zivilverfahrensgesetzbuch, Kommentar Bd. II & III], 3. Auflage, Warszawa 2002 (zitiert als Piasecki^3-BEARBEITER).

PIASECKI, KAZIMIERZ (Red.), Kodeks postępowania cywilnego, Komentarz, Tom II [Zivilverfahrensgesetzbuch, Kommentar], 2. Auflage, Warszawa 2000 (zitiert als Piasecki^2-BEARBEITER).

PIETRZYKOWSKI, KRYSZTOF, Nowa ustawa o spódzielniach mieszkaniowych [Das neue Gesetz über Wohnungsgenossenschaften], MoP 8/2001, S. 433.

PIETRZYKOWSKI, KRYSZTOF, Nowa ustawa o spódzielniach mieszkaniowych [Das neue Gesetz über Wohnungsgenossenschaften], MoP 8/2001, S. 433.

PILCZYŃSKI, JERZY, Koniec z eksmisją na bruk, Rząd proponuje, żeby egzekucja wyroku eksmisyjnego była możliwa tylko wówczas, gdy lokatorzy mają zapewnione tymczasowe pomieszczenie [Ende der Räumung auf die Straße, Die Regierung schlägt vor, dass die Vollstreckung eines Räumungsurteils nur noch möglich sein soll, wenn die Wohnungsnutzer eine gesicherte Behelfsunterkunft haben], Rzeczpospolita vom 21.10.2002 (Prawo).

PILCZYŃSKI, JERZY, Kto dopłaci lokatorom, Dodatki mieszkaniowe po orzeczeniu TK w sprawie czynszów [Wer den Wohnungsnutzern etwas dazuzahlt, Die Wohnungszuschüsse nach der Entscheidung des TK zu den Mietzinsen], Rzeczpospolita vom 17.10.2002 (Prawo).

PIONKOWSKA, MARTA, Sąd Najwyższy, Ustawa o ochronie praw lokatorów, Odszkodowanie od gminy [Oberstes Gericht, Gesetz zum Schutz der Wohnungsnutzer, Entschädigung von der Gemeinde], Gazeta Prawna vom 9.5.2003.

PODSIADLIK, CEZARY, Roszczenia odszkodowawcze właściciela lokalu mieszkalnego [Entschädigungsansprüche des Eigentümers von Wohnräumen], MoP 20/2002, S. 933.

POGONOWSKI, PIOTR, Małżonek dłużnika w postępowaniu egzekucyjnym [Der Ehegatte des Schuldners im Vollstreckungsverfahren], MoP 22/2002, S. 1015.

POKRZYWNIAK, JAKUB, Wypowiedzenie najmu [Kündigung des Mietvertrages], MoP 21/2001, S. 1061.

POL, KRZYSZTOF, Wierzyciel ważnieszy niż dłużnik – Rozmowa z prof. dr. hab. TADEUSZEM ERECIŃSKIM, prezesem Izby Cywilnej Sądu Najwyższego, o nowelizacij kodeksu postępowania cywilnego [Der Gläubiger wichtiger als der Schuldner – Gespräch mit Prof. Dr. hab. TADEUSZ ERECIŃSKI, Präses der Zivilkammer des Obersten Gerichts, über die Novellierung des Zivilverfahrensgesetzbuchs], Rzeczpospolita vom 2.7.2002 (Prawo).

PRANTL, HERIBERT, Justitia beim Gerichtsvollzieher, Die Neuordnung des Gerichtswesens, Süddeutsche Zeitung vom 2.6.2006.

RADA LEGISLACYJNA [Rat für Gesetzgebung]; ZEDLER, FELIKS - Główny Referent [Hauptreferent], **E 98**, Projekt ustawy o zmianie ustawy – Kodeks postępowania cywilnego oraz niektórych innych ustaw [Entwurf eines Gesetzes zur Änderung des Zivilverfahrensgesetzbuchs und einiger anderer Gesetze], Przegląd Legislacyjny 3-4/1998, S. 92.

RADOMSKI, MARCIN, Wynagrodzenie za pracę a zajęcie rachunku bankowego, Komentarz [Arbeitsentgelt und Kontopfändung, Kommentar], Anmerkung zum Beschluss des SN vom 7.8.2001, III ZP 13/01, OSNAPiUS 2/2002, poz. 35, MoP 24/2002, S. 1146.

REITZIG, KATJA, Die polizeirechtliche Beschlagnahme von Wohnraum zur Unterbringung Obdachloser, Berlin 2004.

REMIEN, OLIVIER, Rechtsverwirklichung durch Zwangsgeld - Vergleich, Vereinheitlichung, Kollisionsrecht, Tübingen 1992.

ROMANOWSKI, GUSTAW, Rok w zawieszeniu dla kamienicznika, Oskarżony: nie chcę hotelu dla bezdomnych [Ein Jahr auf Bewährung für einen Mietshauseigentümer, Angeklagter: ich will kein Hotel für Obdachlose], Rzeczpospolita vom 29.1.2003 (Prawo).

ROMER, MARIA TERESA, Kodeks Pracy, Komentarz [Arbeitsgesetzbuch, Kommentar], Warszawa 2005.

ROMER, MARIA TERESA, Zasady udzielania świadczeń z pomocy społecznej [Prinzipien der Erteilung von Leistungen aus der Sozialhilfe], Prawo Pracy 5/2002, S. 3.

ROMER, MARIA TERESA, Pomoc społeczna – po ostatnich zmianach [Sozialhilfe – nach den jüngsten Änderungen], Prawo Pracy 4/2002. S. 3.

ROSENBERG, LEO; **GAUL**, HANS FRIEDHELM; **SCHILKEN**, EBERHARD, Zwangsvollstreckungsrecht, 11. Auflage, München 1997.

ROSZEWSKA, KATARZYNA, Wynagrodzenie i inne świadczenia ze stosunku pracy [Lohn und andere Leistungen aus dem Arbeitsverhältnis], Warszawa 2000.

ROŚNIAK-RUTKOWSKA, MAGDALENA, Egzekucja z instrumentów finansowych zapisanych na rachunku [Vollstreckung in Finanzinstrumente, die sich auf einem Konto befinden], Teil I – PPE 1-3/2006, S. 47; Teil II – PPE 4-6/2006, S. 23.

ROŚNIAK-RUTKOWSKA, MAGDALENA, Egzekucja sądowa z akcji dopuszczonych do publicznego obrotu [Zwangsvollstreckung in Aktien, die zum öffentlichen Verkehr zugelassen sind], PPE 3-4/2004, S. 51.

RÜFNER, WOLFGANG, Folgenbeseitigungsanspruch bei Wiedereinweisung eines Mieters in seine bisherige Wohnung – BGHZ 130, 332, JuS 1997, S. 309.

SAFJAN, MAREK, Klucze konstytucyjnej aksjologii [Schlüssel einer Verfassungsaxiologie], Rzeczpospolita vom 9.4.2001, C 1 (Prawo).

SAFJAN, MAREK, Odpowiedzialnośc państwa na podstawie art. 77 Konstytucji RP [Die Haftung des Staates nach Art. 77 der polnischen Verfassung], PiP 4/1999, S. 7.

SCHENKE, WOLF-RÜDIGER, Polizei- und Ordnungsrecht, 4. Auflage, Heidelberg 2005.

SCHILKEN, EBERHARD, Die Einziehung von Teilbeträgen durch den Gerichtsvollzieher gemäß §§ 806b, 813a, 900 Abs. 3 ZPO n. F., DGVZ 1998, S. 145.

SCHLICHTE, JOHANNES, Vollstreckbarkeit ausländischer Titel in Polen, WiRO 2003, S. 235.

SCHLICHTE, JOHANNES, Die Grundlage der Zwangsvollstreckung im polnischen Recht, Tübingen 2005.

SCHLINK, BERNHARD, Korrektur von Gerichtsentscheidungen durch die Polizei?, NJW 1988, S. 1689.

SCHNABL, DANIEL, Zwangsversteigerung beweglicher Sachen bei eBay?, NJW 2005, S. 941.

SCHNAPP, FRIEDRICH E., Das Rechtsstaatsprinzip in der Verfassung der Republik Polen, Osteuropa Recht 47 (2001), S. 171.

SCHRÖDER, RAINER, Lessons from the Past, Legal Transformation in Germany of the 19th Century, 156 JITE (2000), S. 180.

SCHUSCHKE, WINFRIED; WALKER, WOLF-DIETRICH, Vollstreckung und Vorläufiger Rechtsschutz, Kommentar zum Achten Buch der Zivilprozessordnung, Band I, Zwangsvollstreckung, §§ 704-915 h ZPO, 3. Auflage, Köln u. a. 2002.

SEIP, THEO, Zum Entwurf eines Gesetzes zur Reform der Sachaufklärung in der Zwangsvollstreckung, in: DGVZ 1/2006, S. 1.

SKAWIAŃCZYK, KRZYSZTOF, Prawa dłużnika jednak przechodzą, Replika, Zajęcie akcji na zabezpieczenie roszczeń [Die Rechte des Schuldners gehen doch über, Erwiderung, Pfändung von Aktien zur Forderungssicherung], Rzeczpospolita vom 17.6.2004 (Prawo).

SKAWIAŃCZYK, KRZYSZTOF, Prawa dłużnika przechodzą na wierzyciela [Die Rechte des Schuldners gehen auf den Gläubiger über], Rzeczpospolita vom 2.4.2004 (Prawo).

SKOCZYŃSKI, JACEK, Ochrona wynagrodzenia za pracę [Schutz des Arbeitsentgelts], PiZS 3/1997, S. 17.

SOŁTYSIŃSKI, STANISŁAW, Dostosowywanie polskiego prawa do wymogów Układu Europejskiego [Anpassung des polnischen Rechts an die Anforderungen des Europa-Abkommens], PiP 4-5/1996, S. 31.

SORYSZ, MARIUSZ, Małżonek dłużnika w postępowaniu egzekucyjnym w świetle nowelizacji KPC z 2004 r. – wybrane zagadnienia [Der Ehegatte des Schuldners im Zwangsvollstreckungsverfahren im Lichte der Novellierung des KPC von 2004 - ausgewählte Probleme], MoP 14/2005, S. 692 ff.

SORYSZ, MARIUSZ, Nowy system środków zaskarżenia w postępowaniu egzekucyjnym w świetle nowelizacji KPC z 2.7.2004 r. [Das neue System der Rechtsbehelfe im Vollstreckungsverfahren im Lichte der Novellierung des KPC vom 2.7.2004], MoP 2/2005, S. 73 ff.

STAUDINGER, JOACHIM VON, Kommentar zum Bürgerlichen Gesetzbuch mit Einführungsgesetz und Nebengesetzen, Zweites Buch, Recht der Schuldverhältnisse §§ 535 – 563

(Mietrecht 1), Dreizehnte Bearbeitung 1995 von VOLKER EMMERICH und JÜRGEN SONNENSCHEIN, Redaktor: HEINRICH HONSELL, Berlin 1995.

STEIN/JONAS, Kommentar zur Zivilprozeßordnung, Bd. 2 (§§ 91-252), 21. Auflage, Tübingen 1994; Bd. 6 (§§ 704 - 863), 21. Auflage, Tübingen 1995; Bd. 7/1 (§§ 864-945), 21. Auflage. Tübingen 1996; Bd. 7 (§§ 704-827), 22. Auflage, Tübingen 2002.

STEINMEIER, FRANK-WALTER, Bürger ohne Obdach, Zwischen Pflicht zur Unterkunft und Recht auf Wohnraum, Tradition und Perspektiven staatlicher Intervention zur Verhinderung und Beseitigung von Obdachlosigkeit, Bielefeld 1992.

STERNAL, WERNER, Die Rechtsprechung zum Verbraucherinsolvenz- und Restschuldbefreiungsverfahren im Jahre 2005, NZI 2006, S. 129.

STÖBER, KURT, Forderungspfändung, Zwangsvollstreckung in Forderungen und andere Vermögensrechte, 13. Auflage, Bielefeld 2002.

STREIT, MANFRED E.; MUMMERT, UWE, Grundprobleme der Systemtransformation aus institutionenökonomischer Perspektive, in: ULRICH DROBNIG; KLAUS J. HOPT; HEIN KÖTZ; ERNST-JOACHIM MESTMÄCKER, Systemtransformation in Mittel- und Osteuropa und ihre Folgen für Banken, Börsen und Kreditsicherheiten (Beiträge zum ausländischen und internationalen Privatrecht Bd. 64), Tübingen 1998, S. 3.

STRUSIŃSKA-ŻUKOWSKA, JOLANTA, Kodeks pracy po zmianach [Das Arbeitsgesetzbuch nach den Änderungen], Prawo Pracy 11/2002, S. 3.

STÜRNER, ROLF, Prinzipien der Einzelvollstreckung, ZZP 99 (1986), S. 291.

STURM, KAI, Räumungsvollstreckung und Räumungsschutz gemäß § 765 a ZPO unter Berücksichtigung der zweiten Zwangsvollstreckungsnovelle, 2001.

SZPOPER, DARIUSZ; ZDANOWSKI, IGOR, Komornik w II Rzeczypospolitej – rozwiązania normatywne i projekty legislacyjne, Przyczynek do dziejów instytucji w latach 1917-1928 [Der Gerichtsvollzieher in der II. Rzezcpospolita – normative Lösungen und legislative Projekte, Ein Beitrag zur Geschichte der Institution in den Jahren 1917-1928], PES 4 (40) 2000, S. 29.

SZPOPER, DARIUSZ; ZDANOWSKI, IGOR, Egzekucja w procesie polskim - zarys historii instytucji [Vollstreckung im polnischen Prozess – Abriss der Geschichte der Institution], PES 1 (37) /1999, S. 13.

ŚWIĄTKOWSKI, ANDRZEJ MARIAN, Komentarz do kodeksu pracy, Tom I, art. 1 - 189^1 [Kommentar zum Arbeitsgesetzbuch, Band I, Art. 1 -189^1], Warzawa 2004.

ŚWIEBODA, ZDZISŁAW, Komentarz do kodeksu postępowania cywilnego – Część druga – Postępowanie zabezpieczające i egzekucyjne [Kommentar zum Zivilverfahrensgesetzbuch - Zweiter Teil, Sicherungs- und Vollstreckungsverfahren], 3. Auflage, Warszawa 2004.

ŚWIEBODA, ZDZISŁAW, Orzekanie i wykonywanie orzeczeń o opróżnienie i wydanie lokalu mieszkalnego [Entscheidung und Durchsetzung von Entscheidungen auf Räumung und Herausgabe von Wohnräumen], PS 9/2001, S. 3.

ŚWIEBODA, ZDZISŁAW, Egzekucja z papierów wartościowych [Vollstreckung in Wertpapiere], PS 5/1997, S. 3.

ŚWIEBODA, ZDZISŁAW, Egzekucja przeciwko Skarbowi Państwa oraz podmiotom gospodarczym (art. 1060-1062 k.p.c.) [Die Vollstreckung gegen den Fiskus und Wirtschaftssubjekte], PS 9/1994, S. 18.

Świeboda, Zdzisław, Glosa do Uchwały [Anmerkung zum Beschluss]: SN vom 21.11.1980, III CZP 53/80, PiP 8/1982, S. 144.

Świeczkowski, Jarosław, Egzekucja z udzialem Skarbu Państwa oraz przedsiębiorców [Vollstreckung mit Beteiligung des Fiskus sowie von Unternehmern], Sopot 2005.

Świeczkowski, Jarosław, Uproszczona egzekucja z nieruchomości [Beschleunigte Vollstreckung in Immobilien], Sopot 2005.

Świeczkowski, Jarosław, Egzekucja przez ustanowienie zarządu przymusowego (według projektu zmian k.p.c.) [Vollstreckung durch Einsetzung einer Zwangsverwaltung (nach dem Projekt zur Änderung des KPC)], PES 4 (40)/2000, S. 74.

Takeshita, Morio, Der Grundsatz effektiver Verwertung in der Zwangsversteigerung nach dem japanischen Zivilvollstreckungsgesetz von 1979, in: Festschrift für Gottfried Baumgärtel zum 70. Geburtstag, Hrsg. von Hans Prütting, Köln u. a. 1990, S. 553.

Tarzia, Guiseppe, Aussichten für eine Harmonisierung des Zwangsvollstreckungsrechts in der Europäischen Union, ZEuP 1996, S. 231.

Tereszkiewicz, Piotr, Postępowania upadłościowe i oddłużeniowe dla konsumentów w Stanach Zjednoczonych i niektórych krajach europejskich (Cz. 2) [Konkurs- und Entschuldungsverfahren für Verbraucher in den Vereinigten Staaten und einigen europäischen Ländern (Teil 2)], TPP 3/2000, S. 27.

Thaetner, Thomas, Die Zwangsvollstreckung in der DDR (Berliner Juristische Universitätsschriften 25), Berlin 2003, zugleich Diss. Berlin 2001.

Thomas, Heinz; **Putzo**, Hans; **Reichold**, Klaus; **Hüsstege**, Rainer, Zivilprozeßordnung, 26. Auflage München 2004 (zitiert als: Thomas/Putzo).

Tracz, G., Przesłanki wytoczenia powództwa ekscydencyjnego [Voraussetzungen der Erhebung einer Drittwiderspruchsklage], PS 7-8/1996, S. 100.

Turek, Jan, Charakterystyka ogólna postępowania klauzulowego, Cz. I, Wszczęcie postępowania, właściwość sądu [Allgemeine Charakteristik des Klauselverfahrens, Teil I, Einleitung des Verfahrens, Gerichtszuständigkeit], MoP 24/2003, S. 1120; Cz. II, Przebieg postępowania, orzeczenia oraz ich zaskarżalność [Teil II, Verlauf des Verfahrens, Entscheidungen und ihre Anfechtbarkeit], MoP 1/2004, S. 14.

Turska, Anna, Prawo w społeczeństwie podczas transformacji [Recht in einer Gesellschaft während der Transformation], PiP 1/1997, S. 26.

Vallender, Heinz, Brauchen wir ein Entschuldungsverfahren? - Überlegungen zum Entwurf eines Gesetzes zur Entschuldung völlig mittelloser Personen und zur Änderung des Verbraucherinsolvenzverfahrens, NZI 2006, S. 279.

Viertelhausen, Andreas, Verwertung durch Versteigerung im Internet?, DGVZ 2003, S. 2.

Vincent, Jean; **Prevault**, Jaques, Voies d'exécution et procedures de distribution, 19. Auflage, Paris 1999.

Volkov, Vadin, Gewaltunternehmer im postkommunistischen Rußland, Leviathan, Zeitschrift für Sozialwissenschaft 2000, S. 173.

Vollkommer, Max, Verfassungsmäßigkeit des Vollstreckungszugriffs, RPfl 1982, S. 1.

WACKE, Andreas, Die Grabsteinpfändung, DGVZ 1986, S. 161.

WAELDE, THOMAS W.; GUNDERSON, JAMES L., Legislative reform in transition economies: Western transplants - a shortcut to social market economy status?, ICLQ Bd. 43 (1994), S. 47.

WALASIK, MARCIN, Odpowiedzialność odszkodowawcza dłużnika wierzytelności zajętej w postępowaniu cywilnym [Die Schadensersatzhaftung des Drittschuldners im Zivilprozeß], PS 7-8/2004, S. 65.

WEHRFRITZ, SUSANNE, Die Lohnpfändung: Frankreich und Deutschland im Vergleich. Bayreuth 1996.

WENGEREK, EDMUND, Postępowanie zabezpieczające i egzekucyjne, Tom I & II [Sicherungs- und Vollstreckungsverfahren, Band I & II], Warzawa 1994.

WENGEREK, EDMUND, Odpowiedzialność wierzyciela w egzekucji [Die Haftung des Gläubigers in der Vollstreckung], PiP 1/1963, S. 90.

WENTOWSKI, FRANCISCZEK, Egzekucja z rachunku bankowego jednostek gospodarki uspołecznionej [Die Vollstreckung in Bankkonten von Betrieben der vergesellschafteten Wirtschaft], Palestra 2/1967, S. 12.

WERTH, FRANCESKA, Der Ausgleich der Gläubiger- und Schuldnerinteressen im französischen und deutschen Zwangsvollstreckungsrecht, Frankfurt a.M. u.a. 1997.

WESSER, SABINE, Der Schutz der räumlichen Privatsphäre bei Wohnungsdurchsuchungen nach §§ 758, 758a, NJW 2002, S. 2138.

WIECZOREK, BERNHARD; SCHÜTZE, ROLF A., Zivilprozessordnung und Nebengesetze, Großkommentar, 3. Auflage, Vierter Band (§§ 704-915h), 1. Teilband (§§ 704-807), Berlin, New York 1999.

WIELGO, MAREK, Analiza: Rząd walczy z bezdomnością czy z właścicielami nieruchomości? [Analyse: Die Regierung kämpft gegen die Obdachlosigkeit – oder gegen die Grundeigentümer?], Gazeta Wyborcza vom 22.10.2002.

WIERZBICKI, PREMYSŁAW, Zakaz zajęcia egzekucyjnego środków na bankowym rachunku powierniczym [Pfändungsverbot für Mittel auf einem treuhänderischen Bankkonto], PB 2/2006, S. 54.

WIESER, EBERHARD, Der Grundsatz der Verhältnismäßigkeit in der Zwangsvollstreckung, ZZP 98 (1985), S. 50.

WRĘCZYCKA, KATARZYNA, Dochodzenie roszczeń od spółki jawnej i jej wspólników [Forderungsbeitreibung bei der Offenen Handelsgesellschaft und ihren Gesellschaftern], PS 6/2003, S. 30, und 9/2003, S. 30.

WRÓBLEWSKA, KATARZYNA, Ochrona wynagrodzenia w świetle orzecznictwa Sądu Najwyższego [Der Schutz des Entgelts im Lichte der Rechtsprechung des Obersten Gerichts], PiZS 2/1999, S. 37.

WRZOŁEK-ROMANCZUK, MAŁGORZATA, Zmiany w ustawach spółdzielczych wprowadzone ustawą z 3 czerwca 2005 r (cz. II) [Durch Gesetz vom 3. Juni 2005 eingeführte Änderungen in den Genossenschaftsgesetzen (Teil II)], Palestra 9-10/2005, S. 9.

Zedler, Feliks, Postępowanie zabezpieczające i egzekucyjne, Komentarz, Tom II, Postępowanie egzekucyjne (art. 758 - 843 k.p.c.) [Sicherungs- und Vollstreckungsverfahren, Kommentar, Band II, Vollstreckungsverfahren], Toruń 1995.

Zedler, Feliks, Rozpoznanie skargi na czynności komornika [Entscheidung über die Erinnerung gegen Gerichtsvollziehertätigkeiten], Palestra 3/1988, S. 19.

Zedler, Feliks, Treść i forma skargi na czynności komornika oraz termin i osoby uprawnione do jej wniesienia [Inhalt und Form der Erinnerung gegen Gerichtsvollziehertätigkeiten sowie Frist und zu ihrer Erhebung Berechtigte], Palestra 1-2/1988, S. 66.

Zedler, Feliks, Dopuszczalność skargi na czynności komornika [Die Zulässigkeit der Erinnerung gegen Gerichtsvollziehertätigkeiten], Palestra 12/1987, S. 1.

Zedler, Feliks, Nadzór sądu nad czynnościami komornika na podstawie art. 795 § 2 k.p.c. [Gerichtliche Aufsicht über die Tätigkeiten des Gerichtsvollziehers auf der Grundlage des Art. 795 § 2 KPC], NP 7-8/1975, S. 988.

Zieliński, Andrzej, Kodeks postępowania cywilnego, Komentarz do artykułów 506-1217, Tom II [Zivilverfahrensgesetzbuch, Kommentar zu den Art. 506-1217, Band II], Warszawa 2006.

Zieliński, Andrzej, Sądowa egzekucja świadczeń pieniężnych od rolników [Gerichtliche Vollstreckung von Geldforderungen gegenüber Landwirten], NP 11/1966, S. 1390.

Zienowicz, Tomasz, Egzekucja z akcji spółek akcyjnych dopuszczonych do publicznego obrotu – uwagi de lege ferenda [Vollstreckung in zum öffentlichen Verkehr zugelassene Aktien von Aktiengesellschaften – Hinweise de lege ferenda], PPE 4-5/2003, S. 5.

Zöller, Richard, Zivilprozeßordnung, Kommentar, 26. Auflage, Köln 2007.

Zoll, Fryderyk; **Olczyk**, M.; **Pecyna**, M., Ustawa o ochronie praw lokatorów, mieszkaniowym zasobie gminy i o zmianie Kodeksu cywilnego, Komentarz [Gesetz über den Schutz der Wohnungsnutzer, das gemeindliche Wohnungsreservoir und zur Änderung des Zivilgesetzbuches, Kommentar], Warszawa 2002.

Zoll, Fryderyk, Od projektu do efektu (Spór o ustawę o ochronie lokatorów) [Vom Projekt zum Effekt (der Streit um das Gesetz zum Schutz der Wohnungsnutzer)], Rzeczpospolita vom 23.8.2001, C 2 (Prawo).

Zoll, Fryderyk, Prawo własności w Europejskiej Konwencji Praw Człowieka z perspektywy polskiej [Das Eigentumsrecht in der Europäischen Menschenrechtskonvention aus polnischer Perspektive], PS 5/1998, S. 24.

Zoll, Fryderyk, Najem lokali mieszkalnych [Wohnraummiete], Kraków 1997.

Zręda, Wojciech, Ochrona roszczeń pracowniczych w postępowaniu egzekucyjnym, Glosa do wyroku SN z 20 stycznia 2005 r. (III CK 375/04) [Schutz von Arbeitnehmerforderungen im Vollstreckungsverfahren, Anmerkung zum Urteil des SN vom 20. Januar 2005], PB 12/2005, S. 23.

Życiński, Jacek, Dodatki mieszkaniowe w Unii Europejskiej [Wohnungszuschüsse in der Europäischen Union], Gazeta Wyborcza vom 2.9.2003 (Dom).

INTERNATIONALRECHTLICHE STUDIEN
Beiträge zum Internationalen Privatrecht,
zum Einheitsrecht und zur Rechtsvergleichung

Herausgegeben von Ulrich Magnus

Band 1 Birgit Reimers-Zocher: Beweislastfragen im Haager und Wiener Kaufrecht. 1995.

Band 2 Lenja Vespermann: Schadensersatz bei Beeinträchtigung rechts- oder sittenwidriger Interessen im deutschen und französischen Recht. 1996.

Band 3 Peter Cypra: Die Rechtsbehelfe im Verfahren der Vollstreckbarerklärung nach dem EuGVÜ unter besonderer Berücksichtigung der Ausgestaltung in Deutschland und Frankreich. 1996.

Band 4 Brigitta Lurger: Regulierung und Deregulierung im europäischen Privatrecht. 1997.

Band 5 Uta Gutknecht: Das Nacherfüllungsrecht des Verkäufers bei Kauf- und Werklieferungsverträgen. Rechtsvergleichende Untersuchung zum CISG, zum US-amerikanischen Uniform Commercial Code, zum deutschen Recht und zu dem Vorschlag der Kommission zur Überarbeitung des deutschen Schuldrechts. 1996.

Band 6 Stefan Abel: Die Qualifikation der Schenkung. Zur Methode der Qualifikation im Internationalen Schuldvertragsrecht. 1997.

Band 7 Daniel Kötz: Verkäuferpflichten und Rechtsbehelfe des Käufers im neuen norwegischen Kaufrecht vom 13. Mai 1988 Nr. 27 im Vergleich zum UN-Kaufrecht vom 11. April 1980 (CISG). 1997.

Band 8 Olaf Beier: Grundsätze eines europäischen transportmittelübergreifenden Schadensrechts für den Gütertransport. Eine rechtsvergleichende Untersuchung unter besonderer Berücksichtigung der CMR, der ER/CIM 1990, des WA/HP und der HVR. 1999.

Band 9 Ulrich Krüger: Modifizierte Erfolgshaftung im UN-Kaufrecht. Die Haftungsbefreiung bei Lieferung vertragswidriger Ware gemäß Art. 79 CISG. 1999.

Band 10 Wolf-Henning Hammer: Das Zurückhaltungsrecht gemäß Art. 71 CISG im Vergleich zu den Kaufgesetzen der nordischen Staaten unter Einbeziehung transportrechtlicher Aspekte. Eine rechtsvergleichende Studie. 1999.

Band 11 Ulrich Quay: Der Consulting-Vertrag im Internationalen Privatrecht. 2000.

Band 12 Axel Halfmeier: Die Veröffentlichung privater Tatsachen als unerlaubte Handlung. Eine rechtsvergleichende Untersuchung. 2000.

Band 13 Stephanie Scholz: Lohngleichheit durch Verfahren. Eine Studie zur Förderung der Lohngleichheit durch verfahrensrechtliche Ansätze. 2000.

Band 14 Tarık Cebecioglu: Stellung des Ausländers im Zivilprozeß. Eine rechtsvergleichende Untersuchung des türkischen und deutschen Rechts. 2000.

Band 15 Gunnar Straube: Sozialrechtliche Eingriffsnormen im Internationalen Privatrecht. 2001.

Band 16 Daniela de Lukowicz: Divergenzen in der Rechtsprechung zum CISG. Auf dem Weg zu einer einheitlichen Auslegung und Anwendung? 2001.

Band 17 Mohamed Hassan Fadlalla Ali: Das islamische Ehe- und Kindschaftsrecht im Sudan. Mit Hinweisen zu den Lehren der Islamischen Rechtsschule, der anwendbaren Familienrechtsvorschriften für Nichtmuslime im Sudan und im deutschen Familienrecht. 2001.

Band 18 Ole Lando / Ulrich Magnus / Monika Novak-Stief (Hrsg./eds.): Angleichung des materiellen und des internationalen Privatrechts in der EU. Harmonisation of Substantive and International Private Law. 2003.

Band 19 Florian Schulz: Der Ersatzlieferungs- und Nachbesserungsanspruch des Käufers im internen deutschen Recht, im UCC und im CISG. Eine rechtsvergleichende Untersuchung unter Berücksichtigung der Schuldrechtskommission, der EG-Richtlinie 1999/44/EG und des Diskussionsentwurfs eines Schuldrechtsmodernisierungsgesetzes. 2002.

Band 20 Ingo Janert: Die Aufrechnung im internationalen Vertragsrecht. 2002.

Band 21 Armin Jentsch: Die Erhaltungspflichten des Verkäufers und des Käufers im UN-Kaufrecht im Vergleich zum US-amerikanischen Uniform Commercial Code und zum deutschen Recht. 2002.

Band 22 Martin Taschner: Arbeitsvertragsstatut und zwingende Bestimmungen nach dem Europäischen Schuldvertragsübereinkommen. Einheitliche Auslegung. 2003.

Band 23 Klaus Bitterich: Die Neuregelung des Internationalen Verbrauchervertragsrechts in Art. 29a EGBGB. 2003.

Band 24 Sascha J. Morgenroth: Umsetzung der Verbrauchsgüterkaufrichtlinie in Spanien und Deutschland. Umsetzung der Richtlinie 1999/44/EG des Europäischen Parlaments und des Rates vom 25. Mai 1999 zu bestimmten Aspekten des Verbrauchsgüterkaufs und der Garantien für Verbrauchsgüter in Spanien und Deutschland. 2003.

Band 25 Markus Renfert: Über die Europäisierung der ordre public Klausel. 2003.

Band 26 Henning Mordhorst: Die Behandlung vertraglicher Mobiliarsicherheiten im US-amerikanischen und deutschen Insolvenzrecht. 2003.

Band 27 Hans Markus Wulf: UN-Kaufrecht und eCommerce. Problembereiche bei der Anwendung des Wiener Übereinkommens auf Internet-Verträge. 2003.

Band 28 Julia Kaiser: Freiheit oder Schutz? Die Scheidungsfolgenvereinbarung im deutschen und im englischen Recht. 2003.

Band 29 Astrid Hillebrenner: Die private Zustimmung zu Rechtsgeschäften Dritter im englischen, dänischen und deutschen Recht. 2004.

Band 30 Irene von der Heyde: Das deutsche und italienische internationale Kindschaftsrecht im Rechtsvergleich. Favor filii oder favor filiationis? 2004.

Band 31 Sven-Michael Werner: Recht im Systemwandel. *Ein Land, zwei Systeme* und das Kontinuitätsproblem in Hongkong. 2004.

Band 32 Holger Ellenberger: Wirtschaftsrelevante Kollisionsnormen im japanischen internationalen Privatrecht. 2004.

Band 33 Sebastian Kaufmann: Parol Evidence Rule und Merger Clauses im internationalen Einheitsrecht. 2004.

Band 34 Britta Christina Weber: Eigentumsübertragung und gutgläubiger Erwerb beim Kauf von beweglichen Sachen im vietnamesischen Zivilgesetzbuch von 1995. Eine rechtsvergleichende Analyse unter Berücksichtigung des Eigentumsbegriffs im vietnamesischen Recht. 2004.

Band 35 Alexander von Saucken: Die Reform des österreichischen Schiedsverfahrensrechts auf der Basis des UNCITRAL-Modellgesetzes über die internationale Handelsschiedsgerichtsbarkeit. Ein Diskussionsbeitrag. 2004.

Band 36 Jasnica Garašić: Anerkennung ausländischer Insolvenzverfahren. Teil 1 und Teil 2. Ein Vergleich des kroatischen, des deutschen und des schweizerischen Rechts sowie der Europäischen Verordnung über Insolvenzverfahren, des Istanbuler Übereinkommens und des UNCITRAL-Modellgesetzes. 2005.

Band 37 Eugenia Kurzynsky-Singer: Anknüpfung und Reichweite des Vollmachtsstatuts. 2005.

Band 38 Timo Utermark: Rechtsgeschichte und Rechtsvergleichung bei Ernst Rabel. 2005.

Band 39 Mohamed Lakmes: Die IPR-Anknüpfung der Schuldverträge. Ein Vergleich zwischen dem deutschen und dem syrischen Recht. 2005.

Band 40 Christian Haas: Vertragsstrukturen privatfinanzierter Infrastrukturprojekte. Nationale und internationale Perspektiven. 2005.

Band 41 Tanja Herzog-Engels: Gesellschaftsrechtliche Formvorschriften und Internationales Privatrecht. 2005.

Band 42 Hassan Siahpoosh: Das Familien- und Erbrecht im Iran. 2006.

Band 43 Carola Reifenrath: Das Vertragsrecht Hongkongs und dessen zukünftige Entwicklung. Unter besonderer Berücksichtigung des englischen Common Law. 2006.

Band 44 Arkadiusz Wudarski: Der Pfandbrief und sein Treuhänder. Eine rechtsvergleichende Untersuchung zum polnischen und deutschen Recht. 2006.

Band 45 Ulla Liukkunen: Cross-Border Services and Choice of Law. A Comparative Study of the European Approach. 2006.

Band 46 Claire Anna Reifner: Die Umsetzung der Verbrauchsgüterkaufrichtlinie in Italien und Deutschland. 2007.

Band 47 Shahriar Rabbanifar: Vergleich des Rechts der öffentlichen Unternehmen in Deutschland, Iran und Polen. 2007.

Band 48 Judith Farokhmanesh: Der Schutz des Urhebers im internationalen Vertragsrecht. Funktion, Reichweite und Effektivität zwingender Bestimmungen im deutschen, französischen und englischen Recht. 2007.

Band 49 Christoph Hellriegel: Schuldnerschutz in Polen. Rechtsvergleichende Untersuchung eines universalen Regelungsproblems. 2007.